"十三五"国家重点图书出版规划项目

中国现代化报告 2019

——生活质量现代化研究

何传启　主编

中国现代化战略研究课题组　　编
中国科学院中国现代化研究中心

图书在版编目(CIP)数据

中国现代化报告.2019：生活质量现代化研究/何传启主编. —北京：北京大学出版社,2019.10
ISBN 978-7-301-30711-3

Ⅰ. ①中… Ⅱ. ①何… Ⅲ. ①现代化建设—研究报告—中国—2019 ②人民生活—生活质量—现代化—研究报告—中国—2019　Ⅳ. ①D61 ②D669.3

中国版本图书馆 CIP 数据核字(2019)第 192078 号

书　　　名	中国现代化报告 2019——生活质量现代化研究 ZHONGGUO XIANDAIHUA BAOGAO 2019——SHENGHUO ZHILIANG XIANDAIHUA YANJIU
著作责任者	何传启　主编
责 任 编 辑	黄　炜
标 准 书 号	ISBN 978-7-301-30711-3
出 版 发 行	北京大学出版社
地　　　址	北京市海淀区成府路 205 号　100871
网　　　址	http://www.pup.cn　　新浪微博：@北京大学出版社
电 子 信 箱	zpup@pup.cn
电　　　话	邮购部 010-62752015　发行部 010-62750672　编辑部 010-62764976
印 刷 者	大厂回族自治县彩虹印刷有限公司
经 销 者	新华书店 850 毫米×1168 毫米　16 开本　26 印张　695 千字 2019 年 10 月第 1 版　2019 年 10 月第 1 次印刷
定　　　价	105.00 元

未经许可，不得以任何方式复制或抄袭本书之部分或全部内容。
版权所有，侵权必究
举报电话：010-62752024　电子信箱：fd@pup.pku.edu.cn
图书如有印装质量问题，请与出版部联系，电话：010-62756370

内 容 提 要

十九大报告提出了"永远把人民对美好生活的向往作为奋斗目标"。生活质量是衡量美好生活和社会现代化水平的一个综合指标,生活质量现代化是提高和实现美好生活的必由之路。2020年中国将全面建成小康社会,将开启现代化建设的新征程。在未来30年,向生活质量进军将成为全国的发展主题。

《中国现代化报告2019》聚焦生活质量,瞄准美好生活。它以生活质量现代化为研究主题,以促进和实现美好生活为总体目标,包括五项主要内容:一是世界生活质量的发展趋势。从个人生活、公共生活、生活环境和生活满意度四个方面,分析生活质量150多个指标的发展趋势和主要特点。二是生活质量研究的发展趋势。包括生活质量指标和评价,生活质量研究的理论基础,国际组织、典型国家和地区、重点行业的生活质量研究等。三是中国生活质量现代化的战略选择。分析中国生活质量的发展趋势,提出中国生活质量现代化的路线图和政策建议。四是世界生活质量评价。从现实生活质量和生活满意度两个维度构建评价模型,完成131个国家的生活质量评价,2016年中国生活质量指数排世界第54位。五是世界现代化的定量评价,描绘2016年世界和中国现代化的定位图。

《中国现代化报告2019》是国际欧亚科学院院士何传启及其团队完成的第18部年度报告,是"十三五"国家重点图书出版规划项目。全书约70万字,包括400多张图表。报告提出了中国生活质量现代化的路线图,建议在2035年前后基本实现生活质量现代化,基本建成健康长寿、环境优美的中等发达国家;在2050年前后全国平均实现生活质量现代化,基本建成生活美好、人民满意的发达国家;在2080年前后(约改革开放100周年)高标准实现生活质量现代化,全面建成生活质量和生活满意度达到世界先进水平的现代化国家和美好社会。报告还提出了未来30年提高生活质量的政策举措,即实施"国家生活质量议程",全面提高生活满意度;实施"美好生活行动纲要",全面提高个人生活质量;四化联动,扬长补短,全面提高公共生活质量;多管齐下,共建共享,全面提高生活环境质量;实施"经济质量十年议程",全面提高经济质量,夯实生活质量的物质基础;启动"生活质量科技创新工程",提高生活质量的可持续提升能力。

中国现代化战略研究课题组

顾　问
- 周光召　院　　士　中国科学院前院长
- 路甬祥　院　　士　中国科学院前院长
- 徐冠华　院　　士　中华人民共和国科学技术部前部长
- 白春礼　院　　士　中国科学院院长
- 许智宏　院　　士　北京大学前校长
- 陈佳洱　院　　士　国家自然科学基金委员会前主任
- 孙永福　院　　士　中国工程院工程管理学部前主任
- 郭传杰　研　究　员　中国科学院原党组副书记、国际欧亚科学院院士
- 方　新　研　究　员　中国科学院原党组副书记、发展中国家科学院院士
- 李主其　教　　授　国家自然科学基金委员会原副主任

组　长
- 何传启　研　究　员　中国科学院中国现代化研究中心主任、国际欧亚科学院院士

成　员（按姓氏笔画为序）
- 于维栋　研　究　员　中共中央办公厅调研室
- 马　诚　研　究　员　中国科学院生物科学与技术学部
- 方竹兰　教　　授　中国人民大学经济学院
- 叶　青　研　究　员　中国科学院中国现代化研究中心
- 刘　雷　副研究员　中国科学院中国现代化研究中心
- 刘细文　研　究　员　中国科学院文献情报中心
- 刘洪海　编　　审　国际欧亚科学院中国科学中心
- 朱文瑜　助理研究员　中国科学院中国现代化研究中心
- 朱庆芳　研　究　员　中国社会科学院社会学研究所
- 汤锡芳　编　　审　国家自然科学基金委员会
- 吴述尧　研　究　员　国家自然科学基金委员会
- 张　凤　研　究　员　中国科学院科技战略咨询研究院
- 李　力　助理研究员　中国科学院中国现代化研究中心
- 李　宁　副　教　授　美国东华盛顿大学
- 李　扬　助理研究员　中国科学院中国现代化研究中心
- 李存富　高级编辑　中国科学报社
- 李泊溪　研　究　员　国务院发展研究中心
- 杜占元　研　究　员　中华人民共和国教育部

杨重光	研 究 员	中国社会科学院城市与环境研究中心
邹力行	研 究 员	国家开发银行研究院
陈 丹	研 究 员	中国科学院文献情报中心
陈永申	研 究 员	国务院国有资产监督管理委员会
岳启明	硕 士	中国科学院中国现代化研究中心
武夷山	研 究 员	国家科技部中国科技发展战略研究院
胡志坚	研 究 员	国家科技部中国科技发展战略研究院
赵西君	副研究员	中国科学院中国现代化研究中心
赵学文	研 究 员	国家自然科学基金委员会
程 萍	教 授	中央党校（国家行政学院）
董正华	教 授	北京大学世界现代化进程研究中心
谢文蕙	教 授	清华大学经济管理学院
裘元伦	研 究 员	中国社会科学院欧洲研究所、中国社会科学院学部委员
靳 京	副研究员	中国科学院中国现代化研究中心

前　言

2017年中国共产党第十九次全国代表大会报告（以下简称十九大报告）提出"永远把人民对美好生活的向往作为奋斗目标"。生活质量是衡量美好生活和社会现代化水平的一个综合指标，生活质量现代化是提高和实现人民美好生活的必由之路。2020年中国将全面建成小康社会，将基本具备向生活质量进军的条件，提高生活质量将成为中国未来30年的发展主题。

《中国现代化报告2019》是我们完成的第18部年度报告。它聚焦生活质量，瞄准美好生活，从定量分析和现实生活角度，系统分析世界生活质量的发展趋势，理性探讨中国生活质量现代化的战略选择。它提出了中国生活质量现代化路线图和政策建议。其总体目标是：高标准实现生活质量现代化，全面建成健康长寿、环境优美、生活美好、人民满意的现代化国家和美好社会。其政策建议是：实施"国家生活质量议程"，全面提高生活满意度；实施"美好生活行动纲要"，全面提高个人生活质量；四化联动，扬长补短，全面提高公共生活质量；多管齐下，共建共享，全面提高生活环境质量；实施"经济质量十年议程"，全面提高经济质量，夯实生活质量的物质基础；启动"生活质量科技创新工程"，提高生活质量的可持续提升能力。

众所周知，实现现代化是我们的国家目标，现代化研究是交叉科学领域的前沿课题。现代化战略和理论研究，可以为现代化强国建设的战略决策、为科技创新和工程技术创新管理的宏观决策提供参考依据。2001年开始出版的《中国现代化报告》是一份年度性报告。前17部年度性报告的主题各异，分别涉及基本原理（现代化科学、现代化理论、现代化与评价、知识经济与现代化）、分层现代化（世界、国际、地区、城市）、领域现代化（经济、社会、文化、生态）、部门现代化（农业、工业、服务业、健康）和产业结构现代化。

2000年以来，报告研究先后得到国家自然科学基金、国家科技攻关计划和中国科学院的资助，得到课题组顾问们的关怀和指导，受到国际同行和社会各界的持续关注，特此感谢！

首先，报告得到中国科学前辈们的关怀和指导。中国科学院前院长周光召院士题词：为可持续发展的现代化奋斗。中国科学院前院长路甬祥院士题词：研究现代化规律，创新现代化理论，促进现代化建设。中国科学院前院长路甬祥院士和院长白春礼院士、国家科技部前部长徐冠华院士为报告作序，国家自然科学基金委员会前主任陈佳洱院士为首部报告作序。

2011年中国工程院前院长宋健院士说：你们近几年出版的现代化报告，非常好，对各界极有参考价值，很有思想性。2017年中国科学院前院长路甬祥院士说：传启同志及其团队关于现代化的研究坚持十余年，形成比较系统的理论体系，应积极加强对外传播和应用。2011年国家科技部前部长徐冠华院士说：现代化科学的出现，不仅是一门新学科，而且蕴涵一种新希望，中国的现代化建设和民族复兴将更具科学性。

其次，报告受到国际同行的高度肯定，并在俄罗斯等国得到实际应用。2010年美国杜克大学社会学荣誉教授图亚江（E. Tiryakian）说：毫无疑问，报告代表了世界先进水平，在新一轮现代化过程中，何传启主持的现代化中心正在发挥引领作用。2012年《现代化科学》英文版由斯普林格（Springer）公司出版，全书648页，被德国学者评价为该领域一个原创性贡献；它是现代化科学的第一部英文著作，是一部中国视角的世界现代化的全景概览。2018年英国伦敦经济政治学院前院长吉登斯（A. Giddens）说：《如何成为一个现代化国家：中国现代化报告概要2001～2016》（英文版）是一项非凡成就，我肯定其影响会很大。2018年该书被美国斯坦福大学、俄罗斯圣彼得堡大学等多所欧美大学用作教学材料。俄罗斯科学院通讯院士拉宾(N. Lapin)采用第二次现代化理论研究发现,2010年俄罗斯有19个地区已进入第二次现代化,有64个地区处于第一次现代化。

最后,报告两次入选国家重点图书出版规划("十二五"和"十三五"规划),三次获得中国大学出版社协会图书奖(一等奖一次,二等奖两次)。2001年以来新华社、中国新闻社、《人民日报》《光明日报》《科技日报》和《中国科学报》等280多家中国媒体对报告进行报道或评论;美国、英国、德国、韩国和澳大利亚等国家的媒体进行了多次报道。2008年香港《中国评论通讯社》报道说:《中国现代化报告》的影响力很大,对政府长远政策的制定、对社会精英的思考模式、对社会舆论的理论引导、对民意的启发,都具有无法低估的作用。

本报告与以往报告一样,世界现代化评价注意了如下几个方面:① 有限目标;② 评价方法的科学性;③ 评价指标的合理性;④ 评价数据的权威性和一致性;⑤ 评价结果的相对性和客观性。影响现代化的因素很多,评价结果更多反映一种发展趋势。

本报告研究得到中国科学院发展规划局的资助。中国科学院文献情报中心和中国未来研究会现代化研究分会给了许多帮助。中国科学院中国现代化研究中心全体同仁齐心协力,相互配合。北京大学出版社在很短时间内完成编辑出版工作。特此表示诚挚的谢意!

特别感谢王陇德院士、王金南院士、孙永福院士、李京文院士、袁渭康院士和中国科学院副秘书长汪克强研究员的指导。感谢中国现代化研究中心理事会的大力支持。理事会成员包括:理事长汪克强,前理事长郭传杰,前理事长方新,理事于维栋、任玉岭、刘细文、刘春杰、刘洪海、李一军、李泊溪、杨宜勇、何传启、邹力行、武夷山、董正华、薛澜。

本报告由何传启研究员主持完成,是集体合作的成果,课题组进行了多次研讨。

各部分执笔人如下。何传启:前言、综述、第三章第四节(政策分析)和第五章;刘雷:第一章和附录一(局部);靳京:第二章第一节;李力:第二章第二节和第四节;李扬:第二章第三节;叶青:第四章和附录一(局部);赵西君:第三章第一节、第二节和第三节;张凤:第五章(参与)、附录二、附录三;岳启明:中国地区统计数据的录入。

本报告包含400多张图表和数据,在处理过程中难免出现遗漏和错误;有些统计指标有多个版本,有些观点只是一家之言。敬请读者不吝赐教,我们将虚心学习和不断改进。

本报告突出了生活质量的定量分析,但定性分析和理论分析有所不足。关于中国生活质量的地区差异、行业差异、群体差异和多样性等没有专门讨论。这些需要专题研究。

何传启

国际欧亚科学院院士

中国现代化战略研究课题组组长

中国科学院中国现代化研究中心主任

2019年3月20日

目 录

综述　向生活质量进军,实现更美好生活 ……………………………………………… i

上篇　生活质量现代化研究

第一章　世界生活质量现代化的基本事实 ……………………………………… 4
第一节　生活质量现代化的研究方法 …………………………………………… 4
一、生活质量现代化的基本概念 ……………………………………………… 5
二、生活质量现代化的研究方法 ……………………………………………… 9
三、生活质量现代化的系统分析法 …………………………………………… 11
第二节　生活质量现代化的时序分析 …………………………………………… 17
一、世界个人生活的时序分析 ………………………………………………… 19
二、世界公共生活的时序分析 ………………………………………………… 31
三、世界生活环境的时序分析 ………………………………………………… 45
四、世界生活满意度的时序分析 ……………………………………………… 52
第三节　生活质量现代化的截面分析 …………………………………………… 54
一、世界个人生活的截面分析 ………………………………………………… 55
二、世界公共生活质量的截面分析 …………………………………………… 58
三、世界生活环境的截面分析 ………………………………………………… 62
四、世界生活满意度的截面分析 ……………………………………………… 65
第四节　生活质量现代化的过程分析 …………………………………………… 68
一、世界生活质量现代化的历史进程 ………………………………………… 69
二、世界生活质量现代化的客观现实 ………………………………………… 74
三、世界生活质量现代化的前景分析 ………………………………………… 76
本章小结 …………………………………………………………………………… 81

第二章　生活质量研究的趋势和案例分析 ……………………………………… 84
第一节　生活质量研究的趋势分析 ……………………………………………… 84
一、生活质量的指标研究 ……………………………………………………… 84
二、生活质量的评价研究 ……………………………………………………… 90
三、生活质量的理论分析 ……………………………………………………… 94
四、生活质量的政策分析 ……………………………………………………… 96

第二节　国际组织的生活质量研究	99
一、OECD 的生活质量研究	99
二、欧盟的生活质量研究	103

第三节　典型国家的生活质量研究 ··· 108
　　一、英国国民福祉计划 ··· 109
　　二、加拿大幸福指数 ··· 115
　　三、澳大利亚国家发展指数 ··· 120
　　四、不丹王国国民幸福指数 ··· 122
第四节　行业和地区的生活质量研究 ··· 131
　　一、行业的生活质量研究 ··· 131
　　二、地区的生活质量研究 ··· 134
　　三、城市的生活质量研究 ··· 136
本章小结 ··· 139

第三章　中国生活质量现代化的理性分析 ··· 142
第一节　中国生活质量现代化的时序分析 ··· 142
　　一、中国个人生活的时序分析 ··· 142
　　二、中国公共生活的时序分析 ··· 149
　　三、中国生活环境的时序分析 ··· 153
　　四、中国生活满意度的时序分析 ··· 157
第二节　中国生活质量现代化的截面分析 ··· 158
　　一、中国个人生活的截面分析 ··· 158
　　二、中国公共生活的截面分析 ··· 160
　　三、中国生活环境的截面分析 ··· 163
　　四、中国生活满意度的截面分析 ··· 165
第三节　中国生活质量现代化的过程分析 ··· 166
　　一、中国生活质量现代化的历史进程 ··· 166
　　二、中国生活质量现代化的客观现实 ··· 169
　　三、中国生活质量现代化的前景分析 ··· 174
第四节　中国生活质量现代化的战略分析 ··· 175
　　一、中国生活质量现代化的目标分析 ··· 176
　　二、中国生活质量现代化的路线图 ··· 181
　　三、中国生活质量现代化的战略要点 ··· 186
本章小结 ··· 203

下篇　世界和中国现代化评价

第四章　世界生活质量评价 ··· 212
第一节　生活质量评价方法 ··· 212
　　一、生活质量的相关评价 ··· 212

二、生活质量指数的评价模型 ··· 212
第二节　世界生活质量评价 ·· 216
　　一、2016年世界生活质量指数 ·· 216
　　二、2000～2016年世界生活质量现代化 ·· 219
　　三、2016年世界现实生活质量指数 ··· 222
　　四、2000～2016年世界现实生活质量现代化 ··· 224
第三节　中国生活质量评价 ·· 226
　　一、2016年中国生活质量评价 ·· 226
　　二、2000～2016年中国生活质量现代化 ·· 228
本章小结 ··· 230

第五章　2016年世界和中国现代化指数 ··· 232
第一节　2016年世界现代化指数 ··· 232
　　一、2016年世界现代化的总体水平 ··· 233
　　二、2016年世界现代化的国际差距 ··· 239
　　三、2016年世界现代化的国际追赶 ··· 240
第二节　2016年中国现代化指数 ··· 242
　　一、2016年中国现代化的总体水平 ··· 242
　　二、2016年中国现代化的国际差距 ··· 245
　　三、2016年中国现代化的国际追赶 ··· 247
第三节　2016年中国地区现代化指数 ·· 249
　　一、2016年中国地区现代化的总体水平 ··· 251
　　二、2016年中国地区现代化的国际差距 ··· 254
　　三、2016年中国地区现代化的国际追赶 ··· 255
本章小结 ··· 256

技术注释 ·· 258
参考文献 ·· 267
数据资料来源 ·· 274

附　　录

附录一　生活质量现代化的数据集 ··· 277
附录二　世界现代化水平评价的数据集 ··· 304
附录三　中国地区现代化水平评价的数据集 ·· 351

图 表 目 录

图 A	生活质量的三层结构	i
图 B	生活的分析结构(示意图)	ii
图 C	生活质量现代化的分析框架(钻石模型)	ii
图 D	生活满意度的分析框架(结构和来源)	iii
图 E	2016 年世界生活质量的结构(四象限模型)	vii
图 F	2016 年世界生活质量的结构(九宫格模型)	viii
图 G	2016 年世界生活质量的结构(十六象限模型)	viii
图 H	中国生活质量的定位和目标	xiv
图 I	未来 30 年中国生活质量现代化的战略重点	xv
图一	人类发展和现代化的路线图(示意图)	3
图 1-1	生活质量现代化犹如一场生活质量变迁的国际马拉松比赛	4
图 1-2	生活质量现代化的研究对象	4
图 1-3	生活的分析结构(示意图)	5
图 1-4	生活质量现代化的研究对象(示意图)	8
图 1-5	现代化现象的过程分析	10
图 1-6	现代化过程的结果分析	11
图 1-7	生活质量现代化的一种分析框架(示意图)	18
图 1-8	1961~2013 年人均蛋白质供应量	20
图 1-9	1750~2016 年出生时平均预期寿命	21
图 1-10	1750~2014 年老龄人口比例(65+)	23
图 1-11	1960~2016 年人均家庭消费(2010 年不变价美元)	26
图 1-12	1975~2017 年典型国家食品和饮料消费支出占总消费支出的比例	27
图 1-13	1975~2017 年典型国家烟、酒和麻醉剂消费支出占总消费支出的比例	27
图 1-14	1975~2017 年典型国家衣着消费支出占总消费支出的比例	27
图 1-15	1975~2017 年典型国家居住及水、电、气和其他燃料消费支出占总消费支出的比例	27
图 1-16	1975~2017 年典型国家家居用品及其日常维护消费支出占总消费支出的比例	28
图 1-17	1975~2017 年典型国家健康消费支出占总消费支出的比例	28
图 1-18	1975~2017 年典型国家交通消费支出占总消费支出的比例	28
图 1-19	1975~2017 年典型国家通信消费支出占总消费支出的比例	28
图 1-20	1975~2017 年典型国家文化娱乐消费支出占总消费支出的比例	29
图 1-21	1975~2017 年典型国家教育消费支出占总消费支出的比例	29
图 1-22	1975~2017 年典型国家餐饮与住宿消费支出占总消费支出的比例	29

图号	标题	页码
图 1-23	1975~2017 年典型国家其他物品与服务消费支出占总消费支出的比例	29
图 1-24	1990~2016 年人均购买力(现价 PPP)	34
图 1-25	1981~2016 年国际贫困人口比例(按每天 1.90 美元衡量,2011 年 PPP)	37
图 1-26	1990~2017 年国家议会中妇女席位的比例	37
图 1-27	2005~2017 年养老保险替代率	38
图 1-28	1970~2016 年大学入学率	39
图 1-29	1990~2015 年平均受教育年限	39
图 1-30	1995~2016 年人均国际旅游离境频次	42
图 1-31	2005~2015 年人均年观影次数	42
图 1-32	1990~2016 年互联网普及率	43
图 1-33	1990~2015 年卫生设施普及率	47
图 1-34	1960~2014 年人均电力消费	47
图 1-35	1970~2016 年交通事故伤亡人口比例	49
图 1-36	1990~2016 年 $PM_{2.5}$ 年均浓度	51
图 1-37	1990~2015 年国际净移民比例	51
图 1-38	2000~2015 年自杀率的变化情况	53
图 1-39	2014 年 52 个国家生活满意度及其人均 GNI 的分布情况	67
图 1-40	2016 年 36 个国家生活满意度及其人均 GNI 的分布情况	67
图 1-41	2014 年 52 个国家经济生活满意度及其人均 GNI 的分布情况	67
图 1-42	世界生活质量现代化的过程分析	69
图 1-43	世界现代化和人类文明的主要阶段	70
图 1-44	2000~2016 年世界生活质量现代化的国际体系的水平结构(根据生活质量指数分组)	74
图 2-1	WOS 数据库中以"quality of life"题名检索的论文数量年际分布	84
图 2-2	OECD 人类福祉分析框架	100
图 2-3	OECD 国家物质条件和生活质量的比较	102
图 2-4	欧盟"8+1"生活质量模型	104
图 2-5	英国国家福祉概念框架	109
图 2-6	加拿大幸福指数概念模型	116
图 2-7	加拿大幸福指数(CIW)和 GDP(人均)变化趋势(1994~2014)	119
图 2-8	澳大利亚国家发展指数(ANDI)概念框架	121
图 2-9	不丹国民幸福指数(GNH)概念框架模型	123
图 2-10	每个领域对 GNH 的贡献率	129
图 2-11	每个指标享有充足的人数比例	129
图 2-12	分城乡各领域对幸福贡献率	130
图 2-13	分性别 GNH 指数	130
图 2-14	分性别每个指标享有充足的人数比例	131
图 2-15	OECD 地区福祉概念框架	134
图 2-16	哥本哈根、奥胡斯、奥尔堡、埃斯比约和欧登塞五个城市生活质量雷达图	140
图 3-1	1970~2015 年中国抚养比率、儿童人口比例和老龄人口比例的变化	145

图 3-2	PM$_{2.5}$ 年均浓度的变化	156
图 3-3	中国生活质量现代化的过程分析	166
图 3-4	2013~2016 年中国个人生活和公共生活人均消费支出比例的变化	168
图 3-5	中国生活质量的现状和目标(四象限模型)	177
图 3-6	中国生活质量的现状和目标(九宫格模型)	178
图 3-7	中国生活质量的现状和目标(十六象限模型)	178
图 3-8	生活满意度的结构和来源	180
图 3-9	中国生活质量现代化的路线图——运河路径	183
图 3-10	中国生活质量现代化的总体布局	187
图 3-11	中国生活质量现代化的战略重点(共性目标部分)	187
图 3-12	国家生活质量体系的结构模型(钻石模型)	192
图 3-13	中国生活质量现代化的政策建议(政策思路示意图)	205

| 图二 | 现代化评价的结构 | 211 |

图 4-1	生活质量评价的二维模型(示意图)	213
图 4-2	2000~2016 年中国生活质量指数	228
图 5-1	2016 年世界现代化进程的坐标图	232
图 5-2	2016 年世界现代化的定位图(基于现代化阶段和第二次现代化水平)	234
图 5-3	2016 年中国第一次现代化的特点	243
图 5-4	2016 年中国第二次现代化的特点	244
图 5-5	2016 年中国综合现代化的特点	244
图 5-6	1950~2016 年中国现代化指数的增长	247
图 5-7	1970~2016 年中国现代化水平的提高	247
图 5-8	2016 年中国地区现代化进程的坐标图	249
图 5-9	2016 年中国现代化的地区定位图(第二次现代化水平的定位)	251
图 5-10	2016 年中国地区第一次现代化指数	252
图 5-11	2016 年中国地区第二次现代化指数	252
图 5-12	2016 年中国地区综合现代化指数	253

| 图 a | 第一次现代化阶段评价的信号指标变化 | 261 |

表 A	生活质量现代化的分析结构	ii
表 B	1990~2050 年发达国家生活质量的发展趋势(举例)	iv
表 C	中国生活质量的发展趋势(举例)	xi

表 1-1	生活质量现代化的研究范围与研究单元的组合	5
表 1-2	生活质量的基本内涵	6
表 1-3	生活质量的相关概念	7
表 1-4	生活质量现代化研究内容的分类	8

表 1-5	生活质量现代化研究的结构组合	9
表 1-6	生活质量现代化研究的主要类型	10
表 1-7	现代化研究的系统分析方法	11
表 1-8	文明时间与历史时间的对照表	12
表 1-9	人类历史上的文明范式及其代表性特征	13
表 1-10	人类历史上的生活质量范式及其代表性特征	13
表 1-11	生活质量现代化的时序分析的国家样本(2017年)	14
表 1-12	2016年截面分析的国家分组	15
表 1-13	生活质量现代化研究的分析变量的主要类型	16
表 1-14	生活质量监测和评价的参考方法(举例)	16
表 1-15	生活质量现代化的分析指标和分析变量	17
表 1-16	生活质量变量的特点和分类	18
表 1-17	1700～2017年个人生活的变迁	19
表 1-18	营养和健康的分析变量和变化趋势	20
表 1-19	1961～2013年人均蛋白质供应量的世界前沿和国际差距	22
表 1-20	1750～2016年出生时平均预期寿命的世界前沿和国际差距	22
表 1-21	家庭和住房的分析变量和变化趋势	22
表 1-22	1750～2014年老龄人口比例的世界前沿和国际差距	24
表 1-23	消费与成本的分析变量和变化趋势	25
表 1-24	1995～2016年期间欧盟按目的划分的个人平均消费支出概况	26
表 1-25	1995～2016年欧盟个人平均消费支出比例的聚类分析	30
表 1-26	2018年及近年典型国家房价收入比概况	30
表 1-27	1960～2016年人均家庭消费支出的世界前沿和国际差距	31
表 1-28	1998～2016年消费比率的国际差距	31
表 1-29	1700～2017年公共生活的变迁	31
表 1-30	经济生活的分析变量和变化趋势	33
表 1-31	2016年典型国家工作强度概况	34
表 1-32	2000～2016年周平均工作时间的国际差距	35
表 1-33	1990～2016年人均购买力的世界前沿和国际差距	35
表 1-34	社会生活的分析变量和变化趋势	35
表 1-35	1980～2016年基尼系数的世界前沿和国际差距	39
表 1-36	2005～2016年养老保险替代率的国际差距	40
表 1-37	文化生活的分析变量和变化趋势	40
表 1-38	近年来典型国家居民(15—64岁)每天活动用时概况	41
表 1-39	2018年典型国家年假概况	41
表 1-40	2011～2016年美国人均年阅读量(18岁+)概况	42
表 1-41	1995～2016年人均国际旅游离境频次的世界前沿和国际差距	44
表 1-42	1995～2016年互联网普及率的世界前沿和国际差距	44
表 1-43	政治生活的分析变量和变化趋势	44
表 1-44	2013～2017年选民投票率国际差距	45

表 1-45	1700~2017年生活环境的变迁	45
表 1-46	公共设施与服务的分析变量和变化趋势	46
表 1-47	1990~2015年卫生设施普及率的世界前沿和国际差距	47
表 1-48	1960~2014年人均电力消费的世界前沿和国际差距	48
表 1-49	公共安全的分析变量和变化趋势	48
表 1-50	1970~2016年交通事故伤亡人口比例的国际差距	49
表 1-51	自然环境的分析变量和变化趋势	50
表 1-52	1990~2016年$PM_{2.5}$年均浓度的世界前沿和国际差距	51
表 1-53	1990~2015年国际净移民比例的世界前沿和国际差距	52
表 1-54	1700~2017年生活满意度的变迁	52
表 1-55	生活满意度的分析变量和变化趋势	52
表 1-56	2000~2015年自杀率的世界前沿和国际差距	54
表 1-57	生活质量变量的截面特征及其与时序特征的关系	55
表 1-58	2016年个人生活33个变量与国家经济水平的特征关系	55
表 1-59	2016年个人生活水平变量与国家经济水平的特征关系的分类	56
表 1-60	2016年个人生活变量的截面特征与时序特征的关系	57
表 1-61	2000年截面个人生活变量与国家经济水平的特征关系的分类	57
表 1-62	2000年个人生活变量的截面特征与时序特征的关系	57
表 1-63	1980年截面个人生活变量与国家经济水平的特征关系的分类	57
表 1-64	1980年个人生活变量的截面特征与时序特征的关系	58
表 1-65	1900年截面个人生活变量与国家经济水平的特征关系的分类	58
表 1-66	2016年公共生活72个变量与国家经济水平的特征关系	58
表 1-67	2016年截面公共生活质量变量与国家经济水平的特征关系的分类	60
表 1-68	2016年公共生活质量变量的截面特征与时序特征的关系	61
表 1-69	2000年截面公共生活质量变量与国家经济水平的特征关系的分类	61
表 1-70	2000年公共生活质量变量的截面特征与时序特征的关系	61
表 1-71	1980年截面公共生活质量变量与国家经济水平的特征关系的分类	62
表 1-72	1980年公共生活质量变量的截面特征与时序特征的关系	62
表 1-73	2016年生活环境36个指标与国家经济水平的特征关系	62
表 1-74	2016年生活环境指标与国家经济水平的特征关系的分类	63
表 1-75	2016年生活环境指标的截面特征与时序特征的关系	64
表 1-76	2000年截面生活环境指标与国家经济水平的特征关系的分类	64
表 1-77	2000年生活环境指标的截面特征与时序特征的关系	64
表 1-78	1980年截面生活环境变量与国家经济水平的特征关系的分类	65
表 1-79	1980年生活环境变量的截面特征与时序特征的关系	65
表 1-80	2016年生活满意度11个指标与国家经济水平的特征关系	65
表 1-81	1980~2016年生活满意度11个指标与国家经济水平的特征关系	66
表 1-82	2016年生活满意度指标与国家经济水平的特征关系的分类	67
表 1-83	2016年生活满意度的截面特征与时序特征的关系	68
表 1-84	2000年截面生活满意度指标与国家经济水平的特征关系的分类	68

表 1-85	2000年生活满意度指标的截面特征与时序特征的关系	68
表 1-86	世界现代化进程的阶段划分	70
表 1-87	世界现代化的两大阶段和六次浪潮	71
表 1-88	世界社会现代化的两大阶段和六次浪潮	71
表 1-89	世界生活质量现代化的两大阶段	71
表 1-90	20世纪生活质量指标与国家经济水平的相关性	72
表 1-91	1760~1970年世界整体生活水平现代化的结果分析(举例说明)	73
表 1-92	1970~2016年世界整体生活质量现代化的结果分析(举例说明)	74
表 1-93	2016年世界生活质量现代化的阶段分析	75
表 1-94	2000~2016年世界生活质量现代化的整体水平和速度分析(基于现实生活质量指数)	75
表 1-95	2000~2016年世界生活质量现代化的国际体系	75
表 1-96	2000~2016年世界和15个国家生活质量现代化的速度(基于现实生活指数)	76
表 1-97	21世纪世界生活质量现代化的先进水平的情景分析(基于现实生活指数)	77
表 1-98	21世纪世界生活质量现代化的平均水平的情景分析(基于现实生活指数)	77
表 1-99	个人生活指标的世界前沿水平的情景分析	78
表 1-100	个人生活指标的世界平均水平的情景分析	78
表 1-101	公共生活指标的世界前沿水平的情景分析	79
表 1-102	公共生活指标的世界平均水平的情景分析	79
表 1-103	生活环境指标的世界前沿水平的情景分析	80
表 1-104	生活环境指标的世界平均水平的情景分析	80
表 2-1	生活质量研究的文献检索	84
表 2-2	一些学者、机构对于生活质量定义的描述	85
表 2-3	国家尺度上一些关于生活质量的指标研究(举例)	85
表 2-4	三个指标体系的维度比较	86
表 2-5	人类发展仪表板的监测指标	87
表 2-6	欧盟四次生活质量调查的维度比较	88
表 2-7	《欧洲的生活质量:2003~2012年的趋势》中的主观指标	89
表 2-8	不同生活质量指标体系的维度分析	90
表 2-9	国家尺度上一些关于生活质量的评价研究(举例)	91
表 2-10	人类发展指数的指标演变	91
表 2-11	人类发展指数家族的维度与指标	91
表 2-12	三个指数维度和指标的比较	92
表 2-13	加权社会进步指数的次级指数和指标	93
表 2-14	情感平衡量表中的指标	93
表 2-15	澳大利亚幸福指数的研究维度和指标	94
表 2-16	一些生活质量综合评价工作的维度比较	94
表 2-17	围绕加拿大幸福指数提出的一些政策建议	97
表 2-18	不丹国民幸福的优先领域	99
表 2-19	OECD《生活怎么样》研究的指标体系(部分)	101

表 2-20	OECD《生活怎么样 2017》评分结果	102
表 2-21	OECD 美好生活指标及其数据(2013~2017 年 OECD 平均值)(部分)	103
表 2-22	欧盟"8+1"生活质量模型指标体系	105
表 2-23	典型国家 2017 年生活质量基本情况	109
表 2-24	英国国民福祉指标体系	110
表 2-25	国民福祉变化的评估(2015)	112
表 2-26	国民福祉变化的评估(2018)	114
表 2-27	加拿大幸福指数指标体系	117
表 2-28	不丹国民幸福指数指标体系	123
表 2-29	33 个指标的权重	126
表 2-30	GNH 分类、人数比例和广度	129
表 2-31	世界卫生组织 WHOQOL-100 的构成	132
表 2-32	世界卫生组织 WHOQOL-BREF 的构成	133
表 2-33	OECD 福祉维度和地区指标	135
表 2-34	丹麦五个城市概况	136
表 2-35	丹麦城市生活质量指标体系	137
表 2-36	丹麦五个城市不同维度生活质量比较	139
表 3-1	1960~2016 年中国生活质量指标的发展趋势	142
表 3-2	1970~2016 年中国营养与健康 10 个指标的发展趋势	143
表 3-3	1960~2016 年中国出生时平均预期寿命的国际比较	144
表 3-4	2016 年或最近年中国营养与健康指标的国际比较	144
表 3-5	1970~2015 年中国家庭与住房 9 个指标的发展趋势	145
表 3-6	1960~2015 年中国老龄人口比例的国际比较	146
表 3-7	2015 年或最近年中国家庭的国际比较	146
表 3-8	1970~2015 年中国家庭消费与成本 6 个指标的发展趋势	147
表 3-9	2013~2016 年中国居民人均消费支出比例的结构变化	147
表 3-10	1990~2016 年中国人均家庭消费的国际比较	148
表 3-11	2016 年或最近年的中国生活消费与成本的国际比较	148
表 3-12	1990~2016 年中国经济生活 7 个指标的发展趋势	149
表 3-13	1990~2016 年中国人均购买力的国际比较	149
表 3-14	2016 年或最近年中国经济生活的国际比较	150
表 3-15	1980~2016 年中国社会生活 15 个指标的发展趋势	150
表 3-16	1990~2015 年中国平均受教育年限的国际比较	151
表 3-17	2015 年或最近年中国社会生活的国际比较	151
表 3-18	1995~2016 年中国文化生活 10 个指标的发展趋势	152
表 3-19	2005~2015 年中国人均年观影次数的国际比较	152
表 3-20	2016 年或最近年中国文化生活的国际比较	153
表 3-21	1970~2016 年中国公共设施和公共服务 15 个指标的发展趋势	153
表 3-22	1990~2015 年中国卫生设施普及率的国际比较	154
表 3-23	2016 年或最近年中国公共设施和公共服务的国际比较	155

表 3-24	2000~2016年中国公共安全4个指标的发展趋势	155
表 3-25	1970~2016年中国自然环境和国际环境7个指标的发展趋势	156
表 3-26	1990~2016年中国$PM_{2.5}$年均浓度的国际比较	156
表 3-27	2016年或最近年的中国自然环境和国际环境的国际比较	157
表 3-28	1990~2015年中国个人生活满意度2个指标的发展趋势	157
表 3-29	1990~2015年中国公共生活满意度的变化	158
表 3-30	1980、2000和2016年截面中国生活质量指标的水平分布	158
表 3-31	2016年截面中国个人生活指标的相对水平	159
表 3-32	2016年截面中国个人生活指标的国际比较	159
表 3-33	2000年截面中国个人生活指标的相对水平	160
表 3-34	1980年截面中国个人生活指标的相对水平	160
表 3-35	2016年截面中国公共生活指标的相对水平	161
表 3-36	2016年截面中国公共生活指标的国际比较	161
表 3-37	2000年截面中国公共生活指标的相对水平	162
表 3-38	1980年截面中国公共生活指标的相对水平	163
表 3-39	2016年截面中国生活环境指标的相对水平	163
表 3-40	2016年截面中国生活环境指标的国际比较	163
表 3-41	2000年截面中国生活环境指标的相对水平	164
表 3-42	1980年截面中国生活环境指标的相对水平	165
表 3-43	2016年截面中国生活满意度指标的相对水平	165
表 3-44	2016年截面中国生活满意度指标的国际比较	165
表 3-45	2000年截面中国生活满意度指标的相对水平	166
表 3-46	中国社会现代化的阶段	167
表 3-47	中国社会现代化的起步	167
表 3-48	中华人民共和国生活质量现代化的发展阶段	168
表 3-49	2016年或最近年中国个人生活指标的国际差距	170
表 3-50	2016年或最近年中国公共生活指标的国际差距	171
表 3-51	2016年或最近年中国生活环境指标的国际差距	171
表 3-52	2016年中国个人生活指标的国际比较	172
表 3-53	2016年中国公共生活指标的国际比较	173
表 3-54	2016年中国生活环境指标的国际比较	173
表 3-55	2016年中国生活满意度指标的国际比较	174
表 3-56	中国生活质量指数的国际比较	177
表 3-57	中国现实生活质量指数的国际比较	179
表 3-58	中国现实生活质量指数的世界排名的情景分析	179
表 3-59	生活满意度的分析结构和指标举例	180
表 3-60	主观满意度的分析结构和指标举例	181
表 3-61	中国生活质量现代化路线图的战略目标	181
表 3-62	中国生活质量现代化路线图的时间阶段	182
表 3-63	中国生活质量现代化路线图的基本任务	183

表 3-64	中国生活质量现代化路线图的监测指标体系（指标举例）	184
表 3-65	2020~2050 年中国生活质量现代化的个人生活质量监测（指标举例）	184
表 3-66	2020~2050 年中国生活质量现代化的公共生活质量监测（指标举例）	185
表 3-67	2020~2050 年中国生活质量现代化的生活环境质量监测（指标举例）	185
表 3-68	2020~2050 年中国生活质量现代化的生活满意度监测（指标举例）	186
表 3-69	中国生活满意度指数的国际比较和预期目标	188
表 3-70	提高现实生活满意度的基本途径	188
表 3-71	全面提高六种满意度：途径和举例	189
表 3-72	至 2050 年国家生活质量议程的核心目标	191
表 3-73	中国个人生活质量指数的国际比较和预期目标	193
表 3-74	提高个人生活质量：途径和举例	194
表 3-75	美好生活的行动框架	196
表 3-76	中国公共生活质量指数的国际比较和预期目标	197
表 3-77	提高公共生活质量：途径和举例	197
表 3-78	"全民人文素质行动计划纲要"的基本内容	198
表 3-79	中国生活环境质量指数的国际比较和预期目标	199
表 3-80	提高生活环境质量：途径和举例	199
表 4-1	生活质量评价的指标体系	214
表 4-2	生活质量评价指标的基准值	215
表 4-3	2016 年世界生活质量指数	216
表 4-4	2016 年世界生活质量的前沿	217
表 4-5	2016 年世界生活质量的国家差距	218
表 4-6	世界生活质量的国家地位的转移概率（马尔可夫链分析）	218
表 4-7	2000~2016 年世界生活质量指数的国际差距	219
表 4-8	2000~2016 年生活质量的世界地位发生升降的国家	219
表 4-9	2000~2016 年世界生活质量的结构	220
表 4-10	2000~2016 年世界生活质量与主要经济指标及世界现代化的相关系数	221
表 4-11	2016 年世界现实生活质量指数	222
表 4-12	世界现实生活质量的国家地位的转移概率（马尔可夫链分析）	223
表 4-13	发展中国家达到 2016 年发达国家生活质量的预期时间	224
表 4-14	2000~2016 年现实生活质量的世界地位升级的国家	224
表 4-15	2000~2016 年世界现实生活质量的结构	225
表 4-16	2000~2016 年中国生活质量指数和排名	226
表 4-17	2016 年中国生活质量水平的国际差距	227
表 4-18	2000~2016 年中国生活质量现代化进程	229
表 4-19	2000~2016 年中国生活质量评价指标的表现	229
表 5-1	世界现代化指数的组成	233
表 5-2	2000~2016 年的世界现代化进程	233
表 5-3	2000~2016 年根据第二次现代化水平的国家分组	233
表 5-4	2016 年国家现代化的水平与阶段的关系	234

表 5-5	2016年21个发达国家的现代化指数	235
表 5-6	2016年18个中等发达国家的现代化指数	236
表 5-7	2016年40个初等发达国家的现代化指数	236
表 5-8	2016年52个欠发达国家的现代化指数	237
表 5-9	2016年处于第二次现代化发展期的国家	239
表 5-10	2016年世界现代化的前沿国家	239
表 5-11	2016年世界现代化的后进国家	240
表 5-12	世界现代化水平的国际差距	240
表 5-13	2000～2016年世界现代化的国际地位发生变化的国家	240
表 5-14	1960～2016年世界现代化的国际地位发生变化的国家	241
表 5-15	世界现代化的国家地位的转移概率(马尔科夫链分析)	242
表 5-16	1950～2016年中国现代化指数	243
表 5-17	1970～2016年中国第二次现代化指数	244
表 5-18	1980～2016年中国综合现代化指数	245
表 5-19	2016年中国现代化指数的国际比较	245
表 5-20	2016年中国第一次现代化评价指标的差距	245
表 5-21	2016年或近年中国第二次现代化评价指标的国际比较	246
表 5-22	2016年或近年中国综合现代化评价指标的国际比较	246
表 5-23	21世纪中国第二次现代化指数的世界排名的估算	248
表 5-24	21世纪中国现代化水平的推算	248
表 5-25	2016年中国地区现代化指数	249
表 5-26	1990～2016年的中国现代化进程	251
表 5-27	2016年中国不同区域的现代化水平的比较	253
表 5-28	2016年中国内地(大陆)地区现代化的前沿水平和国际比较	254
表 5-29	1990～2016年中国内地(大陆)地区现代化的地区差距	254
表 5-30	1990～2016年中国内地(大陆)地区现代化的国际差距	255
表 5-31	2000～2016年中国内地(大陆)地区第二次现代化指数的分组变化	256
表 5-32	2000～2016年中国内地(大陆)地区综合现代化指数的分组变化	256
表 a	《中国现代化报告2003》的国家分组	259
表 b	第一次现代化的评价指标和评价标准(1960年工业化国家指标平均值)	260
表 c	第一次现代化信号指标的划分标准和赋值	261
表 d	第二次现代化评价指标	262
表 e	第二次现代化信号指标的标准和赋值	264
表 f	综合现代化评价指标	265

综述　向生活质量进军，实现更美好生活

生活质量是一个高度综合和动态的概念。它既是用质量指标衡量的生活状态，也是对生活状态的综合评价和对美好生活的持续向往。一般而言，从农业社会到工业社会，提高生活水平是一个发展方向；从工业社会到知识社会，提高生活质量是一种普遍追求。生活质量现代化是社会现代化的一个前沿领域，是 20 世纪 50 年代以来人类生活质量发展的世界前沿，以及追赶、达到和保持世界前沿水平的行为和过程。本报告从定量分析和现实生活角度，分析生活质量的发展趋势和国际经验，探讨 21 世纪中国生活质量现代化的理性选择，以促进和实现全民的美好生活。

一、基本概念和数据来源

1. 基本概念

生活质量研究是一种交叉科学研究，大致起源于 20 世纪 50 年代，研究者来自经济学、社会学、医学、心理学和管理学等学科。大体而言，1958 年美国经济学家加尔布雷斯在《丰裕社会》一书中阐述了生活质量的重要意义，60 年代美国学者对生活质量做了大量研究，70 年代以来生活质量研究扩散到全球，80 年代初我国学者开始开展生活质量研究，并已取得一批研究成果。

迄今为止，生活质量没有统一定义。我们认为它大致有三层含义（图 A）。其一，生活质量是一种生活状态，是用质量指标和好坏程度衡量的现实生活状态；它以生活水平为基础，反映现实生活的健康、舒适、幸福和满意的程度。其二，生活质量是一种生活评价，是对现实生活状态的满意度和幸福度的综合评价，反映人们对生活各个方面的综合满意度。其三，生活质量是一种生活追求，是对更安全、更健康、更满意和更幸福的美好生活的不懈追求（何传启，2017a）。

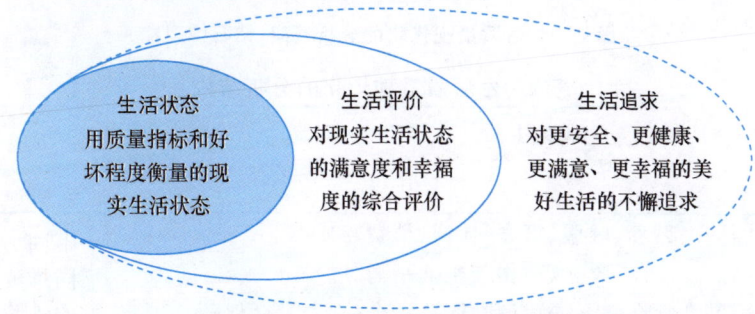

图 A　生活质量的三层结构

生活质量与生活水平是两个既相关又不同的概念。前者主要反映生活的满意度和幸福度，后者主要反映财富、物质商品和生活必需品的享有量。通俗地说，前者反映生活的好坏和满意的程度，后者反映生活用品数量和财富的多少。

2. 分析框架

生活质量是一个多维度的抽象概念,可以和需要从不同视角进行分析,不同角度的研究可以互补。例如,物质生活质量和非物质生活质量,客观生活质量和主观生活质量,不同层次、不同领域、不同行业和不同人群的生活质量等。

在本报告里,生活指人类生存、繁衍和发展的全部活动。它不仅包括生活的活动和行为,而且涉及生活的环境和条件(图 B)。根据其特点,生活活动可大致分为私人生活和公共生活或物质生活和精神生活等。这种分类是相对的。

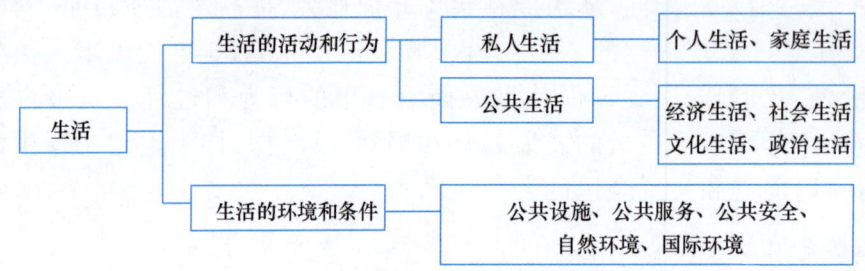

图 B　生活的分析结构(示意图)

生活质量现代化研究,把生活质量分解成私人生活、公共生活、生活环境和生活满意度四个方面(图 C)。其中,私人生活、公共生活和生活环境三个方面可以合称为"现实生活",生活满意度是对现实生活的满意度(表 A)。现实生活可采用相关统计指标进行分析,具有较好的国际可比性;生活满意度可采用社会调查数据进行分析,具有比较好的历史可比性。本项研究以现实生活为重点。

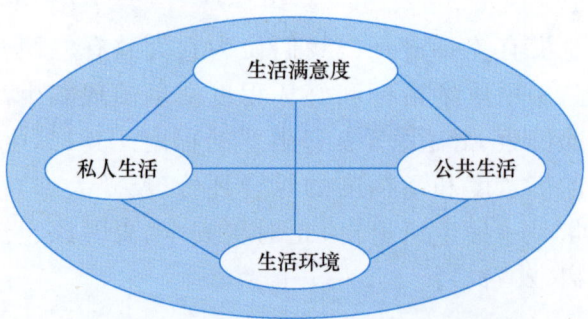

图 C　生活质量现代化的分析框架(钻石模型)

表 A　生活质量现代化的分析结构

现实生活			生活满意度
方面	领域	维度	
私人生活	个人生活	营养、健康、家庭、住房、消费与成本	不同方面、不同领域、不同维度和发展指标相关的满意度,例如,个人生活满意度、公共生活满意度、生活环境满意度等
公共生活	经济生活	工作、收入、工作与生活平衡	
	社会生活	社会联系、教育和学习、社会公平、社会保障	
	文化生活	休闲与旅行、大众文化、网络文化、文化包容性	
	政治生活	政治参与、政治冲突	
生活环境	生活环境	公共设施、公共服务、公共安全、自然环境、国际环境	

生活满意度同样是一个高度综合的概念(图 D)。一般而言,它可以分为客观满意度(客观指标衡量和反映的满意度)和主观满意度(主观指标衡量和反映的满意度)。主观满意度可分为直观满意度(直接感受获得的满意度)、纵向满意度(历史比较获得的满意度)、横向满意度(横向比较获得的满意度)、期望满意度(收益比较和期望实现获得的满意度)和多维满意度(多维度、多因素比较获得的满意度)等。

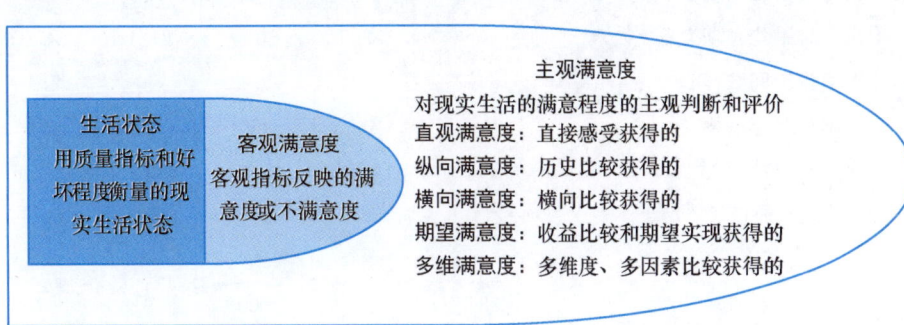

图 D　生活满意度的分析框架(结构和来源)

生活质量是人的生活质量,生活满意度是人的满意度。俗话说,"人上一百,形形色色;萝卜白菜,各有所爱"。对同一事物的认知和感受,可能因人、因时而异。生活质量和生活满意度,既有共性和规律,又有时代、国别、地区和指标差异,具有很大多样性。本报告重点分析生活质量的共性和规律,生活质量的多样性需专题研究。

3. 生活质量评价

生活质量指标和评价研究,一直是生活质量研究的重点领域。生活质量的评价方法很多,如定量评价、定性评价和综合评价等。本报告采用综合评价。

在本《报告》里,生活质量指数等于现实生活质量指数和生活满意度指数的几何平均值,现实生活质量指数等于个人生活质量指数、公共生活质量指数和生活环境质量指数的几何平均值,生活满意度指数大致等于个人生活满意度指数、公共生活满意度指数和生活环境满意度指数的几何平均值。

4. 数据来源

本报告数据主要来自世界银行的《世界发展指标》(WDI)、世界卫生组织、经济合作与发展组织(OECD)和欧盟的生活质量数据库等。不同数据库的数据有所不同;同一数据库有时会进行调整,有不同数据版本。不同国家生活质量数据的质量有较大差别,会影响国际比较。根据面板数据的分析结果,主要反映其发展趋势。

二、世界生活质量的发展趋势

我们选择生活质量四个方面的 150 多个指标,进行时间序列分析、截面分析和过程分析,分析的时间跨度约为 300 年(1750~2050 年),空间范围为世界 131 个国家,覆盖全球 96% 人口,试图发现和归纳世界生活质量现代化的事实和特征。

20 世纪以来世界生活质量发展有规律可循(表 B),在 100 多个生活质量指标中,大约 64% 的指标与国民经济水平相关,其中,46% 的指标正相关,18% 的指标负相关。部分生活质量指标的统计数据不全,发展中国家的生活质量统计需要加强。

表 B 1990～2050 年发达国家生活质量的发展趋势(举例)

方面/维度	指标和单位	1990	2000	2016	2020	2035	2050
个人生活							
营养与健康	人均蛋白质供应量/(克/天)	100	105	104	104	103	102
	出生时平均预期寿命/岁	75.3	77.5	80.4	81.1	84.0	86.9
家庭与住房	人均住房间数/间	1.5	1.8	2.1	2.1	2.4	2.7
	汽车普及率/(辆/千人)	—	383	450	461	497	536
消费与成本	家庭人均消费/美元	10 737	14 991	23 858	26 797	41 426	64 041
	恩格尔系数*/(%)	14.8	13.1	12.4	12.3	11.6	11.0
公共生活							
经济生活	人均国民收入/美元	28 591	25 184	40 009	44 918	69 326	106 997
	最低月工资/美元	832	942	1443	1606	2396	3575
社会生活	大学入学率/(%)	42	56	75	78	91	100
	绝对贫困人口比例*/(%)	0.6	0.7	0.7	0.6	0.5	0.4
文化生活	人均国际旅游离境频次/(次/年)	0.44	0.52	0.65	0.68	0.85	1.05
	互联网普及率/(%)	0.3	31	82	86	99	100
政治生活	公民权利**/(评级)	1.4	1.5	1.2	1.1	0.9	0.7
生活环境							
公共设施	安全饮用水普及率/(%)	98	98	99	99	100	100
	人均银幕数/(块/10万人)	—	9.1	9.2	9.3	9.5	9.7
公共服务	小学生师比*/(比值)	17.1	15.9	14.2	13.8	12.4	11.1
	医生比例/(名/千人)	2.1	2.7	3.0	3.1	3.5	3.9
公共安全	监狱人口比例*/(人/10万居民)	—	103	108	109	114	119
	交通事故死亡率*/(人/10万人)	—	13.9	8.2	6.9	4.1	2.4
自然环境	$PM_{2.5}$年均浓度*/(微克/立方米)	17.7	16.0	19.7	18.9	16.3	14.0
	城市废水处理率/(%)	69	90	97	98	100	100
满意度							
个人生活	生活满意度***(指数)	6.51	7.17	7.15	7.16	7.17	7.18
公共生活	经济生活满意度***(指数)	5.93	6.23	6.15	6.12	6.04	5.96
生活环境	水质满意度(%)	—	88	86	88	95	100

注:* 为逆指标。** 数值越小,公民权利越大。*** 最高分为10分。2020～2050 年数值是根据 2000～2016 年的年均增长率的估算,部分指标的增长率有调整。1990～2016 年部分指标的数值为估计值或附近年值。发达国家数值为高收入国家平均值或 21 个发达国家的算术平均值。

1. 世界个人生活的发展趋势

个人生活涉及方方面面。这里选取营养、健康、家庭、住房、消费与成本五个维度33个指标进行定量分析。20世纪以来,11个指标为上升变量,8个指标为下降变量,6个指标为转折变量,4个指标为波动变量,其他指标数据不全。2016年约56%的指标与国民经济水平相关,其中,11个指标正相关,8个指标负相关。20世纪世界个人生活变迁具有一些共性特征,同时存在很大国别和指标差异。

- 营养。20世纪以来,世界人均食物供应量提高,膳食结构有较大改善,营养水平大幅提升,但国别差异和指标差异明显。2013年高收入国家人均食物供应量、人均蛋白质供应量和人均脂肪供应量分别约为3300千卡/天(1.38×10^4千焦/天)、100克/天、150克/天。
- 健康。20世纪以来,人类健康水平提升,但国别差异较大;出生时平均预期寿命的国际差距经历了扩大和缩小两个阶段。2016年世界平均预期寿命约72.0岁,高收入国家约80.5岁,中等收入国家约71.3岁,低收入国家约62.5岁,高收入国家比低收入国家平均高出约18岁;平均预期寿命的最大国际差距约为32岁。
- 家庭。20世纪以来,发达国家家庭规模缩小、老年人口比例提升。1960~2016年,OECD成员国的结婚率下降,但国别差异明显。
- 住房。过去几十年,发达国家人均住房面积和住房间数提高,家庭设施普及率上升。
- 消费和成本。1960年以来,世界人均家庭消费支出上升,恩格尔系数下降,人均能源消费先上升后下降。1995年以来,欧盟个人平均消费支出中,基本生活消费和物质生活消费比例下降,精神生活消费比例上升;个人生活消费比例下降,公共生活消费比例上升;2016年个人生活消费约占51%,公共生活消费约占38%。
- 生活成本的国别差异较大。近年来国家房价收入比,美国约为3.37,英国为8.82,日本为12.24,印度为10.66,巴西为17.87。2015年家庭消费比率,美国约为0.77,英国为0.87,日本为0.72,波兰为0.74,土耳其为0.72,巴西为0.80。

2. 世界公共生活的发展趋势

公共生活选取经济、社会、文化和政治生活四个领域十一个维度72个指标进行定量分析。20世纪60年代以来,36个指标为上升变量,11个指标为下降变量,3个指标为转折变量,12个指标为波动变量,其他指标数据不全。2016年约51%的指标与国民经济水平相关,其中,27个指标正相关,10个指标负相关。20世纪世界公共生活的变迁,既有一些基本特征,又有时代差异、国别差异和多样性。

- 经济生活。20世纪60年代以来,全球就业率和失业率波动,发达国家每周平均工作时间缩短。90年代以来,发达国家人均国民收入、平均工资和最低工资上升,非致死性工伤比例下降。2016年荷兰周平均工作时间约为29小时。
- 社会生活。20世纪80年代以来,全球贫困人口比例下降。发达国家收入分配的基尼系数下降(但存在国别差异和例外)。2000年以来,全球社会保障覆盖率提高。1970年以来,全球成人识字率、小学入学率、中学入学率、大学入学率、平均受教育年限和预期受教育年数提升,但教育发展水平的国别差异仍然较大。2015年欧盟平均每天聚会的人口比例约为16.7%。2017年OECD国家遇到困难时可以得到亲戚或朋友帮助的比例平均为89%。
- 文化生活。20世纪90年代以来,全球人均国际旅游离境频次上升,互联网普及率上升,网购人口比例上升。文化生活存在明显的指标和国别差异。2015年美国人均年观影次数为4.13次/年。2016年高收入国家互联网普及率平均约为82%。2016年英国网购人口比例约为83%,2018年美国手机上网时间约为195分钟/天。2015年德国参与网络游戏人口比例约为19%。

- 政治生活。2013~2017年期间,OECD国家选民投票率上升,但国别差异较大。2017年选民投票率,美国为68%,日本为53%,德国为72%,英国为69%,法国为75%,澳大利亚为91%,巴西为79%,南非为73%。

3. 世界生活环境的发展趋势

生活环境是生活的公共基础。选取公共设施、公共服务、公共安全、自然环境和国际环境五个维度36个指标进行定量分析。20世纪60年代以来,18个指标为上升变量,2个指标为下降变量,12个指标为转折变量,1个指标为波动变量,其他指标数据不全。2016年约67%的指标与国民经济水平相关,其中,18个指标正相关,6个指标负相关。20世纪世界生活环境的变迁,既有共性又有国别差异。

- 公共设施。20世纪90年代以来,公共设施逐步完善,但国别差异和指标差异较大。2015年高收入国家卫生设施普及率为96.3%,通电率为100%。
- 公共服务。20世纪60年代以来,公共服务质量提升,高收入国家、中等收入国家和低收入国家的表现既有共性,也有差异。2013年高收入国家医生比例平均为3.0名/千人,2014年高收入国家人均电力消费平均为9087千瓦时,2016年高收入国家小学生师比平均为14.2。
- 公共安全。20世纪70年代以来,OECD成员国交通事故伤亡人口比例先升后降,但国别差异较大。2015年美国为7722人/100万人,日本为5271人/100万人,德国为4859人/100万人,法国为1115人/100万人。
- 自然环境。20世纪以来,工业发达国家总体上都走了先污染后治理的发展道路。60年代以来,人均二氧化碳排放、$PM_{2.5}$年均浓度先上升后下降。2016年高收入国家$PM_{2.5}$年均浓度为19.7微克/立方米。
- 国际环境。20世纪90年代以来,国际净移民比例、外国留学生比例上升,但国别差异较大。2015年高收入国家国际净移民比例为13.6%,2016年高收入国家外国留学生比例为6.7%。

4. 世界生活满意度的发展趋势

生活满意度选取个人生活、公共生活和生活环境三个维度11个指标进行定量分析,其数据来自世界价值观调查等。在分析样本国家中,近年来9个指标为上升变量,1个指标为下降变量;2016年或最近年6个指标与国民经济水平正相关,5个指标不相关。生活满意度与国民经济和生活水平的关系比较复杂。

- 个人生活。2013年以来,OECD成员国生活满意度上升,但国别差异较大。2017年,美国生活满意度指数为6.9,日本为5.9,德国为7,英国为6.7,法国为6.4,加拿大为7.3,墨西哥和巴西为6.6;满分为10。
- 公共生活。2003年以来,社会生活满意度上升,但国别差异较大。2011年德国社会生活满意度指数为7.5,英国为7,法国为7.4,意大利为7.3;满分为10。
- 生活环境。2013年以来,水环境满意度人口比例上升,但国别差异较大。2017年美国为

84%,日本为86%,德国为93%,俄罗斯为54%,巴西为72%,墨西哥为67%。

5. 世界生活质量现代化的进程

生活质量概念大致诞生于20世纪,但生活质量的相关发展指标早已存在,例如,健康、教育、工作和收入方面的指标等。一般而言,生活质量是一个社会发展问题,生活质量现代化是社会现代化的组成部分,社会现代化是国家现代化的组成部分。现代化科学认为,18世纪以来世界现代化的前沿过程可以分为两个阶段,其中,第一次现代化是从农业经济向工业经济、从农业社会向工业社会的转变;第二次现代化是从工业经济向知识经济、从工业社会向知识社会的转变(何传启,2010)。

- 第一次现代化包括第一次社会现代化,即从农业社会向工业社会的转变。在这个过程中,提高生活水平和国民收入是人们的普遍追求,也是社会现象,部分人关心生活质量。这个阶段尚没有普遍意义的生活质量现代化,只有广泛存在的生活水平现代化。
- 第二次现代化包括第二次社会现代化,即从工业社会向知识社会的转变。在这个过程中,人们物质生活比较丰富,生活水平比较高,提高生活质量和生活满意度成为人们的普遍追求和社会现象,同时有部分人会继续关心生活水平的提高。这个阶段出现了普遍意义的生活质量现代化,生活水平现代化则成为"局部现象"。

6. 世界131个国家的生活质量评价

其一,生活质量指数的世界前沿。2016年生活质量指数世界排名前10位的国家依次是:挪威、瑞典、芬兰、新西兰、澳大利亚、丹麦、加拿大、英国、爱尔兰、德国。美国排第13位,法国排第16位。

其二,生活质量指数的国家分组。根据生活质量指数分组,2016年挪威等25个国家是生活质量发达国家,意大利等27个国家是生活质量中等发达国家,中国等28个国家是生活质量初等发达国家,肯尼亚等51个国家是生活质量欠发达国家。

其三,生活质量的结构特点。根据现实生活质量指数和生活满意度指数的组合关系,可以构建生活质量的四象限模型(图E)、九宫格模型(图F)和十六象限模型(图G),分别用来讨论生活质量的概念、现象、目标和政策。

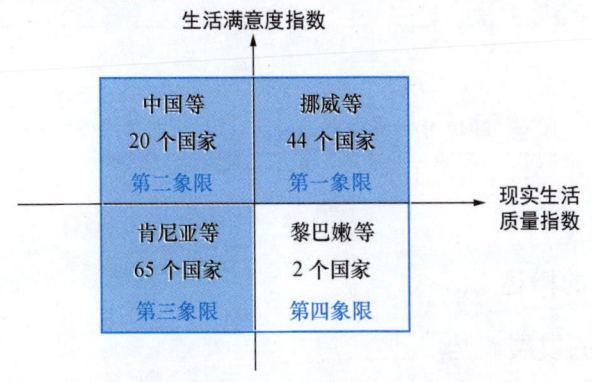

图E 2016年世界生活质量的结构(四象限模型)

注:第一象限是高质量和高满意,第二象限是低质量和高满意,其他类推。本图为示意图,分组标准见正文第三章。

	生活满意度指数		
泰国等 3个国家	波兰等 12个国家	挪威等 27个国家	
印度等 21个国家	中国等 12个国家	希腊等 2个国家	
肯尼亚等 52个国家	巴拿马等 2个国家		现实生活质量指数

图 F 2016 年世界生活质量的结构（九宫格模型）

注：从左到右分为低质量、中质量、高质量，从下到上分为低满意、中满意、高满意。本图为示意图，分组标准见正文第三章。

		生活满意度指数		
	马其顿	波兰等9国	挪威等19国	
第四象限	第三象限	第二象限	第一象限	
埃及等4国	中国等15国	希腊等13国	以色列等3国	
第五象限	第六象限	第七象限	第八象限	现实生活质量指数
印度等17国	越南等8国	黎巴嫩		
第十二象限	第十一象限	第十象限	第九象限	
肯尼亚等35国	巴拉圭等5国	沙特阿拉伯		
第十三象限	第十四象限	第十五象限	第十六象限	

图 G 2016 年世界生活质量的结构（十六象限模型）

注：第一象限是高质量和高满意，第二象限是中高质量和高满意，其他类推。本图为示意图，分组标准见正文第三章。

三、生活质量研究的概述

1. 生活质量研究的发展趋势

依据研究论文数量变化和研究特点，生活质量研究大致可以分为三个阶段。

一是起步阶段（20世纪50~60年代）。主要开展生活质量的概念和指标研究。研究者主要来自美国，涉及经济学、社会学和管理学等。例如，1958年美国学者加尔布雷斯出版《丰裕社会》,1966年美国学者鲍尔出版《社会指标》等。

二是发展阶段(20世纪70~80年代)。重点开展生活质量的指标体系和评价研究,研究工作扩展到全球。1974年《社会指标杂志》创刊,关注生活质量的评价研究。1979年美国学者莫里斯提出"物质生活质量指数"等。

三是快速增长阶段(20世纪90年代以来)。同时开展生活质量的理论研究和实证研究,研究成果获得实际应用。1990年联合国发表《人类发展报告》。1993年国际生活质量学会(ISOQOL)成立,关注健康领域生活质量研究,出版期刊《生活质量研究》(QOLR)。1995年国际生活质量研究会(ISQOLS)成立,关注生活质量、幸福和福祉研究,出版期刊《生活质量应用研究》(ARQOL)等。

2. 生活质量的相关理论

生活质量研究是一门交叉科学,涉及经济学、社会学、医学、心理学、管理学、生态学、发展研究和现代化科学等多门学科。这里简介几种相关理论。

其一,经济学相关理论,如福利经济学理论、经济发展阶段理论等。

- **福利经济学**。1920年英国经济学家庇古出版《福利经济学》一书。他认为,福利是人们因占有财物及其他原因而产生的一种满足,个人福利是个人所获得的满足的总和,社会福利是个人福利的总和。他把福利分为经济福利和非经济福利;经济福利是可以衡量的,经济福利的变化影响总福利的变化,经济福利与总福利的变化可以是不同步的。

- **经济发展阶段理论**。1960年美国经济学家罗斯托在《经济成长的阶段》一书中提出经济发展五个阶段,1971年在《政治和成长阶段》一书中增加了第六阶段。第六阶段是追求生活质量阶段(Rostow,1971),主要特征包括:以服务业为代表的提高居民生活质量的有关部门成为主导部门,如教育卫生、文化娱乐和旅游等;人类社会将不再只以物质产量的多少来衡量社会的成就,还包括以劳务形式、环境状况、自我实现的程度所反映的"生活质量"的高低程度等。

其二,社会学和现代化理论,如后现代化理论、人类发展阶段理论等。

- **后现代化理论**。1997年美国学者殷格哈特出版《现代化与后现代化》一书,阐述后现代化理论。他认为从传统社会向现代社会(从农业社会向工业社会)的转变是现代化,从现代化社会向后现代社会(从工业社会向后工业社会)的转变是后现代化。从现代化向后现代化的转变还包括政治、经济、性和家庭、宗教观念等的深刻变化,如从物质主义到后物质主义、从现代价值到后现代价值、从生存价值到幸福价值等。现代化的核心目标是经济增长,后现代化的核心目标是个人幸福最大化,追求生活质量和生活体验(Inglehart,1997)。

- **第二次现代化理论**。1999年中国学者何传启出版《第二次现代化:人类文明进程的启示》一书,阐述第二次现代化理论。他认为世界现代化进程可以分为两大阶段。其中,第一次现代化是从农业社会向工业社会、从农业经济向工业经济的转变,主要特点是工业化、城市化、民主化和理性化,通常以经济增长为中心,追求经济收入和生活水平的提高,满足物质生活需要等;第二次现代化是从工业社会向知识社会、从工业经济向知识经济的转变,目前主要特点是知识化、信息化、绿色化和全球化,通常以生活质量为中心,追求高质量和高满意的美好生活,物质生活质量会趋同,但精神和文化生活多样化。两次现代化的协调发展就是综合现代化。

- **人类发展阶段理论**。2017年中国学者何传启发表"生活质量:未来三十年的发展主题"一文

(何传启,2017a),提出"向生活质量进军,符合人类文明的发展逻辑"。他认为,人类文明发展是有逻辑的,在人类社会发展的不同阶段有不同需求和文明成就。原始社会的基本需求是食物需要,主要成就是完成从动物本能向人类社会的转变,发明语言和文字;农业社会的基本需求是生存需要,主要成就是建立传统农业文明,完成从食物采集者向食物生产者的转变,基本解决生存问题;工业社会的基本需求是物质需要,主要成就是建立现代工业文明,完成从小农经济向工业经济的转变,发达国家基本解决物质生活需求,物质生活非常丰富;知识社会的基本需求包括四个方面,即提高生活质量、丰富精神生活、健康长寿和遨游太空,主要成就将是建立知识文明,完成从工业经济向知识经济的转变,逐步满足生活质量等四个方面的需要。

其三,心理学和管理理论,如需求层次理论、多重差异理论等。

- **需求层次理论**。1943年美国学者马斯洛提出了需求层次理论。他将人的基本需求划分为生理需求、安全需求、爱和归属的需求、尊重需求以及自我实现需求(Maslow,1943)。五种需求像阶梯一样从低到高,按层次逐级递升,其中生理需求位于最底部,是最基础的需求,而自我实现需求位于金字塔的顶部,是最高层次的需求;从底部到顶部是一种由初级到高级、由生理到心理再到精神层层递进的过程。
- **多重差异理论**。加拿大学者麦卡洛斯(Michalos)(1985)认为,满意程度是人们将自己当前处境与多重标准相比较的结果,这些标准包括过去的条件、他人的状况、未来的期望、个人的理想或需要等。个体对满意度的评价可以表示为这种感知差异的函数。这些差异和满意度还受到年龄、性别、教育、种族、收入、自我评价和社会支持等方面的影响。

其四,生态学和环境理论,如可持续发展和生态现代化理论等。

- **可持续发展理论**。1987年世界环境与发展委员会出版《我们共同的未来》,提出了"可持续发展"的理念,强调以满足人类需要为目标,实现"代际公平"。
- **生态现代化理论**。它是20世纪80年代西欧学者提出的一种环境社会学理论。何传启认为,生态现代化是指20世纪70年代以来世界现代化的生态转型,它包括生态质量的改善,生态效率的提高,生态结构、制度和观念的变化以及国际地位的变化。其结果是生态现代性的形成和扩散,主要包括现代化与环境退化脱钩,人类与自然互利共生和协同进化,实现非物质化、绿色化、生态化和全球化等。生态现代化要求经济增长与环境退化脱钩,人类与自然互利共生(中国现代化战略研究课题组 等,2007)。

3. 生活质量研究的案例

这里简介几项国际组织、典型国家、地区和重点行业的生活质量研究。

- **国际组织**。2011年OECD提出美好生活指数,包括十一个维度的指标,即收入、工作、住房、健康、社会关系/社区、教育与技能、环境质量、公民参与和治理、个人安全、工作与生活平衡、生活满意度。2015年欧盟出版《欧洲的生活质量》报告,采用九个维度"8+1"分析框架,即物质生活条件、生产和其他活动、健康、教育、休闲和社会互动、经济和人身安全、治理和基本权利、自然和生活环境、总体生活体验。
- **发达国家**。2010年英国国家统计局启动国民福祉计划。它涉及十个领域,包括个人幸福、关系、健康、工作、居住、个人财务、经济、教育和技能、政府治理、自然环境。2011年加拿大政府推出加拿大幸福指数。幸福指数涉及八个领域,分别是社区活力、民主参与、教育、环境、健康人口、休闲与文化、生活水平、时间利用。
- **发展中国家**。不丹王国是一个发展中国家。她提出的国民幸福指数包括四个支柱要素、九大领域、33个指标和124个变量。四个支柱要素分别为可持续和公平的社会经济发展、文化价值的保护和发扬、自然环境的保护和高效管理制度的建立。九大领域分别为生活水平、教育、健康、文化多样性和弹性、社区活力、时间利用、心理幸福感、生态多样性和弹性及善治。
- **地区**。OECD提出地区生活质量体系，涉及九个维度26个指标，包括收入、就业、住房、健康、教育、环境、个人安全感、公民参与、获得服务。
- **城市**。丹麦提出城市生活质量指标体系，共有十一个维度，包括收入、工作、住房、获得服务、安全、教育、环境、公民参与、健康、社会联系、生活满意度。
- **健康**。世界卫生组织提出生活质量指标体系，包括六个维度，即生理健康、心理状态、独立性水平、社会关系、环境、宗教和个人信仰，共24个主题。

四、中国的生活质量现代化

美好生活是人类的共同梦想和不懈追求。生活质量是衡量美好生活和社会现代化水平的一个综合指标，生活质量现代化是提高和实现人民美好生活的必由之路。2020年我国将全面建成小康社会，将基本具备向生活质量进军的条件，提高生活质量和满足美好生活需要将成为未来30年我国的发展主题。根据生活质量现代化的国际经验，我们认为，中国生活质量现代化，就是要建设个人生活质量、公共生活质量、生活环境质量和生活满意度都达到世界先进水平的现代化国家和美好社会，让全民享有世界先进水平的美好幸福生活。

下面先简要分析中国生活质量的发展趋势（表C），然后根据现代化科学和国际经验讨论相关政策。关于中国生活质量指标的数据，主要来自世界银行的《世界发展指标》数据库、OECD、国际劳工组织（ILO）以及《中国统计年鉴》等。有些时候不同来源的数据存在差异，需要谨慎对待。

表C 中国生活质量的发展趋势（举例）

维度	指标和单位	1990	2000	2016	2020	2035	2050
个人生活							
营养与健康	人均蛋白质供应量/(克/天)	65	84	98	99	100	102
	出生时平均预期寿命/岁	69.3	72.0	76.3	77.2	81.0	85.0
家庭与住房	人均住房间数/间	—	1.0	2.0	2.0	2.2	2.4
	汽车普及率/(辆/千人)	—	7	99	123	239	462
消费与成本	家庭人均消费/美元	159	450	3203	4121	10 599	27 258
	恩格尔系数*/(%)	—	44.2	31.4	28.0	18.3	11.9
公共生活							
经济生活	人均国民收入/美元	330	940	8250	10 814	29 836	82 319
	最低月工资/美元	29	50	226	281	636	1441
社会生活	大学入学率/(%)	3	8	48	55	85	100
	绝对贫困人口比例*/(%)	66.6	40.5	1.9	1.6	0.9	0.5

（续表）

维度	指标和单位	1990	2000	2016	2020	2035	2050
公共生活							
文化生活	人均国际旅游离境频次/(次/年)	0.00	0.01	0.10	0.12	0.30	0.71
	互联网普及率/(%)	0.0	2	53	62	100	100
政治生活	公民权利**(评级)	7.0	6.0	6.0	5.1	2.8	1.5
生活环境							
公共设施	安全饮用水普及率/(%)	67	80	96	97	99	100
	人均银幕数/(块/10万人)	—	0.2	2.5	3.0	5.3	9.2
公共服务	小学生师比*/(%)	22.3	22.2	16.5	15.9	13.7	11.8
	医生比例/(名/千人)	1.1	1.3	3.6	3.7	4.0	4.3
公共安全	监狱人口比例*/(人/10万居民)	—	111	119	118	112	107
	交通事故死亡率*/(人/10万人)	—	21.7	19.4	17.1	11.7	8.0
自然环境	$PM_{2.5}$年均浓度*/(微克/立方米)	49	52	56	46	21	10
	城市废水处理率/(%)	—	34	93	94	97	100
满意度							
个人生活	生活满意度***(指数)	7.3	6.5	6.9	7.0	7.3	7.6
公共生活	经济生活满意度***(指数)	6.1	5.7	6.2	6.4	7.0	7.6
生活环境	水质满意度/(%)	—	—	40	47	84	100

注：* 为逆指标，数值越小越好。** 数值越小，公民权利越大。*** 最高分为10分。2020~2050年数值根据2000~2016年的年均增长率估算而得，部分指标的增长率有调整。1990~2016年部分指标为估计值或附近年的数值。

1. 中国个人生活的发展趋势

个人生活选取营养、健康、家庭、住房、消费与成本五个维度25个指标进行定量分析。1970年以来，12个指标为上升变量，8个指标为下降变量。2016年13个指标与国民经济水平相关。过去40年中国个人生活变迁与世界趋势基本一致。

- 营养与健康。1970年以来，中国人营养水平和健康水平都有较大提升。1970~2013年，中国人均食物供应量的年均增长率约1.2%，人均蛋白质供应量的年均增长率约1.8%，人均脂肪供应量的年均增长率约3.3%。1970~2016年，中国人的出生时平均预期寿命提高了17.2岁，婴儿死亡率的年均下降率4.8%。
- 家庭与住房。1990年以来，中国家庭和住房发生很大改变。1990~2015年，中国人离婚率的年均增长率约5.8%。家庭平均规模缩小，儿童人口比例先降后升，老龄人口比例上升。2002~2016年，中国城镇居民人均住房建筑面积年均增长率为2.9%，中国农村居民人均住房面积年均增长率为4.0%。
- 消费与成本。中国人均居民家庭消费支出明显增加。1990~2015年，中国人均居民家庭消费支出增加了约2000美元，年均增长率约8.1%。1980~2015年，城镇居民恩格尔系数下降了27.2个百分点，农村居民恩格尔系数下降了28.8个百分点。
- 2013~2016年，中国居民人均消费支出结构发生改变。其中，个人生活消费支出比例下降，公共生活消费支出比例上升。2016年个人生活消费支出比例约为65%，公共生活支出比例约为33%。

2. 中国公共生活的发展趋势

公共生活选取经济生活、社会生活和文化生活三个领域的 32 个指标进行定量分析。1990 以来,18 个指标为上升变量,4 个指标为下降变量,1 个指标为转折变量,1 个指标为波动变量。2016 年 21 个指标与国民经济水平相关。在过去 20 多年里,中国公共生活的变迁,与世界趋势保持一致,但增速较快,水平较低。

- 经济生活。1990~2016 年,中国人均国民收入增加了 24 倍,年均增长率约 13.2%;人均购买力提升了 15 倍,年均增长率约 11.2%。
- 社会生活。1990~2015 年,平均受教育年限增加了 2.8 年,年均增长率约 1.9%。1990~2014 年,国际贫困人口比例下降了 65.2 个百分点。1990~2016 年期间,中国基本养老保险覆盖率的年均增长率约 10.0%。
- 文化生活。1995~2016 年,人均国际旅游离境频次增加了 24 倍,年均增长率约 16.6%。2005~2015 年,人均年观影次数提高近 7 倍。1995~2016 年,互联网和移动电话普及率大幅提升,2016 年分别达到 53.2% 和 97.3%,网购人口比例达到 33.9%。

3. 中国生活环境的发展趋势

生活环境选取公共设施、公共服务、公共安全、自然环境和国际环境五个维度的 26 个指标进行定量分析。1970 年以来,17 个指标为上升变量,5 个指标为下降变量,1 个指标为波动变量。2016 年 17 个指标与国民经济水平相关。在过去 40 多年里,中国生活环境部分指标获得很大改进,并与世界发展趋势基本一致。

- 公共设施。1970 年以来,中国公共设施水平提升较快。卫生设施普及率、清洁饮水普及率、千人床位数、固定宽带订阅、通电率、人均航行次数、人均影院数、人均银幕数等都有较大提高。1980~2016 年,人均航行次数提升 100 多倍,年均增长率约 14%。
- 公共服务。1970 年以来,中国公共服务能力明显提升。医生比例、护士和助产士的比例、人均电力消费明显提高;小学生师比和中学生师比降低。1970—2016 年小学生师比下降了 12.4 个百分点。1970~2015 年千人医生数增加了 2.77 名。
- 自然环境。1990~2016 年,$PM_{2.5}$ 年均浓度增长率约 0.6%。1970~2016 年,生物多样性陆地保护面积占比提高了 11.7 个百分点。

4. 中国生活满意度的发展趋势

生活满意度的数据很难获取。这里选取生活满意度和经济生活满意度两个指标进行定量分析。根据世界价值观调查的数据,1990 年以来,中国生活满意度和经济生活满意度都在波动。它与世界部分国家的表现一致。

- 世界价值观调查数据显示,2010~2014 年期间,中国生活满意度为 6.85 分(满分为 10 分),低于美国、德国、瑞典、日本等发达国家的生活满意度。

5. 中国生活质量的水平和特点

其一,国家水平。2016 年中国生活质量指数为 48,排名世界 131 个国家的第 54 位。中国生活质量水平属于初等发达水平,处于发展中国家的中间位置。

其二,指标水平。2016 年中国生活质量 54 个指标发展水平大致是:18.5% 的指标为中等发达水平,68.5%的指标为初等发达水平,13.0%的指标为欠发达水平。

其三,主要特点。不同领域有不同特点,这里介绍三个特点。

- 中国现实生活质量指数和生活满意度指数不平衡(图H)。2016年,中国现实生活质量指数为43,属于初等发达水平;中国生活满意度指数为54,属于中等发达水平。
- 中国居民消费支出结构正在发生转变,其中,公共生活消费支出比例上升。
- 中国家庭生活出现三个变化,即规模小型化、结构老龄化、婚姻生活出现多种形式。

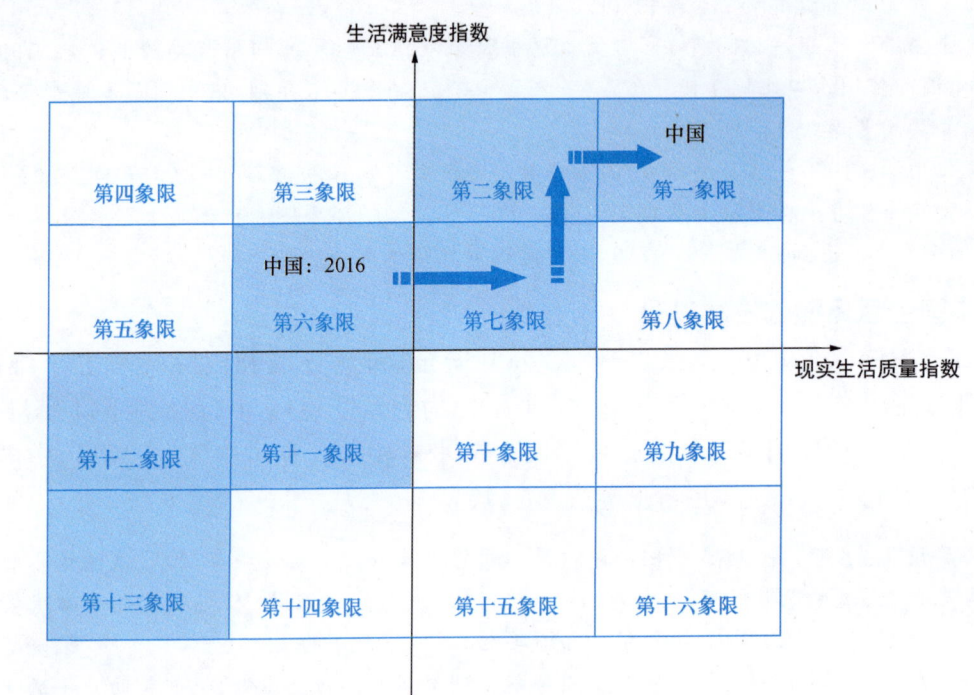

图 H 中国生活质量的定位和目标

注:21世纪中国生活质量现代化的三个台阶。

6. 中国生活质量现代化的路线图

中国生活质量现代化路线图是生活质量现代化的目标和路径的一种系统集成。其中,政策目标包括共性目标、个性目标和专项目标。这里主要讨论共性目标。

其一,战略目标。高标准实现生活质量现代化,全面建成健康长寿、环境优美、生活美好、人民满意的现代化国家和美好社会,逐步达到现实生活质量和生活满意度的世界先进水平,让全民享有世界先进水平的美好幸福生活。

在21世纪期间,战略目标(国家层面的共性目标)可以分解为三个阶段目标。即在2035年左右基本实现生活质量现代化,在2050年左右全国平均实现生活质量现代化,在2080年左右高标准实现生活质量现代化。

- 2035年前后基本实现生活质量现代化,基本建成健康长寿、环境优美的中等发达国家;
- 2050年前后全国平均实现生活质量现代化,基本建成生活美好、人民满意的发达国家;
- 2080年前后(约改革开放100周年)高标准实现生活质量现代化,个人生活质量、公共生活质量、生活环境质量和生活满意度都达到世界先进水平,全面建成具有世界先进水平的现代化国家和美好社会。

其二,中国生活质量现代化的基本任务,可以分为国家、地区和家庭三个层次的任务。其中,国家层次的基本任务是要完成两个转变,要上三个台阶。

- 两个转变。一是发展目标转变,从生活水平现代化到生活质量现代化、从全面建成小康社会到全面建成生活质量达到世界先进水平的美好社会和现代化国家;二是发展模式转变,从以经济建设为中心到以生活质量为发展主题。
- 三个台阶。一是国家生活质量水平从初等发达水平升级为中等发达水平;二是从中等发达水平升级为发达水平;三是从发达水平升级为世界先进水平,走到世界前列。

其三,运河路径。为实现国家层面的共性目标,建议以提高生活满意度为导向,瞄准生活质量的未来世界前沿,生活水平现代化和生活质量现代化协调发展,并加速向生活质量现代化转型,迎头赶上未来的世界前沿水平。在21世纪上半叶达到或接近生活质量现代化的发达国家水平,基本建成健康长寿、环境优美、生活美好、人民满意的现代化国家。在21世纪下半叶早日达到生活质量的世界先进水平,同时个人生活质量、公共生活质量、生活环境质量和生活满意度达到世界先进水平,全面建成具有世界先进水平的美好社会,高标准实现生活质量现代化。

其四,监测指标和动态监测。包括个人生活质量、公共生活质量、生活环境质量和生活满意度的38个监测指标。根据政策需要,可以调整和增加监测指标。

其五,战略要点。在未来30年,为实现国家层面的共性目标,建议以全面提高生活满意度为导向和核心目标,以个人生活质量现代化和公共生活质量现代化为两翼,以生活环境质量现代化为支撑,以提高经济质量和科技创新工程为推力。

其六,政策措施(图I)。为实现国家层面的共性目标,建议实施"国家生活质量议程",全面提高生活满意度;实施"美好生活行动纲要",全面提高个人生活质量;四化联动,扬长补短,全面提高公共生活质量;多管齐下,共建共享,全面提高生活环境质量;实施"经济质量十年议程",全面提高经济质量,夯实生活质量的物质基础;启动"生活质量科技创新工程",提高生活质量的可持续提升能力。

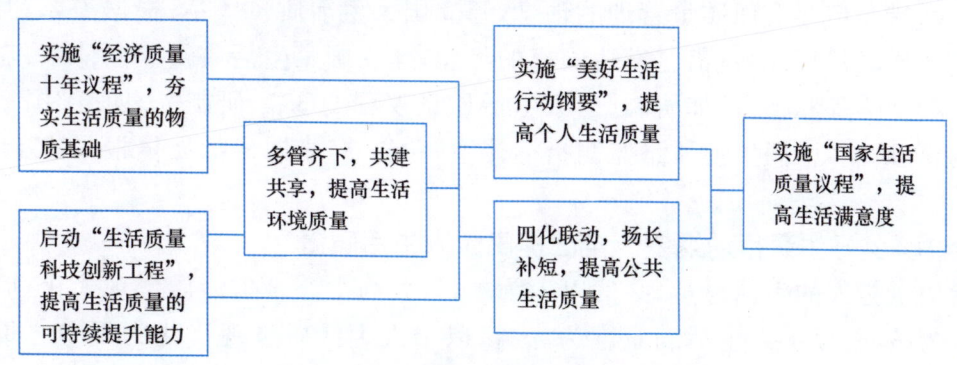

图I 未来30年中国生活质量现代化的战略重点
(实现国家层面的共性目标部分的战略重点)

7. 实施"国家生活质量议程",全面提高生活满意度

生活质量和生活水平的本质差别是前者关注生活满意度,后者关注物质生活水平。向生活质量进军,全面提高生活满意度,全面满足人民美好生活需要,是未来30年的发展主题和战略任务。生活满意度涉及生活的所有维度和方面。

提高生活满意度,可以和需要从一点一滴做起。但要实现中国生活质量现代化的总体目标,仅一点一滴地做是不够的。需要从国家层面做起,需要有总体战略。基本思路是:哪里不满意,就改善哪里,改到满意为止,全面提高生活满意度。

- 转变发展理念,实现从"经济增长率导向"到"生活满意度导向"的转变。
- 转变发展模式,实现从"以经济建设为中心"到"以生活质量为发展主题"的转变。
- 加强生活质量的科学研究,普及生活质量的科学知识和高质量的生活方式。
- 向生活质量进军,制定和实施"国家生活质量议程"。借鉴全面质量管理的理念和发达国家的经验,研制国家生活质量议程,建立生活质量管理体系和生活质量监测体系,启动一批生活质量工程,全面提高生活满意度。

"国家生活质量议程"建议书摘要

建议理由。美好生活是我们的共同向往。生活质量是衡量美好生活和社会现代化水平的一个综合指标,生活质量现代化是提高和实现人民美好生活的必由之路。实施"国家生活质量议程",既是人民生活美好的需要,也是国家战略的需要。

基本思路。"国家生活质量议程"是一个提高全民生活质量和生活满意度的指导性行动议程,是以生活质量为发展主题和向生活质量全面进军的行动议程。它以生活质量为中心,以生活满意度为导向,建立国家生活质量体系,启动生活质量重大工程,实现发展目标、发展理念和发展模式的三个根本转变,全面建设健康长寿、环境优美、生活美好、人民满意的现代化国家和美好社会。

总体目标。力争用30年时间(2020～2050),生活满意度达到发达国家水平,基本建成健康长寿、环境优美、生活美好、人民满意的现代化国家和美好社会。同时,个人生活质量、公共生活质量和生活环境质量基本达到发达国家水平,全国人民基本享有发达国家的生活质量。

重要举措。借鉴全面质量管理的理念,建立国家生活质量体系;根据需要和国情,建立国家生活质量治理体系;借鉴发达国家的经验,建立国家生活质量监测体系;启动一批生活质量重大工程和项目,如研制"国家生活质量议程2035"、研制"十四五"国家生活质量规划纲要、研制"中国生活质量监测指标体系"和建立《中国生活质量报告》双年度报告制度等。

8. 实施"美好生活行动纲要",全面提高个人生活质量

生活质量指人的生活质量,必然以人为本,以人为中心。生活质量现代化,应以个人生活质量为核心,以个人生活满意度为先导,以个人生活质量现代化为重中之重。未来30年,应该把个人生活质量现代化摆在优先发展的位置。

提高个人生活质量,既是个人和家庭的责任,也是全社会的责任。因为社会是由个

人和家庭组成的。提高个人生活质量,个人承担首位责任,社会承担辅助责任。基本思路是:哪里质量差,就改进哪里,改到质量好为止,提高个人生活质量。

- 提高个人生活质量,可从营养、健康、家庭、住房、消费与成本五个方面入手。
- 全面落实《"健康中国2030"规划纲要》,提高健康生活质量。继续实施全民健身计划。启动"婴幼儿用品工程",将5岁以下儿童用品纳入全程质量管理。
- 启动"社区养老工程",为老年人集中社区建立"健康养老服务模式"。
- 为有条件的四层及以上楼层的居民楼安装安全便捷的电梯。
- 制定和实施"美好生活行动纲要",全面提高个人生活质量。
- 关于老年人、妇女儿童、患者和非健全人的生活质量,需要专题研究。

"美好生活行动纲要"建议书摘要

建议理由。 美好生活人人有责,幸福生活家家有份。人人美好才会国家美好,家家幸福才会社会幸福。研制和实施"美好生活行动纲要",让美好生活从我做起,让美好社会从家做起,全面推进个人和家庭生活质量现代化,奠定生活质量现代化和美好社会的第一基石。

基本思路。 "美好生活行动纲要"是一个提高个人生活质量、普及美好生活方式的引导性行动纲要,是为个人美好生活提供科学服务和行动指南的行动纲要。它将坚持"以生活质量为中心、以生活满意度为导向"的原则,全民动员,全员参与,全程规划,全域覆盖,为建设一个生活美好、人民满意的美好社会奠定坚实基础。

总体目标。 力争用30年时间(2020~2050),使个人生活质量和生活满意度达到发达国家水平,基本建成生活美好、人民满意的美好社会,实现"美好生活人人有,幸福生活家家欢"的总体目标。

重要举措。 研制"美好生活行动纲要2035",提出美好生活行动框架;研制"美好生活全程规划",提出全生命周期的美好生活模式;研制"美好生活行为指南",制定美好生活日历;继续推进"'健康中国2030'规划纲要"和"全民健身活动计划",研制和启动"健康中国人计划""婴幼儿用品工程""社区养老工程"和"家庭小康工程"等。

9. 四化联动,扬长补短,全面提高公共生活质量

人类是一种社会化的动物。人类生活既有独立自主的个体生活和家庭生活,更多是互动互助的群体生活。前者简称为个人生活,后者简称为公共生活。公共生活质量现代化是生活质量现代化的重要内涵。

提高公共生活质量,需要个人、家庭、社会、企业和政府五方的通力合作。在经济、社会、文化和政治生活等领域,五方承担的责任有所不同。基本思路是:哪里意见大,就改变哪里,改到没意见为止,全面提高公共生活质量。

- 提高经济生活质量。从工作、收入、工作与生活平衡三个方面提高。
- 提高社会生活质量。从社会联系、教育学习、社会公平、社会保障四个方面提高。
- 提高文化生活质量。从休闲旅行、大众文化、网络文化、文化包容性四个方面提高。
- 提高政治生活质量。完善公共治理,完善基层民主,降低腐败和行贿发生率等。

"公民文化素质工程"建议书

公民素质决定公民行为,公民行为影响公共生活质量。公民文化素质是公民素质的重要组成部分,它包括人文素质和科学素质。提高公民文化素质,是提供公共生活质量的重要保障。《中国现代化报告2009》建议实施"公民文化素质工程",建立免费的消夏文化节制度,全面提高公共文化生活质量。详见《报告》正文。

10. 多管齐下,共建共享,全面提高生活环境质量

人类的所有生活,都是生活活动与生活环境的互动。生活的环境和条件,既是独立存在的,又与生活的活动和行为相互影响。生活环境质量现代化是生活质量现代化的重要基础和组成部分,也是提高生活质量的重要途径。

提高生活环境质量,需要政府、社会、企业、家庭和个人的通力合作,但政府承担更多责任。在不同领域,政府承担的责任有所不同。基本思路是:哪里环境差,就改革哪里,改到环境好为止,全面提高环境生活质量。

- 加强基础设施建设,提高公共设施质量。包括给排水、能源、交通、信息、健康、文化、体育设施等。
- 建立服务型政府,提高公共服务质量。全面提高公共服务能力和公共服务质量,包括设施服务、基本公共教育、劳动就业服务、社会保险、基本社会服务、基本医疗卫生、人口和计划生育、基本住房保障、公共文化体育、残疾人基本公共服务等。
- 增强公共安全意识,提高公共安全质量。包括工作安全、社会安全、交通安全、生态安全和国家安全等。
- 增强生态文明意识,提高自然环境质量。涉及大气和水环境、城市和农村环境、工业三废治理和生物多样性保护等。
- 改善国际关系,提高国际环境质量。国际环境涉及国际旅行、国际贸易、国际留学、国际移民、国际合作和国际安全等。

"诚信文化建设工程"建议书

从社会关系角度看,传统社会是一种血缘社会,现代社会是一种契约社会;诚信是契约社会的基石。服务过程是一个互动过程。如果服务双方缺少诚信,那么,服务过程就会不顺利,交易成本就会很高。启动诚信文化建设工程,建设具有世界先进水平的诚信文化和诚信社会,可以降低中国社会的运行成本,提高生活环境质量。详见《报告》正文。

11. 实施"经济质量十年议程",全面提高经济质量,夯实生活质量的物质基础

没有经济质量就没有生活质量。因为一般而言,没有优质的商品和服务,就没有经济质量,就没有生活满意度,没有生活满意度就没有生活质量。生活质量以丰富和优质的物质生活为基础,并包括优质和满意的物质生活。

- 建设现代化经济体系,真正实现高质量发展。
- 研制和实施"经济质量十年议程",全面提高经济质量。

"经济质量十年议程"建议书摘要

建议理由。 从经济角度看,质量是立国之本,工业是强国之路,服务业和知识产业是

发展方向。经济质量不仅是经济现代化的标志性指标,而且是物质生活质量的决定性因素。目前,中国经济规模已经位居世界第二,但是,中国经济质量位于世界中下游。借鉴经济发达国家的成功经验,加快中国经济发展方式的根本转变,实现从规模扩张型向质量进步型的战略转型,是一种历史必然。研制和实施《经济质量十年议程》,提高经济质量(包括工业产品质量、工程质量、服务质量和产业质量等),应该成为中国经济现代化的第一优先,应该摆在经济工作的首要位置。

总体目标。 力争用10年时间(2020~2030),使中国经济质量的主要指标(包括工业产品质量、工程质量、服务质量、主要产业质量、制造业和工业劳动生产率等)达到或接近2010年发达国家水平,形成一批国际著名的优质企业和产业集群,基本建成经济质量强国。

重要举措。 举行"经济质量十年议程"启动仪式,宣布"向经济质量进军";研制"经济质量十年议程"和"经济质量发展纲要2020~2030",编制《中国质量法典》,建立"中国质量管理中心",重建企业职业技能体系,建立"国家质量巡回法院",设立"质量检察官"等。

12. 启动"生活质量科技创新工程",提高生活质量的可持续提升能力

科技发展,不仅要为经济发展服务,更要为人类发展服务,真正做到以人为本。建议继续加大与生活质量紧密相关的科技领域的投入,如生命科技、医药科技、农业科技、环境科技、运输科技、建筑科技、信息科技、能源科技和材料科技等。

为提高生活质量的可持续提升能力,满足人民对美好生活的向往和需要,建议制定和启动"生活质量科技创新工程",统筹和协调推进生活质量相关的科技创新和工程技术创新,为生活质量现代化和人民美好生活提供持续增长的新动力。

生活质量科技创新工程,聚焦生活质量直接相关的领域,如衣食住行、健康、信息和环境领域等,以提高生活质量和生活满意度为导向,以产品链创新为目标,以实用工程技术创新为重点,以产学研三结合为特点,鼓励产学研联合申请。

五、世界和中国现代化评价

1. 2016年世界现代化水平

其一,整体水平。2016年美国等28个国家进入第二次现代化,中国等99个国家处于第一次现代化,乍得等4个国家处于传统农业社会,还有一些原始部落。

其二,国际体系。根据第二次现代化指数的国家分组,2016年美国等21个国家为发达国家,俄罗斯等18个国家为中等发达国家,中国等40个国家为初等发达国家,肯尼亚等52个国家为欠发达国家。

其三,世界前沿。2016年第二次现代化指数排世界前10名的国家是:丹麦、美国、瑞典、荷兰、瑞士、比利时、新加坡、爱尔兰、德国、挪威。

其四,国际追赶。在2000~2016年期间,根据第二次现代化指数分组,在131个参加评价的国家中,有23个国家的分组发生了变化,其中,组别上升国家有9个,组别下降国家有14个。

2. 2016年中国现代化水平

2016年中国是一个发展中国家,具有初等发达国家水平(发展中国家的中间水平)。2016年中国第一次现代化指数为99,排名世界131个国家的第49位;第二次现代化指数和综合现代化指数分别为45和47,排名第49位和第59位。

3. 2016年中国地区现代化水平

其一,整体水平。2016年北京等5个地区进入第二次现代化,天津等29个地区处于第一次现代化,局部地区属于传统农业社会。

其二,水平结构。根据第二次现代化指数分组,2016年中国多数地区属于发展中地区;北京、香港和澳门3个地区具有发达国家水平的部分特征,上海、台湾、天津、江苏、浙江、广东、福建、山东和重庆9个地区具有中等发达水平的部分特征,湖北等21个地区具有初等发达水平的部分特征,其他地区发展水平较低。

其三,前沿水平。2016年中国内地(大陆)地区现代化的前沿已经进入第二次现代化的发展期,地区现代化的前沿水平接近发达国家的底线,部分指标达到发达国家的底线。例如,2016年北京和上海的部分指标接近或达到意大利和西班牙的水平。

六、结束语

人类发展有规律,国家发展有机遇。一般而言,从农业社会向工业社会的转变,提高经济效率和生活水平是人类发展的主旋律,工业革命和三次技术革命是国家发展的大机遇;从工业社会向知识社会的转变,提高生活质量和生活满意度是人类发展的大方向,信息革命和新科技革命是国家发展的新机遇。尊重规律和把握机遇的国家走向成功,忽视规律和失去机遇的国家走向落后。

2020年中国将全面建成小康社会,将开启现代化强国建设的新征程。遵循规律和把握机遇是我们的必然选择,创新驱动和美好生活是我们的战略重点。在未来30年,提高生活质量将成为人民的普遍追求,向生活质量进军将成为全国的发展主题,人民的生活质量将逐步达到发达国家水平。届时,清洁空气、安全饮水、放心食品、舒适住房、便捷交通、良好教育、精彩文化、优雅休闲、优质服务、满意工作、美满家庭和健康长寿等,将让全民实现幸福安康的美好生活。

何传启

国际欧亚科学院院士

中国现代化战略研究课题组组长

中国科学院中国现代化研究中心主任

2019年3月20日

上 篇

生活质量现代化研究

人类从非洲走来,在亚洲发明了农业文明,在欧洲创造了工业文明,在北美洲孕育了知识文明。人类文明的中心和前沿在迁移,人类发展的主题和成就在转换。概要地说,农业社会发展主题是提高食物供给,满足生存需要;工业社会发展主题是提高经济效率和生活水平,满足物质生活需要;知识社会发展主题是提高经济效益和生活质量,满足精神生活需要(图一)。生活水平现代化是工业社会的重大成就,生活质量现代化是知识社会的发展前沿。本报告研究生活质量现代化,探讨生活质量的发展规律,为提高生活质量的宏观决策提供依据。

- 生活水平现代化:提高生活水平和效率,关注物质生活需要;物质生活极大丰富。
- 生活质量现代化:提高生活质量和效益,关注精神生活需要;文化生活极大丰富。
- 生活水平与生活质量之间,物质生活与精神生活之间,有交叉且交叉越来越多。在很大程度上,生活水平是生活质量的基础,精神生活需要物质生活基础,物质生活需要精神生活引导。

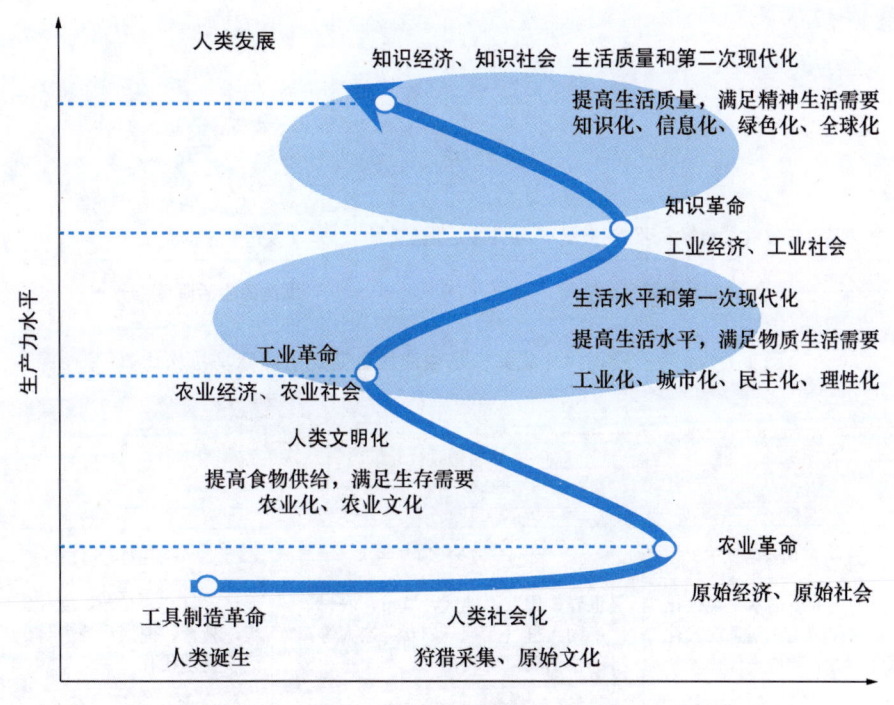

图一 人类发展和现代化的路线图(示意图)

注:生产力结构刻度采用劳动力结构数值:原始经济为非狩猎采集与狩猎采集劳动力之比,农业经济为非农业与农业劳动力之比,工业经济为工业与非工业劳动力之比,知识经济为非知识产业与知识产业劳动力之比。圆圈代表工具制造革命、农业革命、工业革命和知识革命(包含信息革命和生态革命)等。

第一章 世界生活质量现代化的基本事实

幸福是社会发展所追求的价值性目标（亚里士多德，2003）。对幸福生活的追求，是推动人类文明进步的重要动力。对于幸福生活的探讨最早可以追溯到公元前8世纪，而关于生活质量问题的研究大致兴起于20世纪。生活质量的变迁是社会现代化的一种重要表现形式。生活质量变迁既有普遍规律，又有国别差异、地区差异、领域差异、行业差异和时代差异。我们认为，从实证研究角度看，生活质量现代化是20世纪以来生活质量发展的世界前沿，以及追赶、达到和保持世界前沿水平的行为和过程。形象地说，生活质量现代化犹如一场生活质量发展的国际马拉松比赛，跑在前面的国家成为生活质量达到世界先进水平的国家，即生活质量发达国家，其他国家是发展中国家，两类国家之间可以转换（图1-1）。在本报告里，生活质量现代化包括分阶段、分层次、分领域和分行业的生活质量现代化等（图1-2）。

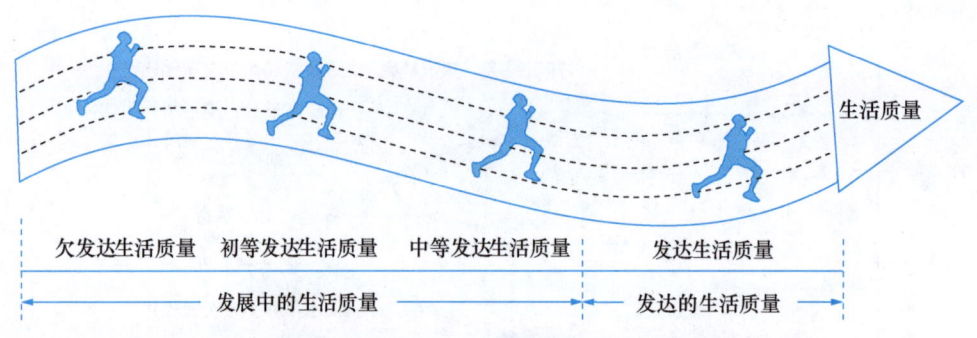

图1-1 生活质量现代化犹如一场生活质量变迁的国际马拉松比赛

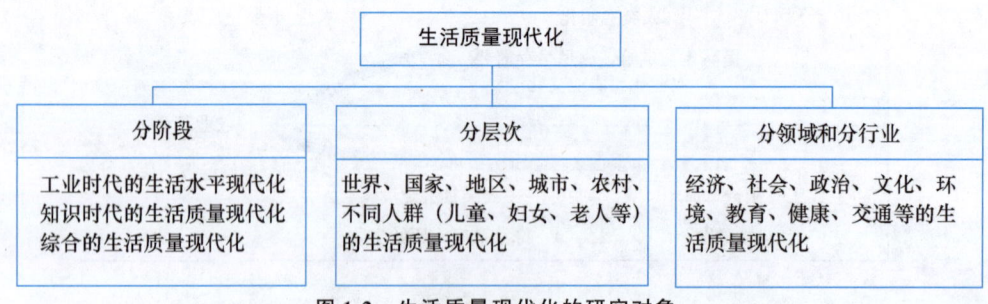

图1-2 生活质量现代化的研究对象

注：工业时代，以生活水平现代化为主，提高生活水平是关键，部分人关心生活质量。知识时代，以生活质量现代化为主，提高生活质量是关键，部分人需要继续重视提高生活水平。发展中国家，可以生活水平和生活质量现代化协调推进，迎头赶上发达国家水平，就是综合的生活质量现代化。

第一节 生活质量现代化的研究方法

生活质量现代化的研究单元和研究范围可以是世界、国家、地区等（表1-1）。生活质量现代化涉及诸多方面，需要多角度和多层次的综合研究。

表1-1　生活质量现代化的研究范围与研究单元的组合

		研究范围(scale)		
		全球范围	国家范围	地区范围
研究单元 （unit）	世界	世界层面的生活质量现代化	—	—
	国家	全球范围的国家生活质量现代化	某国的生活质量现代化	—
	地区	全球范围的地区生活质量现代化	某国的地区生活质量现代化	某地的生活质量现代化

一、生活质量现代化的基本概念

生活质量现代化是现代化的一种表现形态和重要组成部分。生活质量现代化研究可以采用现代化研究和社会学的一般研究方法。它可以18世纪初为起点，可以从历史进程、客观现实和未来前景三个角度进行分析。由于18～19世纪的数据很少，研究重点是20世纪以来。

1. 生活质量现代化的词义分析

生活质量现代化涉及四个单词：生活、质量、生活质量和现代化。

(1) 什么是生活

生活是人类生存、繁衍和发展的全部活动。它大致可以分为物质生活和精神生活或私人生活和公共生活等；它不仅包括生活的活动和行为，而且涉及生活的环境和条件(图1-3)。简言之，生活=生活活动(生活行为)×生活环境(生活条件)。这种划分是相对的。

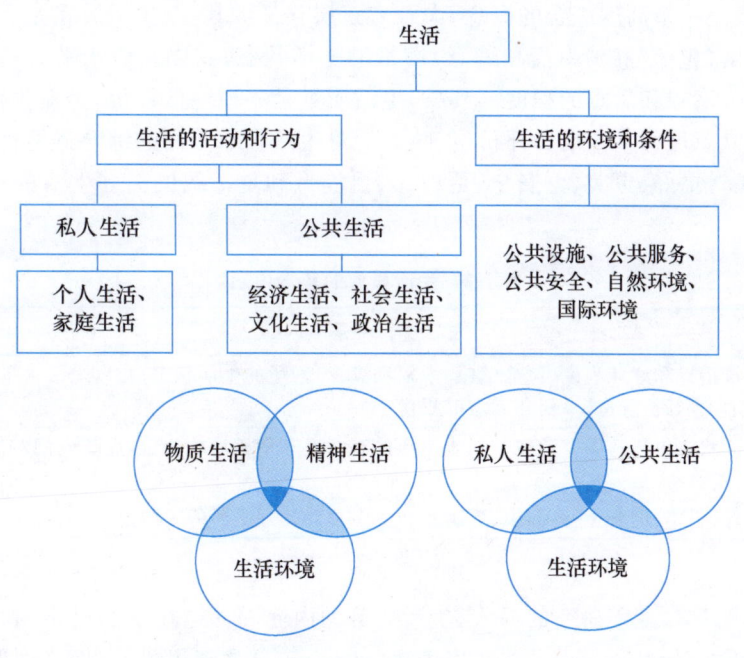

图1-3　生活的分析结构(示意图)

注：私人生活是指在私人空间、具有私人属性的生活，如个人和家庭生活；公共生活是指在公共空间、具有公共属性的生活，如经济、社会、文化和政治生活；生活环境是指生活的外部条件，如公共设施、公共服务、公共安全、自然环境、国际环境，私人生活的家庭环境暂归于私人生活。这里我们将在私人空间、具有公共属性的生活，划归公共生活；在公共空间、具有私人属性的生活，划归私人生活。这种划分是相对的。

(2) 什么是质量

关于质量没有统一定义。国际标准化组织(ISO)颁布的 ISO9000：2015《质量管理体系：基础和术语》中对质量的定义为：**质量是产品或服务预期的功能和性能，以及顾客对其价值和利益的感知**。一个关注质量的组织倡导一种文化，其结果导致其行为、态度、活动和过程，他们通过满足顾客和其他相关方的需求和期望创造价值。组织的产品和服务质量，取决于满足顾客的能力，以及对相关方预期或非预期的影响。

(3) 什么是生活质量

美国经济学家加尔布雷斯(Galbraith)1958年出版《丰裕社会》，阐述了生活质量的重要意义。但迄今为止生活质量没有统一定义，不同学者和不同词典有不同定义，不同人有不同感受。例如，维基百科认为生活质量指个人和社会的生活状态(general well-being)，反映生活的好坏特征，包括对生活各个方面的满意度。韦氏词典认为生活质量指个人生活的好坏程度(how good or bad)。牛津词典认为生活质量指个人或群体生活的健康、舒适和幸福的程度。

加尔布雷斯认为，生活质量涉及生活的舒适便利程度以及精神上所得到的享受和乐趣(加尔布雷斯，1958)。罗斯托认为生活质量涉及自然和社会两个方面，自然方面包括生活环境的美化和净化，社会方面包括教育、卫生、交通、生活服务、社会风尚和社会治安的改善(罗斯托，1971)。

生活质量(quality of life)和生活水平(standard of living)是两个不同概念。前者主要反映生活的满意度和幸福度；后者主要反映财富、物质商品和生活必需品的享有量。通俗地说，前者反映生活的好坏和满意的程度；后者反映生活用品数量和财富的多少(何传启，2017a)。

目前，生活质量是一个高度综合的概念，大致有三层含义。其一，生活质量是一种生活状态，是用质量指标和好坏程度(包括健康、幸福和满意)衡量的生活状态；它以生活水平为基础，反映个人和社会生活的健康、舒适、幸福和满意的程度。其二，生活质量是一种生活评价，是对生活状态包括物质生活和非物质生活的满意度和幸福度的评价，反映人们对生活各个方面的综合满意度。其三，生活质量是一种生活追求，是对更好、更美、更安全、更健康、更满意和更幸福的美好生活的不懈追求(何传启，2017a；表1-2)。

表1-2 生活质量的基本内涵

三个方面	基本内涵
生活状态	是用质量指标和好坏程度(包括健康、幸福和满意)衡量的生活状态；它以生活水平为基础，反映个人和社会生活的健康、舒适、幸福和满意的程度
生活评价	是对生活状态包括物质生活和非物质生活的满意度和幸福度的评价，反映人们对生活各个方面的综合满意度
生活追求	是对更好、更美、更安全、更健康、更满意和更幸福的美好生活的不懈追求

资料来源：何传启，2017。

20世纪60年代以来，随着研究的深入，生活质量的内涵和外延在不断演化(表1-3)，它与人类福祉(well-being)、美好生活(better life)和幸福生活(happiness)紧密相关，它们之间既有交叉又各有侧重，不同学者关注不同的方面。

表 1-3 生活质量的相关概念

概念	英文	内涵
生活质量[1]	quality of life	既是一种生活状态,也是一种生活评价,还是一种生活追求
人类福祉[2]	well-being	是关于个人或团体状况的一般术语,例如经济状况、社会状况、心理状况等
美好生活[3]	better life	关于美好生活没有统一认识。OECD部分专家认为,美好生活是我们对生活质量认识的一种深化,涉及对人类而言什么是重要的、什么提供了基本的幸福感、什么带来了生活质量
幸福生活[4]	happiness	被用于精神或情感状态的语境中,包括从满足到强烈喜悦的积极或愉快的情绪;也被用于生活满意度、主观福祉等情景中

资料来源:1. 何传启,2017a;2. Wikipedia,2018;3. OECD,2018;4. Wikipedia,2018。

(4) 什么是现代化

现代化研究已经有 60 多年历史,但迄今为止,现代化没有统一定义。

现代化科学认为:现代化既是一个世界现象,也是一种文明进步,还是一个发展目标。作为一种世界现象,现代化指 18 世纪工业革命以来人类发展的世界前沿,以及追赶、达到和保持世界前沿的过程。作为一种文明进步,现代化是从传统文明向现代文明的范式转变,以及人的全面发展和自然环境的合理保护,它发生在政治、经济、社会、文化、生态和人类发展各个领域,同时文化多样性长期存在并发挥作用。作为一种发展目标,已经现代化的国家要保持现代化水平,尚未现代化的国家要追赶和早日实现现代化。

在 18～21 世纪期间,世界现代化的前沿过程大致可以分为两个阶段;其中,第一次现代化是从农业经济向工业经济、从农业社会向工业社会的转变,可以简称为经典现代化或工业时代的现代化;第二次现代化是从工业经济向知识经济、从工业社会向知识社会的转变,可以简称为新型现代化或知识时代的现代化。

(5) 什么是生活质量现代化

从实证研究角度看,生活质量现代化是 20 世纪以来人类生活质量发展的世界前沿,以及追赶、达到和保持世界前沿水平的行为和过程。它包括现代生活质量的形成、发展和国际互动,生活质量要素的创新、选择、传播和退出,以及追赶、达到和保持生活质量世界先进水平的行为和过程;达到和保持世界先进水平的国家是生活质量发达国家,其他国家是生活质量发展中国家,两类国家之间可以转换。18 和 19 世纪生活质量指标的统计数据非常缺乏。

在 18～21 世纪期间,世界生活质量现代化进程大致可以分为两个阶段;其中,第一个阶段是生活水平现代化,是从农业时代的生活水平向工业时代的生活水平的转变,同时有部分人关心生活质量,亦可称为"工业时代的生活质量现代化";第二个阶段是生活质量现代化,是从工业时代的生活水平向知识时代的生活质量的转变,或者从工业时代的生活质量向知识时代的生活质量的转变,可以称为"知识时代的生活质量现代化"。

2. 生活质量现代化的研究对象

生活质量现代化的研究对象是 18 世纪工业革命以来生活质量变迁的世界前沿,以及追赶、达到和保持世界前沿水平的行为和过程(图 1-4),它包括分阶段、分层次、分领域和分行业的生活质量现代化等(图 1-2)。

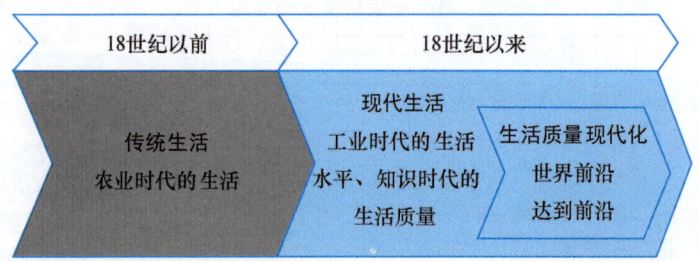

图 1-4 生活质量现代化的研究对象（示意图）

生活质量的概念是在 20 世纪提出来的，属于工业时代的后期。虽然在工业时代的早期没有生活质量的专题研究，但是生活质量是客观存在的，提高生活水平是主要目标。同时，农业时代也存在生活质量问题，但属于少数人关心的问题。本项研究仅追溯到工业时代。

3. 生活质量现代化的研究内容

生活质量现代化现象是一种复杂的世界现象，可以和需要从不同角度进行研究。根据研究的目的和性质的不同，可以对生活质量现代化的研究内容进行分类（表 1-4）。

表 1-4 生活质量现代化研究内容的分类

分类的依据	研究内容的描述
概念研究	现代生活质量变迁的世界前沿形成、发展、国际互动 现代生活质量要素的创新、选择、传播、退出等
过程和行为研究	四个方面：生活质量现代化的过程、结果、动力、模式 四个要素：生活质量变迁的行为、结构、制度、观念的现代化 不同角度：私人生活、公共生活、生活环境的现代化，生活满意度的变迁 相互作用：生活质量不同系统、不同要素的相互作用等
结果研究	四种结果：生活质量变迁的现代性、特色性、多样性、副作用 四种分布：生活质量变迁的地理结构、国际结构（水平结构）、人口结构、系统结构等
研究问题	理论问题：生活质量变迁的世界前沿、长期趋势、文明转型、国际分化等 应用问题：生活质量变迁的国际竞争、国际经验、国际追赶、前沿创新等
研究性质	基础研究：生活质量变迁的世界前沿和前沿变化的特征和规律等 应用研究：生活质量达到和保持世界前沿的方法和途径等 开发研究：生活质量现代化的战略、规划和政策等

4. 生活质量现代化研究的组合

其一，研究范围与研究单元的组合。一般而言，生活质量现代化的实证研究，需要明确研究范围和研究单元，它们可以形成一个组合（表 1-1）。研究范围可以是全球、国家或地区范围等，研究单元可以是世界、国家或地区等。国家是现代化研究的基本单元。

其二，研究对象与研究内容的组合。生活质量现代化的研究对象是生活质量的现代化，包括私人生活、公共生活、生活环境和生活满意度的现代化等；研究内容包括生活质量行为、结构、制度和观念的现代化等。它们可以组成一个结构组合（表 1-5）。

表 1-5　生活质量现代化研究的结构组合

研究内容		研究对象		
		生活质量	私人生活、公共生活、生活环境、生活满意度	世界、国家、地区生活质量
		生活质量现代化	四个生活质量子系统的现代化	三个层次的生活质量现代化
要素	行为 结构 制度 观念	行为、结构、制度和观念的现代化	四个生活质量子系统的行为、结构、制度和观念的现代化	三个层次的行为、结构、制度和观念的现代化
方面	过程 结果 动力 模式	生活质量现代化的过程、结果、动力和模式	四个生活质量子系统的现代化的过程、结果、动力和模式	三个层次的生活质量现代化的过程、结果、动力和模式

二、生活质量现代化的研究方法

生活质量现代化研究可以沿用现代化研究和发展经济学的一般研究方法。

1. 生活质量现代化研究的方法论

生活质量现代化研究,大致有五种研究视角和方法论。

其一,从科学角度研究生活质量现代化,可以采用实证主义的研究方法,揭示生活质量现代化的客观事实和基本规律,建立客观的和没有偏见的因果模型。

其二,从人文角度研究生活质量现代化,可以采用阐释主义的研究方法,描述生活质量现代化的意义和关联,建构生活质量现代化现象的话语和理念。

其三,从政策角度研究生活质量现代化,可以采用现实主义的研究方法,归纳生活质量现代化现象的因果关系和价值导向,提出生活质量现代化的解释模型和政策建议。

在现代化科学里,实证研究、阐释研究和实用研究的区分是相对的,有些时候会交替采用三种方法论,有些时候会同时采用三种方法论。一般而言,实证研究提供现代化现象的事实和原理,阐释研究提供现代化现象的意义和关联,实用研究提供现代化现象的选择和建议。

其四,从未来学角度研究生活质量现代化,分析生活质量现代化的趋势,预测它的未来。

其五,从批判角度研究生活质量现代化,分析和批判生活质量现代化的现行理论、实践和失误,提出改进的对策和建议等。

2. 生活质量现代化研究的主要方法

生活质量现代化研究是一种交叉研究,自然科学和社会科学的诸多研究方法,都可以作为它的研究方法。例如,调查、模拟、假设、统计分析、定量分析、定性分析、模型方法、理论分析、比较分析、历史分析、文献分析、过程分析、情景分析和案例研究等。

生活质量现代化研究有许多研究类型,不同研究类型可以采用不同研究方法(表 1-6)。

表 1-6 生活质量现代化研究的主要类型

编号	类型	特点和方法
1	事先分析	在生活质量现代化现象发生前进行研究,是对现代化前景和战略的研究
2	事后分析	在生活质量现代化现象发生后进行研究,是对现代化进程和结果的研究
3	系统分析	从生活质量现代化的源头到末尾进行系统研究。生活质量现代化的源头是创新,生活质量现代化的末尾是生活质量现代化的结果。从创新到现代化的系统研究,是一种多学科的交叉研究
4	单维研究	对生活质量现代化进行单维度、单学科的研究
5	交叉研究	对生活质量现代化进行两维度或多维度、跨学科的交叉研究
6	综合研究	对生活质量现代化进行多维度、多学科的综合研究
7	历史研究	生活质量现代化的历史研究,时序、截面、过程、前沿、范式、文献、历史和案例研究等
8	现实研究	生活质量现代化的现状研究,层次、截面、统计、比较、前沿分析,社会调查、案例研究等
9	前景分析	生活质量现代化的前景分析,回归、趋势分析,线性和非线性外推、目标逼近和情景分析等

生活质量现代化现象的前沿分析。前沿分析包括生活质量现代化的世界前沿的识别、比较和变化分析等。通过分析世界前沿的特征、水平和变化等,研究生活质量前沿的变化规律。

生活质量现代化现象的过程分析。过程分析包括生活质量现代化过程的类型、阶段、特点、内容、原理和模式分析等(图 1-5)。生活质量现代化过程的阶段分析,旨在识别和描述它的主要阶段和阶段特征等,分析方法包括定性和定量分析等。

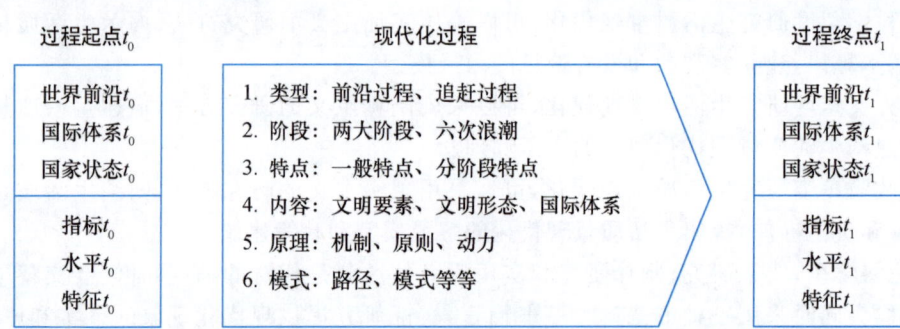

图 1-5 现代化现象的过程分析

注:文明要素包括文明的行为、结构、制度和观念等。
资料来源:何传启,2010。

生活质量现代化过程的结果分析。过程的结果与它的时间跨度紧密相关,与起点截面和终点截面(或分析截面)紧密相关(图 1-6)。在不同历史截面,生活质量现代化的世界前沿、国际体系和国家状态有所不同,它的指标、水平和特征有所不同;通过两个截面的宏观和微观层次的比较,可以分析在两个截面之间的生活质量现代化的主要结果。截面比较包括定量和定性比较等。一般而言,生活质量现代化过程的结果是时间的函数,生活质量现代性是时间的函数。

在起点截面 a 和终点截面 b 之间,生活质量现代化进程的结果 = 截面 b - 截面 a

简化的数学表达式:$f_{b-a} = f_b - f_a$

其中,f 为生活质量现代化状态函数,f_{b-a} 为状态变化,f_b 为截面 b 的状态,f_a 为截面 a 的状态。

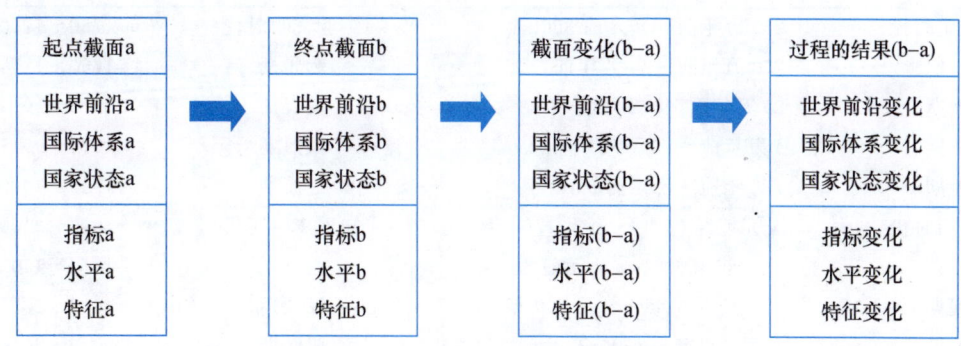

图 1-6　现代化过程的结果分析

注：从起点截面 a 到终点截面 b，现代化过程的主要结果包括：① 宏观变化，如世界前沿、国际体系和国家状态的变化等；② 微观变化，如指标变化（新增的指标、消失的指标）、水平变化（原有指标的水平变化、新增指标的水平变化）和特征变化（新增的特征、消失的特征）等，包括生活质量的现代性、特色性、多样性和副作用等。生活质量现代化过程的有些变化，有可能消失在过程中，结果没有体现。

资料来源：何传启，2010。

三、生活质量现代化的系统分析法

现代化研究的系统分析方法是现代化科学的一种常用方法，是何传启及其团队发展出来的一种科学研究方法，主要包括三个步骤和六个部分（表 1-7）。其主要特点是：从自然科学角度，采用系统学原理，定量分析与定性分析相结合，时序分析与截面分析相结合，分析方法和结果表达的模型化、图形化、数量化、系统性、实证性和科学性等。三个步骤和六个部分相互关联和相互支持，形成现代化的连续的、系列的时间坐标图和截面分布图，从而相对直观和系统地刻画现代化的进程和分布。这种方法可应用于生活质量现代化研究。

表 1-7　现代化研究的系统分析方法

序号	三个步骤	六个部分	注释
1	建立坐标系	现代化的坐标体系	确定坐标系的横坐标和纵坐标
2	变量分析	范式分析、定量评价、时序分析、截面分析	分析现代化的各种变量
3	表达结果	现代化的坐标图和路径图	将分析结果标记到坐标系上

资料来源：何传启，2016。

1. 建立生活质量现代化的坐标体系

生活质量现代化的坐标体系是坐标分析的核心内容，包括生活质量变迁和生活质量现代化的时间表、周期表、坐标系和路线图等。生活质量变迁和生活质量现代化的坐标系由横坐标和纵坐标组成。横坐标可以是历史时间、文明时间等，纵坐标可以是生活质量现代化水平、生活质量现代化指标水平等。文明时间是根据人类文明的"前沿轨迹"所标识的一种时间刻度（表 1-8）。

表1-8 文明时间与历史时间的对照表

文明时间	历史时间(大致时间)	文明时间	历史时间(大致时间)
原始文化时代	250万年前~公元前3500年	工业文明时代	1760~1970年
起步期	250万年前~20万年前	起步期	1760~1870
发展期	20万年前~4万年前	发展期	1870~1914
成熟期	4万年前~1万年前	成熟期	1914~1945
过渡期	1万年前~公元前3500年	过渡期	1945~1970
农业文明时代	公元前3500年~公元1760年	知识文明时代	1970~2100年
起步期	公元前3500年~公元前500年	起步期	1970~1992
发展期	公元前500年~公元500年	发展期	1992~2020
成熟期	公元500年~1500年	成熟期	2020~2050
过渡期	1500年~1760年	过渡期	2050~约2100

注:历史时间指自然的物理时间,文明时间指根据人类文明的"前沿轨迹"所标识的一种时间刻度。
资料来源:何传启,2010。

在世界上,不同国家都采用统一的历史时间;但是,在同一历史时间,不同国家可能处于不同的文明时间。历史时间好比人的生物年龄,文明时间好比人的生理年龄。对于走在人类文明前列的国家,文明时间可能与历史时间是一致的;对于后进国家,文明时间与历史时间是不一致的。例如,2010年,美国处于知识文明时代,一些非洲国家处于农业文明时代。

如果将生活质量现代化进程评价、时序分析、截面分析、范式分析和一般过程分析的结果,标记在生活质量现代化的坐标系里,就可以构成生活质量现代化的坐标图、路线图等。生活质量现代化的坐标图和路线图,既有基本图,也有分阶段、分层次、分领域、分专题和分指标的分解图,它们组成一个生活质量现代化的坐标图和路线图的系统,全方位地表征生活质量现代化的进程和分布。

2. 生活质量现代化的系统分析的四种方法

(1) 生活质量现代化研究的范式分析

一般而言,生活质量现代化研究不仅要有单要素分析,而且要有整体分析。不能只见树木,不见森林。生活质量现代化研究的整体分析,就是分析它的整体变化。那么,如何分析生活质量现代化的整体变化呢?目前没有通用方法。现代化研究,借鉴科学哲学的"范式"概念,分析现代化的"范式"变化,建立现代化研究的范式分析。它适用于生活质量现代化研究。

美国科学哲学家库恩在《科学革命的结构》一书中提出了"范式"的概念,认为成熟科学的发展模式是"范式Ⅰ——科学革命——范式Ⅱ"。简单地说,范式指科学共同体公认的范例,包括定理、理论和应用等。在科学发展史上,一种范式代表一种常规科学(成熟的科学),从一种范式向另一种范式的转变就是科学革命。在科学哲学领域,尽管还存在争议,范式和科学革命被认为是解释科学进步的一种有力理论。

借鉴库恩的"范式"思想,可以把与经济、社会、政治、文化、环境管理和个人行为的典型特征紧密相关的"文明类型"理解为一种"文明范式"(表1-9)。依据这种假设,文明发展可以表述为"文明范式Ⅰ——文明革命(文明转型)——文明范式Ⅱ",或者"文明类型Ⅰ——文明革命(文明转型)——文明类型Ⅱ"。这样,可以抽象地认为,文明发展表现为文明范式的演变和交替,现代化表现为现代文明范式的形成和转变。反过来说,可以用文明范式和范式转变为分析框架,讨论文明特征和现代化特征的定性变化。

表 1-9　人类历史上的文明范式及其代表性特征

项目	原始文化	农业文明	工业文明	知识文明
历史时间	人类诞生至 公元前 3500 年	公元前 3500 年至 公元 1760 年	公元 1760 年至 1970 年	1970 年至 约 2100 年
经济特征	狩猎采集	农业经济	工业经济	知识经济
社会特征	原始社会	农业社会	工业社会	知识社会
政治特征	原始民主	专制政治	民主政治	多元政治
文化特征	原始文化	农业文化	工业文化	网络文化
个人特征	部落生活方式	农村生活方式	城市生活方式	网络生活方式
环境特征	自然崇拜 部落互动	适应自然 国际关系等	征服自然 国际战争等	人与自然互利共生 国际依赖等

注：本表的四种文明范式分类，是文明范式分类的一种分类方式。
资料来源：何传启，2010。

生活质量现代化研究的范式分析，可以参考现代化研究的文明范式分析。依据社会生产力水平和结构进行分类，人类生活质量主要有四种基本类型：原始的生活质量、农业时代的生活质量（少数人关心）、工业时代的生活质量（部分人关心）和知识时代的生活质量(1-10)。它们既是生活质量变迁的不同历史阶段的形态，又同时存在于现今世界。

表 1-10　人类历史上的生活质量范式及其代表性特征

项目	原始的生活质量	农业时代的生活质量	工业时代的生活质量	知识时代的生活质量
历史时间	人类诞生至 公元前 3500 年	公元前 3500 年至 公元 1760 年	公元 1760 年至 1970 年	1970 年至 约 2100 年
经济形态	原始经济	农业经济	工业经济	知识经济
生产方式	集体狩猎采集	农业手工生产	工业化大生产	智能化和绿色化生产
生活方式	狩猎采集迁徙	农耕游牧生活	城市化、机械化 电气化、大众化	郊区化、网络化 智能化、绿色化
生活质量	—	少数人关心生活质量	物质生活水平为主 部分人关心生活质量	物质生活质量为基础 精神生活质量为主导

注：本表四种生活质量范式分类，是生活质量范式分类的一种分类方式。反映生活质量变迁的世界前沿的轨迹。

一般而言，生活质量变迁是不同步的，国家内部发展也是不平衡的。当某个国家进入某种基本生活质量形态时，它的内部可以存在一些生产力水平比基本生活质量形态的生产力水平更低或者更高的生活质量形态；它们的规模相对较小，可以统称为亚生活质量形态。国家的基本生活质量形态和亚生活质量形态是相对的，不是绝对的，可以相互转换。

(2) 生活质量现代化研究的定量评价

生活质量现代化是一种生活质量变化，包括定性变化和定量变化。其中，定量变化可以定量评价。例如，《中国现代化报告》提出了一批现代化过程的定量评价模型，包括第一次现代化，第二次现代化，综合现代化，地区现代化，经济现代化，社会现代化，文化生活现代化，生态现代化，农业、工业和服务业现代化等的评价方法，并完成 1950 年以来 131 个国家的现代化定量评价。

(3) 生活质量现代化研究的时序分析

生活质量现代化研究的时序分析是现代化系统分析的重要内容。它旨在通过分析比较生活质量现代化的时间系列数据、特征、资料和变化，揭示生活质量现代化的长期趋势及其变化规律。时序分析主要用于生活质量现代化的历史进程研究,可以作为一种趋势分析。

其一,选择分析指标。一般选择关键指标进行分析。结构指标多数是定量指标。

其二,选择分析的国家样本。目前,世界上有190多个国家。如果条件许可,可以对每一个国家进行时序分析。如果条件不许可,或者根据研究目的,可以选择若干国家进行时序分析。《中国现代化报告2019》选择15个国家作为分析样本(表1-11)。它们的国民收入(GNI)约占世界总收入的70%,人口约占世界总人口的60%。

表1-11 生活质量现代化的时序分析的国家样本(2017年)

国家	人均收入/美元	国民收入占世界比例/(%)	人口占世界比例/(%)	国家	人均收入/美元	国民收入占世界比例/(%)	人口占世界比例/(%)
美国	58 270	24.29	4.33	俄罗斯	9232	1.91	1.92
日本	38 550	6.26	1.68	墨西哥	8610	1.39	1.72
德国	43 490	4.65	1.10	巴西	8580	2.49	2.78
英国	40 530	3.20	0.88	中国	8690	15.12	18.41
法国	37 970	3.27	0.89	印度尼西亚	3540	1.22	3.51
澳大利亚	51 360	1.60	0.33	印度	1820	3.22	17.78
意大利	31 020	2.41	0.80	尼日利亚	2080	0.45	2.53
加拿大	42 870	2.02	0.49	合计	—	73.49	59.14

数据来源:World Bank,2018。

其三,选择分析的时间范围。一般的时间跨度约为300年(1700年至今)。

其四,采集和建立分析指标的时序数据和资料。一般而言,定量指标采用权威部门的统计数据或著名学术机构的相关数据;定性指标应采用比较科学客观的研究资料。

其五,系统分析现代化的定量指标的变化和长期趋势等。

其六,系统分析现代化的定性指标的长期趋势和特征等。

(4)生活质量现代化研究的截面分析

生活质量现代化研究的截面分析是现代化系统分析的重要内容。它旨在通过分析比较生活质量现代化的不同时间截面的数据、特征、资料和变化,揭示或阐释生活质量现代化的结构特征及其规律等。截面分析主要用于生活质量现代化的现状研究和历史进程研究。

其一,选择分析变量。

其二,选择分析国家和国家分组(表1-12)。世界范围的生活质量现代化研究的截面分析,可以包括全部国家(有数据的国家)。为便于表述截面特征,可以对国家进行分组,并计算每组国家的特征值。除按国家经济水平分组外(根据人均国民收入对国家分组),还可以按国家现代化水平和生活质量现代化水平分组。

表 1-12　2016 年截面分析的国家分组

分组号		1	2	3	4	5	6	7	8	9	合计
分组标准	人均国民收入/美元	小于734	734~1000	1001~3000	3001~6000	6001~10 326	10 327~20 000	20 001~40 000	40 001~55 000	大于55 000	—
分组结果	国家个数/个	16	6	27	26	14	17	10	11	4	131
	人均国民收入/美元	522	855	1706	4350	8153	14 436	31 693	47 757	69 470	—

注：数据来自世界银行 2018。2016 年人均国民收入的世界平均值为 10 326 美元,高收入国家平均值为 40 009 美元,中等收入国家平均值为 4860 美元,低收入国家平均值为 734 美元。

其三,选择分析截面。可以根据研究目的和需要选择截面。

其四,采集和建立分析指标的截面数据和资料。一般而言,定量指标采用权威部门的统计数据或著名学术机构的相关数据;定性指标应采用比较科学客观的研究资料。

其五,定量分析需要计算每组国家某个变量的"特征值"。计算方法大致有三种:中值法、算术平均值法和回归分析法。《中国现代化报告》采用第二种方法——算术平均值法。

$$X_{ij} = \sum x_{ij}/n_{ij}$$

其中,X_{ij} 为第 i 组国家第 j 个变量的特征值;$\sum x_{ij}$ 为第 i 组国家第 j 个变量的每个国家的数值的加和;n_{ij} 为国家个数,即第 i 组国家第 j 个变量的具有数据的国家个数。

其六,单个截面的系统分析。主要分析截面的结构特征、水平特征和性质特征,包括国家经济水平与现代化变量的截面"特征关系"和统计关系,制度和观念的截面特征等。关于截面特征的分析,可以是定性、定量或综合分析。

其七,多个截面的比较分析。两个或多个截面之间的比较,包括结构比较、水平比较、特征比较和性质比较等,还可以计算分析指标的变化速率等。

3. 生活质量现代化的系统分析的分析变量

(1) 选择分析变量的原则

由于生活质量现代化的研究对象非常复杂,一项研究不可能对它的所有方面和全部过程进行分析。比较合理和有效的方法是选择有限的关键变量进行分析。分析变量的选择,需要考虑三个因素:具有学术或政策意义,便于国际比较和分析,可以获得连续数据或资料。

(2) 分析变量的性质

生活质量现代化研究的分析变量,包括定量和定性指标、共性和个性指标(表 1-13)。定量指标,多数可以通过统计资料获得数据;没有统计数据的定量指标(新现象),需要专题研究。一般而言,制度和观念变化是定性指标,可以定性分析,缺少统计数据。有些时候,定性指标可以通过社会调查,转换成相应的定量指标。共性指标是反映生活质量现代化的共性、普遍特征和要求的指标,如人均 GNI 和出生时平均预期寿命等,多数为定量指标。个性指标是反映生活质量现代化的个性、特殊性和多样性的指标,多数为定性指标,如社会保障制度等。

表 1-13　生活质量现代化研究的分析变量的主要类型

类型		解释	举例
定量指标	综合指标	若干个单项指标经过模型计算合成一个综合指标	生活质量指数
	总量指标	指标数值反映总量	国民收入
	人均指标	指标数值反映人均量	人均 GNI
	结构指标	指标数值反映结构比例	老龄人口比例
	效率指标	指标数值反映单位产出	劳动生产率
	增长率指标	指标数值反映年度变化率	失业率的变化率
	前沿指标	指标数值反映世界先进水平	发达国家出生时平均预期寿命
	平均指标	指标数值反映世界平均水平	世界出生时平均预期寿命
	末尾指标	指标数值反映世界末尾水平	欠发达国家出生时平均预期寿命
	差距指标	指标数值反映国际差距	平均受教育年限的最大差距
定性指标	制度指标	制度的特征和变化	社会保障制度
	观念指标	观念的特征和变化	环境保护、性别平等
两类指标	共性指标	反映生活质量现代化的共性、普遍特征和要求的指标	出生时平均预期寿命
	个性指标	反映生活质量现代化的个性、特殊性和多样性的指标	宗教信仰人口比例

一般而言,人均指标、结构指标、效率指标和共性指标,可以用于生活质量现代化的定量评价;总量指标、增长率指标、定性指标和个性指标,可以用于生活质量现代化的特征分析。

(3) 分析变量的类型

生活质量现代化研究的分析变量,根据长期趋势和变化特点的不同,可大致分为八种类型。

① 上升变量:有些变量随时间而上升,其数值会发生短期波动。
② 下降变量:有些变量随时间而下降,其数值会发生短期波动。
③ 转折变量:有些变量经历上升和下降(或者下降和上升)两个阶段。
④ 波动变量:有些变量长期在一定范围内波动,运动没有明显的方向性,趋势很平缓。
⑤ 随机变量:有些变量的变化是随机的,趋势不明显。
⑥ 地域变量:有些变量的变化趋势存在明显的地域差异和多种形式,没有统一趋势。
⑦ 稳定变量:有些变量的变化幅度非常小,或几乎没有明显变化。
⑧ 饱和变量:在上升或下降变量中,有些变量的数值已经饱和或接近饱和,数值不再发生变化或变化不大。

一般而言,上升和下降变量可以用于现代化评价,转折变量和波动变量用于政策分析。

生活质量涉及诸多方面和要素。参考国际权威组织、著名研究机构和知名学者等关于生活质量测度与评价(表 1-14),本报告选择七个领域 26 类 152 个指标作为生活质量现代化研究的分析变量(表 1-15)。在分析变量的选择上,我们一般按照政策含义明显、统计数据齐全、国际借鉴意义较大的选择标准进行遴选。

表 1-14　生活质量监测和评价的参考方法(举例)

序号	生活质量监测和评价	来源
1	OECD 美好生活指数	OECD,2011
2	欧盟"8+1"生活质量模型	EU,2015
3	1820 年以来的生活是怎样的?	OECD,2014a
4	法国经济效益和社会发展评价报告	CMEPSP,2009
5	加拿大幸福指数	Canadian Index of Wellbeing,2016

(续表)

序号	生活质量监测和评价	来源
6	英国国民福祉测度	Office for National Statistic of United Kingdom, 2011
7	澳大利亚国家发展指数	ANDI, 2010
8	国民总幸福指数（不丹GNH指数）	Ura et al, 2012
9	Calvert-Henderson 生活质量指标	Hazelhenderson, 2008
10	Mercer 城市生活质量调查	Mercer, 2018
11	Where-to-be-born 指数	Economist Intelligence Unit, 2006
12	物质生活质量指数	Morris, 1985
13	基于价值测度国民生活质量	Diener, 1995
14	预期幸福寿命	Veenhoven, 1996
15	中国人口生活质量研究	冯立天 等, 1996
16	基于马斯洛需求层次理论的国民生活质量测度	Hagerty, 1999
17	韩国和OECD国家的客观生活质量	Lee, 2003
18	世界120个国家的生活质量比较	郑宗生 等, 2006
19	欧盟国家生活质量评测	Grasso, 2008
20	世界范围的生活质量	Maridal, 2017

表1-15 生活质量现代化的分析指标和分析变量

方面	领域	维度	指标/个
私人生活	个人生活	营养、健康、家庭、住房、消费与成本	33
公共生活	经济生活	工作、收入、工作与生活平衡	16
	社会生活	社会联系、教育和学习、社会公平、社会保障	29
	文化生活	休闲与旅行、大众文化、网络文化、文化包容性	21
	政治生活	政治参与、政治冲突	6
生活环境	生活环境	公共设施、公共服务、公共安全、自然环境、国际环境	36
生活满意度	生活满意度	个人生活满意度、公共生活满意度、生活环境满意度	11
合计/个	7	26	152

注：指标名称、解释和单位详见附表1-1-1。

本章研究的定量数据，集中采集于2018年7月，主要来自世界银行世界发展指标数据库、经合组织（OECD）生活质量和欧盟（EU）生活质量数据库等。需要说明的是，不同来源的数据存在一定差异，需要谨慎对待；我们将注明数据来源，以便读者比较分析。

生活质量涉及现实生活质量和生活满意度。一般而言，对同一事物的认识和感受，常常因人而异。现实生活质量和生活满意度，既有共性和规律，又有国别和民族差异，具有多样性。本章重点分析生活质量的发展趋势。关于生活质量的多样性，需要专题研究。

第二节 生活质量现代化的时序分析

生活质量现代化的时序分析，是对生活质量现代化的全过程的时间序列数据和资料进行分析，试图去发现和归纳生活质量现代化的客观事实和基本规律。在系统分析国际权威组织、著名研究机构和知名学者等关于生活质量测度与评价的基础上，我们从个人生活、公共生活、生活环境和生活满意度四个方面、七大领域、26个维度构建了生活质量现代化的分析框架（表1-15，图1-7）。我们选择15个国家为分析样本，时间跨度约为300年（1700～2017年），分析内容包括长期趋势、世界前沿、国际差距或国别差异等。由于1700~1900年的统计数据非常少,生活质量现代化的重点是20世纪以来的变化。本节聚焦于生活质量内部的变迁,关于生活质量与其他现代化的相互关系,需要专门讨论。本章第一节介绍了时序分析方法,这里讨论分析结果。

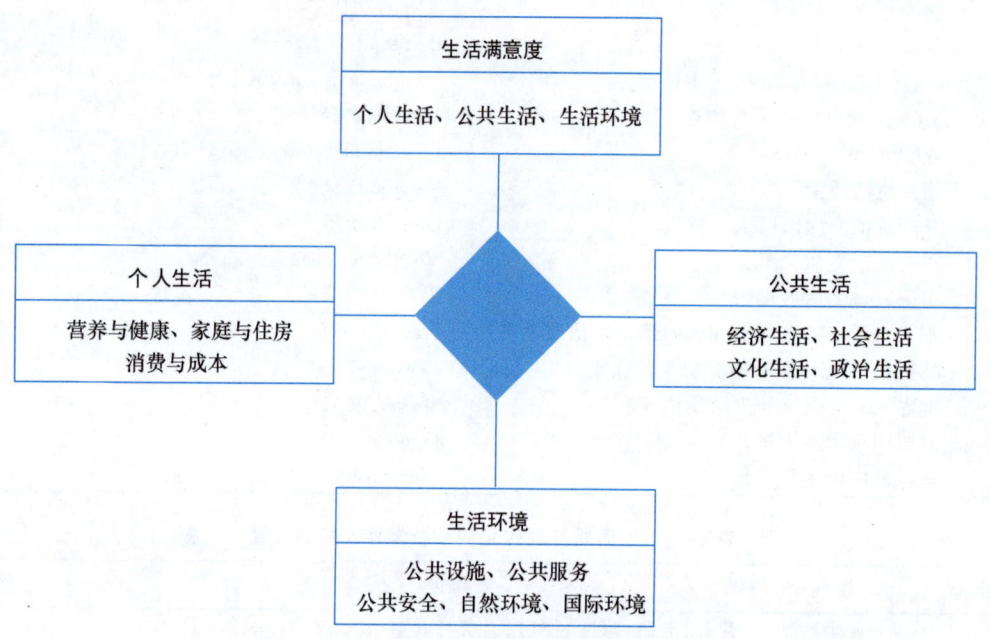

图 1-7　生活质量现代化的一种分析框架(示意图)

注:关于个人生活、公共生活、生活环境以及生活满意度的归类划分是相对的,它们既相互交叉,又相互影响;具体维度详见表1-15。

一般而言,生活质量现代化的时序分析需要鉴别生活质量变量的趋势和特征。根据它们的变化趋势,生活质量变量可以分为上升变量、下降变量、转折变量、波动变量和地域变量等;根据它们与生活质量水平的关系,生活质量变量可以分为水平变量、特征变量和交叉变量等(表1-16)。其中,水平变量,反映生活质量的"发展水平",具有很好的国际可比性和历史可比性;特征变量,反映生活质量的地理特点,不反映生活质量的发展水平,历史(纵向)可比性好,国际(横向)可比性差;交叉变量,同时与生活质量的发展水平和地理特点有关,历史可比性好,但国际可比性差。限于报告篇幅,选择少数指标为代表,用"图形"显示其变化趋势。

表 1-16　生活质量变量的特点和分类

变量分类	变量的特点	变量的举例
水平变量	反映"发展水平",不反映国别特色。国际可比性好,历史可比性好	出生时平均预期寿命等
特征变量	不反映"发展水平",反映国别特色。历史可比性好,国际可比性差	家庭平均规模等
交叉变量	反映"发展水平",反映国别特色。历史可比性好,国际可比性差	国家贫困人口比例等
上升变量	指标数值长期上升,短期波动,反映生活质量的"发展水平"	家庭净可支配收入等
下降变量	指标数值长期下降,短期波动,反映生活质量的"发展水平"	婴儿死亡率等
转折变量	指标数值发生转折,先升后降,或先降后升,与"发展阶段"有关	人均能源消费等
波动变量	指标数值不断波动,趋势不明显,与"发展状态"有关	失业率等
地域变量	指标数值与生活质量的"地理特征"有关,与"发展水平"没有关系	受灾人口比例等

一、世界个人生活的时序分析

个人生活涉及许多方面和要素,我们不可能对每一个方面和要素都进行分析,只能选择有代表性的方面和统计数据比较齐全的指标进行分析。这里重点讨论营养与健康、家庭与住房、消费与成本(表 1-17)。尽管这种分析很不完备,但可以提供有用信息。

表 1-17 1700～2017 年个人生活的变迁

方面	生活质量变量				长期趋势和特点
	18 世纪	19 世纪	1900～1970 年	1970～2017 年	
营养与健康			出生时平均预期寿命		上升
			婴儿死亡率		下降(有波动)
			人均食物供应量、人均蛋白质供应量		先升后波动,国别差异
				出生时预期健康寿命、成人自我感觉健康良好比例、成人肥胖比例	上升,国别差异
				睡眠不足人口比例	国别差异
				结核病患病率、艾滋病发病率	先升后降,国别差异
				营养不良人口比例	下降,国别差异
				糖尿病患病率	世界历史统计数据有限
家庭与住房			人均住房面积		上升,国别差异
				人均住房间数、汽车普及率、婴幼儿看护比例	上升,国别差异
				没有基本设施住房的比例、买不起洗衣机的人口比例、家庭平均规模、少女生育率、结婚率	下降,国别差异
				抚养比率	先升后降,国别差异
				离婚率	波动,国别差异
				老龄人口比例	上升
				与儿童平均沟通时间	世界历史统计数据有限
消费与成本			人均能源消费		先升后降,国别差异
			人均家庭消费		上升,国别差异
				恩格尔系数、个人健康支出比例	下降
				家庭教育支出比例	上升
				文化娱乐支出比例、家庭消费比率	波动,国别差异
				房价收入比	世界历史统计数据有限

注:时序分析的历史数据来自:库兹涅茨,1999;麦迪森,2003;米切尔,2002。后同。

1. 营养与健康的时序分析

个人生活涉及营养与健康、家庭与住房、消费与成本等诸多方面,每个方面都有许多发展指标。限于篇幅,这里选择 12 个指标为代表,分析营养与健康的发展趋势(专栏 1-1)。在 1960～2016 年期间,4 个指标属于上升变量,2 个指标属于下降变量,4 个指标属于转折变量;6 个指标为水平变量,4 个指标为交叉变量(表 1-18)。

表 1-18　营养和健康的分析变量和变化趋势

变化趋势	水平变量	交叉变量
上升变量	出生时平均预期寿命、出生时预期健康寿命	成人肥胖比例、成人自我感觉健康良好比例
下降变量	营养不良人口比例、婴儿死亡率	结核病患病率、艾滋病发病率
转折变量	人均食物供应量、人均蛋白质供应量	结核病患病率、艾滋病发病率

注：限于数据获取，睡眠不足人口比例、糖尿病患病率只进行案例分析。

专栏 1-1　营养与健康方面的基本事实

营养。18 世纪以来，世界人均食物供应量提高，膳食结构改善，营养水平大幅提升，但国别差异和指标差异明显。高收入和中等收入国家的食物供应和生活方式已经完成从温饱型向营养型的转变。2013 年，高收入国家人均食物供应量、人均蛋白质供应量和人均脂肪供应量分别约为 3300 千卡/天（1.38×10^4 千焦/天）、100 克/天、150 克/天。

健康。18 世纪以来，人类健康水平提升，健康观念和健康行为逐步演化，但国别差异较大；出生时平均预期寿命的国际差距经历了扩大和缩小两个阶段。2016 年，世界平均预期寿命约 72.0 岁，高收入国家约 80.5 岁，中等收入国家约 71.3 岁，低收入国家约 62.5 岁，高收入国家比低收入国家高出约 18 岁。2016 年，平均预期寿命的最大国际差距约为 32 岁。

---

(1) 营养与健康的发展趋势

其一，营养方面的发展趋势。食物是维持个体生存的必要条件，是个人生活质量的根本前提。18 世纪以来，伴随社会生产力的提高，食物供应能力不断提高，人民生活的膳食结构改善，营养水平获得较大提高，但国别差异和指标差异较大。

- 合理饮食。1961 年以来，人均食物供应量、人均蛋白质供应量（图 1-8）先上升后波动（FAO，2018）。人均食物需求有极限。2013 年，世界人均蛋白质供应量约为 81 克/天，高收入国家人均值约为低收入国家的 2 倍。

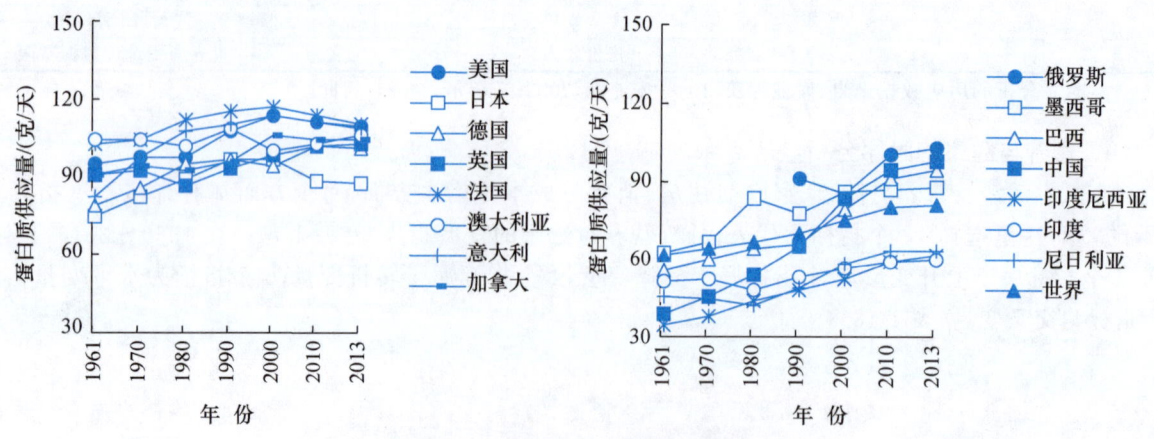

图 1-8　1961～2013 年人均蛋白质供应量

数据来源：FAO，2018。

- 营养不良。2000~2015年期间,营养不良(低于膳食能量消耗最低水平)发生率下降,美、日、德、英、法等典型发达国家基本保持在2.5%(World Bank, 2018)。2015年,高收入国家营养不良发生率平均为2.7%,中等收入国家平均为10.8%,低收入国家平均为27.8%,世界平均为10.7%,中国为9.6%。同时,在2000~2016年期间,成人肥胖比例上升,但是存在国别差异;2014年,美国为29.5%,英国为20.1%,法国为15.3%,中国为7%(OECD, 2018)。

其二,健康方面的发展趋势。健康长寿是人类发展的一个核心目标(何传启,2017b),是个体生活质量的集中体现和反映。18世纪以来,随着科技的进步、医疗条件的改善和健康保障制度的完善,人类健康水平提升,健康观念和健康行为逐步演化,但存在较大的国别差异。

- 健康观念与健康行为。18世纪以来,健康的内涵在演进,传统的"以疾病为中心"的健康观逐步转向了"以健康为中心"的全民健康理念。健康不仅是没有疾病和虚弱,而且是身体的、心理的和社会适应的良好状态(WHO, 2006)。与此相对应,健康行为逐步由"治疗为主"转向了"防治结合"。
- 出生与死亡。18世纪以来,出生时平均预期寿命大幅提升(图1-9),婴儿死亡率显著下降。1960~2016年期间,世界平均预期寿命从52.6岁提高到72.0岁;在1990~2016年期间,世界平均婴儿死亡率从64.8‰降为30.5‰;2000年以来,慢性和非传染性疾病成为全球致死主因(World Bank, 2018)。
- 疾病与其他。1981~2016年期间,艾滋病发病率先上升后下降;2015年,英国艾滋病发病率为0.7例/10万人,日本为0.3例/10万人,美国为8.5例/10万人(2014年),墨西哥为7.5例/10万人(OECD, 2018)。2000年以来,结核病患病率呈下降趋势,世界平均结核病患病率由2000年的173例/10万人降低至2016年的140例/10万人,高收入国家平均由2000年的18例/10万人降低至2016年的12例/10万人。2017年,世界平均糖尿病患病率(20—29岁)为8.5%,高收入国家为7.9%,中等收入国家为8.9%,低收入国家为5.3%(World Bank, 2018)。

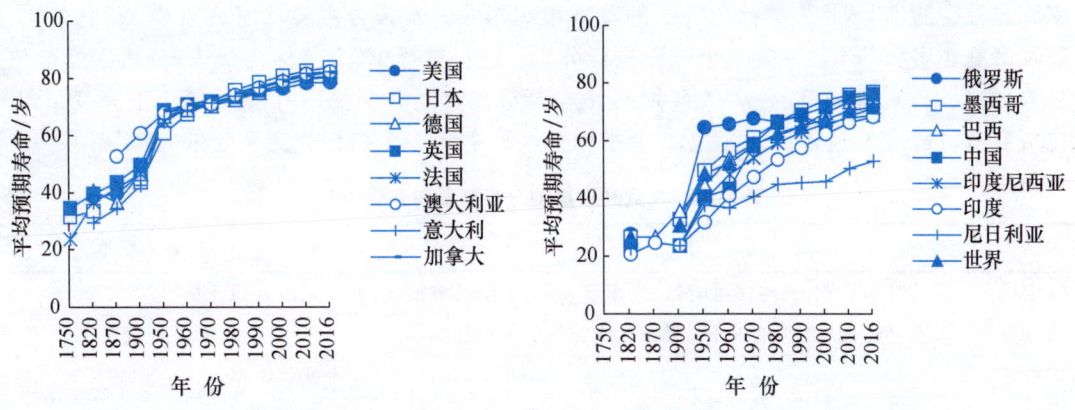

图1-9　1750~2016年出生时平均预期寿命

数据来源:麦迪森,2003;Rothenbacher, 2002;World Bank, 2018。

(2) 营养与健康的世界前沿和国际差距

营养与健康的世界前沿和国际差距,可以用几个指标来进行典型分析。

其一,营养的世界前沿与国际差距。人均蛋白质供应量的世界前沿和国际差距见表1-19。人均蛋白质供应量的绝对差距和国际相对差距先扩大后缩小。2013年,它的国际相对差距约为3倍。

表1-19　1961~2013年人均蛋白质供应量的世界前沿和国际差距　　　　　　　　　　单位:克/天

项目	1961	1970	1980	1990	2000	2010	2013
前沿(最大值)	106	106	113	116	121	126	128
末尾(最小值)	33	33	32	31	36	45	46
平均值	61	65	67	70	75	80	81
绝对差距	73	73	81	85	85	81	82
相对差距/倍	3.2	3.2	3.5	3.7	3.4	2.8	2.8
国家样本数/个	104	104	104	104	125	125	125

注:绝对差距=最大值-最小值,相对差距=最大值÷最小值,后同。

其二,健康的世界前沿与国际差距。出生时平均预期寿命的世界前沿和国际差距(见表1-20)。在1750~2016年期间,出生时平均预期寿命的绝对差距和国际相对差距先扩大后缩小;2016年,出生时平均预期寿命的世界前沿为84.0岁,国际绝对差距为32岁,相对差距为1.6倍。

表1-20　1750~2016年出生时平均预期寿命的世界前沿和国际差距　　　　　　　　　　单位:岁

项目	1750	1820	1900	1960	1970	1980	1990	2000	2010	2016
前沿(最大值)	35	41	61	73	74	76	79	81	83	84
末尾(最小值)	24	21	24	28	32	27	34	39	48	52
平均值	—	26	31	53	59	63	65	68	71	72
绝对差距	11	20	37	45	42	49	45	42	35	32
相对差距/倍	1.5	2.0	2.5	2.6	2.3	2.8	2.3	2.1	1.7	1.6
国家样本数/个	3	14	15	129	130	130	130	130	130	130

2. 家庭与住房的时序分析

家庭是社会的细胞,是人类社会生活的基本组织形式。本报告主要从家庭规模、家庭结构、婚姻状况以及家庭住房和基本设施等几个方面进行分析。这里选择13个指标为代表,分析家庭与住房的发展趋势(专栏1-2)。在1960~2016年期间,5个指标属于上升变量,5个指标属于下降变量,1个指标为转折变量,1个指标属于波动变量;6个指标为水平变量,6个指标为交叉变量(表1-21)。

表1-21　家庭和住房的分析变量和变化趋势

变化趋势	水平变量	交叉变量
上升变量	人均住房面积、人均住房间数、汽车普及率、婴幼儿看护比例	老龄人口比例
下降变量	没有基本设施住房的比例、买不起洗衣机的人口比例	结婚率、家庭平均规模、少女生育率
转折变量		抚养比率
波动变量		离婚率

注:限于数据获取,与儿童平均沟通时间只进行案例分析。

专栏1-2 家庭与住房方面的基本事实

家庭。 18世纪以来家庭规模逐步缩小、老年人口比例逐步提升。在1960～2016年期间，OECD成员国的结婚率下降，社会抚养比率先上升后下降，但是国别差异明显。

住房。 在过去几十年里，发达国家人均住房面积和住房间数提高，家庭设施普及率上升。

(1) 家庭和住房的发展趋势

其一，家庭方面的发展趋势。家庭在个体的社会角色扮演与社会支持方面担负着重要的功能；家庭的资源、生存质量及其发展潜力直接影响着家庭成员对生活的感受，进而从根本上影响个体的生活质量（风笑天，1998；卢汉龙，2002）。

- 家庭规模。2008年以来，OECD成员国的平均家庭规模呈缩小趋势。2016年，德国家庭平均规模为2人，英国为2.3人，法国为2.2人，意大利为2.3人，希腊为2.6人（OECD，2018）。
- 家庭结构。限于数据获取，这里仅就老年人口比例进行分析。历史数据表明：18世纪以来，全球老年人口比例（65+）上升（图1-10）。2014年，世界平均老年人口比例（65+）为8.1%，高收入国家为15.8%，中等收入国家为6.6%，低收入国家为3.4%，中国为9.2%。
- 婚姻状况。在1960～2016年期间，OECD成员国的结婚率下降，而离婚率呈现波动态势，同时国别差异较大（OECD，2018）。
- 儿童看护。1998年以来，与儿童平均沟通时间大约为35分钟/天（Canadian Index of Wellbeing，2016）。1960～2015年期间，OECD成员国0～2岁婴幼儿接受正规看护的比例提高。2014年，日本为30.6%，德国为32.3%，英国为33.6%，法国为51.9%（OECD，2018）。
- 抚养比率。1960～2016年期间，社会抚养比率先上升后下降，但是国别差异明显。2017年，世界平均为54.4%，高收入国家为52.8%，中等收入国家为50.7%，低收入国家为84.5%（World Bank，2018）。

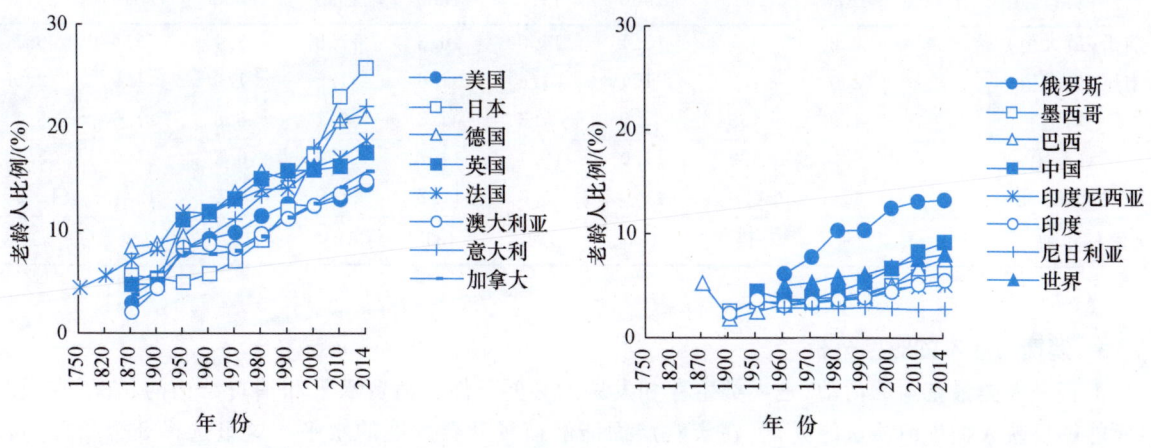

图1-10 1750～2014年老龄人口比例（65+）

数据来源：World Bank，2018。

其二，住房方面的发展趋势。住房是决定生活质量以及民众和地方福祉的基本社会条件之一（UN-Habitat，2018）。适当住房权被视为享有适当生活标准权利的一个重要组成部分载入《世界人权宣言》(UDHR, 1948)。住房质量涉及住房面积、成套状况、房屋产权等几个方面。一般而言,人均住房面积和人均住房间数具有上升的趋势,住房成套率提升,人居住房质量逐步由生存型向享受型转变,发达国家和发展中国家没有住房者(无家可归者)始终存在(UN-Habitat, 2018)。

- 住房面积。1998~2011年期间,中国人均住房面积提升,由1998年的人均14.98平方米提高至2011年的22.29平方米(OECD, 2018)。在1968~2000年期间,日本人均住房面积由18.67平方米提高至33.78平方米(白雪,王洪卫,2005)。
- 住房间数。2013~2017年期间,OECD成员国的人均住房间数在增多,同时存在国别差异。2017年,美国人均住房间数为2.7间,日本为1.9间,德国为1.8间,英国为2.0间,巴西0.8间,南非0.7间(OECD, 2018)。
- 住房设施。这里我们采用OECD没有基本设施住房的比例这一统计指标进行分析。2013~2017年期间,OECD成员国没有基本设施住房的比例在下降,同时存在国别差异。2017年,美国没有基本设施住房的比例为0.1%,日本为6.4%,德国为0.1%,英国为0.4%,巴西6.7%,南非37%(OECD, 2018)。
- 耐用家居用品。① 2008~2017年期间,欧盟成员国买不起洗衣机的人口比例下降。2016年,英国买不起洗衣机的人口比例为0.4%,德国为0.4%,法国为0.5%,希腊为1.4%(EU, 2018)。② 汽车普及率方面,2007~2016年期间,欧盟成员国汽车普及率提高,但是存在国别差异。2016年,德国汽车普及率为555辆/千人,英国为469辆/千人,法国为479辆/千人,希腊479辆/千人(EU, 2018)。

(2) 家庭与住房的世界前沿和国际差距

家庭与住房的世界前沿和国际差距,这里选用老龄人口的比例为代表进行典型分析。在1750~2014年期间,老龄人口比例的绝对差距扩大(表1-22)。2014年,老龄人口比例的国际相对差距约为13倍。

表1-22 1750~2014年老龄人口比例的世界前沿和国际差距 单位:%

项目	1750	1870	1900	1960	1970	1980	1990	2000	2010	2014
前沿(最大值)	4.4	8.2	8.7	12.1	14.0	16.3	17.8	18.1	22.9	25.7
末尾(最小值)	—	2.0	1.8	1.1	1.6	1.6	1.5	1.9	1.9	2.0
平均值	4.4	4.9	4.8	5.0	5.3	5.8	6.1	6.8	7.6	8.1
绝对差距	—	6.2	6.9	11.0	12.4	14.7	16.3	16.2	21.0	23.7
相对差距/倍	—	4.1	4.8	11.0	8.8	10.2	11.9	9.5	12.1	12.9
国家样本数/个	1	9	11	131	131	131	131	131	131	131

3. 消费与成本的时序分析

消费是人类最基本的活动,是人类生存和发展的必要条件。消费水平和消费结构的状况,在微观层面能够反映人们生活质量的高低,在宏观层面能够衡量社会发展的水平。这里选择8个指标为代表,分析消费和成本的发展趋势(专栏1-3)。在1960~2016年期间,2个指标属于上升变量,2个指标属于下降变量,1个指标为转折变量,2个指标属于波动变量;6个指标为水平变量,1个指标为交叉变量;1个指标数据不全(表1-23)。

表 1-23　消费与成本的分析变量和变化趋势

变化趋势	水平变量	交叉变量
上升变量	人均家庭消费、家庭教育支出比例	
下降变量	个人健康支出比例、恩格尔系数	
转折变量	人均能源消费	
波动变量	文化娱乐支出比例	家庭消费比率

注：限于数据获取，房价收入比只进行案例分析。

> **专栏 1-3　消费与成本方面的基本事实**
>
> 消费。1960 年以来，世界人均家庭消费支出上升，恩格尔系数下降，人均能源消费先上升后下降；1995 年以来，欧盟个人平均消费支出中，基本生活消费比例下降，物质生活消费比例下降，精神生活消费比例上升，个人生活消费比例下降，公共生活消费比例上升。
>
> 成本。生活成本的国别差异较大。近年来国家房价收入比，美国约为 3.37，英国为 8.82，日本为 12.24，印度为 10.66，巴西为 17.87。2015 年家庭消费比率，美国约为 0.77，英国为 0.87，日本为 0.72，波兰为 0.74，土耳其为 0.72，巴西为 0.80。

(1) 消费与成本的发展趋势

其一，消费方面的发展趋势。消费与生活质量的密切关系在美国著名经济学家罗斯托的"经济成长阶段论"中得到充分的阐释。18 世纪以来，随着社会生产力的提高，人类社会的资源供给能力提升，人们对消费品的可选择性扩大，消费结构提升。传统的数量型消费模式逐步向质量型消费模式转变，从生存型消费向享受型、发展型消费转变，从实用型消费向体验型消费转变，从被动式消费向主动参与式消费转变。由于发展水平的差异性，国家、地区、群体之间出现消费分化，这种消费结构的差异性充分反映了消费追求和生活质量的水平和层次。

- 消费水平。1960～2016 年期间，人均家庭消费支出提升，但是国别差异较大（图 1-11）。2016 年，高收入国家人均家庭消费支出为 25 127 美元（2010 年不变价），中等收入国家为 2485 美元，低收入国家为 440 美元，世界平均值为 5914 美元，中国为 2506 美元（World Bank，2018）。

具体而言，在 1995～2016 年期间，从欧盟《按目的划分的个人消费支出分类标准（COICOP），2003》的统计数据分析：欧盟个人平均消费支出增加。其中，居住及相关消费、健康、通信、教育、餐饮和住宿的消费支出增幅较大（表 1-24）。

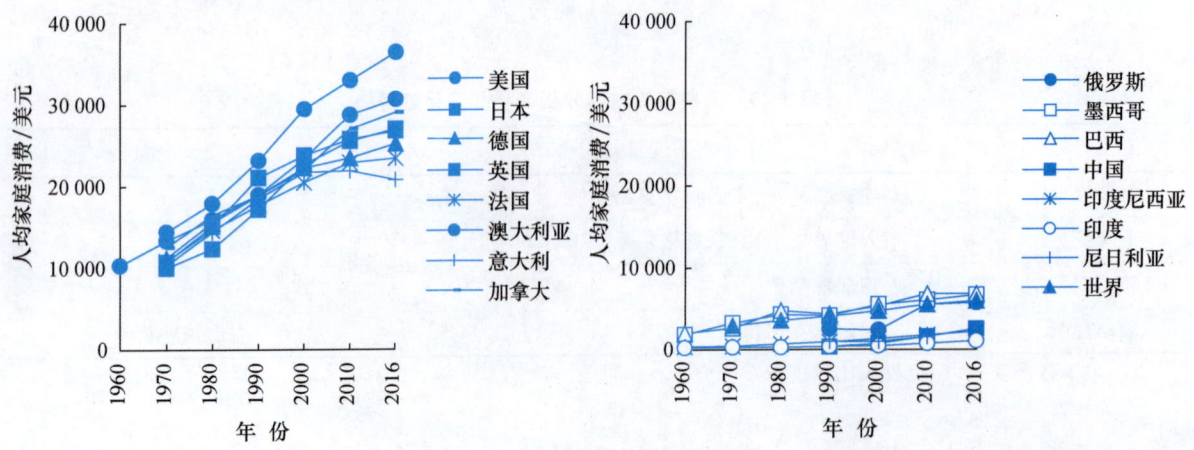

图 1-11 1960~2016 年人均家庭消费(2010 年不变价美元)

数据来源:World Bank,2018。

表 1-24 1995~2016 年期间欧盟按目的划分的个人平均消费支出概况

分类	项目	1995	2000	2005	2010	2016	变化
个人消费支出/欧元							
CP 01	食品和饮料	1200	1400	1600	1700	1900	1.58
CP 02	烟、酒、麻醉剂	400	500	500	600	600	1.50
CP 03	衣着	500	700	700	700	800	1.60
CP 04	居住及水、电、气和其他燃料	1900	2500	3000	3500	3900	2.05
CP 05	家居用品及其日常维护	600	700	800	800	900	1.50
CP 06	健康	300	400	500	500	600	2.00
CP 07	交通	1100	1500	1800	1800	2000	1.82
CP 08	通信	200	300	400	400	400	2.00
CP 09	文化娱乐	800	1100	1200	1300	1400	1.75
CP 10	教育	100	100	100	200	200	2.00
CP 11	餐饮和住宿	700	900	1100	1100	1400	2.00
CP 12	其他用品和服务	1000	1300	1600	1600	1800	1.80
总计	个人消费总支出	8600	11 300	13 200	14 200	15 900	1.85
个人消费支出比例/(%)							
CP 01	食品和饮料	14.0	12.4	12.1	12.3	12.2	−1.8
CP 02	烟、酒、麻醉剂	4.4	4.3	4.0	4.0	3.9	−0.5
CP 03	衣着	6.2	5.8	5.3	5.0	4.9	−1.3
CP 04	居住及水、电、气和其他燃料	22.0	21.9	22.7	24.3	24.5	2.5
CP 05	家居用品及其日常维护	6.5	6.3	5.9	5.6	5.5	−1.0
CP 06	健康	3.2	3.1	3.4	3.7	3.9	0.7
CP 07	交通	13.0	13.6	13.5	12.8	12.9	−0.1
CP 08	通信	1.9	2.5	2.9	2.8	2.5	0.6
CP 09	文化娱乐	8.8	9.4	9.0	9.0	8.5	−0.3
CP 10	教育	0.8	0.9	1.0	1.1	1.2	0.4
CP 11	餐饮和住宿	7.7	8.1	8.3	8.0	8.6	0.9
CP 12	其他用品和服务	11.4	11.6	11.7	11.3	11.5	0.1

注:个人消费支出变化=2016 年值÷1995 年值;个人消费支出比例变化=2016 年值−1995 年值。数据来源:EU,2018。

1960～2015 年期间,人均能源消费先上升后下降,但是存在国别差异。2014 年,世界平均值为 1872 千克石油当量,高收入国家为 4967 千克石油当量,中等收入国家为 1287 千克石油当量,中国为 1955 千克石油当量(World Bank,2018)。

- 消费结构。恩格尔系数是根据食物消费支出占消费总支出的比重来衡量消费水平高低的总量指标。它可以有效反映居民生活质量层次,是测度生活质量的重要指标。1975～2017 年期间,欧盟成员国的恩格尔系数下降(图 1-12)。2017 年,欧盟平均为 12%,德国为 11%,英国为 8%,法国为 13%,意大利为 14%(EU,2018),均属于联合国粮农组织(FAO)划定的最富裕国家(恩格尔系数小于 20%)。

1975～2017 年,欧盟成员国个人消费支出比例的变化趋势如下(图 1-12～1-23):

- 比例上升:居住及水、电、气和其他燃料、健康、通信、教育、餐饮与住宿;
- 比例下降:食品和饮料、烟酒和麻醉剂、衣着、家居用品及其日常维护;
- 比例波动:交通、文化娱乐、其他物品与服务消费。

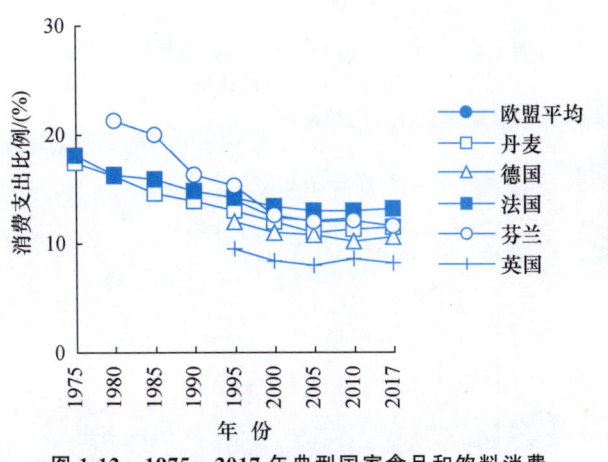

图 1-12　1975～2017 年典型国家食品和饮料消费支出占总消费支出的比例

数据来源:EU,2018。

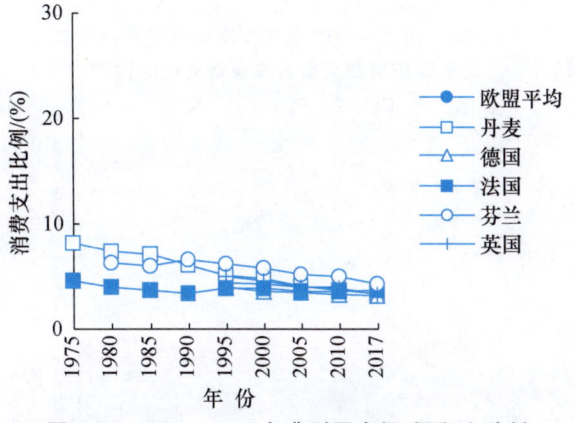

图 1-13　1975～2017 年典型国家烟、酒和麻醉剂消费支出占总消费支出的比例

数据来源:EU,2018。

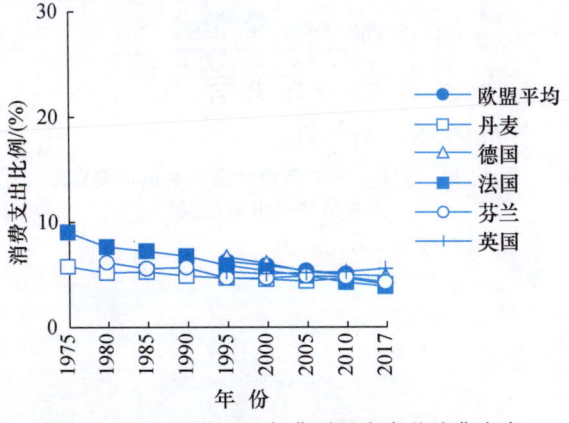

图 1-14　1975～2017 年典型国家衣着消费支出占总消费支出的比例

数据来源:EU,2018。

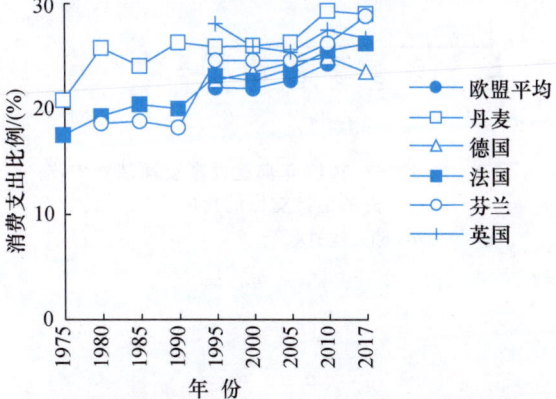

图 1-15　1975～2017 年典型国家居住及水、电、气和其他燃料消费支出占总消费支出的比例

数据来源:EU,2018。

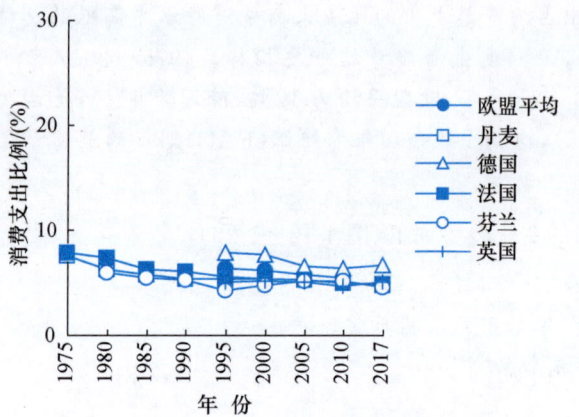

图 1-16 1975~2017 年典型国家家居用品及其
日常维护消费支出占总消费支出的比例
数据来源:EU,2018。

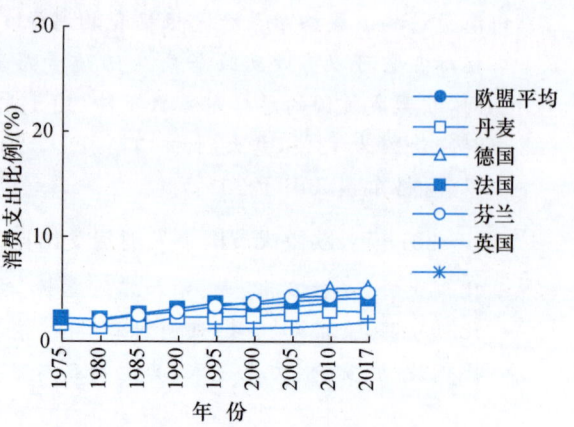

图 1-17 1975~2017 年典型国家健康消费支出
占总消费支出的比例
数据来源:EU,2018。

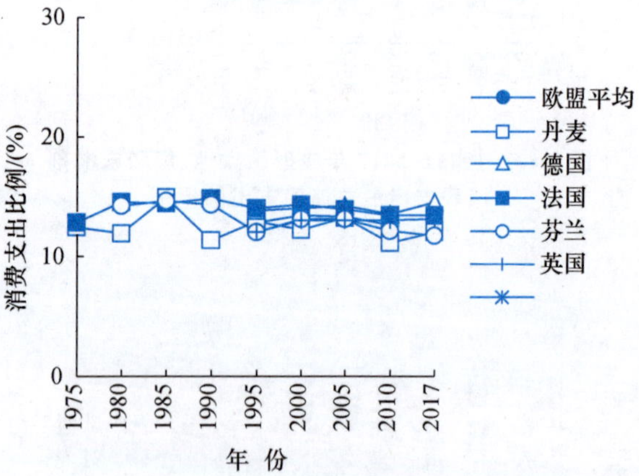

图 1-18 1975~2017 年典型国家交通消费支出
占总消费支出的比例
数据来源:EU,2018。

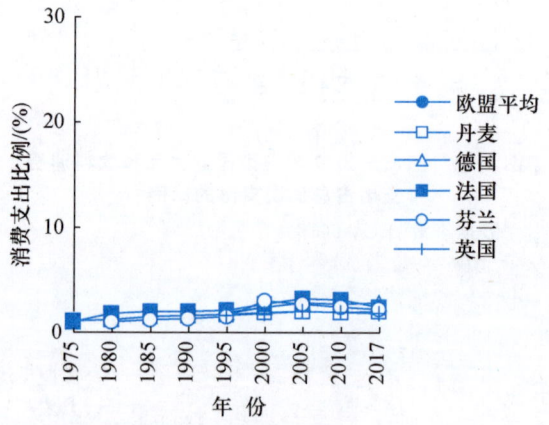

图 1-19 1975~2017 年典型国家通信消费支出
占总消费支出的比例
数据来源:EU,2018。

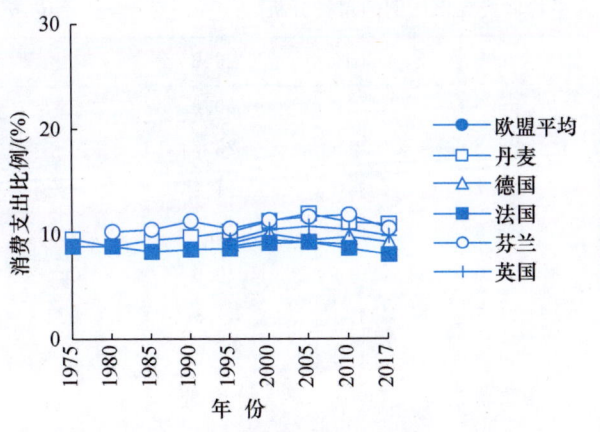

图 1-20　1975～2017 年典型国家文化娱乐消费支出占总消费支出的比例

数据来源：EU，2018。

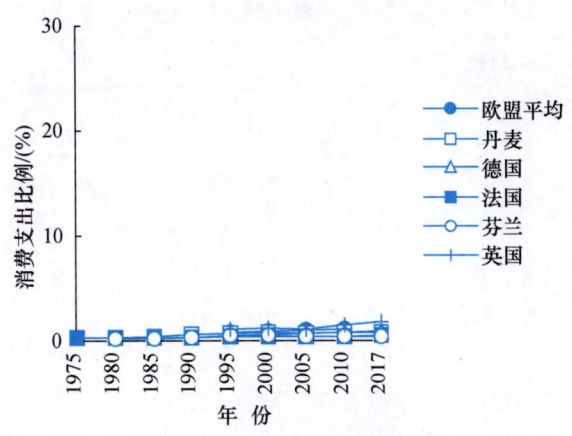

图 1-21　1975～2017 年典型国家教育消费支出占总消费支出的比例

数据来源：EU，2018。

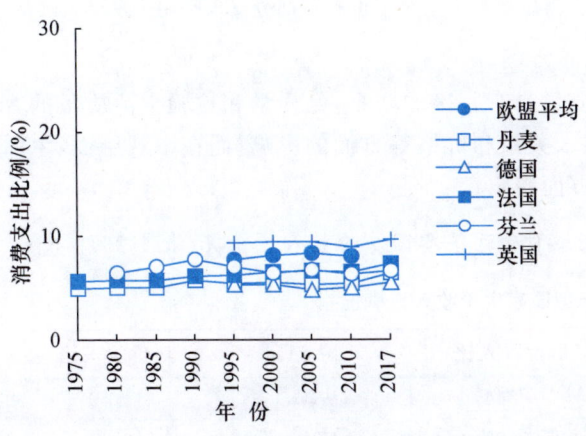

图 1-22　1975～2017 年典型国家餐饮与住宿消费支出占总消费支出的比例

数据来源：EU，2018。

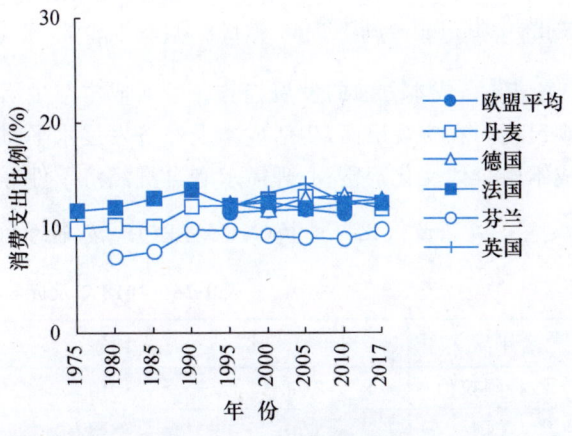

图 1-23　1975～2017 年典型国家其他物品与服务消费支出占总消费支出的比例

数据来源：EU，2018。

1995～2016 年，欧盟个人平均消费支出比例的变化趋势如下（表 1-25）：

- 按生活目的聚类：基本生活消费比例下降，享受与发展消费比例上升；2016 年，基本生活消费比例约为 60%。
- 按生活性质聚类：物质生活消费比例下降，精神生活消费比例上升；2016 年，物质生活消费比例约为 60%。
- 按生活特点聚类：个人生活消费比例下降，公共生活消费比例上升；2016 年，个人生活消费比例约为 51%。

表 1-25 1995～2016 年欧盟个人平均消费支出比例的聚类分析 单位:%

聚类依据	项目	1995	2000	2005	2010	2016	变化
生活目的	基本生活	61.7	60.0	59.5	60.0	60.0	−1.7
	享受与发展	26.8	28.3	28.8	28.6	28.6	1.8
	其他	11.4	11.6	11.7	11.3	11.5	0.1
生活性质	物质生活	60.8	58.8	58.3	59.2	59.6	−1.2
	精神生活	27.7	29.5	30.0	29.4	29.0	1.3
	其他	11.4	11.6	11.7	11.3	11.5	0.1
生活特点	个人生活	53.1	50.7	50.0	51.2	51.0	−2.1
	公共生活	35.4	37.6	38.3	37.4	37.6	2.2
	其他	11.4	11.6	11.7	11.3	11.5	0.1

注:基本生活包括:CP01,CP03,CP04,CP05,CP07;享受与发展包括:CP02,CP06,CP08,CP09,CP10,CP11;其他为:CP12。物质生活包括:CP01,CP02,CP03,CP04,CP05,CP11;精神生活包括:CP06,CP07,CP08,CP09,CP10;其他为CP12。个人生活包括:CP01,CP02,CP03,CP04,CP05;公共生活包括:CP06,CP07,CP08,CP09,CP10,CP11;其他为CP12。需要说明的是,这几种分类都是相对的,比较笼统,例如在基本生活中也有一部分支出是用来享受发展的。变化=2016 年值−1995 年值。数据来源:EU,2018。

其二,成本方面的发展趋势。生活成本与生活质量具有直接的联系,是衡量和检验生活质量的客观尺度。在宏观层面,生活成本受经济发展水平、供求关系和价格等方面的影响;而在微观层面,生活成本由个体文化素质、心理需求和自身经济条件等方面决定。

- 房价收入比。南珀(NUMBEO)[①]发布的 2018 年及近年各国房价收入比情况(表 1-26)。

表 1-26 2018 年及近年典型国家房价收入比概况

国家	房价收入比	国家	房价收入比	国家	房价收入比
沙特阿拉伯	2.68	德国	8.44	法国	11.39
美国	3.37	英国	8.82	日本	12.24
南非	3.74	意大利	9.5	巴西	17.87
加拿大	6.99	墨西哥	9.51	新加坡	21.58
澳大利亚	7.21	印度	10.66	中国	27.76

数据来源:Numbeo,2018。

- 消费比率。消费比率是人均家庭最终消费与人均可支配收入的比例。OECD 统计数据表明:在 1998～2016 年期间,OECD 国家的家庭消费比率呈波动形式。2016 年,美国家庭消费比率为 0.79,日本为 0.69,德国 0.68,英国为 0.88,法国为 0.68。

(2) 消费与成本的世界前沿和国际差距

消费与成本的世界前沿和国际差距,可以用几个指标来代表进行典型分析。

其一,消费的世界前沿与国际差距。人均家庭消费支出的世界前沿和国际差距见表 1-27。人均家庭消费支出的世界前沿值和平均值提高。2016 年,在有统计的 109 个国家中,瑞士的人均家庭消费最高,为 41 583 美元(2010 年不变价美元)。

---

① 南珀(NUMBEO)城市数据库网站。

表 1-27　1960~2016 年人均家庭消费支出的世界前沿和国际差距　　　单位：2010 年不变价美元

项目	1960	1970	1980	1990	2000	2010	2016
前沿（最大值）	10 264	26 689	31 666	35 699	37 877	40 179	41 583
末尾（最小值）	6	10	57	183	157	158	158
平均值	—	2939	3570	4056	4722	5466	5914
绝对差距	10 258	26 679	31 609	35 516	37 720	40 021	41 425
相对差距/倍	1711	2669	556	195	241	254	263
国家样本数/个	38	62	69	87	108	125	109

其二，成本的国际差距。1998 年以来，OECD 成员国消费比率的国际差距参见表 1-28。2016 年，在 27 个 OECD 国家中，国际相对差距约为 1.5 倍。

表 1-28　1998~2016 年消费比率的国际差距　　　单位：%

项目	1998	2000	2005	2010	2016
最大值	85	77	81	96	98
最小值	58	59	60	67	64
绝对差距	27	18	21	29	34
相对差距/倍	1.47	1.31	1.35	1.43	1.53
国家样本数/个	28	29	31	32	27

二、世界公共生活的时序分析

一般而言，公共生活涉及经济生活、社会生活、文化生活和政治生活等方面。限于篇幅，本报告选择有代表性的和统计数据比较齐全的指标进行分析（表 1-29）。尽管这种分析很不完备，但可以提供有用信息。

表 1-29　1700~2017 年公共生活的变迁

方面	生活质量变量				长期趋势和特点
	18 世纪	19 世纪	1900~1970 年	1970~2017 年	
经济生活				就业率、失业率、非全时就业就业率	波动，国别差异
				工作时间	下降
				弹性工作比例	上升
				人均 GNI、人均购买力、家庭净可支配收入、平均工资、最低月工资、用于休息和保健的时间	上升，国别差异
				长时间工作员工比例、平均日通勤时间、工作压力、工伤事故、职工参加工会比例	下降，国别差异

(续表)

方面	生活质量变量				长期趋势和特点
	18世纪	19世纪	1900～1970年	1970～2017年	
社会生活				强烈社区归属感的人口比例、提供无偿帮助的人口比例、成人识字率	上升
				小学毛入学率、中学毛入学率、大学入学率、接受成人教育和培训比例、预期受教育年限、平均受教育年限、性别平等指数、国家议会中妇女席位的比例、全社会保障覆盖率、基本养老保险覆盖率、失业保险覆盖率、基本医疗保险覆盖率、养老保险替代率	上升,国别差异
				收入不平等、国家贫困人口比例、国际贫困人口比例(按每天1.90美元衡量,2011年PPP①)、童工比例、基尼系数	下降,国别差异
				有5人以上亲密朋友的人口比例、社会支持网络的质量、与家人朋友亲戚聚会的频次、相信大多数人是可信的比例、女性就业比例、3—5岁儿童参加学前教育或小学的比例	波动,国别差异
				参加社会组织的人口比例	先升后降,国别差异
				志愿者人口比例	国别差异
文化生活				互联网普及率、网购人口比例、人均上网时间	上升
				人均国际旅游离境频次、过去一年里参加过文体活动(至少一次)的人口比例、移动电话普及率、同性恋包容性指数、种族歧视和暴力冲突指数、性别平等、宗教包容性指数	上升,国别差异
文化生活				年假、参加艺术活动的频次、人均年娱乐时间(15—64岁)、艺术和文化活动花费的平均时间比例、月均参加超过15分钟体育活动的频率、过去一年国家公园和国家历史遗址点的平均访问量、博物馆参观率、使用社交媒体交流的人口比例、参与网络游戏人口比例	仅一年统计数据,国别差异
				人均观影次数、人均年阅读量	先升后降,国别差异
政治生活				政治权利评级、公民权利评级、选民投票率	上升,国别差异
				利益相关者参与制定法规评分、行贿公司比例、罢工游行	波动,国别差异

1. 经济生活的时序分析

经济生活是个体参与公共生活最基本的形式。经济生活一方面为个人生活质量提供物质基础,另一方面也是个人自我价值实现的基本途径。经济生活涉及诸多方面,每个方面都有许多发展指标。这里选择16个指标为代表,分析经济生活的发展趋势(专栏1-4)。在1960～2016年期间,7个指标属于上升变量,6个指标属于下降变量,3个指标属于波动变量;9个指标为水平变量,7个指标为交叉变

---

① PPP:购买力平价(purchasing power parity),是根据各国不同的价格水平计算出来的货币之间的等值系数。

量(表 1-30)。

表 1-30 经济生活的分析变量和变化趋势

变化趋势	水平变量	交叉变量
上升变量	弹性工作比例、人均 GNI、人均购买力、家庭净可支配收入、平均工资、最低月工资、用于休息和保健的时间	
下降变量	工作时间、工伤事故	长时间工作员工比例、平均日通勤时间、工作压力、职工参加工会比例
波动变量		就业率、失业率、非全时就业就业率

> **专栏 1-4　经济生活的基本事实**
>
> 经济生活。20 世纪 60 年代以来,全球就业率和失业率波动,发达国家每周平均工作时间缩短。20 世纪 90 年代以来,发达国家人均国民收入、平均工资和最低工资上升,非致死性工伤比例下降。2016 年,荷兰周平均工作时间约为 29 小时。

(1) 经济生活的发展趋势

作为社会化人存在的主要体现——工作,无论在客观层面还是主观层面,它都关系到生活质量和人们对生活的态度与评价,是测量个体生活质量的重要方面(林南 等,1987)。对工作质量的考察主要包括就业机会、工作性质、工作强度、工资水平、工作环境等。国际劳工组织的"体面劳动"指标体系、欧盟的"工作质量"指标体系等为测度国家层面的工作质量提供了重要参考。限于篇幅,本报告仅对就业机会、工资水平、工作强度和工作环境进行分析。历史事实表明:18 世纪以来,随着科学技术的发展,社会生产力的提高,社会分工逐步精细化,职业要求向专业化、知识化的方向转变。劳动生产率的普遍提高使工作时间的缩短成为可能;职业的多样化扩展了个体对职业的选择度,为自我价值的实现创造了更多的条件;同时,在时间和空间两个维度上,工作的性质逐步由固定化转变为自由化;"体面劳动"深入人心,个体对职业的追求逐步由生存型劳动向发展型劳动转变。

- 就业状况。1960~2017 年期间,就业率、失业率和非全时就业就业率的变化呈波动形式。在失业率方面,2017 年,世界平均为 5.52%,高收入国家为 5.69%,中等收入国家为 5.50%,低收入国家为 5.32%(World Bank,2018)。
- 工作强度(表 1-31)。① 2000~2016 年期间,OECD 国家每周平均工作时间缩短,长时间工作员工比例下降,感到有工作压力员工比例下降,但三项指标均存在国别差异(OECD,2018)。② 弹性工作方面,1994~2014 年期间,加拿大在工作时间方面能够实现弹性工作的员工比例提高,从 1994 年的 35.8% 提升至 2014 年的 43.2%(Canadian Index of Wellbeing,2016)。③ 工作与生活平衡方面,2013 年以来,每天用于休闲和个人保健的时间增加,同时存在国别差异(OECD,2018)。

表 1-31 2016 年典型国家工作强度概况

国家	周平均工作时间/(小时/周)	长时间工作员工比例/(%)	感到有工作压力员工比例/(%)*	用于休闲和个人保健的时间/(小时/天)
美国	38.57	11.69	25.82	14.47
德国	34.45	4.96	28.53	15.55
英国	36.51	12.83	20.70	14.87
法国	36.10	7.77	25.79	16.36
意大利	35.47	3.83	29.59	14.89
澳大利亚	35.71	13.39	25.57	14.35
巴西	39.43*	9.45	—	14.27
墨西哥	45.15	28.28	28.89	12.80

注：* 为 2015 年数据。数据来源：OECD，2018。

- 工资水平。① 1990~2016 年期间，人均购买力水平提高（图 1-24）。2016 年，世界平均人均购买力为 16 176 国际美元（PPP），高收入国家为 47 208 国际美元（PPP），中等收入国家为 11 318 国际美元（PPP），低收入国家为 1666 国际美元（PPP），中国为 15 470 国际美元（PPP）（World Bank，2018）。② 1990 年以来，年平均工资和家庭净可支配收入增加。2016 年，美国年平均工资为 60 154 国际美元（PPP）（2016 不变价），日本为 39 113 国际美元（PPP），德国为 46 389 国际美元（PPP），英国为 42 835 国际美元（PPP），法国为 42 992 国际美元（PPP），墨西哥为 15 311 国际美元（PPP）（OECD，2018）。③ 最低收入方面，1980 年以来，最低月工资上升，但国别差异较大；其中在 2013 年，美国最低月工资为 1257 美元，法国为 1899 美元，西班牙为 1000 美元，俄罗斯为 163 美元，巴西为 314 美元，墨西哥为 128 美元，中国为 226 美元（ILO，2018）。

- 工作环境。2000~2016 年期间，非致死性工伤比例下降，但是国别差异较大。2016 年，美国非致死性工伤比例为 900 名/10 万工人，日本为 220 名/10 万工人，墨西哥为 2907 名/10 万工人，西班牙为 3353 名/10 万工人（ILO，2018）。

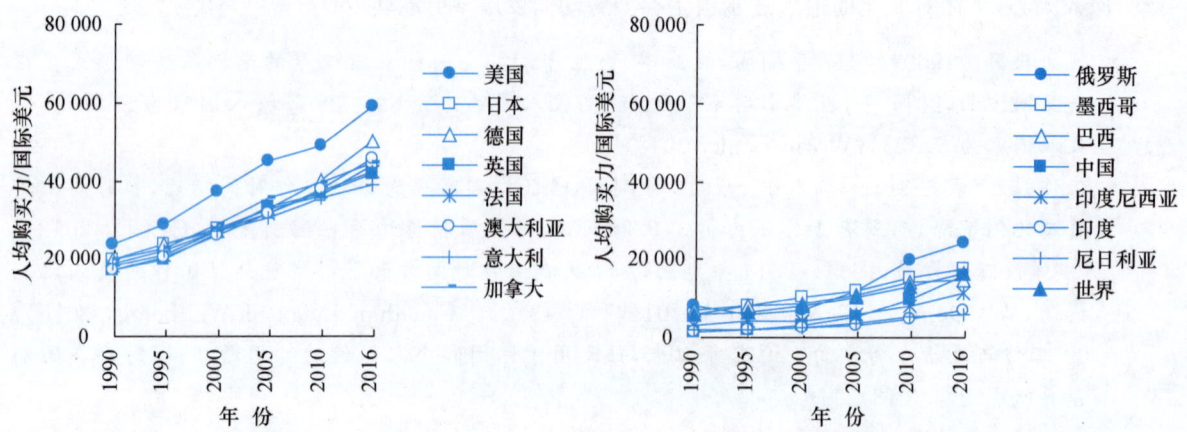

图 1-24 1990~2016 年人均购买力（现价 PPP）

数据来源：World Bank，2018。

(2) 经济生活的世界前沿和国际差距

经济生活的世界前沿和国际差距,可以用几个指标来代表进行典型分析。

其一,周平均工作时间的国际差距。2000年以来,周平均工作时间的最小值和平均值在减小(表1-32)。2016年,在OECD统计的33个国家中,荷兰的工作时间最短,为29.14小时。

表 1-32　2000～2016年周平均工作时间的国际差距　　　　　　　　　　　　　　单位:小时

项目	2000	2005	2010	2016
最大值	47.09	49.80	50.84	47.90
最小值	30.58	29.65	29.31	29.14
平均值	38.44	38.48	38.44	38.16
绝对差距	16.51	20.15	21.53	18.76
相对差距/倍	1.54	1.68	1.73	1.64
国家样本数/个	25	32	33	33

其二,收入的世界前沿与国际差距。1990年以来,人均购买力的国际绝对差距和相对差距详见表1-33。人均购买力的平均值和最小值都在上升,而个别年度的前沿值受国际油价的影响,石油资源依赖型国家(如,科威特)的人均购买力波动较大。

表 1-33　1990～2016年人均购买力的世界前沿和国际差距　　　　　　　　单位:国际美元(PPP)

项目	1990	1995	2000	2005	2010	2016
前沿(最大值)	28 490	69 680	65 260	90 620	79 080	85 020
末尾(最小值)	240	260	410	470	570	700
平均值	5376	6390	7868	10 009	12 785	16 176
绝对差距	28 250	69 420	64 850	90 150	78 510	84 320
相对差距/倍	119	268	159	193	139	121
国家样本数/个	115	128	130	130	130	128

2. 社会生活的时序分析

社会生活的内涵丰富,覆盖面广泛。在本报告中,社会生活包括社会关系、教育和学习、社会公平和社会保障。这里选择其中的29个指标为代表分析以上四个方面的内容。在1960～2016年期间,16个指标属于上升变量,5个指标属于下降变量,6个指标属于波动变量,1个指标为转折变量;24个指标为水平变量,4个指标为交叉变量;1个指标仅有一年统计数据(表1-34)。

表 1-34　社会生活的分析变量和变化趋势

变化趋势	水平变量	交叉变量
上升变量	成人识字率、提供无偿帮助的人口比例、小学毛入学率、中学毛入学率、大学入学率、接受成人教育和培训比例、预期受教育年限、平均受教育年限、性别平等指数、国家议会中妇女席位的比例、社会保障覆盖率、基本养老保险覆盖率、失业保险覆盖率、基本医疗保险覆盖率、养老保险替代率	强烈社区归属感的人口比例
下降变量	收入不平等(最低20%)、国家贫困人口比例、国际贫困人口比例(按每天1.90美元衡量,2011年PPP)、童工比例	基尼系数(国别差异)

(续表)

变化趋势	水平变量	交叉变量
波动变量	社会支持网络的质量、与家人朋友亲戚聚会的频次、相信大多数人是可信的比例、女性就业比例、3—5岁儿童参加学前教育或小学的比例	有5人以上亲密朋友的人口比例
转折变量		参加社会组织的人口比例

注：志愿者比例仅一年统计数据。

专栏 1-5　社会生活的基本事实

社会生活。20世纪80年代以来，全球贫困人口比例下降。发达国家收入分配的基尼系数下降（但存在国别差异和例外）。2000年以来，全球社会保障覆盖率提高，欧盟国家养老保险替代率上升。1970年以来，全球成人识字率、小学入学率、中学入学率、大学入学率、平均受教育年限和预期受教育年限提升，但教育发展水平的国别差异仍然较大。2015年英国基尼系数约为33%，2016年英国养老保险替代率约为53%。2015年欧盟平均每天聚会的人口比例约为16.7%，2017年OECD国家遇到困难时可以得到亲戚或朋友帮助的比例平均为89%。

---

(1) 社会生活的发展趋势

和谐的社会关系、公平的社会环境、有力的社会支持是高质量社会生活的具体表现，它直接影响着社会成员对公共生活的感受，从而影响其整体的生活质量。在社会关系方面，随着城市化的推进，家庭规模的缩小，社会流动的增强，传统的"熟人社会"逐步转变为"陌生人社会"，传统的以血缘关系和地缘关系为基础的社会关系资源弱化，而现代业缘关系在增强。以良好的夫妻关系为核心的家庭关系和以和谐的同事关系为核心的工作关系成为现代社会个体获得社会支持的两个强有力的支柱和最可靠的渠道（风笑天，林南，1998）。在社会公平方面，随着社会的发展，社会公平的内涵和外延也在变化，逐步由传统、一维的生存公平向现代、多维的发展公平转变，不仅是经济方面的公平，还包括政治公平、文化公平等，具体涉及消除贫困、收入平等、性别平等、权利公平、机会公平、规则公平等诸多方面。在社会支持方面，社会保障作为社会支持的主导力量，为个体生活质量的提高保驾护航，发挥着稳定的功能、调节的功能、恢复和发展的功能（高峰，2003）。自19世纪社会保障制度建立以来，社会保障体系逐步完善、法制化水平逐步提高、覆盖面逐步拓宽，已经成为个体生活质量维护和发展的有力保障。

- 社会关系。① 社会交往频次。2015年，在与家人、亲戚或朋友聚会频次的统计调查中，欧盟平均每天聚会的人口比例为16.7%，每周聚会的人口比例为35.2%，每月聚会一次的人口比例为12.9%，过去12个月里没有参加聚会的人口比例为2.3%（EU，2018）。② 社会交往质量。OECD通过调查"遇到困难时，是否可以得到亲戚或朋友的帮助"来测度社会支持网络的质量，调查结果表明：2013~2017年期间，社会支持网络的质量普遍提高，但存在国别差异。2017年，OECD成员国平均值为89%，爱尔兰为96%，英国93%，美国90%，日本90%，巴西90%，俄罗斯90%，南非88%，墨西哥80%，韩国76%（OECD，2018）。从社区归属感的视角分析，在2001~2014年期间，加拿大具有强烈社区归属感的人口比例上升，2014年达到66.4%（Canadian Index of Wellbeing，2018）。③ 社会支持的参与度。1994~2014年期间，加拿大提供无偿帮助的人口比例整体呈现上升趋势，2014年达到81.4%；在1994~2014年期间,加拿大参加志愿者组织或活动人口比例先上升后下降,2014年为49.1%(Canadian Index of Wellbeing, 2016)。

- 社会公平。① 经济平等方面,消除贫困、缩小贫富差距是联合国可持续发展的核心内容,也是世界各国自身发展的目标。1981~2016年期间,国际贫困人口比例(按每天1.90美元衡量,2011年PPP)下降(图1-25)。2013年,高收入国家为0.6%,低收入国家为46.9%,世界平均为10.9%,中国为1.9%(World Bank, 2018)。1979~2015年期间,基尼系数的国别差异较大,2015年,美国为0.415,德国为0.317,英国为0.332,法国为0.327,俄罗斯为0.377,巴西为0.513(World Bank, 2018)。

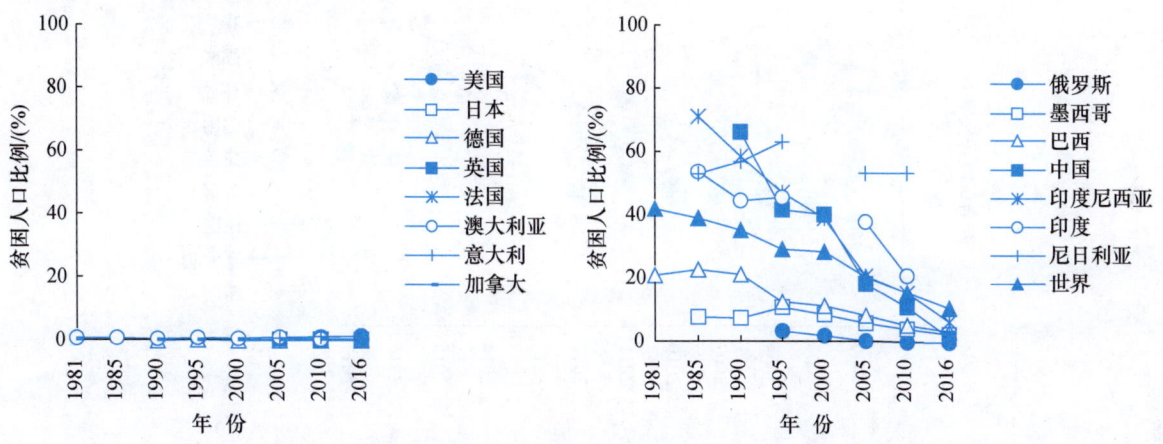

图1-25 1981~2016年国际贫困人口比例(按每天1.90美元衡量,2011年PPP)
数据来源:World Bank, 2018。

② 社会平等方面。1990~2017年期间,女性就业比例波动,同时国别差异较大。2017年,高收入国家为44.0%,中等收入国家为37.3%,低收入国家为46.9%,世界平均为39.3%,中国为41.6%(World Bank, 2018)。政治平等方面,1990~2017年期间,国家议会中妇女席位的比例上升(图1-26)。2017年,高收入国家为27.7%,中等收入国家为21.6%,低收入国家为24.5%,世界平均为23.7%,中国为24.2%(World Bank, 2018)。

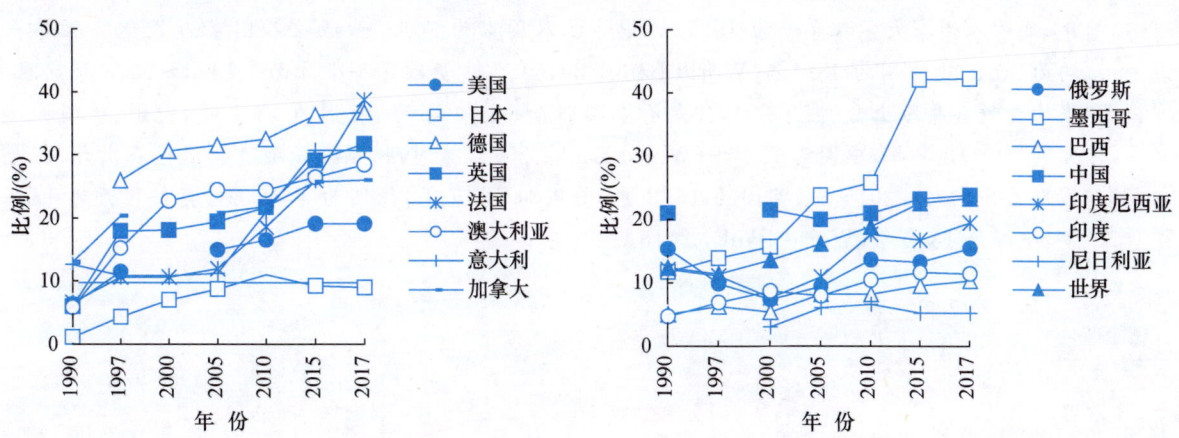

图1-26 1990~2017年国家议会中妇女席位的比例
数据来源:World Bank, 2018。

- 社会保障。① 社会保障覆盖率。2000 年以来,社会保障覆盖率上升,但是国别差异较大。2015 年,俄罗斯为 77.1%,巴西为 53.8%,印尼 57.4%,尼日利亚 6.4%(World Bank,2018)。2001 年以来,基本养老保险覆盖率和基本医疗保险覆盖率上升,其中德国、芬兰等国在 2010 年已经实现全覆盖。失业保险覆盖率国别差异较大(ILO,2018)。② 养老保险替代率。2005 年以来,欧盟国家养老保险替代率上升,存在国别差异(图 1-27)。2016 年,德国为 46%,英国 53%,法国 68%,意大利 69%(EU,2018)。

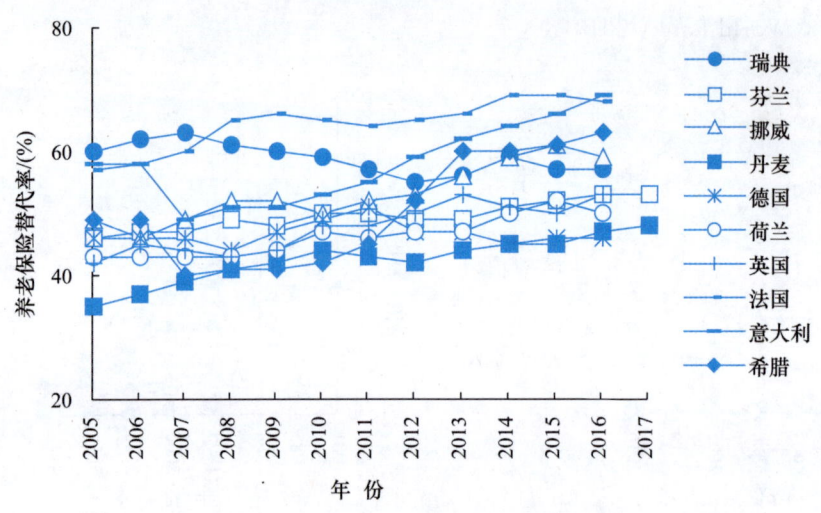

图 1-27　2005~2017 年养老保险替代率

数据来源:EU,2018。

- 教育和学习。教育和学习是社会生活的重要组成部分,有些学者将其列为文化生活方面的内容进行研究,这是两可的分类。① 识字率方面。1970 年以来,成人识字率上升。2016 年,中等收入国家为 85.6%,低收入国家为 60.6%,世界平均为 86.3%(World Bank,2018)。② 入学率方面。尽管仅有两年的统计数据,但是相比而言,OECD 成员国 2014 年 3—5 岁儿童参加学前教育或小学的比例明显高于 2013 年,同时存在一定的国别差异(OECD,2018)。1970~2017 年期间,小学入学率、中学入学率和大学入学率(图 1-28)上升,同时存在国别差异。2016 年,高收入国家大学入学率为 75.1%,中等收入国家为 34.5%,低收入国家为 7.5%,世界平均为 36.8%,中国为 48.4%(World Bank,2018)。③ 受教育年限方面。1990~2015 年期间,平均受教育年限上升(图 1-29),但是存在国别差异。2015 年,英国为 13.3 年,美国、德国和澳大利亚为 13.2 年,中国为 7.6 年(World Bank,2018)。同期,预期受教育年限也在上升,但是国别差异较大。2015 年,英国为 16.3 年,美国为 16.5 年,德国为 17.1 年,澳大利亚为 15.9 年,中国为 13.5 年(World Bank,2018)。

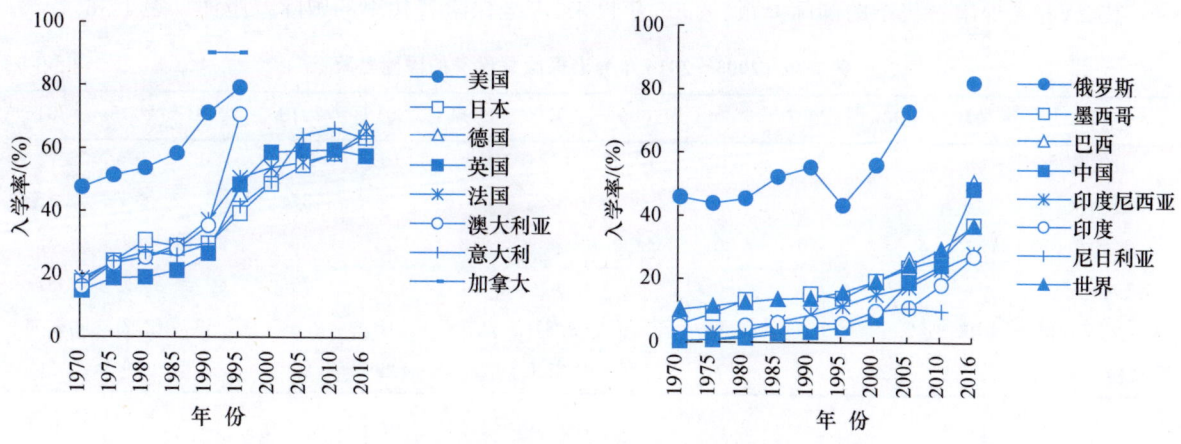

图 1-28　1970~2016 年大学入学率

数据来源：World Bank，2018。

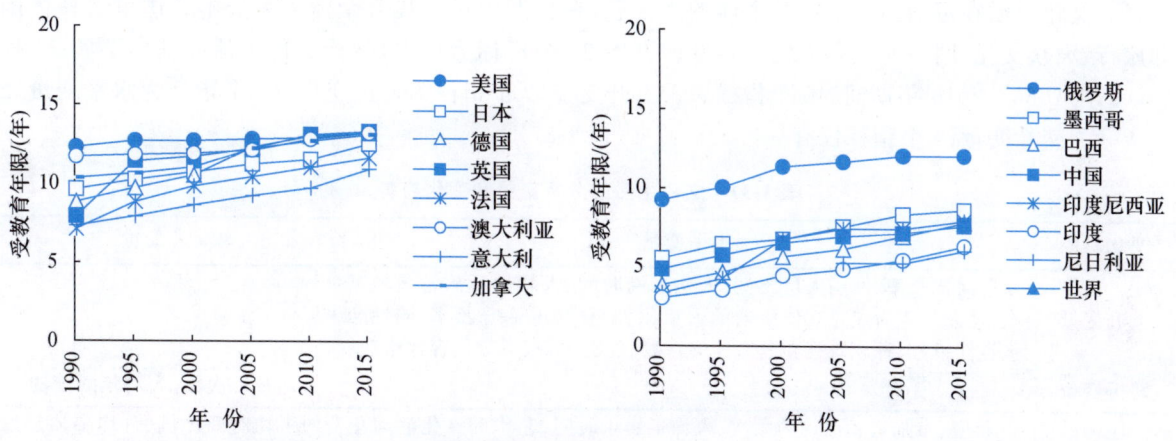

图 1-29　1990~2015 年平均受教育年限

数据来源：World Bank，2018。

(2) 社会生活的世界前沿和国际差距

社会生活的世界前沿和国际差距，可以用几个指标来代表进行典型分析。

其一，社会公平的世界前沿与国际差距。基尼系数的世界前沿和国际差距见表 1-35。1980 年以来，基尼系数的国际绝对差距和相对差距先增大后缩小。

表 1-35　1980~2016 年基尼系数的世界前沿和国际差距　　　　　　　　　　　单位：%

项目	1980	1990	2000	2010	2015
前沿（最小值）	34.6	32.0	28.8	24.8	25.0
末尾（最大值）	46.8	60.5	61.6	64.4	50.8
平均值	—	—	—	—	—
绝对差距	12.2	28.5	32.8	39.6	25.8
相对差距/倍	1.4	1.9	2.1	2.6	2.0
国家样本数/个	3	14	32	70	25

注：基尼系数为逆指标，最小值反映前沿水平，最大值反映末尾水平。

其二,养老保险替代率的国际差距。2005年以来,养老保险替代率的国际差距详见表1-36。

表1-36　2005~2016年养老保险替代率的国际差距　　　　　　　　　　　　单位:%

项目	2005	2006	2007	2008	2009	2010	2011	2012	2013	2014	2015	2016
最大值	69	97	106	110	121	122	100	101	107	100	105	72
最小值	35	37	37	30	34	32	36	36	37	38	38	35
平均值	51	51	50	50	52	53	53	53	55	55	56	55
绝对差距	34	60	69	80	87	90	64	65	70	62	67	37
相对差距/倍	1.97	2.62	2.86	3.67	3.56	3.81	2.78	2.81	2.89	2.63	2.76	2.06
国家样本数/个	23	25	27	27	27	28	28	29	29	29	29	28

3. 文化生活的时序分析

文化生活一般指文化消费,是人类精神生活的重要组成部分,是提升个体生活质量的重要方式和途径。文化生活在短期内可以提升个体的幸福感,在长期内可以提升个体人力资本。这里选择休闲和旅行、大众文化、网络文化和文化包容性四方面21个指标为代表,分析文化生活的基本事实(专栏1-6)。在1960~2016年期间,10个指标属于上升变量,2个指标为转折变量;10个指标为水平变量,2个指标为交叉变量;9个指标仅有一年统计数据(表1-37)。

表1-37　文化生活的分析变量和变化趋势

变化趋势	水平变量	交叉变量
上升变量	互联网普及率、网购人口比例、人均上网时间、人均国际旅游离境频次、过去一年参加过文体活动的人口比例、移动电话普及率、同性恋包容性指数、种族歧视和暴力冲突指数、性别平等、宗教包容性指数	
转折变量		人均观影次数、人均年阅读量

注:9个指标(年假、参加艺术活动的频次、人均年娱乐时间、艺术和文化活动花费的平均时间比例、月均参加超过15分钟体育活动的频次、过去一年国家公园和国家历史遗址点的平均访问量、博物馆参观率、使用社交媒体交流的人口比例、参与网络游戏人口比例)仅有一年统计数据。

专栏1-6　文化生活的基本事实

文化生活。20世纪90年代以来,全球人均国际旅游离境频次上升,互联网普及率上升,网购人口比例上升。文化生活存在明显的指标和国别差异。人均年观影次数,美国2015年为4.13次/年。互联网普及率高收入国家2016年平均约为82%。网购人口比例,英国2016年约为83%。手机上网时间,美国2018年约为195分钟/天。参与网络游戏人口比例,德国2015年约为19%。

(1) 文化生活的发展趋势

文化本身的特征和规律决定了文化生活的特点和变化。现代化科学认为:18世纪以来,发达国家的文化现代化经历了两次转向:第一次是从传统文化向现代文化的转向,包括从封建的、专制的和宗教的文化转向公民的、民主的和世俗的文化;第二次是从现代文化向后现代文化的转向,包括从生产的、经济的和理性的文化转向服务的、生态的和多元的文化(何传启,2010)。与此相对应,18世纪以来,文化生活的变迁也经历了从传统的文化生活向现代的文化生活,从现代的文化生活向后现代的文化生活的两次转变。文化生活不仅具有时代性,同时存在多样性和层次性。

- 休闲和旅行。① 休闲时间。个人用于休闲、娱乐以及护理等方面时间延长。表 1-38 显示的是 OECD 调查近年来典型国家居民(15—64 岁)每天活动用时情况。在年假方面国别差异较大(表 1-39),其原因主要来自各国福利制度以及文化的差异性。

表 1-38 近年来典型国家居民(15—64 岁)每天活动用时概况　　　　单位:小时

序号	国别	有薪工作或学习	无薪工作	个人护理	休闲	其他
1	美国	4.8	3.3	10.8	4.7	0.4
2	日本	6.1	2.2	10.3	4.6	0.8
3	德国	4.1	3.3	10.8	5.5	0.3
4	英国	4.4	3.3	10.8	5.1	0.5
5	法国	3.4	3.0	12.5	4.9	0.2
6	澳大利亚	4.0	4.1	11.0	4.7	0.3
6	加拿大	5.1	3.1	10.6	4.7	0.6
8	墨西哥	6.0	4.5	10.2	3.0	0.4
9	中国	5.7	2.7	11.6	3.8	0.3
10	印度	4.9	3.2	11.5	4.2	0.2

数据来源:OECD,2018。

表 1-39 2018 年典型国家年假概况

序号	国别	带薪假期/天	公共假日/天	假期合计/天
1	法国	25	11	36
2	瑞典	25	9	34
3	俄罗斯	20	12	32
4	荷兰	20	11	31
5	澳大利亚	20	10	30
6	德国	20	9	29
7	印度	12	15	27
8	南非	15	12	27
9	墨西哥	6	7	13
10	中国	(5~15)*	11	16~26

注:*中国不同行业的带薪休假存在差别,有些行业没有带薪休假。本表数据需谨慎对待。
数据来源:Wikipedia,2018。

② 国际旅行。1995~2016 年期间,人均国际旅游离境频次上升(图 1-30)。2016 年,高收入国家平均为 0.65 人次/年,中等收入国家为 0.09 人次/年,低收入国家接近 0 人次/年,世界平均为 0.20 人次/年,中国为 0.1 人次/年(World Bank, 2018)。

③ 体育活动。1994~2014 年期间,加拿大人月均参加超过 15 分钟体育活动的频率上升,由 1994 年的 21 次/月上升为 2014 年的 27.6 次/月(Canadian Index of Wellbeing, 2016)。

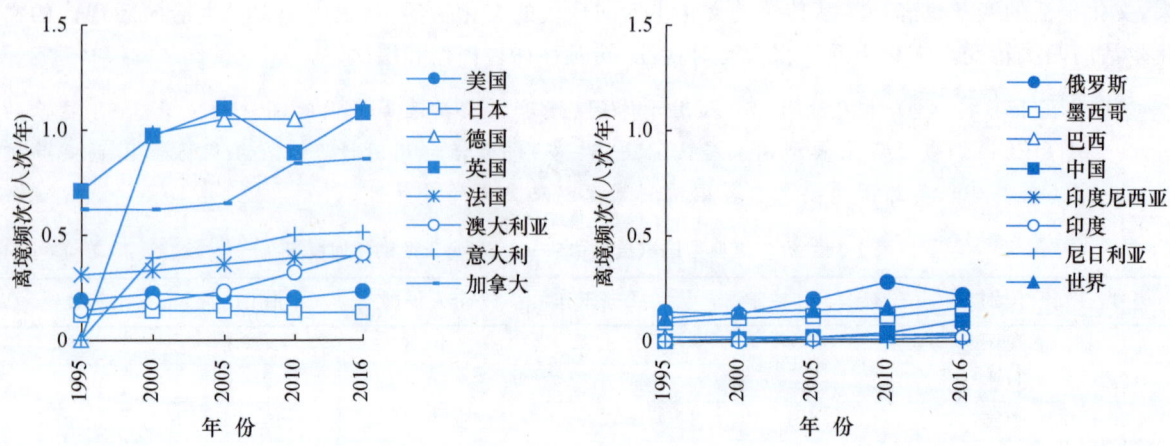

图 1-30 1995～2016 年人均国际旅游离境频次

数据来源：World Bank，2018。

- 大众文化。① 2005～2015 年期间，人均年观影次数，部分发达国家上升，部分发达国家波动；部分发展中国家上升，部分发展中国家下降（图 1-31）。2015 年，美国为 4.13 次/年，日本为 1.49 次/年，英国为 2.98 次/年，中国为 0.99 次/年（UNESCO，2018）。② 2011～2016 年期间，美国人均阅读量下降，其中以印刷版阅读的比例下降，而以电子版阅读的比例在上升（表 1-40）（Pew，2018）。

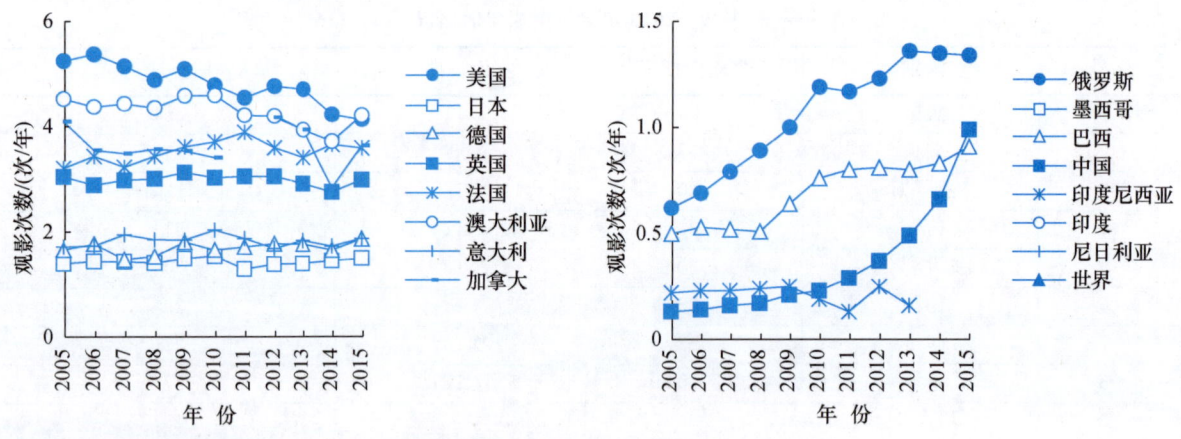

图 1-31 2005～2015 年人均年观影次数

数据来源：UNESCO，2018。

表 1-40 2011～2016 年美国人均年阅读量（18 岁+）概况

项目	2011	2012	2014	2015	2016
人均年阅读量/(本/年)	14	12	12	12	12
年阅读量中位数/(本/年)	5	4	5	4	4
过去一年进行过阅读（任何形式）/(%)	79	74	76	72	73

(续表)

项目	2011	2012	2014	2015	2016
过去一年进行过阅读(印刷图书)/(%)	71	65	69	63	65
过去一年进行过阅读(电子图书)/(%)	17	23	28	27	28
过去一年进行过阅读(听书)/(%)	11	13	14	12	14

数据来源：Pew，2018。

- 网络文化。① 互联网普及方面。1990～2016年期间，互联网普及率上升(图1-32)。2016年，高收入国家为82.2%，中等收入国家为41.9%，低收入国家为12.4%，世界平均为45.8%，中国为53.2%(World Bank，2018)。移动电话普及率。在1980～2016年期间，移动电话普及率上升。2016年，高收入国家平均为125.7用户/百人，中等收入国家为100.5用户/百人，低收入国家为57.7用户/百人，世界平均为100.7用户/百人，中国为97.3用户/百人(World Bank，2018)。② 网络生活。2010年以来，网购人口比例上升。2016年，英国为82.6%，德国74.1%，法国65.8%，美国55.2%，日本52.6%(OECD，2018)。Statista数据显示：在2008～2015年期间，德国参与网游人口比例上升，同时存在波动。2015年，德国网游人口接近1600万，占总人口的19.2%。③ 上网时间。在互联网使用时间方面，Statista数据显示：在2010～2018年期间，美国人均电脑上网时间先上升后下降，而使用手机上网的时间上升。2018年，美国人均电脑上网时间为40分钟/天，而使用手机上网时间为195分钟/天。
- 文化包容性。社会发展指数(SPI)数据显示：在2014～2017年期间，同性恋包容性指数、宗教包容性指数、种族歧视和暴力冲突指数上升，但是国别差异较大。

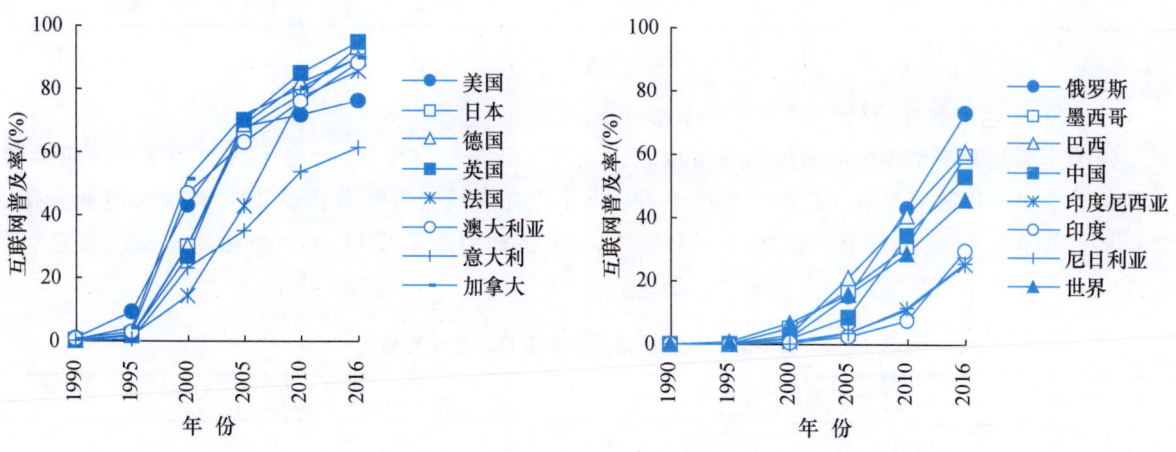

图1-32　1990～2016年互联网普及率

数据来源：World Bank，2018。

(2) 文化生活的世界前沿和国际差距

文化生活的世界前沿和国际差距，可以用几个指标来进行典型分析。

其一，休闲和旅行的世界前沿与国际差距。人均国际旅游离境频次的世界前沿和国际差距见表1-41。1995年以来，人均国际旅游离境频次的国际绝对差距增大。

表 1-41　1995～2016年人均国际旅游离境频次的世界前沿和国际差距　　　　　单位：人次/年

项目	1995	2000	2005	2010	2016
前沿（最大值）	1.58	1.70	1.76	1.61	1.93
末尾（最小值）	0	0	0	0	0
平均值	0.11	0.14	0.15	0.16	0.20
绝对差距	1.58	1.70	1.76	1.61	1.93
相对差距	—	—	—	—	—
国家样本数	131	131	131	131	131

其二，网络文化的世界前沿与国际差距。互联网普及率的世界前沿和国际差距见表1-42。1990年以来，互联网普及率的国际绝对差距增大，相对差距逐渐减小。

表 1-42　1995～2016年互联网普及率的世界前沿和国际差距　　　　　单位：%

项目	1990	1995	2000	2005	2010	2016
前沿（最大值）	0.78	13.90	52.00	84.83	93.39	97.30
末尾（最小值）	0	0	0.01	0.07	0.25	1.18
平均值	0.05	0.78	6.74	15.73	28.73	45.78
绝对差距	0.78	13.90	51.99	84.76	93.14	96.12
相对差距/倍	—	—	5200	1212	374	82
国家样本数/个	131	98	130	129	131	131

4. 政治生活的时序分析

政治生活是影响个体生活质量的重要因素。政治生活与经济生活、社会生活和文化生活四者紧密相关。这里选择政治参与和政治冲突两个方面6个指标为代表进行分析。在1960～2016年期间，3个指标属于上升变量，3个指标属于波动变量；2个指标为水平变量，4个指标属于交叉变量（表1-43）。

表 1-43　政治生活的分析变量和变化趋势

变化趋势	水平变量	交叉变量
上升变量	政治权利评级、公民权利评级	选民投票率
波动变量		利益相关者参与制定法规评分、行贿公司比例、罢工游行

(1) 政治生活的发展趋势

- 政治参与。2013～2017年期间，选民投票率上升，但国别差异较大（OECD, 2018）。2017年，美国为68%，日本为53%，德国为72%，英国为69%，法国为75%，澳大利亚为91%，巴西为79%，南非为73%。
- 政治冲突。1980～2016年期间，罢工和游行比例波动，同时存在国别差异。2016年，美国平均为1人/千人，加拿大为32.6人/千人，韩国为104.1人/千人，西班牙为21.2人/千人，瑞典为2.1人/千人（ILO, 2018）。

(2) 政治生活的国际差距

政治生活的国际差距,这里选择选民投票率为代表进行分析,详见表 1-44。

表 1-44　2013~2017 年选民投票率国际差距　　　　　　　　　　　　　　　　单位:%

项目	2013	2014	2015	2016	2017
最大值	93	93	93	93	91
最小值	47	49	49	48	49
平均值	71	71	69	69	69
绝对差距	46	44	44	45	42
相对差距/倍	2	2	2	2	2
国家样本数/个	34	34	34	34	34

三、世界生活环境的时序分析

生活环境包括自然环境和社会环境两个方面。在本报告中,生活环境指生活的外部条件,主要涉及公共设施、公共服务、公共安全和自然环境。限于篇幅,本报告选择有代表性的和统计数据比较齐全的指标进行分析(表 1-45)。尽管这种分析很不完备,但可以提供有用信息。

表 1-45　1700~2017 年生活环境的变迁

方面	生活质量变量				长期趋势和特点
	18 世纪	19 世纪	1900~1970 年	1970~2017 年	
公共设施与服务				卫生设施普及率、安全饮用水普及率	上升,国别差异
				医院床位、人均影院数、人均银幕数	先升后降,国别差异
				中学生师比、小学生师比、平均住院天数、人均电力消费、人均淡水汲取	先升后降,国别差异
				通电率、公共管理质量评级、护士和助产士的比例、固定宽带订阅、人均航行次数	上升,国别差异
				城市居民公共交通出行比例、中学失学比例	下降,国别差异
				医生比例	上升,波动
				运动设施、营商便利指数	仅一年数据
公共安全				犯罪率、监狱人口比例、在黑暗中行走感受到安全的人口比例、暴力冲突受害人口比例	下降,国别差异
				交通事故伤亡人口比例	先升后降,国别差异
				受灾人口比例	波动
自然与国际环境				$PM_{2.5}$ 年均浓度、人均二氧化碳排放量、淡水工业污染率	先升后降,国别差异
				国际净移民比例、外国留学生比例、城市废水处理率、城市废物回收处理率、森林面积比例、生物多样性保护的陆地面积占比	上升,国别差异
				极端气候影响人口比例	仅一年数据

1. 公共设施与服务的时序分析

完善的公共设施、高质量的公共服务是提升个体生活质量的有力保障,也是政府和社会的重要职责。这里我们选择 20 个指标为代表分析公共设施与服务的基本事实(专栏 1-7)。在 1960~2016 年期间,8个指标属于上升变量,2个指标属于下降变量,8个指标属于转折变量;18个指标为水平变量;2个指标仅有一年数据(表1-46)。

表1-46 公共设施与服务的分析变量和变化趋势

变化趋势	水平变量	交叉变量
上升变量	卫生设施普及率、安全饮用水普及率、通电率、公共管理质量评级、护士和助产士的比例、固定宽带订阅、人均航行次数、医生比例	
下降变量	城市居民公共交通出行比例、中学失学比例	
转折变量	医院床位、人均影院数、人均银幕数、中学生师比、小学生师比、平均住院天数、人均电力消费、人均淡水汲取	

注:运动设施、营商便利指数仅有一年数据。

专栏1-7 公共设施与服务的基本事实

公共设施。20世纪90年代以来,公共设施完善,但国别差异和指标差异较大。2015年高收入国家卫生设施普及率为96.3%,通电率为100%。

公共服务。20世纪60年代以来,公共服务质量提升,高收入国家、中等收入国家和低收入国家的表现既有共性,也有差异;其中,人均电力消费先上升后下降。2013年高收入国家医生平均为3.0名/千人,2014年高收入国家人均电力消费平均为9087千瓦时,2016年高收入国家小学生师比平均为14.2。

---

(1) 公共设施与服务的发展趋势

18世纪以来,随着城市化的推进,基础设施完善,公共服务质量逐步提升,但国别差异和指标差异较大。高收入国家、中等收入国家和低收入国家的表现既有共性,也有差异。

- 公共设施。1990~2015年期间,卫生设施普及率提升。2015年,高收入国家平均为96.3%,中等收入国家为64.7%,低收入国家为28.2%,世界平均为67.5%,中国为76.5%(World Bank, 2017)。在1990~2016年期间,通电率普遍提高。2016年,高收入国家平均为100%,中等收入国家为91%,低收入国家为35%,世界平均为87%,中国为100%(World Bank, 2018)。

- 公共服务。① 1960年以来,医生比例先上升后波动。2013年,高收入国家平均为3.0名/千人,中等收入国家为1.8名/千人,低收入国家为0.2名/千人,世界平均为1.9名/千人,中国为3.3名/千人(World Bank, 2018)。② 1960~2014年期间,人均电力消费先上升后下降,国别差异较大。2014年,高收入国家平均为9087千瓦时,中等收入国家为2059千瓦时,世界平均为3125千瓦时,中国为3927千瓦时(World Bank, 2018)。③ 1960年以来,发达国家小学生师比(学生数量/教师数量)下降,但是存在国别差异。2016年,高收入国家平均为14.2,中等收入国家为23.9,低收入国家为41.1,世界平均为23.6,中国为16.5(World Bank, 2018)。

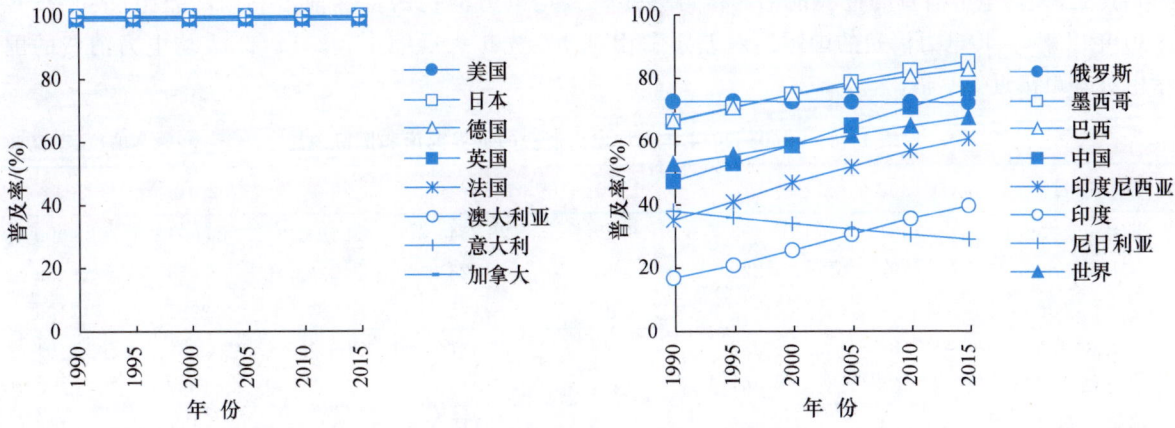

图 1-33　1990~2015 年卫生设施普及率

数据来源：World Bank，2017。

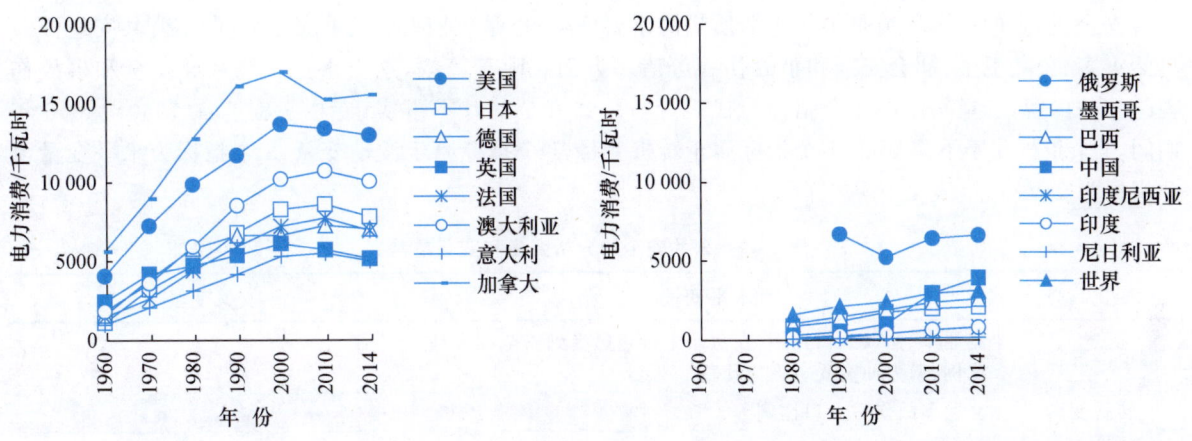

图 1-34　1960~2014 年人均电力消费

数据来源：World Bank，2018。

(2) 公共设施与服务的世界前沿和国际差距

公共设施与服务的世界前沿和国际差距，可以用几个指标来进行典型分析。

其一，卫生设施普及率的世界前沿与国际差距。卫生设施普及率的世界前沿和国际差距见表 1-47。1990 年以来，卫生设施普及率的国际绝对差距和相对差距缩小。2015 年，卫生设施普及率的国际相对差距约为 9 倍。

表 1-47　1990~2015 年卫生设施普及率的世界前沿和国际差距　　　　　单位：%

项目	1990	1995	2000	2005	2010	2015
前沿（最大值）	100	100	100	100	100	100
末尾（最小值）	2.6	3.0	6.6	7.9	9.5	10.9
平均值	52.9	55.7	58.8	61.9	64.8	67.5
绝对差距	97.4	97.0	93.4	92.1	90.5	89.1
相对差距/倍	38.5	33.3	15.2	12.7	10.5	9.2
国家样本数/个	119	130	131	131	131	131

其二，人均电力消费的世界前沿与国际差距。人均电力消费的世界前沿和国际差距（表1-48）。1960年以来，人均电力消费的国际绝对差距和相对差距先扩大后缩小。2014年，人均电力消费的国际相对差距接近600倍。

表1-48　1960~2014年人均电力消费的世界前沿和国际差距　　单位：千瓦时

项目	1960	1970	1980	1990	2000	2010	2014
前沿（最大值）	7681	13 454	18 726	23 354	24 994	24 891	23 000
末尾（最小值）	92	222	12	23	23	24	39
平均值	—	—	1585	2125	2384	2955	3125
绝对差距	7589	13 232	18 714	23 331	24 971	24 867	22 961
相对差距/倍	83	61	1561	1015	1087	1037	590
国家样本数/个	24	25	95	115	119	119	118

2. 公共安全的时序分析

安全、稳定的社会环境是个体生活质量的重要保障，也是政府和社会的重要职责。公共安全涉及自然灾害、公共卫生、社会安全和事故伤害等诸多方面。限于篇幅，这里重点围绕社会安全和事故伤害的相关内容，选择其中的6个指标为代表分析公共安全的基本事实（专栏1-8）。在1960~2016年期间，4个指标属于下降变量，1个指标属于转折变量，1个指标属于波动变量；5个指标为水平变量，1个指标为交叉变量（表1-49）。

表1-49　公共安全的分析变量和变化趋势

变化趋势	水平变量	交叉变量
下降变量	犯罪率、监狱人口比例、在黑暗中行走感受到安全的人口比例、暴力冲突受害人口比例	
转折变量	交通事故伤亡人口比例	
波动变量		受灾人口比例

专栏1-8　公共安全的基本事实

公共安全。20世纪70年代以来，OECD成员国交通事故伤亡人口比例先升后降，但国别差异较大。2015年美国为7722人/100万人，日本为5271人/100万人，德国为4859人/100万人，法国为1115人/100万人。2008年以来，欧洲犯罪率下降，但国别差异较大。2015年匈牙利为90人/100万居民，法国为322人/10万居民，意大利为450人/10万居民，希腊为478人/10万居民。

---

(1) 公共安全的发展趋势

公共安全问题是社会深层矛盾的客观反映。18世纪以来，诸如贫富分化、环境污染等社会问题使公共安全问题呈现出明显的时代差异和国别差异。

- 犯罪率。2008~2015年期间，欧盟整体犯罪率下降，但是国别差异较大。2015年，匈牙利为90人/10万居民，瑞典为204人/10万居民，荷兰为299人/10万居民，法国为322人/10万居民,西班牙为366人/10万居民,意大利为450人/10万居民,希腊为478人/10万居民(EU,2018)。

- **事故伤害**。1970~2016年期间,OECD成员国交通事故伤亡人口比例先升后降,但是国别差异较大。2015年,美国为7722人/100万人,日本为5271人/100万人,德国为4859人/100万人,法国为1115人/100万人,俄罗斯为1765人/100万人,印度为494人/100万人,墨西哥为151人/100万人,中国为188人/100万人(OECD,2018)。

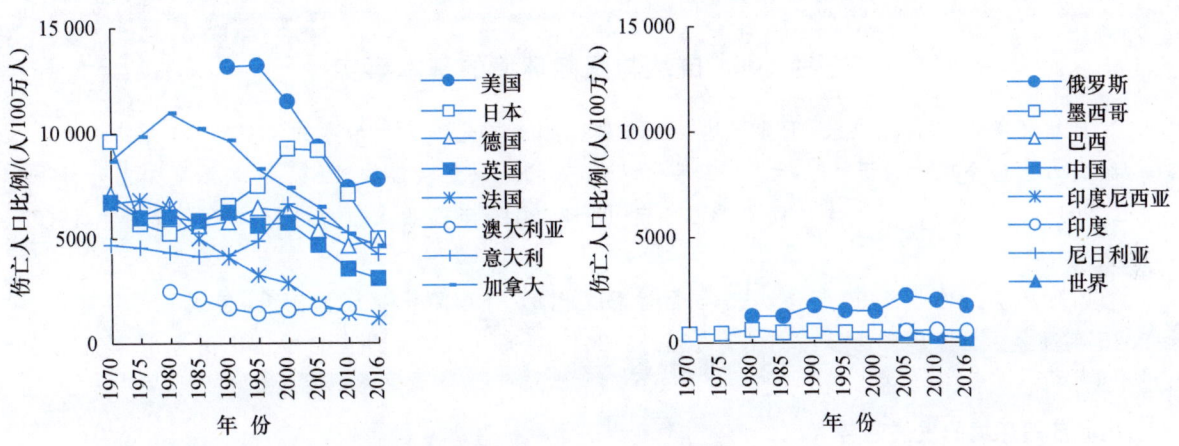

图1-35 1970~2016年交通事故伤亡人口比例

数据来源:OECD,2018。

(2) 公共安全的国际差距

公共安全的国际差距,可以用几个代表指标来进行典型分析。这里我们选用交通事故伤亡人口比例为例进行分析说明。1970年以来,交通事故伤亡人口比例的国际绝对差距先扩大后缩小。

表1-50　1970~2016年交通事故伤亡人口比例的国际差距　　　　单位:人/100万人

项目	1970	1980	1990	2000	2010	2016
最大值	11 162	10 915	13 124	11 451	7344	6557
最小值	313	253	488	201	239	114
平均值	—	—	—	—	—	—
绝对差距	10 849	10 662	12 636	11 250	7105	6443
相对差距/倍	36	43	27	57	31	58
国家样本数/个	36	38	40	45	46	35

3. 自然与国际环境的时序分析

限于篇幅,这里重点围绕自然环境,选择其中的10个指标为代表分析自然与国际环境的基本事实(专栏1-9)。在1960~2016年期间,6个指标属于上升变量,3个指标属于转折变量;9个指标为水平变量;1个指标仅有一年数据(表1-51)。

表 1-51　自然环境的分析变量和变化趋势

变化趋势	水平变量
上升变量	国际净移民比例、外国留学生比例、城市废水处理率、城市废弃物回收处理率、森林面积比例、生物多样性保护的陆地面积占比
转折变量	$PM_{2.5}$ 年均浓度、人均二氧化碳排放量、淡水工业污染率

注：极端气候影响人口比例仅一年数据。

专栏 1-9　自然与国际环境的基本事实

自然环境。18 世纪以来，工业发达国家总体上都走了先污染后治理的发展道路，可持续发展已经成为当前全球的共识。20 世纪 60 年代以来，人均二氧化碳排放、$PM_{2.5}$ 年均浓度先上升后下降。2014 年高收入国家人均二氧化碳排放为 11 吨，2016 年高收入国家 $PM_{2.5}$ 年均浓度为 19.7 微克/立方米。

国际环境。20 世纪 90 年代以来，国际净移民比例、外国留学生比例上升，但国别差异较大。2015 年高收入国家国际净移民比例为 13.6%，2016 年高收入国家外国留学生比例为 6.7%。

---

(1) 自然环境的发展趋势

环境质量的优劣是衡量生活质量的重要尺度，直接影响着人们的主观生活质量感受。美国学者殷格哈特依据人们对生活诉求的先后顺序，将环境意识分为物质主义价值导向和后物质主义价值导向，而后物质主义价值观与环境意识有着紧密的联系，对生态环境的重视体现出了人们从对低层次的物质需要向高层次的生活质量提升和精神层面的满足的转化（Inglehart,1977；崔岩,2016）。18 世纪以来，工业发达国家总体上都走了先污染后治理的发展道路，可持续发展已经成为当前全球的共识。

- 自然环境。1990～2016 年期间，$PM_{2.5}$ 年均浓度先上升后下降（图 1-36）。2016 年，高收入国家平均为 19.7 微克/立方米，中等收入国家为 55.2 微克/立方米，低收入国家为 56.5 微克/立方米，世界平均为 49.7 微克/立方米，中国为 56.3 微克/立方米（World Bank,2018）。在 1960～2014 年期间，人均二氧化碳排放先上升后下降。2014 年，高收入国家平均为 11 吨，中等收入国家为 3.9 吨，低收入国家为 0.3 吨，世界平均为 5 吨，中国为 7.5 吨（World Bank,2018）。

- 国际环境。1990～2015 年期间，国际净移民比例上升（图 1-37）。2015 年，高收入国家平均为 13.6%，中等收入国家为 1.4%，低收入国家为 1.5%，世界平均为 3.3%，中国为 0.1%（World Bank,2018）。2011 年以来，外国留学生比例上升。2016 年，高收入国家平均为 6.7%，中等收入国家为 0.8%，世界平均为 2.2%，中国为 0.3%（UNESCO,2018）。

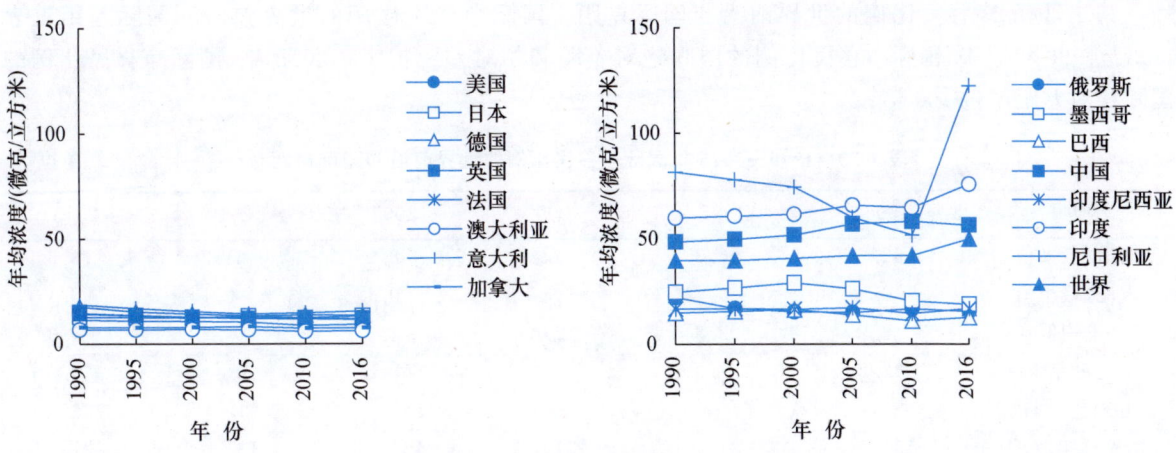

图 1-36　1990～2016 年 PM$_{2.5}$ 年均浓度

数据来源：World Bank，2018。

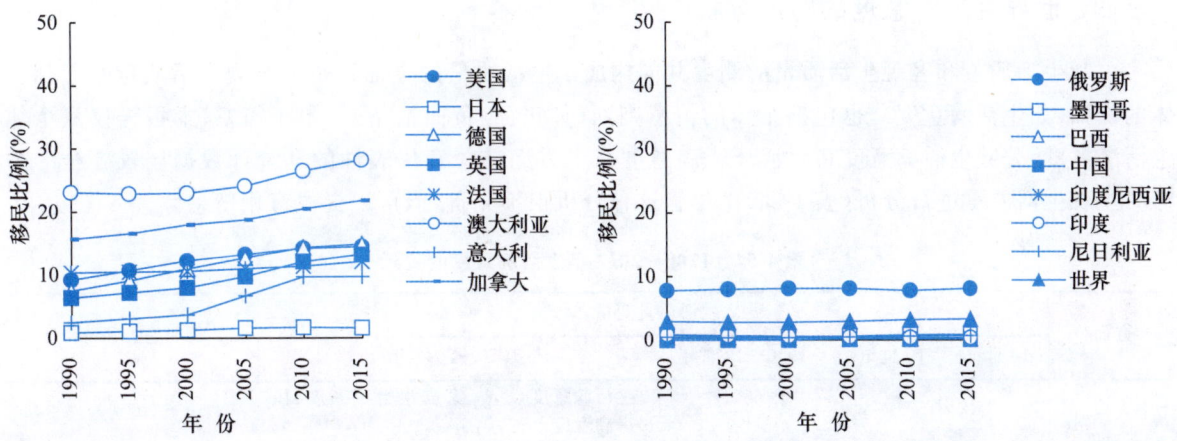

图 1-37　1990～2015 年国际净移民比例

数据来源：World Bank，2018。

(2) 自然环境的世界前沿和国际差距

自然环境的世界前沿和国际差距，可以用几个指标来代表进行典型分析。

其一，PM$_{2.5}$ 年均浓度的世界前沿与国际差距。PM$_{2.5}$ 年均浓度的世界前沿和国际差距见表 1-52。1990 年以来，PM$_{2.5}$ 年均浓度的国际相对差距扩大。2016 年，PM$_{2.5}$ 年均浓度的国际相对差距约为 40 倍。

表 1-52　1990～2016 年 PM$_{2.5}$ 年均浓度的世界前沿和国际差距　　　单位：微克/立方米

项目	1990	1995	2000	2005	2010	2016
前沿（最小值）	6.3	6.1	5.9	5.4	5.4	5.2
末尾（最大值）	132.3	131.3	128.9	112.5	130.1	203.7
平均值	39.6	39.5	40.5	41.8	41.9	49.7
绝对差距	126.0	125.2	123.0	107.1	124.7	198.5
相对差距/倍	21.0	21.5	21.8	20.8	24.1	39.2
国家样本数/个	131	131	131	131	131	131

其二，国际净移民比例的世界前沿与国际差距。国际净移民比例的世界前沿和国际差距见表1-53。1990 年以来，国际净移民比例的国际绝对差距和相对差距扩大。2015 年，国际净移民比例的国际相对差距超过 700 倍。

表 1-53　1990～2015 年国际净移民比例的世界前沿和国际差距　　　　　　单位：%

项目	1990	1995	2000	2005	2010	2015
前沿(最大值)	52.2	56.3	58.4	58.9	61.2	73.6
末尾(最小值)	0	0	0	0.1	0.1	0.1
平均值	2.9	2.8	2.8	2.9	3.2	3.3
绝对差距	52.2	56.3	58.4	58.8	61.1	73.5
相对差距/倍	—	—	—	589	612	736
国家样本数/个	131	131	131	131	131	131

四、世界生活满意度的时序分析

主观生活质量和客观生活质量的测度共同构成了生活质量的全面评价。主观生活质量既包括个体的认知(如生活满意度)，也包括个体的情感判断(如正面/负面情绪)。限于篇幅，本报告仅从个体生活满意度、公共生活满意度和生活环境满意度三个方面选择有代表性的和统计数据比较齐全的指标对主观生活质量进行分析(表 1-54)。尽管这种分析很不完备，但可以提供有用信息。

表 1-54　1700～2017 年生活满意度的变迁

方面	生活质量变量				长期趋势和特点
	18 世纪	19 世纪	1900～1970 年	1970～2017 年	
个人生活满意度				生活满意度(3)*、家庭生活满意度、住房满意度	上升，国别差异
				自杀率	下降，国别差异
公共生活满意度				经济生活满意度、社会生活满意度、教育满意度	上升，国别差异
				公共服务满意度	仅一年调查数据
生活环境满意度				水的满意度	上升，国别差异

注：* 生活满意度数据来自世界价值观调查、OECD 和 EU 三个数据库。

本报告选择 11 个生活满意度指标为代表分析生活满意度的基本事实(专栏 1-10)。在 1981～2016 年期间，9 个指标属于上升变量；1 个指标属于下降变量；10 个指标为水平变量，1 个指标仅有一年数据(表 1-55)。

表 1-55　生活满意度的分析变量和变化趋势

变化趋势	水平变量	交叉变量
上升变量	生活满意度(3)、家庭生活满意度、住房满意度、经济生活满意度、社会生活满意度、教育满意度、水的满意度	
下降变量	自杀率	

注：公共服务满意度仅有一年数据。

> **专栏 1-10 生活满意度的基本事实**
>
> 个人生活满意度。2013年以来,OECD成员国生活满意度上升,但国别差异较大。2017年,美国生活质量满意度指数为6.9,日本为5.9,德国为7,英国为6.7,法国为6.4,加拿大为7.3,墨西哥和巴西为6.6。2000年以来自杀率下降。2015年高收入国家自杀率平均为14.5例/10万人。
>
> 公共生活满意度。2003年以来,社会生活满意度上升,但国别差异较大。2011年德国社会生活满意度指数为7.5,英国为7,法国为7.4,意大利为7.3。
>
> 生活环境满意度。2013年以来,水的满意度人口比例上升,但国别差异较大。2017年美国为84%,日本为86%,德国为93%,俄罗斯为54%,巴西为72%,墨西哥为67%。

(1) 生活满意度的发展趋势

自20世纪70年代提出"幸福—收入悖论"(Brickman, Campbell, 1971; Easterlin, 1974)以来,在国家层面、国际组织以及学者层面都对主观生活质量进行了广泛而深入的研究。尽管研究结论、观点不尽一致,但总体而言有一个普遍共识:生活满意度植根于人们的主观体验,能够衡量社会和经济的变迁对人们生活的主观影响,可以据此评估社会的发展进步和社会政策的效果(OECD, 2013)。

- 个人生活满意度。①2013年以来,OECD成员国生活满意度上升,但国别差异较大。2017年,美国生活质量满意度指数为6.9,日本为5.9,德国为7,英国为6.7,法国为6.4,加拿大为7.3,墨西哥和巴西为6.6(OECD, 2018)。②2000~2015年期间,自杀率下降,但国别差异较大。2015年,高收入国家平均为14.5例/10万人,中等收入国家为10.2例/10万人,低收入国家为8.1例/10万人,世界平均为10.7例/10万人,中国为10例/10万人(World Bank, 2018)。

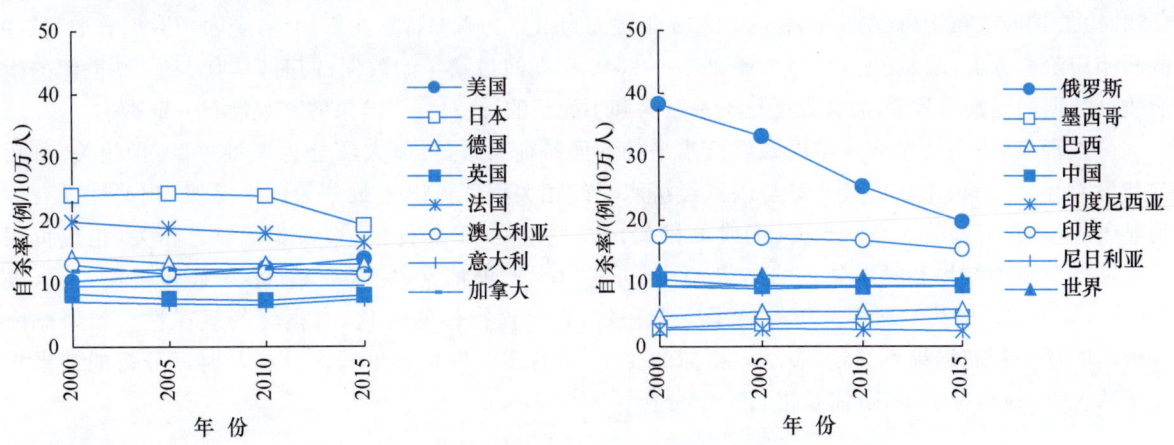

图1-38 2000~2015年自杀率的变化情况

数据来源:World Bank, 2018。

- 公共生活满意度。2003~2011年期间,社会生活满意度上升,但国别差异较大。2011年,德国社会生活满意度指数为7.5,英国为7,法国为7.4,意大利为7.3(EU, 2018)。
- 生活环境满意度。2013~2017年期间,水的满意度上升,但国别差异较大。2017年,美国为

84%,日本为86%,德国为93%,俄罗斯为54%,巴西为72%,墨西哥为67%(OECD,2018)。

(2) 生活满意度的世界前沿和国际差距

生活满意度的世界前沿和国际差距,可以用几个代表指标来进行典型分析。这里我们选择自杀率为代表进行分析(表1-56)。从面板数据看,2000年以来自杀率的国际相对差距缩小。2015年,自杀率的国际相对差距约为25倍。

表1-56　2000～2015年自杀率的世界前沿和国际差距　　　单位:例/10万人

项目	2000	2005	2010	2015
前沿(最小值)	0.2	0.9	0.5	1.4
末尾(最大值)	50.1	41.2	34.1	35.3
平均值	12.2	11.6	11.2	10.7
绝对差距	49.9	40.3	33.6	33.9
相对差距/倍	250.5	45.8	68.2	25.2
国家样本数/个	131	131	131	131

第三节　生活质量现代化的截面分析

生活质量现代化的截面分析,是对生活质量现代化的历史过程的关键时期的截面数据和资料进行分析,试图去发现和归纳生活质量现代化的客观事实和基本规律。截面分析的结果需要谨慎对待,并与时序分析结果进行交叉检验和对照,以确认结果的真实性。在本报告里,我们选择131个国家为分析样本,分析变量涉及个人生活、公共生活、生活环境和生活满意度四个方面,分析内容包括基本特征、世界前沿或国别差异等,时间跨度约为300年(1700～2015年),分析对象包括6个历史截面(1700、1820、1900、1980、2000和2016年),并以2016年截面为重点。需要特别注意的是,受限于数据获取,某些截面使用阶段分析,比如2016年截面是2010～2018年期间最新年的数据;同时,具有18～19世纪的生活质量数据的国家非常少,而且数据是不系统的和不完整的,这对分析结果的客观性有一定影响。

一般而言,生活质量变量与国家经济水平的截面特征关系,可以大致分为三种类型:正相关、负相关和没有显著关系;生活质量变量与国家经济水平的相关程度可以大致分为四个等级:相关性没有达到显著程度(没有显著关系)、相关(正或负相关)、显著相关(正或负相关)和非常显著相关(正或负相关);截面分析的结果和时序分析的结果相比,可能出现三种情况:完全一致、不一致和相互矛盾(表1-57)。如果截面分析与时序分析的结果完全一致,表示该指标的变化,有很强的规律性。如果截面分析与时序分析的结果不一致,表示该指标的变化,具有多样性。如果截面分析与时序分析的结果相互矛盾,表示该指标的变化,需要进行个案分析。

表 1-57 生活质量变量的截面特征及其与时序特征的关系

类型	生活质量变量与国家经济水平的截面关系			生活质量变量截面特征与时序特征的关系		
	正相关	负相关	没有显著关系	完全一致	不完全一致	相互矛盾
特点	生活质量指标的数值越大,国家经济水平越高	生活质量指标的数值越大,国家经济水平越低	生活质量指标的数值变化,与国家经济水平的变化无显著关系	截面分析和时序分析的结果是一致的	截面分析和时序分析的结果不完全一致	截面分析和时序分析的结果是相互矛盾的
举例	人均可支配收入越高,国家经济水平越高	恩格尔系数越大,国家经济水平越低	失业率的变化是波动的,与国家经济水平没有显著关系	人均可支配收入:时序特征是上升变量,截面特征是正相关变量	结核病发病率:时序特征是转折变量,截面特征是负相关变量	个人健康支出比例:时序特征是上升变量,截面特征是负相关变量

注:没有显著关系的服务变量,可以分为两类:① 部分相关,但相关性没有达到统计分析的显著水平;② 完全没有关系。它们需要个案分析,区别对待。时序特征与截面特征的关系:① 完全一致:时序分析的上升变量(下降变量)——截面分析的正相关(负相关),时序分析的其他变量——截面分析的不相关;② 不完全一致:时序分析的上升变量(下降变量)——截面分析的不相关,时序分析的其他变量——截面分析的正相关(负相关);③ 相互矛盾:时序分析的上升变量(下降变量)——截面分析的负相关(正相关)。

一、世界个人生活的截面分析

个人生活的截面分析选择五个截面为对象,重点是 2016 年截面。

1. 个人生活的 2016 年截面分析

(1) 2016 年个人生活的截面特征

个人生活涉及营养与健康、家庭与住房、消费与成本等方面。我们选择 33 个变量进行比较。很显然,不同变量的截面分布以及与国家经济水平的特征关系是不同的(表 1-58,1-59),许多指标的截面分布是波动的,而不是平滑的。

表 1-58 2016 年个人生活 33 个变量与国家经济水平的特征关系

国家经济水平	经济欠发达			初等发达		中等发达		经济发达		相关系数	显著性
国家分组	1	2	3	4	5	6	7	8	9		
人均国民收入	522	855	1706	4350	8153	14 436	31 693	47 757	69 470		
(1) 营养与健康											
人均食物供应量[a]	2306	2396	2603	2828	2956	3156	3297	3457	3481	0.858	***
人均蛋白质供应量[a]	60.1	60.3	70	77.7	83	93.1	102.5	106.9	105.6	0.859	***
营养不良人口比例	23.6	24.9	14	9.4	6.2	3.9	2.7	2.3	2.5	−0.682	**
成人肥胖比例[c]	—	—	—	—	—	17.9	13.4	16.3	19	0.360	
出生时平均预期寿命	60.6	62.7	66.9	72.4	72.7	77.4	80.8	81.7	81.2	0.804	***
出生时预期健康寿命	53.9	54.9	58.9	64.2	64.2	68.6	71.6	72.6	71.7	0.799	***
婴儿死亡率	51.1	49.3	36.5	18.9	18.6	6.4	4.1	3	3.8	−0.729	**
成人自我感觉健康良好比例[c]	—	—	—	—	—	58.4	68.5	73.3	75	0.926	
糖尿病患病率[d]	4.8	3.3	6.5	8	9	6.9	8.5	6	7	0.207	
结核病发病率	193.6	156.3	205.9	146.2	80.4	21.4	16.8	11.3	5.8	−0.795	**
艾滋病发病率[e]	—	—	—	7.5	1.8	0.7	0.6	2.5		−0.485	
睡眠不足人口比例[a]	—	—	—	—	—				40	—	

(续表)

国家经济水平	经济欠发达			初等发达		中等发达		经济发达		相关系数	显著性
国家分组	1	2	3	4	5	6	7	8	9		
人均国民收入	522	855	1706	4350	8153	14 436	31 693	47 757	69 470		
(2) 家庭与住房											
家庭平均规模	—	—	—	—	2.6	2.5	2.4	2.2	2.1	−0.986	***
结婚率[b]	—	—	—	—	6.4	5.1	4.4	4.6	5.4	−0.359	
离婚率[b]	—	—	—	—	2	2	1.8	2	2.6	0.712	
少女生育率	102.1	101.6	63.1	47.8	42.9	31.7	8.7	8.5	9.3	−0.781	**
婴幼儿看护比例[b]	—	—	—	—	11.8	19.2	37.5	37.5	52.6	0.963	***
与儿童平均沟通时间[b]	—	—	—	—	—	—	—	34.2	—	—	
抚养比率	88.7	84.8	64.6	53.5	50	50	50.8	51	51.4	−0.530	
老龄人口比例	3	3.2	4.7	7.2	8.4	14.4	14.5	17	16.7	0.861	***
人均住房面积[f]	—	—	23	20.3	27.3	34.9	39.6	51.4		0.985	***
人均住房间数	—	—	—	0.7	1	1.3	1.7	2	2	0.920	**
没有基本设施住房的比例	—	—	—	20.5	8.4	5.1	2.2	0.6	0.2	−0.758	*
汽车普及率	—	—	—	—	352	418	532	509	522	0.804	
买不起洗衣机的人口比例	—	—	—	—	9.4	1.3	0.4	0.5	1.4	−0.566	
(3) 消费与成本											
人均家庭消费	433	637	1222	3010	5250	9481	17 374	25 061	36 515	0.999	***
人均能源消费[c]	389	361	661	1224	2350	2247	4387	4672	4598	0.906	***
恩格尔系数[g]	—	—	—	—	30	22	16	12	12	−0.886	**
个人健康支出比例[g]	—	—	—	4.2	3.9	2.6	2.9	2.7		−0.815	*
家庭教育支出比例[g]	—	—	—	—	0.5	1.3	0.8	1.1	0.4	−0.316	
文化娱乐支出比例[g]	—	—	—	—	2.9	6.1	7.2	11.2	12	0.950	**
房价收入比[e]	76.3	86.5	27.3	14.4	14.8	20	10.3	9.4	7.3	−0.570	
消费比率(消费/收入)	—	—	—	0.8	0.62	0.54	0.73	0.78		0.235	

注:指标单位见附表 1-1-1。部分指标由于统计数据不全,很难判断其相关性,同下。* 表示相关,** 表现显著相关,*** 表示非常显著相关,其他为不相关。"—"表示没有数据。a 为 2013 年数据;b 为 2014 年数据;c 为 2015 年数据;d 为 2017 年数据;e 为 2018 年数据;f 为 2009 年数据;g 为 2010 年数据。第九组国家为瑞士、挪威、丹麦和美国的平均值。

表 1-59 2016 年个人生活水平变量与国家经济水平的特征关系的分类   单位:个

方面	正相关变量	负相关变量	相关性不显著变量	其他变量	合计
营养与健康	4	3	5	—	12
家庭与住房	4	3	6	—	13
消费与成本	3	2	3	—	8
合计	11	8	14	—	33

注:其他变量指因为数据不全而不能分类的指标。后同。

(2) 个人生活变量的截面特征和时序特征的比较

2016 年截面的 33 个个人生活变量中,23 个变量的截面特征与时序特征完全一致(表 1-60)。这说明个人生活指标的变化具有规律性。

表 1-60　2016 年个人生活变量的截面特征与时序特征的关系　　　　　　单位：个

方面	完全一致	不完全一致	相互矛盾	合计
营养与健康	9	3	0	12
家庭与住房	10	3	0	13
消费与成本	4	3	1（个人健康支出比例）	8
合计	23	9	1	33

2. 个人生活的其他截面

（1）2000 年个人生活的截面特征

2000 年截面分析，国家分组按 2000 年国家经济水平（人均国民收入）分组，分析变量仍然为 33 个变量。其中，7 个指标与国家经济水平正相关，6 个指标与国家经济水平负相关（表 1-61）；13 个个人生活变量的截面特征与时序特征完全一致，没有截面特征与时序特征相矛盾的变量（表 1-62）。

表 1-61　2000 年截面个人生活变量与国家经济水平的特征关系的分类　　　单位：个

方面	正相关变量	负相关变量	相关性不显著变量	其他变量	合计
营养与健康	4	3	2	3	12
家庭与住房	1	2	2	8	13
消费与成本	2	1	4	1	8
合计	7	6	8	12	33

注：其他变量指因为数据不全而不能分类的指标。后同。

表 1-62　2000 年个人生活变量的截面特征与时序特征的关系　　　　　　单位：个

方面	完全一致	不完全一致	相互矛盾	合计
营养与健康	7	2	0	9
家庭与住房	3	2	0	5
消费与成本	3	1	0	4
合计	13	5	0	18

（2）1980 年个人生活的截面特征

1980 年的截面分析，国家分组按 1980 年国家经济水平（人均国民收入）分组，分析变量为 33 个变量。其中，6 个指标与国家经济水平正相关，3 个指标与国家经济水平负相关，24 个变量数据不全（表 1-63）；7 个变量的截面特征与时序特征完全一致（表 1-64）。

表 1-63　1980 年截面个人生活变量与国家经济水平的特征关系的分类　　　单位：个

方面	正相关变量	负相关变量	相关性不显著变量	其他变量	合计
营养与健康	3	1	0	8	12
家庭与住房	1	2	0	10	13
消费与成本	2	0	0	6	8
合计	6	3	0	24	33

表 1-64 1980 年个人生活变量的截面特征与时序特征的关系　　　　　　　　　　　　　单位：个

方面	完全一致	不完全一致	相互矛盾	合计
营养与健康	4	0	0	4
家庭与住房	2	1	0	3
消费与成本	1	1	0	2
合计	7	2	0	9

(3) 1900 年以来个人生活的截面特征

1900 年数据非常少。其中，出生时平均预期寿命与国家经济水平正相关、婴儿死亡率与国家经济水平负相关（表 1-65）。

表 1-65 1900 年截面个人生活变量与国家经济水平的特征关系的分类　　　　　　　　　单位：个

方面	正相关变量	负相关变量	相关性不显著变量	合计
营养与健康	出生时平均预期寿命	婴儿死亡率	—	2
家庭与住房	—	—	—	—
消费与成本	—	—	—	—
合计	1	1	—	2

1820 年和 1700 年的数据非常少，不做分析。

二、世界公共生活质量的截面分析

公共生活质量的截面分析选择六个截面为对象，重点是 2016 年截面。

1. 公共生活质量的 2016 年截面分析

(1) 2016 年公共生活质量的截面特征

公共生活质量涉及经济生活、社会生活、文化生活和政治生活等方面。我们选择 72 个变量进行比较。很显然，不同变量的截面分布以及与国家经济水平的特征关系是不同的（表 1-66，1-67），许多指标的截面分布是波动的，而不是平滑的。

表 1-66 2016 年公共生活 72 个变量与国家经济水平的特征关系

国家经济水平	经济欠发达			初等发达		中等发达		经济发达		相关系数	显著性
国家分组	1	2	3	4	5	6	7	8	9		
人均国民收入	522	855	1706	4350	8153	14 436	31 693	47 757	69 470		
(1) 经济生活											
就业率	71.2	61.2	59.1	54.6	59.8	53.2	54.5	59	61.5	−0.108	
失业率	5.1	6.1	6.9	9.8	6.7	9	7.4	6.1	5.2	−0.332	
非全时就业就业率	—	12.4	14.3	17.9	10.9	17.6	24.8	33.6	37	0.962	***
工作时间[b]	—	—	—	46.5	40.7	37.5	34.8	34.8		−0.875	*
平均日通勤时间[b]	—	—	—	36.9	37	37.4	47.2	48.3		0.916	**
工作压力	—	—	—	26.7	30.4	32.8	28.6	24	19.3	−0.832	**
工伤事故	—	—	61	863	2169	786	2085	1667	1379	0.392	
职工参加工会比例	—	—	20.6	13.1	12.7	14.2	26.7	27.1	38.8	0.914	***
人均 GNI	522	855	1706	4350	8153	14 436	31 693	47 757	69 470	1.000	—
人均购买力	1417	2173	4821	11 404	17 141	25 120	44 167	51 404	58 768	0.962	***

(续表)

国家经济水平	经济欠发达			初等发达		中等发达		经济发达		相关系数	显著性
国家分组	1	2	3	4	5	6	7	8	9		
人均国民收入	522	855	1706	4350	8153	14 436	31 693	47 757	69 470		
(1) 经济生活											
家庭净可支配收入	—	—	—	8712	13 766	16 769	23 491	29 042	34 340	0.981	***
平均工资	—	—	—	—	15 311	24 191	36 952	47 703	56 625	0.984	***
最低月工资	—	67	—	168	219	455	825	1664	1257	0.903	***
长时间工作员工比例	—	—	—	18.1	12.6	9.8	12	5.6	5.8	−0.832	*
弹性工作比例[a]	—	—	—	—	—	—	—	43.2	—		
用于休闲和个人保健的时间	—	—	—	14.7	14	14.5	15	15.1	15.2	0.800	*
(2) 社会生活											
强烈社区归属感的人口比例[a]	—	—	—	—	—	—	—	66.4	—		
提供无偿帮助的人口比例[a]	—	—	—	—	—	—	—	81.4	—		
有5人以上亲密朋友的人口比例[a]	—	—	—	—	—	—	—	52.5	—		
参加志愿者活动的人口比例[b]	—	—	—	11.2	6.1	11.2	19	30	41.1	0.982	***
参加社会组织的人口比例[a]	—	—	—	—	—	—	—	49.1	—		
社会支持网络的质量	—	—	—	90	85	86	90	92	93	0.790	*
与家人、亲朋聚会的频次[b]	—	—	—	—	17.1	16.4	11.3	13.5	16.8	−0.118	
相信大多数人是可信的比例[a]	9.9	14.8	20.3	16.1	19.6	19.7	30.9	51.9	34.8	0.827	***
成人识字率	50	—	79	96	—	97	98	97	—	0.579	
儿童参加学前教育或小学的比例[a]	—	—	—	—	82.3	72.3	94.1	86.5	76.8	0.037	
小学毛入学率	115	80	105	104	101	103	105	102	102	0.068	
中学毛入学率	37	46	63	91	92	105	115	127	115	0.757	**
大学入学率	16	15	31	39	59	63	64	54	84	0.784	**
接受成人教育和培训比例	—	—	—	2.9	1.7	6.6	12	15.7	26.2	0.990	***
预期受教育年限	9.1	9.5	10.9	13.3	13.4	15.7	16	17.1	17.4	0.834	***
平均受教育年限[b]	3.8	4.6	6.7	8.8	8.9	10.6	11.1	12.3	13	0.834	***
性别平等指数	0.7	1	1	1	1	1	1	1	—	0.308	
女性就业率	43.4	43.8	36.7	35.1	39.5	40	37.4	43.6	41.8	0.255	
基尼系数:贫富差距[b]	42.1	47.8	37.5	41	38.7	37.1	33.7	30.5	32.4	−0.800	***
收入不平等[b]	8.4	16.3	8.5	8.2	10.1	7.5	5.4	4.6	4	−0.723	**
国家贫困人口比例	—	—	24.9	22.2	23.8	20.6	—	—	—	−0.796	
国际贫困人口比例	—	—	6.5	3.2	2.7	0.9	1.2	0.3	0.3	−0.734	*
国家议会中妇女席位的比例[c]	24.1	21.6	18.2	24.4	20.1	22.3	25.7	32.7	32.2	0.880	***
童工比例	52.4	25.1	—	12.3	4.1	—	—	—	—	−0.840	
全社会保障覆盖率	12.8	12.9	38.3	64.7	59.5	60	—	—	—	0.730	*
基本养老保险覆盖率[d]	24.2	5.7	40.4	52.5	72.2	84.6	86.2	94.5	100	0.790	**
失业保险覆盖率[f]	0	0	3	7.9	3.4	16.6	40.4	59	55.6	0.955	***
基本医疗保险覆盖率[e]	5	—	56	85	—	93	100	100	100	0.642	
养老保险金与工资比例	—	—	—	70	60	50	60	50	50	−0.660	
(3) 文化生活											
年假	29	33	27	27	27	30	30	31	30	0.311	
人均国际旅游离境频次	0	0.1	0.1	0.2	0.2	0.6	0.5	1.2	1.3	0.957	***
参加过文体活动的人口比例[b]	—	—	—	30.8	62	66.5	80.5	88.8		0.895	**
参加艺术活动的频次[b]	—	—	—	—	3.1	6.9	4.2	8.2	8	0.705	
人均年娱乐时间(15—64岁)	—	—	254	306	203	287	302	311	327	0.649	

(续表)

国家经济水平	经济欠发达			初等发达		中等发达		经济发达		相关系数	显著性
国家分组	1	2	3	4	5	6	7	8	9		
人均国民收入	522	855	1706	4350	8153	14 436	31 693	47 757	69 470		
(3) 文化生活											
艺术和文化活动花费的平均时间比例[a]	—	—	—	—	—	—	—	3.9	—	—	—
月均参加超过15分钟体育活动的频率[a]	—	—	—	—	—	—	—	27.6	—	—	—
国家公园和历史遗址点的年均访问量[a]	—	—	—	—	—	—	—	—	—	—	—
人均年看电影次数[b]	—	—	0.4	0.5	1.3	1.4	2.4	2.5	2.8	0.921	***
人均年图书阅读量	—	—	—	—	—	—	—	—	12	—	—
博物馆参观率	—	—	—	—	—	—	—	—	—	—	—
互联网普及率	10.7	16.2	30	47.8	56.9	70.9	80.9	87.9	89.9	0.837	***
移动电话普及率	54	84	95	115	115	127	127	123	122	0.571	
使用社交媒体交流的人口比例[b]	—	—	—	—	5.9	5.9	3.9	3.8	4	−0.818	*
参与网络游戏人口比例[b]	—	—	—	—	—	—	—	19.2	—	—	—
网购人口比例	—	—	—	12.5	38.6	47.4	65.2	70.4		0.923	**
人均上网时间	—	—	—	—	—	—	—	—	145	—	—
同性恋的包容性	0.13	0.07	0.14	0.22	0.28	0.4	0.54	0.74	0.77	0.960	***
种族歧视和暴力	7.2	6.3	7.5	7	6.8	5.2	5.5	3.5	4	−0.890	***
性别平等	0.52	0.51	0.52	0.53	0.51	0.51	0.51	0.51	0.51	−0.479	
宗教包容性	3	2.7	2.8	3	2.8	3.4	2.7	3.1	3	0.198	
(4) 政治生活											
政治权利	5.1	3.7	4.8	3.7	4.3	1.8	2.1	1.3	1	−0.859	***
公民权利	4.9	3.7	4.6	3.8	3.9	1.9	1.9	1.3	1	−0.882	***
选民投票率	—	—	—	73	69	61	70	76	70	0.297	
利益相关者参与制定法规	—	—	—	1.6	1.9	2.1	1.9	2.1	2.5	0.846	**
行贿公司比例	7	24.1	30.6	7	7.9	—	—	—	—	−0.471	—
罢工和游行	—	—	—	11.5	—	28.4	62.7	11.9	0.2	−0.322	

注：指标单位见附表1-1-1。* 表示相关，** 表现显著相关，*** 表示非常显著相关，其他为不相关。"—"表示没有数据。a 为2014年数据；b 为2015年数据；c 为2017年数据；d 为2010年数据；e 为2011年数据；f 为2012年数据。第九组国家为瑞士、挪威、丹麦和美国的平均值。

表1-67 2016年截面公共生活质量变量与国家经济水平的特征关系的分类　　　单位：个

方面	正相关变量	负相关变量	相关性不显著变量	其他变量	合计
经济生活	8	3	4	1	16
社会生活	12	3	14	0	29
文化生活	6	2	13	0	21
政治生活	1	2	3	0	6
合计	27	10	34	1	72

(2) 公共生活质量变量的截面特征和时序特征的比较

2016年截面的72个生活质量变量中，有46个公共生活质量变量的截面特征与时序特征完全一致，有23个变量的截面特征与时序特征不完全一致，2个变量的截面特征与时序特征相互矛盾（表1-68）。这说明公共生活质量指标的变化是复杂的。

表 1-68　2016 年公共生活质量变量的截面特征与时序特征的关系　　　　　　　　单位：个

方面	完全一致	不完全一致	相互矛盾	合计
经济生活	10	3	2（平均日通勤时间、职工参加工会比例）	15
社会生活	17	12	0	29
文化生活	15	6	0	21
政治生活	4	2	0	6
合计	46	23	2	71

2. 公共生活质量的其他截面

（1）2000 年公共生活质量的截面特征

2000 年截面分析，国家分组按 2000 年国家经济水平（人均国民收入）分组，分析变量为 72 个变量。其中，15 个指标与国家经济水平正相关，5 个指标负相关，11 个指标相关不显著（表 1-69），41 个指标数据不全；17 个指标的截面特征与时序特征完全一致，14 个指标的截面特征与时序特征不完全一致，没有截面特征与时序特征相互矛盾的指标（表 1-70）。

表 1-69　2000 年截面公共生活质量变量与国家经济水平的特征关系的分类　　　　　　单位：个

方面	正相关变量	负相关变量	相关性不显著变量	其他变量	合计
经济生活	4	2	2	8	16
社会生活	6	1	8	14	29
文化生活	5	0	0	16	21
政治生活	0	2	1	3	6
合计	15	5	11	41	72

表 1-70　2000 年公共生活质量变量的截面特征与时序特征的关系　　　　　　　　单位：个

方面	完全一致	不完全一致	相互矛盾	合计
经济生活	4	4	0	8
社会生活	7	8	0	15
文化生活	3	2	0	5
政治生活	3	0	0	3
合计	17	14	0	31

（2）1980 年公共生活质量的截面特征

1980 年截面分析，国家分组按 1980 年国家经济水平（人均国民收入）分组，分析变量为 72 个变量。其中，3 个指标与国家经济水平正相关，3 个指标负相关，4 个指标相关不显著，62 个指标数据不完整（表 1-71）；3 个指标的截面特征与时序特征完全一致，8 个指标的截面特征与时序特征不完全一致，没有截面特征与时序特征相互矛盾的指标（表 1-72）。

表 1-71 1980 年截面公共生活质量变量与国家经济水平的特征关系的分类   单位：个

方面	正相关变量	负相关变量	相关性不显著变量	其他变量	合计
经济生活	0	0	0	16	16
社会生活	3	1	4	21	29
文化生活	0	0	0	21	21
政治生活	0	2	0	4	6
合计	3	3	4	62	72

表 1-72 1980 年公共生活质量变量的截面特征与时序特征的关系   单位：个

方面	完全一致	不完全一致	相互矛盾	合计
经济生活	1	0	0	1
社会生活	2	6	0	8
文化生活	0	0	0	0
政治生活	0	2	0	2
合计	3	8	0	11

1900 年、1820 年和 1700 年数据非常少，不做分析。

三、世界生活环境的截面分析

受限于数据获取，生活环境的截面分析选择三个截面为对象，重点是 2016 年截面。

1. 生活环境的 2016 年截面分析

(1) 2016 年生活质量的截面特征

在本报告中，我们从公共设施、公共服务、公共安全、自然环境和国际环境五个方面来测度生活环境，选择 36 个变量进行比较（表 1-73，1-74）。

表 1-73 2016 年生活环境 36 个指标与国家经济水平的特征关系

国家经济水平	经济欠发达			初等发达		中等发达		经济发达		相关系数	显著性
国家分组	1	2	3	4	5	6	7	8	9		
人均国民收入	522	855	1706	4350	8153	14 436	31 693	47 757	69 470		
(1) 公共设施											
卫生设施普及率[b]	25.6	28.7	58	79.3	81.5	95.1	99.7	98.4	99.4	0.691	**
安全饮用水普及率[b]	66.8	70.6	80	91	92	98.6	99.5	99.8	99.8	0.695	**
医院床位[b]	1.8	1.7	2.4	3.2	2.9	4.4	3.9	4.8	3.7	0.668	**
人均体育场所面积[c]	—	—	—	—	—	19		16		−1.000	
固定宽带订阅	0.2	0.9	2.8	8.3	12.8	22.4	27.2	34.3	40.3	0.946	***
通电率	28	42	74	93	92	100	100	100	100	0.584	*
人均航行次数	0.02	0.01	0.1	0.3	0.4	0.9	1.2	4.9	2.8	0.839	***
城市居民公共交通出行比例	—	—	—	—	—						
人均影院数[b]	3	0.5	3.6	4.3	5.3	19	23.4	18.5	40.8	0.931	***
人均银幕数[b]	0.6		1.6	0.9	2.7	4.3	6.9	7.3	10.2	0.971	***

(续表)

国家经济水平	经济欠发达			初等发达		中等发达		经济发达		相关系数	显著性
国家分组	1	2	3	4	5	6	7	8	9		
人均国民收入	522	855	1706	4350	8153	14 436	31 693	47 757	69 470		
(2) 公共服务											
公共管理质量评级	2.9	2.9	2.9	3	3	—	—	—	—	0.897	**
营商便利指数[c]	146	152	122	87	74	58	42	19	13	−0.861	***
中学生师比	28.7	16.6	18.3	18.3	16.2	11.5	11.5	12.3	11.6	−0.629	*
小学生师比	44.2	39.9	31	21.1	19.3	13.9	13.5	11.6	11.7	−0.710	**
中学失学比例	37.9	56.7	35.2	13.3	16.1	7.8	1.6	1.8	6.5	−0.660	*
医生比例	0.1	—	1.4	1.7	2.8	3.3	3.2	3.4	4.3	0.807	**
护士和助产士的比例	0.7	—	1.7	2.7	4.4	5.8	7.5	10.6	18	0.983	***
平均住院天数	—	—	—	3.6	7.5	8.3	7.6	7		0.452	
人均电力消费[a]	164	200	816	1767	3300	3906	8263	9441	12 341	0.980	***
人均淡水汲取[f]	—	—	—	600	557	374	564	482	573	0.087	
(3) 公共安全											
犯罪率[b]	—	—	—	—	—	—	—	—	—		
监狱人口比例	106	58	89.5	162.3	122.7	183.7	100.1	88.5	67.7	−0.334	
黑暗中行走感到安全的人口比例	—	—	—	36.1	45.1	61.9	70.7	76.5	82.2	0.909	**
受灾人口比例	1203	3131	1382	6462	1114	734	2096	551	1738	−0.275	
暴力冲突受害人口比例	13 086	1798	37 947	11 683	38 374	13 935				0.130	
交通事故伤亡人口比例			699	2021	1326	2152	3664	3603	1422	0.352	
(4) 自然环境											
PM$_{2.5}$年均浓度	67.6	52.6	51.2	31.2	26.1	18.3	42	11.9	9.5	−0.715	**
人均二氧化碳排放量[a]	0.1	0.4	1.1	1.9	5.8	5.3	10.3	9.3	9	0.836	***
淡水工业污染率[b]	—	—	—	1.3	0.9	0.5	2.3	—		0.525	
城市废水处理率	—	—	—	62	84	95	99	98.5		0.807	*
城市废物回收处理率	—	—	—	—	—	19.4	26.2	31.8	29.2	0.809	*
森林面积的比例[b]	23.1	29.5	26.9	26.1	32.8	35.2	34	32.4	28.3	0.286	
生物多样性保护面积占比	—	—	7.9	12.7	17	25.3	24.3	20.2	14.4	0.226	
极端气候影响人口比例[d]	2.6	0.89	1.9	1.32	0.77	0.13	0.09	0.32	0.06	−0.677	**
(5) 国际环境											
国际净移民比例[b]	2	1.6	2.4	4	6.5	6.5	20.4	18.5	17.1	0.873	***
外国留学生比例[b]	0.6	8.2	2	2.9	3.5	3.4	9.2	12.1	10.8	0.808	***

注:指标单位见附表 1-1-1。* 表示相关,** 表现显著相关,*** 表示非常显著相关,其他为不相关。"—"表示没有数据。a 为 2014 年数据;b 为 2015 年数据;c 为 2017 年数据;d 为 2009 年数据;e 为 2011 年数据;f 为 2012 年数据。第九组国家为瑞士、挪威、丹麦和美国的平均值。

表 1-74　2016 年生活环境指标与国家经济水平的特征关系的分类　　　　单位:个

方面	正相关变量	负相关变量	相关性不显著变量	其他变量	合计
公共设施	8	0	1	1	10
公共服务	4	4	2	0	10
公共安全	1	0	0	5	6
自然环境	3	2	3	0	8
国际环境	2	0	0	0	2
合计	18	6	6	6	36

(2) 生活环境指标的截面特征和时序特征的比较

2016年截面的36个生活环境指标中,有20个生活环境变量的截面特征与时序特征完全一致,有14个变量的截面特征与时序特征不完全一致(表1-75)。这说明生活质量指标的变化同样是复杂的。

表1-75　2016年生活环境指标的截面特征与时序特征的关系　　　　　单位:个

方面	完全一致	不完全一致	相互矛盾	合计
公共设施	6	3	0	9
公共服务	7	3	0	10
公共安全	2	3	1(黑暗中行走感到安全比例)	6
自然环境	3	5	0	8
国际环境	2	0	0	2
合计	20	14	1	35

2. 生活环境的其他截面

(1) 2000年生活环境的截面

2000年截面分析,国家分组按2000年国家经济水平(人均国民收入)分组,分析变量为36个。其中,16个指标与国家经济水平正相关,3个指标负相关,7个指标相关不显著(表1-76);13个指标的截面特征与时序特征完全一致,12个指标的截面特征与时序特征不完全一致,1个指标的截面特征与时序特征相互矛盾(表1-77)。

表1-76　2000年截面生活环境指标与国家经济水平的特征关系的分类　　　　　单位:个

方面	正相关变量	负相关变量	相关性不显著变量	其他变量	合计
公共设施	7	0	1	2	10
公共服务	3	2	3	2	10
公共安全	2	0	1	3	6
自然环境	4	1	1	2	8
国际环境	0	0	1	1	2
合计	16	3	7	10	36

表1-77　2000年生活环境指标的截面特征与时序特征的关系　　　　　单位:个

方面	完全一致	不完全一致	相互矛盾	合计
公共设施	6	2	0	8
公共服务	4	4	0	8
公共安全	0	2	1	3
自然环境	3	3	0	6
国际环境	0	1	0	1
合计	13	12	1	26

(2) 1980年生活环境的截面特征

1980年截面分析,国家分组按1980年国家经济水平(人均国民收入)分组,分析变量为36个变量。其中,5个指标与国家经济水平正相关,2个指标负相关,3个指标相关不显著,26个指标数据不完整(表1-78);4个指标的截面特征与时序特征完全一致,6个指标的截面特征与时序特征不完全一致,没有截面特征与时序特征相互矛盾的指标(表1-79)。

表 1-78　1980年截面生活环境变量与国家经济水平的特征关系的分类　　　　单位:个

方面	正相关变量	负相关变量	相关性不显著变量	其他变量	合计
公共设施	2	0	0	8	10
公共服务	2	2	1	5	10
公共安全	0	0	1	5	6
自然环境	1	0	1	6	8
国际环境	0	0	0	2	2
合计	5	2	3	26	36

表 1-79　1980年生活环境变量的截面特征与时序特征的关系　　　　单位:个

方面	完全一致	不完全一致	相互矛盾	合计
公共设施	1	1	0	2
公共服务	2	3	0	5
公共安全	1	0	0	1
自然环境	0	2	0	2
国际环境	0	0	0	0
合计	4	6	0	10

四、世界生活满意度的截面分析

受限于数据获取,生活满意度的截面分析选择三个截面为对象,重点是2016年截面。

1. 生活满意度的2016年截面分析

(1) 2016年生活满意度的截面特征

在本报告中,我们从有关研究报告和数据库中,选取个人生活满意度、公共生活满意度和生活环境满意度三个方面11个变量进行比较和分析(表1-80~1-82)。

表 1-80　2016年生活满意度11个指标与国家经济水平的特征关系

国家经济水平	经济欠发达			初等发达		中等发达		经济发达		相关系数	显著性
国家分组	1	2	3	4	5	6	7	8	9		
人均国民收入	522	855	1706	4350	8153	14 436	31 693	47 757	69 470		
(1) 个人生活满意度											
生活满意度(WVS)[a]	6.5	5.7	6.6	6.4	7.3	7.2	7.1	7.3	7.4	0.675	**
生活满意度(OECD)	—	—	—	4.9	6.2	5.8	6.3	7.1	7.4	0.899	**
总体生活满意度	—	—	—	7.8	6.3	7.1	7.1	6.2	7.1	−0.226	
家庭生活满意度	—	—	—	8.5	7.8	8.1	8.1	7.9	8.2	−0.106	
住房满意度	—	—	—	8.2	6.8	7.8	7.6	7.4	7.9	0.119	
自杀率(每10万人)[b]	8.6	8.3	8.9	9.6	10.4	14.4	13.2	13.5	13.1	0.727	**

(续表)

国家经济水平	经济欠发达			初等发达		中等发达		经济发达		相关系数	显著性
国家分组	1	2	3	4	5	6	7	8	9		
人均国民收入	522	855	1706	4350	8153	14 436	31 693	47 757	69 470		
(2) 公共生活满意度											
经济生活满意度[a]	6.1	3.9	5.4	5.5	6.2	6.1	6.2	6.6	6.2	0.523	
社会生活满意度[c]	—	—	—	6.8	6.7	6.8	7.4	7.5	8.3	0.977	***
公共服务满意度	—	—	—	5.1	5.4	5.7	6.1	6.7	6.9	0.973	***
教育满意度	—	—	—	6	7.4	7.1	7	7.5	8.2	0.785	**
(3) 生活环境满意度											
水质满意度	—	—	—	69	63	78	80	91	93	0.615	

注:指标单位见附表1-1-1。* 表示相关,** 表现显著相关,*** 表示非常显著相关,其他为不相关。"—"表示没有数据。a 为2014年数据;b 为2015年数据;c 为2011年数据。WVS: World Value Survey数据库,后同。

从现有资料和数据看,生活满意度与国家经济水平的关系是复杂的,受分析样本、分析变量和分析时间的影响很大(表1-81,1-82;图1-39～1-41)。

表1-81 1980～2016年生活满意度11个指标与国家经济水平的特征关系

截面	1980年			2000年			2016年		
项目	相关系数	显著性	样本数	相关系数	显著性	样本数	相关系数	显著性	样本数
(1) 个人生活满意度									
生活满意度(WVS)[a]	0.579	*	10	0.527	***	36	0.347	**	52
生活满意度(OECD)	—	—	—	—	—	—	0.790	***	36
总体生活满意度[b]	—	—	—	0.913	***	25	−0.369	*	28
家庭生活满意度[b]	—	—	—	0.661	***	25	−0.137		28
住房满意度[b]	—	—	—	0.892	***	25	−0.204		28
自杀率	—	—	—	0.144		130	0.232	***	131
(2) 公共生活满意度									
经济生活满意度[a]	—	—	—	0.488	***	34	0.473	***	52
社会生活满意度[b,c]	—	—	—	0.846	***	25	0.820	***	27
公共服务满意度	—	—	—	—	—	—	0.720	***	28
教育满意度[b]	—	—	—	0.522	***	25	0.581	***	28
(3) 生活环境满意度									
水质满意度	—	—	—	—	—	—	0.698	***	36

注:指标单位见附表1-1-1。* 表示相关,** 表现显著相关,*** 表示非常显著相关,其他为不相关。"—"表示没有数据。a. 2016年为2010～2014年的阶段数据,2000年为2000～2004年的阶段数据,1980年为1981～1984年数据。b. 2000年为2003年数据。c. 2016年为2011年数据。

表 1-82　2016 年生活满意度指标与国家经济水平的特征关系的分类　　　　单位：个

方面	正相关变量	负相关变量	相关性不显著变量	其他变量	合计
个人生活满意度	3	0	3	0	6
公共生活满意度	3	0	1	0	4
生活环境满意度	0	0	1	0	1
合计	6	0	5	0	11

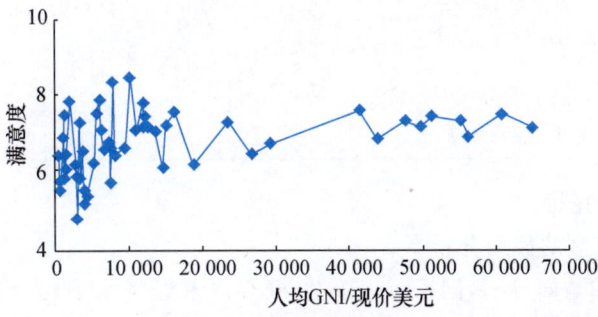

图 1-39　2014 年 52 个国家生活满意度及其人均 GNI 的分布情况

数据来源：World Value Survey，2018。

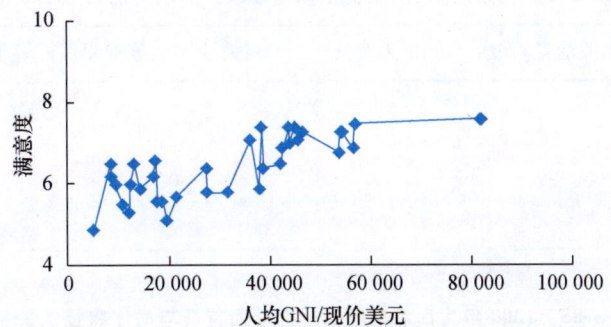

图 1-40　2016 年 36 个国家生活满意度及其人均 GNI 的分布情况

数据来源：OECD，2018。

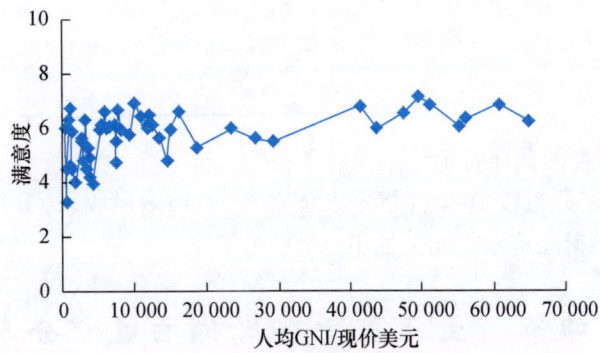

图 1-41　2014 年 52 个国家经济生活满意度及其人均 GNI 的分布情况

数据来源：World Value Survey，2018。

(2) 生活满意度指标的截面特征和时序特征的比较

2016 年截面的 11 个生活满意度指标中,有 4 个生活满意度变量的截面特征与时序特征完全一致,有 6 个变量的截面特征与时序特征不完全一致,1 个指标截面特征与时序特征相矛盾(表 1-83)。这说明生活满意度指标的变化同样是复杂的。

表 1-83　2016 年生活满意度的截面特征与时序特征的关系　　　　单位:个

方面	完全一致	不完全一致	相互矛盾	合计
个人生活满意度	2	3	1(自杀率)	6
公共生活满意度	2	2	0	4
生活环境满意度	0	1	0	1
合计	4	6	1	11

2. 生活满意度的其他截面

(1) 2000 年生活满意度的截面分析

2000 年生活满意度的截面分析,国家分组按 2000 年国家经济水平(人均国民收入)分组,分析变量为 11 个。其中,7 个指标与国家经济水平正相关,2 个指标相关不显著(表 1-84);7 个指标的截面特征与时序特征完全一致,1 个指标的截面特征与时序特征相互矛盾(表 1-85)。

表 1-84　2000 年截面生活满意度指标与国家经济水平的特征关系的分类　　　　单位:个

方面	正相关变量	负相关变量	相关性不显著变量	其他变量	合计
个人生活满意度	5	0	1	0	6
公共生活满意度	2	0	1	1	4
生活环境满意度	0	0	0	1	1
合计	7	0	2	2	11

表 1-85　2000 年生活满意度指标的截面特征与时序特征的关系　　　　单位:个

方面	完全一致	不完全一致	相互矛盾	合计
个人生活满意度	4	0	1(自杀率)	5
公共生活满意度	3	0	0	3
生活环境满意度	0	0	0	0
合计	7	0	1	8

(2) 1980 年生活满意度的截面特征

1980 年截面分析,国家分组按 1980 年国家经济水平(人均国民收入)分组,可获得的分析变量生活满意度(WVS)指标与国家经济水平相关性不显著。

第四节　生活质量现代化的过程分析

世界生活质量现代化的过程分析,时间跨度约为 400 年(1700~2100 年),分析内容可以根据需要有所选择(图 1-5)。由于篇幅有限,我们简要讨论世界生活质量现代化的历史进程(1700~2016 年)、客观现实(2016年)和未来前景(2017~2100年)。

根据系统论的观点,整体不等于局部之和。前面关于生活质量现代化的时序分析和截面分析,揭示了世界生活质量三个方面的事实。但是,它们尚不能构成生活质量现代化的完整概念。全面和系统地认识生活质量现代化,不仅要有四个方面的现代化研究,还要有生活质量现代化的整体研究,包括世界整体的生活质量现代化、国家和地区的生活质量现代化研究(图1-42)等。

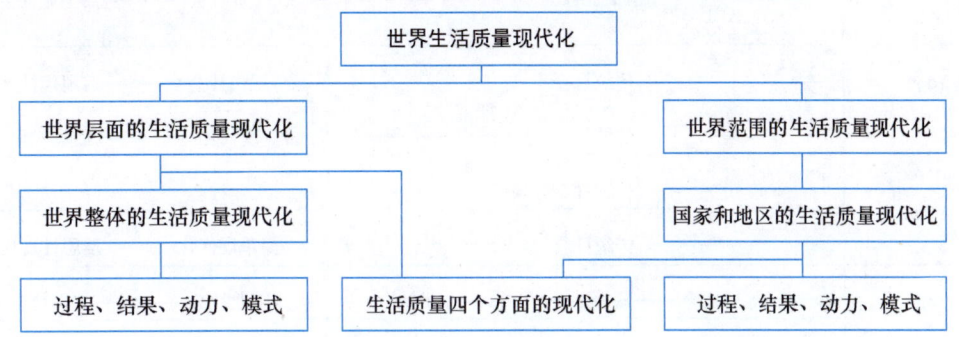

图1-42 世界生活质量现代化的过程分析

注:生活质量四个方面指个人生活、公共生活、生活环境和生活满意度。世界、国家和地区的生活质量现代化,都涉及生活质量四个方面的现代化。关于世界生活质量四个方面的现代化,前面两节已有专门分析(时序分析和截面分析)。

一、世界生活质量现代化的历史进程

世界生活质量现代化的历史进程,指从它的起步到目前的历史过程。世界生活质量现代化的进程研究,时间跨度约为300年;分析内容包括世界整体的生活质量现代化、世界生活质量四个方面的现代化、世界范围的国家和地区生活质量现代化等。关于世界生活质量四个方面现代化,前面已有专门分析。关于国家和地区生活质量现代化,需要专题研究。这里重点讨论世界整体的生活质量现代化。

世界整体的生活质量现代化是一个多维度的历史过程,需要从多个角度进行分析,分析内容可以根据需要进行选择。下面简要讨论它的阶段、内容、特点、结果、动力和模式。

关于2000~2016年世界生活质量现代化的进程评价,摘自本报告第四章。

1. 世界生活质量现代化的主要阶段

世界生活质量现代化的阶段划分,应该与世界现代化和社会现代化的阶段划分相协调,因为生活质量现代化是世界和社会现代化的组成部分。当然,它们并非完全同步,而且存在国家差异。

其一,关于世界现代化的阶段划分没有统一认识(图1-43,专栏1-11)。一般而言,阶段划分可以依据它的前沿轨迹和特征进行。事实上,人类文明的历史阶段和社会阶段的划分,都是依据人类文明进程的前沿轨迹和特征进行的。当然研究角度不同,认识会有所差别。

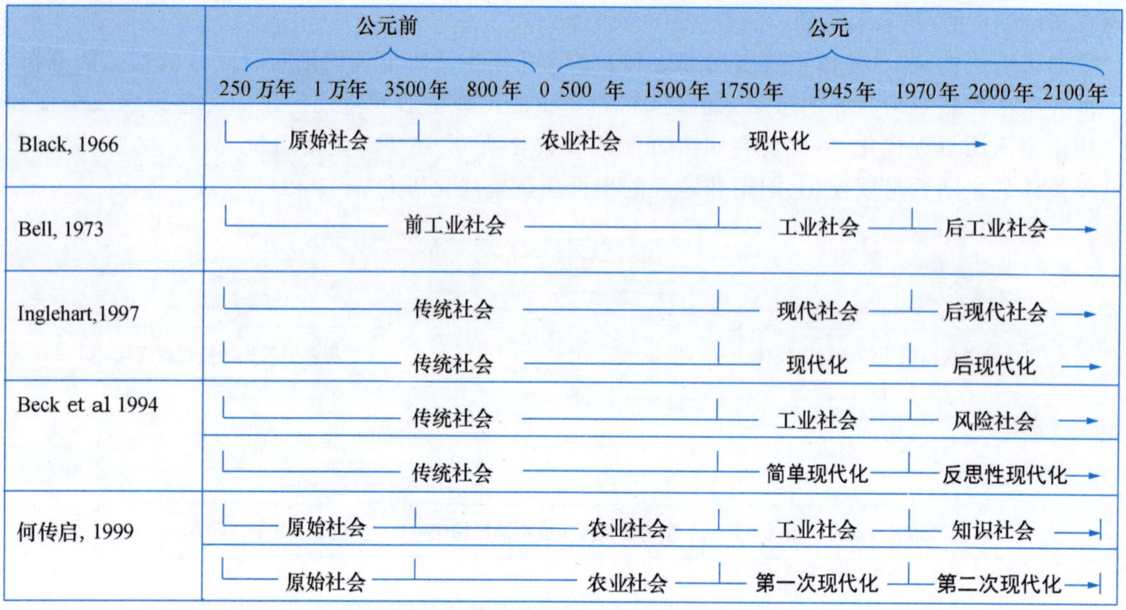

	公元前				公元					
	250万年	1万年	3500年	800年	0 500年	1500年	1750年	1945年	1970年	2000年 2100年
Black, 1966	├── 原始社会 ──┼── 农业社会 ──┼── 现代化 ──→									
Bell, 1973	├── 前工业社会 ──┼── 工业社会 ──┼── 后工业社会 ──→									
Inglehart, 1997	├── 传统社会 ──┼── 现代社会 ──┼── 后现代社会 ──→ ├── 传统社会 ──┼── 现代化 ──┼── 后现代化 ──→									
Beck et al 1994	├── 传统社会 ──┼── 工业社会 ──┼── 风险社会 ──→ ├── 传统社会 ──┼── 简单现代化 ──┼── 反思性现代化 ──→									
何传启, 1999	├── 原始社会 ──┼── 农业社会 ──┼── 工业社会 ──┼── 知识社会 ──┤ ├── 原始社会 ──┼── 农业社会 ──┼── 第一次现代化 ──┼── 第二次现代化 ──┤									

图 1-43 世界现代化和人类文明的主要阶段

资料来源：何传启, 2010。

专栏 1-11 世界现代化的起点和阶段

关于世界现代化的起点大致有三种主要观点。① 16～17 世纪的科学革命是世界现代化的起点；② 17～18 世纪的启蒙运动是世界现代化的起点；③ 18 世纪的英国工业革命和法国大革命是世界现代化的起点。其中，第三种观点得到较多支持。《中国现代化报告》认为，18 世纪的工业革命可以作为世界现代化的起点。

关于世界现代化的阶段划分大致有七种观点。根据现代化进程的前沿特征和水平划分，在 18～21 世纪期间，现代化进程可以分为第一次现代化和第二次现代化两大阶段，两个阶段的分界点大约是 1970 年前后（知识和信息革命）；每个大阶段又分为起步、发展、成熟和过渡四个小阶段（表 1-86）。

表 1-86 世界现代化进程的阶段划分

阶段划分	内容	备注
三次浪潮	第一次浪潮（1780～1860 年）、第二次浪潮（19 世纪下半叶至 20 世纪初）和第三次浪潮（20 世纪下半叶）（罗荣渠，1993）	经典现代化的内部阶段
四个阶段	现代性的挑战、现代化领导集团的巩固、社会和经济转型、社会整合（Black，1966）	
五个阶段	经济成长的五个阶段：传统社会、为起飞创造前提条件阶段、起飞阶段、向成熟推进阶段和大众消费阶段（Rostow，1960）；后来增加了第六个阶段：生活质量阶段	
四个时期	准备时期、转变时期、高级现代化时期和国际一体化时期（Black，1976）	
两大阶段	经典现代化和后现代化（现代社会和后现代社会）（Crook et al，1992；Inglehart，1997） 简单现代化和反思性现代化（工业社会和风险社会）（Beck，1986；Beck et al，1994） 第一次现代化和第二次现代化（工业社会和知识社会）（何传启，1998a，1998b，1999，2003，2013）	两次现代化

资料来源：何传启, 2010。

第二次现代化理论认为,在18~21世纪期间,根据它的前沿内涵和特征,世界现代化过程可以分为两大阶段和六次浪潮(表1-87);其中,第五次和第六次浪潮是一种预测。

表1-87 世界现代化的两大阶段和六次浪潮

浪潮	大致时间	六次浪潮的内容	两大阶段
第一次	1763~1870	第一次工业革命、机械化、城市化、社会分化流动	第一次现代化
第二次	1870~1945	第二次工业革命、电气化、电器化、普及义务教育	工业化、城市化、民主化
第三次	1946~1970	第三次产业革命、自动化、福利化、普及中等教育	理性化、福利化、流动化
第四次	1970~2020	知识和信息革命、信息化、网络化、普及高等教育	第二次现代化
第五次	2020~2050	新生物学革命、生物经济、仿生化、生物经济社会	知识化、信息化、生态化
第六次	2050~2100	新物理学革命、文化经济、体验化、文化经济社会	全球化、个性化、多元化

注:依据现代化前沿轨迹的内涵和特征进行划分。第五和第六次浪潮是一种预测。不同国家的现代化进程是不同步的,不同国家的现代化阶段划分可以有所差别。对于先行国家,六次浪潮是先后发生的。对于后发国家,可以两次或多次浪潮的内容同时发生,可以把几次浪潮的内容压缩在同一个时期进行。
资料来源:何传启,2010,2016。

其二,世界社会现代化的主要阶段。《中国现代化报告2006》提出社会现代化的两大阶段和六次浪潮(表1-88)。虽然生活质量现代化与社会现代化并非完全同步,而且存在国家差异,但是,社会现代化的两大阶段和六次浪潮,可以为生活质量现代化研究提供一个分析框架。

表1-88 世界社会现代化的两大阶段和六次浪潮

浪潮	大致时间	经济现代化革命	社会现代化内涵	两大阶段
第一次	1763~1870	第一次产业革命	城市化、机械化、社会分化流动	第一次社会现代化 (城市化、福利化等)
第二次	1870~1945	第二次产业革命	城市化、电气化、普及义务教育	
第三次	1946~1970	第三次产业革命	福利化、自动化、普及中等教育	
第四次	1970~2020	第四次产业革命	网络化、郊区化、普及高等教育	第二次社会现代化 (知识化、郊区化等)
第五次	2020~2050	新生物学革命	生物经济社会、知识无障碍获取	
第六次	2050~2100	新物理学革命	文化经济社会、超级运输体验	

注:第二次浪潮的时间包括1914~1945年期间的经济危机和调整等。
资料来源:何传启,2010。

其三,世界生活质量现代化的主要阶段。参照社会现代化的阶段划分,在18~21世纪期间,世界生活质量现代化的前沿过程大致包括两大阶段,它们有不同特点(表1-89)。第一阶段是生活水平现代化,主要以生活水平的提升为主导,部分人关心生活质量,直到20世纪中后期,萌发生活质量的概念。第二阶段是生活质量现代化,主要以生活质量提升为主导,它既包括现实生活现代化,也包括客观满意度和主观满意度的提升。

表1-89 世界生活质量现代化的两大阶段

两大阶段	大致时间	主要特点
生活水平现代化	1760~1970	第一次现代化主要以生活水平的提升为主导,包括:人均食物供应量提高;现代健康观念的形成,医疗体系、公共卫生体系和医疗保障制度的建立和完善;以数量型、生存型的消费模式为主导,政府以生活水平型社会政策引导社会发展;普及义务教育、中等教育;精英型、实体型文化生活为主导;生态环境恶化等

(续表)

两大阶段	大致时间	主要特点
生活质量现代化	1970~2100	第二次现代化主要以生活质量的提升为主导,包括:膳食结构改善,营养水平大幅提升;健康观念从"以疾病为中心"向"以健康为中心"、从"治疗为主"向"防治结合"转变,国民健康体系的发展和完善;以质量型、享受和发展型的消费模式为主导;政府以生活质量型社会政策引导社会发展;普及高等教育;大众型、网络型文化生活为主导;生态环境改善,可持续发展理念成为全球共识等

注:两大阶段的划分和内容是相对的,有些内容在两个时期中都出现,但重点可能有所不同。

2. 世界生活质量现代化的主要特点

关于世界生活质量现代化的特点,可以和需要从不同角度进行分析。

其一,生活质量现代化是相对可以预期的。在一般情况下,20世纪世界生活质量变化是相对连续的和有规律可循的;在具有统计数据的生活质量指标中,大约63%的生活质量指标与国家经济水平显著相关(表1-90);同时有大量生活质量指标的统计数据不全。例如,出生时平均预期寿命的提高,人均家庭消费的上升,平均受教育年限的上升,国际贫困人口比例的下降等。

表1-90 20世纪生活质量指标与国家经济水平的相关性

项目	2016年	2000年	1980年	1900年	合计/个	比例/(%)
正相关变量/个	62	44	14	1	121	45.8
负相关变量/个	24	14	8	1	47	17.8
没有显著关系变量/个	59	28	7	2	96	36.4
合计/个	145	86	29	4	264	100.0

其二,生活质量现代化是一个长期的过程。在过去的300年里,生活质量现代化包括从传统生活向现代生活质量、从工业时代的生活质量向知识时代的生活质量的转变;其中,第二个转变尚没有完成。

其三,生活质量现代化是一个复杂的过程。

- 生活质量本身也是一个多元的、不断变化发展的概念,随着社会的发展,它的内涵和外延在不断发生变化。
- 生活质量既包括客观方面,也包括主观方面,特别是个体的认知和感受具有多样性和差异性。
- 生活质量现代化是一个多因素综合作用的过程。生活质量具有时代、文化、制度等多方面的差异。

其四,生活质量现代化是一个不平衡的过程。在过去300年里,生活质量现代化是不同步的,表现为个人生活、公共生活等变化的不同步和生活方式转变的不同步等;生活质量现代化成就的空间分布不均衡。

其五,生活质量现代化是一个动态的过程。生活质量现代化不仅内涵是变化的,而且不同国家的表现也是变化的。世界生活质量中心是可变的,世界生活质量前沿是变化的,国际生活质量差距是变化的,国家生活质量地位是可变的。

其六,生活质量现代化是一个可逆的过程,可以出现停滞、中断或倒退现象等。整个世界的生活质量现代化进程是连续的和不可逆的,但是,某个国家和地区的生活质量现代化进程就有多种表现形式,它可以是连续的,也可以是不连续的;可以出现停滞或中断,也可以出现暂时的倒退,甚至长期的倒退。

其七,生活质量现代化是一个全球的过程。在过去300年里,所有发达国家都是参与国际竞争的国家;生活质量现代化波及全球的绝大多数国家和地区。

其八,生活质量现代化是一个进步的过程。过去300年的生活质量现代化过程,是物质生活不断提升、精神生活不断丰富的过程。

其九,政府在生活质量现代化过程中有不可替代的作用,特别是公共生活质量的提升。

其十,教育和科技在生活质量现代化过程中发挥重要作用。

3. 世界生活质量现代化的主要结果

世界生活质量现代化的结果,包括一般结果和分段结果,需要截面比较(图1-42)。

(1) 世界生活质量现代化的一般结果

世界生活质量现代化的一般结果包括个人生活、公共生活、生活环境、生活满意度和国际生活质量体系的变化,包括世界生活质量前沿、国际生活质量体系结构和国家生活质量状态的变化等。

(2) 世界生活质量现代化的分段结果

其一,1760~1970年世界生活水平现代化的主要结果。如果把世界生活水平1760年和1970年截面进行比较,可以发现它们的差别(表1-91)。结果包括:人均食物供应量提高;现代健康观念的形成,医疗体系、公共卫生体系和医疗保障制度的建立和完善;以数量型、生存型的消费模式为主导;政府以生活水平型社会政策引导社会发展;普及义务教育、中等教育;精英型、实体型文化生活为主导;生态环境恶化。

表1-91　1760~1970年世界整体生活水平现代化的结果分析(举例说明)

1760年截面	1970年截面	1760~1970年生活质量现代化的结果
世界生活是传统的生活,生活水平的国际差距比较小等	以工业经济为主导的工业社会;生活方式主要表现为城市化、机械化、电气化、福利化和大众化等;以生活水平提升为主导;部分人关心生活质量	人均食物供应量提高;现代健康观念的形成,医疗体系、公共卫生体系和医疗保障制度的建立和完善;以数量型、生存型的消费模式为主导;政府以生活水平型社会政策引导社会发展;普及义务教育、中等教育;精英型、实体型文化生活为主导;生态环境恶化

其二,1970~2016年生活质量现代化的主要结果。如果把世界生活质量1970年和2016年截面进行比较,可以发现它们的主要差别(表1-92)。主要结果包括:膳食结构改善,营养水平大幅提升;健康观念从"以疾病为中心"向"以健康为中心"、从"治疗为主"向"防治结合"转变,国民健康体系的发展和完善;以质量型、享受和发展型的消费模式为主导;政府以生活质量型社会政策引导社会发展;普及高等教育;大众型、网络型文化生活为主导;生态环境改善,可持续发展理念成为全球共识。

表 1-92 1970～2016 年世界整体生活质量现代化的结果分析（举例说明）

1970 年截面	2016 年截面	1970～2016 年生活质量现代化的结果
以工业经济为主导的工业社会；生活方式主要表现为城市化、机械化、电气化、福利化和大众化等；生活质量主要以物质生活为主，亦即生活水平的提升为主导	以知识经济为主导；形成了智能化和绿色化的生产方式；生活方式主要表现为郊区化、网络化、智能化和绿色化；生活质量以物质生活为基础，精神生活为主导	膳食结构改善，营养水平大幅提升；健康观念从"以疾病为中心"向"以健康为中心"、从"治疗为主"向"防治结合"转变，国民健康体系的发展和完善；以质量型、享受和发展型的消费模式为主导；政府以生活质量型社会政策引导社会发展；普及高等教育；大众型、网络型文化生活为主导；生态环境改善，可持续发展理念成为全球共识

其三，2017～2100 年世界生活质量现代化的主要结果。需要等到 2100 年才能进行研究。

(3) 世界生活质量现代化的国际体系变化

其一，世界生活质量现代化的国际体系的水平结构见图 1-44。在 2000～2016 年期间，生活质量发达国家的比例约为 18%～19%，生活质量发展中国家的比例约为 81%～82%。

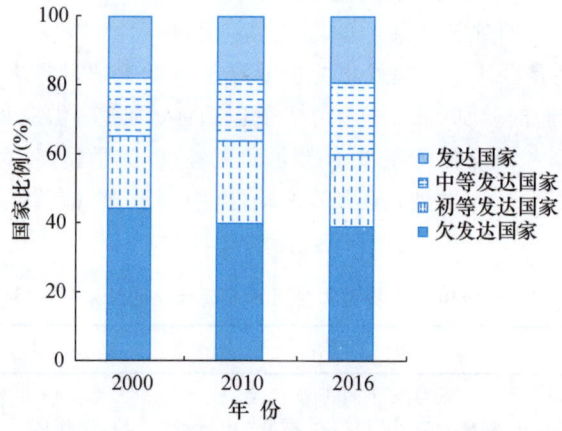

图 1-44 2000～2016 年世界生活质量现代化的国际体系的水平结构（根据生活质量指数分组）

其二，世界生活质量现代化的国际体系的地理结构。在 2000～2016 年期间，生活质量现代化水平从高到低的排序大致是：欧洲、美洲、亚洲和非洲；大洋洲国家较少。

4. 世界生活质量现代化的主要动力、路径和模式

世界生活质量现代化的动力、模式和路径分析需要专题研究。

二、世界生活质量现代化的客观现实

关于世界生活质量现代化的客观现实，不可能有标准答案。在本报告里，世界生活质量现代化的现实分析以 2016 年截面为分析对象，分析内容包括世界生活质量现代化的整体水平、世界生活质量四大方面的水平、国家和地区水平（图 1-42）。关于 2016 年截面世界生活质量四大方面的水平，请参考本章第三节的分析。这里讨论世界生活质量现代化的整体水平和国家水平。

关于 2000～2016 年世界生活质量的评价结果，请参考本报告第四章。

1. 世界生活质量现代化的整体水平

世界生活质量现代化的整体水平是以"世界为核算单位"的生活质量现代化水平。世界生活质量现代化的整体水平分析，分析内容包括它的阶段、水平和结构等，分析指标包括世界的平均水平、前沿水平和末尾水平等;世界前沿水平可以用高收入国家平均值代表,世界末尾水平可以用低收入国家平均值代表。

(1) 2016 年世界生活质量现代化的整体阶段

世界生活质量现代化的整体进程包括两个阶段(表 1-89)。2016 年世界前沿已经进入生活质量现代化阶段,世界平均仍处于生活水平现代化阶段;目前世界仍处于生活水平现代化和生活质量现代化并存的阶段(表 1-93)。

表 1-93　2016 年世界生活质量现代化的阶段分析

世界平均、世界前沿和世界末尾	阶段	备注
世界平均(世界平均)	生活水平现代化	
世界前沿(高收入国家的平均)	生活质量现代化	生活水平现代化和生活质量现代化并存
世界末尾(低收入国家的平均)	生活水平现代化	

注:生活质量现代化的阶段判断方法:生活质量指数小于 10 为传统生活阶段;生活质量指数大于 10 小于 70 为生活水平现代化阶段;生活质量指数大于 70 为生活质量现代化阶段。

(2) 2016 年世界生活质量现代化的整体水平和速度

世界生活质量现代化的整体水平和速度,可以利用现实生活质量指数来"估计"(表 1-94)。世界生活质量整体水平约为世界生活质量先进水平的 1/3。

表 1-94　2000~2016 年世界生活质量现代化的整体水平和速度分析(基于现实生活质量指数)

指标	2000~2016 年		2000 年				2016 年			
	变化	年增长率/(%)	平均	前沿	末尾	差距	平均	前沿	末尾	差距
现实生活质量指数	11	2.61	23	83	5	78	34	100	11	89

注:现实生活质量指数(参见表 4-1,图 4-1),以 2016 年高收入国家平均值为标准值(100)计算。前沿用高收入国家平均值代表。末尾用低收入国家平均值代表。平均为世界平均值。差距=前沿-末尾。变化=2016 年的世界平均值-2000 年的世界平均值。年增长率为 2000~2016 年期间的年均增长率。

(3) 2016 年世界生活质量现代化的宏观结构

其一,2016 年世界生活质量现代化的地理结构。欧洲水平是比较高的;其次是美洲和亚洲;非洲水平仍然是比较低的;大洋洲只有 3 个国家参与评价。

其二,2016 年世界生活质量现代化的国际结构(国际体系)。25 个国家是生活质量发达国家,27 个国家是生活质量中等发达国家,28 个国家是生活质量初等发达国家,51 个国家是生活质量欠发达国家;生活质量发达国家、中等发达国家、初等发达国家和欠发达国家的比例分别约为 19%、21%、21% 和 39%(表 1-95)。

表 1-95　2000~2016 年世界生活质量现代化的国际体系

水平	2000 年		2016 年		备注
	国家个数	国家比例/(%)	国家个数	国家比例/(%)	
发达国家	23	18	25	19	生活质量发达国家
中等发达国家	22	17	27	21	生活质量发展中国家
初等发达国家	27	21	28	21	
欠发达国家	59	45	51	39	
合计	131	100	131	100	—

根据生活质量指数的国家分组,2016年的生活质量发达国家包括挪威、瑞典、芬兰、新西兰、澳大利亚、丹麦、加拿大、英国、爱尔兰、德国、奥地利、荷兰、美国、瑞士等。一般而言,根据生活质量指数的国家分组,生活质量发达国家是生活质量现代化国家,生活质量中等发达国家、初等发达国家和欠发达国家是非生活质量现代化国家,也是生活质量发展中国家。

如果某个国家要成为生活质量现代化国家,或者要保持生活质量现代化国家的国际地位,那么,它的生活质量指数的世界排名需要进入并保持在世界前20名内;要成为生活质量中等发达国家,它的生活质量指数的世界排名要进入并保持在世界前50名内。如果考虑到生活质量中等发达国家的地位变迁概率比较大,某个国家要保持中等发达国家的国际地位,那么,它的生活质量指数的世界排名需要进入世界前40名,否则降级可能性比较大。

2. 世界生活质量现代化的国家水平

其一,在国家层面,2016年国家生活质量现代化的水平具有差异性,不同国家水平不同。在国际体系层面,2016年国家生活质量现代化的水平具有多样性。根据国家的生活质量指数分组,美国等25个国家是生活质量发达国家,希腊等27个国家是生活质量中等发达国家,中国等28个国家是生活质量初等发达国家,尼日利亚等51个国家是生活质量欠发达国家。生活质量中等发达、初等发达和欠发达国家都属于生活质量发展中国家。

其二,2000~2016年国家生活质量现代化的速度。不同时期和不同国家生活质量现代化的速度有很大差别。同时,生活质量既包括现实生活方面,也包括客观满意度和主观满意度,所以这里我们使用现实生活指数来分析国家生活质量现代化的速度。如果按现实生活质量指数计算,在2000~2016年期间国家生活质量现代化的年均增长率为2.61%(表1-96)。

表1-96 2000~2016年世界和15个国家生活质量现代化的速度(基于现实生活指数)

国家	现实生活指数			国家	现实生活指数		
	2016年	2000年	年均增长率/(%)		2016年	2000年	年均增长率/(%)
美国	86	82	0.28	俄罗斯	55	35	2.86
日本	85	69	1.31	墨西哥	49	31	2.80
德国	96	85	0.79	巴西	46	28	3.05
英国	94	77	1.27	中国	43	15	6.86
法国	91	79	0.88	印度尼西亚	23	12	4.10
澳大利亚	96	87	0.62	印度	19	10	4.01
意大利	80	75	0.42	尼日利亚	15	8	4.19
加拿大	98	89	0.54	—			
高收入国家	100	83	1.19	低收入国家	11	5	5.16
中等收入国家	28	13	4.83	世界	34	23	2.61

其三,2016年国家生活质量现代化的国际差距比较大。从生活质量指数来看,2016年,在131个样本国家中,生活质量现代化指数最大值为100,最小值为9,平均值为47,国家间绝对差距约为90,相对差距超过10倍。

三、世界生活质量现代化的前景分析

关于世界生活质量现代化的前景分析,带有科学猜想的性质。在本报告里,世界生活质量现代化的前景分析,时间跨度为2017~2100年(约83年),重点分析2017~2050年。分析对象包括世界生

活质量现代化的整体前景、世界生活质量四大方面的前景和国家前景等,分析方法包括路径分析、情景分析和外推分析等。这种前景分析,只是讨论一种可能性,而不是精确预见,有一定参考意义。

1. 世界生活质量现代化的整体前景

世界生活质量现代化的整体前景分析需要专题研究。这里初步讨论三个问题:21世纪世界生活质量现代化的路径、水平和宏观结构。

(1) 21世纪世界生活质量现代化的路径分析

21世纪世界生活质量现代化路径将是混合路径,或者说是几种路径的集合。主要路径包括:发达国家的生活质量现代化路径,发展中国家的生活水平现代化路径、生活质量现代化路径、生活水平与生活质量综合现代化路径等。

(2) 21世纪世界生活质量现代化的整体水平

如果21世纪全球科技突破的频率、创新扩散的速率、世界文化和国际竞争的合理程度不低于20世纪后50年,如果21世纪不发生改变人类命运的重大危机(如世界大战、能源危机等),那么,可以根据20世纪后期世界生活质量现代化水平和速度,外推21世纪世界生活质量现代化水平。当然,21世纪有很多不确定因素,外推分析只能提供一种可能性。

其一,世界生活质量现代化的先进水平的情景分析(表1-97)。一般而言,世界生活质量现代化的先进水平可以用生活质量发达国家(高收入国家)平均值代表。大体而言,2050年现实生活指数的世界先进水平会比2016年提高0.5倍,2100年会比2050年提高约1倍。

表1-97 21世纪世界生活质量现代化的先进水平的情景分析(基于现实生活指数)

年均增长率/(%)	2020	2030	2040	2050	2060	2070	2080	2090	2100
1.19	105	118	133	150	168	189	213	240	270

注:现实生活指数的年均增长率为2000~2016年高收入国家年均增长率。

其二,世界生活质量现代化的平均水平的情景分析(表1-98)。一般而言,世界生活质量现代化的平均水平可以用世界平均值代表。大体而言,2050年生活质量现代化指数的世界平均值将达到82,世界生活质量现代化的平均水平大致比世界先进水平落后约40年。

表1-98 21世纪世界生活质量现代化的平均水平的情景分析(基于现实生活指数)

年均增长率/(%)	2020	2030	2040	2050	2060	2070	2080	2090	2100
2.61	38	49	63	82	106	137	177	—	—

注:现实生活指数的年均增长率为2000~2016年世界年均增长率。

(3) 21世纪世界生活质量现代化的宏观结构

其一,世界生活质量现代化的地理结构。世界生活质量现代化的地理结构的突出特征包括进程不平衡和分布不均衡。世界生活质量现代化从北美起步,然后扩散到欧洲和亚洲,最后波及非洲。2016年,欧洲生活质量现代化水平相对较高,美洲和亚洲水平次之,非洲现代化相对较低。

根据过去近20年经验,生活质量发达国家和欠发达国家的国际地位相对稳定,地位转变的概率一般低于20%。如果这种情况继续,那么,21世纪世界生活质量现代化的地理结构很难发生根本性的改变。

其二,世界生活质量现代化的国际体系。在过去近20年中,世界生活质量现代化的国际体系的水平结构相对稳定。但国家水平的国际地位会发生改变。131个国家大致维持下列比例关系:生活质量发达国家:中等发达国家:初等发达国家:欠发达国家≈19:21:21:39。如果没有发生重大改变和重大危机,21世纪国际体系将大致维持这种比例结构。

21世纪进入生活质量现代化的国家会增加,处于生活水平现代化的国家会减少,处于传统生活的国家将趋向于零。国际体系中,处于生活质量现代化阶段的国家和比例会提高,处于生活水平现代化阶段的国家和比例会下降。

2. 世界生活质量四大方面现代化的前景分析

世界生活质量四大方面现代化的前景分析需要专题研究。这里采用举例分析。需要说明的是,生活满意度受文化、制度以及个人认知等诸多方面影响,这里不做前景分析。

(1) 世界个人生活质量现代化的前景分析

世界个人生活质量现代化的前景分析,选择4个指标,分析世界前沿和世界平均水平。其中,关于人均蛋白质供应量、出生时平均预期寿命、老龄人口比例和人均家庭消费的数据,分别反映生活质量发达国家和世界的平均值,不代表世界前沿或世界平均水平。

其一,个人生活质量的世界前沿水平(用高收入国家平均值代表)。人均蛋白质供应量、出生时平均预期寿命、老龄人口比例和人均家庭消费都有不同程度的提高,但人均蛋白质供应量、出生时平均预期寿命和老龄人口比例有极限值(表1-99)。

表1-99 个人生活指标的世界前沿水平的情景分析

项目	增长率/(%)		2016	2020	2030	2040	2050
参考1980~2016年增长率估算	实际值	预测值	基线值				
人均蛋白质供应量/(克/天)[a]	0.33	0.33	109.6	112	116	120	124
出生时平均预期寿命/岁	0.26	0.26	80.5	81	84	86	88
老龄人口比例/(%)	1.26	1.26	17.1	18	20	23	26
人均家庭消费/2010年不变价美元	1.76	1.76	25 127	26 947	32 097	38 231	45 536
参考2000~2016年增长率估算	实际值	预测值	基线值				
人均蛋白质供应量/(克/天)[a]	−0.32	−0.32	109.6	107	104	101	97
出生时平均预期寿命/岁	0.23	0.23	80.5	81	83	85	87
老龄人口比例/(%)	1.16	1.16	17.1	18	20	23	25
人均家庭消费/2010年不变价美元	1.11	1.11	25 127	26 261	29 325	32 748	36 570

注:a为美国数据,其中基线值为2013年数据。

其二,个人生活质量的世界平均水平。世界平均水平与世界先进水平相比,人均蛋白质供应量和人均家庭消费两个指标水平落后约80年,出生时平均预期寿命落后约30年(表1-100)。

表1-100 个人生活指标的世界平均水平的情景分析

项目	增长率/(%)		2016	2020	2030	2040	2050
参考1980~2016年增长率估算	实际值	预测值	基线值				
人均蛋白质供应量/(克/天)[a]	0.60	0.60	81.2	85	90	95	101
出生时平均预期寿命/岁	0.38	0.38	72	73	76	79	82
老龄人口比例/(%)	1.05	1.05	8.5	9	10	11	12
人均家庭消费/2010年不变价美元	1.41	1.41	5914	6255	7197	8280	9526

(续表)

项目	增长率/(%)		2016	2020	2030	2040	2050
参考2000~2016年增长率估算	实际值	预测值	基线值				
人均蛋白质供应量/(克/天)[a]	0.61	0.61	81.2	85	90	96	102
出生时平均预期寿命/岁	0.39	0.39	72	73	76	79	82
老龄人口比例/(%)	1.07	1.07	8.5	9	10	11	12
人均家庭消费/2010年不变价美元	1.42	1.42	5914	6257	7202	8290	9543

注：a 基线值为2013年的数据。

(2) 世界公共生活质量现代化的前景分析

世界公共生活质量现代化的前景分析，选择5个指标，分析世界前沿和世界平均水平。

其一，公共生活质量现代化的世界前沿水平（用高收入国家平均值代表）。人均GNI、大学入学率和互联网普及率不断上升（表1-101）。

表1-101 公共生活指标的世界前沿水平的情景分析

项目	增长率/(%)		2016	2020	2030	2040	2050
参考1980~2016年增长率估算	实际值	预测值	基线值				
人均GNI/现价美元	4.00	4.00	41 254	48 260	71 434	105 735	156 506
工作时间/(小时/周)[a]	—	—	38.6	—	—	—	—
国际贫困人口比例/(%)[a]	2.41	−1.00	1.3	1.2	1.1	1.0	0.9
大学入学率/(%)	2.33	2.33	75.1	82	100	100	100
互联网普及率/(%)[b]	12.71	12.71	82.2	100	100	100	100
参考2000~2016年增长率估算	实际值	预测值	基线值				
人均GNI/现价美元	2.94	2.94	41 254	46 327	61 910	82 734	110 563
工作时间/(小时/周)[a]	−0.05	−0.05	38.6	38	38	38	38
国际贫困人口比例/(%)[a]	3.94	−1.00	1.3	1.2	1.1	1.0	0.9
大学入学率/(%)	1.81	1.81	75.1	81	96	100	100
互联网普及率/(%)	6.36	6.36	82.2	100	100	100	100

注：a 为美国数值。b 增长率为1990~2016的年均增长率。部分指标预测增长率有调整。

其二，公共生活质量的世界平均水平。世界平均水平与世界先进水平相比，人均GNI和大学入学率两个指标落后约30年。工作时间缩短、国际贫困人口比例下降、互联网普及率上升（表1-102）。

表1-102 公共生活指标的世界平均水平的情景分析

项目	增长率/(%)		2016	2020	2030	2040	2050
参考1980~2016年增长率估算	实际值	预测值	基线值				
人均GNI/现价美元	3.90	3.90	10 321	12 026	17 624	25 829	37 853
工作时间/(小时/周)[a]	—	—	39.4	—	—	—	—
国际贫困人口比例/(%)	−3.50	−3.50	10.9	9	7	5	3
大学入学率/(%)	3.07	3.07	36.8	42	56	76	100
互联网普及率/(%)[b]	16.96	16.96	45.8	86	100	100	100

(续表)

项目	增长率/(%)		2016	2020	2030	2040	2050
参考2000~2016年增长率估算	实际值	预测值	基线值				
人均GNI/现价美元	4.04	4.04	10 321	12 094	17 974	26 713	39 702
工作时间/(小时/周)[a]	−0.16	−0.10	39.4	39	39	38	38
国际贫困人口比例/(%)	−5.89	−5.89	10.9	9	5	3	1
大学入学率/(%)	4.22	4.22	36.8	43	66	99	100
互联网普及率/(%)	12.72	12.72	45.8	74	100	100	100

注：a 为捷克数值。b 增长率为1990~2016的年均增长率。部分指标预测增长率有调整。

(3) 世界生活环境现代化的前景分析

世界生活环境现代化的前景分析，这里选择5个指标分析世界前沿和世界平均水平。其中，安全饮用水普及率、医生比例、交通事故伤亡人口比例、$PM_{2.5}$年均浓度、国际净移民比例的数据分别反映生活环境发达国家和世界的平均值(或总数)，不代表世界前沿或世界平均水平。

其一，生活环境指标的世界前沿水平(用高收入国家平均值代表)。安全饮用水普及率、医生比例不断提高，交通事故伤亡人口比例、$PM_{2.5}$年均浓度下降(表1-103)。

表1-103　生活环境指标的世界前沿水平的情景分析

项目	增长率/(%)		2016	2020	2030	2040	2050
参考1990~2016年增长率估算	实际值	预测值	基线值				
安全饮用水普及率[a]/(%)	0.05	0.05	99.1	99	100	100	100
医生比例[b]/(名/千人)	1.49	1.49	2.98	3	4	4	5
交通事故伤亡人口比例[c]/(人/100万人)	−2.02	−2.02	7722	7117	5804	4733	3859
$PM_{2.5}$年均浓度/(微克/立方米)	0.41	−0.20	19.7	20	19	19	18
国际净移民比例[a]/(%)	2.30	1.00	13.6	14	16	17	19
参考2000~2016年增长率估算	实际值	预测值	基线值				
安全饮用水普及率[a]/(%)	0.06	0.06	99.1	99	100	100	100
医生比例[b]/(名/千人)	0.78	0.78	2.98	3	3	4	4
交通事故伤亡人口比例[c]/(人/100万人)	−2.43	−2.43	7722	6998	5470	4276	3343
$PM_{2.5}$年均浓度/(微克/立方米)	1.31	−0.20	19.7	20	19	19	18
国际净移民比例[a]/(%)	2.35	1.00	13.6	14	16	17	19

注：a 基线值为2015年数值。b 基线值为2013年数值。c 为美国数据。部分指标预测增长率有调整。

其二，生活环境的世界平均水平。世界平均水平与世界先进水平相比，安全饮用水普及率大约落后60年(表1-102)；21世纪中叶医生比例大致相当(表1-104)。

表1-104　生活环境指标的世界平均水平的情景分析

项目	增长率	增长率	2016	2020	2030	2040	2050
参考1990~2016年增长率估算	实际值	预测值	基线值				
安全饮用水普及率[a]/(%)	0.72	0.20	90.97	92	94	96	98
医生比例[b]/(名/千人)	1.71	1.71	1.86	2	2	3	3
交通事故伤亡人口比例[c]/(人/100万人)	—	—	2622				

(续表)

项目	增长率	增长率	2016	2020	2030	2040	2050
参考 1990~2016 年增长率估算	实际值	预测值	基线值				
PM$_{2.5}$ 年均浓度/(微克/立方米)	0.88	0.88	49.7	51	56	61	67
国际净移民比例[a]/(%)	0.52	0.52	3.3	3	4	4	4
参考 2000~2016 年增长率估算	实际值	预测值	基线值				
安全饮用水普及率[a]/(%)	0.65	0.20	90.97	92	94	96	98
医生比例[b]/(名/千人)	2.85	2.85	1.86	2	3	4	5
交通事故伤亡人口比例[c]/(人/100 万人)	−1.44	−1.44	2622	2474	2140	1850	1600
PM$_{2.5}$ 年均浓度/(微克/立方米)	1.29	1.29	49.7	52	59	68	77
国际净移民比例[a]/(%)	1.10	1.10	3.3	3	4	4	5

注:a 基线值为 2015 年数值。b 基线值为 2013 年数值。c 为捷克数据。部分指标预测增长率有调整。

本章小结

生活质量现代化是一个系统工程。本章关于生活质量现代化的时序分析、截面分析和过程分析,加深了对生活质量现代化的历史进程和未来前景的认识,从中可以发现和归纳出生活质量现代化的长期趋势和基本事实,它们是分析生活质量现代化规律的历史基础。关于生活质量现代化的前景分析,可以为制定生活质量现代化政策提供国际背景。

1. 个人生活的发展趋势

个人生活涉及许多方面和要素,本报告重点讨论了营养、健康、家庭、住房、消费与成本五个方面,选择 33 个指标为代表进行历史规律与发展趋势的讨论。20 世纪以来,11 个指标为上升变量,8 个为下降变量,6 个为转折变量。典型特征如下:

- 营养。20 世纪以来,世界人均食物供应量提高,膳食结构改善,营养水平大幅提升,但国别差异和指标差异明显。高收入和中等收入国家的食物供应和生活方式已经完成从温饱型向营养型的转变。
- 健康。20 世纪以来,人类健康水平提升,健康观念和健康行为逐步演化,但国别差异较大;出生时平均预期寿命的国际差距经历了扩大和缩小两个阶段。
- 家庭。18 世纪以来家庭规模逐步缩小、老年人口比例逐步提升。在 1960~2016 年期间,OECD 成员国的结婚率下降,社会抚养比先上升后下降,但是国别差异明显。
- 住房。几十年来,人均住房面积和住房间数提高,家庭设施普及率上升。
- 消费和成本。1960 年以来,世界人均家庭消费支出上升,恩格尔系数下降,人均能源消费先上升后下降。1995 年以来,欧盟个人平均消费支出中,基本生活消费和物质生活消费比例下降,精神生活消费比例上升;个人生活消费比例下降,公共生活消费比例上升。

2. 公共生活的发展趋势

一般而言,公共生活涉及经济生活、社会生活、文化生活和政治生活等方面。限于篇幅,本报告选择有代表性的和统计数据比较齐全的 72 个指标进行了分析。20 世纪 60 年代以来,36 个指标为上升变量,11 个为下降变量,3 个为转折变量。基本特征如下:

- 经济生活。20 世纪 60 年代以来,全球就业率和失业率波动,发达国家每周平均工作时间缩短。20世纪90年代以来,发达国家人均国民收入、平均工资和最低工资上升,非致死性工伤比例下降。
- 社会生活。20世纪80年代以来,全球贫困人口比例下降。发达国家收入分配的基尼系数下降(但存在国别差异和例外)。2000年以来,全球社会保障覆盖率提高。1970年以来,全球成人识字率、小学入学率、中学入学率、大学入学率、平均受教育年限和预期受教育年限提升,但教育发展水平的国别差异仍然较大。
- 文化生活。20世纪90年代以来,全球人均国际旅游离境频次上升,互联网普及率上升,网购人口比例上升。文化生活存在明显的指标和国别差异。
- 政治生活。2013~2017年期间,选民投票率上升,但国别差异较大。1980~2016年期间,罢工和游行比例波动,同时存在国别差异。

3. 生活环境的发展趋势

生活环境包括自然环境和社会环境两个方面。本报告着重讨论生活的外部条件,亦即公共设施、公共服务、公共安全、自然环境和国际环境五个方面,选取36个指标进行分析。20世纪60年代以来,18个指标为上升变量,2个为下降变量,12个为转折变量。典型特征如下:
- 公共设施。20世纪90年代以来,公共设施逐步完善,但国别差异和指标差异较大。
- 公共服务。20世纪60年代以来,公共服务质量提升,高收入国家、中等收入国家和低收入国家的表现既有共性,也有差异。其中,人均电力消费先上升后下降。
- 公共安全。20世纪70年代以来,OECD成员国交通事故伤亡人口比例先升后降,但国别差异较大。2008年以来,欧洲犯罪率下降,但国别差异较大。
- 自然环境。20世纪以来,工业发达国家总体上都走了先污染后治理的发展道路。20世纪60年代以来,人均二氧化碳排放、$PM_{2.5}$年均浓度先上升后下降。
- 国际环境。20世纪90年代以来,国际净移民比例、外国留学生比例上升,但国别差异较大。

4. 生活满意度的发展趋势

主观生活质量和客观生活质量的测度共同构成了生活质量的全面评价。主观生活质量既包括个体的认知(如生活满意度),也包括个体的情感判断(如正面/负面情绪)。限于篇幅,本报告仅从个体生活满意度、公共生活满意度和生活环境满意度三个方面选择有代表性的和统计数据比较齐全的11个指标对主观生活质量进行分析。其中,9个指标属于上升变量,1个指标属于下降变量;从现有资料和数据看,生活满意度与国家经济水平的关系是复杂的,受分析样本、分析变量和分析时间的影响很大。典型特征如下:

2013年以来,OECD成员国生活满意度上升,但国别差异较大。2000年以来自杀率下降。2003年以来,部分国家社会生活满意度上升,但国别差异较大。2013年以来,部分国家水满意度人口比例上升,但国别差异较大。

5. 世界生活质量现代化的历史进程和客观现实

在18~21世纪期间,世界生活质量现代化的前沿过程大致包括两大阶段。

第一阶段是生活水平现代化,主要以生活水平的提升为主导,包括:人均食物供应量提高;现代健康观念的形成,医疗体系、公共卫生体系和医疗保障制度的建立和完善;以数量型、生存型的消费模式为主导;政府以生活水平型社会政策引导社会发展;普及义务教育、中等教育;精英型、实体型文化生活为主导;部分国家生态环境恶化等。

第二阶段是生活质量现代化,主要以生活质量的提升为主导,包括:膳食结构改善,营养水平大幅提升；健康观念从"以疾病为中心"向"以健康为中心"、从"治疗为主"向"防治结合"转变，国民健康体系的发展和完善；以质量型、享受和发展型的消费模式为主导；政府以生活质量型社会政策引导社会发展；普及高等教育；大众型、网络型文化生活为主导；生态环境改善，可持续发展理念成为全球共识等。

在2000~2016年期间，生活质量发达国家的比例约为19%，生活质量发展中国家的比例约为81%；生活质量现代化水平从高到低的排序大致是：欧洲、美洲、亚洲和非洲。2016年，25个国家是生活质量发达国家，27个国家是生活质量中等发达国家，28个国家是生活质量初等发达国家，51个国家是生活质量欠发达国家。

第二章 生活质量研究的趋势和案例分析

生活质量现代化既有国际共性,也有时代、国别、地区和行业差异。第一章我们讨论了世界生活质量的发展趋势和未来前景,本章讨论生活质量研究的发展趋势和典型案例,包括生活质量的相关理论和政策选择。

第一节 生活质量研究的趋势分析

18世纪以来,保持较快的经济增长一直是一个政策目标,经济发展水平影响了人们的生活水平。但到了20世纪60年代,发达国家的物质生活已经比较丰富,人们更多关注生活的环境和质量,生活质量研究成为一个研究热点。本节将简要讨论生活质量的指标研究、评价研究、相关理论和政策研究。

一、生活质量的指标研究

1958年,美国经济学家加尔布雷斯在《丰裕社会》一书中阐述了生活质量的重要意义。20世纪60年代以来,各国学者对生活质量的指标和评价做了大量研究,相关学术文献众多(表2-1)。其中,在WOS数据库中,1951~2018年期间,篇名包含"quality of life"的论文总数达到8万多篇,并呈上升趋势(图2-1)。

表2-1 生活质量研究的文献检索

文献类型	论文/篇		图书/种	
数据库	WOS	CNKI	美国国会图书馆	中国国家图书馆
文献数量	86 747	1835	1617	430

注:检索方式为"生活质量"(中文数据库)或"quality of life"(英文数据库)篇名检索,检索时间为2018-12-27。
WOS为"Web of Science"网络数据库,它包括自然科学引文索引(SCI-E)、社会科学引文索引(SSCI)、艺术与人文索引(A&HCI),自然科学类会议文献索引(CPCI-S)、社会与人文类会议文献索引(CPCI-SSH)等。CNKI为中国知网数据库。

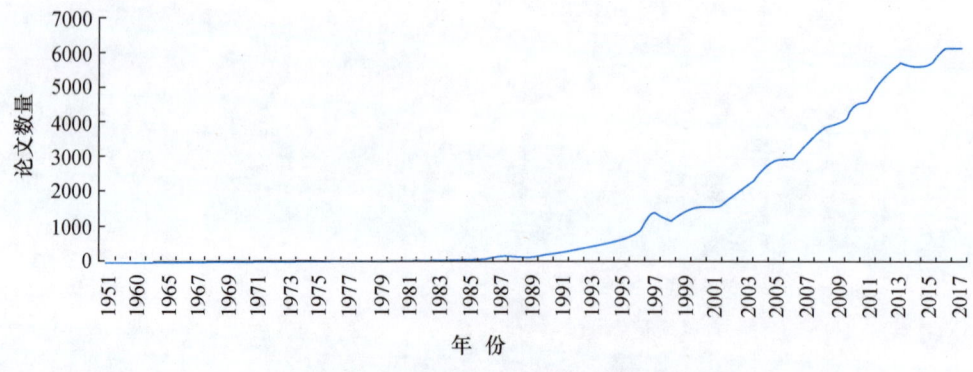

图2-1 WOS数据库中以"quality of life"题名检索的论文数量年际分布

目前,关于生活质量尚没有统一定义(表 2-2)。学者们从不同角度进行分析,提出了大量的指标体系。这些指标体系可以分为三类:一类是反映生活条件和生活状况的;一类是关于生活感受的;还有一类是综合指标体系。从研究尺度上看,生活质量可以从国家、地区、行业和具体人群等不同尺度开展研究。

表 2-2 一些学者、机构对于生活质量定义的描述

项目	主要内容	来源
客观条件	生活质量涉及自然和社会两个方面:自然方面包括生活环境的美化和净化;社会方面包括教育、卫生、交通、生活服务、社会风尚和社会治安的改善	Rostow,1971
	生活条件诸方面的综合反映	冯立天,1992
主观感受	生活质量是生活幸福的总体感觉	Campbell et al,1976
	所谓生活质量,就是个人在享受市场商品、闲暇、公共服务及评价他所处环境的自然社会特征时的满意水平	Gillingham et al,1980
	对于生活及其各方面的评价和总结	林南 等,1987
	不同的文化、价值体系中的个体对与他们的目标、期望、标准及与关心事情有关的生活状态的综合满意程度及对个人健康的一般感受	The WHOQOL Group,1995
主客观结合	生活质量主要包括三方面的要素:一是人们物质、精神生活的状态特征;二是人们的价值实现和幸福感;三是人的生活条件和环境质量	叶南客,1991
	生活质量由反映人们生活状况的客观条件和人们对生活状况的主观感受两部分组成,或者说是指"社会提供国民生活的充分程度和国民生活需求的满足程度"	陈义平,1999
	生活质量是一个比经济生产和生活标准更广泛的概念,它包括影响我们生活价值的各种因素,超越其物质方面	Stiglitz et al,2009
	生活质量是一个高度综合的概念,大致有三层含义。其一,生活质量是一种生活状态,是用质量指标和好坏程度(包括健康、幸福和满意)来衡量的生活状态;它以生活水平为基础,反映个人和社会生活的健康、舒适、幸福和满意的程度。其二,生活质量是一种生活评价,包括对物质生活和非物质生活的满意度和幸福度的评价,反映人们对生活各个方面的综合满意度。其三,生活质量是一种生活追求,是对更好、更美、更安全、更健康、更满意和更幸福的生活的不懈追求。概括地说,生活质量是用质量指标衡量的生活状态以及对生活状态的满意程度和对美好生活的持续追求	何传启,2017a

1966 年,美国学者鲍尔编辑出版《社会指标》一书,此后,与生活质量相关的研究工作不断涌现。表 2-3 列举了国家尺度上一些关于生活质量的指标研究。这里以其中的一些研究工作为例,从"维度"和"指标"两个方面,对客观、主观和综合生活质量指标研究进行介绍和分析。

表 2-3 国家尺度上一些关于生活质量的指标研究(举例)

指标类型	研究工作
客观指标	联合国人类发展指标(UNDP,2018);测量美国指标(Measure of America,2019);社会进步指标(ISP)(Estes,1984,2015);Calvert-Henderson 生活质量指标(Hazelhenderson,2008);中国生活质量指标(朱庆芳,1989);国家生活质量指标(冯立天 等,1996;赵彦云 等,2000)
主观指标	美国社会生活质量主观指标(Campbell et al,1976);欧盟生活质量调查指标(EQLS)(Eurofound,2016);世界价值观调查(World Value Survey,2019);Gallup 世界民意调查(Gallup,2018)
综合指标	OECD 美好生活指标(Better life index)(OECD,2017a);OECD 生活怎么样(How's life)指标(OECD,2017b);欧盟生活质量"8+1"指标(EU,2019);英国国民福祉计划指标(Office for National Statistics of United Kingdom,2018);加拿大幸福指标(Canadian Index of Wellbeing,2019);不丹国民幸福指标(GNH)(The Centre for Bhutan Studies & GNH Research,2016);澳大利亚国家发展指标(ANDI,2019);Stiglitz 生活质量指标(Stiglitz et al,2009);世界幸福报告指标(Helliwell et al,2012)

1. 客观生活质量指标

在国家尺度上的生活质量客观指标,许多机构和学者开展过相关研究。这里主要介绍人类发展指标的相关工作。

(1) 维度比较

将联合国人类发展指标与美国社会科学研究理事会"测量美国"指标体系以及社会进步指标体系进行维度比较。三个指标体系共同的维度包括人口、教育、健康、安全(或国防),在其他维度上存在差异(表2-4)。

人类发展指标:2018年,联合国开发计划署(UNDP)发布《人类发展指数和指标:2018统计更新》报告,介绍了人类发展的主要领域和具体指标,该指标体系共包括八个维度和90多个指标。

"测量美国"指标:2006年,美国社会科学研究理事会成立了"测量美国"项目,其使命是提供方法合理且易于使用的工具,使人们更好了解美国的福祉和机会。该项目基于人类发展的研究框架,构建了美国人类发展指数和发展指标。"测量美国"所构建的指标体系包括八个维度和120多个指标。

社会进步指标:社会进步指标是由宾夕法尼亚大学的Estes(1984)教授提出的,该指标体系用于衡量社会进步,并被许多发展研究的学者所采用,来评估不同国家不同时间段的社会进步状况(Hagerty et al,2002),该指标体系包括十个维度和41个指标。

表2-4 三个指标体系的维度比较

联合国人类发展指标(八个维度)	美国人类发展指标(八个维度)	社会进步指标(十个维度)
人口	人口	人口
教育	教育	教育
健康	健康	健康
安全	安全	国防
就业与雇佣	工作,财富与贫困	经济
国家收入和资源构成	环境	环境
基本人权	包容与参与	妇女地位
人和资本的流动性	住房	文化多样性
		社会秩序
		社会福利

资料来源:UNDP,2018;Measure of America,2019;Estes,2015。

(2) 指标

《人类发展指数和指标:2018统计更新》还提出了5个人类发展的仪表板(Human Development Dashboards),用可视化的方式监测各个国家关键领域的变化情况。

这5个仪表板分别是人类发展质量仪表板(Dashboard on quality of human development),生命过程中的性别差距仪表板(Dashboard on life-course gender gap),女性赋权仪表板(Dashboard on women's empowerment),环境可持续性仪表板(Dashboard on environmental sustainability)和社会经济可持续性仪表板(Dashboard on socioeconomic sustainability)。

每个仪表板包括10~13个监测指标,这些指标具有较强的政策意义,可以通过这些指标了解国家在人类发展质量、性别平等、妇女权利、环境可持续性和社会经济可持续性领域的表现和需要改进的方面。表2-5是人类发展仪表板所用到的监测指标。

表 2-5 人类发展仪表板的监测指标

名称	指标名称	
人类发展质量仪表板	1. 失去健康的预期寿命比例(%)	2. 医生数(每万人)
	3. 病床数(每万人)	4. 小学生师比(例每位教师的学生数)
	5. 接受过教学培训的小学教师比例(%)	6. 接入互联网的学校比例(%)
	7. 国际学生评估计划(PISA)得分,数学	8. 国际学生评估计划(PISA)得分,阅读
	9. 国际学生评估计划(PISA)得分,科学	10. 弱势群体就业比例(%,占总就业人口)
	11. 获得电力的农村人口比例(%)	12. 使用改善的饮用水的人口比例(%)
	13. 使用改善的卫生设施的人口比例(%)	
生命过程中的性别差距仪表板	1. 出生性别比(男/女)	2. 总入学率,学前教育(女性/男性)
	3. 总入学率,小学(女性/男性)	4. 总入学率,中学(女性/男性)
	5. 青年失业率(女性/男性)	6. 至少接受过中学教育的人口(女性/男性)
	7. 总失业率(女性/男性)	8. 女性非农业就业人口比例(%,占非农业就业总人数)
	9. 议会中女性席位份额(%)	10. 15岁及以上的女性花在无偿家务和护理工作上的时间(占24小时的百分比)
	11. 花在无偿家务和护理工作上的时间(女性/男性)	12. 养老金领取(女性/男性)
女性赋权仪表板	1. 产前保健覆盖率,至少一次访问(%)	2. 由熟练保健人员接生的比例(%)
	3. 孕产妇死亡率(每10万生产者)	4. 少女生育率(每1000名15—19岁女性)
	5. 避孕普及率,任何方法(%,占15—49岁已婚或育龄妇女)	6. 计划生育需求未满足率(%,占15—49岁已婚或育龄妇女)
	7. 18岁以前结婚的女性(%,占20—24岁结婚女性)	8. 遭受过亲密伴侣暴力行为的妇女(%,占15岁以上女性)
	9. 遭受过非亲密伴侣暴力行为的妇女(%,占15岁及以上女性)	10. 在科学、数学、工程、制造业和高等建筑业毕业的女性比例(%)
	11. 中高层管理人员中女性比例(%)	12. 在金融机构或移动货币服务提供商处有账户的妇女比例(%,占15岁及以上女性)
	13. 强制性带薪产假(天)	
环境可持续性仪表板	1. 化石燃料消耗(占总能耗的百分比)	2. 可再生能源消耗(占最终总能耗的百分比)
	3. 人均二氧化碳排放量(吨)	4. 二氧化碳排放量(千克/2011年价国际美元GDP)
	5. 森林面积(占总土地面积的百分比)	6. 森林面积,变化(%)
	7. 淡水取水量(占可再生水资源总量的百分比)	8. 由于家庭和环境空气污染造成的死亡率(每10万人)
	9. 因不安全饮水,卫生条件和卫生服务造成的死亡率(每10万人)	10. 红色名录指数
社会经济可持续性仪表板	1. 调整后的净储蓄(占GNI的百分比)	2. 债务总额(占货物、服务和初级产品出口的百分比)
	3. 资本形成总额(占GDP的百分比)	4. 熟练的劳动力(占总劳动力百分比)
	5. 集中指数(出口)	6. 研发支出(占GDP的百分比)
	7. 军费开支(占GDP的百分比)	8. 教育和卫生支出占军费支出的比例
	9. 由于不平等而导致HDI水平下降,年均变化(%)	10. 性别不平等指数,年均变化(%)
	11. 收入五分位数,年均变化(%)	

资料来源:UNDP,2018。

2. 主观生活质量指标

早在20世纪六七十年代,已有一些学者开展了主观生活质量的研究。例如,1976年,美国学者 Campell 等(1976)出版了《美国人的生活质量》(*The Quality of American Life*),基于主观调查的方法分析了美国大众、不同阶层、不同群体的生活质量,研究维度包括收入和财务、健康、居住、工作、社会参与/社区、朋友和家庭、休闲活动、教育、公共服务和政府等。

关于主观生活质量的研究维度,不同学者有不同的划分。澳大利亚学者 Cummins(1996)曾对152篇关于生活满意度的文献进行分析后认为,这些研究可以最终归为以下七个维度:物质生活条件、健康、工作、亲密关系、安全、社区和主观幸福感。

世界价值观调查(WVS)、欧盟生活质量调查(EQLS)以及美国 Gallup 公司的世界民意调查等项目在主观生活质量指标的构建和数据收集上开展了大量工作,这里以欧盟生活质量调查为例。

(1) 欧盟生活质量调查的维度

欧盟生活质量调查是由欧盟改善生活和工作条件基金会(Eurofound)开展的项目,分别于2003年、2007年、2011年和2016年对欧盟各国公民的生活条件和社会状况开展调查。在这几次调查中,其维度和指标存在差异(表2-6)。2016年的调查维度比前几次有所增加,所增加的维度主要集中在公共服务、社会安全与信任、社会参与和网络生活等领域。

表2-6 欧盟四次生活质量调查的维度比较

EQLS 2003 七个维度	EQLS 2007 七个维度	EQLS 2011 八个维度	EQLS 2016 十四个维度
就业和工作与生活的平衡	就业和工作与生活的平衡	就业和工作与生活的平衡	工作、生活平衡与关怀
住所和当地环境	住所和当地环境	住所和当地环境	邻里质量与服务
			住房
社会排斥和社区参与	社会排斥和社区参与	社会排斥和社区参与	社会排斥和社区参与
生活水平和贫困	生活水平和贫困	生活水平和贫困	生活水平和贫困
主观幸福感	主观幸福感	主观幸福感	主观幸福感
健康和公共服务	健康和公共服务	健康和公共服务	身体和精神健康
		家庭和社会生活	公共服务可及性
			公共服务质量
社会质量	社会质量	社会质量	社会支持
			安全保障
			信任和社会张力
			社会参与
			在线生活

资料来源:https://www.eurofound.europa.eu/data。

(2) 指标

2013年,Eurofound 出版《欧洲的生活质量:2003—2012年的趋势》报告,选取欧盟生活质量调查中的一些主观指标,对其变化趋势进行分析。报告共分析了七个维度,包括主观幸福感,生活水平和贫困,工作与生活平衡,家庭和社会生活,住所和当地环境,健康、健康照料、教育和公共服务,社会质量(表2-7)。

表 2-7 《欧洲的生活质量：2003～2012 年的趋势》中的主观指标

维度	指标
主观幸福感	• 综合考虑，这些日子您对您的生活有多满意？ • 综合考虑，按照 1 到 10 的等级，您觉得您有多开心？
生活水平和贫困	• 您的家庭在过去 12 个月内是否一直处于拖欠状态，即无法按计划支付以下任何一项费用？a. 住房的租金或抵押贷款；b. 公用事业费，如电、水、煤气等 • 一个家庭可能有不同的收入来源，不止一个家庭成员可能会为此做出贡献。考虑您家庭的月收入总额：您的家庭是否能够维持生计？ • 有些东西是很多人买不起的（即使他们愿意）。对于以下每项内容，您的家庭是否可以负担得起？（日用品，至少每两天吃一次肉，保持房间温暖，买新衣服，每月和其他人吃一次饭或喝一杯，替换旧家具，每周一次的度假） • 能否以 1 到 10 的等级告诉我您对现在生活水平的满意度如何？
工作与生活平衡	• 在过去的 12 个月中，您有多少次发生以下情况？ 下班回家太累了，无法做一些需要做的家务； 由于在工作上花费时间，而很难履行家庭责任； 由于我的家庭责任，我发现很难集中精力工作
家庭和社会生活	• 能否以 1 到 10 的等级告诉我您对家庭生活的满意度如何？能否以 1 到 10 的等级告诉我您对社会生活的满意度如何？ • 在下列情况（生病、需要建议、需要聊天、紧急筹款）下，您会从谁那里获得支持（家人、社会网络、其他或没有）？
住所和当地环境	• 您住所有多少个房间，不包括厨房、浴室、走廊、储藏室和仅用于商务的房间？ • 您的住所有以下任何问题吗？（空间不足，窗户腐烂，墙壁或屋顶潮湿或渗漏，缺乏室内冲水马桶，缺乏浴缸或淋浴，室外没有坐的地方） • 以 1 到 10 的等级告诉我您对您住所的满意度如何？
健康、健康照料、教育和公共服务	• 以 1 到 10 的等级告诉我您对健康的满意度如何？ • 以 1 到 10 的等级告诉我您对教育的满意度如何？ • 总体而言，您对国家以下公共服务系统及服务的评价如何？（1～10 分） （健康系统、教育系统、公共交通系统、养老金制度、儿童看护服务）
社会质量	• 通常情况下，您认为大多数人都可以信任，或者说您在与人打交道时不用太小心吗？ • 请以 1 到 10 的等级告诉我您对以下各机构的信任程度？（议会、法律系统、警察、政府、出版） • 在您看来，国家中以下群体之间有多大的紧张关系？（穷人和富人、管理者和工人、男性和女性、老年人和年轻人、不同的种族和民族）

资料来源：Eurofound，2013。

3. 综合生活质量指标

近年来，基于"综合指标"的生活质量研究更加受到机构和学者的重视，欧盟在评估成员国公民生活质量时，采用了主客观指标相结合的指标体系，并认为将主观指标与客观指标相结合可以为生活质量研究提供更完整的图像（EU，2015）。OECD 美好生活指标、欧盟生活质量"8+1"指标、英国国民福祉计划指标、加拿大幸福指标、澳大利亚国家发展指标以及不丹国民幸福指标等，都属于综合生活质量指标。由于本章的其他部分已经有较为详细的介绍，这里仅对指标体系的维度做一比较（表 2-8）。

由表 2-8 可以看出，健康、社会联系、教育、公民参与和治理、环境等维度出现的次数最多（出现 7 次），物质条件、工作、安全、生活满意度等维度次之（出现 4 次及以上），其他维度存在差异。

表 2-8 不同生活质量指标体系的维度分析

分类	OECD美好生活指标维度	欧盟生活质量(8+1)指标维度	英国国民福祉指标计划维度	加拿大幸福指标维度	澳大利亚国家发展指标维度	不丹国民幸福指标维度	Stiglitz-生活质量指标维度	出现次数
个人生活	健康	健康	健康	健康人口	健康	健康	健康	7
		物质生活条件		生活水平		生活水平	物质生活标准	4
	住房			居住				2
					原住民福祉			1
					儿童和年轻人福祉			1
经济生活	工作	生产和其他活动	工作		工作、工作与生活平衡		包括工作在内的个人活动	5
	收入		个人财务					2
	工作和生活			时间利用		时间利用		3
			经济		经济生活和繁荣			2
社会生活	社区/社会关系	休闲与社会互动	关系	社区活力	社区和地区生活	社区活力	社会联系	7
	教育与技能	教育	教育和技能	教育	教育、知识和创造力	教育	教育	7
文化生活			休闲与文化		文化、休闲和娱乐	文化多样性和弹性		3
政治生活	公民参与和治理	治理和基本权利	治理	民主参与	治理与民主	善治	政府治理	7
生活环境	环境质量	自然和生活环境	自然环境	环境	环境与可持续性	生态多样性和弹性	环境	7
	个人安全	经济和人身安全			正义、公平和人权		经济和生理等方面的不安全性	4
满意度	生活满意度	总体生活体验	个人幸福		主观幸福和生活满意度	心理幸福感		5
维度数	11	9	10	8	12	9	8	—

注：由于不同指标体系的分类方式存在差异，这里的维度分类只是大致对应，部分维度存在一定交叉。
资料来源：OECD，2017a；EU，2019；Office for National Statistics of United Kingdom，2018；Canadian Index of Wellbeing，2019；ANDI，2019；The Centre for Bhutan Studies & GNH Research，2016；Stiglitz et al，2009。

二、生活质量的评价研究

关于生活质量的评价研究也可分为基于客观指标的评价、基于主观指标的评价和基于综合指标的评价，评价方法多采用综合指数法。表2-9列举了国家尺度上一些关于生活质量的评价研究。这里仍以其中的一些评价研究为例进行介绍。

表 2-9　国家尺度上一些关于生活质量的评价研究（举例）

类型	研究工作
客观指标评价	UNDP 人类发展指数(UNDP,2018);美国人类发展指数(Measure of America,2019);莫里斯物质生活质量指数(Morris,1979);加权的社会发展指数(WISP)(Estes,2015);社会健康指数(ISH)(Miringoff et al,1999);经济福利(IEWB)指数(Osberg et al,2001);中国生活质量指数(朱庆芳,1989);国家生活质量综合指数(冯立天 等,1996);国家生活质量综合评价(赵彦云 等,2000;彭念一 等,2003);生活质量综合指数(郑宗生 等,2006)
主观指标评价	美国社会生活质量主观评价(Campbell et al,1976);国家福祉账户(NWBA)(Kahneman et al,2004);澳大利亚幸福指数(AUWBI)(Cummins et al,2005)
综合指标评价	英国幸福星球指数(HPI)(NEF,2016);加拿大幸福指数(Canadian Index of Wellbeing,2018);不丹国民幸福指数(GNH)(The Centre for Bhutan Studies & GNH Research,2016);澳大利亚国家发展指数(ANDI,2019)

(1) 客观生活质量评价

莫里斯物质生活质量指数：1979 年，美国学者莫里斯发表了《衡量世界穷国的生活状况：物质生活质量指数》一书，书中用识字率、婴儿死亡率和一岁时的预期寿命 3 个指标的算术平均值构建了"物质生活质量指数"(Morris,1979)。

联合国人类发展指数：1990 年，联合国开发计划署(UNDP)在《1990 年人类发展报告》中，提出人类发展指数(Human Development Index,HDI)。人类发展指数的维度包括：健康长寿，知识和体面生活水平。联合国人类发展指数自发布以来，其评价指标经历了多次修改(表 2-10)。2010 年以来，人类发展指数通过子维度指数的几何平均值计算得出。

表 2-10　人类发展指数的指标演变

维度	HDI 1990	HDI 1991	HDI 1995	HDI 2010
健康长寿	出生时的预期寿命	出生时的预期寿命	出生时的预期寿命	出生时的预期寿命
知识（教育）*	成人识字率	成人识字率	成人识字率	平均受教育年限
		平均受教育年限	综合入学率	预期受教育年限
体面生活水平	人均 GDP（按购买力平价计算）	人均 GDP（按购买力平价计算）	人均 GDP（按购买力平价计算）	人均国民收入（按购买力平价计算）

注：* 在人类发展指数的 1990 年版本中，"知识"维度的名称为"教育"。
来源：UNDP,1990;1991;1995;2010。

人类发展指数还发展出了一些扩展指数。包括：性别发展指数(GDI)，性别不平等指数(GII)，不平等调整后的人类发展指数(IHDI)以及多维贫困指数(MPI)(UNDP,2018)。其中，不平等调整后的人类发展指数(IHDI)和性别发展指数(GDI)保留了人类发展指数原有的研究维度和指标，性别不平等指数(GII)和多维贫困指数(MPI)则在研究维度或指标方面有明显变化，其中，多维贫困指数(MPI)开始使用家庭调查数据来进行分析(表 2-11)。

表 2-11　人类发展指数家族的维度与指标

指数	维度	指标
人类发展指数(HDI) 不平等调整后的人类发展指数(IHDI) 性别发展指数(GDI)	健康长寿	出生时的预期寿命
	知识	平均受教育年限
		预期受教育年限
	生活水平	人均国民收入（国际美元）

(续表)

指数	维度	指标
性别不平等指数（GII）	生殖健康	孕产妇死亡率 少女生育率
	赋权	女性和男性的议会席位份额 至少接受过中等教育的女性和男性人口
	劳动力市场上的不平等	女性和男性劳动力参与率
多维贫困指数（MPI）	健康	营养 儿童死亡率
	教育	受教育年限 入学率
	生活水平	电力 卫生 饮用水 住房 烹饪能源 资产

来源：UNDP，2018。

美国人类发展指数：美国人类发展指数是美国社会科学研究理事会"测量美国"项目的主要工作之一。该指数从健康长寿、知识获取和体面生活三个维度构建评价指标，具体指标包括出生时预期寿命，3—24岁人口入学率，25岁及以上人口受教育程度，16岁及以上全职和兼职工人的收入中位数。美国人类发展指数由子维度指数的算术平均值计算得出。

与联合国人类发展指数相比，美国人类发展指数在指标上进行了一定调整，例如，在知识获取维度里，联合国人类发展指数使用的是"预期受教育年限"，美国人类发展指数则选择了"25岁及以上人口受教育程度"（表2-12）。

表2-12 三个指数维度和指标的比较

	物质生活质量指数	联合国人类发展指数	美国人类发展指数
维度	健康 教育	健康长寿 知识 体面生活水平	健康长寿 知识获取 体面生活水平
指标	婴儿死亡率 一岁时的预期寿命 识字率	出生时预期寿命 平均受教育年限 预期受教育年限 人均国民收入（国际美元）	出生时预期寿命 3—24岁人口入学率 25岁及以上人口受教育程度 16岁及以上全职和兼职工人的收入中位数

资料来源：Morris，1979；UNDP，2010；Measure of America，2019。

与以上三类指数相比，宾夕法尼亚大学的Estes教授提出的加权社会进步指数（WISP）则使用的指标更为丰富，该指数基于10个次级指数和41个指标（表2-13）。这些指标间的权重通过最大方差因子分析法来确定（Estes，2015）。

表 2-13 加权社会进步指数的次级指数和指标

次级指数	指标
教育指数	1. 教育方面公共支出占 GDP 的百分比；2. 小学完成率；3. 中学净入学率；4. 成人识字率
健康状况指数	1. 出生时的预期寿命；2. 婴儿死亡率；3. 五岁以下儿童死亡率；4. 每 10 万人口的医生数；5. 营养不良人口比例；6. 卫生方面公共支出占 GDP 的百分比
妇女地位指数	1. 女性成人识字人数与男性成人识字人数的比率；2. 已婚妇女的避孕普及率；3. 孕产妇死亡风险；4. 女性中学入学人数与男性中学入学人数的比率；5. 女性在议会中所占席位的百分比
防御指数	军费支出占 GDP 的百分比
经济指数	1. 人均 GDP(按 PPP 计算)；2. 国内生产总值(GDP)的增长率；3. 失业率；4. 外债总额占国民总收入的百分比；5. GINI 指数得分
人口指数	1. 人口年平均增长率；2. 年龄在 14 岁及以下人口的百分比；3. 65 岁及以上人口的百分比
环境指数	1. 国家保护区的面积百分比；2. 灾害相关的年度平均死亡人数；3. 二氧化碳排放量
社会秩序指数	1. 政治权利；2. 公民自由；3. 国内流离失所者人数(每 10 万人中)；4. 外来流离失所者人数(每 10 万人中)；5. 武装冲突死亡人数(低估计数)；6. 腐败指数
文化多样性指数	1. 拥有相同或相似种族/民族起源的人口的最大百分比；2. 拥有相同或相似宗教信仰的人口的最大百分比；3. 拥有同一母语的最大人口比例
福利指数	1. 国家首次颁布老年人、残疾人和死亡相关法律的时间；2. 国家首次颁布疾病和产假相关法律的时间；3. 国家首次颁布工伤相关法律的时间；4. 国家首次颁布失业相关法律的时间；5. 国家首次颁布家庭津贴相关法律的时间

资料来源：Estes，2015。

(2) 主观生活质量评价

主观生活质量的评价，可以包括以下几种方式(Glatzer，2012)，一是总体生活满意度(Overall Satisfaction with Life，OSL)；二是包含正面和负面情绪的情感平衡量表(Affect Balance Scale，ABS)；三是个人幸福指数(Personal Wellbeing Index，PWI)。

总体生活满意度：总体生活满意度较为直接地体现个人对生活的满意程度，世界价值观调查，Gallup 世界民意调查和欧洲生活质量调查等都用到这个评价指标。

情感平衡量表：不同于生活满意度，情感平衡量表的评价指标不仅包含正面的情感指标，而且包含负面的情感指标(表 2-14)。情感量表的综合得分可以是正面情感得分与负面情感得分的差值。

表 2-14 情感平衡量表中的指标

与正面情感相关的问题	与负面情感相关的问题
很高兴有所成就？	非常焦躁不安？
事情正在顺利进行？	疲惫？
因有人称赞你做过的事情而感到骄傲？	抑郁或者很不开心？
对某事特别兴奋或感兴趣？	感到很孤独或与他人很疏远？
感到非常幸福？	因为有人批评你而感到沮丧？

资料来源：Bradburn，1969。

幸福指数：关于幸福指数，有许多研究工作。例如，澳大利亚学者 Cummins 等(2005)提出了国家幸福指数(National Wellbeing Index)和个人幸福指数(Personal Wellbeing Index)。其中，国家幸福指数包含六个维度的满意度，个人幸福指数包含七个维度的满意度(表 2-15)。国家幸福指数和个人幸福指数是各个子维度满意度得分的平均值。

表 2-15 澳大利亚幸福指数的研究维度和指标

个人幸福指数的维度(满意度)	国家幸福指数的维度(满意度)
1. 生活水平 2. 健康 3. 自我实现 4. 个人关系 5. 个人安全 6. 社区联系 7. 将来的安全	1. 澳大利亚的经济 2. 澳大利亚的环境 3. 澳大利亚的社会条件 4. 澳大利亚的政府 5. 澳大利亚的商业 6. 澳大利亚的国家安全

资料来源:Cummins et al,2005。

(3) 生活质量的综合评价

关于生活质量的综合评价,本章的其他部分已经介绍了加拿大、不丹和澳大利亚的研究工作,加拿大和不丹的评价在维度上非常相近,加拿大为八个维度,不丹为九个维度,并且都包含健康、生活水平、时间利用、社区活力、教育、文化、环境和治理等方面。澳大利亚的评价维度增加了原住民福祉、儿童和年轻人的福祉等。具体指标这里将不再介绍。

与加拿大、不丹的研究相比,英国新经济基金会(NEF)的快乐星球指数(Happy Planet Index, HPI)选用的指标相对较少,仅包括预期寿命、主观生活满意度和生态足迹三个指标(NEF,2016)。其概念化公式为:快乐星球指数=(预期寿命×主观生活满意度)×不平等性/生态足迹。其中,不平等性体现的是国家内部预期寿命与生活满意度数据分布的差异性,用百分比表示(表 2-16)。

表 2-16 一些生活质量综合评价工作的维度比较

分类	加拿大幸福指数	不丹国民幸福指数	澳大利亚国家发展指数	英国幸福星球指数
个人生活	健康人口 生活水平	健康 生活水平	健康 原住民福祉 儿童和年轻人的幸福	预期寿命
经济生活	时间利用	时间利用	工作、工作与生活平衡 经济生活和繁荣	
社会生活	社区活力 教育	社区活力 教育	社区和地区生活 教育、知识和创造力	
文化生活	休闲与文化	文化多样性和弹性	文化、娱乐和休闲	
政治生活	民主参与	善治	治理与民主	
生活环境	环境	生态多样性和弹性	环境和可持续性 正义、公平和人权	生态足迹
生活满意度		心理幸福感	主观幸福和生活满意度	主观生活满意度
维度数	8	9	12	3

资料来源:Canadian Index of Wellbeing,2019;The Centre for Bhutan Studies & GNH Research,2016;ANDI, 2019;NEF,2016。

三、生活质量的理论分析

生活质量研究是一种交叉科学研究,涉及经济学、社会学、心理学、管理学、生态学等多个领域,以下简单列举一些相关理论。

1. 经济学理论

与生活质量相关的经济学理论包括福利经济学理论、经济发展阶段理论等。

(1) 福利经济学理论

1920年英国经济学家庇古出版《福利经济学》一书。他认为,福利是人们因占有财物及其他原因而产生的一种满足,个人福利是个人所获得的满足的总和,社会福利是个人福利的总和。他把福利分为经济福利和非经济福利两类;经济福利是可以衡量的,经济福利的变化影响总福利的变化,经济福利与总福利的变化可以是不同步的(庇古,2006)。

(2) 经济发展阶段理论

1960年美国经济学家罗斯托在《经济成长的阶段》中提出经济发展的五个阶段,1971年在《政治和成长阶段》中增加了第六阶段。他认为,"从经济角度将所有社会归于五种类型之一是可能的。这五种社会是:传统社会、为起飞创造前提条件阶段、起飞、走向成熟、大众消费时代(罗斯托,2001)"第六阶段是追求生活质量阶段(Rostow,1971)。

"追求生活质量阶段"的主要特征包括:以服务业为代表的提高居民生活质量的有关部门成为主导部门,如教育卫生、文化娱乐和旅游等;人类社会将不再只以物质产量的多少来衡量社会的成就,还包括以劳务形式、环境状况、自我实现的程度所反映的"生活质量"的高低程度等。

2. 社会学理论

生活质量是一个社会发展问题,有一些社会发展理论与之紧密相关。

(1) 后现代化理论

20世纪60年代,发达国家已经完成经典现代化,开始迈入经典现代化以后的发展阶段,有人称其为"后现代"(利奥塔尔,1997)。后现代化理论是关于后工业社会、后现代化主义和后现代化研究的一个思想集合(中国现代化战略研究课题组 等,2003)。

1997年美国学者殷格哈特出版《现代化与后现代化》一书,阐述后现代化理论。它认为从传统社会向现代社会(农业社会向工业社会)的转变是现代化,从现代社会向后现代社会(工业社会向后工业社会)的转变是后现代化。从现代化向后现代化的转变还包括政治、经济、性和家庭、宗教观念等的深刻变化,如从物质主义到后物质主义、从现代价值到后现代价值、从生存价值到幸福价值等。现代化的核心目标是经济增长,后现代化的核心目标是个人幸福最大化,追求生活质量和生活体验(Inglehart,1997)。

(2) 第二次现代化理论

1999年中国学者何传启出版《第二次现代化:人类文明进程的启示》一书,阐述第二次现代化理论。它认为世界现代化进程可以分为两大阶段。其中,第一次现代化是从农业社会向工业社会、从农业经济向工业经济的转变,主要特点是工业化、城市化、民主化和理性化,经常以经济增长为中心,追求收入和生活水平的提高,满足物质生活需要等;第二次现代化是从工业社会向知识社会、从工业经济向知识经济的转变,目前主要特点是知识化、信息化、绿色化和全球化,经常以生活质量为中心,追求高质量和高满意的美好生活,物质生活质量会趋同,但精神和文化生活多样化。

(3) 文明发展阶段理论

2017年中国学者何传启发表"生活质量:未来三十年的发展主题"一文(何传启,2017a),提出"向生活质量进军,符合人类文明的发展逻辑"。他认为,人类文明发展是有逻辑的,在人类社会发展的不同阶段有不同需求和文明成就。原始社会的基本需求是食物需要,主要成就是完成从动物本能向人类社会的转变,发明语言和文字;农业社会的基本需求是生存需要,主要成就是建立传统农业文明,完成从食物采集者向食物生产者的转变,基本解决生存问题;工业社会的基本需求是物质需要,主要成就是建立现代工业文明,完成从小农经济向工业经济的转变,发达国家基本解决物质生活需求,物质生活极大丰富;知识社会的基本需求包括四个方面,即提高生活质量、丰富精神生活、健康长寿和遨游太空,主要成就将是建立知识文明,完成从工业经济向知识经济的转变,逐步满足生活质量等四个方面的需要。

3. 心理学理论

从心理学视角研究生活质量,相关理论包括需求层次理论、多重差异理论等。

(1) 需求层次理论

美国学者马斯洛于1943年提出了需求层次理论,他将人的基本需求划分为生理需求、安全需求、爱和归属的需求、尊重需求以及自我实现需求(Maslow, 1943)。五种需求像阶梯一样从低到高,按层次逐级递升,其中生理需求位于最底部,是最基础的需求,而自我实现需求位于金字塔的顶部,是最高层次的需求;从底部到顶部是一种由初级到高级、由生理到心理再到精神层层递进的过程。

(2) 多重差异理论

加拿大学者麦卡洛斯认为,满意程度是人们将自己的当前处境与多重标准相比较的结果,这些标准包括过去的条件、他人的状况、未来的期望、个人的理想或需要等(Michalos, 1985)。个体对满意度的评价可以表示为这种感知差异的函数。同时,这些差异和满意度还受到年龄、性别、教育、种族、收入、自我评价和社会支持等方面的影响。

4. 生态学理论

许多生活质量研究也关注了环境因素,体现了生态学的思想,相关理论包括可持续发展和生态现代化理论等。

1987年世界环境与发展委员会(WCED)《我们共同的未来》出版,提出了"可持续发展"的理念,强调以满足人类需要为目标,实现"代际公平"。

生态现代化是20世纪80年代西欧学者提出的一种环境社会学理论。何传启在《中国现代化报告2007》中认为,生态现代化是指20世纪70年代以来世界现代化的生态转型,它包括生态质量的改善,生态效率的提高,生态结构、制度和观念的变化以及国际地位的变化。其结果是生态现代性的形成和扩散,主要包括现代化与环境退化脱钩,人类与自然互利共生和协同进化,实现非物质化、绿色化、生态化和全球化等。生态现代化要求经济增长与环境退化脱钩,人类与自然互利共生(中国现代化战略研究课题组 等,2007)。

四、生活质量的政策分析

生活质量研究也提出了许多提高生活质量的政策建议,涉及社会、经济、环境等多方面。以下分别对发达国家和发展中国家的相关政策进行举例说明。

1. 英国国民福祉计划相关政策

2010年11月,英国政府通过国民福祉计划(Measures of National Well-being, MNW)。生活质量已经成为英国政策制定的重要依据和组成部分,以下举例说明。

将社会效益纳入成本效益分析。 2011年,英国政府发布绿皮书的讨论文件,内容涉及如何利用主观幸福感为成本效益分析提供信息,并将非市场商品和服务货币化(Fujiwara et al,2011)。绿皮书是英国政府在向政策投入资金之前评估提案的指南。

2012年,"公共服务(社会价值)法案"(National Archives,UK,2012)颁布,规定英国公共部门在履行公共服务合同时,除了考量成本因素外,还须充分评估项目对社会、经济与环境产生的价值,最终以公平的价格购买真正造福于社会的公共服务。该法案被广泛接受,一些参与并做出社会贡献的企业也因此获得更多提供服务的机会。

在交通领域,英国交通运输部(DFT)将更广泛的社会影响纳入主要交通计划的实施案例,以帮助确定计划的不利影响和减缓方案,并确认可能带来的社会效益。英国交通运输部还发布了一个基于人类福祉的互动工具,帮助政策制定者根据影响国家福祉的10个领域来评估交通投资决策。

重视对福祉数据的积累。 在不同领域的调查数据中增加主观福祉调查数据,以便为政策制定提供数据支撑。英国福祉计划中提出的关于个人幸福感的主观指标已经被用于20多个不同的政府调查当中,涵盖健康、犯罪、住房、体育和文化等主题(Office for National Statistics of United Kingdom,2015)。

促进公民参与社会活动。 英国设立国家公民服务(NCS)计划,该计划为期8周,将16岁以上年轻人组织起来在当地设计和实施社会行动项目。研究显示,NCS参与者的健康状况较对照组人群明显增加,同时还显示了更强的自豪感、成就感、恐惧感的克服以及给他人带来改变的愉悦感等(Self,2017)。

实施员工福祉战略以支持生产力和绩效。 Boorman(2009)对英国健康服务体系(NHS)从业人员的健康和福祉进行了研究,并提出了提高其健康和福祉所应采取的行动,包括:改善组织行为和绩效,实现典范服务(exemplar service),将员工的健康和福祉融入健康服务系统管理和基础设施建设中等。

对于个人的引导。 2008年,英国政府开展了一项关于精神资本和福祉的前瞻项目,根据该项目的成果,英国独立智库"新经济学基金会"(NEF)开发了"五种幸福方式"(Aked et al,2008),认为幸福的五种方式包括:建立良好的人际联系(connect),保持活跃(active),专注(take notice),不断学习(keep learning)和给予(give)。五种方式已被英国卫生组织、学校和社区项目用于帮助人们采取行动改善他们的福祉,它帮助人们将更多有助于福利提升的活动纳入他们的生活(Self,2017)。

2. 加拿大提高生活质量的政策建议

2011年,加拿大推出了加拿大幸福指数(CIW)报告,加拿大幸福指数研究团队围绕"幸福"提出了许多政策建议,涉及经济、社会、健康、文化和环境等领域(表2-17)。

表2-17 围绕加拿大幸福指数提出的一些政策建议

领域	政策方向	政策目标
经济	推行基本收入制度	保证所有加拿大人的正常收入,帮助他们过上基本和有尊严的生活
	对低收入加拿大人的福利延伸	将健康和社会福利扩大到低收入和中等收入的加拿大人

(续表)

领域	政策方向	政策目标
社会	以教育领域力量为基础,制定有助于实现公平的教育战略	① 提高各级教育中正式和非正式学习机会的可及性和可负担性; ② 加强课程学习与带来福祉之间的联系; ③ 减少教育和劳动力的跨省障碍,为加拿大人提供更大的跨国流动性
	利用社区的协作力量进行社会变革	社区层面: 建立共同议程、加强相互联系、培养骨干力量等; 政府层面: ① 让公民和社区组织更充分地参与学校、图书馆和社区中心等重要基础设施的规划、开发与共享; ② 努力发展更绿色的建筑、更多步行区以及居民可以交流和玩耍的综合空间; ③ 构建便利的公共交通系统; ④ 确保所有公民都能获得体面劳动的机会,安全的食物和住房,休闲、艺术和文化资源等; ⑤ 定期收集基于社区的数据,以监测福祉目标的进展情况,确定获得福祉机会的差异,并指导地方政策和举措,特别要支持那些边缘化群体
健康	倡导健康生活方式	① 采取积极主动和预防性的医疗保健方法,确定并解决影响健康的社会和经济因素; ② 通过建立一个基于社区的综合的健康和社会支持网络来扩大人们获取健康服务的机会。这些服务包括:日常医疗保健服务、医疗康复设施服务、精神卫生服务、家庭照料服务等
文化	提高休闲和文化的可及性	① 确保社区中的每个人都能参与公共娱乐项目、服务和设施; ② 维持和扩大资金投入,以改善社区基础设施; ③ 增加儿童活动和户外游戏的机会; ④ 支持发展非传统文化和娱乐活动,以保证文化多样性和促进社会联系; ⑤ 扩大公共建筑和自然开放空间的可用性和可达性; ⑥ 利用社区资源,支持社区团体和公共机构之间的合作,提高人们,特别是边缘化群体和新加拿大人获取休闲和文化资源的机会
环境	改善社会和环境数据的收集	① 更加重视定期收集高质量、可靠的社会和环境数据; ② 确保有关福祉方面数据的可靠性、有效性和及时性; ③ 收集从国家到地方的数据,以确保监测所有地理范围内的福祉进展和充分的可比性; ④ 进一步开发整合管理类数据和国家调查数据的系统

资料来源:Canadian Index of Wellbeing,2019。

3. 不丹国民幸福的优先领域

不丹的国民幸福(Gross National Happiness,GNH)理念已成为这个国家五年计划和其他发展计划的统一愿景。自第十个五年计划(2008—2013)以来,不丹已明确使用 GNH 指数作为衡量发展的工具。第十一个五年计划使用了大约 16 个关键基线指标,主要追踪生态、文化、社会经济和善治方面的变化。

对于地方政府,不丹引入一种简化的 GNH 清单(checklist)作为政府计划的指导,以便地方政府能够更好地评估他们的计划和项目,实现 GNH 所设想的综合发展。目前,相关政策工具还在不断完善。

2016 年,不丹发布《走向公正和谐社会的指南》(*A Compass Towards a Just and Harmonious Society*)研究报告,该报告以实现不丹更加公正和谐为目标,在对国民幸福调查数据分析基础上,提出了提高国民幸福水平,需要付诸实践的一些优先领域(表2-18)。

表2-18 不丹国民幸福的优先领域

优先领域	解释
农民	在不同的职业群体中,农民是最大的群体之一。在2010年和2015年他们似乎对GNH最不满意。这是一个必须认真对待的发现,需要政策响应来优先考虑农民在GNH领域的需求
青年	青年人的GNH水平低于其他年龄组,并且变化很明显。例如,在2010年,将近80%的年龄在15—25岁的青少年认为撒谎是不合理的,但到2015年,这种情况已经跌至60%左右。年轻人需要更加理解GNH的价值理念,并使之成为自身发展的优先事项
心理健康	每个心理健康的指标都显著下降。2010年,59%的不丹人报告有积极的情绪,如冷静、同情、宽恕、满足和每周几次的慷慨;到2015年,这一比例降至51%,愤怒、恐惧、忧虑、自私和嫉妒等负面情绪增加。2010年,35%的人被负面情绪所困扰;到2015年,这个比例已经上升到45%。其中,学校学生和失业人员的负面情绪更为普遍
教育	虽然2010年到2015年间文盲率有明显降低,但是GNH的理念还有待于进一步融入所有的受众以及年轻人的学习过程中。GNH的理念必须被老师所接受,应在教师培训机构和国家课程中都有所体现。同时,应加强价值观教育,寺院可以与教育部合作,推进价值观教育,让孩子们树立正确的价值观并培养他们的情商
政治参与	在民主进程之后,尽管政府在提供服务方面表现强劲,但民众对政府表现的认同仍然下降了,这显示加强政治交流的重要性,这有助于吸引和激励全国公民参与其中
农村—城市移民	改善农村地区的条件是一项基本优先事项。这样做有助于抑制从农村到城市地区的人口迁移所带来的社会混乱和"归属感"的缺失。同时也可以改善就业,缓解农村地区劳动力短缺和城市地区的失业问题
其他领域	由于不丹的快速变化和城乡迁移,需要发展重要性公共服务,例如固体废物处理、公共交通等

资料来源:The Centre for Bhutan Studies & GNH Research, 2016。

第二节 国际组织的生活质量研究

在过去几十年里,许多国际组织纷纷建立生活质量指标体系,开展生活质量评价,本节重点介绍OECD和欧盟的生活质量研究。

一、OECD的生活质量研究

OECD非常重视生活质量研究,它建立了生活质量统计,发布生活质量统计报告,提出美好生活指数,开设美好生活指数网站,推动了发达国家生活质量研究和国际比较。

1. OECD《生活怎么样》研究

从2011年开始,OECD推出生活质量的统计分析报告:《生活怎么样》(How's Life),每两年一期(OECD,2017b)。该研究以人类福祉分析框架(图2-2)为基础,系统分析OECD及其伙伴国家的生活质量、物质条件和影响未来福祉的资源,以及三个方面的变化。例如,《生活怎么样2017》分析了35个OECD国家和6个伙伴国家2005年以来的生活质量变化,并对福祉与不平等性、移民生活质量、公共治理与福祉进行了专题讨论。

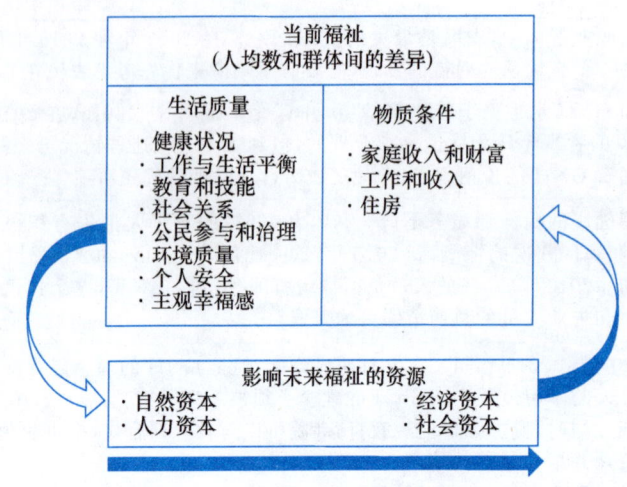

图 2-2　OECD 人类福祉分析框架

资料来源：OECD，2017b。

(1) 人类福祉分析框架

2011 年 OECD 提出了人类福祉分析框架（图 2-2），包括当前福祉和影响未来福祉的资源两个维度。当前福祉包括物质条件和生活质量两个方面。影响未来福祉的资源是影响福祉可持续性的资源，包括自然、人力、经济和社会四大资本。该分析框架具有如下特点：

① 以人（个人和家庭）为中心进行评价，聚焦他们的生活环境和福祉体验。

② 关注福祉的效果，即关注对人们有直接和内在重要性的生活方面，而不仅仅是关注用来获取福祉效果的投入及产出。例如，在教育方面，关注获得的技能和成就，而不仅仅是关注教育经费投入或培训师数量。

③ 包括客观效果（可通过第三方观察）和主观效果（只有被观察者能够报告的内心感受和状况）。有关人们生活环境的客观证据可以有效地通过人们生活经历的信息进行补充。

④ 关注福祉效果在不同人群中的分布情况，并把它作为影响社会福祉的重要特征，包括年龄、性别、教育和收入的不平等。这是因为国家平均水平会掩盖国家内部人们经历的多样性。弄清楚社会不同群体生活是否得到改善，而不仅仅是平均水平，是非常重要的。

(2) 生活质量指标体系

《生活怎么样》研究采用主客观指标兼顾的综合分析体系，物质条件领域包括家庭收入和财富、工作和收入、住房三个维度，共 10 个指标；生活质量领域包括工作与生活平衡、健康状况、教育和技能、社会关系、公民参与和治理、环境质量、个人安全、主观幸福感八个维度，共 15 个指标（表 2-19）。

表 2-19 OECD《生活怎么样》研究的指标体系(部分)

领域	维度	指标
物质条件	家庭收入和财富	家庭净调整可支配收入
		家庭净财富
	工作和收入	就业率
		个人收入
		劳动力市场不安全性
		长期失业率
		工作压力
	住房	人均房间数
		住房负担能力
		基本卫生设施
生活质量	工作与生活平衡	工作时间
		休息时间
	健康状况	出生预期寿命
		感知健康
	教育和技能	教育程度
		成人技能
		15岁的认知技能
	社会关系	社会支持
	公民参与和治理	在政府中有发言权
		选民投票率
	环境质量	水质
		大气质量
	个人安全	凶杀率
		感觉安全
	主观幸福感	生活满意度

资料来源：OECD,2017。

(3) 生活质量评价方法

《生活怎么样》研究采用相对值赋值的评价方法,主要对各国当前福祉进行比较,具体分为三个步骤：

首先,根据不同国家指标的相对表现对每个指标进行"评分"。同一指标按数值大小进行国家排名(正指标从大到小,逆指标从小到大排名),指标排名在前 1/3 的国家,其指标赋值"10",排名在中部 1/3 的国家,其指标赋值"5",排名在尾部 1/3 的国家,其指标赋值"0"。

其次,对同一维度内的指标分数进行加和平均。

最后,对不同维度的指标分数再进行加和平均。

(4) 生活质量分析

根据《生活怎么样 2017》,35 个 OECD 国家物质条件和生活质量两大领域评价的分值如表 2-20 所示。35 个国家物质条件分值与生活质量分值的关系图 2-3 所示,物质条件分值与生活质量分值的相关系数为 0.8。挪威、瑞典、加拿大和瑞士在物质条件和生活质量分数都很高,智利、土耳其、匈牙利、墨西哥和拉脱维亚在物质条件和生活质量方面分数都较低。

表 2-20 OECD《生活怎么样 2017》评分结果

国家	物质条件评分	生活质量评分	国家	物质条件评分	生活质量评分
澳大利亚	9.0	6.3	韩国	4.4	3.2
奥地利	7.0	5.9	拉脱维亚	0.8	1.6
比利时	6.9	5.9	卢森堡	9.0	6.6
加拿大	9.1	7.6	墨西哥	1.6	1.9
智利	1.7	0.6	荷兰	6.3	7.7
捷克	3.6	3.0	新西兰	7.3	7.1
丹麦	5.3	7.8	挪威	8.8	9.6
爱沙尼亚	3.0	4.5	波兰	0.7	2.7
芬兰	4.8	8.4	葡萄牙	3.2	2.2
法国	5.2	4.5	斯洛伐克	0.6	2.8
德国	7.1	5.8	斯诺文尼亚	4.9	4.6
希腊	0.6	2.8	西班牙	5.4	5.2
匈牙利	1.8	1.6	瑞典	8.4	8.3
冰岛	7.0	8.2	瑞士	7.9	8.2
爱尔兰	6.4	6.6	土耳其	2.3	0.9
以色列	3.5	2.6	英国	7.4	6.6
意大利	2.9	3.4	美国	9.3	4.1
日本	5.1	4.7			

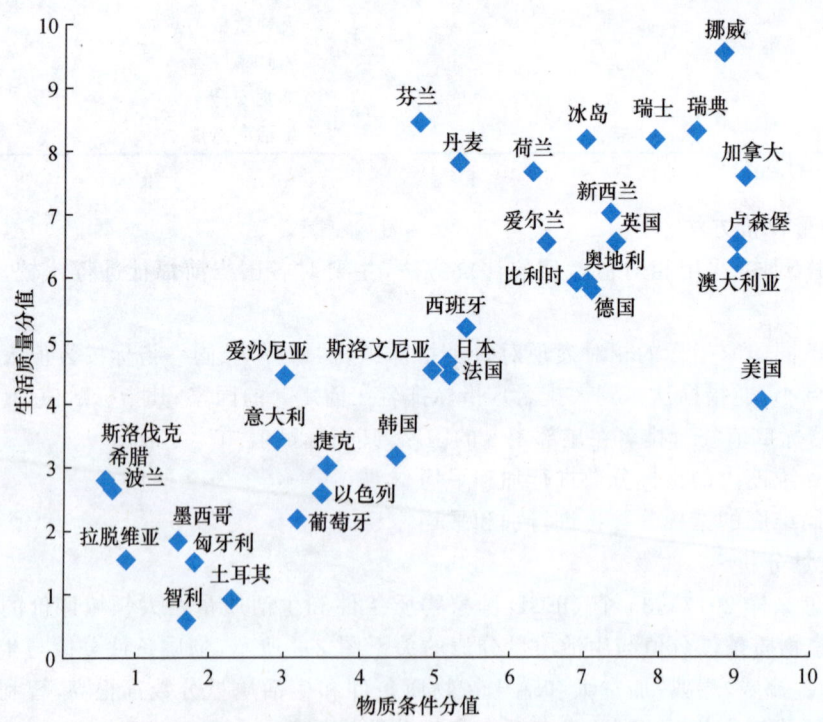

图 2-3 OECD 国家物质条件和生活质量的比较

资料来源：OECD,2017。

2. OECD美好生活指数

2011年OECD提出美好生活指数(Better Life Index),进一步支持更好生活倡议。OECD美好生活指数的指标体系和评价方法与OECD《生活怎么样》基本保持一致,具体指标和覆盖国家根据不同年份有所调整(表2-21,附表1-1-2),2017年美好生活指数覆盖38个国家,其中35个为OECD国家。

美好生活指数的权重赋值和评价均为开放式的,即访问者通过美好生活指数网站平台,可以给不同维度指标赋予不同的权重,网站自动计算各国的美好生活指数得分和排名。

表2-21　OECD美好生活指标及其数据(2013~2017年OECD平均值)(部分)

维度	指标	单位	2013	2014	2015	2016	2017	变化趋势
收入	家庭净调整可支配收入	国际美元	23 047	23 938	25 908	29 016	30 563	上升
	家庭净金融财富	国际美元	40 516	42 903	67 139	84 547	90 570	上升
工作	就业率	%	66	65	65	66	67	先降后升
	长期失业率	%	3.14	2.73	2.79	2.58	2.04	下降
	个人收入	现价美元	34 466	41 010	36 118	40 974	44 290	波动
	劳动力市场不安全性	%	10.5	5.3	5.4	6.3	4.9	波动
住房	人均房间数	比值	1.6	1.6	1.8	1.8	1.8	上升
	没有基本设施的住房	%	2.2	2.1	2.4	2.1	2.1	波动
	住房支出	%	21	21	18	21	20	波动
健康	出生预期寿命	岁	79.8	80.1	79.6	79.9	80.1	波动
	自我报告健康的人口比例	%	69	69	68	69	69	先降后升
工作与生活平衡	长时间工作员工	%	8.76	8.82	12.51	13.02	12.62	先升后降
	用于休闲和个人护理的时间	小时/天	14.87	14.97	14.97	14.91	14.9	先升后降
教育与技能	教育程度	%	74	75	75	76	74	先升后降
	学生的认知技能	平均分	497	497	497	497	486	下降
	预计教育年限	年	16.5	17.7	17.7	17.5	17	先升后降
社会关系/社区	社会网络支持	%	90	89	88	88	89	先升后降
公民参与和治理	利益相关者参与制定法规	平均分	7.3*	7.3*	7.3*	2.4	2.4	—
	选民投票率	%	72	72	68	68	69	先降后升
环境质量	大气污染	毫克/立方米	21	20	20	14	14	下降
	对水质的满意度	%	84	84	81	81	81	下降
个人安全	凶杀率	每10万人口	2.2	4.1	4	4.1	3.6	波动
	夜里独自行走感到安全	%	4**	3.9**	3.9**	68.3	68.6	—
生活满意度	生活满意度	平均分	6.6	6.6	6.6	6.5	6.5	下降

注:*关于法规制定的咨询率,**为受袭击率。资料来源:OECD,2017c。

二、欧盟的生活质量研究

1. 欧盟"8+1"生活质量模型

2009年欧盟委员会发布"GDP和超越GDP:衡量在不断变化的世界中的进步",提出五项优先行动,以进一步制定经济、环境和社会指标。随后,经济绩效和社会进步衡量委员会(Stiglitz-Sen-Fitoussi委员会)发布报告,提出12项关于如何更好地衡量经济绩效、社会福祉和可持续性的建议。2010年欧洲统计系统创建衡量进步、福祉和可持续发展的赞助小组(SpG),提出改进生活质量的多维度量,从"8+1"个方面衡量生活质量(图2-4)。

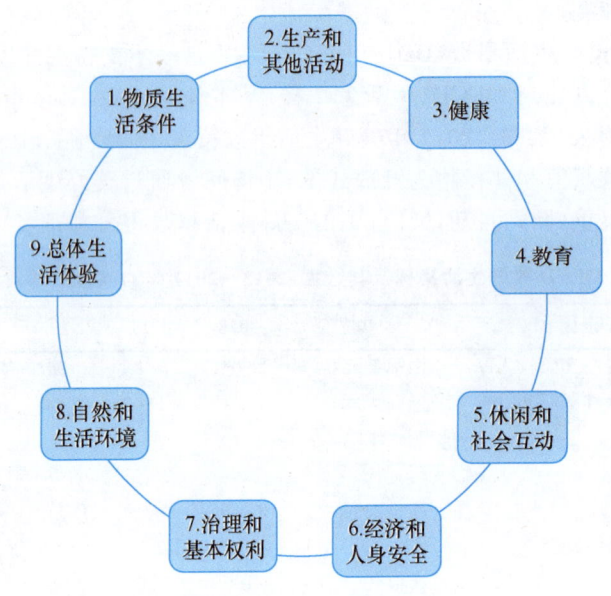

图 2-4　欧盟"8+1"生活质量模型

① 物质生活条件。个人的生活质量往往受到经济因素的制约,物质资源通常可以根据每个人的偏好和能力转化为福祉。物质生活不仅以定量货币为衡量标准,消费模式、物质匮乏、住房条件等也是重要因素,可能在决定个人主观幸福感方面发挥重要作用。

② 生产和其他活动。指有偿工作(例如直接雇用,或对自由职业者或无偿家务劳动者的间接补偿)、无偿工作(例如未付工资照顾家庭成员的工作或志愿者),以及其他类型的主要活动状态(例如学习或退休)。评估工作生活对整体生活质量的影响时必须考虑个人不同活动间的互补性,同时衡量就业的数量和质量。

③ 健康。长寿和健康的生活不仅仅是个人目标,也是社会福祉和成功的标志。健康状况不佳不仅会破坏个人及家人的生活质量、缩短生命,还会通过减少社会中可用的人力资本来阻碍经济和社会发展。

④ 教育。指对个人的思想、品格或身体能力产生影响的任何行为或经历,是社会通过学校、学院、大学和其他机构,有意识地将其文化遗产及其积累的知识、价值观和技能传递给每一代人的过程。

⑤ 休闲和社会互动。休闲是人们在生产活动之外度过的时间,对幸福感和生活满意度产生重大影响。社会互动,即人际活动和人际关系,可以被视为个人和团体的"社会资本",也会影响人们的生活质量。

⑥ 经济和人身安全。各种风险可能会威胁到个人和家庭的物质条件和安全,如失业、健康问题或老龄化、全球金融和经济危机。此外许多非经济风险,例如暴力和犯罪,可能危及个人的人身安全。即使这些风险没有实现,对这种威胁的主观看法也可能导致不安全感,从而破坏个人生活质量。

⑦ 治理和基本权利。尊重基本权利以及负责任的政府治理是现代国家的标志,其落实的程度会影响生活质量。公共机构(例如警察、司法系统或公务员)需要摆脱腐败、偏见等,通过体制制衡、透明和自由获取信息确保问责制的落实,在此基础上,公民可能会在机构和治理质量方面建立更高的信任度。

⑧ 自然和生活环境。环境条件对人类健康和福祉有直接和间接的影响,因为它可能对生态系统产生不利影响,破坏生物多样性,甚至产生更严重的后果,如自然灾害或工业事故。此外,优美的自然

和生活环境还会带给人们身心放松和愉悦,提高幸福感和满意度,如无噪声的生活和工作环境、便捷进入自然和绿色空间等。

⑨ 总体生活体验。即生活的整体体验,前8个生活质量维度侧重于物质生活条件、生活环境或就业等,但如果不考虑人的总体主观幸福感,就不能对生活质量进行评估。总体生活感受整合个体经验、选择、优先事项和价值观的多样性,它是任何欧盟政策的最终目标。

2. 指标体系

欧盟"8+1"生活质量模型指标涵盖九个维度("8+1"项),23个子维度,45个主题,86个具体指标(含4个未开发指标),其中"8"指物质生活条件、生产和其他活动、健康、教育、休闲和社会互动、经济和人身安全、治理和基本权利、自然和生活环境,"1"指总体生活体验。每个维度选择1~3个指标作为该维度的主题指标,主题指标共17个(表2-22)。模型数据主要来自欧洲统计系统,包括EU-SILC(收入和生活条件统计)、LFS(劳动力调查)、EHIS(欧洲健康访谈调查)、行政来源,其他外部数据包括EQLS(欧洲生活质量调查)等,优先考虑能够识别子群体和关联个体水平的数据源。

表2-22 欧盟"8+1"生活质量模型指标体系

维度/子维度	主题	指标
1. 物质生活条件		
收入	收入	中等可支配收入(中位数)*
		收入不平等性(S_{80}/S_{20}收入五分率)*
		贫困线
		特定时间的贫困风险率
		对财务状况的满意度
消费	消费	实际个人消费(人均)
	约束消费	家庭总支出的基本费用
物质条件	物质匮乏	严重物质匮乏比例*
		(不能)维持生计的能力
	住房条件	住宅的结构问题
		住宅空间(过度拥挤/占用不足)
		住宿满意度
2. 生产和其他活动		
就业数量	就业和失业	就业率*
		失业率
		长期失业率
	就业不足(就工作强度/工作量而言)	居住在工作强度极低的家庭中的人数
		兼职人员比例
就业质量	就业收入和福利	低收入者占被雇用人员比例
	临时工作	临时合同者占被雇用人员比例
		非自愿兼职人员占所有兼职人员比例
	资质过高(工作质量方面的就业不足)	资质超过工作需求人员的比例
		自我报告资质超过工作需求的人员占被雇用人员的比例
	工作中的健康与安全	工作中致命事故的发生率
		报告有与工作相关健康问题的人数

(续表)

维度/子维度	主题	指标
2. 生产和其他活动		
经济性失活的主因	工作与生活的平衡	报告暴露在有害身体健康的风险因素中的人数
		报告暴露在有害心理健康的风险因素中的人数
		平均每周工作小时数
		超长时间工作的人员比例
		非典型工作时间(晚上,周六或周日的日常工作)
		工作安排的灵活性
		对通勤时间的满意度
	评估工作质量	工作满意度*
	不活跃的人口	不活跃人口的比例
	无偿工作	指标待开发
3. 健康		
产出	预期寿命	预期寿命*
	健康状况	健康寿命年数
		健康自我认知*
决定因素		自我报告的心理健康
		体重指数
		每日吸烟者
		有害的酒精消耗
		体育活动的实践
		食用水果和蔬菜
健康护理获得性		未满足的医疗需求
4. 教育		
能力和技能	教育程度	教育参与度*
		早期离职者接受教育和培训
	自我报告的技能	个人的互联网(数字)技能水平
		不懂任何外语的人口的比例
		最擅长外语的水平
	评估技能	平均识字熟练度得分
	终身学习	参与成人教育和培训
	教育机会	四岁儿童接受教育
5. 休闲和社会互动		
闲暇	休闲数量	不参加文化或体育活动
		时间使用满意度*
	休闲品质	指标待开发
	享受休闲	休闲参与的财政障碍
社交互动	与人的关系	与朋友聚会的频率
		对个人关系的满意度
	人们的活动	参加正式的自愿活动
		参加非正式的自愿活动

(续表)

维度/子维度	主题	指标
5. 休闲和社会互动		
	社会支持	来自他人的帮助*
		能够与他人讨论个人事务
	社会凝聚力	相信别人
		对社会包容的认识（待制定）
6. 经济和人身安全		
经济安全	财富（资产）	不能承受非预期性财务支出的人口的比例*
	债务	拖欠债务的人数
	收入不安全	上一年度就业转为失业人员的比例
身体安全	犯罪	自杀率*
		感知地区有犯罪、暴力或破坏行为的人员比例*
	对人身安全的认识	安全感（天黑后独自在区域内行走时感觉安全）
7. 治理和基本权利		
机构和公共服务	信任机构	对政府、司法体系等的信任*
	对公共服务的满意度	指标待开发
歧视和平等机会	歧视	指标待开发
	平等机会	性别就业率差距
		性别工资差距
		国民与非欧盟公民之间的就业率差距
积极的公民身份	积极的公民身份	积极的公民身份
8. 自然和生活环境		
污染（包括噪声）	污染（包括噪声）	PM_{10}
		感知环境污染*
		来自邻居或街道的噪声
进入绿色和休闲空间	进入绿色和休闲空间	对休闲和绿色区域的满意度
景观和建筑环境	景观和建筑环境	对生活环境的满意度
9. 总体生活体验		
生活满意度	生活满意度	总体生活满意度*
影响	影响	负面影响（非常紧张）
		积极影响（快乐）
生命的意义和目的	生命的意义和目的	评估生命是否值得

资料来源：Eurostat，2017。* 为主题指标。

3. 欧盟"8+1"维度的生活质量

在欧洲统计局发布的相关报告中，对"8+1"维度各个方面生活质量的状况和各国生活质量进行了详尽分析，本报告截取其主题指标数据，对生活质量九个方面的大致发展进行集中呈现。

（1）物质生活条件

- 2010年欧盟28国收入不平等性（收入最高20%人口的总收入与收入最低的20%人口总收入之比）为4.9，2017年为5.1。

- 2010年欧盟28国严重物质匮乏比例为8.4%,2017年为6.6%。

(2) 生产和其他活动

- 2007年欧盟28国就业率为69.8%,2017年为72.1%。
- 2013年欧盟28国24.8%人口认为工作满意度高,55.7%人口认为工作满意度中,19.5%人口认为工作满意度低。

(3) 健康

- 2006年欧盟28国预期寿命为78.9岁,2016年为81岁。
- 2010年欧盟28国16岁以上人口自我感觉健康的比例为22.7%,2017年为21.6%。

(4) 教育

- 2007年欧盟28国25—64岁人口中20.5%达到高等教育程度,2018为28.5%。

(5) 休闲和社会互动

- 2015年欧盟28国人口过去一年至少参加过一次文化或体育活动的比例为63.7%。
- 2013年欧盟28国16岁以上人口中可以获得他人帮助的比例为92.7%,2015年为94.1%。

(6) 经济和人身安全

- 2010年欧盟28国人口中不能承受非预期性财务支出的人口的比例为36.8%,2017年为33.8%。
- 2010年欧盟28国中认为他们居住的地区曾发生过犯罪、暴力或破坏行为的人口比例为14.4%,2017年为12%。

(7) 治理和基本权利

- 2013年欧盟28国对警察、法律制度和政治制度信任的评级分别为5.9、4.6和3.5(满分为10)。

(8) 自然和生活环境

- 2000年欧盟28国PM_{10}浓度为14.4微克/立方米(人口加权年平均浓度),2017年为14.1微克/立方米。
- 2010年欧盟28国感知环境污染的比例为14.8%,2017年为14.1%。

(9) 总体生活体验

- 2013年欧盟28国总体生活满意度平均为7分(满分10分),16岁以上人口中21.6%认为生活满意度高,57.3%人口认为生活满意度中等,21%人口认为生活满意度低。

第三节 典型国家的生活质量研究

生活质量现代化既有共性,又有国别差异,受国家发展水平和国际竞争等多种因素的影响。基于国际认可度和评价的完整性,本节选取英国、加拿大、澳大利亚、不丹等4个国家(表2-23),进行案例分析研究,试图去归纳梳理生活质量评价的国家经验和模板。

表 2-23　典型国家 2017 年生活质量基本情况

国家	人均 GDP /美元	出生预期寿命/岁	老年人比例/(%)	医生比例/(‰)	基本医疗保险覆盖率/(%)	失业率/(%)	清洁水普及率/(%)
英国	39 899	81.0	17.5	2.81	100	4.3	100
加拿大	42 158	82.3	15.7	2.54	100	6.4	99.8
澳大利亚	49 928	82.5	14.7	3.5	100	5.7	100
不丹	2879	70.2	4.7	3.3	90	2.4	95
年份	2016	2016	2014	2015	2016	2017	2015

数据来源：英国、加拿大、澳大利亚数据来自世界银行（https://data.worldbank.org/）；不丹数据来自不丹国家统计局（http://www.nsb.gov.bt/main/main.php）。

一、英国国民福祉计划

英国国家统计局（ONS）主持的国民福祉计划于 2010 年 11 月启动，其目的是通过开发和出版一套公认的、值得信赖的国家福祉衡量标准和国家统计数据，帮助人们了解和监督国家福祉计划。福祉在这被描述为作为个人、社区和国家"我们该如何做"，及其对未来的可持续性。每年两次报告一系列指标的进展（3 月和 9 月），这些指标涵盖了我们生活领域的各个方面，包括健康、自然环境、个人财务和犯罪，其中包括客观数据（例如，失业率）和主观数据（例如，对工作的满意度），以提供比国内生产总值（GDP）等经济测度更完善的国家进步观点。它把 GDP 等传统经济测度与反映社会和环境方面的经济测度（包括主观幸福感）结合起来。

1. 英国国民福祉概念框架

英国国民福祉概念框架由十个领域组成，包括个人幸福（personal wellbeing）、关系（our relationship）、健康（health）、工作（what we do）、居住（where we live）、个人财务（personal finance）、经济（economy）、教育和技能（education and skills）、政府治理（governance）和自然环境（nature environment）（图 2-5）。

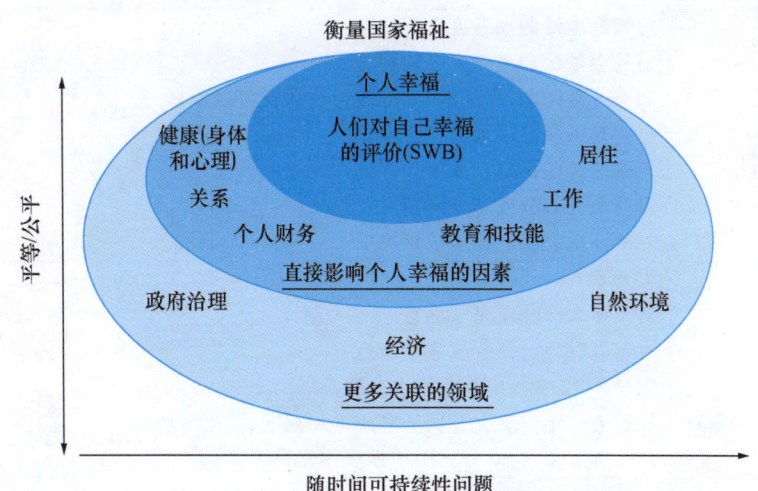

图 2-5　英国国家福祉概念框架

资料来源：Office for National Statistic, 2011。

其中，个人的幸福是对人们很重要的一个领域，如图 2-5 中所示处于中心区域。这个领域包括个人对生活满意度的感受、他们是否觉得自己的生命是值得的、他们积极和消极的情绪。

人际关系被选为一个领域,因为它反映了在全国讨论期间收到的许多答复,并且因为许多福祉理论报告了这一领域对个人幸福的重要性。本领域的范围旨在表明个人与其直系亲属、朋友及其周围社区的关系程度和类型。健康也被国家讨论的受访者认为是重要的领域。个人健康被认为是人们健康的重要组成部分,包括身体和心理健康的主观和客观测量。工作是将工作、休闲活动以及它们之间的平衡包括在内。居住是关于个人的住所、当地环境以及所居住的社区类型,其所包含的测度反映出安全、清洁和愉快的环境,设施可获得性和成为一个有凝聚力社区的一分子。个人财务旨在包括家庭收入和财富,及其分配和稳定性,在分析过程中也采用测度来解决贫困和平等的概念。教育和技能领域的范围是劳动力市场中的人力资本存量,其中包含有关教育成就和技能水平的更多信息。

政府治理是一个包括民主、对机构的信任以及对英国与其他国家互动的看法的领域。经济是国家福祉的重要背景测度,该领域的范围旨在衡量经济产出和库存。自然环境作为一个领域,是因为在国家讨论中提到有关气候变化、自然环境、人类的活动对全球环境和自然灾害的影响等。

2. 英国国民福祉指标体系

英国国民福祉指标体系包括十个领域,41项测度(表 2-24),这些测度既包括客观数据(如针对每千名成年人的犯罪数量)和主观数据(如在天黑后感觉安全行走的比例)。该报告还首次表明国家福祉的衡量标准如何随着时间的推移而发生变化,并强调哪些测度"改善""恶化"或显示"没有全面改变"。

表 2-24 英国国民福祉指标体系

领域	测度
个人幸福	对生活的总体满意度很高 对所做事情的评价很高 对昨天的幸福评价很高 认为昨天的焦虑程度很低 心理健康
关系	对家庭生活的满意度平均评分 对社会生活的满意度平均评分 如有严重问题,有配偶、家庭成员或朋友可以依靠
健康	出生时预期健康寿命(男/女) 记录的长期疾病和残疾 对健康大部分或完全满意 一些证据表明的抑郁或焦虑
工作	失业率 对工作大部分或完全满意 对闲暇时间大部分或完全满意 在过去12个月中不止一次自愿参加 在过去一年中至少3次从事或参加艺术、文化活动 成人每周参加30分钟中等强度体育锻炼

(续表)

领域	测度
居住	每千人犯罪率 在天黑后行走感觉非常安全(男/女) 在过去的 12 个月至少每周接触一次自然环境 对社区有强烈的归属感 居住地与主要服务区和工作地之间有良好的交通 对住宿非常满意
个人财务	低于平均收入 60% 的家庭中的人数(扣除住房成本) 包括养老金的每户平均财富 实际平均家庭收入 对家庭收入大部分或完全满意 在经济上获得收益相当或非常困难
经济	实际净人均国民可支配收入 英国公共部门净债务占国内生产总值的百分比 通胀率(以消费物价指数衡量)
教育和技能	人力资本——劳动力市场中个人技能、知识和能力的价值 包括英语、数学等课程中获得 5 个或以上 A~C 16—64 岁没有技能的英国居民
政府治理	英国大选中的选民投票率 信任国民政府的人
自然环境	温室气体排放总量(10^6 吨) 英国的保护区(10^6 公顷) 英国可再生能源消耗 回收的生活垃圾

资料来源:The national well-being domains and measures dataset. [2019-03-15]. https://www.ons.gov.uk/peoplepopulationandcommunity/wellbeing/datasets/measuringnationalwellbeingdomainsandmeasures。

一般而言,在每个领域中都包含以下三类指标中的一种或多种:

- 主观幸福感测度——这些测度基于人们的感受的直接问题,包括自我报告的健康状况、人身安全感、对当地社区的看法等;
- 客观幸福感测度——这些测度基于"事实",例如死亡率统计、就业率、教育成就等。
- 在实践中,许多有用的测度包含主观和客观要素的混合,例如,"预期健康寿命"使用自我报告的健康测度再结合死亡率统计数据的精确计算。

因此,英国国家统计局(ONS)使用测度的标准包括:

- 适用于英国;
- 与政策相关;
- 具有国际可比性;
- 有时间序列(或将来可能有);
- 可以显示和比较英国、英格兰地区以及较小地理单位的国家/地区;
- 可以通过显示个人或家庭结果分布的方式进行分析,例如,分析最贫困和最富裕的家庭,或按年龄组成或就业状况分析。

3. 英国国民福祉评价方法

2010年11月26日至2011年11月26日,英国国家统计局为响应时任英国首相卡梅伦(David Cameron)的倡议,以制定国家福祉和进步测度为目标,就"对您而言哪些至关重要"问题进行了网上和线下的全国性讨论。国家统计局总共举办了175场活动,涉及7250人,总共得到34 000份答复,其中一些答复来自代表数千人的组织和团体。

全国性讨论帮助确定了最重要的关键领域,并有助于确保所使用的测度不仅与政府相关,而且与更广泛的公众相关。这对于个人有效利用信息来确定改善福祉的方法,以及评估整体运作方式的有效发展和评估至关重要。借鉴这些材料,国家统计局在国家福祉概念框架的基础上,制定了衡量英国国家福祉的系列测度和方法。

支撑测度的指标数据往往有不同的来源,具有不同的时间性和覆盖范围,数据主要来自住户调查。英国的国民福祉计划定期(一般是每年的3月和9月更新数据)发布最新数据、时间序列数据、关于国家福祉衡量的详细信息以及最新的变化。

4. 英国国民福祉生活质量分析

(1) 2015年英国国民福祉生活质量分析

基于2015年3月更新数据的《衡量国民福祉:英国生活,2015》是英国国民福祉计划发布的第三份年度总结报告,提供了当时英国10个国家福祉领域的生活快照(表2-25),报告要点包括:

- 首次提出了对国家福祉衡量标准变化的评估。与2014年同期相比,33%的指标有所改善,42%没有明显整体变化,21%没有进行评估,5%有所恶化;
- 截至2014年的财政年度,英国个人幸福各方面评分最高的人数比例显著增加;
- 英国的预期健康寿命在2006~2008年和2009~2011年期间有所改善,而截至2013年财政年度人们对健康状况感到满意的比例(59.3%)未显示整体变化;
- 成人一周至少参加一次30分钟中等强度运动的比例在3年间有所提高,从2010~2011年的35.2%上升到2013~2014年的35.8%,但与2012~2013年的36.2%相比有所恶化;
- 截至2013年的财政年度,英国21%的人口生活在收入不到中位数的60%的家庭中;
- 截至2013年的财政年度,10.1%的英国人发现难以获得财务收益,这比截至2012年(10.9%)和2010年(12.3%)的财政年度有所改善。

表2-25 国民福祉变化的评估(2015)

领域	测度	短期(1年)	长期(3年)
个人幸福	对生活的总体满意度很高	I	I
	对所做事情的评价很高	I	I
	对昨天的幸福评价很高	I	I
	认为昨天的焦虑程度很低	I	I
	心理健康	NA	NC
关系	对家庭生活的满意度平均评分	NA	NC
	对社会生活的满意度平均评分	NA	NC
	如有严重问题,有配偶、家庭成员或朋友可以依靠	NA	NA

(续表)

领域	测度	短期(1年)	长期(3年)
健康	出生时预期健康寿命(男)	I	I
	出生时预期健康寿命(女)	I	I
	记录的长期疾病和残疾	NA	NA
	对健康大部分或完全满意	NC	D
	一些证据表明的抑郁或焦虑	NC	NC
工作	失业率	I	I
	对工作大部分或完全满意	NC	NC
	对闲暇时间大部分或完全满意	NC	D
	在过去12个月中不止一次自愿参加	NC	NA
	在过去一年中至少3次从事或参加艺术或文化活动	NC	I
	成人每周参加30分钟中等强度体育锻炼	D	I
居住	每千人犯罪率	I	I
	在天黑后行走感觉非常安全(男)	NC	NC
	在天黑后行走感觉非常安全(女)	I	D
	在过去的12个月至少每周接触一次自然环境	NC	I
	对社区有强烈的归属感	D	NA
	居住地与主要服务区和工作地之间有良好的交通	NC	NC
	对住宿非常满意	D	D
个人财务	低于平均收入60%的家庭中的人数(扣除住房成本)	NC	NC
	包括养老金的每户平均财富	NA	NA
	实际平均家庭收入	NC	NC
	对家庭收入大部分或完全满意	NC	D
	在经济上获得收益相当或非常困难	I	I
经济	实际净人均国民可支配收入	I	NC
	英国公共部门净债务占国内生产总值的百分比	NA	NA
	通胀率(以消费物价指数衡量)	NA	NA
教育和技能	人力资本——劳动力市场中个人技能、知识和能力的价值	I	NC
	包括英语、数学等课程中获得5个或以上A～C	NC	I
	16—64岁没有技能的英国居民	I	I
政府治理	英国大选中的选民投票率	I	I
	信任国民政府的人	I	I
自然环境	温室气体排放总量(10^6吨)	I	I
	英国的保护区(10^6公顷)	NA	NA
	英国可再生能源消耗	I	NC
	回收的生活垃圾	NC	NA

注:I,改善;NC,没有明显变化;NA,没有评估;D,恶化。
资料来源:Office for National Statistic of United Kingdom, 2015。

(2) 2018年英国国民福祉生活质量分析

基于2018年4月的最新可用数据,英国国民福祉计划发布了最新的变化评估报告《衡量国民福祉:英国生活质量,2018》,报告评估显示了每项测度的变化方向(改善、未显示整体变化或已经恶化)(表2-26)。与上一个报告期(2015)相比,长期的变化评估从三年增加到五年,因为现在许多测度的时间序列更长,可以更好地评估变化。2018报告重点关注年龄组之间的主要差异,要点包括:

- 英国国民福祉计划最近的更新为英国生活提供了广泛正面的图景,大多数指标在短期(一年)和长期(五年)内都有所改善或保持不变。
- 年轻人(主要是16—24岁人群)更有可能报告更高的健康满意度,并参与体育活动;
- 年轻人面临的主要挑战包括失业、孤独、有人依赖以及缺乏对社区的归属感;
- 青年和中年人(主要是25—54岁人群)一般来说更容易找到工作,但可能对他们的闲暇时间感到不太满意;
- 老年人(主要是75岁以上人群)更有可能对他们的收入、闲暇时间感到满意,在经济上有能力应对并属于他们的社区;
- 老年人面临的主要挑战是对健康的满意度降低,对艺术和文化活动的参与度降低。

表2-26 国民福祉变化的评估(2018)

领域	测度	短期(1年)	长期(3年)
个人幸福	对生活的总体满意度很高	NC	I
	对所做事情的评价很高	I	I
	对昨天的幸福评价很高	NC	I
	认为昨天的焦虑程度很低	NC	I
	心理健康	I	NC
关系	对家庭生活的满意度平均评分	I	I
	对社会生活的满意度平均评分	NC	NC
	如有严重问题,有配偶、家庭成员或朋友可以依靠	NA	D
健康	出生时预期健康寿命(男)	NC	I
	出生时预期健康寿命(女)	NC	NC
	记录的长期疾病和残疾	NA	NA
	对健康大部分或完全满意	I	NC
	一些证据表明的抑郁或焦虑	NC	I
工作	失业率	NC	I
	对工作大部分或完全满意	NC	D
	对闲暇时间大部分或完全满意	NC	I
	在过去12个月中不止一次自愿参加	I	I
	在过去一年中至少3次从事或参加艺术或文化活动	NC	NC
	成人每周参加30分钟中等强度体育锻炼	NC	NA
居住	每千人犯罪率	NC	I
	在天黑后行走感觉非常安全(男)	NC	I
	在天黑后行走感觉非常安全(女)	NC	NC
	在过去的12个月至少每周接触一次自然环境	NC	I
	对社区有强烈的归属感	NA	I
	居住地与主要服务区和工作地之间有良好的交通	NA	NA
	对住宿非常满意	NC	NC
个人财务	低于平均收入60%的家庭中的人数(扣除住房成本)	NC	NC
	包括养老金的每户平均财富	NA	I
	实际平均家庭收入	I	I
	对家庭收入大部分或完全满意	I	I
	在经济上获得收益相当或非常困难	NC	I

(续表)

领域	测度	短期(1年)	长期(3年)
经济	实际净人均国民可支配收入	I	I
	英国公共部门净债务占国内生产总值的百分比	NA	NA
	通胀率(以消费物价指数衡量)	NA	NA
教育和技能	人力资本——劳动力市场中个人技能、知识和能力的价值	I	I
	包括英语、数学等课程中获得5个或以上 A~C	NC	I
	16—64岁没有技能的英国居民	NC	I
政府治理	英国大选中的选民投票率	I	I
	信任国民政府的人	D	I
自然环境	温室气体排放总量(10^6 吨)	I	I
	英国的保护区(10^6 公顷)	NC	I
	英国可再生能源消耗	I	I
	回收的生活垃圾	NC	NC

注:I,改善;NC,没有明显变化;NA,没有评估;D,恶化。
资料来源:Office for National Statistic of United Kingdom, 2018。

二、加拿大幸福指数

2008年的经济衰退给加拿大人民福祉带来了打击,在随后的国家整体复苏和经济增长的同时,加拿大人意识到GDP数值可以反映经济状况,但它并不能说明人民在生活中的实际表现。他们发现仅依靠GDP来衡量国家发展方式的弱点,即它只告诉我们经济生产力,而不能洞察人民的生活质量、环境、民主或加拿大人重视的福祉等其他方面。于是在2011年,加拿大推出了加拿大幸福指数(Canadian Index of Wellbeing, CIW)的第一份全国指数报告,发现在1994~2008年期间,加拿大经济增长强劲,但加拿大人的福利增长并不具有可比性,并从那时起追踪2008年经济衰退对加拿大人日常生活质量的重大影响。加拿大幸福指数和GDP一起为帮助加拿大人建立一个响应更大公平要求的社会决策提供了所需的依据,而这个选择为加拿大人提供了更好的生活质量。

1. 加拿大幸福指数的远景、任务与目标

(1) 远景

通过识别、开发和宣传统计测度,为国民寻求与国家福祉目标和结果相关的福利目标和结果,提供清晰、有效和定期的有关报告,使所有加拿大人能够分享最高的幸福状态。

(2) 任务

- 对加拿大人的生活质量进行相关的严谨研究,并做定期和公开报告;
- 鼓励决策者和政府领导人根据可靠的证据做出决定;
- 授权加拿大人根据他们的需求和价值观倡导变革。

(3) 目标

- 监督加拿大幸福指数的发展和实施,反映加拿大社会,以及反映、培育和融入其工作结构的区域和文化差异;
- 确保加拿大幸福指数的前沿和持续研究与发展,包括进一步完善共同标准,对子指标的初步测

试,对健康、社会、经济和环境变量数据的收集和汇编以及趋势分析;
- 通过查明与衡量福祉有关的知识方面的差距,促进更好的数据收集;
- 通过有影响力的领导者和政策制定者来增加和扩大加拿大幸福指数的影响范围,以便加拿大幸福指数对政策决策产生持续的影响力;
- 有助于社会理解(统计素养)和指标的使用(公民素养和参与);
- 为有利于国际合作伙伴和计划的福祉测量活动做出贡献。

2. 加拿大幸福指数的概念框架

加拿大幸福指数是一个综合指数,其概念框架是将重点从经济建设转移到关注人们生活的其他关键领域,从而增强福祉的指导性。整个概念框架是在与加拿大公众、国内外专家共同协商咨询,以及进行环境扫描等一系列过程之后,形成的由八个相互关联的领域组成的(图2-6)。这八个领域分别是:社区活力(community vitality)、民主参与(democratic engagement)、教育(education)、环境(environment)、健康人口(healthy populations)、休闲与文化(leisure and culture)、生活水平(living standards)、时间利用(time use)。

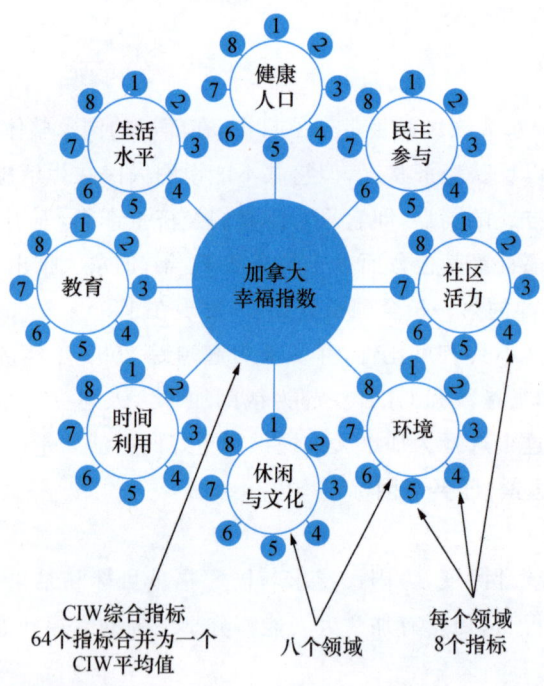

图 2-6 加拿大幸福指数概念模型

资料来源:https://uwaterloo.ca/canadian-index-wellbeing/。

3. 加拿大幸福指数指标体系

加拿大幸福指数概念模型提供了一个完整的福利图景,包含了64个关键的社会、健康、经济和环境指标(表2-27),有助于提高整体生活质量。

表 2-27 加拿大幸福指数指标体系

领域	维度	子维度	指标
社区活力	社会关系	社会参与	对社区有强烈归属感的人口百分比 报告为团体或组织提供无偿、正式志愿服务的人口百分比
		社会支持	有5个或5个以上好友的人口百分比 为他人提供无偿帮助的人口比例
		社区安全	认为天黑后独自行走安全的人群比例 犯罪严重程度指数
	社会规范与价值观	对他人和社区的态度	过去5年因民族文化特征而遭受歧视的人口百分比 相信大多数或许多人是可以信任的人口百分比
民主参与	参与		联邦选举的投票率百分比 注册选民与具有资格选民的比率 自愿为法律、团体或政治团体服务的人口百分比 年长和年轻选民的投票率差距
	沟通		国会办公室预算中专门向选民发送信息的比例 联邦议会中女性的比例
	领导		对加拿大民主运作方式非常满意或相当满意的人口比例 对联邦议会有很大信心的人口比例
教育	社会与情感能力		与0—14岁儿童进行谈话式活动的时间
	基本的教育知识和技能		在0—5岁的儿童中,进入有受规管的中心托儿所的比例 公立学校学生与教育者的比例
	全面的学术成就、造诣和参与		每名公立学校学生的平均开支 25岁及以上参与与教育有关活动的人口百分比 加拿大本科平均每年学费 20—24岁的加拿大劳动力中完成高中学业的人口比例 有大学学位的25—64岁人口的百分比
环境	空气		地面臭氧 绝对温室气体排放
	能源		一次能源生产 居民能源消耗
	淡水		加拿大南部年出水量
	不可再生材料		活金属储量指数
	生物资源		总耕地 生态足迹

(续表)

领域	维度	子维度	指标
健康人口	个人幸福		认为自己整体健康状况很好或很优秀的人口比例
	身体健康状况		自我报告患糖尿病的人口百分比
	预期寿命/死亡率		出生时预期寿命
	心理健康		认为自己的心理健康很好或很优秀的人口比例
	功能性健康		没有健康或活动限制的人口百分比
	生活方式和行为		12—19岁青少年中每日或偶尔吸烟的人口百分比
	公共卫生		去年接受流感免疫接种的人口百分比
	卫生保健		有固定医生的加拿大人的百分比
休闲与文化	参与		前一天平均花费在社会休闲活动上的时间百分比
			前一天平均花费在艺术和文化活动上的时间百分比
			平均每月参加体育活动的次数超过15分钟
			所有艺术表演在过去一年平均每场演出的出席人数
			为文化及/或康乐机构提供义工服务的平均时间
			到离家至少80千米以外的目的地度假的平均过夜次数
			在所有文化和娱乐方面的开支占家庭总开支的百分比
	认知		数据空缺
	经验		数据空缺
	机会		所有国家公园和国家历史遗迹的平均每天访问人数
生活水平	平均收入和财富		经济型家庭税后收入中位数
	收入与财富分配		基尼系数(收入差距)
	收入弹性		数据空缺
	经济保障		低收入者比例
			中等或严重食品不安全的家庭比例
			劳动人口比例
			长期失业劳动力比例
			就业质量指数
			基于住房消费负担比率的住房负担能力
时间利用	时间		25—64岁每周工作50小时以上的加拿大人比例
			每天与朋友相处的平均时间(分钟/天)
			每周工作30小时以下的劳动人口比例
			拿工资工作者平均每天上下班的时间
	定时		按弹性工作时间计酬的个人比例
			有正常工作日工作时间的劳动力比例
	节奏		15—64岁之间有很高时间压力的个人比例
	时间性		有7~9小时高质量睡眠的加拿大人比例

资料来源：Michalos et al, 2011。

4. 加拿大幸福指数评价方法

加拿大幸福指数追踪数据的基准年是 1994 年,因为各个周期的全国人口健康调查的大部分健康统计数据都是从 1994 年开始的。鉴于八个领域中综合数据的可用性,2016 年加拿大幸福指数报告选择 2014 年数据作为回顾的最后一年。为了从所有原始数据值中创建可比较的指数值,将 64 个主要指标的基准值都设置为 100,每个指标的正百分比变化意味着福利有所改善,而负百分比变化表明情况有所恶化。

所有 64 个指标都使用原始计量单位编制成电子表格,八个领域中,每个领域都有 8 个指标。每个指标都记录了报告趋势的所有年份(如 2016 年报告中每个指标都覆盖了从 1994 到 2014 年)。但是有些指标不是每年都有数据点,例如,生活标准汇总的几乎所有指标每年都有数据,但对于社区活力和时间使用等其他领域,很多指标都来自 3~5 年周期的全国调查。于是采用记录调查年份的"实际"数据点,然后使用时间序列中的最后一个数据点和下一个数据点估算中间年份的值。

一旦每个领域的电子表格完成,将创建另一个电子表格,将所有指标的 1994 年基准年设置为 100,来计算以后特定年份的百分比变化。这为每个指标提供了趋势,以相同的单位(百分比变动)来衡量。然后计算每个领域汇总所有 8 个指标的平均百分比变化,以获得该领域的趋势。最后,计算每年所有八个领域的百分比变化的平均值,以获得幸福的总体趋势,即综合的加拿大幸福指数。

5. 加拿大幸福指数生活质量分析

2016 年加拿大幸福指数报告在 1994~2014 年所有领域的趋势基础上,描述了加拿大人做得怎样(图 2-7)。2008 年的经济衰退,加拿大经济经历了短暂的停滞不前,但 GDP 反映经济已经开始恢复。然而,加拿大人的福祉倒退了一大步,而且刚刚开始复苏。从 1994 到 2014 年,加拿大人均 GDP 增长了 38.0%,然而国民幸福感仅上升了 9.9%。事实上,人均 GDP 增长与国民幸福感之间的差距甚至比经济衰退前还要大。人均 GDP 指数与加拿大幸福指数之间的差距,2007 年为 22.0%,2010 年为 24.5%,2014 年为 28.1%。

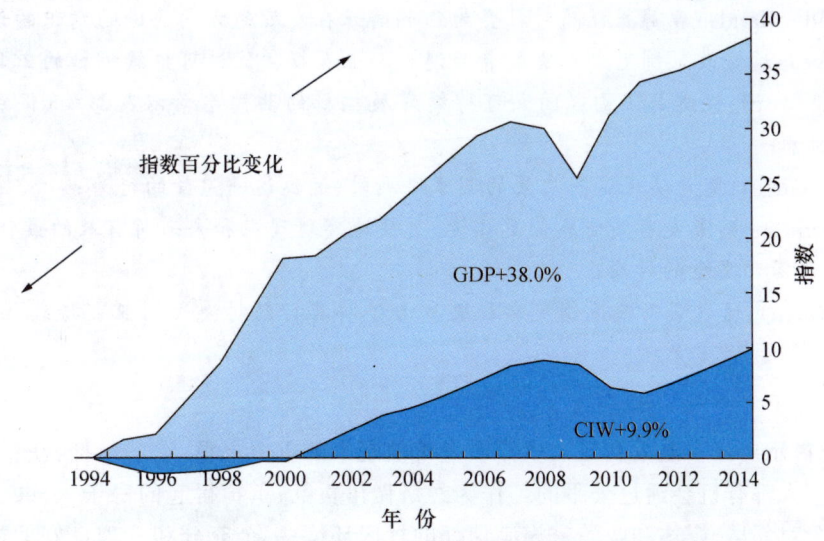

图 2-7　加拿大幸福指数(CIW)和 GDP(人均)变化趋势(1994~2014)

数据来源:Canadian Index of Wellbeing,2016。

比其他方面相比,加拿大人的幸福感在某些方面受到的损害更为严重,比如大部分加拿大人正在失去休闲和文化的宝贵时间,他们一如既往地感到时间紧张。尽管人口总体健康状况有所改善,但仍有令人不安的迹象表明有些指标不顺利。好的方面,教育表现出积极的迹象,社区活力更好,参与民主进程也有所改善。然而,生活中这些领域的上升趋势并没有帮助加拿大人的福祉跟上经济复苏的步伐。

三、澳大利亚国家发展指数

2010年5月,澳大利亚启动了新公民衡量进展的举措:澳大利亚国家发展指数(Australian National Development Index,ANDI)。ANDI是衡量国家进步和福祉的综合指标,该指标反映了澳大利亚人的价值观和优先事项,并告诉民众作为人民、社区和国家应该分别怎样做。ANDI是由专家提供信息,但由澳大利亚民众定义,收集并分析澳大利亚人的观点,使用这些数据来创建反映澳大利亚人的价值观和优先事项的国家进步和福祉的整体衡量标准。ANDI帮助大家理解澳大利亚人对未来的集体愿景,促进民主和公众的声音。

ANDI是一个强有力的国家声音,支持世界各地正在敦促的"模式转变"——重新定义进步,从增加的经济生产到公平和可持续的福祉。在结构和规划方面,它遵循世界领先的加拿大幸福指数模型。

ANDI包括两个方面:想法(idea)和工具(tool)。想法:福祉涵盖了生活的各个方面,远远超过了国内生产总值等传统经济指标。ANDI是一个概念框架,涉及广泛的生活领域和社区的可持续福祉。工具:将衡量对澳大利亚人来说重要的事情。它将逐年跟踪福祉结果,努力提供清晰、有效和定期的有关澳大利亚人生活质量的信息。

1. 澳大利亚国家发展指数的主要目标、价值观和原则

(1) 主要目标

ANDI的主要目标旨在:

- 授权(empower):使澳大利亚人能够将他们的福祉与其他澳大利亚人或者世界各地的其他人进行比较;
- 理解(understand):理解并提高对社会为何朝着正在发展的方向前进的意识的认识;
- 给予(give):通过政策制定者或决策者为澳大利亚人提供促进可持续福祉的工具;
- 促进(promote):促进真正构成国家可持续发展福祉的共同愿景以及影响(促成或减损)这些福祉的因素;
- 衡量(measure):衡量实现这一愿景的国家进展,或远离这一愿景的行为;
- 刺激(stimulate):激发有关使我们更接近、更快地实现现在和未来所有人的最佳生活质量的政策、计划和活动类型的讨论;
- 告知(inform):通过帮助政策制定者和决策者了解其行动对澳大利亚可持续福祉的影响来引导政策。

(2) 价值观

大量的研究揭示出很多澳大利亚人生活质量价值观中的重中之重,它们包括:获得高质量的医疗保健和教育;每个人都有机会通过公平的工作为经济做出贡献;负担得起的房子;公共安全;高效的公共基础设施;一个对邻居、媒体和政治家充满信任的社区环境;一个充分和管理良好的社会安全网;民主自由;一个健康的环境(包括清新的空气和水);工作与生活的平衡;无障碍的休闲和文化机会。

(3) 原则

ANDI遵循以下原则:

- 包容(inclusive):每个人都有对他们自己,他们的家庭、社区,国家有意义的幸福和进步发表意

见的权利;
- 独立(independent):该指数不受任何不当利益相关者或政治的影响;
- 亲民(accessible):每个人都应该能够获得关于国家和社区不同福利方面的易于理解的信息;
- 可靠(trustworthy):测量和分析技术必须符合最佳的科学实践;
- 平衡(balance):促进对国家福祉和进步的广泛及综合的定义。

2. 澳大利亚国家发展指数的概念框架

ANDI涵盖了超过50万澳大利亚人的重要信息以及衡量福祉的整体综合方法,利用一些社会、经济、健康和环境等因素,划分十二个领域(domains),提供了全国福祉的完整图景。这十二个领域包括(图2-8):儿童和年轻人的幸福(children and young people's wellbeing),社区和地区生活(community and regional life),文化、娱乐和休闲(culture, recreation and leisure),治理与民主(governance and democracy),经济生活和繁荣(economic life and prosperity),教育、知识和创造力(education, knowledge and creativity),环境和可持续性(environment and sustainability),正义、公平和人权(justice, fairness and human rights),健康(health),原住民福祉(indigenous wellbeing),工作、工作与生活平衡(work and work-life balance),主观幸福和生活满意度(subjective wellbeing and life satisfaction)。

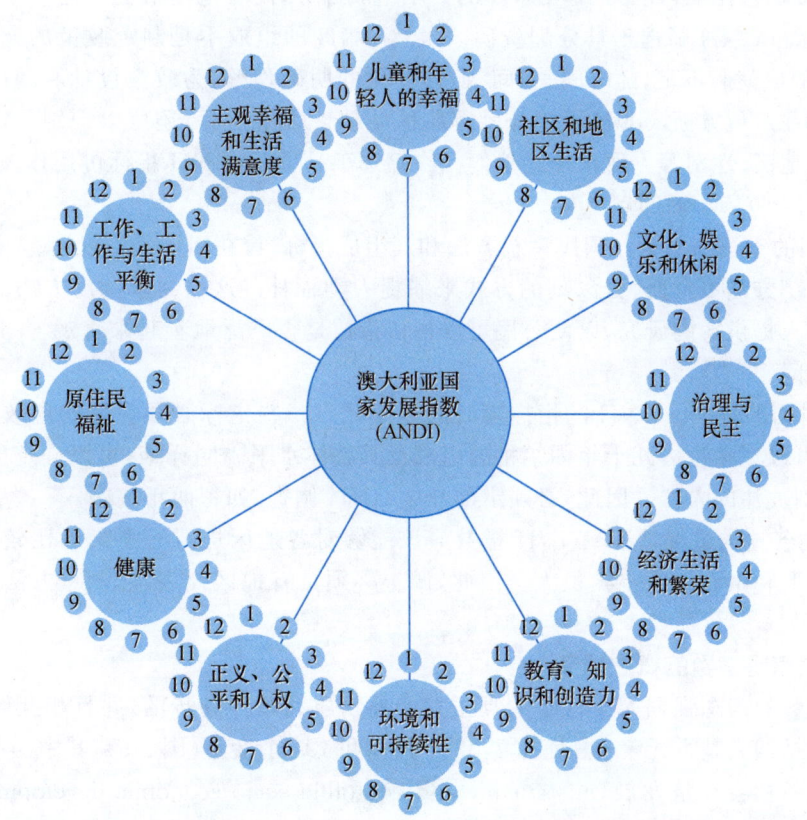

图2-8 澳大利亚国家发展指数(ANDI)概念框架

资料来源:http://www.andi.org.au/。

四、不丹王国国民幸福指数

不丹王国,是位于中国和印度之间的喜马拉雅山脉东段南坡的南亚内陆国,其东、北、西三面与中国接壤,南部与印度交界,首都及最大城市为廷布。2018年人口数量为73.5万人。2017年GDP总计25.12亿美元,人均GDP为3438美元。不丹王国的国民幸福(Gross National Happiness,GNH)概念是由其第四任国王吉格梅·辛格·旺楚克(Jigme Singye Wangchuck)于1972年提出,它比国民生产总值更具全面性,并注重精神上的感受,是综合评价生活质量的多维度衡量方法,成为这个国家五年计划和其他与经济和发展相关计划的一个统一的愿景。

1. 不丹国民幸福指数的目标

自21世纪中期以来,GNH已勾画出不丹王国整体和深远的发展愿景,在2007年不丹政府圆桌会议上,GNH被建议用于:

① 制定发展的替代框架。不丹的GNH发展愿景具有独特的整体性。不丹王国第十个五年计划明确地寻求"提出一个更有意义的发展目标,而不仅仅是实现物质的满足"。因此,GNH的九个领域一起反映了发展的整体目标。

② 为各部门提供指标以指导发展。某些指标必须要么由公共部门监督活动,要么在实现部门优先事项时发展、改变。比如,"电力"是GNH的一个组成部分,同时也是第十个五年计划的优先事项。

③ 根据目标和GNH筛选工具分配资源。虽然GNH的组成不是制定政策的充分指南,但是对GNH不同维度的成就和不足,随时间、空间、群体变化的明确理解,为政策设计和随后的资源分配提供了关键信息。在定位方面,GNH可以显示哪些区域缺乏哪些指标,还可以识别和定位"最不快乐"的人,并按年龄、地区、性别等方面来描述他们。在筛选工具方面,GNH指标可用作核对清单,用来表达构成GNH的各种活动和成就。

④ 衡量人们的幸福和福祉。国民幸福方法和其组成指标,旨在用比经济发展、人类发展或社会进步的传统社会经济方法更全面、更深刻的方式来捕捉人类福祉。这也要求测度方法必须被公众所理解。可以为不同人提供案例研究,以便公民可以评估指数是否广泛地看起来直观,并且有展现自己愿望和价值观的空间。

⑤ 衡量随时间的进展。GNH的指标随时间而变化。一些指标必须直接响应政策的相关变化。通过这种方式,可以观测过去几十年内福祉的组成及其整体水平。同样地,可以确定群体之间的不平等,以及需要特别关注的人群。因此,必须定期开展GNH调查,如每两年一次。

⑥ 比较全国各地的进展情况。GNH指数应该能够对各地区进行有意义的比较,这些地区在气候、文化、服务获取和生计方面差异很大。因此,调查必须具有地区代表性,测量方法必须是"亚组一致"和可分解。

2. 不丹国民幸福指数的概念框架

国民幸福指数的理念强调人类社会的真正发展是物质和精神同步的,并且相互影响。国民幸福指数概念框架包括四大基本元素、九大领域,33个指标和124个变量(图2-9),其中四大基本元素分别为可持续和公平的社会经济发展(sustainable and equitable socio-economic development)、文化价值的保护和发扬(preservation and promotion of culture)、自然环境的保护(environmental conservation)和高效管理制度的建立(good governance);九大领域分别为生活水平(living standards)、教育(education)、健康(health)、文化多样性和弹性(culture diversity and resilience)、社区活力(community vitality)、时间利用(time use)、心理幸福感(psychological well-being)、生态多样性和弹性(ecological diversity and resilience)及善治(good governance)。

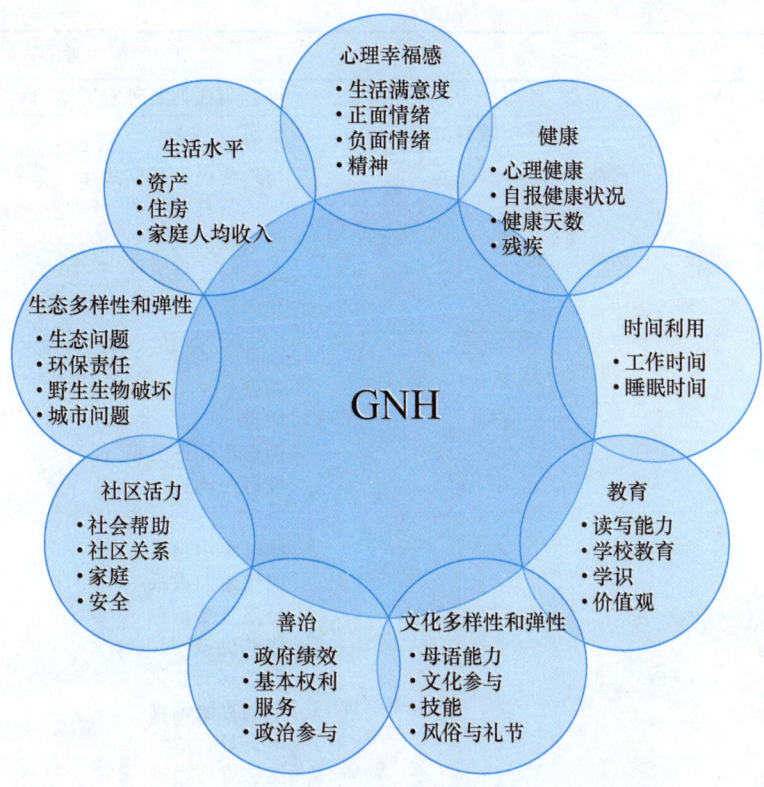

图 2-9　不丹国民幸福指数(GNH)概念框架模型

资料来源:http://www.grossnationalhappiness.com/。

3. 不丹国民幸福指数指标体系

不丹的国民幸福指数指标体系包括四个支柱要素、九大领域、33 个指标和 124 个变量(表 2-28)。除了时间利用领域有 2 个指标(睡眠时间和工作时间),生活水平领域有 3 个指标外,其余每个领域都包含 4 个指标。

表 2-28　不丹国民幸福指数指标体系

支柱	领域	指标	变量(举例)
可持续和公平的社会经济发展	生活水平	资产	手机 固定电话 个人电脑 冰箱 彩电 洗衣机 牲畜拥有量 土地拥有量
		住房	人均房间数 卫生间 电 房顶质量
		家庭人均收入	家庭人均收入

(续表)

支柱	领域	指标	变量(举例)
可持续和公平的社会经济发展	教育	读写能力	可否用任何一种官方语言读写
		学校教育	学历
		学识	当地传说和民间故事 当地节日 传统歌谣 艾滋病传播方式 宪法
		价值观	杀害 偷盗 撒谎 创建不和谐关系 性行为不检
	健康	心理健康	能够集中精神 因忧虑而失眠 扮演重要角色 能够决策 经常感到紧张 不能克服困难 享受日常活动 能够直面困难 感到不开心和压抑 丧失信心 觉得自己一无是处 感觉合理的快乐
		自报健康状况	自报健康状况
		健康天数	过去一个月的健康天数
		残疾	长期残疾
文化价值的保护和发扬	文化多样性和弹性	母语能力	母语能力
		文化参与	过去1年中参加社会文化活动的天数
		技能	13种传统技能掌握情况
		风俗与礼节	礼节的重要性 礼节的变化
	社区活力	社会帮助(捐助,包括时间、钱)	金钱捐助占比 参加志愿者天数
		社区关系	归属感 对邻居的信任感
		家庭	家庭保健 希望你不是家庭一员 家庭成员争吵过多 在家里感觉自己像陌生人 家庭中的理解 家庭是你的慰藉

(续表)

支柱	领域	指标	变量(举例)
文化价值的保护和发扬	社区活动力	安全	过去一年中是否受害
	时间利用	工作时间 睡眠时间	过去一天工作时间(包括没有薪水的工作) 过去一天睡觉时间
	心理幸福感	生活满意度	健康满意度 职业满意度 家庭满意度 生活水平满意度 工作与生活平衡满意度
		正面情绪	同情 慷慨 原谅 满足 冷静
		负面情绪	自私 嫉妒 愤怒 恐惧 担忧
		精神	自报精神状态 想到因果循环的频率 祈祷 冥想
自然环境的保护	生态多样性和弹性	生态问题	水污染 空气污染 废物处理缺失 滑坡 水土流失 洪水 乱丢废物 噪声污染
		环保责任	环保责任
		野生生物破坏	是否对农业有约束 损害严重程度如何
		城市问题	交通拥堵 景色空间不足 人行道不足 城市扩张

(续表)

支柱	领域	指标	变量（举例）
高效管理制度的建立	善治	政府绩效	就业 不平等 教育 健康 反腐 环境 文化
		基本权利	言论观点自由 选举权 加入政党自由
		服务	最近医疗中心的距离 废物处置方法 电 水供应水质
		政治参与	参加下届选举的可能性 参加社区会议的频率

资料来源：http://www.grossnationalhappiness.com/。

4. 不丹国民幸福指数评价方法

（1）领域、指标的权重

GNH 的九大领域具有相同的权重，因为它们都被认为对幸福同样有效，同等重要，没有一个领域可以永久地比其他领域更为重要，但对于某个人或某个机构在某一特定时间内，某个领域可能特别重要。GNH 的 33 个指标分别在所占领域的权重有所不同（表 2-29）。每个变量都有阈值和最大值，且被赋予的权重不同，除了心理健康指标外，高度主观的变量权重较轻。可以明显地看出，工作和睡眠的相对权重是所有指标中最高的，分别占一个领域的 50%，或总权重的 1/18。接下来四个最高的权重指数分别为善治中的政治参与和服务，以及生态多样性和弹性中的野生生物破坏和城市问题。尽管这些指标的权重较高是由于其所属领域存在主观指标，但它们在规范上也是合理的。政治参与和公共服务提供是政治治理的关键，前者反映公民的参与程度，后者反映提供公共服务是否成功。在生态领域，野生生物的破坏是农村地区最为关心的问题；城市环境问题指标中的变量，如交通拥堵、绿地不足、行人设施缺乏和城市扩张等都提出了目前城市发展中的关键问题，随着城市化问题的演变亟须调整。

表 2-29　33 个指标的权重

领域	指标	权重/(%)
生活水平	资产 住房 家庭人均收入	33 33 33
教育	读写能力 学校教育 学识 价值观	30 30 20 20

(续表)

领域	指标	权重/(%)
健康	心理健康	30
	自报健康状况	10
	健康天数	30
	残疾	30
文化多样性和弹性	母语能力	20
	文化参与	30
	技能	30
	风俗与礼节	20
社区活力	社会帮助(捐助,包括时间、钱)	30
	社区关系	20
	家庭	20
	安全	30
时间利用	工作时间	50
	睡眠时间	50
心理幸福感	生活满意度	33
	正面情绪	17
	负面情绪	17
	精神	33
生态多样性和弹性	生态问题	10
	环保责任	10
	野生生物破坏	40
	城市问题	40
善治	政府绩效	10
	基本权利	10
	服务	40
	政治参与	40

注:蓝色字体表示该指标中使用了主观问题。
资料来源:The Centre for Bhutan Studies,2012。

(2) 阈值

GNH 指数使用两种阈值:充分阈值(sufficiency thresholds)和一个幸福阈值(one happiness threshold)。充分阈值,反映一个人需要在 33 个指标的每一个指标中,达到多少的程度才算充分享受。它问的是达到多少才算足够幸福。33 个指标中的每一个指标都有充分阈值,并且在调查中,每个人都被确认,在每个指标中是否充分享受。当然,每个指标的充分阈值有所不同,有些使用相关和适当的国际标准,比如工作时间和房子过度拥挤;有些则使用国家标准,如充足收入相当于不丹收入贫困线的 1.5 倍。

由于 GNH 具有创新性,对于那些在不丹或国际上没有参考或先例的指标,设定充分阈值时则依赖于规范性判断,如积极的情绪。这些规范性的判断,使得对应于所有不丹人,没有一套阈值是精确的。这就是为什么要有第二个,也就是一个充分的幸福阈值是非常重要的,它允许人们根据自己的个性、愿望,以及他们的物质、社区和顶层环境,进行大量的改变。第二个阈值允许多样性。

运用三个分类标准值,即加权指标达到 50%、66% 和 77% 的充分性,GNH 把人口划分为四个子群,分别为不快乐、勉强快乐、广度快乐和深度快乐。为了计算 GNH 指数,选取 66% 作为幸福阈值,幸福群体包括广度快乐和深度快乐人群;不幸福群体包括那些不快乐和勉强快乐的人群。

幸福阈值的设定基于三个因素。第一个是多样性,因为并非所有指标都具有普遍适用性。没有必要让所有指标都达到充足水平,例如一个年纪很大的人可能不需要教育指标的充分性来获得幸福,他们可能有其他家庭成员可以给他们阅读或者为他们解释需要接受正规教育的事情,他们的智慧和技能可以满足他们自己获得幸福。有些人,例如无神论者,可能不参与祷告、背诵或冥想。

第二个是测量误差。对于不同文化中人们的价值观的反映可能并不完全准确,例如人们可能会犹豫不决地说出他们的信仰或做法究竟是什么,因为他们害怕被看作骄傲或炫耀。由于难以允许这些差异,似乎不要求在每个领域都有充分性是合理的。

第三个标准是选择自由。很多人已经非常幸福,即使他们没有在每个指标中都达到充分。也许他们不健康,但是他们已经实现了认为重要的一种繁荣的、满足的、丰富的生活。也许他们没接受过教育或者有物质方面的困难,但这并不一定是他们幸福的决定性因素。因此,为了允许一些选择自由,将幸福阈值设定为66%。

(3) 方法

在介绍了指标体系和权重之后,下面介绍构建国家幸福指数的方法。GNH 使用了联合国开发计划署以及国家贫困的多维贫困指数(Multidimensional Poverty Index,MPI)中使用过的阿尔凯尔-福斯特方法(Alkire et al,2007,2011),它是一种简单的、严格的、可分解的用于衡量贫困和福祉的方法。

与阿尔凯尔-福斯特家族中的其他测量方法一样,GNH 首先通过使用幸福截断值确定哪些人是幸福的,其次确定不幸福人群享受充足的指标比例来构建。所以 GNH 由两个数字组成,人数比例(headcount ratio)和广度(breadth)。其中,人数比例指的是幸福人群的比例,而广度指的是不幸福的人充分享受领域的百分比,这个类似于阿尔凯尔-福斯特方法中贫困测量的强度(intensity)。

用此种方法构建 GNH 指数的步骤如下:

① 选择指标;
② 使用充分阈值;
③ 给每个指标设置权重;
④ 使用幸福梯度来识别四类不丹人。
⑤ 选择66%作为幸福阈值来识别两类人:
  i. 幸福的人(广泛而深刻的幸福)
  ii. 不幸福的人(政策优先)(不幸福和勉强幸福)
⑥ 在不幸福的人中,确定他们不充分享受领域的百分比,以及他们充分享受领域的百分比。
⑦ 计算 GNH 指数及其相关统计数据,GNH 指数的计算公式为:

$$GNH 指数 = 1 - (人数比例 \times 广度)$$

5. 不丹国民幸福指数生活质量分析

2010 年 GNH 指数是基于不丹所有20个宗(县)完成的7142份完整的面试调查问卷的基础上得出的。总体而言,2010 年 GNH 指数值为0.743。表 2-30 显示,2010 年 10.4% 的不丹人是"不幸福"的,48.7% 的人"勉强幸福",32.6% 的人是"广度幸福",8.3% 的人是"深度幸福"。即 40.9% 的不丹人被认为是幸福的(意味着他们是广度或深度的幸福),剩下的 59.1% 的人是不幸福或勉强幸福的(表2-30)。

表 2-30 GNH 分类、人数比例和广度

	人群定义（充足率）	人口比例	每人跨领域平均充足率
深度幸福	77%～100%	8.3%	81.5%
广度幸福	66%～76%	32.6%	70.7%
勉强幸福	50%～65%	48.7%	59.1%
不幸福	0～49%	10.4%	44.7%

资料来源：The Centre for Bhutan Studies，2012。

(1) 领域

图 2-10 显示了每个领域对总 GNH 指数的贡献，可以看出，九个领域都对 GNH 有贡献，没有一个领域是不重要的，但是对 GNH 的贡献量因领域而异。健康（14%）、社区活力（12%）、生态多样性和弹性（12%）和心理幸福感（12%）在 2010 年对 GNH 的贡献率最大。幸福的不丹人不一定接受过高等教育（9%），他们在政府治理（9%）方面得分也不高。

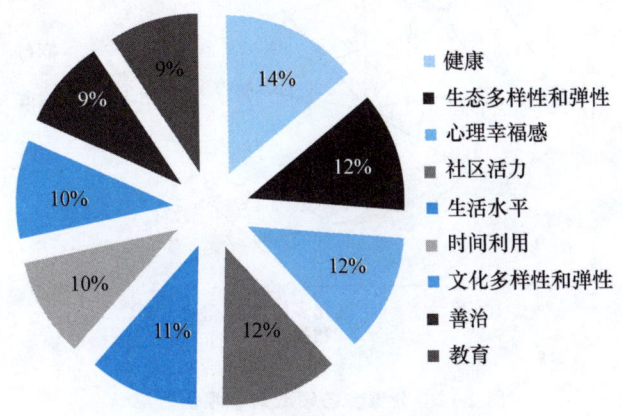

图 2-10 每个领域对 GNH 的贡献率

资料来源：The Centre for Bhutan Studies，2012。下同。

(2) 指标

图 2-11 显示不丹人在价值观、安全、母语能力、家庭、残疾、心理健康等方面享受充足的比例最高；另一方面，大多数不丹人在学识、学校教育、政治参与、风俗与礼节等方面，有所缺乏。

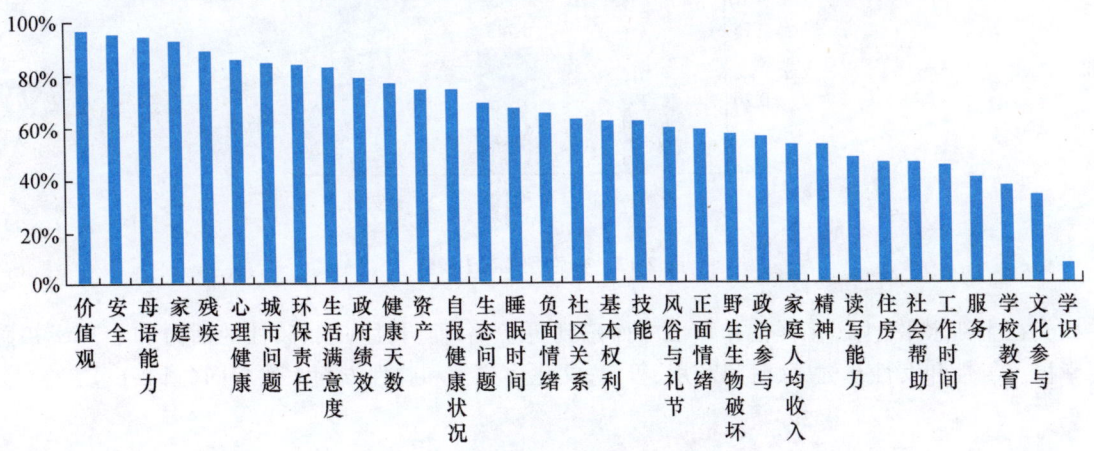

图 2-11 每个指标享有充足的人数比例

(3) 地区

GNH 揭示出区域之间大量的平等,地区之间的差距非常小,最不幸福的地区应该是莎姆德罗普宗卡市(Samdrup Jongkhar)。

(4) 农村和城市人口

一般来说,农村人不如城市人幸福,但却也相当平衡(图 2-12)。50%的城市居民对 GNH 标准感到满意,而农村地区这个比例为 37%。幸福的构成也不尽相同,在农村地区,社区活力、文化多样性和弹性、善治对幸福的贡献更大。相比之下,生活水平、教育和健康更有助于城市地区的幸福。城市居民在善治、时间利用、文化多样性和弹性方面都存在不足;而在农村地区,教育和生活水平是最为缺乏的。

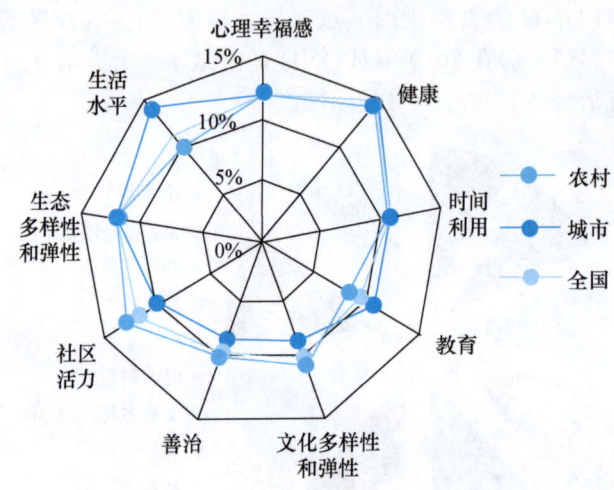

图 2-12 分城乡各领域对幸福贡献率

(5) 性别

按性别分解 GNH 指数时,发现男性比女性更幸福(图 2-13),49%的男性是幸福的,而只有 1/3 的女性是幸福的,这一结果既引人注意又具有统计意义。

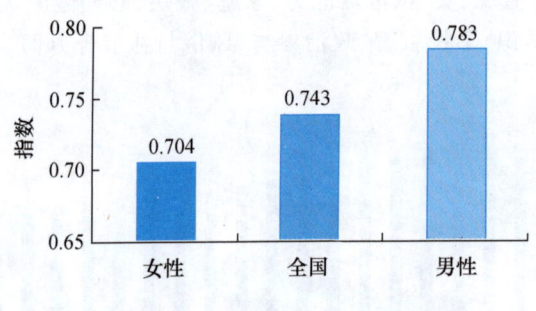

图 2-13 分性别 GNH 指数

妇女在生活水平、生态多样性和弹性方面感到更幸福,而男性在教育、社区活力和心理幸福感方面更幸福。男性和女性在健康、时间利用、善治、文化多样性和弹性方面大致相同(图 2-14)。

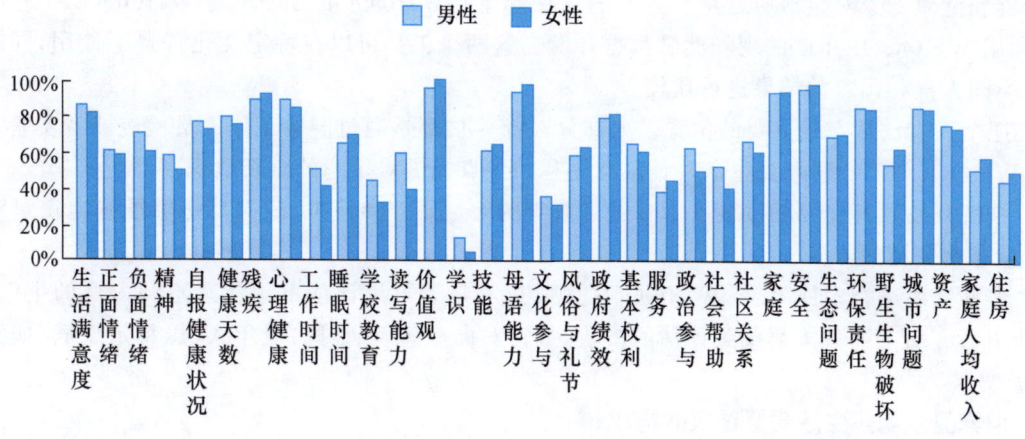

图 2-14 分性别每个指标享有充足的人数比例

此外,还有分年龄、教育水平、职业、深度幸福等方面的 GNH 结果分析,这里就不一一赘述。

第四节 行业和地区的生活质量研究

行业生活质量研究涉及健康、交通、休闲旅游、教育等部门,地区的生活质量研究涉及城市、城镇和农村等区域。本研究选择健康行业和丹麦城市分别作为行业和地区人群生活质量的案例进行分析。

一、行业的生活质量研究

健康行业的生活质量研究主要关注与健康相关的生存质量。不同健康机构、企业针对不同疾病和人群纷纷制定健康生活质量量表和评估方法,如世界卫生组织(WHO)的系列生存质量测定量表(包括 WHOQOL-100、WHOQOL-BREF、WHOQOL-HIV、WHOQOL-SRPB)、Health Utilities 公司(HUInc)提出与健康相关生活质量的效用指标(Health Utilities Index,HUI)、EuroQol 集团推出的用于衡量与健康相关生活质量的欧洲五维健康量表(EQ-5D)、谢菲尔德大学提出的六维健康状态分类系统(SF-6D)、Harri Sintonen 提出的 15 维健康状况描述系统(15D)等。下面重点介绍世界卫生组织的生活质量量表。

1. 世界卫生组织的生活质量概念及量表

根据世界卫生组织的定义,健康"不仅仅是没有疾病,还应该是身体的、精神的、道德的和社会适应的良好状态",生活质量为"在生活的文化和价值体系背景下,与人们的目标、期望、标准和所关心的事情有关的生存状况的体验。它是一个广泛的概念,受到人的身体健康、心理状态、个人信仰、社会关系以及他们与环境显著特征关系的复杂影响。"对健康和健康护理效果的衡量不仅仅包括疾病发生频率和严重性的指标变化,而且应该包括对福祉的估算,通过衡量与健康护理相关的生活质量提升来进行评价。20 世纪 90 年代,尽管有多种途径衡量疾病的频率和严重性,但是对相关生活质量的衡量很少。为此,世界卫生组织在全球 15 个合作中心的协助下,开发了两个工具(WHOQOL-100 和 WHOQOL-BREF)来衡量相关生活质量。

WHOQOL-100 有以下优点:

① 跨文化开发使用。WHOQOL-100 在全球 15 个中心同时开发,根据不同国家不同疾病病人、

健康人群和健康专家对生活质量重要方面的意见起草。WHOQOL-BREF 是 WHOQOL-100 的简明版本,利用 WHOQOL-100 的现场测试数据开发。这两个工具可以在特定文化背景下使用,同时能够对来自不同人群和国家的结果进行比较。

② 把个人看法放在最重要的位置。大部分医疗评估都是通过健康工作人员检查或者实验室检测获得。WHOQOL-100 通过关注个人对自身福利的观点提供对疾病的全新认识。

③ 系统开发。开发 WHOQOL-100 经过数年的大量研究和检查,确保其能够准确地衡量对个人生活质量非常关键的方面。

④ 多种模块适合多种用途。WHOQOL-100 核心量表可以评估不同状态不同人群的生活质量,此外,也开发了针对特殊人群细致评估的模块,如针对癌症病人、难民、老年人、患特定疾病(如艾滋病人)的量表。

2. 世界卫生组织生活质量量表的构成

WHOQOL-100 通过超过 4500 个受试者的试验数据甄选出 100 个最佳问题。WHOQOL-100 包括六个维度,即生理健康、心理状态、独立性水平、社会关系、环境、宗教和个人信仰,共 24 个主题(表2-31),每个主题包括 4 个问题,此外还有 4 个一般性问题用于评估主观整体生活质量和一般健康,一共 100 个问题。所有问题采用五分制进行评估。

表 2-31 世界卫生组织 WHOQOL-100 的构成

维度	主题
	整体生活质量和一般健康
1. 生理健康	能量与疲劳
	疼痛与不适
	睡眠与休息
2. 心理状态	身体形象与外貌
	负面情绪
	积极情感
	自尊
	思考、学习、记忆和专注
3. 独立性水平	移动性
	日常生活活动
	药物依赖与医疗辅助
	工作能力
4. 社会关系	个人关系
	社会支持
	性生活
5. 环境	财务资源
	自由、身体安全与安全
	健康与社会照护:可及性与质量
	家庭环境
	获取新信息和技能的机会
	参与娱乐休闲的机会
	物理环境(污染/噪声/交通/气候)
	运输
6. 宗教和个人信仰	宗教/灵性/个人信仰(单方面)

资料来源:WHO,1997。

WHOQOL-BREF 把生活质量 24 个主题浓缩在四个维度中(表 2-32)。从整体生活质量和一般健康中抽取 2 个问题,从 24 个主题中各选 1 个问题,共 26 个问题组成。

表 2-32　世界卫生组织 WHOQOL-BREF 的构成

维度	主题
	整体生活质量和一般健康
1. 生理健康	日常生活活动
	药物依赖与医疗辅助
	能量与疲劳
	移动性
	疼痛与不适
	睡眠与休息
	工作能力
2. 心理状态	身体形象与外貌
	负面情绪
	积极情感
	自尊
	宗教/灵性/个人信仰
	思考、学习、记忆和专注
3. 社会关系	个人关系
	社会支持
	性生活
4. 环境	财务资源
	自由、身体安全与安全
	健康与社会照护:可及性与质量
	家庭环境
	获取新信息和技能的机会
	参与娱乐休闲的机会
	物理环境(污染/噪声/交通/气候)
	运输

资料来源:WHO,1996。

3. 世界卫生组织生活质量量表的应用

WHOQOL-100 和 WHOQOL-BREF 可以用于医疗实践、研究、审计和政策制定。

① 医疗实践。在临床实践中,WHOQOL-100 可以和其他方式的评估一起,提供有价值的信息以表明一个人最受影响的地方,帮助从业者在病患护理上做出最佳选择。此外,也可以用于衡量治疗过程中生活质量的变化。

② 改善医患关系。通过增加医生对疾病如何影响病人生活质量的认识,改善病人和医生之间的关系。给医生工作带来更多的意义和满足感,使病人能够获得更加综合的健康护理。

③ 评估不同治疗的效果和相对优点。WHOQOL-100 可以作为治疗评估的一部分,评估治疗过程中病人生活质量的变化,获得更加全面的图景。例如化疗可能会延长癌症病人的生命,但是对病人生活质量会造成损失。

④ 健康服务评估。在医疗服务完整性和质量的定期回顾中,病人的意见很重要。通过衡量健康护理服务和病人生活质量的关系,从病人角度直接展示健康服务的质量和可及性,对健康护理服务提供一种宝贵的补充评估。

⑤ 研究。通过评估疾病如何伤害一个人的主观福利,对疾病性质提供新的视角。

⑥ 政策制定。当健康服务提供者实施新的政策时,评估政策变化对接收健康服务人群生活质量的影响非常重要。WHOQOL可以对这些政策的变化进行相关评估。

二、地区的生活质量研究

许多影响人们生活质量的因素在地方层面发挥作用,如就业、受教育机会、环境质量和公共安全水平因社区而异。一个国家内部各地区之间的差异可能与国家之间的差异同样重要(OECD,2013)。地区生活质量研究有助于揭示隐藏在全国平均水平中的地区生活质量差异。

1. OECD地区生活质量研究和框架

2014年OECD发布报告"您所在地区的生活方式"(How's life in your region?),提出地区福祉衡量框架(图2-15),并对34个OECD国家的362个地区生活质量进行了衡量和分析。

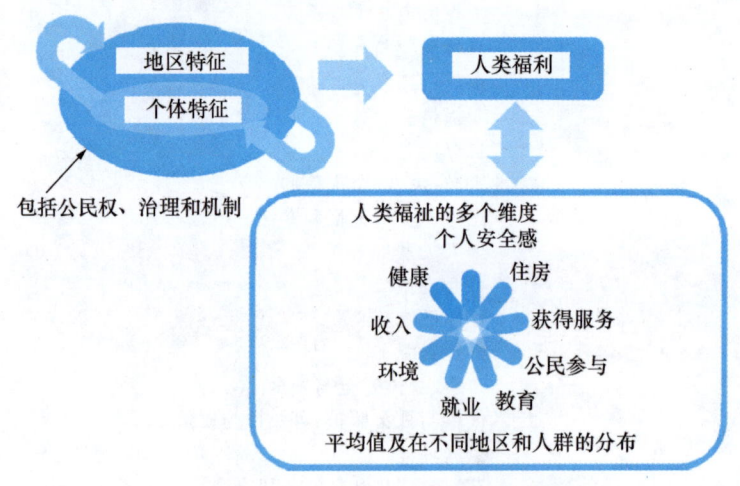

图2-15　OECD地区福祉概念框架

资料来源:OECD,2014b。

OECD的地区福祉衡量框架有如下特点:

① 衡量人们体验中的福祉。侧重个人和基于地域的特征,两者之间的相互作用塑造了人们的整体生活质量。

② 专注于福祉结果,提供有关人们生活的直接信息,而不是投入或产出信息。

③ 多维度,包括物质和非物质维度。

④ 不仅通过平均值来评估福祉,还通过在不同地区和人群中的分布来评估福祉结果。

⑤ 受公民、治理和制度的影响。

⑥ 考虑不同维度福祉之间的互补性和平衡。

⑦ 着眼于长期的福祉动态、可持续性和不同地区的弹性。

2. OECD地区生活质量的指标体系

地区福祉框架在OECD《生活怎么样》提出的有关福祉维度(收入、就业、住房、教育、健康、环境、个人安全感、公民参与)基础上,增加了获得服务维度,同时减少社会关系、工作与生活平衡以及对生活环境的主观评价三个维度。因此,OECD地区福祉框架下的生活质量指标体系共有九个维度、26个指标(表2-33)。

OECD基于交互式网站,即地区福祉工具(regional well-being tool),通过11个指标比较362个区域九个维度的福祉。公民个人可以通过此工具获得影响他们生活的各种主题的信息,政策制定者亦可由此获得社会进步的准确描述。OECD 地区福祉交互式网站把每个维度的指标值转换为 0 到 10 的分数,从而可以获得:① 地区相对排名;② 某一地区在某一维度相对于其他 OECD 地区是否取得进展,相对排名是前进还是后退;③ 各国内部的地区差异。

表 2-33　OECD 福祉维度和地区指标

方面	维度	地区指标	国家指标
物质条件	收入(水平和分布)	—家庭可支配收入(平均值和中位数) —一个地区的收入分配 —家庭可支配收入(税后和转移支付后)和家庭市场收入(税前和转移支付前)的基尼指数 —家庭可支配收入(税后和转移支付后)和家庭市场收入(税前和转移支付前)的五分率(S_{80}/S_{20}) —区域相对贫困(贫困线设定为全国收入中位数的 40%,50% 和 60%)	—家庭调整后的净可支配收入 —家庭净财务财富
	就业	—就业率 —长期失业率 —失业率 —妇女的参与率	—就业率 —长期失业率 —每位员工的平均年收入 —工作任期
	住房	—每人的房间数量	—每人的房间数量 —住房成本覆盖率 —没有基本设施的住房
生活质量	健康	—出生时的预期寿命 —年龄调整死亡率	—出生时的预期寿命 —自我报告的健康状况
	教育	—教育程度 —学生的认知技能(PISA)(适用于少数国家)	—教育程度 —学生的认知技能(PISA) —教育预期 —成年人口的能力(PIIAC)
	环境	—空气质量($PM_{2.5}$) —森林和植被的丧失 —城市垃圾回收(适用于少数国家) —绿色空间可获得性	—空气质量 —对水质的满意度
	个人安全感	—凶杀率 —汽车盗窃率 —运输事故导致的死亡率	—杀人率 —自我报告的受害情况(盖洛普)
	公民参与	—选民投票率	—选民投票率 —关于规则制定的咨询
	获得服务	—宽带连接 —距离最近医院的平均距离(适用于数量有限的国家) —可以使用公共交通工具的人口比例(适用于有限的城市) —未满足的医疗需求(适用于少数国家)	—
	工作与生活平衡	—	—员工工作时间很长 —不工作的时间
	社会关系	—	—社交网络支持(盖洛普)
	主观满意度	—	—生活满意度

3. 地区生活质量研究对政策的改善

地区生活质量指标研究的可能用途包括三种类型：

① 监测区域和地方一级的生活质量趋势。通过收集特定社区数据建立地区情报，以便掌握影响地区吸引力和宜居性的问题，如意大利撒丁岛区域规划中心引入地区福祉指标，以指导 2014～2020 年地区规划政策。

② 提高对特定生活质量维度或政策目标的社会认识。如哥伦比亚民间社会组织 Bogotá CómoVamos 一直在监测生活质量，墨西哥最大的报纸之一 El Universal 通过网站和报告衡量和监测墨西哥城的 13 个福利维度，在地区一级动员社会，促进特定地区生活质量的提高并吸引投资。

③ 指导跨维度或地区政策的优先排序。一些 OECD 地区已经建立了自己的指标体系，以确定优先考虑的政策目标和关键维度。如 2007～2013 年，意大利南部八个地区参与 Obiettivi di servizio 计划，旨在改善四个维度的生活质量（教育、水、废物管理、老人和儿童保育）。根据地区指标，撒丁岛在废物管理、儿童和老年人护理方面取得重大进展。

三、城市的生活质量研究

城市是一个国家人口和经济活动的主要聚集地，衡量城市生活质量，有利于制定和实施有效的公共政策，提升城市人口幸福感。在 OECD 国家中，丹麦拥有较高的生活质量，在社会安全感、公共参与度、社会网络支持、生活满意度、受教育人口、预期寿命等方面名列前茅。为此，OECD 以丹麦为案例，对五个城市开展了生活质量研究，进一步深入研究城市尺度的生活质量。这五个城市分别是哥本哈根、奥胡斯、奥尔堡、埃斯比约和欧登塞，共占丹麦国土面积的 19%，人口和就业人口分别占全国的 58% 和 61%，而且人口和就业规模在不断扩大，年轻人口占比更高，65 岁以下人口达到 83%（丹麦其他地区为 58%）（表 2-34）。

表 2-34 丹麦五个城市概况

城市	人口（2016 年）	人口年均增长率/（%）（2000～2016 年）	就业人口（2014 年）	65 岁以上人口/（%）（2016 年）
哥本哈根	1 921 869	0.67	1 010 529	16.5
奥胡斯	501 795	0.83	248 397	15.9
奥尔堡	313 978	0.45	143 702	18.5
埃斯比约	169 327	0.03	82 991	19.8
欧登塞	376 496	0.33	162 349	19.4

1. 城市生活质量的概念模型和指标体系

丹麦城市福祉的衡量建立在 OECD"更美好生活倡议"的概念框架和 OECD 地区福祉数据库之上（OECD，2014）。

丹麦五个城市生活质量评价指标体系共有十一个维度，包括收入、工作和住房等物质条件，也包括获得服务、健康、安全、教育、环境、公民参与、社会联系和生活满意度等维度（表 2-35）。

表 2-35 丹麦城市生活质量指标体系

维度	指标	来源	数据尺度	年份
收入	等同于家庭可支配收入	Statistics Denmark	市	2000～2014
	家庭可支配收入的基尼系数(不平等)	Statistics Denmark	市	2014
工作	失业率	Region of Southern Denmark	100米网格集群(每个群集大于100个家庭)	2003, 2013
	劳动参与率	Statistics Denmark	市	2008～2014
	兼职就业	Statistics Denmark	市	2008～2014
住房	人均房间数	Statistics Denmark	市	2016
	人均住房面积(平方米)*	Region of Southern Denmark	100米网格	2015
	住房费用	Association of Danish Mortgage Banks	市	2004～2015
	租户占用住房的比例	Statistics Denmark	市	2010, 2016
获得服务	30和60分钟内开车可通达的全职工作数量	Region of Southern Denmark	城市区域核心和通勤区	2016
安全	凶杀率	Statistics Denmark	市	2015
	报告的刑事犯罪率	Statistics Denmark	市	2007～2015
教育	受过高等教育的工作年龄人口	Statistics Denmark	市	2006～2015
	丹麦语、英语和数学分数*	Region of Southern Denmark	学校一级的点数据	2014～2015
环境	空气污染:$PM_{2.5}$浓度(微克/立方米)	Brezzi and Sanchez Serra (2014; 2016)	功能性城区	2013
	距离高价值自然设施的远近	Daams and Veneri(2016)	功能性城区	2011
公民参与	选民投票率	Statistics Denmark	市	2015
健康	预期健康寿命	Statistics Denmark	市	2011, 2015
	总住院天数	Region of Southern Denmark	100米网格集群(每个群集大于500个家庭)	2015
	糖尿病不受控制性住院	Statistics Denmark	市	2014
社会联系(社会关系)	缺乏社会支持	Danish Health Survey	市	2013
	感到寂寞*	Danish Health Survey	市	2013
生活满意度	对生活的满意度(从0到100)*	Region of Southern Denmark's "Good Life" survey	城市区域核心和通勤区	2015

注:*指标仅适用于丹麦南部地区的城市(埃斯比约和欧登塞)。
资料来源:OECD, 2016。

2. 城市生活质量分析方法

① 指标标准化。使用五个城市中每个指标最近年份的最小值和最大值来标准化各维度的指标，标准化后指标值将在 85 到 115 之间。把国家当前值设置为 100，高于（低于）100 的值将表示高于（低于）国家当前的平均值。标准化的公式如下：

$$z_i = 30 \frac{x_i - \min_i}{\max_i - \min_i} + 85$$

其中，i 为城市，在本案例中，$i \in [1, 2, \cdots, 5]$，x_i 为城市 i 指标 x 最近年的数值，z_i 为该指标的标准值，$\max_i$、$\min_i$ 分别为五个城市中该指标的最大值和最小值。

对于负指标，采用以下公式：

$$z_i = 200 - 30 \frac{x_i - \min_i}{\max_i - \min_i} - 85$$

② 指标国家平均值的标准化。调整各城市的指标标准值，使得最近一年的国家标准化分数等于 100，

$$\bar{z}_l = z_i - (z_{i2} - 100)$$

其中 z_{i2} 是指标的国家平均值。

③ 绘制城市生活质量的雷达图。每个城市绘制一幅雷达图进行比较分析。图中各个维度的得分根据代表该维度福利指标的标准化值来计算，根据各维度得分绘出雷达图，雷达图所包含的面积越大，表明该城市相对于其他城市表现越好。根据数据可获得性，丹麦五个城市的雷达图只有九个维度。各维度选择的代表性指标分别为：等同于家庭可支配收入（收入）、失业率（工作）、人均房间数（住房）、凶杀率（安全）、受过高等教育的工作年龄人口（教育）、$PM_{2.5}$ 浓度（环境）、选民投票率（公民参与）、预期健康寿命（健康）、声称没有人可以交谈的人口比例（社区）。

3. 丹麦城市的生活质量比较

与丹麦的国家水平相比较：

- 哥本哈根在收入、教育、公民参与、社区四个维度上的生活质量优于国家平均水平；
- 奥胡斯在收入、工作、教育、环境、公民参与、健康、社区七个维度上的生活质量优于国家平均水平；
- 奥尔堡在住房、环境、健康、社区四个维度上的生活质量优于国家平均水平；
- 埃斯比约在工作、安全、环境三个维度上的生活质量优于国家平均水平；
- 欧登塞在住房上的生活质量优于国家平均水平。

按生活质量维度看（表 2-36），五个城市中，

- 有三个城市在环境、社区的维度分值高于国家平均水平；
- 有两个城市在住房、收入、工作、教育、公民参与和健康的维度分值高于国家平均水平；
- 仅有一个城市在安全的维度分值高于国家平均水平。

总体来说，奥胡斯在多个维度的生活质量分值较高，欧登塞在多个维度的生活质量分值都低于国家水平（表 2-36）。

表 2-36 丹麦五个城市不同维度生活质量比较

维度分值	与丹麦国家水平比较					
	哥本哈根	奥胡斯	奥尔堡	埃斯比约	欧登塞	OECD
住房	低	低	高	相当	低	低
收入	高	高	低	低	低	高
工作	低	低	低	高	低	低
安全	低	低	低	高	相当	相当
教育	高	高	相当	低	低	低
环境	低	低	高	低	低	低
公民参与	高	高	低	低	低	低
健康	低	高	高	相当	高	低
社区	高	高	高	相当	低	无相关OECD数据

注：■表示分值低于国家水平，■表示分值高于国家水平，■表示分值与国家水平相当；
资料来源：OECD，2016。

五个城市的生活质量比较（图 2-16）：

- 哥本哈根在收入、社区方面有优势，但是住房、环境和健康较其他四个城市逊色；
- 奥胡斯在教育、公民参与和健康方面有优势；
- 奥尔堡在住房、环境方面有优势，但在工作、安全上较差；
- 埃斯比约在工作和安全上有优势，在教育和公民参与上较差；
- 欧登塞在收入和社区上较逊色。

本 章 小 结

生活质量现代化既有国际共性，也有时代、国别、地区和行业差异。本章讨论生活质量研究的发展趋势和典型案例，包括生活质量的相关理论和政策选择。

1. 生活质量研究的发展趋势

生活质量研究是多维的、综合的，涵盖生活的方方面面，不同研究工作在维度、指标和评价等方面既存在共性，也存在差异；健康、工作、教育与学习、社会联系、公民参与、生态环境等方面被许多生活质量研究所关注。

生活质量指标，包括客观、主观和综合生活质量指标。

生活质量评价，包括客观、主观和综合生活质量评价。

2. 生活质量的相关理论

生活质量研究是一门交叉科学，涉及经济学、社会学、医学、心理学、管理学、生态学、发展研究和现代化科学等多门学科。这里简介几种相关理论。

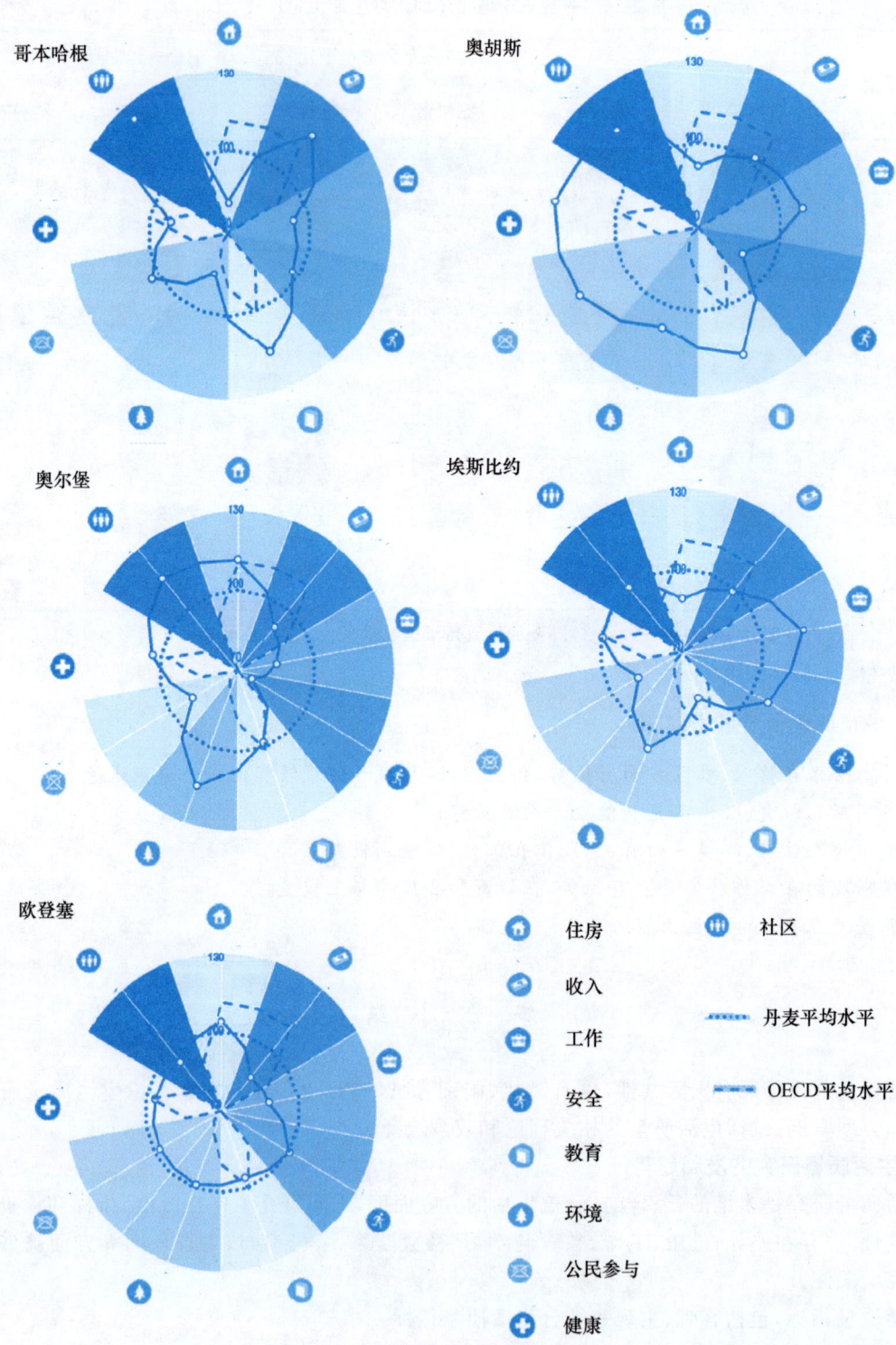

图 2-16 哥本哈根、奥胡斯、奥尔堡、埃斯比约和欧登塞五个城市生活质量雷达图

资料来源:OECD,2016。

其一,经济学相关理论,如福利经济学理论、经济发展阶段理论等。
其二,社会学和现代化理论,如后现代化理论、第二次现代化和人类发展阶段理论等。
其三,心理学和管理理论,如需求层次理论、多重差异理论等。
其四,生态学和环境理论,如可持续发展和生态现代化理论等。

3. 生活质量的政策研究

生活质量的理念,部分已经应用到政策实践当中,相关政策涉及社会、经济、环境等诸多领域。简要介绍英国、加拿大和不丹王国的生活质量政策。

4. 生活质量研究的案例

简要介绍国际组织、典型国家、重点行业和地区的生活质量研究。

国际组织。2011年OECD提出美好生活指数,包括十一个维度的指标,即收入、工作、住房、健康、社会关系/社区、教育与技能、环境质量、公民参与和治理、个人安全、工作与生活平衡、生活满意度。2015年欧盟出版《欧洲的生活质量》报告,采用了"8+1"指标框架,即物质生活条件、生产和其他活动、健康、教育、休闲和社会互动、经济和人身安全、治理和基本权利、自然和生活环境、总体生活体验。

国家。2010年英国国家统计局启动国民福祉计划。它涉及十个领域,包括个人幸福、关系、健康、工作、居住、个人财务、经济、教育和技能、政府治理、自然环境。2011年加拿大政府推出加拿大幸福指数。幸福指数涉及八个领域,分别是社区活力、民主参与、教育、环境、健康人口、休闲与文化、生活水平、时间利用。不丹王国是一个发展中国家。她提出的国民幸福指数包括四大基本元素、九大领域、33个指标和124个变量。四大基本元素分别为可持续和公平的社会经济发展、文化价值的保护和发扬、自然环境的保护和高效管理制度的建立。九大领域分别为生活水平、教育、健康、文化多样性和弹性、社区活力、时间利用、心理幸福感、生态多样性和弹性及善治。

健康。世界卫生组织提出的生活质量指标体系,包括六个维度,即生理健康、心理状态、独立性水平、社会关系、环境、宗教和个人信仰,共24个主题。

地区。OECD提出的地区生活质量体系,涉及九个维度26个指标,包括收入、就业、住房、健康、教育、环境、个人安全感、公民参与、获得服务等。

城市。丹麦提出的城市生活质量指标体系,共有十一个维度,包括收入、工作、住房、获得服务、安全、教育、环境、公民参与、健康、社会、生活满意度。

第三章 中国生活质量现代化的理性分析

2017年中国共产党第十九次全国代表大会报告（以下简称"十九大报告"）提出"永远把人民对美好生活的向往作为奋斗目标"。生活质量是衡量美好生活水平的一个综合指标。生活质量以物质生活水平为基础，更加注重非物质生活水平和生活满意度，更加关注健康长寿、社会和谐和环境友好等。2020年中国将全面建成小康社会。随着人民物质生活丰富和生活水平提高，中国将开始向追求生活质量转变。生活质量现代化研究既要探索生活质量变迁的共性特征，也要寻找它的个性和多样性，并提出推进生活质量现代化的政策举措。我们沿用第一章世界生活质量现代化的分析逻辑，先开展时序分析、截面分析和过程分析，然后讨论战略选择。

本章所采用数据主要来自世界银行的《世界发展指标》数据库、经济合作与发展组织（OECD）、国际劳工组织（ILO）以及《中国统计年鉴》等。需要特别注意的是，不同来源的数据存在一定差异，需要谨慎对待。我们将注明数据来源，以便读者比较分析。

第一节 中国生活质量现代化的时序分析

中国生活质量现代化的时序分析，是对中国生活质量现代化的全过程的时间序列数据和资料进行分析，试图去发现和归纳它的事实和特点。世界生活质量时序分析的国家样本为15个（表1-11）。我们选择其中的4个国家（美国、德国、英国、日本）、高收入国家和世界平均值为参照，分析我国的个人生活、公共生活、生活环境和生活满意度的变迁，时间跨度约为56年（表3-1），分析内容包括长期趋势和国际比较等。关于中国生活质量现代化的地区差异和地区多样性，需要专题研究。

表3-1 1960~2016年中国生活质量指标的发展趋势

变化类型	个人生活指标/个	公共生活指标/个	生活环境指标/个	生活满意度指标/个	合计/个	比例/(%)
上升变量	12	18	17	—	47	66
下降变量	8	4	5	—	17	24
转折变量	—	1	—	—	1	1
波动变量	1	1	1	3	6	9
合计	21	24	23	3	71	100

一、中国个人生活的时序分析

个人生活涉及许多方面。这里重点讨论营养、健康、家庭、住房、消费与成本五个方面。反映五个方面变化的指标很多，这里选择其中的25个指标为代表。

1. 中国营养与健康的时序分析

(1) 中国营养与健康的发展趋势

营养与健康指标同样很多,本报告选择了10个指标,其中6个指标为上升变量,3个指标为下降变量,1个指标由于无法获得较长的时间链数据,暂不做判断(表3-2)。

表3-2 1970~2016年中国营养与健康10个指标的发展趋势

指标、数据来源和单位	1970	1980	1990	2000	2010	2016	变化	增长率/(%)	趋势	性质
人均食物供应量[a]/(千卡/天)	1859	2161	2515	2814	3044	3108*	1.67	1.2	上升	1
人均蛋白质供应量[a]/(克/天)	46.2	54.0	65.0	84.0	95.0	98.0*	2.12	1.8	上升	1
人均脂肪供应量[a]/(克/天)	24.1	34.4	53.9	76.0	93.9	95.9*	3.98	3.3	上升	1
营养不良人口比例[b]/(%)	—	—	—	15.9	11.9	9.6**	0.60	−3.3	下降	2
成人肥胖比例[c]/(%)	—	—	—	2.9***	5.6****	7.0*****	2.41	7.6	上升	2
出生时平均预期寿命[b]/(年)	59.1	66.8	69.3	72.0	75.2	76.3	1.29	0.6	上升	1
出生时预期健康寿命[d]/(年)	—	—	—	64.5	67.6	68.7	1.07	0.4	上升	1
婴儿死亡率[b]/(‰)	80.6	48.2	42.2	30.1	13.5	8.5	0.11	−4.8	下降	2
糖尿病患病率[b]/(%)	—	—	—	—	—	9.74******	—	—	—	2
结核病发病率[b]/(例/10万人)	—	—	—	109	77	64	0.59	−3.3	下降	2

注:变化=终点值/起点值。增长率为从起点年到终点年的年均增长率,单位为%。性质:1代表正指标;2代表逆指标;3代表非正非逆和难以判断的指标。* 为2013年数据;** 为2015年数据;*** 为2002年数据;**** 为2008年数据;***** 为2014年数据;****** 为2017年数据。"—"为没有数据,同后。

数据来源:a 为FAO(联合国粮食和农业组织)数据;b 为HNP(世界银行的健康、营养和人口统计数据库)数据;c 为WHO数据;d 为WHS(世界卫生统计)数据。

上升变量:人均食物供应量、人均蛋白质供应量、人均脂肪供应量、成人肥胖比例、出生时平均预期寿命、出生时预期健康寿命等。

下降变量:营养不良人口比例、婴儿死亡率、结核病发病率等。

其一,营养。1970年以来,中国人的营养水平提升较快。其中,人均食物供应量、人均蛋白质供应量和人均脂肪供应量大幅提升,营养不良人口比例大幅下降;但是,成人肥胖比例上升。成人肥胖比例上升的原因是多样的,营养过剩或生活方式不良是原因之一。

根据联合国粮农组织的统计数据,1970~2013年,中国营养结构大幅改善。其中,中国人均食物供应量增长率约1.2%,人均蛋白质供应量增长率约1.8%,人均脂肪供应量增长率约3.3%,人均蛋白质供应量翻了一番,人均脂肪供应量翻了近两番。

其二,健康。在1970~2016年期间,中国人的健康水平大幅提高。其中,出生时平均预期寿命和出生时预期健康寿命明显增加,婴儿死亡率和结核病发病率大幅下降。

在过去46年里(1970~2016年),中国人出生时平均预期寿命提高了17.2岁,婴儿死亡率年均下降率约4.8%。2000~2016年,结核病发病率年均下降率约3.3%。

(2) 中国营养与健康的国际比较

其一,过程比较,以中国出生时平均预期寿命为例(表3-3)。1960年以来,中国人出生时平均预期寿命均低于美国、德国、英国和日本等发达国家。但1970年以来,中国人出生时平均预期寿命都高于世界平均值,2016年高出4.3岁。

表 3-3 1960～2016 年中国出生时平均预期寿命的国际比较 单位:年

区域	1960	1970	1980	1990	2000	2016	2016/1960
中国	43.7	59.1	66.8	69.3	72.0	76.3	1.74
美国	69.8	70.8	73.6	75.2	76.6	78.7	1.13
德国	69.3	70.6	72.7	75.2	77.9	80.6	1.16
英国	71.1	72.0	73.7	75.9	77.7	81.0	1.14
日本	67.7	72.0	76.1	78.8	81.1	84.0	1.24
高收入国家	68.5	70.6	73.2	75.4	77.6	80.5	1.18
世界平均	52.6	58.7	62.9	65.4	67.7	72.0	1.37
中国÷世界	0.83	1.01	1.06	1.06	1.06	1.06	1.27

注:时序分析样本包括 15 个国家(表 1-11)。这里选择其中的 4 个国家为中国国际比较的对照。后同。

其二,前沿比较,以 2016 年或最近年数据为例(表 3-4)。营养指标,2013 年人均食物供应量、人均蛋白质供应量都低于美国、德国和英国,但高于日本;2015 年,营养不良人口比例是高收入国家值的 3.6 倍。健康指标,2016 年出生时平均预期寿命比高收入国家平均值低 4.2 岁,婴儿死亡率、糖尿病患病率、结核病发病率均高于高收入国家平均值,其中,2016 年结核病发病率是高收入国家平均值的 5.3 倍,婴儿死亡率是高收入国家平均值的 1.9 倍。

表 3-4 2016 年或最近年中国营养与健康指标的国际比较

项目	中国	美国	德国	英国	日本	高收入国家	世界	高收入国家÷中国
人均食物供应量/(千卡/天)*	3108	3682	3499	3424	2726	—	2884	—
人均蛋白质供应量/(克/天)*	98	110	102	103	88	—	81	—
人均脂肪供应量/(克/天)*	95.9	161.6	145.8	138.1	87.3	—	82.6	—
营养不良人口比例/(%)**	9.6	2.5	2.5	2.5	2.5	2.7	10.7	0.28
出生时平均预期寿命/年	76.3	78.7	80.6	81.0	84.0	80.5	72.0	1.06
婴儿死亡率/(‰)	8.5	5.6	3.2	3.7	2	4.5	30.5	0.53
糖尿病患病率/(%)***	9.7	10.8	8.3	4.3	5.7	7.9	8.5	0.81
结核病发病率(例/10 万人)	64	3.1	8.1	9.9	16	12	140	0.19

注:* 为 2013 年数据,** 为 2015 年数据,*** 为 2017 年数据。
数据来源同表 3-2。

2. 中国家庭与住房的时序分析
(1) 中国家庭与住房的发展趋势

家庭与住房分析指标很多,这里选择了 9 个指标,其中 4 个指标为上升变量,4 个指标为下降变量(表 3-5),1 个为波动变量。

表3-5　1970～2015年中国家庭与住房9个指标的发展趋势

指标、数据来源和单位	1970	1980	1990	2000	2010	2015	变化	增长率/(%)	趋势	性质
结婚率[b]/(‰)	—	—	8.3	6.6	9.2	8.9	1.07	0.3	波动	3
离婚率[b]/(‰)	—	—	0.69	0.96	2.0	2.8	4.06	5.8	上升	3
家庭规模[b]/(人/户)	—	—	—	3.44	3.10	3.10	0.90	−0.7	下降	3
少女生育率[a]/(‰)	38.7	17.1	19.8	8.8	7.7	7.3*	0.19	−3.7	下降	2
抚养比率[c]/(%)	79.0	67.8	52.5	46.1	35.6	37.7	0.48	−1.7	下降	3
儿童人口比例[c]/(%)	40.4	35.7	28.8	24.6	17.8	17.7	0.44	−1.9	下降	2
老龄人口比例[c]/(%)	3.76	4.70	5.65	6.91	8.40	9.68	2.57	2.2	上升	2
人均住房面积[b]/平方米										
城镇	—	—	—	24.5**	31.6	36.6***	1.49	2.9	上升	1
农村	—	—	—	26.5**	34.1	45.8***	1.73	4.0	上升	1
汽车普及率[b]/(辆/千人)	—	—	—	7	46	99	14.14	19.3	上升	—

注：变化、增长率和性质的内涵见表3-2。* 为2014年数据，** 为2002年数据，*** 为2016年数据。"—"为没有数据。结婚率＝内地居民结婚对数/年末人口数×1000。

数据来源：a 为HNP（世界银行的健康、营养和人口统计数据库）数据；b 为《中国统计年鉴》数据；c 为WDI（世界发展指标）数据。

上升变量：离婚率、老龄人口比例、人均住房面积、汽车普及率；

下降变量：家庭规模、少女生育率、抚养比率、儿童人口比例；

波动变量：结婚率。

其一，家庭。在1970～2015年期间，中国家庭变化的主要特点是：家庭规模小型化，家庭结构老龄化，婚姻生活出现多种形态等。

- 家庭生活变化特点：离婚率上升，结婚率波动，少女生育率下降。1990～2015年，中国人结婚率的增长率约0.3%，离婚率的增长率约5.8%，离婚率的增长率约为结婚率的增长率的21倍；结婚和离婚的自由度大幅提升。
- 家庭结构变化特点：家庭规模缩小，儿童人口比例下降，老龄人口比例上升，抚养比率先降后升。1970～2015年老龄人口比例增长率约为2.2%。

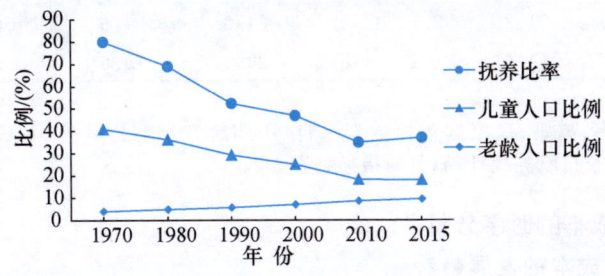

图3-1　1970～2015年中国抚养比率、儿童人口比例和老龄人口比例的变化

其二，住房。在2002～2016年期间，中国人均住房条件改善。其中，城镇居民人均住房建筑面积和农村居民人均住房面积明显增加。

在过去14年里（2002～2016年），中国城镇居民人均住房建筑面积增加了12.1平方米，年均增长率2.9%；中国农村居民人均住房面积增加了19.3平方米，年均增长率4.0%。

(2) 中国家庭与住房的国际比较

其一,过程比较,以中国老龄人口比例为例(表3-6)。1960~2015年,中国老龄人口比例低于美国、德国、英国和日本等高收入国家;1960~2000年,中国老龄人口比例低于世界平均水平,2015年中国人口老龄比例超过世界平均水平,约为世界平均值的1.17倍。

表3-6　1960~2015年中国老龄人口比例的国际比较　　　　　　　　　　　　　　　单位:%

区域	1960	1970	1980	1990	2000	2010	2015	2015/1960
中国	3.7	3.8	4.7	5.7	6.9	8.4	9.7	2.62
美国	9.1	10.1	11.6	12.6	12.3	13.0	14.6	1.60
德国	11.5	13.6	15.6	14.9	16.5	20.5	21.1	1.83
英国	11.8	13.0	15.0	15.8	15.9	16.6	18.1	1.53
日本	5.6	6.9	8.9	11.9	17.0	22.5	26.0	4.64
高收入国家	8.6	9.8	11.2	12.1	13.5	15.2	16.8	1.95
世界	5.0	5.3	5.9	6.2	6.9	7.6	8.3	1.66
中国÷世界	0.74	0.72	0.80	0.92	1.00	1.11	1.17	1.58

其二,前沿比较,以2015年或最近年数据为例(表3-7)。家庭指标,2014年中国结婚率高于美国、德国、日本;离婚率低于美国,但高于德国和日本,其中,离婚率约为日本的1.5倍;2015年中国老龄人口比例低于高收入国家老龄人口比例约7.1个百分点;2015年中国家庭规模比德国高1.1人/户,比英国高0.8人/户。住房指标,由于中国住房统计口径与发达国家不同,暂不做比较。

表3-7　2015年或最近年中国家庭的国际比较

项目	中国	美国	德国	英国	日本	高收入国家	世界平均	高收入国家÷中国
结婚率/(‰)*	9.6	6.9	4.8	—	5.1	—	—	—
离婚率/(‰)*	2.7	3.2	2.1	—	1.8	—	—	—
家庭规模/(人/户)	3.1	—	2.0	2.3	—	—	—	—
儿童人口比例/(%)	17.7	19.2	13.1	17.6	13.0	17.1	26.2	0.97
少女生育率/(‰)*	7.3	24.1	7.0	15.3	4.2	19.8	44.8	2.70
抚养比率/(%)	37.7	51.2	52.1	55.5	64.0	51.6	54.1	1.37
老龄人口比例/(%)	9.7	14.6	21.1	18.1	26	16.8	8.3	1.73

注:* 为2014年数据。
数据来源:中国的结婚率、离婚率、家庭规模数据来自《中国统计年鉴》,其他国家的结婚率、离婚率数据来自OECD数据库,家庭规模数据来自欧洲统计局;其他指标见表3-5。

3. 中国家庭消费与成本的时序分析

(1) 中国家庭消费与成本的发展趋势

家庭消费与成本分析指标很多,这里选择了6个指标,其中2个指标为上升变量,1个指标为下降变量,3个指标由于无法获得较长的时间链数据,暂且不能判断(表3-8)。

表3-8 1970~2015年中国家庭消费与成本6个指标的发展趋势

指标、数据来源和单位	1970	1980	1990	2000	2010	2015	变化	增长率/(%)	趋势	性质
人均家庭消费支出[b]/美元	—	—	330	733	1613	2338	7.08	8.1	上升	1
人均能源消费[b]/千克石油当量	465	610	767	899	1955	2237*	4.81	3.6	上升	1
居民家庭恩格尔系数[a]/(%)										
城镇		56.9	54.2	39.2	35.7	29.7	0.52	−1.8	下降	2
农村		61.8	58.8	49.1	41.1	33.0	0.53	−1.8	下降	2
健康支出比例[a]/(%)	—	—	—	—	—	7.41				
房价收入比[c]	—	—	—	—	—	27.8				
消费比率[a]/(%)	—	—	—	—	—	71.5				

注：变化、增长率和性质的内涵见表3-2。* 为2014年数据；房价收入比为2018或最近年的数据。"—"为没有数据。人均居民最终消费支出的单位是2010年不变价美元。

数据来源：a 为《中国统计年鉴》数据；b 为WDI数据；c 为NUMBEO 2018（全球城市生活质量调查报告）数据。

上升变量：人均家庭消费支出、人均能源消费。

下降变量：恩格尔系数。

其一，家庭消费。中国人均居民家庭消费支出和人均能源消费明显增加；消费结构明显变化，居民人均消费支出比例中个人生活消费比例下降，公共生活消费比例上升；城镇和农村居民恩格尔系数下降。

- 1990~2015年，中国人均居民家庭消费支出增加了约2000美元，年均增长率约8.1%；1970~2014年，中国人均能源消费增加了1700多千克石油当量，年均增长率约3.6%。
- 2013~2016年，中国居民人均消费支出结构发生改变，其中，个人生活消费比例下降，公共生活消费比例上升。中国居民人均消费个人生活支出比例降低了约2.6个百分点，公共生活消费支出比例上升了约2.7个百分点，但个人生活支出仍约占65%（表3-9）。
- 1980~2015年，城镇居民家庭恩格尔系数下降了27.2个百分点，农村居民家庭恩格尔系数下降了28.8个百分点，2015年农村居民家庭恩格尔系数仍高于城镇居民家庭恩格尔系数3.3个百分点。

其二，生活成本。生活成本结构明显变化，2013~2016年中国居民人均消费支出比例中，食品烟酒、衣着、居住支出比例下降，交通通信、教育文化娱乐、医疗保健支出比例上升（表3-9）。

表3-9 2013~2016年中国居民人均消费支出比例的结构变化   单位：%

指标	2013	2014	2015	2016	变化	趋势
食品烟酒	31.21	31.01	30.64	30.10	0.96	下降
衣着	7.77	7.59	7.41	7.03	0.90	下降
居住	22.68	22.09	21.76	21.90	0.97	下降
生活用品及服务	6.10	6.14	6.06	6.10	1.00	波动
交通通信	12.31	12.90	13.28	13.66	1.11	上升
教育文化娱乐	10.57	10.60	10.97	11.22	1.06	上升
医疗保健	6.90	7.21	7.41	7.64	1.11	上升
其他用品及服务	2.46	2.47	2.48	2.37	0.96	下降

(续表)

指标	2013	2014	2015	2016	变化	趋势
聚类						
个人生活	67.76	66.82	65.86	65.13	0.96	下降
公共生活	29.78	30.71	31.66	32.52	1.09	上升
其他	2.46	2.47	2.48	2.37	0.96	下降

注：个人生活由食品烟酒、衣着、居住、生活用品及服务四部分组成；公共生活由交通通信、教育文化娱乐、医疗保健三部分组成；其他是其他用品及服务。

数据来源：《中国统计年鉴》。

(2) 中国生活消费与成本的国际比较

其一，过程比较，以中国人均居民家庭消费支出为例（表 3-10）。1990 年以来，中国人均居民家庭消费支出提升，但仍远低于美国、德国、英国和日本等发达国家，也低于世界平均水平，2016 年约为世界平均值的 42%。

表 3-10　1990～2016 年中国人均家庭消费的国际比较　　　单位：2010 年不变价美元

区域	1990	2000	2005	2010	2016	2016/1990
中国	330	733	1049	1613	2506	7.59
美国	23 100	29 436	32 788	32 980	36 405	1.58
德国	18 862	22 228	22 630	23 423	25 151	1.33
英国	17 132	22 635	26 164	25 501	27 000	1.58
日本	21 025	23 755	25 101	25 703	26 745	1.27
高收入国家	17 049	21 059	23 032	23 550	25 127	1.47
世界	4056	4722	5163	5466	5914	1.46
中国÷世界	0.08	0.16	0.20	0.30	0.42	5.21

其二，前沿比较，以 2016 年或最近年数据为例（表 3-11）。生活消费指标，中国人均居民家庭消费支出和人均能源消费低于美国、德国、英国、日本等发达国家，其中，2016 年中国人均居民家庭消费支出约为高收入国家值的 10%；生活成本指标，中国房价收入比远高于美国、德国、英国和日本等发达国家，2018 年或最近年房价收入比约为美国的 8.2 倍，中国消费比率低于美国和英国，高于德国和日本。

表 3-11　2016 年或最近年的中国生活消费与成本的国际比较

项目	中国	美国	德国	英国	日本	高收入国家	世界	高收入国家÷中国
人均居民家庭消费支出/美元	2506	36 405	25 151	27 000	26 745	25 127	5914	10.0
人均能源消费/(千克石油当量)	2237*	6801	3818	2764	3429	4605	1919*	2.1
居民家庭恩格尔系数**	40	—	12	13	—	—	—	—
健康支出比例/(%)	7.41	—	3.9**	1.2**	—	—	—	—
消费比率/(%)	71.5	78.6	68.0	88.3	69.2	—	—	—
房价收入比***	27.8	3.4	8.4	8.8	12.2	—	—	—

注：* 为 2014 年数据，** 为 2010 年数据，*** 房价收入比为 2018 或最近年的数据，数据来源于 NUMBEO，2018。健康支出比例：中国是指医疗保健消费支出比例，德国和英国是指私人健康支出比例。

数据来源：中国的健康支出比例、消费比率数据来自《中国统计年鉴》，美国、德国、英国、日本的健康支出比例、消费比率数据来自欧洲统计局。其他指标数据来源见表 3-8。

二、中国公共生活的时序分析

公共生活涉及许多方面。这里重点讨论经济生活、社会生活、文化生活和政治生活,由于政治生活指标数据获取不全,暂不做分析。反映三个方面变化的指标很多,这里选择其中的 32 个指标为代表。

1. 中国经济生活的时序分析

(1) 中国经济生活的发展趋势

经济生活分析指标很多,这里选择了 7 个指标,其中 4 个指标为上升变量,1 个指标为下降变量,1 个指标为波动变量,1 个指标由于无法获得较长的时间链数据,暂且不能判断(表 3-12)。

表 3-12 1990~2016 年中国经济生活 7 个指标的发展趋势

指标、数据来源和单位	1990	2000	2005	2010	2016	变化	增长率/(%)	趋势	性质
就业比例a/(%)	—	75.3	72.8	69.2	68.2	0.91	−0.6	下降	1
失业率a/(%)	4.89	4.53	4.14	4.20	4.65	0.95	−0.2	波动	2
工作压力b/(%)	—	—	—	—	28.9*	—	—	—	2
职工参加工会比例c/(%)	—	—	—	34.7	44.9*	1.29	5.3	上升	1
人均国民总收入a/美元	330	940	1760	4340	8250	25.0	13.2	上升	1
人均购买力a/美元	990	2900	5060	9290	15470	15.6	11.2	上升	1
最低月工资c/美元	—	50	71	142	226**	4.52	12.3	上升	1

注:变化、增长率和性质的内涵见表 3-2。* 为 2015 年数据;** 为 2013 年数据。"—"为没有数据。
数据来源:a 为 WDI 数据;b 为 OECD 数据;c 为 ILO(国际劳工组织)数据。

上升变量:职工参加工会比例、人均国民总收入、人均购买力、最低月工资;

下降变量:就业比例;

波动变量:失业率。

其一,工作。2000~2016 年期间,中国就业比例下降了 7.1 个百分点。

其二,收入。在 1990~2016 年期间,中国人均国民收入增加了 24 倍,年均增长率约 13.2%,人均购买力提升了约 15 倍,年均增长率约 11.2%。

(2) 中国经济生活的国际比较

其一,过程比较,以中国人均购买力为例(表 3-13)。1990~2016 年期间,中国人均购买力提升幅度是高收入国家平均值的 6 倍,但中国人均购买力低于发达国家,也低于世界平均值。

表 3-13 1990~2016 年中国人均购买力的国际比较   单位:国际美元(PPP)

区域	1990	2000	2005	2010	2016	2016/1990
中国	990	2900	5060	9290	15 470	15.6
美国	23 730	36 930	44 740	48 880	58 700	2.5
德国	19 750	27 110	32 250	40 000	49 690	2.5
英国	16 990	26 220	33 040	36 170	41 640	2.5
日本	19 620	27 220	32 350	35 900	43 630	2.2
高收入国家	18 214	28 013	34 156	39 395	47 208	2.6
世界	5376	7868	10 009	12 785	16 176	3.0
中国÷世界	0.18	0.37	0.51	0.73	0.96	5.3

其二,前沿比较,以 2016 年为例(表 3-14)。中国人均国民总收入约为高收入国家平均值的 1/5,人均购买力约为高收入国家平均值的 1/3。

表 3-14 2016 年或最近年中国经济生活的国际比较

项目	中国	美国	德国	英国	日本	高收入国家	世界	高收入国家÷中国
就业比例/(%)	68.2	59.7	58.5	59.9	58.1	56.9	—	0.83
失业率/(%)	4.65	4.9	4.1	4.8	3.1	6.2	5.5	1.33
工作压力/(%)*	28.9	25.8	28.5	20.7	31.2	—	—	—
职工参加工会比例/(%)	44.9*	10.3	17	23.5	17.3	—	—	—
人均国民总收入/美元	8250	56 850	43 940	42 370	38 000	41 254	10 321	5.00
人均购买力/美元	15 470	58 700	49 690	41 640	43 630	47 208	16 176	3.05
最低月工资/美元	226**	1257	1593	—	—	—	—	—

注:* 为 2015 年数据;** 为 2013 年数据。数据来源同表 3-12。

2. 中国社会生活的时序分析

(1) 中国社会生活的发展趋势

社会生活分析指标很多,这里选择了 15 个指标,其中 8 个指标为上升变量,3 个指标为下降变量,1 个指标为转折变量,1 个指标为饱和指标,2 个指标由于无法获得较长的时间链数据,暂且不能判断(表 3-15)。

表 3-15 1980~2016 年中国社会生活 15 个指标的发展趋势

指标、数据来源和单位	1980	1990	2000	2010	2016	变化	增长率/(%)	趋势	性质
成人识字率[a]/(%)	65.5*	77.8	90.9	95.1	96.4**	1.47	1.2	上升	1
小学入学率[a]/(%)	111.3	127.4	110.3***	107.5	100.9	0.91	−0.3	饱和	1
中学入学率[a]/(%)	43.0	37.4	59.7	88.0	95.0****	2.21	2.4	上升	1
大学入学率[a]/(%)	1.1	3.0	7.6	24.1	48.4	44.0	11.1	上升	1
预期受教育年限[c]/年	—	8.8	9.6	12.8	13.5**	1.53	1.7	上升	1
平均受教育年限[c]/年	—	4.8	6.5	7.1	7.6**	1.58	1.9	上升	1
性别平等指数[c]	0.86*	0.94	0.99	1.00	—	1.16	0.5	上升	1
女性就业比例[c]/(%)	—	42.9	43.0	42.2	41.7	0.97	−0.1	下降	3
基尼系数[c]/(%)	—	34.3	41.7	48.1	46.5	1.36	1.2	转折	2
收入不平等[c]	—	—	—	9.5*****	—	—	—	—	—
国家贫困人口比例[c]/(%)	—	—	—	17.2	4.5	0.26	−20.0	下降	2
国际贫困人口比例[c]/(%)	—	66.6	40.5	11.2	1.4******	0.02	−14.9	下降	2
社会保险覆盖率[c]/(%)	—	—	—	63.1****	—	—	—	—	1
基本养老保险覆盖率[b]/(%)	—	5.4	10.7	26.8	64.2	11.9	10.0	上升	1
失业保险覆盖率[b]/(%)	—	—	8.2	10.0	13.1	1.60	3.0	上升	1

注:变化、增长率和性质的内涵见表 3-2。* 为 1982 年数据;** 2015 年数据;*** 为 2001 年数据;**** 为 2013 年数据;***** 为 2008 年数据;****** 为 2014 年数据。"—"为没有数据。
数据来源:a 为 WDI 数据;b 为《中国统计年鉴》数据;c 为 HDI 数据。

上升变量:成人识字率、中学入学率、大学入学率、预期受教育年限、平均受教育年限、性别平等指数、基本养老保险覆盖率、失业保险覆盖率;

下降变量:女性就业比例、国家贫困人口比例、国际贫困人口比例;

转折变量:基尼系数。

其一,教育和学习。1980 年以来,中国人的教育水平提升较快。其中,成人识字率、中学入学率、大学入学率、预期受教育年限、平均受教育年限等指标明显提升。

1980～2016年，中国大学入学率提高了47.3个百分点，增长率约11.1%；1982～2015年，成人识字率增加了30.9个百分点，增长率约1.2%；1990～2015年，平均受教育年限增加了2.8年，增长率约1.9%。

其二，社会公平。1990～2014年，国际贫困人口比例（按每天1.90美元，2011年PPP）下降了65.2个百分点，年均降低14.9%；然而，在过去26年里（1990～2016年），基尼系数先升后降，2016年比1990年提高了12.2个百分点。

其三，社会保障。1990～2016年期间，中国基本养老保险覆盖率提高了58.8个百分点，增长率约10.0%；2000～2016年，中国失业保险覆盖率增加了4.9个百分点，增长率约3.0%。

(2) 中国社会生活的国际比较

其一，过程比较，以中国平均受教育年限为例（表3-16）。1990～2015年期间，中国平均受教育年限增加，但仍低于美国、德国、英国和日本等发达国家。2015年中国平均受教育年限比美国低5.6年。

表3-16 1990～2015年中国平均受教育年限的国际比较　　　　　　　　　　单位：年

区域	1990	2000	2005	2010	2015	2015/1990
中国	4.8	6.5	6.9	7.1	7.6	1.58
美国	12.3	12.7	12.8	12.9	13.2	1.07
德国	8.8	10.5	12.3	13	13.2	1.50
英国	7.9	11.7	12.2	13.1	13.3	1.68
日本	9.6	10.7	11.2	11.5	12.5	1.30
中国÷美国	0.39	0.51	0.54	0.55	0.58	1.48

注：高收入国家和世界平均值暂无数据。

其二，前沿比较，以2015年或最近年数据为例（表3-17）。教育和学习指标，2015小学入学率、中学入学率（2013年）、大学入学率均低于高收入国家，其中大学入学率比高收入国家低29.2点；2015年，中国平均受教育年限比英国低5.7年，比美国低5.6年。社会公平指标，2015年中国基尼系数比德国高14.5个百分点，比英国高13.0个百分点。

表3-17 2015年或最近年中国社会生活的国际比较

项目	中国	美国	德国	英国	日本	高收入国家	世界	高收入国家÷中国
成人识字率/(%)	96.4	—	—	—	—	—	86.0	—
小学入学率/(%)	99.3	99.3	102.4	101.9	98.8	102.1	103.0	1.03
中学入学率/(%)	95.0**	97.2	101.1	125.5	102.1	107.1	76.2	1.13
大学入学率/(%)	45.4	—	66.3	57.3	63.2	74.6	36.1	1.64
预期受教育年限/年	13.5	16.5	17.1	16.3	15.3	—	—	—
平均受教育年限/年	7.6	13.2	13.2	13.3	12.5	—	—	—
性别平等指数	1.00	—	—	—	—	—	0.97	—
女性就业比例/(%)	41.8	43.4	44.2	44.0	41.4	41.0	37.1	0.98
基尼系数/(%)	46.2	—	31.7	33.2	—	—	—	—
收入不平等	9.2**	9.1*	4.8	5.4	—	—	—	—
国际贫困人口比例/(%)	1.4***	1.0**	—	0.2	—	0.6**	10.9**	0.43

注：* 为2012年数据；** 为2013年数据；*** 为2014数据。数据来源同表3-15。

3. 中国文化生活的时序分析

(1) 中国文化生活的发展趋势

文化生活分析指标很多,这里选择了 10 个指标,其中 6 个指标为上升变量,4 个指标由于无法获得较长的时间链数据,暂且不能判断(表 3-18)。

表 3-18 1995~2016 年中国文化生活 10 个指标的发展趋势

指标、数据来源和单位	1995	2000	2005	2010	2016	变化	增长率/(%)	趋势	性质
人均国际旅游离境频次[a]/(次/年)	0.004	0.01	0.02	0.04	0.10	25	16.6	上升	1
人均年娱乐时间[b]/小时	—	—	—	—	228	—	—	—	1
人均年观影次数[c]/(次/年)	—	—	0.13	0.23	0.99*	8	22.5	上升	1
人均年阅读量[d]/(本/年)	—	—	—	7.0**	8.0***	1	2.7	上升	1
互联网普及率[a]/(%)	0.005	1.78	8.52	34.3	53.2	10 640	55.5	上升	1
移动电话普及率[a]/(户/100 人)	0.29	6.64	29.8	63.2	97.3	336	31.9	上升	1
网络购物占总人口比例[b]/(%)	—	—	—	12.0	33.9	3	18.9	上升	1
同性恋包容性指数[e]	—	—	—	—	0.14	—	—	—	1
种族歧视和暴力冲突指数[e]	—	—	—	—	—	—	—	—	2
宗教包容性指数[e]	—	—	—	—	2.0	—	—	—	1

注:变化、增长率和性质的内涵见表 3-2。* 2015 年数据;** 为 2012 年数据;*** 为 2017 年数据。"—"为没有数据。

数据来源:a 为 WDI 数据;b 为 OECD 数据;c 为 UNESCO 数据;d 为 Pew Research Center 数据;e 为 Social Progress Index 2017 数据。

上升变量:人均国际旅游离境频次、人均观影次数、人均年阅读量、互联网普及率、移动电话普及率、网络购物占总人口比例。

其一,休闲和旅行。1995 年以来,中国人的休闲和旅行频次提升。其中,人均国际旅游离境频次提升,1995~2016 年期间,人均国际旅游离境频次增加了 24 倍,年均增长率约 16.6%。

其二,大众文化。2005~2015 年,人均年观影次数提高了 7 倍,年均增长率约 22.5%。

其三,网络文化。1995~2016 年,互联网普及率和移动电话普及率大幅提升,2016 年分别达到 53.2% 和 97.3%,网络购物占总人口比例达到 33.9%。

(2) 中国文化生活的国际比较

其一,过程比较,以中国人均年观影次数为例(表 3-19)。2005 年以来,中国人均年观影次数均低于美国、德国、英国和日本等发达国家。2015 年中国人均年观影次数比美国低 3.14 次,约为美国的 24%。

表 3-19 2005~2015 年中国人均年观影次数的国际比较　　　　单位:次/年

区域	2005	2010	2015	2015/2005
中国	0.13	0.23	0.99	7.62
美国	5.24	4.78	4.13	0.79
德国	1.65	1.65	1.86	1.13
英国	3.04	3.02	2.98	0.98
日本	1.39	1.53	1.49	1.07
中国÷美国	0.02	0.05	0.24	9.66

注:高收入国家和世界平均值暂无数据。

其二,前沿比较,以 2016 年或最近年数据为例(表 3-20)。休闲和旅行指标,2016 年中国人均国际旅游离境频次和人均年娱乐时间都低于美国、德国、英国、日本,其中,2016 年人均国际旅游离境频次约为高收入国家的 15.4%。大众文化指标,2015 年人均年观影次数低于美国、德国、英国、日本,是美国的 24%。网络文化指标,2016 年互联网普及率、网络购物占总人口比例都低于美国、德国、英国和日本,其中互联网普及率比高收入国家低 29 个百分点。

表 3-20 2016 年或最近年中国文化生活的国际比较

项目	中国	美国	德国	英国	日本	高收入国家	世界	高收入国家÷中国
人均国际旅游离境频次/(次/年)	0.10	0.23*	1.10	1.08	0.13	0.65	0.20	6.50
人均年娱乐时间/小时	228	283	331	306	278	—	—	
人均观影次数/(次/年)*	0.99	4.13	1.86	2.98	1.49			
互联网普及率/(%)	53.2	76.2	89.6	94.8	93.2	82.2	45.8	1.55
移动电话普及率/(户/100 人)	97	123	126	119.98	130.61	126	101	1.30
网购人口比例/(%)	33.85	55.17	74.07	82.57	52.60			
种族歧视和暴力冲突指数	—	5.0	4.6	5.60	4.20			
性别平等(怀孕偏好)/(%)**	0.53	—	0.51	0.51	—			
同性恋包容性指数	0.14	0.74	0.76	0.83	0.28			
宗教包容性指数	2.00	3.00	2.00	2.00	3.00			

注:* 为 2015 年数据;** 为 2014 年数据。数据来源同表 3-18。

三、中国生活环境的时序分析

生活环境涉及多个方面。这里重点讨论公共设施和公共服务、公共安全、自然环境和国际环境。反映三个方面变化的指标很多,这里选择其中的 26 个指标为代表。

1. 中国公共设施和公共服务的时序分析

(1) 中国公共设施和公共服务的发展趋势

公共设施和公共服务分析指标很多,这里选择了 15 个指标,其中 10 个指标为上升变量,3 个指标为下降变量,2 个指标由于无法获得较长的时间链数据,暂且不能判断(表 3-21)。

表 3-21 1970~2016 年中国公共设施和公共服务 15 个指标的发展趋势

指标、数据来源和单位	1970	1980	1990	2000	2010	2016	变化	增长率/(%)	趋势	性质
卫生设施普及率[a]/(%)			47.5	58.8	70.8	76.5*	1.61	1.9	上升	1
清洁饮水普及率[a]/(%)			66.9	80.3	91.4	95.5*	1.43	1.4	上升	1
千人床位数[a]/(张/千人)	1.54	2.23	2.58	2.52	3.56	5.1*	3.31	2.7	上升	1
固定宽带订阅[a]/(人/100 人)	—	—	—	0.002	9.29	23.0	11 500	79.4	上升	1
通电率[a]/(%)			92	96	100	100	1.09	0.3	上升	1
人均航行次数[a]/(次/年)		0.003	0.01	0.05	0.20	0.35	116.67	14.1	上升	1
人均影院数[b]/(座/100 万居民)				1.4**						1
人均银幕数[b]/(块/10 万居民)					0.5	2.5	5.00	30.8	上升	1
营商环境指数[a]						78***				2
中学生师比[a]	20.6	18.9	14.6	17.1	15.5	13.5	0.66	−0.9	下降	2

(续表)

指标、数据来源和单位	1970	1980	1990	2000	2010	2016	变化	增长率/(%)	趋势	性质
小学生师比ª	28.9	27.2	22.3	22.2	16.8	16.5	0.57	−1.2	下降	2
医生比例ª/(名/千人)	0.86	1.18	1.12	1.26	1.46	3.63*	4.22	3.3	上升	1
护士和助产士的比例ª/(名/千人)	—	—	—	0.99	1.52	2.34*	2.36	5.9	上升	1
人均电力消费ª/千瓦时	152	282	511	993	2944	3927**	25.84	7.7	上升	3
人均淡水汲取量ª/立方米	—	452	440	435	444****	433*	0.96	−0.1	下降	3

注：变化、增长率和性质的内涵见表 3-2。* 为 2015 年数据；** 为 2014 年数据；*** 为 2017 年数据；**** 为 2012 年数据。"—"为没有数据。

数据来源：a 为 WDI 数据；b 为 UNESCO 数据。

上升变量：卫生设施普及率、清洁饮水普及率、千人床位数、固定宽带订阅、通电率、人均航行次数、人均银幕数、医生比例、护士和助产士的比例、人均电力消费；

下降变量：中学生师比、小学生师比、人均淡水汲取量。

其一，公共设施。1970 年以来，中国公共设施水平提升较快。其中，卫生设施普及率、清洁饮水普及率、千人床位数、固定宽带订阅、通电率、人均航行次数、人均影院数、人均银幕数等公共设施都有明显提高。

1990～2015 年，卫生设施普及率的增长率约 1.9%，清洁饮水普及率的增长率约 1.4%，2015 年达到 95.5%；1970～2015 年，千人床位数增长率约 2.7%；固定宽带订阅增长率约 79.4%；1980～2016 年，人均航行次数提升了约 116 倍，年均增长率约 14.1%。

其二，公共服务。1970 年以来，中国公共服务能力明显提升。其中，医生比例、护士和助产士的比例、人均电力消费明显提高；但中学生师比和小学生师比降低。

在过去 46 年里（1970～2016 年），小学生师比下降了 12.4 个百分点，中学生师比年均下降率约 0.9%；1970～2015 年，医生比例年均增长率约 3.3%，2000～2015 年，护士和助产士的比例年均增长率约 5.9%；1970～2014 年，人均电力消费增加了 3775 千瓦时。

(2) 中国公共设施和公共服务环境的国际比较

其一，过程比较，以中国卫生设施普及率为例（表 3-22）。1990～2015 年，中国卫生设施普及率低于美国、德国、英国和日本等发达国家，也低于高收入国家平均值。2000 年以来，中国卫生设施普及率都高于世界平均值，2015 年高出 9 个百分点。

表 3-22 1990～2015 年中国卫生设施普及率的国际比较   单位：%

区域	1990	2000	2005	2010	2015	2015/1990
中国	47.5	58.8	64.9	70.8	76.5	1.61
美国	99.5	99.7	99.8	99.9	100	1.01
德国	99.2	99.2	99.2	99.2	99.2	1.00
英国	99.2	99.2	99.2	99.2	99.2	1.00
日本	100	100	100	100	100	1.00
高收入国家	94.7	95.1	95.6	96.1	96.3	1.02
世界	52.9	58.8	61.9	64.8	67.5	1.28
中国÷世界	0.90	1.00	1.05	1.09	1.13	1.26

其二,前沿比较,以 2016 年或最近年数据为例(表 3-23)。公共设施指标,2015 年卫生设施普及率、清洁饮水普及率、固定宽带订阅、人均航行次数、人均银幕数都低于美国、德国、英国、日本等发达国家,其中,2015 年卫生设施普及率低于高收入国家 19.8 个百分点,人均航行次数低于高收入国家 1.5 次;公共服务指标,2015 年中学生师比(逆指标)、小学生师比(逆指标)均高于高收入国家,护士和助产士的比例低于德国 11.5 个百分点,人均电力消费低于高收入国家 5160 千瓦时。

表 3-23 2016 年或最近年中国公共设施和公共服务的国际比较

项目	中国	美国	德国	英国	日本	高收入国家	世界	高收入国家÷中国
卫生设施普及率/(%)*	76.5	100	99.2	99.2	100	96.3	67.5	1.26
清洁饮水普及率/(%)*	95.5	99.2	100	100	100	99.0	91.0	1.04
千人床位数/(张/千人)	5.37	2.9**	8.2**	2.9**	2.9**	—	—	
固定宽带订阅/(人/100 人)	23.0	33.0	39.1	38.3	31.2	32.1	12.5	1.40
通电率/(%)	100	100	100	100	100	100	87	1.00
人均航行次数/(次/年)	0.35	2.55	1.51	2.21	0.93	1.86	0.50	5.31
人均银幕数/(块/10 万人)*	2.5	14	6.3	7	2.8	—	—	
营商便利指数***	78	6	20	7	34	—	—	
中学生师比*	13.8	14.7	12.1	15.5	11.4	12.8	17.4	0.93
小学生师比*	16.3	14.5	12.2	—	16.2	14.1	23.2	0.87
医生比例/(名/千人)*	3.6	—	4.2	2.8	—	—	—	
护士和助产士的比例/(名/千人)*	2.34	—	13.80	8.40	—	—	—	
人均电力消费/千瓦时****	3927	12 987	7035	5130	7820	9087	3125	2.31

注:* 为 2015 年数据;** 为 2011 年数据,*** 为 2017 年数据;**** 为 2014 年数据。数据来源同表 3-21。

2. 中国公共安全的时序分析

公共安全分析指标很多,这里选择了 4 个指标,供大家参考(表 3-24)。

表 3-24 2000~2016 年中国公共安全 4 个指标的发展趋势

指标、数据来源和单位	2000	2008	2010	2016	变化	增长率/(%)	趋势	性质
监狱人口比例d/(人/10 万居民)	111	121	121	119*	1.07	0.5	波动	2
黑暗中行走感受到安全的人口比c/(%)	—	—	78.0	82.0**	1.05	2.5	上升	1
交通伤亡人口比例a/(人/100 万人)	4.04	—	2.38	2.09	0.52	−0.4	下降	2
受灾人口比例b/(人/100 万人)	—	14 086	11 901	5392	0.38	−11.3	下降	2

注:变化、增长率和性质的内涵见表 3-2。* 为 2014 年数据;** 为 2012 年数据。"—"为没有数据。
数据来源:a 为《中国统计年鉴》数据;b 为 WDI 数据;c 为 OECD 数据;d 为 EU & World Prison Brief 数据。

3. 中国自然环境和国际环境的时序分析

(1) 中国自然环境和国际环境的发展趋势

自然环境和国际环境分析指标很多,这里选择了 7 个指标,其中 6 个指标为上升变量,1 个指标由于无法获得较长的时间链数据,暂且不能判断(表 3-25)。

表 3-25 1970～2016 年中国自然环境和国际环境 7 个指标的发展趋势

指标、数据来源和单位	1970	1980	1990	2000	2010	2016	变化	增长率/(%)	趋势	性质
PM₂.₅年均浓度ᵃ/(微克/立方米)	—	—	48.5	51.6	58.2	56.3	1.16	0.6	上升	2
人均二氧化碳排放量ᵃ/吨	0.9	1.5	2.2	2.7	6.6	7.5*	8.33	4.9	上升	2
森林覆盖率ᵃ/(%)	—	—	16.7	18.9	21.4	22.2**	1.33	1.1	上升	1
生物多样性陆地保护面积占比ᵇ/(%)	5.5	6.0	13.5	15.5	17.1	17.2	3.13	2.5	上升	1
极端气候人口影响占比ᵃ/(%)	—	—	—	—	7.95***	—	—	—	—	2
国际净移民比例ᵃ/(%)	—	—	0.03	0.04	0.06	0.07**	2.33	3.4	上升	1
外国留学生比例ᶜ/(%)	—	—	—	—	0.25****	0.31	1.24	4.4	上升	1

注：变化、增长率和性质的内涵见表 3-2。* 为 2014 年数据；** 为 2015 年数据；*** 为 2010 年数据，**** 为 2011 年数据。"—"为没有数据。

数据来源：a 为 WDI 数据；b 为 OECD 数据；c 为 UNESCO 数据。

上升变量：PM₂.₅年均浓度、人均二氧化碳排放量、森林覆盖率、生物多样性陆地保护面积占比、国际净移民比例、外国留学生比例。

其一，自然环境。根据世界银行的统计数据，1970～2014 年，中国人均二氧化碳排放量增加了 6.6 吨，年均增长率约 4.9%；1990～2016 年，PM₂.₅年均浓度年均增长率约 0.6%（图 3-2）。1970～2016 年，生物多样性陆地保护面积占比增加了 11.7 个百分点，年均增长率约 2.5%。

其二，国际环境。1990～2015 年期间，国际净移民比例年均增长率约 3.4%。2011～2016 年外国留学生比例年均增长率约 4.4%。

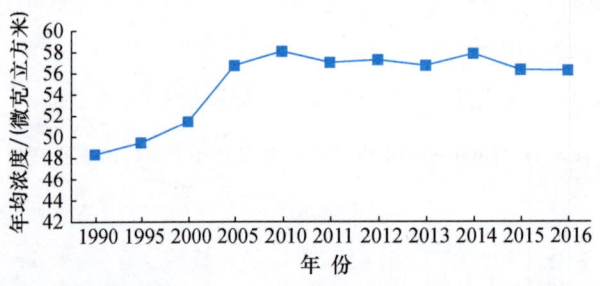

图 3-2 PM₂.₅年均浓度的变化

(2) 中国自然环境和国际环境的国际比较

其一，过程比较，以中国 PM₂.₅年均浓度为例（表 3-26）。1990 年以来，中国 PM₂.₅年均浓度一直高于美国、德国、英国和日本等发达国家，也高于世界平均值，2016 年高于世界平均值 6.6 微克/立方米。

表 3-26 1990～2016 年中国 PM₂.₅年均浓度的国际比较   单位：微克/立方米

区域	1990	2000	2005	2010	2016	2016/1970
中国	48.5	51.6	56.9	58.2	56.3	1.16
美国	11.4	10.7	10.4	8.6	9.2	0.81
德国	17.5	14.1	13.4	13.7	13.5	0.77
英国	14.5	12.7	12.0	11.8	11.5	0.79

（续表）

区域	1990	2000	2005	2010	2016	2016/1970
日本	12.7	12.4	13.2	12.3	13.2	1.04
高收入国家	17.7	16.0	15.9	16.8	19.7	1.11
世界平均	39.6	40.5	41.8	41.9	49.7	1.26
中国÷世界	1.23	1.27	1.36	1.39	1.13	0.92

其二，前沿比较，以 2016 年或最近年数据为例（表 3-27）。自然环境指标，2016 年中国 $PM_{2.5}$ 年均浓度比高收入国家高 36.6 微克/立方米，2015 年森林覆盖率比高收入国家低 6.6 个百分点。国际环境指标，2014 年国际净移民比例约为高收入国家平均值 1/190，2016 年外国留学生比例比约为高收入国家 1/20。

表 3-27　2016 年或最近年的中国自然环境和国际环境的国际比较

项目	中国	美国	德国	英国	日本	高收入国家	世界	高收入国家÷中国
$PM_{2.5}$ 年均浓度/(微克/立方米)	56.3	9.2	13.5	11.5	13.2	19.7	49.7	0.35
人均二氧化碳排放量/吨*	7.5	16.5	8.9	6.5	9.5	11.0	5.0	1.47
森林覆盖率/(%)**	22.2	33.9	32.7	13.0	68.5	28.8	30.8	1.30
生物多样性陆地保护面积占比/(%)	17.2	13.0	37.7	28.5	21.4	—	14.0	—
极端气候人口影响占比/(%)***	8.0	0.21	0.03	0.03	0.02	—	—	—
国际净移民比例/(%)*	0.07	14.5	14.9	13.2	1.6	13.6	3.3	194
外国留学生比例/(%)	0.3	—	—	—	—	6.7	2.2	22.3

注：* 为 2014 年数据；** 为 2015 年数据；*** 为 2009 年数据。数据来源同表 3-25。

四、中国生活满意度的时序分析

生活满意度涉及许多方面。这里重点讨论个人生活满意度、公共生活满意度和生活环境满意度。

1. 中国个人生活满意度的时序分析

我们选择了生活满意度、总体生活满意度、家庭生活满意度、住房满意度和自杀率 5 个指标，分析中国个人生活满意度的发展趋势。其中，总体生活满意度、家庭生活满意度、住房满意度 3 个指标来自欧盟数据库，无法获取中国数据。生活满意度和自杀率 2 个指标，见表 3-28。

表 3-28　1990～2015 年中国个人生活满意度 2 个指标的发展趋势

指标、数据来源和单位	1990	2000	2005	2010	2015	变化	增长率/(%)	趋势	性质
生活满意度[a]/分*	7.29	6.83	6.53	6.76	6.85	0.94	−0.2	波动	1
自杀率[b]/(例/10 万人)	—	11	9.9	9.8	10	0.91	−0.6	波动	2

注：变化、增长率和性质的内涵见表 3-2。* 1990 年数据为 1990～1994 年平均值；2000 年数据为 1995～1999 年平均值；2005 年数据为 2000～2004 年平均值；2010 年数据为 2005～2009 年平均值；2015 年数据为 2010～2014 年平均值。"—"为没有数据。

数据来源：a 为 World Values Survey 数据；b 为 WDI 数据。

2. 中国公共生活满意度的时序分析

我们选择了经济生活满意度、社会生活满意度、公共服务满意度、教育满意度 4 个指标，分析中国公共生活满意度的发展趋势。其中，社会生活满意度、公共服务满意度和教育满意度 3 个指标来自欧盟数据库,无法获取中国数据;经济生活满意度指标,见表3-29。

表 3-29 1990～2015 年中国公共生活满意度的变化

指标、数据来源和单位	1990	2000	2005	2010	2015	变化	增长率/(%)	趋势	性质
经济生活满意度a/分	6.12	6.11	5.65	5.94	6.19	1.01	0.05	波动	1

注:变化、增长率和性质的内涵见表3-2。其中,1990年数据为1990～1994年平均值;2000年数据为1995～1999年平均值;2005年数据为2000～2004年平均值;2010年数据为2005～2009年平均值;2015年数据为2010～2014年平均值。

数据来源:a 为 World Values Survey 数据。

3. 中国生活环境满意度的时序分析

我们选择了水质满意度作为生活环境满意度的分析变量,由于水质满意度指标来自OECD数据库,中国数据缺失,暂不做分析。

第二节 中国生活质量现代化的截面分析

中国生活质量现代化的截面分析,是对中国生活质量现代化历史过程关键时期的截面数据和资料进行分析,试图去发现和归纳中国生活质量现代化的事实和特征。分析变量涉及个人生活、公共生活、生活环境和生活满意度四个方面,分析对象包括三个历史截面(表3-30),并以2016年为重点。

表 3-30 1980、2000 和 2016 年截面中国生活质量指标的水平分布

项目	指标个数/个			指标比例/(%)		
	1980	2000	2016	1980	2000	2016
分析指标	23	57	119	—	—	—
水平相关指标	18	40	54	100	100	100
其中 发达水平	—	—	—	—	—	—
中等发达水平	1	1	10	5.6	2.5	18.5
初等发达水平	6	13	37	33.3	32.5	68.5
欠发达水平	11	26	7	61.1	65	13.0

一、中国个人生活的截面分析

1. 中国个人生活的 2016 年截面分析

2016年截面是2013年到2018年的数据,不同指标数据年份可能有所不同。

2016年世界个人生活的截面分析包括33个变量;其中,约19个变量与国家经济水平相关。将中国指标与世界水平进行比较,可大致判断中国个人生活的水平(表3-31)。

表 3-31 2016 年截面中国个人生活指标的相对水平   单位:个

指标	经济欠发达			经济初等发达		经济中等发达		经济发达		合计
	1组	2组	3组	4组	5组	6组	7组	8组	9组	
营养与健康	—	—	—	1	1	4	—	—	—	6
家庭与住房	—	—	—	1	1	—	1	—	—	3
消费与成本	—	—	2	1	1	—	—	—	—	4
合计	—	—	2	3	3	4	1	—	—	13

2016 年截面,中国个人生活约有 5 个指标达到经济中等发达国家组的水平,约有 6 个指标达到经济初等发达国家组的水平,2 个指标为经济欠发达国家组的水平(表 3-31、3-32)。

表 3-32 2016 年截面中国个人生活指标的国际比较

指标	中国数值	中国分组	国际对照(经济水平、国家分组、人均国民收入、指标特征值)								
			经济欠发达			经济初等发达		经济中等发达		经济发达	
			1	2	3	4	5	6	7	8	9
			522	855	1706	4350	8153	14 436	31 693	47 757	69 470
(1) 营养与健康											
人均食物供应量*	3108	6	2306	2396	2603	2828	2956	3156	3297	3457	3481
人均蛋白质供应量*	98.0	6	60.1	60.3	70	77.6	83	93.1	102.5	106.9	105.6
营养不良人口比例	9.6	4	23.6	24.9	14	9.4	6.2	3.9	2.7	2.3	2.5
成人肥胖比例	7.0**	—	—	—	—	—	—	17.9	13.4	16.3	19
出生时平均预期寿命	76.3	6	60.6	62.7	66.9	72.4	72.7	77.4	80.8	81.7	81.2
出生时预期健康寿命	68.7	6	53.9	54.9	58.9	64.2	64.2	68.6	71.6	72.6	71.7
婴儿死亡率	8.5	6	51.1	49.3	36.5	18.9	18.6	6.4	4.1	3	3.8
糖尿病患病率	9.7	—	4.8	3.3	6.5	8	9	6.9	8.5	6	7
结核病发病率	64.0	5	193.6	156.3	205.9	146.2	80.4	21.4	16.8	11.3	5.8
(2) 家庭与住房											
结婚率	8.9***	—	—	—	—	—	6.4	5.1	4.4	4.6	5.4
离婚率	2.8***	—	—	—	—	—	2.0	2.0	1.8	2	2.6
家庭规模	3.1***	4	—	—	—	—	2.6	2.5	2.4	2.2	2.1
少女生育率	7.3**	7	102.1	101.6	63.1	47.8	42.9	31.7	8.7	8.5	9.3
抚养比率	37.7***	—	88.7	84.8	64.6	53.5	50	50	50.8	51	51.4
老龄人口比例	9.7***	5	3	3.2	4.7	7.2	8.4	14.4	14.5	17	16.7
人均住房面积	—	—	—	—	23	—	20.8	27.3	34.9	39.6	51.4
人均住房间数	—	—	—	—	—	0.7	1	1.3	1.7	2	2
没有基本设施住房的比例	—	—	—	—	—	20.5	8.4	5.1	2.2	0.6	0.2
买不起洗衣机的人口比例	—	—	—	—	—	—	9.4	1.3	0.4	0.5	1.4
(3) 消费与成本											
人均居民家庭消费支出	2506	3	433	637	1222	3010	5250	9481	17 374	25 061	36 515
人均能源消费	2237**	4	389	361	661	1224	2350	2247	4387	4672	4598
恩格尔系数	30	5	—	—	—	—	30	22	16	12	12
私人健康支出比例	7.1	—	—	—	—	—	4.2	3.9	2.6	2.9	2.7
家庭教育支出比例	—	—	—	—	—	—	0.5	1.3	0.8	1.1	0.4
文化娱乐支出比例	—	—	—	—	—	—	2.9	6.1	7.2	11.2	12
消费比率	0.72	—	—	—	—	—	0.80	0.62	0.54	0.73	0.78
房价收入比****	27.8	3	76.5	86.5	27.3	14.4	14.8	20	10.3	9.4	7.3

注:指标单位见附表 1-1-1。* 为 2013 年数据;** 为 2014 年数据;*** 为 2015 年数据,**** 为 2018 或最近年的数据。

2. 中国个人生活的 2000 年截面分析

2000 年世界个人生活的截面分析包括 21 个变量;其中,约 13 个变量与国家经济水平相关。将中国指标与世界水平进行比较,可大致判断中国个人生活的水平。

2000 年截面,中国个人生活大约 1 个指标达到经济中等发达国家组的水平,约有 6 个指标为经济初等发达国家组的水平,约有 4 个指标为经济欠发达国家组的水平(表 3-33)。

表 3-33 2000 年截面中国个人生活指标的相对水平 单位:个

指标	经济欠发达			经济初等发达		经济中等发达		经济发达		合计
	1组	2组	3组	4组	5组	6组	7组	8组	9组	
营养与健康	—	—	2	2	3	—	—	—	—	7
家庭与住房	—	—	—	1	—	—	1	—	—	2
消费与成本	—	—	2	—	—	—	—	—	—	2
合计	—	—	4	3	3	—	1	—	—	11

3. 中国个人生活的 1980 年截面分析

1980 年世界个人生活的截面分析包括 10 个变量,所有变量均与国家经济水平相关。将中国指标与世界水平进行比较,可大致判断中国个人生活的水平。

1980 年截面,中国个人生活约有 4 个指标达到经济初等发达国家组的水平,约有 3 个指标为经济欠发达国家组的水平(表 3-34)。

表 3-34 1980 年截面中国个人生活指标的相对水平 单位:个

指标	经济欠发达			经济初等发达		经济中等发达		经济发达		合计
	1组	2组	3组	4组	5组	6组	7组	8组	9组	
营养与健康	—	2	—	—	2	—	—	—	—	4
家庭与住房	—	—	—	—	2	—	—	—	—	2
消费与成本	—	—	1	—	—	—	—	—	—	1
合计	—	2	1	—	4	—	—	—	—	7

二、中国公共生活的截面分析

1. 中国公共生活的 2016 年截面分析

2016 年截面是 2013 年到 2016 年的数据,不同指标数据年份可能有所不同。

2016 年世界公共生活的截面分析包括 72 个变量;其中,约 35 个变量与国家经济水平显著相关。将中国指标与世界水平进行比较,可大致判断中国公共生活的水平。

2016 年截面,中国公共生活大约有 18 个达到经济初等发达国家组的水平,3 个指标为经济欠发达国家组的水平(表 3-35、3-36)。

表 3-35　2016 年截面中国公共生活指标的相对水平　　　　　　　　　　　　　　　　　　　　单位:个

指标	经济欠发达			经济初等发达		经济中等发达		经济发达		合计
	1组	2组	3组	4组	5组	6组	7组	8组	9组	
经济生活	—	—	—	—	4	—	—	—	—	4
社会生活	—	—	1	3	6	—	—	—	—	10
文化生活	—	—	2	3	2	—	—	—	—	7
政治生活	—	—	—	—	—	—	—	—	—	—
合计	—	—	3	6	12	—	—	—	—	21

表 3-36　2016 年截面中国公共生活指标的国际比较

指标	中国数值	中国分组	国际对照(经济水平、国家分组、人均国民收入、指标特征值)								
			经济欠发达			经济初等发达		经济中等发达		经济发达	
			1	2	3	4	5	6	7	8	9
			522	855	1706	4350	8153	14 436	31 693	47 757	69 470
(1) 经济生活											
就业比例	68.2	—	71.2	61.2	59.1	54.6	59.8	53.2	54.5	59	61.5
失业率	4.7	—	5.1	6.1	6.9	9.8	6.7	9.0	7.4	6.1	5.2
非全时就业就业率	—	—	—	12.4	14.3	17.9	10.9	17.6	24.8	33.6	37
工作时间	—	—	—	—	—	46.5	40.7	37.5	34.8	34.8	
平均日通勤时间	—	—	—	—	—	36.9	37	37.4	47.2	48.3	
工作压力*	28.9	5	—	—	—	26.7	30.4	32.8	28.6	24	19.3
工伤事故	—	—	—	—	61	863	2169	786	2085	1667	1379
职工参加工会比例*	44.9	—	—	—	20.6	13.1	12.7	14.2	26.7	27.1	38.8
人均国民总收入	8250	5	522	855	1706	4350	8153	14 436	31 693	47 757	69 470
人均购买力	15 470	5	1417	2173	4821	11 404	17 141	25 120	44 167	51 404	58 768
家庭净可支配收入	—	—	—	—	—	8712	13 766	16 769	23 491	29 042	34 340
平均工资	—	—	—	—	—	—	15 311	24 191	36 952	47 703	56 625
最低月工资	226**	5	—	67	—	168	219	455	825	1664	1257
长时间工作员工比例	—	—	—	—	—	18.1	12.6	9.8	12	5.6	5.8
休闲和保健的时间	—	—	—	—	—	14.7	14	14.5	15	15.1	15.2
(2) 社会生活											
参加志愿者活动的人口比例	—	—	—	—	—	11.2	6.1	11.2	19	30	41.1
社会支持网络的质量	—	—	—	—	—	90	85	86	90	92	93
与家人、亲朋聚会的频次	—	—	—	—	—	17.1	16.4	11.3	13.5	16.8	
相信大多数人是可信的比例	—	—	9.9	14.8	20.3	16.1	19.6	19.7	30.9	51.9	34.8
成人识字率	96*	5	50	—	79	96	—	97	98	97	
儿童参加学前教育或小学的比例	—	—	—	—	—	82.3	72.3	94.1	86.5	76.8	
小学入学率	101	—	115	80	105	104	101	103	105	102	102
中学入学率	95**	5	37	46	63	91	92	105	115	127	115
大学入学率	48	4	16	15	31	39	59	63	64	54	84
接受成人教育和培训比例	—	—	—	—	—	2.9	1.7	6.6	12	15.7	26.2
预期受教育年限	13.5*	5	9.1	9.5	10.9	13.3	13.4	15.7	16	17.1	17.4
平均受教育年限	7.6*	3	3.8	4.6	6.7	8.8	8.9	10.6	11.1	12.3	13
性别平等指数	—	—	0.7	1.0	1.0	1.0	1.0	1.0	1.0	1.0	
女性就业比例	41.7	—	43.4	43.8	36.7	35.1	39.5	40	37.4	43.6	41.8
基尼系数	46.5	4	42.1	47.8	37.5	41	38.7	37.1	33.7	30.5	32.4
收入不平等	—	—	8.4	16.3	8.5	8.2	10.1	7.5	5.4	4.6	4

(续表)

指标	中国数值	中国分组	国际对照(经济水平、国家分组、人均国民收入、指标特征值)								
			经济欠发达			经济初等发达		经济中等发达		经济发达	
			1	2	3	4	5	6	7	8	9
			522	855	1706	4350	8153	14 436	31 693	47 757	69 470
(2) 社会生活											
国家贫困人口比例	4.5	—	—	—	24.9	22.2	23.8	20.6	—	—	—
国际贫困人口比例	1.4***	5	—	—	6.5	3.2	2.7	0.9	1.2	0.3	0.3
童工比例	—	—	52.4	25.1	—	12.3	4.1	—	—	—	—
全社会保险覆盖率	63.1**	5	12.8	12.9	38.3	64.7	59.5	60	—	—	—
基本养老保险覆盖率	64.2	4	24.2	5.7	40.4	52.5	72.2	84.6	86.2	94.5	100
失业保险覆盖率	13.1	5	—	—	3.0	7.9	3.4	16.6	40.4	59	55.6
基本医疗保险覆盖率	—	—	5	—	56	85	—	93	100	100	100
养老保险金与工资比例	—	—	—	—	—	0.7	0.6	0.5	0.6	0.5	0.5
(3) 文化生活											
年假	—	—	29	33	27	27	27	30	30	31	30
人均国际旅游离境频次	0.1	3	0	0.1	0.1	0.2	0.2	0.6	0.5	1.2	1.3
参加过文体活动的人口比例	—	—	—	—	—	—	30.8	62	66.5	80.5	88.8
参加艺术活动的频次	—	—	—	—	—	—	3.1	6.9	4.2	8.1	8
人均年娱乐时间	228	5	—	—	254	306	203	287	302	311	327
人均观影次数	1.0*	4	—	—	0.4	0.5	1.3	1.4	2.4	2.5	2.8
互联网普及率	53.2	4	10.7	16.2	30	47.8	56.9	70.9	80.9	87.9	89.9
移动电话普及率	97	4	54	84	95	115	115	127	127	123	122
使用社交媒体交流的人口比例	—	—	—	—	—	—	5.9	5.9	3.9	3.8	4
网络购物占总人口比例	33.9	5	—	—	—	—	12.5	38.6	47.4	65.2	70.4
同性恋包容性指数	0.14	3	0.13	0.07	0.14	0.22	0.28	0.4	0.54	0.74	0.77
种族歧视和暴力冲突指数	—	—	7.2	6.3	7.5	7.0	6.8	5.2	5.5	3.5	4.0
性别平等指数	—	—	0.52	0.51	0.52	0.53	0.51	0.51	0.51	0.51	0.51
宗教包容性指数	2.0	—	3	2.7	2.8	3	2.8	3.4	2.7	3.1	3

注:指标单位见附表 1-1-1。* 为 2015 年数据;** 为 2013 年数据;*** 为 2014 年数据。

2. 中国公共生活的 2000 年截面分析

2000 年世界公共生活的截面分析包括 32 个变量;其中,约 20 个变量与国家经济水平相关。将中国指标与世界水平进行比较,可大致判断中国公共生活的水平。

2000 年截面,中国公共生活大约有 2 个指标达到经济初等发达国家组的水平,约有 10 个指标为经济欠发达国家组的水平(表 3-37)。

表 3-37 2000 年截面中国公共生活指标的相对水平

单位:个

指标	经济欠发达			经济初等发达		经济中等发达		经济发达		合计
	1组	2组	3组	4组	5组	6组	7组	8组	9组	
经济生活	—	—	3	—	—	—	—	—	—	3
社会生活	2	3	1	—	—	—	—	—	—	6
文化生活	—	1	—	2	—	—	—	—	—	3
政治生活	—	—	—	—	—	—	—	—	—	—
合计	2	4	4	2	—	—	—	—	—	12

3. 中国公共生活的 1980 年截面分析

1980 年世界公共生活的截面分析包括 11 个变量;其中,约 6 个变量与国家经济水平相关。将中国指标与世界水平进行比较,可大致判断中国公共生活的水平。

1980年截面,中国公共生活大约有4个指标为经济欠发达国家组的水平(表3-38)。

表3-38 1980年截面中国公共生活指标的相对水平　　　　　　　　　　　　　　单位:个

指标	经济欠发达			经济初等发达		经济中等发达		经济发达		合计
	1组	2组	3组	4组	5组	6组	7组	8组	9组	
经济生活	—	—	—	—	—	—	—	—	—	—
社会生活	1	—	3	—	—	—	—	—	—	4
文化生活	—	—	—	—	—	—	—	—	—	—
政治生活	—	—	—	—	—	—	—	—	—	—
合计	1	—	3	—	—	—	—	—	—	4

三、中国生活环境的截面分析

1. 中国生活环境的2016年截面分析

2016年截面是2014年到2017年的数据,不同指标数据年份可能有所不同。

2016年世界生活环境指标的截面分析包括35个变量;其中,约25个变量与国家经济水平显著相关。将中国指标与世界水平进行比较,可大致判断中国生活环境的水平。

2016年截面,中国生活环境指标大约有5个指标达到经济中等发达国家组的水平,约有10个指标达到经济初等发达国家组的水平,约有2个指标处于经济欠发达国家组的水平(表3-39、3-40)。

表3-39 2016年截面中国生活环境指标的相对水平　　　　　　　　　　　　　　单位:个

指标	经济欠发达			经济初等发达		经济中等发达		经济发达		合计
	1组	2组	3组	4组	5组	6组	7组	8组	9组	
公共设施和公共服务	—	—	1	3	5	4	—	—	—	13
公共安全	—	—	—	—	—	—	—	—	1	1
自然环境和国际环境	—	1	—	—	—	1	1	—	—	3
合计	—	1	1	3	7	5	—	—	—	17

表3-40 2016年截面中国生活环境指标的国际比较

指标	中国数值	中国分组	国际对照(经济水平、国家分组、人均国民输入、指标特征值)								
			经济欠发达			经济初等发达		经济中等发达		经济发达	
			1	2	3	4	5	6	7	8	9
			522	855	1706	4350	8153	14 436	31 693	47 757	69 470
(1) 公共设施和公共服务											
卫生设施普及率	76.5*	4	25.6	28.7	58	79.3	81.5	95.1	99.7	98.4	99.4
清洁饮水普及率	95.5*	5	66.8	70.6	80.0	91.0	92.0	98.6	99.5	99.8	99.8
千人床位数	5.1*	6	1.8	1.7	2.4	3.2	2.9	4.4	3.9	4.8	3.7
固定宽带订阅	23.0	6	0.2	0.9	2.8	8.3	12.8	22.4	27.2	34.3	40.3
通电率	100	6	28	42	74	93	92	100	100	100	100
人均航行次数	0.35	4	0.02	0.01	0.1	0.3	0.4	0.9	1.2	4.9	2.8
人均影院数	—	—	3	0.5	3.6	4.3	5.3	19	23.4	18.5	40.8
人均银幕数	2.5	5	0.6	—	1.6	0.9	2.7	4.3	6.9	7.3	10.2
营商环境指数	78**	4	146	152	122	87	74	58	42	19	13

(续表)

指标	中国数值	中国分组	国际对照(经济水平、国家分组、人均国民输入、指标特征值)								
			经济欠发达			经济初等发达		经济中等发达		经济发达	
			1	2	3	4	5	6	7	8	9
			522	855	1706	4350	8153	14 436	31 693	47 757	69 470
(1) 公共设施和公共服务											
中学生师比	13.5	5	28.7	16.6	18.3	18.3	16.2	11.5	11.5	12.3	11.6
小学生师比	16.5	5	44.2	39.9	31	21.1	19.3	13.9	13.5	11.6	11.7
医生比例	3.6*	6	0.1	—	1.4	1.7	2.8	3.3	3.2	3.4	4.3
护士和助产士的比例	2.3*	3	0.7	—	1.7	2.7	4.4	5.8	7.5	10.6	18
人均电力消费	3927***	5	164	200	816	1767	3300	3906	8263	9441	12 341
人均淡水汲取量	433*	—	—	—	—	600	557	374	564	482	573
(2) 公共安全											
犯罪率							288	360	367	254	203
监狱人口比例	119*	5	106	58	89.5	162.3	122.7	183.7	100.1	88.5	67.7
黑暗中行走感到安全的人口比例	—	—	—	—	—	36.1	45.1	61.9	70.7	76.5	82.2
受灾人口比例	5392		1203	3131	1382	6462	1114	734	2096	551	1738
暴力冲突受害人口比例			13 086		37 947	11 683	38 374	13 935	—	—	—
(3) 自然环境和国际环境											
PM$_{2.5}$年均浓度	56.3	2	67.6	52.6	51.2	31.2	26.1	18.3	42	11.9	9.5
人均二氧化碳排放量	7.5***	6	0.1	0.4	1.1	1.9	5.8	5.3	10.3	9.3	9
淡水工业污染率							1.3	0.9	0.5	2.3	—
城市废水处理率							62	84	95	99	98.5
城市废物回收处理率								19.4	26.2	31.8	29.2
森林覆盖率	22.2*	—	23.1	29.5	26.9	26.1	32.8	35.2	34	32.4	28.3
生物多样性陆地保护面积占比	17.2	5			7.9	12.7	17	25.3	24.3	20.2	14.4
极端气候影响人口比例	—		2.6	0.89	1.9	1.32	0.77	0.13	0.09	0.32	0.06
国际净移民比例	0.1*		2	1.6	2.4	4	6.5	6.5	20.4	18.5	17.1
外国留学生比例	0.3	—	0.6	8.2	2	2.9	3.5	3.4	9.2	12.1	10.8

注:指标单位见附表 1-1-1。* 为 2015 年数据,** 为 2017 年数据,*** 为 2014 年数据。

2. 中国生活环境的 2000 年截面

2000 年世界生活环境指标的截面分析包括 25 个变量;其中,约 18 个变量与国家经济水平显著相关。将中国指标与世界水平进行比较,可大致判断中国生活环境的水平。

2000 年截面,中国生活环境指标大约有 3 个指标处于经济初等发达国家组的水平,约有 11 个指标处于经济欠发达国家组的水平(表 3-41)。

表 3-41 2000 年截面中国生活环境指标的相对水平　　　　　　　　单位:个

指标	经济欠发达			经济初等发达		经济中等发达		经济发达		合计
	1组	2组	3组	4组	5组	6组	7组	8组	9组	
公共设施和公共服务	—	3	5	1	1					10
公共安全	—	1								1
自然环境和国际环境	1	—	1		1					3
合计	1	4	6	1	2					14

3. 中国生活环境的 1980 年截面

1980 年世界生活环境指标的截面分析包括 10 个变量;其中,约 7 个变量与国家经济水平显著相关。将中国指标与世界水平进行比较,可大致判断中国生活环境的水平。

1980年截面,中国生活环境指标大约有1个指标处于经济中等发达国家组的水平,约有2个指标处于经济初等发达国家组的水平,约有4个指标处于经济欠发达国家组的水平(表3-42)。

表3-42　1980年截面中国生活环境指标的相对水平　　　　　　　　　　　　　　　单位:个

指标	经济欠发达			经济初等发达		经济中等发达		经济发达		合计
	1组	2组	3组	4组	5组	6组	7组	8组	9组	
公共设施和公共服务	1	2	—	—	2	1	—	—	—	6
公共安全	—	—	—	—	—	—	—	—	—	—
自然环境和国际环境	—	—	1	—	—	—	—	—	—	1
合计	1	2	1	—	2	1	—	—	—	7

四、中国生活满意度的截面分析

1. 中国生活满意度的2016年截面分析

2016年截面是2015年到2016年的数据,不同指标数据年份可能有所不同。

2016年世界生活满意度指标的截面分析包括11个变量;其中,约6个变量与国家经济水平显著相关。将中国指标与世界水平进行比较,可大致判断中国生活满意度的水平。

2016年截面,中国生活满意度指标大约有3个指标处于经济初等发达国家组的水平(表3-43、3-44)。

表3-43　2016年截面中国生活满意度指标的相对水平　　　　　　　　　　　　　　单位:个

指标	经济欠发达			经济初等发达		经济中等发达		经济发达		合计
	1组	2组	3组	4组	5组	6组	7组	8组	9组	
个人生活满意度	—	—	—	2	—	—	—	—	—	2
公共生活满意度	—	—	—	—	1	—	—	—	—	1
生活环境满意度	—	—	—	—	—	—	—	—	—	—
合计	—	—	—	2	1	—	—	—	—	3

表3-44　2016年截面中国生活满意度指标的国际比较

指标	中国数值	中国分组	国际对照(经济水平、国家分组、人均国民输入、指标特征值)									
			经济欠发达			经济初等发达		经济中等发达		经济发达			
			1	2	3	4	5	6	7	8	9		
			522	855	1706	4350	8153	14 436	31 693	47 757	69 470		
(1) 个人生活满意度													
生活满意度*	6.9*	4	6.5	5.7	6.6	6.4	7.3	7.2	7.1	7.3	7.4		
家庭生活满意度	—	—	—	—	—	8.5	7.8	8.1	8.1	7.9	8.2		
住房满意度	—	—	—	—	—	8.2	6.8	7.8	7.6	7.4	7.9		
自杀率	10*	4	8.6	8.3	8.9	9.6	10.4	14.4	13.2	13.5	13.1		
(2) 公共生活满意度													
经济生活满意度	6.2*	5	6.1	3.9	5.4	5.5	6.2	6.1	6.2	6.6	6.2		
社会生活满意度	—	—	—	—	—	6.8	6.7	6.8	7.4	7.5	8.3		
公共服务满意度	—	—	—	—	—	5.1	5.4	5.7	6.1	6.7	6.9		
教育满意度	—	—	—	—	—	6	7.4	7.1	7	7.5	8.2		
(3) 生活环境满意度													
水质满意度	—	—	—	—	—	69	63	78	80	91	93		

注:指标单位见附表1-1-1。* 为2015年数据。

2. 中国生活满意度的2000年截面

2000年世界生活满意度指标的截面分析包括8个变量;其中,约7个变量与国家经济水平显著相关。将中国指标与世界水平进行比较,可大致判断中国生活满意度的水平。

2000年截面,中国生活满意度指标大约有2个指标处于经济初等发达国家组的水平,约有1个指标处于经济欠发达国家组的水平(表3-45)。

表3-45 2000年截面中国生活满意度指标的相对水平 单位:个

指标	经济欠发达			经济初等发达		经济中等发达		经济发达		合计
	1组	2组	3组	4组	5组	6组	7组	8组	9组	
个人生活满意度	—	1	—	—	1	—	—	—	—	2
公共生活满意度	—	—	—	—	1	—	—	—	—	1
生活环境满意度	—	—	—	—	—	—	—	—	—	—
合计	—	1	—	—	2	—	—	—	—	3

第三节 中国生活质量现代化的过程分析

中国生活质量现代化包括中国整体的生活质量现代化、中国生活质量四大方面的现代化、中国各地区的生活质量现代化(图3-3)等。中国生活质量现代化的过程分析的分析对象分为三类:历史进程(1860~2010年)、客观现实(2016年)和未来前景(2020~2050年)。

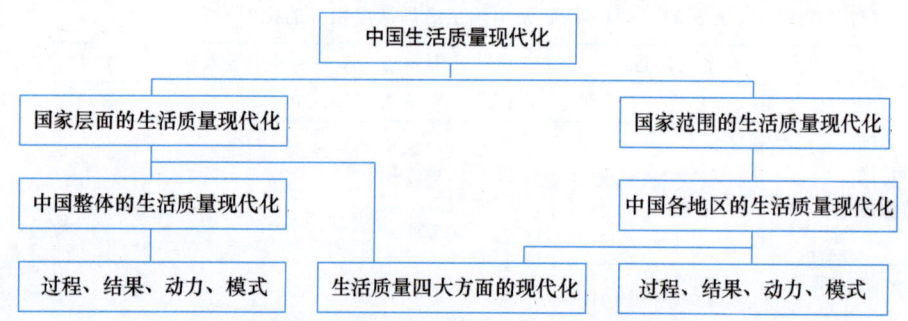

图3-3 中国生活质量现代化的过程分析

注:生活质量四大方面指个人生活(营养与健康、家庭与住房、消费与成本)、公共生活(经济生活、社会生活、文化生活和政治生活)、生活环境(公共设施和公共服务、公共安全、自然环境和国际环境)和生活满意度(个人生活满意度、公共生活满意度和生活环境满意度)。国家层面的生活质量现代化和地区的生活质量现代化,都涉及生活质量四大方面的现代化。

一、中国生活质量现代化的历史进程

中国生活质量现代化的历史进程,指从它的起步到目前的历史过程。中国生活质量现代化的进程研究,时间跨度约为200年,重点是1949年以来。关于中国生活质量四大方面现代化,前面已有专门分析。关于中国的地区生活质量现代化,需要专题研究。这里重点讨论中国整体的生活质量现代化。

中国整体的生活质量现代化是一个多维度的历史过程,需要从多个角度进行分析,分析内容可以根据需要进行选择。下面简要讨论它的阶段、特点和结果。

1. 中国生活质量现代化的主要阶段

中国生活质量现代化是中国现代化的重要组成部分,与中国社会现代化紧密相关。

(1) 中国社会现代化的发展阶段

目前,我国学术界比较普遍的看法是,中国现代化可以分为三个阶段,它们是 1840/60~1911 年、1912~1949 年、1949 年至今。第一个阶段是清朝末年的现代化起步,第二个阶段是民国时期的局部现代化,第三个阶段是中华人民共和国的全面现代化。

《中国现代化报告 2006》认为,中国社会现代化的历史过程,同样分为三个阶段:清朝末年、民国时期和中华人民共和国时期;而且每一个阶段又可分为三个时期(表 3-46)。

表 3-46 中国社会现代化的阶段

阶段	时期	大致时间	历史阶段	社会发展的新特点	经济转型	经济地位
现代化起步 (清朝末年)	准备	1840~1860	鸦片战争	引进现代科学知识	无	下降
	起步	1860~1894	洋务运动	现代运输和教育	无	下降
	调整	1895~1911	维新新政	现代教育和卫生	起步	下降
局部现代化 (民国时期)	探索	1912~1927	北洋政府时期	现代教育的发展	比较慢	下降
	探索	1928~1936	国民政府早期	交通运输和教育	比较慢	下降
	调整	1937~1949	战争时期	局部社会现代化	比较慢	下降
全面现代化 (中华人民 共和国)	探索	1949~1977	计划时期	教育、卫生和福利	比较慢	相对上升
	市场化	1978~2001	改革时期	城市化和社会变革	比较快	相对上升
	全球化	2002~至今	追赶时期	新城市化和全球化	比较快	相对上升

资料来源:中国现代化战略研究课题组 等,2006。

(2) 中国生活质量现代化的起步

中国生活质量现代化是中国社会现代化的组成部分。中国社会现代化发端于 19 世纪中后期,大致可以以 1860 年为起点(表 3-47)。但中国生活质量现代化的起步,尚难以判断。

表 3-47 中国社会现代化的起步

方面	典型事件	发生时间、地点或人物
现代教育	第一所普通小学——正蒙书院	1878,张焕纶
	第一所中学——天津北洋西学学堂二等学堂	1895,天津,盛宣怀
	第一个工业技术学校——天津水师学堂	1880,李鸿章
	第一所大学——天津北洋西学学堂	1895,天津,盛宣怀
	第一所医学院——医学馆	1881,天津,李鸿章
现代科技	第一种综合性科技期刊——《格致汇编》	1876,上海,徐寿和傅兰雅等
	第一个科技推广团体——同文馆	1862,北京,奕訢等
现代生活服务	第一家保险公司——义和公司保险行	1865,上海
	第一次发电照明——台北兴市公司	1888,台湾,刘铭传
	第一个银行——中国通商银行	1897,上海,盛宣怀等
	第一份自办报刊——《香港船头货价报》	1857,香港,黄胜
	第一条电报线——高雄至台湾	1877,台湾,丁日昌
	第一家电信企业——电报总局	1880,天津,李鸿章

资料来源:陈真 等,1957;汪林茂,1998。

(3) 中华人民共和国生活质量现代化的发展阶段

1949 年中华人民共和国成立后,生活质量现代化的发展可以分为三个阶段(表 3-48):计划经济时期(1949～1977年)、小康社会建设时期(1978～2020年)和现代化强国建设时期(2021～2050年)。

表3-48 中华人民共和国生活质量现代化的发展阶段

大致时间	历史阶段	生活质量现代化的主要内容和特点(举例)
1949～1977年	计划经济时期	提高生活水平为主,基本生活支出占生活成本的大部分
1978～2020年	小康社会时期	全面小康社会建设,物质生活逐步丰富,人们开始关心生活质量
2021～2050年	现代化强国时期	以提高生活质量为主,生活满意度逐步提高

其一,计划时期。人们大部分从事农业劳动活动,1970年农业劳动力占总就业人口比例为80.8%,1980年为68.7%。食品烟酒、衣着、生活用品及服务占据人均消费支出的大部分。

其二,小康社会时期。人们逐步从农业劳动中解放出来,逐步转向工业和服务业,2017年服务业劳动力占总就业人口比例的44.9%。人们逐步从物质生活需求转向精神生活需求,开始更加关注健康长寿、社会和谐和环境友好等。人们的教育、医疗、健康、文化娱乐在居民人均消费支出的比例开始增加,2016年交通通信、教育文化娱乐、医疗保健支出上升,居民人均消费支出的比例达到32.5%。

其三,现代化强国时期。根据发达国家经验,在全面建成小康社会以后,提高生活质量成为人们的主要追求,满足人们的美好生活需要成为我们的工作重点。

2. 中国生活质量现代化的主要特点

关于中国生活质量现代化的特点,可以从不同角度进行分析。一般而言,世界生活质量现代化的主要特点在中国都有不同程度的反映,同时中国有自己的特色。

(1) 中国生活质量现代化是一种后发追赶型的生活质量现代化

中国社会现代化的起步比主要发达国家晚约100年。生活质量现代化是社会现代化的组成部分。发达国家生活质量研究大致起步于20世纪50年代,中国生活质量研究起步于20世纪80年代。可以说,中国生活质量现代化的起步,比主要发达国家要晚很多。

(2) 中国居民消费支出比例正在发生转变

2013～2016年中国居民人均消费支出比例中,以食品烟酒、衣着、居住、生活用品及服务为组成部分的个人生活支出比例下降,以交通通信、教育文化娱乐、医疗保健为组成部分的公共生活支出比例上升(图3-4)。

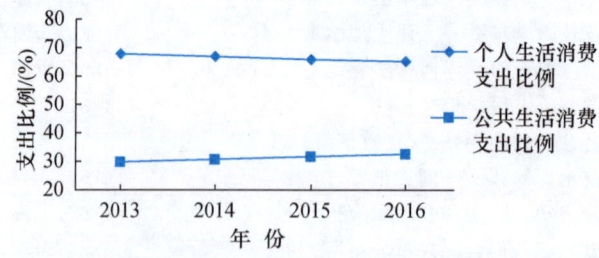

图3-4 2013～2016年中国个人生活和公共生活人均消费支出比例的变化

(3) 中国家庭生活出现三个特征:规模小型化,家庭老龄化,婚姻生活出现多种形式

1990～2015年,中国人的离婚率的增长率约是结婚率的增长率的21倍,结婚和离婚的自由度大幅提升。家庭规模缩小,2015年中国家庭规模为3.10人/户。老龄人口比例上升,2015年中国老龄人口比例达到9.68%。

(4) 中国房价收入比高于美国、德国等发达国家，住房成本较高

2018年或最近年中国房价收入比为27.8，高于美国、德国、英国和日本等发达国家，分别为美国的8.2倍，德国的3.3倍，英国的3.2倍，日本的2.3倍。

(5) 中国休闲娱乐水平与发达国家相比仍有差距

中国人均国际旅游离境频次、人均年娱乐时间、人均观影次数都低于美国、德国、英国、日本等发达国家，其中，2016年人均年娱乐时间分别比美国、德国、英国、日本低55、103、78和50小时。

3. 中国生活质量现代化的主要结果

(1) 中国生活质量现代化的一般结果

中国生活质量现代化是世界生活质量现代化的组成部分，中国生活质量现代化的一般结果与世界生活质量现代化的一般结果是基本一致的，包括生活质量状态和国际地位的变化等。2016年，中国生活质量现代化水平高于世界平均水平，约为生活质量发达国家的48%。

(2) 中国生活质量现代化的国际地位变化

在2000~2016年期间，中国已经从生活质量欠发达国家升级为生活质量初等发达国家，2016年生活质量现代化指数世界排名约为第54位，中国国际地位有较大提高。

(3) 中国生活质量现代化的国际差距变化

2000年以来，中国生活质量现代化指数的国际差距逐步缩小，2000年与高收入国家平均值相差68，2016年与高收入国家平均值相差52。

二、中国生活质量现代化的客观现实

在本报告里，中国生活质量现代化的现实分析以2016年截面为对象，分析内容包括中国生活质量现代化的整体水平、生活质量四大方面的现代化水平、中国生活质量现代化的地区水平。这里重点讨论前两者。

1. 中国生活质量现代化的整体水平

(1) 2016年中国生活质量现代化的整体水平

2016年中国生活质量现代化指数为48，排名世界第54位，生活质量现代化水平属于生活质量初等发达水平。

(2) 2000~2016年中国生活质量现代化的发展速度

在2000~2016年期间，中国现实生活质量指数年增长率约为6.86%，高于高收入国家，也高于世界平均值。

2. 中国生活质量四大方面的现代化水平

2016年截面中国生活质量四大方面指标的现代化水平，我们分析了119个指标，其中54个指标与国家经济水平相关。大致是：18.5%的指标为中等发达水平，68.5%的指标为初等发达水平，13.0%指标为欠发达水平（表3-30）。

(1) 个人生活指标

人均食物供应量、人均蛋白质供应量、出生时平均预期寿命等5个指标具有中等发达国家水平；营养不良人口比例、结核病发病率、老龄人口比例、恩格尔系数等6个指标具有初等发达国家水平；人均居民家庭消费支出、房价收入比等2个指标仍处于欠发达国家水平。

(2) 公共生活指标

人均国民总收入、人均购买力、最低月工资、成人识字率、小学入学率、中学入学率、大学入学率、预期受教育年限、全社会保险覆盖率、基本养老保险覆盖率、失业保险覆盖率等18个指标具有初等发达国家水平;人均国际旅游离境频次、平均受教育年限等3个指标仍处于欠发达国家水平。

(3) 生活环境指标

固定宽带订阅、通电率、人均二氧化碳排放量、生物多样性陆地保护面积占比等5个指标具有中等发达国家水平;清洁饮水普及率、千人床位数、人航行次数、人均银幕数、中学生师比、小学生师比、人均电力消费等10个指标具有初等发达国家水平;护士和助产士的比例、$PM_{2.5}$年均浓度等2个指标仍处于欠发达国家水平。

(4) 生活满意度指标

生活满意度、经济生活满意度等3个指标处于初等发达水平。

3. 2016年中国生活质量四大方面的国际差距

其一,个人生活指标的国际差距(表3-49)。中国营养不良人口比例、婴儿死亡率、糖尿病患病率、结核病发病率等指标高于发达国家;中国人均居民家庭消费支出远低于高收入国家,也低于世界平均值。

表3-49 2016年或最近年中国个人生活指标的国际差距

指标	中国	高收入国家	绝对差	相对差	世界平均	绝对差	相对差
人均食物供应量/(千卡/天)*	3108	3424	316	1.10	2884	−224	0.93
人均蛋白质供应量/(克/天)*	98	103	5.0	1.05	81	−17.0	0.83
人均脂肪供应量/(克/天)*	95.9	138.1	42.2	1.44	82.6	−13.3	0.86
营养不良人口比例/(%)(逆指标)**	9.6	2.7	−6.9	0.28	10.7	1.1	1.11
出生时平均预期寿命/年	76.3	80.5	4.2	1.06	72.0	−4.3	0.94
婴儿死亡率/(‰)(逆指标)	8.5	4.5	−4.0	0.53	30.5	22.0	3.59
糖尿病患病率/(%)(逆指标)***	9.7	7.9	−1.8	0.81	8.5	−1.2	0.88
结核病发病率(例/10万人)(逆指标)	64	12	−52.0	0.19	140	76.0	2.19
儿童人口比例/(%)**	17.7	17.1	−0.6	0.97	26.2	8.5	1.48
少女生育率/(‰)(逆指标)****	7.3	19.8	12.5	2.71	44.8	37.5	6.14
抚养比率/(%)**	37.7	51.6	13.9	1.37	54.1	16.4	1.44
老龄人口比例/(%)**	9.7	16.8	7.1	1.73	8.3	−1.4	0.86
汽车普及率/(辆/千人)**	99	450	351	4.55	129	30.0	1.30
人均居民家庭消费支出/美元	2506	25 127	22 621	10.03	5914	3408	2.36
人均能源消费/(千克石油当量)	2237****	4605	2368	2.06	1919****	−318	0.86

注:绝对差= 高收入国家值(世界平均值)−中国值。相对差=高收入国家值(世界平均值)÷中国值。

* 为2013年数据,** 为2015年数据,*** 为2017年数据,**** 为2014年数据。人均食物供应量、人均蛋白质供应量、人均脂肪供应量的高收入国家数据用英国数据代替。

其二,公共生活指标的国际差距(表3-50)。中国人均购买力、小学入学率、中学入学率、大学入学率、人均国际旅游离境频次、互联网普及率、移动电话普及率等指标低于高收入国家;国际贫困人口比例高于高收入国家。

表 3-50 2016 年或最近年中国公共生活指标的国际差距

指标和单位	中国	高收入国家	绝对差	相对差	世界平均	绝对差	相对差
就业比例/(%)	68.2	56.9	−11.3	0.83	—	—	—
失业率/(%)(逆指标)	4.65	6.2	1.55	1.33	5.5	0.85	1.18
人均国民总收入/美元	8250	41 254	33 004	5.00	10 321	2071	1.25
人均购买力/美元	15 470	47 208	31 738	3.05	16 176	706	1.05
成人识字率/(%)*	96.4	—	—	—	86.0	−10.4	0.89
最低月工资/美元	226**	1443	1217	6.38			
小学入学率/(%)*	99.3	102.1	2.8	1.03	103.0	3.7	1.04
中学入学率/(%)*	95.0**	107.1	12.1	1.13	76.2	−18.8	0.80
大学入学率/(%)*	45.4	74.6	29.2	1.64	36.1	−9.3	0.80
平均受教育年限/年*	7.6	12.8	5.2	1.68	—	—	—
女性就业比例/(%)*	41.8	41.0	−0.8	0.98	37.1	−4.7	0.89
国际贫困人口比例/(%)	1.4***	0.6*	−0.8	0.43	10.9*	9.5	7.79
人均国际旅游离境频次/(次/年)	0.10	0.65	0.55	6.50	0.20	0.1	2.00
互联网普及率/(%)	53.2	82.2	29.0	1.55	45.8	−7.4	0.86
移动电话普及率/(户/100 人)	97.3	126	28.7	1.30	101	3.7	1.04

注：绝对差＝高收入国家值（世界平均值）−中国值。相对差＝高收入国家值（世界平均值）÷中国值。* 为 2015 年数据，** 为 2013 年数据，*** 为 2014 年数据。

其三，生活环境指标的国际差距（表 3-51）。中国卫生设施普及率、清洁饮水普及率、固定宽带订阅、人均航行次数、人均电力消费、外国留学生比例等指标低于发达国家；中国 $PM_{2.5}$ 年均浓度接近高收入国家平均值的 3 倍。

表 3-51 2016 年或最近年中国生活环境指标的国际差距

指标和单位	中国	高收入国家	绝对差	相对差	世界平均	绝对差	相对差
卫生设施普及率/(%)*	76.5	96.3	19.8	1.26	67.5	−9.0	0.88
清洁饮水普及率/(%)*	95.5	99.0	3.5	1.04	91.0	−4.5	0.95
固定宽带订阅/(人/100 人)	23.0	32.1	9.1	1.40	12.5	−10.5	0.54
通电率/(%)	100	100	0	1.00	87	−13	0.87
人均航行次数/(次/年)	0.35	1.86	1.51	5.31	0.50	0.15	1.43
人均银幕数/(块/10 万人)	2.5	9.2	6.7	3.68	—	—	—
中学生师比*	13.8	12.8	−1.0	0.93	17.4	3.6	1.26
小学生师比*	16.3	14.1	−2.2	0.87	23.2	6.9	1.42
护士和助产士的比例ª/(名/千人)	2.34*	10.5	8.16	4.49	3.14	0.8	1.34
监狱人口比例/(人/10 万居民)	119	108	−11.0	0.91	—	—	—
交通事故死亡率/(人/10 万人)	19.4	8.2	−11.2	0.42	18.3	−1.1	0.94
人均电力消费/千瓦时**	3927	9087	5160	2.31	3125	−802	0.80
$PM_{2.5}$ 年均浓度/(微克/立方米)	56.3	19.7	−36.6	0.35	49.7	−6.6	0.88
人均二氧化碳排放量/吨**	7.5	11.0	3.5	1.47	5.0	−2.5	0.67
城市废水处理率/(%)	93.4	97.0	3.6	1.04	—	—	—

(续表)

指标和单位	中国	高收入国家	绝对差	相对差	世界平均	绝对差	相对差
森林覆盖率/(%)*	22.2	28.8	6.6	1.30	30.8	8.6	1.39
生物多样性陆地保护面积占比/(%)	17.2	28.5	11.3	1.66	14.0	−3.2	0.81
国际净移民比例/(%)**	0.07	13.6	13.53	194.3	3.3	3.23	47.1
外国留学生比例/(%)	0.3	6.7	6.4	22.3	2.2	1.9	7.33

注：绝对差＝高收入国家值(世界平均值)−中国值。相对差＝高收入国家值(世界平均值)÷中国值。* 为 2015 年数据，** 为 2014 年数据。a 为 WDI 数据。生物多样性陆地保护面积占比的高收入国家数据用英国数据代替。

其四，生活满意度指标的国际差距，由于缺少高收入国家和世界平均水平的数据，暂不做分析。

4. 中国生活质量现代化与典型国家的比较

(1) 中国个人生活指标的国际比较

我们选择人均蛋白质供应量、出生时平均预期寿命、婴儿死亡率、老龄人口比例、人均居民家庭消费支出、消费比率指标进行分析(表 3-52)。很显然，不同指标的国别差异是不同的。

表 3-52　2016 年中国个人生活指标的国际比较

国家	人均蛋白质供应量*		出生时平均预期寿命		婴儿死亡率		老龄人口比例		人均居民家庭消费支出		消费比率	
	数值	指数	数值	指数	数值	指数	数值	指数	数值	指数	数值	指数
中国	98	100	76.3	100	8.5	100	10.1	100	2506	100	71.5	100
美国	110	112	78.7	103	5.6	66	15.0	149	36 405	1453	78.6	110
日本	88	90	84.0	110	2.0	24	26.6	263	26 745	1067	69.2	97
德国	102	104	80.6	106	3.2	38	21.3	211	25 151	1004	68.0	95
英国	103	105	81.0	106	3.7	44	18.4	182	27 000	1077	88.3	123
法国	111	113	82.3	108	3.2	38	19.3	191	23 381	933	67.6	95

注：指标单位见附表 1-1-1。* 为 2013 年数据；数据来源同表 3-2，表 3-5，表 3-8。

2016 年中国个人生活指标的国际差距如下：

- 人均蛋白质供应量比美国、德国、英国、法国低，比日本高。
- 出生时平均预期寿命比美国、日本等发达国家低，其中比日本低 7.7 岁，比法国低 6 岁。
- 婴儿死亡率，日本是中国的 24%，德国和法国均为中国的 38%，英国是中国的 44%，美国是中国的 66%。
- 老龄人口比例，美国、日本、德国、英国和法国均高于中国，其中日本老龄人口比例为中国的 2.6 倍，德国老龄人口比例为中国的 2.1 倍。
- 人均居民家庭消费支出，美国是中国的 14 倍多，日本、德国和英国是中国的 10 倍多，法国是中国的 9 倍多。
- 消费比率，中国低于美国和英国，高于日本、德国和法国。

(2) 中国公共生活指标的国际比较

我们选择人均购买力、平均受教育年限、大学入学率、人均国际旅游离境频次、人均年娱乐时间、互联网普及率指标进行分析(表 3-53)。

表 3-53 2016 年中国公共生活指标的国际比较

国家	人均购买力		平均受教育年限*		大学入学率		人均国际旅游离境频次		人均年娱乐时间		互联网普及率	
	数值	指数	数值	指数	数值	指数	数值	指数	数值	指数	数值	指数
中国	15 470	100	7.6	100	45.4	100	0.10	100	228	100	53.2	100
美国	58 700	379	13.2	174	—	—	0.23*	230	283	124	76.2	143
日本	43 630	282	12.5	164	63.2	139	0.13	130	278	122	93.2	175
德国	49 690	321	13.2	174	66.3	146	1.10	1100	331	145	89.6	168
英国	41 640	269	13.3	175	57.3	126	1.08	1080	306	134	94.8	178
法国	42 000	271	11.6	153	65.3	144	0.40	400	294	129	85.6	161

注:指标单位见附表 1-1-1。* 为 2015 年数据。

2016 年中国公共生活指标的国际差距如下:

- 人均购买力,美国、德国是中国的 3 倍多,日本、英国和法国是中国的 2 倍多。
- 平均受教育年限,美国、日本、德国、英国、法国均高于中国,其中美国、德国和英国是中国的 1.7 倍多,日本是中国的 1.6 倍多,法国是中国 1.5 倍多。
- 大学入学率,德国和法国是中国的 1.4 倍多,日本是中国的 1.3 倍多,英国是中国的 1.2 倍多。
- 人均国际旅游离境频次,德国和英国是中国的 10 倍以上,法国是中国的 4 倍,美国是中国的 2 倍多,日本是中国的 1 倍多。
- 人均年娱乐时间,美国、日本、德国、英国、法国均高于中国。
- 互联网普及率,按实际数值比较,英国和日本比中国高出 40 多个百分点,德国和法国比中国高出 30 多个百分点,美国比中国高出 20 多个百分点。

(3) 中国生活环境指标的国际比较

我们选择卫生设施普及率、小学生师比、医生比例、人均电力消费、$PM_{2.5}$ 年均浓度、国际净移民比例指标进行分析(表 3-54)。

表 3-54 2016 年中国生活环境指标的国际比较

国家	卫生设施普及率*		小学生师比*		医生比例*		人均电力消费**		$PM_{2.5}$ 年均浓度ª		国际净移民比例**	
	数值	指数	数值	指数	数值	指数	数值	指数	数值	指数	数值	指数
中国	76.5	100	16.3	100	3.6	100	3927	100	56.3	100	0.07	100
美国	100	131	14.5	89	2.6	72	12 987	331	9.2	16	14.5	20 714
日本	100	131	16.2	99	2.4	67	7820	199	13.2	23	1.6	2286
德国	99.2	130	12.2	75	4.2	117	7035	179	13.5	24	14.9	21 286
英国	99.2	130	—	—	2.8	78	5130	131	11.5	20	13.2	18 857
法国	98.7	129	18.2	112	3.2	89	6938	177	11.9	21	12.1	17 286

注:指标单位见附表 1-1-1。* 为 2015 年数据;** 为 2014 年数据;a 为 WDI 数据。

2016 年中国生活环境指标的国际差距如下:

- 卫生设施普及率,美国、日本、德国、英国均高于中国 30 多个百分点。
- 小学生师比,中国高于美国、日本和德国,低于法国。
- 医生比例,中国高于美国、日本、英国和法国,低于德国。
- 人均电力消费,美国是中国的 3 倍多,日本接近中国的 2 倍,英国和法国是中国的 1.3 倍多和 1.7 倍多。

- PM$_{2.5}$年均浓度,中国是美国的6倍多,是日本、德国、英国、法国的4倍多。
- 国际净移民比例,美国、日本、德国、英国、法国均高于中国。

(4) 中国生活满意度指标的国际比较

我们选择总体生活满意度和经济生活满意度2个指标进行分析(表3-55)。

表3-55 2016年中国生活满意度指标的国际比较

国家	总体生活满意度		经济生活满意度	
	数值	指数	数值	指数
中国	6.85	100	6.19	100
美国	7.37	108	6.15	99
日本	6.91	101	6.04	98
德国	7.36	107	6.62	107

注:指标单位见附表1-1-1。

三、中国生活质量现代化的前景分析

关于中国生活质量现代化的前景分析,属于一种预测研究。在本报告里,中国生活质量现代化的前景分析,时间跨度为2020～2050年(约30年),分析对象包括生活质量四大方面的前景等。这种前景分析,只是提出一种可能性,而不是精确预见。

1. 中国生活质量现代化的整体前景

(1) 21世纪中国生活质量现代化的路径分析

《中国现代化报告2003》建议,21世纪中国现代化路径将是综合现代化路径,不同地区可以选择合适的路径:比较发达的地区选择第二次现代化路径,其他地区选择第一次现代化路径或综合现代化路径,全国将是两次现代化的协调发展,并持续向第二次现代化转型。

21世纪中国生活质量现代化的路径,将是生活水平的现代化和生活质量的现代化的协调发展,并持续向生活质量现代化转型。经济社会发达地区可以采用生活质量现代化路径,其他地区可以采用生活水平现代化路径等。

(2) 21世纪中国生活质量现代化的预期水平

假设:21世纪科技突破的频率、创新扩散的速率和国际竞争的合理程度不低于20世纪后50年,21世纪不发生改变人类命运的重大危机(如核、能源、粮食和宇宙危机等)。那么,可以根据20世纪后期世界和中国生活质量现代化水平和速度,外推21世纪世界和中国生活质量现代化水平。21世纪有很多不确定因素,基于外推分析的预测只是提供一种可能性。

如果按2000～2016年生活质量现代化指数的年均增长率计算,中国有可能在2050年前后生活质量现代化指数达到2016年高收入国家平均水平,见本章第四节。

2. 中国生活质量四大方面的前景分析

中国生活质量四大方面的前景分析,主要选择与国家经济水平有显著相关性的指标进行分析,采用线性外推分析方法。主要参考2000～2016年的年均增长率,预测未来的发展水平。未来水平的预测值,与所采用的年均增长率紧密相关,但大体而言中国很可能在2050年前后达到高收入国家2016年的指标水平。这种分析只供参考。

(1) 中国个人生活的前景分析

中国个人生活质量现代化的前景分析,我们选择人均蛋白质供应量、人均水果供应量、平均预期

寿命、婴儿死亡率、结核病发病率、人均住房间数、汽车普及率、家庭人均消费、人均能源消费、恩格尔系数10个指标,预测至2050年的发展水平(详见本章第四节表3-65)。

(2) 中国公共生活指标的前景分析

中国公共生活质量现代化的前景分析,我们选择人均国民收入、休闲和保健时间、最低月工资、大学入学率、平均受教育年限、绝对贫困人口比例、养老保险覆盖率、人均国际旅游离境频次、互联网普及率、公民权利10个指标,预测至2050年的发展水平(详见本章第四节表3-66)。

(3) 中国生活环境指标的前景分析

中国生活环境质量现代化的前景分析,我们选择安全饮用水普及率、人均银幕数、小学生师比、医生比例、护士比例、人均航行次数、监狱人口比例、交通事故死亡率、$PM_{2.5}$年均浓度、城市废水处理率10个指标,预测至2050年的发展水平(详见本章第四节表3-67)。

(4) 中国生活满意度指标的前景分析

中国生活满意度现代化的前景分析,我们选择营养不良人口比例、自杀率、生活满意度、失业率、收入不平等、经济生活满意度、营商便利指数、水质满意度8个指标,预测至2050年的发展水平(详见本章第四节表3-68)。

3. 中国生活质量现代化的机遇和挑战

中国是世界上人口最多的国家,中国生活质量必然影响世界生活质量格局。

在21世纪前50年,中国生活质量现代化的机遇和挑战,不仅来源于内部,也来源于世界生活质量现代化本身和国际环境。

(1) 个人生活方面的挑战

中国营养不良人口比例较高的挑战:2015年中国营养不良人口比例为9.6%,仅比世界平均水平低1.1个百分点,约为高收入国家的3.6倍。

中国糖尿病和结核病发病率较高的挑战:2017年中国糖尿病患病率为9.7%,比高收入国家高出1.8个百分点;2016年结核病发病率为64例/10万人,约为高收入国家的5.3倍。

(2) 公共生活方面的挑战

中国平均受教育年限过低的挑战:2015年中国平均受教育年限为7.6年,高收入国家平均受教育年限达到12.8年,比高收入国家低5.2年,中国平均受教育年限有待大幅度提升。

中国人均购买力较低的挑战:2016年中国人均购买力为15 470美元,高收入国家达到了47 208美元,约为高收入国家的33%。

(3) 生活环境方面的挑战

中国护士和助产士的比例过低的挑战:2015年中国护士和助产士的比例为2.34名/千人,大大低于高收入国家10.5名/千人,两者相差4倍多。

中国$PM_{2.5}$年均浓度过高的挑战:2016年中国$PM_{2.5}$年均浓度为56.3微克/立方米,约为高收入国家平均值的2.9倍,也高于世界平均值。

(4) 生活满意度方面的挑战

中国总体生活满意度较低的挑战:根据世界价值观调查数据显示,2015年中国生活满意度为6.85分,低于美国、德国、日本等发达国家的生活满意度。

第四节 中国生活质量现代化的战略分析

十九大报告提出了"永远把人民对美好生活的向往作为奋斗目标"。生活质量是衡量美好生活和社会现代化水平的一个综合指标,生活质量现代化是提高和实现人民美好生活的必由之路。2020年中国将全面建成小康社会,将基本具备向生活质量进军的条件。未来30年,提高生活质量将成为全国的发展主题,满足美好生活需要将成为我们的工作重点。

根据世界现代化的科学原理和生活质量现代化的国际经验,我们认为,中国生活质量现代化,就是要建设个人生活质量、公共生活质量、生活环境质量和生活满意度都达到世界先进水平的现代化国家和美好社会,让全民享有世界先进水平的美好幸福生活。

一、中国生活质量现代化的目标分析

20世纪50年代特别是改革开放以来,中国社会发展取得巨大成就,人民物质生活水平有极大提高,同时生活质量也有较大改进。2016年中国生活质量指数为48,排名世界131个国家的第54位,属于初等发达水平,位于发展中国家的中间位置。

1. 中国生活质量现代化的政策目标

一般而言,生活质量现代化的政策目标包含三类目标:共性目标、个性目标和专项目标。共性目标可以作为生活质量现代化的评价指标,个性目标和专项目标可作为监测指标;有些指标很重要但缺少系统的统计数据,可以作为观察指标。

- 共性目标:追赶、达到或保持生活质量的世界先进水平;同时个人生活质量、公共生活质量、生活环境质量和生活满意度追赶、达到或保持世界先进水平;建成健康长寿、环境优美、生活美好、人民满意的现代化国家和美好社会。
- 个性目标:控制和缩小生活质量的地区差距、城乡差距和行业差距等。
- 专项目标:提高老年人、妇女儿童、患者和非健全人的生活质量等。

其中,现代化国家是国家现代化水平达到发达国家水平的国家。美好社会是健康长寿、环境优美、生活美好、人民满意程度达到世界先进水平的发达社会。

2. 中国生活质量现代化的共性目标

中国生活质量现代化的共性目标,包括生活质量指数、现实生活质量和生活满意度追赶、达到和保持世界先进水平,涉及个人生活、公共生活、生活环境和生活满意度四个方面。

(1) 中国生活质量指数的发展目标

其一,生活质量指数的水平。中国生活质量现代化的水平目标,可用生活质量指数来定量描述,涉及现实生活质量指数和生活满意度指数的36个指标。根据生活质量统计指标的面板数据进行评价,2016年中国生活质量指数约为48。根据生活质量指数的国家分组,2016年中国生活质量为初等发达国家水平,处于发展中国家的中间位置。

在生活质量指数中,生活满意度的变化,既是有极限的(最大值不超过100),也是非线性的和有波动的;现实生活质量指数的许多指标是开放的,从理论上说现实生活质量指数是开放的。所以,生活质量指数的目标预测非常复杂,不宜进行简单的线性外推。

但是,如果按2000~2016年生活质量指数的年均增长率计算(与发达国家差距的缩小速度),中国生活质量指数有可能在2038年达到100(表3-56),即达到2016年发达国家的平均值。当然,这是一种可能性,不能作为决策依据,因为计算方法是一种估算。

表 3-56　中国生活质量指数的国际比较

项目	2000年生活质量指数	2016年生活质量指数	2000~2016年指数年均增长率/(%)	指数达到100需要的年数（按2000~2016年年均增长率计算）	指数达到100的大致年份
中国	27.8	48.0	3.47	22	2038
高收入国家	90.4	99.9	0.62	—	
中等收入国家	14.9	26.7	3.72	36	
低收入国家*	5.9	10.1	3.39	69	
世界	20.4	29.3	2.30	54	

注：本表生活质量指数评价的基准值为2016年发达国家的平均值。

其二，生活质量指数的世界排名。根据生活质量统计指标的面板数据进行评价，2016年中国生活质量指数排名世界131个国家的第54位。由于生活质量指数的预测是困难的，生活质量指数的排名也难以预测。

参考中国现代化指数和健康现代化指数的排名目标，中国生活质量指数的排名目标是先后进入世界前40位、前20位和前10位。

其三，生活质量指数的结构。生活质量指数等于现实生活质量指数和生活满意度指数的几何平均值。现实生活质量指数和生活满意度指数的关系，可以有多种组合和模型。

- 生活质量的四象限模型。如果把现实生活质量指数超过50定义为较高质量、低于50定义为较低质量；把生活满意度指数超过50定义为较高满意、低于50定义为较低满意，那么，可建立生活质量的四象限模型，可用于生活质量的概念分析。2016年中国生活质量处于第二象限（现实生活质量较低、生活满意度较高），中国生活质量的发展目标是进入第一象限（图3-5）。

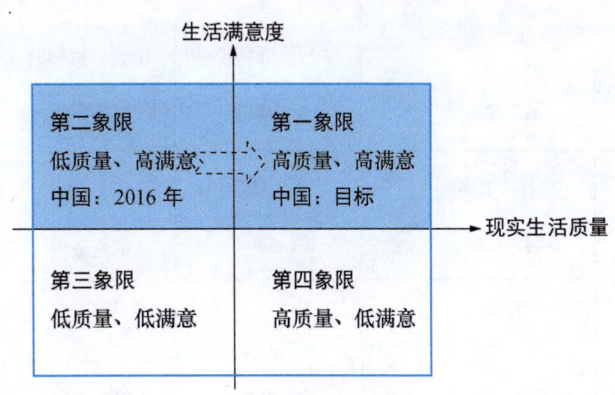

图 3-5　中国生活质量的现状和目标（四象限模型）

- 生活质量的九宫格模型。如果把现实生活质量指数超过70定义为高质量、40~70定义为中质量、低于40定义为低质量；把生活满意度指数超过70定义为高满意、40~70定义为中满意、低于40定义为低满意，那么，可建立生活质量的九宫格模型，可用于生活质量的现象分析，反映人们对生活质量的感知。2016年中国生活质量处于中质量和中满意方格，参考国际经验，中国生活质量的发展目标是：先进入中质量和高满意方格，再进入高质量和高满意方格（图3-6）。

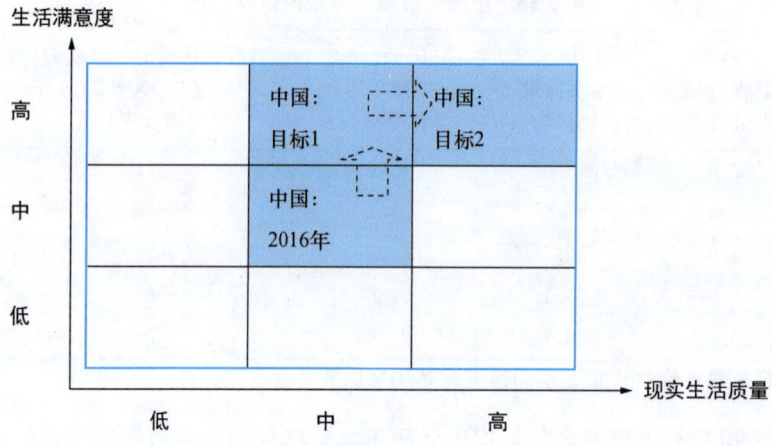

图 3-6 中国生活质量的现状和目标（九宫格模型）

注：目标设置有两条可行路径。参考国际经验，选择本图的路径。

- 生活质量的十六象限模型。如果把现实生活质量指数超过 80 定义为高质量、50~80 定义为中高质量、30~50 定义为中低质量、低于 30 定义为低质量；把生活满意度指数超过 80 定义为高满意、50~80 定义为中高满意、30~50 定义为中低满意、低于 30 定义为低满意，那么，可以建立生活质量的十六象限模型，可用于生活质量的目标和政策分析。2016 年中国生活质量处于第六象限（中低质量和中高满意），参考国际经验，中国生活质量的发展目标是：先进入第七象限（中高质量和中高满意），再进入第二象限（中高质量和高满意），然后进入第一象限（高质量和高满意）（图 3-7）。

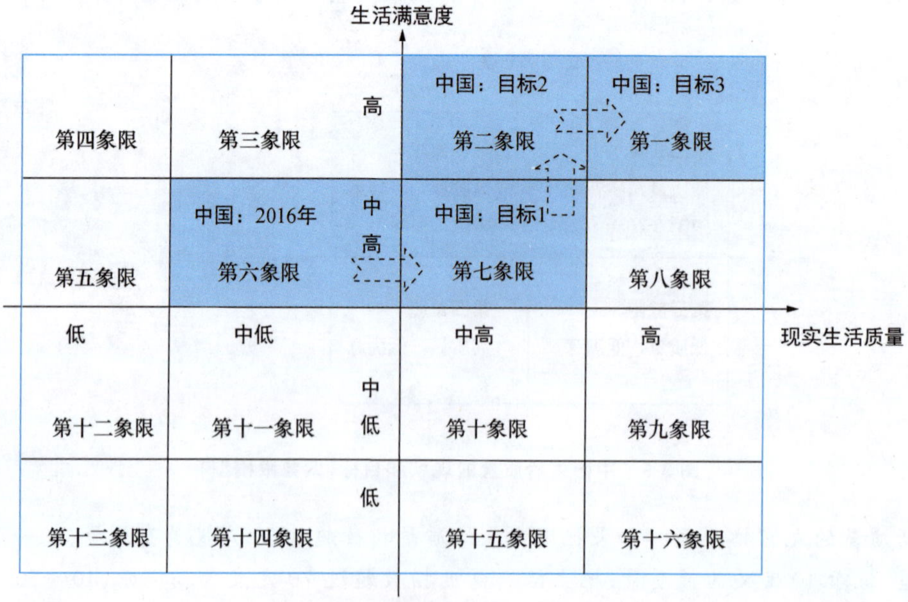

图 3-7 中国生活质量的现状和目标（十六象限模型）

注：目标设置有三条可行路径。参考国际经验，选择本图的路径。

(2) 中国现实生活质量的发展目标

其一,现实生活质量指数的水平。根据生活质量统计指标的面板数据进行评价,2016 年中国现实生活质量指数约为 43。根据现实生活质量指数的国家分组,2016 年中国现实生活质量为初等发达国家水平,处于发展中国家的中间位置。

如果按 2000~2016 年现实生活质量指数的年均增长率计算,中国现实生活质量指数有可能在 2036 年达到 100(表 3-57),即达到 2016 年发达国家的平均值。

表 3-57 中国现实生活质量指数的国际比较

项目	2000 年生活质量指数	2016 年生活质量指数	2000~2016 年指数年均增长率/(%)	指数达到 100 需要的年数(按 2000~2016 年年均增长率计算)	指数达到 100 的大致年份
中国*	14.8	42.8	4.29	20	2036
高收入国家	82.7	99.9	1.19	—	
中等收入国家*	13.2	28.4	4.09	31	
低收入国家*	4.8	10.7	4.12	55	
世界	22.7	34.3	2.61	41	

注:*增长率有调整,按 4%+(实际增长率-4%)/10 估算。本表现实生活质量指数评价的基准值为 2016 年发达国家的平均值。

其二,现实生活质量指数的世界排名。根据生活质量统计指标的面板数据进行评价,2016 年中国生活质量现代化指数排名世界 131 个国家的第 54 位。

如果 131 个参加评价的国家都大致按 2000~2016 年现实生活质量指数的年均增长率计算(部分国家的增长率做出调整),中国现实生活质量指数的世界排名,2035~2040 年有可能进入世界 131 个国家的前 40 位,进入中等发达国家行列;在 2050~2060 年有可能进入前 20 位左右,进入发达国家行列;在 21 世纪后期可能进入前 10 位左右,进入发达国家前列,达到世界先进水平(表 3-58)。

表 3-58 中国现实生活质量指数的世界排名的情景分析

项目	2016	2020	2030	2035	2040	2050	2060	2080
测算一	54	52	44	37	21	5	5	4
测算二	54	53	49	47	42	23	14	10
平均		53	47	42	32	14	10	7

注:以 2000~2016 年现实生活质量指数的年均增长率为基础进行测算。测算一,国家指数年均增长率超过 4%的按 4%+(实际增长率-4%)/10 计算,中国指数年均增长率为 4.29%;测算二,国家指数年均增长率超过 3%的按 3%+(实际增长率-3%)/10 计算,中国指数年均增长率为 3.39%。

其三,现实生活质量指数的结构。它涉及个人生活、公共生活、生活环境三个方面的 23 个维度和 30 个发展指标,具体见第四章。

(3) 中国生活满意度的发展目标

其一,生活满意度指数的水平。根据生活满意度指标的面板数据进行评价,2016 年中国生活满意度指数约为 54。根据生活满意度指数的国家分组,2016 年中国生活满意度为中等发达国家水平,处于发展中国家的"第一方阵"。

中国生活满意度的发展目标是达到发达国家水平,但需要分步实现。生活满意度指数的分阶段目标分别是:70、80、90 和 100。

其二，生活满意度的世界排名。根据生活满意度指标的面板数据进行评价，2016年中国生活满意度指数排名世界131个国家的第62位。由于生活满意度指数的预测是困难的，生活满意度指数的排名也难以预测。

参考中国现代化指数和健康现代化指数的排名目标，中国生活满意度指数的排名目标是先后进入世界前40位、前20位和前10位。

其三，生活满意度的结构。生活满意度是一个高度综合和动态的概念，它与生活水平的关系不是简单的线性关系。它既受生活水平的影响，以生活水平为基础，更受生活状态、心理状态、社会状态和多向比较的影响。一般而言，有多少个现实生活质量的发展指标，就有多少种生活满意度的评价指标。在本报告里，主要讨论个人生活满意度、公共生活满意度、生活环境满意度三个方面的6个指标。

我们认为，生活满意度可分为客观满意度和主观满意度（表3-59，图3-8）。客观满意度指客观指标反映的满意度或不满意度，如营养不良比例、自杀率、长期失业率、绝对贫困率、犯罪率、水和空气污染等，这些"负面"指标或逆指标的数值越大，满意度越低。主观满意度是人们对现实生活的满意或不满意程度的判断和评价，可由社会调查获取数据。

表3-59　生活满意度的分析结构和指标举例

项目	客观满意度	主观满意度	综合
含义	客观指标反映的满意度或不满意度	主观指标反映的满意度或不满意度	生活满意度
个人生活	营养不良比例、自杀率等	健康满意度等	个人生活满意度指数
公共生活	长期失业率、绝对贫困率等	工作满意度等	公共生活满意度指数
生活环境	犯罪率、环境污染程度等	安全满意度等	生活环境满意度指数
综合	客观满意度指数	主观满意度指数	生活满意度指数

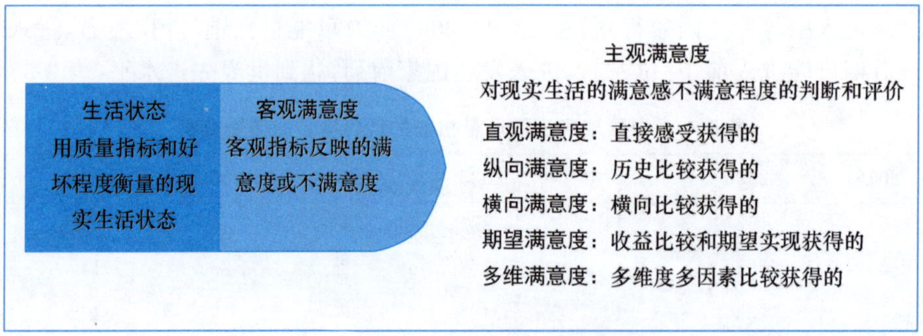

生活状态
用质量指标和好坏程度衡量的现实生活状态

客观满意度
客观指标反映的满意度或不满意度

主观满意度
对现实生活的满意感不满意程度的判断和评价
直观满意度：直接感受获得的
纵向满意度：历史比较获得的
横向满意度：横向比较获得的
期望满意度：收益比较和期望实现获得的
多维满意度：多维度多因素比较获得的

图3-8　生活满意度的结构和来源

主观满意度，根据满意度的基础和来源，可以分为直观满意度（直接感受获得的满意度）、纵向满意度（历史比较获得的满意度）、横向满意度（横向比较获得的满意度）、期望满意度（收益比较和期望实现获得的满意度）和多维满意度（多维度和多因素比较获得的满意度）等（表3-60）。当然，这种分类是相对的。其中，直观满意度与商品和服务的质量以及第一感受紧密相关；纵向满意度，可以跨年度比较或中长期比较为基础；横向满意度，可以单位比较、地区比较、行业比较或国际比较为基础；回报满意度，一般可以单位比较或行业比较为基础。这些可为设计生活满意度的政策和目标提供参考依据。

表 3-60 主观满意度的分析结构和指标举例

项目	直观满意度	纵向满意度	横向满意度	期望满意度	多维满意度
含义	直接感受获得的满意度	历史比较获得的满意度	横向比较获得的满意度	收益比较和期望实现获得的满意度	多维度和多因素比较获得的满意度
个人生活	食品的满意度	对营养改善的满意度	对健康生活的满意度	对住房价格的满意度	家庭生活的满意度
公共生活	工作的满意度	对收入增长的满意度	对文化生活的满意度	对工资收入的满意度	社会生活的满意度
生活环境	购物的满意度	对交通改善的满意度	对城市环境的满意度	对饭店服务的满意度	公共服务的满意度
综合	直观满意度指数	纵向满意度指数	横向满意度指数	期望满意度指数	多维满意度指数

注：主观满意度的分类是相对的，它们往往是交叉的。

二、中国生活质量现代化的路线图

中国生活质量现代化路线图是生活质量现代化的战略目标和基本路径的系统集成。

它的基本思路是：根据生活质量现代化的原理，从个人生活、公共生活、生活环境和生活满意度四个方面，在国家、地区和家庭三个层次协同推进生活质量现代化，迎头赶上生活质量现代化的世界先进水平；在2050年左右，基本建成健康长寿、环境优美、生活美好、人民满意的现代化国家，生活质量基本达到发达国家水平；在21世纪下半叶，生活质量达到世界先进水平，全民享有世界先进水平的美好生活，高标准实现生活质量现代化。

中国生活质量现代化路线图包括六个部分内容：战略目标、基本任务、运河路径、监测指标、动态监测和战略要点。其中，战略要点将在后面专题讨论。

1. 中国生活质量现代化路线图之一：战略目标

前面已经分析了中国生活质量现代化的政策目标，包括共性目标、个性目标和专项目标等。由于篇幅有限，下面讨论共性目标，以及相关的基本任务。

中国生活质量现代化的战略目标是：高标准实现生活质量现代化，全面建成健康长寿、环境优美、生活美好、人民满意的现代化国家和美好社会，逐步达到现实生活质量和生活满意度的世界先进水平，让全民享有世界先进水平的美好幸福生活（表3-61）。

表 3-61 中国生活质量现代化路线图的战略目标

项目	2016	2035	2050	2060	2080
现实生活质量指数*	43	95	133	185	360
指数排名*	54	37	23	14	10
生活满意度指数**	54	70	80	90	100
指数排名**	62	40	20	20	10
生活质量水平		初等发达水平，世界前60名左右	中等发达水平，达到世界前40名左右	发达国家水平，达到世界前20名左右	发达国家水平，达到世界前20名左右	世界先进水平，达到世界前10名左右

注：*现实生活质量指数的数值和排名，根据131个国家2000~2016年现实生活质量指数的年均增长率进行估算和排名。2035年数值按测算一方法计算，国家指数年均增长率超过4%的按4%+（实际增长率-4%）/10计算，中国指数年均增长率为4.29%。2050~2080年数值按测算二方法计算，国家指数年均增长率超过3%的按3%+（实际增长率-3%）/10计算，中国指数年均增长率为3.39%。**生活满意度指数的数值和排名为估计值（或期望值），数值以当年发达国家的平均值为基准值（100）。

- 2035年前后基本实现生活质量现代化,基本建成健康长寿、环境优美的中等发达国家;
- 2050年前后全国平均实现生活质量现代化,基本建成生活美好、人民满意的发达国家;
- 2080年前后(约改革开放100周年)高标准实现生活质量现代化,个人生活质量、公共生活质量、生活环境质量和生活满意度都达到世界先进水平,全面建成具有世界先进水平的现代化国家和美好社会(表3-61,3-62)。

表3-62 中国生活质量现代化路线图的时间阶段

两大阶段	时间	阶段目标
2016～2050	2016～2020	中国生活质量水平:初等发达水平,世界前50名左右
	2020～2035	中国生活质量水平:达到中等发达水平,世界前40名左右
	2035～2050	中国生活质量水平:达到发达国家水平,世界前20名左右
2050～2100	2050～2060	中国生活质量水平:保持发达国家水平,世界前20名左右
	2060～2080	中国生活质量水平:达到世界先进水平,世界前10名左右
	2080～2100	中国生活质量水平:保持世界先进水平,世界前10名左右

注:根据131个国家2000～2016年现实生活质量指数的年均增长率进行估算和排名,同表3-61。这里,发达国家水平指达到或超过发达国家水平的基线,世界先进水平为超过发达国家的平均值。

2. 中国生活质量现代化路线图之二:基本任务

(1) 三个层次的基本任务

其一,国家层面的基本任务。中国生活质量现代化要完成两个转变,要上三个台阶。

- 两个转变。一是发展目标转变,从生活水平现代化到生活质量现代化、从全面建成小康社会到全面建成生活质量达到世界先进水平的美好社会和现代化国家;二是发展模式转变,从以经济建设为中心到以生活质量为发展主题(何传启,2017a)。
- 三个台阶。一是生活质量水平从初等发达水平升级为中等发达水平;二是从中等发达水平升级为发达水平;三是从发达水平升级为世界先进水平,走到世界前列。

其二,地区层面的基本任务。中国地区层面的生活质量现代化的任务比较复杂。从《中国统计年鉴》的面板数据看,2016年全国34个地区生活质量差别比较大。由于统计数据不全,我们没有对中国地区生活质量现代化水平进行评价。

- 两个转变。一是发展目标转变,从生活水平现代化到生活质量现代化,从提高人均收入到提高生活满意度;二是发展模式转变,从以经济建设为中心到以生活质量为发展主题。
- 三个台阶。发达地区要完成从发达水平升级为世界先进水平的任务;中等发达地区要完成从中等发达水平升级为发达水平,然后升级世界先进水平的任务;初等发达地区要完成升级为中等发达水平和发达水平的任务,并继续提升水平。

其三,家庭层面的基本任务。中国家庭层面的生活质量现代化的任务,既有共性,又有个性和多样性。共性任务是提高和改善家庭成员和家庭生活的生活质量。个性任务是提高老年人、妇女儿童、残疾人和患者等的生活质量。

- 两个转变。一是发展目标转变,从提高家庭生活水平到提高家庭生活质量;二是发展模式转变,从提高人均收入和丰富物质生活到丰富文化生活和提高生活满意度。
- 三个台阶。富裕家庭要完成从生活质量发达水平升级为世界先进水平;中等富裕家庭要完成从生活质量中等发达水平升级为发达水平,然后升级世界先进水平;初等富裕家庭要完成从生活质量初等发达水平,然后到中等发达水平;不富裕家庭要同时提高生活水平和生活质量。

(2) 基本任务的时间分解

中国生活质量现代化的基本任务与战略目标相对应,可以分解成两大阶段的任务。其中,21世纪前50年的基本任务比较明确,后50年需要专题研究(表3-63)。中国生活质量现代化的基本任务可以分解到个人生活、公共生活、生活环境和生活满意度四个方面。

表3-63 中国生活质量现代化路线图的基本任务

项目	2016～2035	2035～2050	2050～2080	2080～2100
基本任务	基本建成健康长寿和环境优美的中等发达国家,现实生活质量指数翻一番,世界排名上升十多位	基本建成生活美好、人民满意的发达国家,现实生活质量指数接近翻一番,世界排名上升十多位	生活质量达到发达国家水平,现实生活质量指数接近翻一番,世界排名上升十多位	升级为世界先进水平,生活质量指数接近翻一番,世界排名上升几位
个人生活	见表3-65	见表3-65	待专题研究	待专题研究
公共生活	见表3-66	见表3-66	待专题研究	待专题研究
生活环境	见表3-67	见表3-67	待专题研究	待专题研究
生活满意度	见表3-68	见表3-68	待专题研究	待专题研究

3. 中国生活质量现代化路线图之三:运河路径

根据生活质量现代化的国际经验,21世纪生活质量现代化有三条基本路径。一是生活质量现代化路径,适合于已经进入第二次现代化的国家。二是追赶路径,先实现生活水平现代化,然后再推进生活质量现代化,适合于尚没有完成第一次现代化的国家。三是综合路径,同时推进生活水平现代化和生活质量现代化,适合于第一次现代化接近完成的国家,特别是地区发展不平衡的国家。从理论和政策角度考虑,综合路径是中国的合理选择,简称为生活质量现代化的运河路径(图3-9)。

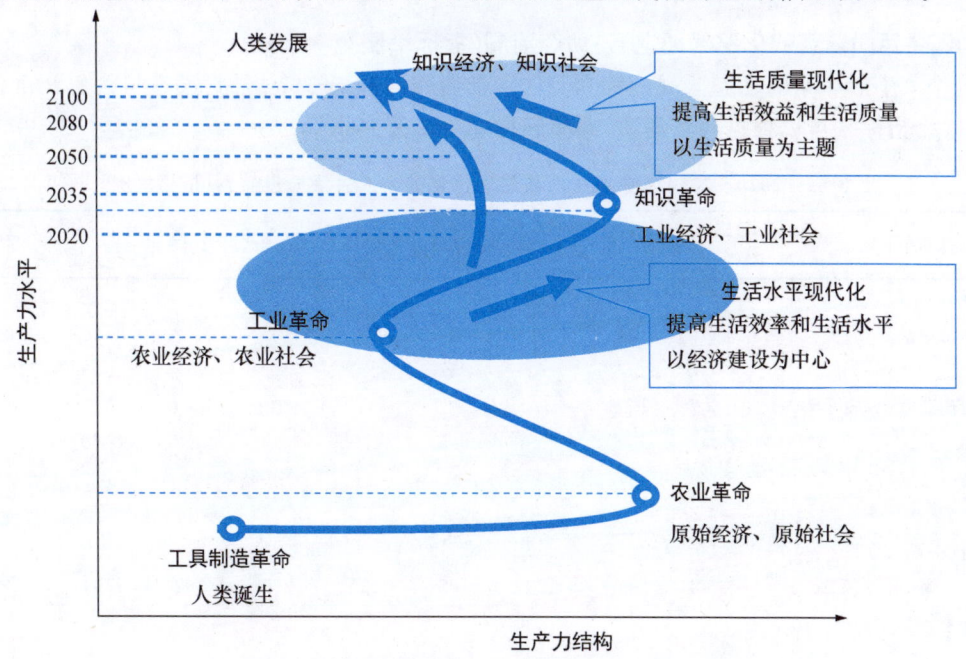

图3-9 中国生活质量现代化的路线图——运河路径

中国生活质量现代化的运河路径是：瞄准生活质量的未来前沿,生活水平现代化和生活质量现代化协调发展,并加速向生活质量现代化的转型,迎头赶上未来的世界前沿水平；在21世纪上半叶达到或接近生活质量现代化的发达国家水平,基本建成健康长寿、环境优美、生活美好、人民满意的现代化国家；在21世纪下半叶早日达到生活质量的世界先进水平,个人生活质量、公共生活质量、生活环境质量和生活满意度等达到当时世界先进水平,全面建成具有世界先进水平的美好社会,高标准实现生活质量现代化。

4. 中国生活质量现代化路线图之四：监测指标

中国生活质量现代化的监测指标体系,可以选择个人生活质量、公共生活质量、生活环境质量和生活满意度的指标。这里以生活质量评价的38个指标为监测指标(表3-64)。许多重要指标因为统计数据不全,没有列入。可以根据政策需要,调整和增加监测指标。

表3-64 中国生活质量现代化路线图的监测指标体系(指标举例)

序号	个人生活	公共生活	生活环境	生活满意度
1	人均蛋白质供应量	人均国民收入	安全饮用水普及率	营养不良人口比例*
2	人均水果供应量	休闲和保健时间	人均银幕数	自杀率*
3	出生时平均预期寿命	最低月工资	小学生师比	生活满意度
4	婴儿死亡率	大学入学率	医生比例	失业率*
5	结核病发病率	平均受教育年限	护士比例	收入不平等*
6	人均住房间数	绝对贫困人口比例	人均航行次数	经济生活满意度
7	汽车普及率	养老保险覆盖率	监狱人口比例	营商便利指数*
8	家庭人均消费	人均国际旅游离境频次	交通事故死亡率	水质满意度
9	人均能源消费	互联网普及率	$PM_{2.5}$年均浓度	
10	恩格尔系数	公民权利	城市废水处理率	

注：指标解释和单位见表4-1。* 反映客观满意度的指标。

5. 中国生活质量现代化路线图之五：动态监测(指标举例)

其一,个人生活质量的动态监测(表3-65)。包括营养与健康5个指标、家庭与住房2个指标和消费与成本3个指标。可以根据政策需要,调整或增加更多监测指标。

表3-65 2020~2050年中国生活质量现代化的个人生活质量监测(指标举例)

指标和单位	增长率/(%)	2016	2020	2030	2035	2040	2050	A	B	对照
营养与健康										
人均蛋白质供应量/(克/天)	0.10	98	99	100	100	101	102	1.02	1.02	104
人均水果供应量/(克/天)	0.20	258	262	267	270	272	278	1.03	1.04	270
出生时平均预期寿命/岁	0.32	76.3	77.2	79.7	81.0	82.3	85.0	1.05	1.07	80
婴儿死亡率/(‰)	−2.00	8.6	7.9	6.5	5.9	5.3	4.3	0.75	0.67	4.7
结核病发病率/(例/10万人)	−5.00	64	52	31	24	19	11	0.49	0.36	12
家庭与住房										
人均住房间数/间	0.50	2.0	2.0	2.1	2.2	2.3	2.4	1.05	1.14	2.1
汽车普及率/(辆/千人)	4.50	99	123	192	239	298	462	1.94	2.41	450

(续表)

指标和单位	增长率/(%)	2016	2020	2030	2035	2040	2050	A	B	对照
消费与成本										
家庭人均消费/美元	6.5	3203	4121	7736	10599	14521	27258	2.41	3.52	23858
人均能源消费/千克石油当量	2.00	2237	2470	3010	3324	3670	4473	1.35	1.49	4604
恩格尔系数*/(%)	−2.80	31.4	28.0	21.1	18.3	15.9	11.9	0.67	0.57	12.4

注：* 2016年数据为城镇居民和农村居民恩格尔系数的算术平均值。2016年数据为2016年或最近年的值，对照为2016年高收入国家平均值。增长率是根据2000~2016年指标实际年均增长率和达到2016年高收入国家平均水平所需要的增长率的估计值。A=2030年值/2016年值。B=2050年值/2030年值。

其二，公共生活质量的动态监测（表3-66）。包括经济生活3个指标、社会生活4个指标、文化生活2个指标和政治生活1个指标。可以根据政策需要，调整或增加更多监测指标。

表3-66 2020~2050年中国生活质量现代化的公共生活质量监测（指标举例）

指标和单位	增长率/(%)	2016	2020	2030	2035	2040	2050	A	B	对照
经济生活										
人均国民收入/美元	7.00	8250	10814	21273	29836	41847	82319	2.58	3.87	40009
休闲和保健时间*/小时	2.00	7	8	9	10	11	14	1.29	1.55	14.9
最低月工资/美元	5.60	226	281	485	636	836	1441	2.14	2.97	1443
社会生活										
大学入学率/(%)	2.00	48	55	73	85	98	100	1.51	1.36	75.1
平均受教育年限/年	1.50	7.6	8.2	9.5	10.2	11.0	12.8	1.25	1.35	12.8
绝对贫困人口比例/(%)	−4.00	1.9	1.6	1.1	0.9	0.7	0.5	0.56	0.44	0.7
养老保险覆盖率/(%)	2.00	64	69	85	94	100	100	1.32	1.18	95
文化生活										
人均国际旅游离境频次/(次/年)	6.00	0.10	0.12	0.22	0.30	0.40	0.71	2.26	3.21	0.65
互联网普及率/(%)	4.00	53	62	92	112	136	202	1.73	2.19	82.2
政治生活										
公民权利**，评级	−4.00	6.0	5.1	3.4	2.8	2.3	1.5	0.56	0.44	1.2

注：* 2016年数据为估计值。** 数值越小公民权利越大。2016年数据为2016年或最近年的值，对照为2016年高收入国家平均值。增长率是根据2000~2016年指标实际年均增长率和达到2016年高收入国家平均水平所需要的增长率的估计值。A=2030年值/2016年值。B=2050年值/2030年值。

其三，生活环境质量的动态监测（表3-67）。包括公共设施2个指标、公共服务4个指标、公共安全2个指标和自然环境2个指标。可以根据政策需要，调整或增加更多监测指标。

表3-67 2020~2050年中国生活质量现代化的生活环境质量监测（指标举例）

指标和单位	增长率/(%)	2016	2020	2030	2035	2040	2050	A	B	对照
公共设施										
安全饮用水普及率/(%)	0.20	95.5	96	98	99	100	100	1.03	1.02	99.0
人均银幕数/(块/10万人)	3.80	2.5	3.0	4.4	5.3	6.4	9.2	1.75	2.11	9.2

(续表)

指标和单位	增长率/(%)	2016	2020	2030	2035	2040	2050	A	B	对照
公共服务										
小学生师比(比值)	−1.00	16.5	15.9	14.4	13.7	13.0	11.8	0.87	0.82	14.2
医生比例/(名/千人)	0.50	3.6	3.7	3.9	4.0	4.1	4.3	1.07	1.10	3.01
护士比例/(名/千人)	4.50	2.3	2.8	4.3	5.4	6.7	10.5	1.85	2.41	10.5
人均航行次数/(次/年)	5.00	0.35	0.43	0.70	0.89	1.14	1.86	1.98	2.65	1.86
公共安全										
监狱人口比例/(人/10万居民)	−0.30	119	118	114	112	111	107	0.96	0.94	108.1
交通事故死亡率/(人/10万人)	−2.50	19.4	17.1	13.3	11.7	10.3	8.0	0.68	0.60	8.2
自然环境										
$PM_{2.5}$年均浓度/(微克/立方米)	−5.00	56	46	27	21	16	10	0.49	0.36	19.7
城市废水处理率/(%)	0.20	93	94	96	97	98	100	1.03	1.04	97

注：2016年数据为2016年或最近年的值，对照为2016年高收入国家平均值。增长率是根据2000~2016年指标实际年均增长率和达到2016年高收入国家平均水平所需要的增长率的估计值。A＝2030年值/2016年值。B＝2050年值/2030年值。

其四，生活满意度的动态监测(表3-68)。包括个人生活满意度3个指标、公共生活满意度3个指标和生活环境满意度2个指标。可以根据政策需要，调整或增加更多监测指标。

表3-68　2020~2050年中国生活质量现代化的生活满意度监测(指标举例)

指标和单位	增长率/(%)	2016	2020	2030	2035	2040	2050	A	B	对照
个人生活满意度										
营养不良人口比例*/(%)	−4.00	8.7	7.4	4.9	4.0	3.3	2.2	0.56	0.44	2.7
自杀率**/(例/10万人)	−0.63	10	9.7	9.1	8.8	8.5	8.0	0.91	0.88	14.5
生活满意度(指数)****	0.30	6.9	7.0	7.2	7.3	7.4	7.6	1.05	1.06	7.15
公共生活满意度										
失业率*/(%)	0.16	4.7	4.7	4.8	4.8	4.8	4.9	1.02	1.03	6.19
收入不平等(比值)*	−1.00	9.2	8.8	8.0	7.6	7.2	6.5	0.87	0.82	6.8
经济生活满意度(指数)****	0.57	6.19	6.4	6.8	7.0	7.2	7.6	1.10	1.12	6.2
生活环境满意度										
营商便利指数(指数)*	−4.50	78	65	41	33	26	16	0.52	0.40	16
水质满意度***/(%)	4.00	40.0	46.8	69.3	84.3	100.0	100.0	1.73	1.44	86

注：2016年数据为2016年或最近年的值，对照为2016年高收入国家平均值。* 反映客观满意度(或客观不满意度)的指标。** 2016年自杀率对照为英国的值，供参考。*** 2016年数据为估计值。**** 评价标准最大值为10分。增长率是根据2000~2016年指标实际年均增长率和达到2016年高收入国家平均水平所需要的增长率的估计值。A＝2030年值/2016年值。B＝2050年值/2030年值。

三、中国生活质量现代化的战略要点

在未来30年，生活质量现代化将是中国社会现代化的一个关键领域。关于中国生活质量现代化的战略要点，专家学者必然见仁见智。我们认为：中国生活质量现代化，可以在两个维度协同推进(图3-10)。一是纵向维度，包括国家、地区和家庭三个层次。二是横向维度，包括全面实现共性目标、个

性目标和专项目标的三个目标;其中,共性目标涉及个人生活、公共生活、生活环境和生活满意度四个方面。这里重点讨论国家层面的生活质量现代化的共性目标的战略重点。不同地区的生活质量有差别,可以选择自己合适的战略重点;不同家庭有不同特点,可以选择自己合适的生活质量对策;两者需要专题研究。

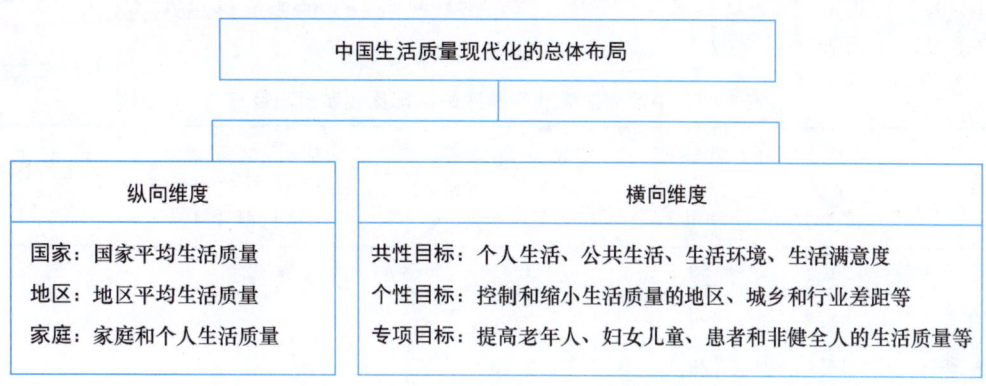

图 3-10 中国生活质量现代化的总体布局

战略重点:关于如何实现国家层面生活质量现代化的共性目标,建议以全面提高生活满意度为导向和核心目标,以个人生活质量现代化和公共生活质量现代化为两翼,以生活环境质量现代化为支撑,以提高经济质量和科技创新工程为推力(图3-11)。

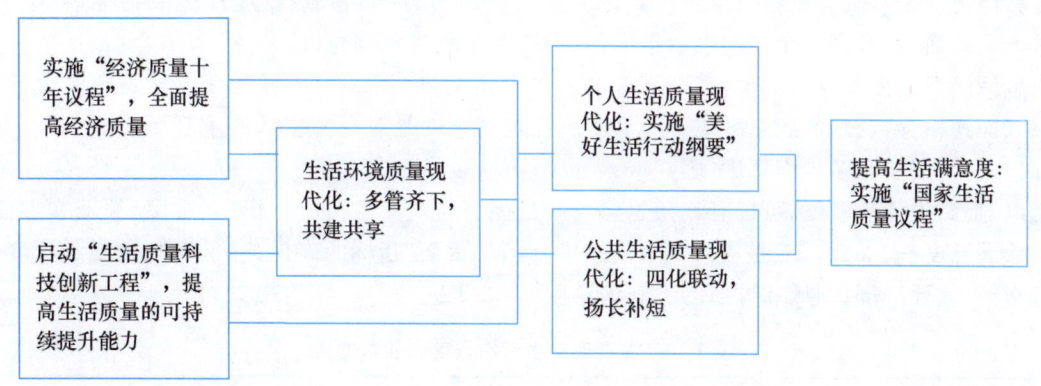

图 3-11 中国生活质量现代化的战略重点(共性目标部分)

政策建议:实施"国家生活质量议程",全面提高生活满意度;实施"美好生活行动纲要",全面提高个人生活质量;四化联动,扬长补短,全面提高公共生活质量;多管齐下,共建共享,全面提高生活环境质量;实施"经济质量十年议程",全面提高经济质量,夯实生活质量的物质基础;启动"生活质量科技创新工程",提高生活质量的科技含量和可持续提升能力。

1. 实施"国家生活质量议程",全面提高生活满意度

生活质量和生活水平的本质差别是,前者关注生活满意度,后者关注物质生活水平。向生活质量进军,全面提高生活满意度,全面满足人民美好生活需要,是未来30年的发展主题和战略任务。生活满意度是高度综合的概念,涉及多个维度和方面(图3-8)。

(1) 中国生活满意度的国际比较

根据生活满意度指标的面板数据进行评价,2016年中国生活满意度指数约为54,为中等发达国家水平;2000~2016年期间,中国生活满意度的年均增长率约为0.18%。如果按2000~2016年生活质量指数的年均增长率计算,中国生活满意度指数有可能在2034年达到100(表3-69),即达到2016年发达国家的平均值。当然,这仅是一种估算。表3-61提出了生活满意度的量化目标,表3-68提出了生活满意度的动态监测。

表3-69 中国生活满意度指数的国际比较和预期目标

项目	2000年生活满意度指数	2016年生活满意度指数	2000~2016年指数年均增长率/(%)	指数达到100需要的年数(按2000~2016年年均增长率计算)	指数达到100的大致年份
中国*	52.2	53.8	3.47	18	2034
高收入国家	98.8	99.8	0.06	—	
中等收入国家	16.8	25.1	2.55	55	
低收入国家	7.4	9.6	1.66	142	
世界平均	18.2	25.0	1.99	70	

注:* 增长率原值约为0.18%。采用2000~2016年中国生活质量指数的年均增长率进行估算。

(2) 提高生活满意度的主要途径

生活满意度是对现实生活的满意度。现实生活的所有方面、领域、维度和多数指标,都会有满意度问题。大约而言,有多少个现实生活指标,就会有多少种生活满意度。

在生活满意度内部,可以分为客观满意度和主观满意度(图3-8)。客观满意度是现实生活的"负面"指标(即逆指标)反映的满意度或不满意度。主观满意度是对现实生活的主观感受和判断,分为直观、纵向、横向、期望和多维满意度(表3-60)。

所以,提高生活满意度,可以有三条思路。一是提高与现实生活所有指标、维度、领域和方面相对应的生活满意度(表3-70);二是提高客观满意度,改善"负面"指标的表现;三是提高主观满意度,特别是关键指标、重要维度、领域和方面的主观满意度(表3-71)。

表3-70 提高现实生活满意度的基本途径

现实生活			生活满意度
方面	领域	维度	
私人生活	个人生活	营养、健康、家庭、住房、消费与成本	提高现实生活的各个方面、各个领域、各个维度和多数指标相对应的满意度(客观和主观满意度)
公共生活	经济生活	工作、收入、工作与生活平衡	
	社会生活	社会联系、教育和学习、社会公平、社会保障	
	文化生活	休闲与旅行、大众文化、网络文化、文化包容性	
	政治生活	政治参与、政治冲突	
生活环境	生活环境	公共设施、公共服务、公共安全、自然环境、国际环境	

表 3-71　全面提高六种满意度:途径和举例

项目	途径	个人生活	公共生活	生活环境
客观满意度	改善"负面"指标的表现	营养不良比例、自杀率	失业率、贫困率	犯罪率、航班晚点率
直观满意度	改善商品和服务的质量	衣食住行的质量	工作质量、社会关系	设施质量、服务质量
纵向满意度	保持适度的增长率或改进频率	营养改善、健康长寿	收入增长、休闲时间	交通改善、服务改进
横向满意度	缩小国际差距、地区差距	住房差距的缩小	收入差距的缩小	教育质量差距的缩小
期望满意度	促进社会公平公正、按贡献分配	物价的调整	工资收入的调整	饭店服务的改进
多维满意度	多维和多因素的改进	健康、住房的改进	文化生活的改进	社会安全的改进

注:"负面"指标为逆指标,指标的数值越大,指标水平越低或表现越差(越不好)。

(3) 提高生活满意度的政策建议

提高生活满意度,可以和需要从一点一滴做起。但要实现中国生活质量现代化的总体目标,仅一点一滴地做是不够的。需要从国家层面做起,需要有总体战略和规划。

提高生活满意度的政策思路是:**哪里不满意,就改进哪里,改到满意为止。**

其一,发展理念转变,实现从"经济增长率导向"到"生活满意度导向"的转变。根据国际经验,在经济发展的早期,增长带来收入增加和生活水平提高;但当物质生活达到一定水平时,收入增长的回报就会递减,甚至出现收入增长、生活水平下降、生活质量下降和生活满意度下降的局面。在这种情况出现时,就需要及时转变观念,向生活质量转变,追求生活满意度。在过去 40 多年里,我国发展的核心观念是"增长率",追求比较快和比较稳的增长,并取得巨大成就。到 2020 年,我们将全面建成小康社会。届时,我们需要转变发展理念,实现从"增长率导向"向"满意度导向"转变。

其二,发展模式转变,实现从"以经济建设为中心"到"以生活质量为发展主题"的转变。改革开放以来,我们坚持以经济建设为中心,取得巨大成就,2020 年将全面建成小康社会。根据国际经验,在"后小康社会",人民的追求将发生改变,美好生活将成为普遍追求;我们的任务也将发生转变,从满足人民物质生活需要为主到满足人民美好生活需要为主。相应地,我们的发展模式需要从"以经济建设为中心"转变为"以生活质量为主题"。

其三,加强生活质量的科学研究,建立生活质量研究中心。20 世纪 80 年代以来,我国学者就开始生活质量研究,取得了一批研究成果,出版了一批高水平的学术著作。在后小康社会,我们需要进一步加强生活质量的科学研究,增加支持力度。

其四,普及生活质量的科学知识,研究和提倡高质量的生活方式。目前,生活质量更多停留在学术研究阶段,尚未全面进入政策议程和日常生活。影响生活质量的因素很多,不健康、低质量的生活方式的影响很大。需要研究和普及高质量的生活方式。

其五,制定和启动"国家生活质量议程",向生活质量进军。借鉴全面质量管理的理念(专栏 3-1)和发达国家的经验(专栏 3-2),研制"国家生活质量议程",建立生活质量管理体系和生活质量监测体系,启动一批生活质量工程,全面提高生活满意度(专栏 3-3)。

专栏 3-1　全面质量管理和质量体系

关于全面质量管理和质量体系(或质量管理体系),都没有统一定义。

国际标准化组织(IOS)认为,全面质量管理是一种管理方法,它以质量为中心,以全员参与为基础,通过提高顾客满意度以及组织和社会全体成员的利益,实现组织长期成功的目标。美国质量学会(ASQ)认为,全面质量管理是一种通过客户满意达到长期成功的管理方法,它以全员参与为基础,包括参与过程、产品、服务和文化的改进。

戴明循环:美国质量管理专家戴明提出了质量管理的四阶段模型,即"计划(plan)—执行(do)—检查(check)—处理(act)"四个阶段。四阶段可循环进行,简称PDCA循环。

- 计划阶段:提出目标和措施,制定计划。
- 执行阶段:执行计划,落实措施。
- 检查阶段:检查和评估计划的实施情况。
- 处理阶段:改进和调整,结果标准化。然后,进入下个循环。

质量体系(质量管理体系):一般指为开展全面质量管理建立的正式系统,它包括实施质量管理的组织结构、计划、政策、激励、程序、过程、资源、责任和基础设施等。

美国食品药品监督管理局(FDA)认为,质量体系包括七个子系统,即管理控制、设计控制、生产和过程控制、校正和预防行为、材料控制、记录档案和变化控制、工厂和设备控制。

专栏 3-2　发达国家的生活质量监测

2011年经济合作与发展组织(OECD)提出美好生活指数,采用十一个维度进行评价,即收入、工作、住房、健康、社会关系/社区、教育与技能、环境质量、公民参与和治理、个人安全、工作与生活平衡、生活满意度。

2015年欧盟出版《欧洲的生活质量》报告,采用了九个维度"8+1"分析框架,即物质生活条件、生产和其他活动、健康、教育、休闲和社会互动、经济和人身安全、治理和基本权利、自然和生活环境、总体生活体验。

2010年英国国家统计局启动国民福祉计划(Measures of National Well-being)。它涉及十个领域,包括个人幸福、关系、健康、工作、居住、个人财务、经济、教育和技能、政府治理、自然环境。

2011年加拿大政府推出加拿大幸福指数(Canadian Index of Wellbeing)报告,发现1994至2008年期间,加拿大经济增长强劲,但加拿大人的福利增长没有跟上。幸福指数涉及8个相互关联的领域,分别是社区活力、民主参与、教育、环境、健康人口、休闲与文化、生活水平、时间利用。

专栏 3-3 "国家生活质量议程"建议书

制定和实施"国家生活质量议程",既是人类发展的需要,也是人民生活和国家战略的需要。

其一,人类发展的需要。一般而言,人类生活的变化,既来自需求侧的变化,也来自供给侧的改变。供给的改变,一方面决定于科技进步和创新驱动;一方面决定于生产力水平和分配制度。需求的变化,则与人类发展的阶段和水平有关。根据发达国家的国际经验,在物质生活极大丰富后,人们会追求更好的生活质量,丰富多彩的精神文化生活,以及健康长寿和遨游太空等。其中,健康是生活质量的生理基础,文化是生活质量的精神支柱,经济质量和环境质量是生活质量的物质基础和前提条件。

其二,人民生活的需要。2020年我们将全面建成小康社会,人民物质生活将非常丰富。可以预计,在后小康时代,"提高生活质量"将成为中国人的普遍追求,"向生活质量进军"将成为中国新时代的发展主题和现代化强国建设的必然选择,中国人的生活质量将逐步达到发达国家水平。届时,中国人将拥有清洁的空气、安全的饮水、放心的食品、舒适的住房、便捷的交通、良好的教育、精彩的文化和休闲、优质的商品和服务、健康和满意的生活,将享受具有世界先进水平的美好生活。

其三,国家战略的需要。十九大报告明确提出:"永远把人民对美好生活的向往作为奋斗目标"。生活质量是衡量美好生活和社会现代化水平的一个综合指标,生活质量现代化是提高和实现人民美好生活的必由之路。建议制定和实施"国家生活质量议程",全面提高生活质量和生活满意度。

(一)基本思路

"国家生活质量议程"是一个提高全民生活质量和生活满意度的指导性行动议程,是以生活质量为发展主题和向生活质量全面进军的行动议程。它以生活质量为中心,以生活满意度为导向,建立国家生活质量体系,启动生活质量重大工程,实现发展目标、发展理念和发展模式的三个根本转变,全面建设健康长寿、环境优美、生活美好、人民满意的现代化国家和美好社会。

实现三个根本转变既是目标,也是要求。一是发展目标转变,从全面建成小康社会到全面建成生活质量达到世界先进水平的美好社会。二是发展理念转变,从"经济增长率导向"到"生活满意度导向"。三是发展模式转变,从"以经济建设为中心"到"以生活质量为发展主题"。同时,发展重点也会相应变化。

(二)总体目标

力争用30年时间(2020~2050),生活满意度达到发达国家水平,基本建成健康长寿、环境优美、生活美好、人民满意的现代化国家和美好社会(表3-72)。同时,个人生活质量、公共生活质量和生活环境质量基本达到发达国家水平,全国人民基本享有发达国家的生活质量。

表 3-72 至 2050 年国家生活质量议程的核心目标

项目	生活满意度的2050年目标	现实生活质量的2050年目标
综合指数	生活满意度指数达到发达国家水平	现实生活质量指数达到发达国家水平
个人生活	个人生活满意度达到发达国家水平	出生时平均预期寿命达到85岁左右
	家庭生活满意度达到发达国家水平	恩格尔系数降到12%左右
公共生活	经济生活满意度达到发达国家水平	人均国民收入超过5万美元(2010年价格)
	社会生活满意度达到发达国家水平	大学普及率超过90%
生活环境	公共服务满意度达到发达国家水平	安全饮用水普及率达到100%
	自然环境满意度达到发达国家水平	$PM_{2.5}$年均浓度降到10%左右

注:恩格尔系数为家庭食品消费支出占家庭总消费支持的比例,是一个逆指标。

(三) 主要措施

(1) 借鉴全面质量管理的理念,建立国家生活质量体系

国家生活质量体系是一个以生活质量为中心,以生活满意度为导向,以提升全民生活质量和生活满意度为宗旨的开放体系。其职能包括:制定生活质量发展规划,执行和落实规划,检查和评估规划执行情况,规划总结和改进,发布生活质量年度报告等。从"十四五"开始,生活质量规划纳入国家总体规划。

国家生活质量体系包括国家生活质量治理和监测体系、个人生活质量体系、公共生活质量体系和生活环境质量体系等(图3-12)。其中,国家生活质量治理和监测体系是国家生活质量体系的实体组织结构,个人生活质量体系、公共生活质量体系和生活环境质量体系是国家生活质量体系的虚拟组织结构。

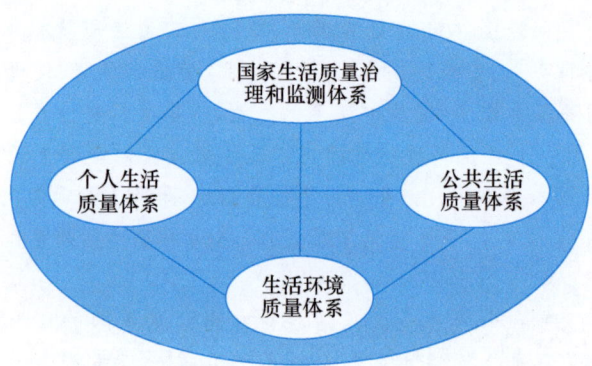

图 3-12　国家生活质量体系的结构模型(钻石模型)

(2) 根据需要和国情,建立国家生活质量治理体系

国家生活质量治理体系是国家生活质量体系的一个子系统,大致分为国家、地区和本地三个层级。

其一,成立国务院生活质量领导小组,由总理任组长。成员单位包括:国家发展和改革委员会、国家卫生健康委员会、财政部、民政部、科学技术部、教育部、文化和旅游部、人力资源和社会保障部、自然资源部、交通运输部、农业农村部、住房和城乡建设部、公安部、国家统计局、国家市场监督管理总局等。

其二,设立国务院生活质量领导小组办公室,设在国家发展和改革委员会内(社会发展司)。

其三,各省、自治区和直辖市成立本地区生活质量领导小组,小组办公室设在各地发展和改革委员会内。

其四,省级以下行政地区,不再设立生活质量领导小组,可建立生活质量联席会议制度,联席会议秘书处设在各地发展和改革委员会内。

(3) 借鉴发达国家的经验,建立国家生活质量监测体系

国家生活质量监测体系是生活质量的动态监测、评估和报告体系,是国家生活质量体系的一个子系统。它包括生活质量监测指标体系、动态监测、定期评估和发布制度等。

其一,国家统计局研究制定国家生活质量监测指标体系、定期评估和发布制度。

其二,各省、自治区和直辖市的统计局,参考国家生活质量监测指标体系,研究制定地区生活质量监测指标体系、定期评估和发布制度。

其三,省级以下行政地区的统计局,可直接采用国家或上级政府的地区生活质量监测体系,亦可参考国家和上级政府的做法,结合自身特点,制定本地区生活质量监测体系。

(四)向生活质量进军,启动生活质量重大工程和项目

- 研制和发布"国家生活质量议程2035",提出未来15年发展目标。
- 研究和制定"十四五"国家生活质量规划纲要。
- 研制和发布"中国生活质量监测指标体系"。
- 建立《中国生活质量报告》双年度报告制度。
- 完善生活质量的统计体系,提高统计数据质量。
- 加快生活质量相关的"大数据"建设和人工智能发展。
- 实施"美好生活行动纲要",全面提升个人生活质量(见后)。
- 启动"公民文化素质工程",提升公共文化生活质量(见后)。
- 建立免费开放的"城市消夏文化节制度"(详见《中国现代化报告2009》)。
- 启动"诚信文化建设工程",建设"诚信社会",提升生活环境质量(见后)。
- 实施"经济质量十年议程",全面提高经济质量,夯实生活质量的物质基础(见后)。
- 启动"生活质量科技创新工程",提高生活质量的科技含量和可持续提升能力(见后)。
- 建立国家生活质量研究中心,组织开展生活质量的科学研究和动态评估等。

2. 实施"美好生活行动纲要",全面提高个人生活质量

生活质量指人的生活质量,必然以人为本,以人为中心。生活质量现代化,应以个人生活质量为核心,以个人生活满意度为先导,以个人生活质量现代化为重中之重。未来30年,应该把个人生活质量现代化摆在优先发展的位置。

(1) 中国个人生活质量的国际比较

根据生活质量指标的面板数据进行评价,2016年中国个人生活质量指数约为44,为中等发达国家水平。如果按2000~2016年个人生活质量指数的年均增长率(调整后)计算,中国个人生活质量指数有可能在2036年达到100(表3-73),即达到2016年发达国家的平均值。当然,这仅是一种估算。表3-65提出了个人生活质量的动态监测。

表3-73 中国个人生活质量指数的国际比较和预期目标

项目	2000年个人生活质量指数	2016年个人生活质量指数	2000~2016年指数年均增长率/(%)	指数达到100需要的年数(按2000~2016年年均增长率计算)	指数达到100的大致年份
中国*	21.4	44.4	4.07	20	2036
高收入国家	86.9	99.7	0.86	—	
中等收入国家	12.1	20.0	3.22	51	
低收入国家*	6.5	13.7	4.08	50	
世界	24.8	30.8	1.36	87	

注:* 增长率有调整,按4%+(实际增长率-4%)/10估算。本表个人生活质量指数评价的基准值为2016年发达国家的平均值。

(2) 提高个人生活质量的基本途径

提高个人生活质量,可以有四条思路(表 3-74)。一是提高个人现实生活质量,包括营养、健康、家庭、住房、消费和成本五个维度和相应指标所反映的生活质量。二是提高与个人现实生活的指标和维度相对应的生活满意度。三是提高个人生活的客观满意度,改善个人生活"负面"指标的表现。四是提高个人生活的主观满意度,特别是关键指标和重要维度的主观满意度,包括直观、纵向、横向、回报和多维满意度。

表 3-74 提高个人生活质量:途径和举例

维度	指标(举例)	提高现实生活质量	提高客观满意度	提高主观满意度
营养	人均蛋白质供应	增加人均蛋白质供应	营养不良率降低	提高直观满意度
健康	出生时平均预期寿命	延长出生时平均预期寿命	自杀率降低	提高纵向满意度
家庭	少女生育率	降低少女生育率	离婚率降低	提高横向满意度
住房	人均住房面积	增加人均住房面积	无房比例降低	提高期望满意度
消费与成本	恩格尔系数	降低恩格尔系数	食品价格降低	提高多维满意度

注:提高满意度可参考表 3-71。

(3) 提高个人生活质量的政策建议

提高个人生活质量,既是个人和家庭的责任,也是全社会的责任。因为社会是由个人和家庭组成的。提高个人生活质量,个人和家庭承担首位责任,社会承担辅助责任。通俗地说,"世界是大家的,幸福是自己的;提高个人生活质量,首先得靠自己"。

提高个人生活质量的政策思路是:**哪里质量差,就改善哪里,改到质量好为止**。

个人生活质量涉及个人生活的方方面面。我们选择营养、健康、家庭、住房、消费与成本五个维度 33 个指标分析个人生活(附表 1-1-1)。提高个人生活质量可从这些方面入手。

- 营养方面:提高食品供应水平,降低营养不良和肥胖率,提高食品质量和安全性等。
- 健康方面:提高出生时平均预期寿命和健康寿命,降低婴儿死亡率、儿童死亡率和孕产妇死亡率,降低慢性病和传染病发病率,提高健康感觉良好比例,提高睡眠质量等。
- 家庭方面:降低少女生育率,降低离婚率,增加儿童看护和沟通时间,增加家庭内部沟通等。
- 住房方面:增加人均住房面积和间数,增加家电和汽车普及率,普及安全饮水和卫生设施等。
- 消费与成本:提高人均能源消费,改善家庭消费结构,降低食物消费比例,降低房价收入比等。

从公共管理和公共政策角度看,提高个人生活质量可有多种选择。

其一,全面落实"'健康中国 2030'规划纲要",提高健康生活质量。

其二,继续实施全民健身计划,普及科学健身知识和健身方法,推动全民健身生活化。

其三,全面加强食品管理,提高食品质量和国民营养水平。

其四,启动"婴幼儿用品工程",将 5 岁以下儿童用品纳入全程质量管理。

其五,启动"社区养老工程",为老年人集中社区建立"健康养老服务模式"。

其六,为有条件的四层及以上楼层的居民楼,安装安全便捷的电梯。

其七,采取综合措施,促使"房价收入比"回归"理性范围"。

其八,在"健康生活行动议程"基础上,制定和实施"美好生活行动纲要"。《中国现代化报告 2017》提出了"健康生活行动议程",可以将其扩展和升级为"美好生活行动纲要"(专栏 3-4)。

其九,关于老年人、妇女儿童、患者和非健全人的生活质量,需要专题研究。

专栏 3-4 "美好生活行动纲要"建议书

美好生活从我做起,幸福生活从家做起。人人美好才会国家美好,家家幸福才会社会幸福。研制和实施"美好生活行动纲要",让美好生活从人开始,让美好社会从家开始,全面推进个人生活质量现代化,奠定生活质量现代化和美好社会的第一基石。

(一) 基本思路

"美好生活行动纲要"是一个提高个人生活质量、普及美好和健康生活方式的引导性行动纲要,是为个人美好生活提供科学服务的行动纲要。它要求坚持"以生活质量为中心、以生活满意度为导向"的原则,全民动员,全员参与,全程规划,全域覆盖,为建设一个生活美好、人民满意的美好社会奠定坚实基础。

核心理念:美好生活人人有责,幸福生活家家有份。重视营养,重视健康,重视家庭。关爱儿童,关爱老人,关爱亲友。劳逸结合,合理消费,收支平衡。安居乐业,开明向善,互助互爱。

(二) 总体目标

力争用 30 年时间(2020~2050),个人生活质量和生活满意度达到发达国家水平,基本建成生活美好、人民满意的美好社会,实现"美好生活人人有,幸福生活家家欢"的总体目标。

(三) 主要措施

(1) 研制和发布"美好生活行动纲要"。根据"国家生活质量议程"的要求,研制美好生活行动纲要,制订美好生活行动框架(表 3-75)。内容包括美好生活全程规划、美好生活行为指南、健康中国人计划、国家健康服务平台、美好生活日历等。

(2) 研制"美好生活全程规划"。从全生命周期和全民覆盖角度,对国民生活理念和生活行为进行系统设计、动态监测和综合评估,提供促进和改善美好生活的心理咨询和生活指导。可五年修订一次。

(3) 研制"美好生活行为指南"。以美好生活全程规划为基础,针对美好生活重点领域和维度的生活观念和生活行为,设计行为规则,提供一份美好生活的"美好生活方式说明书"。可五年修订一次。

(4) 启动"健康中国人计划"。制定健康中国人标准,推动健康中国人达标行动,每年对达标典型给予奖励。鼓励不同地区和不同部门制定相应的"健康人"行动计划。健康中国人的基本要求:体检指标正常、品德优良和精神饱满、没有不良嗜好和行为、每天锻炼 30 分钟。

(5) 研制"美好生活日历"。以美好生活行动指南为基础,研制和发行"美好生活日历",普及美好生活方式。

(6) 继续推进"国家健康大数据平台"建设(详见《中国现代化报告 2017》)。

(7) 继续实施"'健康中国 2030'规划纲要"。

(8) 继续推进"全民健身活动计划"等。

表 3-75 美好生活的行动框架

项目	婴幼儿 （0—3岁）	学习期 （3—18岁）	工作期 （18—60岁）	退休后 （60岁以上）
重点领域	孕期保健 平安分娩 幼儿营养 幼儿健康 幼儿安全 幼儿陪护 快乐成长	营养合理、避免超重 适量运动、乐观向上 充足睡眠、保护视力 口腔健康、青春期健康 适度上网、培育兴趣 养成健康生活习惯 减少和避免意外伤害 健康的幼儿园生活 健康的学校生活	合理膳食、适量运动 心理健康、充足睡眠 劳逸结合、乐业顾家 安排时间、坚持学习 尊老爱幼、关爱亲友 戒烟限酒、戒毒戒赌 房事适度、生殖健康 防范慢性病和职业病 减少和避免意外伤害	合理膳食、适量运动 心理健康、适量睡眠 发挥特长、发展爱好 安排时间、理性理财 关爱子孙、关爱亲友 戒烟限酒、戒毒戒赌 房事适度、互助互爱 重视慢性病和老年病 减少和避免意外伤害
行动计划	全民健身活动计划、婴幼儿用品工程、儿童健康成长计划、心理健康行动计划、社区养老工程 "'健康中国2030'规划纲要"提出的行动计划			
重大项目	美好生活全程规划、美好生活行为指南、健康中国人计划、国家健康服务平台、美好生活日历			
核心目标	美好生活人人有，幸福生活家家欢			

（四）重大项目

- 研制和发布"美好生活行动纲要2035"，提出未来15年发展目标。
- 研制和发布"美好生活全程规划"，提出全生命周期的美好生活模式。
- 研制和发布"美好生活行为指南"。
- 启动"健康中国人计划"（详见《中国现代化报告2017》）。
- 研制和启动"婴幼儿用品工程"。
- 启动"社区养老工程"（详见《中国现代化报告2013》）。
- 实施"家庭小康工程"（详见《中国现代化报告2013》）等。

3. 四化联动，扬长补短，全面提高公共生活质量

人类是一种社会化的动物。人类生活，既有独立自主的个体生活和家庭生活，更多是互动互助的群体生活。前者简称为个人生活，后者简称为公共生活。公共生活发生在经济、社会、文化和政治等领域。公共生活质量现代化是生活质量现代化的重要内涵。

（1）中国公共生活质量的国际比较

根据生活质量指标的面板数据进行评价，2016年中国公共生活质量指数约为36，为初等发达国家水平。如果按2000～2016年公共生活质量指数的年均增长率（调整后）计算，中国公共生活质量指数有可能在2038年达到100（表3-76），即达到2016年发达国家的平均值。当然，这仅是一种估算。表3-66提出了公共生活质量的动态监测。

表 3-76 中国公共生活质量指数的国际比较和预期目标

项目	2000年公共生活质量指数	2016年公共生活质量指数	2000~2016年指数年均增长率/(%)	指数达到100需要的年数(按2000~2016年年均增长率计算)	指数达到100的大致年份
中国*	6.4	35.9	4.74	22	2038
高收入国家	75.7	100.0	1.75	0	
中等收入国家*	6.8	29.8	4.57	27	
低收入国家*	1.2	5.7	4.61	64	
世界*	12.1	29.0	4.16	30	

注:*增长率有调整,按4%+(实际增长率-4%)/10 估算。本表公共生活质量指数评价的基准值为2016年发达国家的平均值。

(2) 提高公共生活质量的基本途径

提高公共生活质量,可以有四条思路(表3-77)。一是提高公共现实生活质量,包括经济生活、社会生活、文化生活、政治生活四个领域和相应维度及指标所反映的生活质量;二是提高与公共现实生活的指标、维度和领域相对应的生活满意度;三是提高公共生活的客观满意度,改善公共生活"负面"指标的表现;四是提高公共生活的主观满意度,特别是关键指标、维度和领域的主观满意度,包括直观、纵向、横向、回报和多维满意度。

表 3-77 提高公共生活质量:途径和举例

领域	指标(举例)	提高现实生活质量	提高客观满意度	提高主观满意度
经济生活	最低工资	提高最低工资	失业率下降	提高直观满意度
社会生活	大学普及率	提高大学普及率	贫困率下降	提高纵向满意度
文化生活	人均国际旅游离境频次	提高人均国际旅游次数	博物馆免费开放	提高横向满意度
政治生活	选举投票率	提高投票率	腐败比例下降	提高期望满意度
				提高多维满意度

注:提高满意度可参考表 3-71。

(3) 提高公共生活质量的政策建议

提高公共生活质量,需要个人、家庭、社会、企业和政府五方的通力合作。在经济生活、社会生活、文化生活和政治生活等领域,五方承担的责任有所不同。

提高公共生活质量的政策思路是:**哪里意见大,就改进哪里,改到无意见为止。**

其一,提高经济生活质量。我们选择工作、收入、工作与生活平衡三个维度16个指标分析经济生活(附表1-1-1)。大体而言,可从这些方面入手,提高经济生活质量。

- 工作方面:降低失业率,降低非正规就业率,缩短工作时间,降低工作压力等。
- 收入方面:提高工资、平均工资和最低工资,提高家庭收入等。
- 工作与生活平衡:减少长时间工作员工比例,增加弹性工作比例,增加休闲和保健时间等。

其二,提高社会生活质量。本报告选择社会联系、教育和学习、社会公平、社会保障四个维度29个指标分析社会生活(附表1-1-1)。可从这些方面入手,提高社会生活质量。

- 社会联系:提高社区归属感,增加志愿者和社会组织比例,增加亲友聚会,增加社会信任等。
- 教育与学习:提高各级教育入学率,延长平均受教育年数,发展学前教育和成人教育等。
- 社会公平:提高男女平等性,降低收入不平等,降低贫困率,降低童工率等。

- 社会保障：提高社会保障及基本养老保险、医疗保险覆盖率，提高养老保险金与工资比例等。

其三，提高文化生活质量。本报告选择休闲与旅行、大众文化、网络文化、文化包容性四个维度21个指标分析文化生活（附表1-1-1）。提高文化生活质量可从这些方面入手。《中国现代化报告2009》提出"公民文化素质工程"（专栏3-5），有利于提高生活质量。

- 休闲与旅行：增加休假和休闲时间，提高人均旅游和国际旅游次数，参加文体活动，提高人均文体活动时间和次数，增加体育活动等。
- 大众文化：提高人均图书阅读率，提高人均看电影次数，提高公园和博物馆的参观率等。
- 网络文化：提高互联网和手机普及率，提高网络购物频次，适度上网和适量参与网络游戏等。
- 文化包容性：尊重文化多样性，减少歧视，增加性别平等，提高宗教包容性等。

其四，提高政治生活质量。提高政治生活质量，可从多层次和多方面入手。

- 政治参与：完善公共治理，完善基层民主，提高投票率，依法行使政治权力和公民权利等。
- 政治和谐：减少腐败率，减少行贿率，减少群体事件，及时化解社会矛盾等。

专栏3-5 "公民文化素质工程"建议书摘要

公民素质决定公民行为，公民行为影响公共生活质量。公民文化素质是公民素质的重要组成部分，它包括人文素质和科学素质。提高公民文化素质，是提供公共生活质量的重要保障。《中国现代化报告2009》建议实施"公民文化素质工程"，建立免费的消夏文化节制度，全面提高公共文化生活质量。

- 继续实施"全民科学素质行动计划纲要"，提高全民科学文化素质。
- 研制和实施"全民人文素质行动计划纲要"（表3-78），提高全民人文文化素质。
- 继续加强中小学的素质教育，提高学生的文化素养。
- 加速推进教育现代化，提高学前教育、高中和高等教育普及率。
- 加快文化基础设施的建设，免费开放公共文化基础设施。
- 继续举办免费的各种文化活动，推动文化普及和读书活动，提高文化参与率等。

表3-78 "全民人文素质行动计划纲要"的基本内容

项目	主要内容	备注
在校学生人文素质	推进素质教育，提高文艺课程比例，提高创新意识，鼓励文化志愿者，丰富文化生活	全面发展
农村居民人文素质	加强农民职业培训，提供免费公共文化服务，开展科学和文化普及，丰富农村文化生活	因地制宜
城镇居民人文素质	加强职业教育和成人教育，开展读书活动，开放公共文化服务设施，丰富社区文化生活	因地制宜
国家公务员人文素质	建立学习型组织，树立科学发展观，掌握中华文明精华，提高科学决策能力和办事能力	全面发展
改善公共文化设施	加快文化基础设施现代化，包括公共图书馆、博物馆、纪念馆、其他文化馆所等	逐步推进
加强组织协调	完善有关法规，增加经费投入，加强文化队伍建设，建立监督评估机制，纳入考核内容	逐步推进

资料来源：中国现代化战略研究课题组，中国科学院中国现代化研究中心，2009。

4. 多管齐下,共建共享,全面提高生活环境质量

人类的所有生活,都是生活活动与生活环境的互动,生活活动不可能发生在真空里。生活的环境和条件,既是独立存在的,又与生活的活动和行为相互影响。生活环境包括公共设施、公共服务、公共安全、自然环境和国际环境等。生活环境质量现代化是生活质量现代化的重要基础和组成部分。

(1) 中国生活环境质量的国际比较

根据生活质量指标的面板数据进行评价,2016 年中国生活环境质量指数约为 49,为初等发达国家水平。如果按 2000~2016 年生活环境质量指数的年均增长率(调整后)计算,中国生活环境质量指数有可能在 2034 年达到 100(表 3-79),即达到 2016 年发达国家的平均值。当然,这仅是一种估算。表 3-67 提出了生活环境质量的动态监测。

表 3-79 中国生活环境质量指数的国际比较和预期目标

项目	2000 年生活环境质量指数	2016 年生活环境质量指数	2000~2016 年指数年均增长率/(%)	指数达到 100 需要的年数(按 2000~2016 年年均增长率计算)	指数达到 100 的大致年份
中国*	23.9	49.1	4.06	18	2034
高收入国家	86.0	100.0	0.95	—	
中等收入国家	27.8	38.3	2.03	48	
低收入国家	14.0	15.7	0.75	246	
世界	39.2	45.3	0.91	88	

注:*增长率有调整,按 4%+(实际增长率−4%)/10 估算。本表生活环境质量指数评价的基准值为 2016 年发达国家的平均值。

(2) 提高中国生活环境质量的基本途径

提高生活环境质量,可以有四条思路(表 3-80)。一是提高现实生活环境质量,包括公共设施、公共服务、公共安全、自然环境和国际环境五个维度和指标所反映的生活环境质量;二是提高与现实生活环境的指标和维度相对应的生活满意度;三是提高现实生活环境的客观满意度,改善现实生活环境"负面"指标的表现;四是提高现实生活环境的主观满意度,特别是关键指标和维度的主观满意度,包括直观、纵向、横向、回报和多维满意度。

表 3-80 提高生活环境质量:途径和举例

领域	指标(举例)	提高现实环境质量	提高客观满意度	提高主观满意度
公共设施	电力普及率	提高电力普及率	交通堵塞率下降	提高直观满意度
公共服务	护士比例	提高护士比例	航班晚点率下降	提高纵向满意度
公共安全	交通伤亡率	降低交通伤亡率	犯罪率下降	提高横向满意度
自然环境	生活废水处理	提高生活废水处理率	水污染率降低	提高期望满意度
国际环境	国际移民比例	签证免签国家增加	签证拒签率下降	提高多维满意度

注:提高满意度可参考表 3-71。

(3) 提高中国生活环境质量的政策建议

提高生活环境质量,需要政府、社会、企业和个人的通力合作,但政府承担更多责任。在公共设施、公共服务、公共安全、自然环境和国际环境等领域,政府承担的责任有所不同。

提高生活环境质量的政策思路是:**哪里环境差,就改革哪里,改到环境好为止**。

其一，加强基础设施建设，提高公共设施质量。公共设施（基础设施）可以分为两大类。硬性设施包括给排水、能源、交通、信息、环保和地球观测网站等。软性设施包括市政设施、经济设施（金融和工业园等）、社会设施（教育、健康和福利设施等）、文化设施、体育和娱乐设施等。这里举例说明如何提高公共设施质量。

- 给排水设施：提高安全饮用水普及率、城市排水能力、卫生设施普及率、废水处理率等。
- 能源设施：提高电力普及率、天然气普及率、人均能源供应等。
- 交通设施：提高机场、车站、公交、公路、地铁、城铁等的安全性等。
- 信息设施：提高电话、手机、互联网、宽带网等信息设施的运行质量等。
- 健康设施：提高医疗服务资源的人均拥有量和质量，如医院质量等。
- 文化设施：提高人均影院数、人均银幕数等。
- 体育设施：提高人均体育场所面积等。

其二，建立服务型政府，提高公共服务质量。公共服务指公共部门向公众提供公共产品和公共服务。它包括设施性、经济性、社会性、政治性、文化性和环保性公共服务。中国政府提出的基本公共服务包括：基本公共教育、劳动就业服务、社会保险、基本社会服务、基本医疗卫生、人口和计划生育、基本住房保障、公共文化体育和残疾人基本公共服务；广义公共服务包括与生活环境相关的公交、通信、公共设施和环境保护领域的公共服务、安全领域的公共服务。这里举例说明如何提高公共服务质量。

- 设施服务：提高公交服务能力，提高电力服务能力，提高人均安全饮水供应等。
- 教育服务：提高义务教育普及率，提高义务教育公平性和质量等。
- 健康服务：提高医生比例和护士比例，提高儿童免疫接种率等。
- 就业服务：提供优质的就业指导、就业培训等。
- 社会保险：提供便捷的养老保险、医疗保险、工伤保险等。
- 社会服务：提供方便的结婚证明、出生登记、公证服务、墓地服务等。
- 文化服务：提供优质的广播、电视、新闻、出版服务等。
- 海关服务：全面优化海关服务，减低通关时间和成本等。
- 经济服务：全面优化经济公共服务，包括企业服务、税收服务、价格监测、质量监测等。
- 环境服务：全面优化环境公共服务，包括气象服务、环境监测、废水处理和废物处理等。

其三，增强公共安全意识，提高公共安全质量。公共安全包括工作安全、社会安全、交通安全、生态安全和国家安全等。这里举例说明如何提高公共安全质量。

- 工作安全：降低工作安全事故率，降低工伤率，降低工残率，降低工亡率等。
- 社会安全：降低犯罪率，降低监狱人口比例，降低暴力冲突率，提高社区安全性等。
- 交通安全：降低交通事故率、受伤率、死亡率等。
- 生态安全：降低自然灾害受灾率、受伤率、死亡率等。

其四，增强生态文明意识，提高自然环境质量。自然环境涉及大气环境、水环境、城市环境、农村环境、工业三废和生物多样性保护等。这里举例说明如何提高自然环境质量。

- 大气环境：降低人均二氧化碳排放量、人均有毒废气排放、$PM_{2.5}$年均浓度等。
- 水环境：降低工业废水排放，提高生活废水处理率，提高工业废水处理率等。
- 城市环境：提出城市废物处理率，提高城市废水处理率，提高城市空气质量等。
- 生物多样性：提高森林面积比例，提高生物多样性保护地比例等。

其五,改善国际关系,提高国际环境质量。国际环境涉及国际旅行、国际贸易、国际留学、国际移民、国际合作和国际安全等。这里举例说明如何提高公共设施质量。

- 国际旅行:增加签证免签国家数量,改善签证服务,改善护照服务等。
- 国际留学:提供国际学历认证,提供国际留学服务,提供国际留学资助等。

《中国现代化报告2013》系统阐述了城市公共设施、公共服务和公共管理,以及文明城市建设。《中国现代化报告2007》系统阐述了生态文明建设。《中国现代化报告2016》提出了"诚信文化建设工程"(专栏3-6)。这些都有利于改进生活环境质量。

专栏3-6 "诚信文化建设工程"建议书摘要

从社会关系角度看,传统社会是一种血缘社会,现代社会是一种契约社会;诚信是契约社会的基石。服务过程是一个互动过程。如果服务的提供者和消费者彼此缺少诚信,那么,服务过程就会不顺利,服务的交易成本就会很高。启动诚信文化建设工程,全面建设先进服务文化和诚信社会,可以极大降低中国社会的运行成本,改善生活环境质量。

基本目标。 力争用15年时间(2015～2030),全面确立诚信意识,健全完善诚信法规,诚实守信成为自觉行为;违背诚信引发的社会冲突和法律案件的数量和比例持续下降,服务部门的诚信水平和服务能力接近发达国家水平,建成高质量的诚信社会。

重要措施。 发布《诚信宣言》。诚信社会,从我做起。不说假话,不做假事,言行一致,诚实守信。("假事"指弄虚作假的事情)。完善社会信用体系,提高"失信行为"的机会成本,增强诚信的激励机制。建立企业"信用资产负债表"预警机制。建设一批非营利的诚信服务中心和诚信服务平台等。

资料来源:《中国现代化报告2016》。

---

5. 实施"经济质量十年议程",全面提高经济质量,夯实生活质量的物质基础

没有经济质量就没有生活质量。因为生活质量以生活满意度为导向,没有优质的商品和服务,就没有经济质量,就没有或缺少满意度。假冒伪劣没有满意度,没有满意度就没有生活质量。生活质量以丰富和优质的物质生活为基础,并包括优质和满意的物质生活。

其一,建设现代化经济体系,真正实现高质量发展。十九大报告提出:"我国经济已由高速增长阶段转向高质量发展阶段,正处在转变发展方式、优化经济结构、转换增长动力的攻关期,建设现代化经济体系是跨越关口的迫切要求和我国发展的战略目标。必须坚持质量第一、效益优先,以供给侧结构性改革为主线,推动经济发展质量变革、效率变革、动力变革,提高全要素生产率,着力加快建设实体经济、科技创新、现代金融、人力资源协同发展的产业体系,着力构建市场机制有效、微观主体有活力、宏观调控有度的经济体制,不断增强我国经济创新力和竞争力。"

其二,《中国现代化报告》提出了系列政策建议。《中国现代化报告2005》提出经济现代化路线图。《中国现代化报告2012》提出农业现代化路线图。《中国现代化报告2014～2015》提出工业现代化路线图,建议制定和实施"中国质量十年议程"(专栏3-7)。《中国现代化报告2016》提出服务业现代化路线图,建议把服务业质量纳入中国质量议程。

> **专栏 3-7　"经济质量十年议程"建议书摘要**
>
> 十九大报告明确提出"我国经济已由高速增长阶段转向高质量发展阶段"。从经济角度看，质量是立国之本，工业是强国之路，服务业和知识产业是发展方向。经济质量不仅是经济现代化的标志性指标，而且是物质生活质量的决定性因素。目前，中国经济规模已经位居世界第二，但是，中国经济质量位于世界中下游。借鉴经济发达国家的成功经验，加快中国经济发展方式的根本转变，实现从规模扩张型向质量进步型的战略转型，是一种历史必然。实施"经济质量十年议程"，全面提高经济质量（包括工业产品质量、工程质量、服务质量和产业质量等），应该成为中国经济现代化的第一优先，应该摆在经济工作的首要位置。
>
> **总体目标**：力争用10年时间（2020~2030），中国经济质量的主要指标（包括工业产品质量、工程质量、服务质量、主要产业质量、制造业和工业劳动生产率等）达到或接近2010年发达国家水平，形成一批国际著名的优质企业和产业集群，基本建成经济质量强国。
>
> **宏观措施**：研制和发布"经济质量十年议程"和"经济质量发展纲要2020~2030"，建立政府和部门质量目标责任制，编制《中国质量法典》，提高质量法规执行力，完善质量体系和质量奖励制度，优化质量发展环境，促进高质量物联网建设，加快质量相关的大数据平台建设等。
>
> **微观措施**：明确企业法人质量责任制，鼓励企业建立全面质量管理体系，建立产品"召回制度"，开发提出新的质量标准，建立职业培训学校等。
>
> **重大行动**：举行"经济质量十年议程"启动仪式，宣布"向经济质量进军"；研制和发布"经济质量十年议程"和"经济质量发展纲要2020~2030"，编制《中国质量法典》，建立"中国质量管理中心"，重建企业职业技能体系，建立"国家质量巡回法院"，设立"质量检察官"等。
>
> 资料来源：《中国现代化报告2014~2015》，内容和时间有所修改。

6. 启动"生活质量科技创新工程"，提高生活质量的可持续提升能力

科技发展，不仅要为经济发展服务，更要为人类发展服务，真正做到以人为本。建议继续加大与生活质量紧密相关的科技领域的投入，如生命科技、医药科技、农业科技、环境科技、运输科技、建筑科技、信息科技、能源科技和材料科技等。

为提高生活质量的可持续提升能力，满足人民对美好生活的向往和需要，建议制定和启动"生活质量科技创新工程"，统筹和协调推进生活质量相关的科技创新和工程技术创新，为生活质量现代化和人民美好生活提供持续增长的新动力。

生活质量科技创新工程，聚焦生活质量直接相关的领域，如衣食住行、健康、信息和环境领域等，以提高生活质量和生活满意度为导向，以产品链创新为目标，以实用工程技术创新为重点，以产学研三结合为特点，鼓励产学研联合体共同申请。

建议重点支持12个领域：① 服装质量科技创新；② 食品质量科技创新；③ 智能家居科技创新；④ 交通质量科技创新；⑤ 家庭用品科技创新；⑥ 老年用品科技创新；⑦ 儿童用品科技创新；⑧ 妇女用品科技创新；⑨ 心理健康科技创新；⑩ 农村居住和城市社区环境科技创新；⑪ 生活质量相关的"大数据"和人工智能；⑫ 生活质量相关的绿色化工和清洁生产等。

如果说，第一次现代化的重点是提高生活水平，实现生活水平现代化，那么，第二次现代化的重点是提高生活质量，实现生活质量现代化。在21世纪，中国现代化可采用综合现代化道路，两次现代化协调发展,并持续向第二次现代化转变。与此对应,中国生活质量现代化可采用综合生活质量现代化路径,大致可分阶段推进。大体而言,在2020~2035年,以生活质量为中心和主题,以生活满意度为导向;在2035~2050年期间,以生活满意度为中心,全面推进生活质量现代化;在2050~2080年期间,高标准推进生活质量现代化。

- 第一阶段(2000~2020年),以经济增长为中心,以生活水平现代化为重点。
- 第二阶段(2020~2035年),以生活质量为中心和发展主题,以生活满意度为导向和核心目标,以生活质量现代化为重点。
- 第三阶段(2035~2050年),以生活满意度为中心,全面推进生活质量现代化。
- 第四阶段(2050~2080年),以生活满意度为中心,高标准推进生活质量现代化。

本 章 小 结

中国生活质量现代化是一种后发追赶型生活质量现代化。本章关于中国生活质量现代化的时序分析、截面分析和过程分析,加深了对中国生活质量现代化的理性认识。关于中国生活质量现代化的战略分析,可以为制定中国社会和生活质量现代化政策提供参考。

1. 中国个人生活的基本事实

其一,营养与健康。1970年以来,中国人营养水平和健康水平都有较大提升。1970~2013年,中国人均食物供应量的年均增长率约1.2%,人均蛋白质供应量的年均增长率约1.8%,人均脂肪供应量的年均增长率约3.3%。1970~2016年,中国人出生时平均预期寿命提高了17.2岁,婴儿死亡率的年均下降率4.8%。

其二,家庭与住房。1990年以来,中国家庭和住房发生很大改变。1990~2015年,中国人离婚率的年均增长率5.8%。家庭平均规模缩小,儿童人口比例先降后升,老龄人口比例上升。2002~2016年,中国城镇居民人均住房建筑面积年均增长率为2.9%,中国农村居民人均住房面积年均增长率为4.0%。

其三,消费与成本。中国人均居民家庭消费支出明显增加。1990~2015年,中国人均居民家庭消费支出增加了约2000美元,年均增长率约8.1%。1980~2015年,城镇居民家庭恩格尔系数下降了27.2个百分点,农村居民家庭恩格尔系数下降了28.8个百分点。

2013~2016年,中国居民人均消费支出结构发生改变。其中,个人生活消费支出比例下降,公共生活消费支出比例上升,但个人生活消费支出比例仍约为65%。

2. 中国公共生活的基本事实

其一,经济生活。1990~2016年,中国人均国民收入增加了24倍,年均增长率约13.2%,人均购买力提升了约15倍,年均增长率约11.2%。

其二,社会生活。1990~2015年,平均受教育年限增加了2.8年,年均增长率约1.9%。1990~2014年,国际贫困人口比例下降了65.2个百分点,年均降低14.9%。1990~2016年期间,中国基本养老保险覆盖率的年均增长率约10.0%。

其三,文化生活。1995~2016年,人均国际旅游离境频次增加了24倍,年均增长率约16.6%。2005~2015年,人均年观影次数提高近7倍。1995~2016年,互联网和移动电话普及率大幅提升,

2016年分别达到53.2%和97.3%,网络购物占总人口比例达到33.9%。

3. 中国生活环境的基本事实

其一,公共设施。1970年以来,中国公共设施水平提升较快。卫生设施普及率、清洁饮水普及率、千人床位数、固定宽带订阅、通电率、人均航行次数、人均影院数、人均银幕数等都有较大提高。1980~2016年,人均航行次数提升100多倍,年均增长率约14%。

其二,公共服务。1970年以来,中国公共服务能力明显提升。医生比例、护士和助产士的比例、人均电力消费明显提高;小学生师比和中学生师比降低。1970~2016年小学生师比下降了12.4个百分点。1970~2015年千人医生数增加了2.77名。

其三,自然环境。1990~2016年,$PM_{2.5}$年均浓度年均增长率约0.6%。1970~2016年,生物多样性陆地保护面积占比增加了11.7个百分点。

4. 中国生活满意度的基本事实

根据世界价值观调查的数据,2010~2014年期间,中国平均生活满意度为6.85分(评价标准最高分为10分),低于美国、德国、瑞典、日本等发达国家的生活满意度。

5. 中国生活质量现代化的水平和特点

其一,国家水平。2016年中国生活质量现代化水平属于初等发达水平,处于发展中国家的中间位置;中国生活质量指数为48,排名世界131个国家的第54位。

其二,指标水平。2016年中国生活质量现代化的54个指标的发展水平大致是:18.5%的指标为中等发达水平,68.5%的指标为初等发达水平,13.0%的指标为欠发达水平。

其三,主要特点。① 中国生活质量现代化是一种后发追赶型现代化。② 中国居民消费支出比例正在发生转变,公共生活消费支出比例上升。③ 中国家庭生活出现三个变化,即家庭规模小型化、家庭结构老龄化、婚姻生活出现多种形式。④ 中国房价收入比偏高,远高于美国、德国等发达国家。⑤ 中国休闲娱乐水平与发达国家相比仍有差距。

6. 中国生活质量现代化的路线图

中国生活质量现代化路线图是生活质量现代化的目标和路径的一种系统集成。

其一,战略目标。高标准实现生活质量现代化,全面建成健康长寿、环境优美、生活美好、人民满意的现代化国家和美好社会,逐步达到现实生活质量和生活满意度的世界先进水平,让全民享有世界先进水平的美好幸福生活。

- 2035年前后基本实现生活质量现代化,基本建成健康长寿、环境优美的中等发达国家;
- 2050年前后全国平均实现生活质量现代化,基本建成生活美好、人民满意的发达国家;
- 2080年前后(约改革开放100周年)高标准实现生活质量现代化,个人生活质量、公共生活质量、生活环境质量和生活满意度都达到世界先进水平,全面建成具有世界先进水平的现代化国家和美好社会。

其二,运河路径。在国家层面,瞄准生活质量的未来前沿,生活水平现代化和生活质量现代化协调发展,并加速向生活质量现代化的转型,迎头赶上未来的世界前沿水平;在21世纪上半叶达到或接近生活质量现代化的发达国家水平,基本建成健康长寿、环境优美、生活美好、人民满意的现代化国家;在21世纪下半叶早日达到生活质量的世界先进水平,个人生活质量、公共生活质量、生活环境质量和生活满意度等达到当时世界先进水平,全面建成具有世界先进水平的美好社会,高标准实现生活质量现代化。

其三,监测指标和动态监测。包括个人生活质量、公共生活质量、生活环境质量和生活满意度的38个指标。根据政策需要,可以调整和增加监测指标。

其四,战略要点。在未来30年,在国家层面,以全面提高生活满意度为导向和核心目标,以个人生活质量现代化和公共生活质量现代化为两翼,以生活环境质量现代化为支撑,以提高经济质量和科技创新工程为推力。

其五,政策建议。实施国家生活质量议程,全面提高生活满意度;实施美好生活行动纲要,全面提高个人生活质量;四化联动,扬长补短,全面提高公共生活质量;多管齐下,共建共享,全面提高生活环境质量;实施"经济质量十年议程",全面提高经济质量,夯实生活质量的物质基础;启动生活质量科技创新工程,提高生活质量的可持续提升能力(图3-13)。

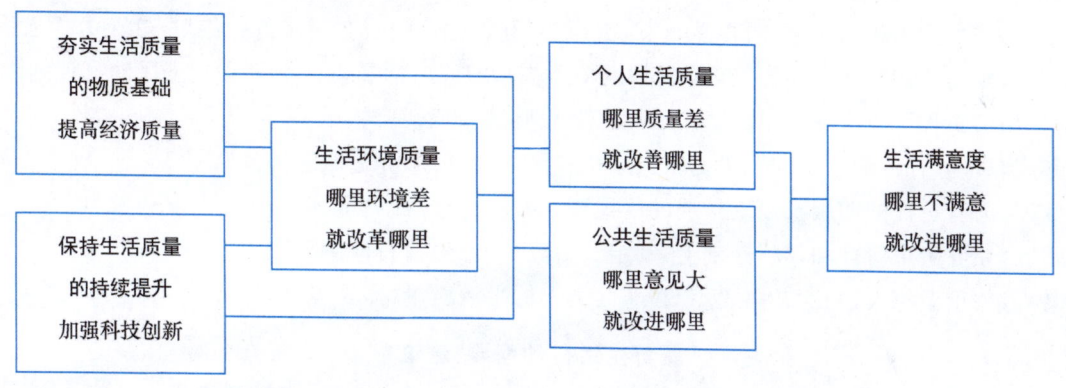

图3-13 中国生活质量现代化的政策建议(政策思路示意图)

7. 实施"国家生活质量议程",全面提高生活满意度

生活质量和生活水平的本质差别是,前者关注生活满意度,后者关注物质生活水平。向生活质量进军,全面提高生活满意度,全面满足人民美好生活需要,是未来30年的发展主题和战略任务。生活满意度是高度综合的概念,涉及多个维度和方面。

提高生活满意度,可以和需要从一点一滴做起。但要实现中国生活质量现代化的总体目标,仅一点一滴地做是不够的。需要从国家层面做起,需要有总体战略和规划。

其一,转变发展理念,实现从"经济生活增长率导向"到"满意度导向"的转变。

其二,转变发展模式,实现从"以经济建设为中心"到"以生活质量为主题"的转变。

其三,加强生活质量的科学研究,普及生活质量的科学知识和高质量的生活方式。

其四,向生活质量进军,制定和实施"国家生活质量议程"。借鉴全面质量管理的理念和发达国家的经验,研制"国家生活质量议程",建立生活质量管理体系和生活质量监测体系,启动一批生活质量工程,全面提高生活满意度。

"国家生活质量议程"建议书

十九大报告明确提出:"永远把人民对美好生活的向往作为奋斗目标"。生活质量是衡量美好生活和社会现代化水平的一个综合指标,生活质量现代化是提高和实现人民美好生活的必由之路。建议制定和实施"国家生活质量议程",全面提高生活质量和生活满意度。

"国家生活质量议程"是一个提高全民生活质量和生活满意度的指导性行动议程,是以生活质量为发展主题和向生活质量全面进军的行动议程。它以生活质量为中心,以生活满意度为导向,建立国家生活质量体系,启动生活质量重大工程,实现发展目标、发展理念和发展模式的三个根本转变,全面建设健康长寿、环境优美、生活美好、人民满意的现代化国家和美好社会。

8. 实施"美好生活行动纲要",全面提高个人生活质量

生活质量指人的生活质量,必然以人为本,以人为中心。生活质量现代化,应个人生活质量为核心,以个人生活满意度为先导,以个人生活质量现代化为重中之重。未来30年,应该把个人生活质量现代化摆在优先发展的位置。

提高个人生活质量,既是个人和家庭的责任,也是全社会的责任。因为社会是由个人和家庭组成的。提高个人生活质量,个人和家庭承担首位责任,社会承担辅助责任。

其一,提高个人生活质量,可以从营养、健康、家庭、住房、消费与成本五个维度33个方面入手。

其二,全面落实"'健康中国2030'规划纲要",提高健康生活质量。继续实施全民健身计划。启动"婴幼儿用品工程",将5岁以下儿童用品纳入全程质量管理。

其三,启动"社区养老工程",为老年人集中社区建立"健康养老服务模式"。

其四,为有条件的四层及以上楼层的居民楼,安装安全便捷的电梯。

其五,在健康生活行动议程基础上,制定和实施"美好生活行动纲要"。

其六,关于老年人、妇女儿童、患者和非健全人的生活质量,需要专题研究。

"美好生活行动纲要"建议书

美好生活从我做起,幸福生活从家做起。人人美好才会国家美好,家家幸福才会社会幸福。研制和实施"美好生活行动纲要",让美好生活从人开始,让美好社会从家开始,全面推进个人生活质量现代化,奠定生活质量现代化和美好社会的第一基石。

"美好生活行动纲要"是一个提高个人生活质量、普及美好和健康生活方式的引导性行动纲要,是为个人美好生活提供科学服务的行动纲要。它要求坚持"以生活质量为中心、以生活满意度为导向"的原则,全民动员,全员参与,全程规划,全域覆盖,为建设一个生活美好、人民满意的美好社会奠定坚实基础。

9. 四化联动,扬长补短,全面提高公共生活质量

人类是一种社会化的动物。人类生活,既有独立自主的个体生活和家庭生活,更多是互动互助的群体生活。前者简称为个人生活,后者简称为公共生活。公共生活发生在经济、社会、文化和政治等领域。公共生活质量现代化是生活质量现代化的重要内涵。

提高公共生活质量,需要个人、家庭、社会、企业和政府五方通力合作。在经济生活、社会生活、文化生活和政治生活等领域,五方承担的责任有所不同。

- 提高经济生活质量。从工作、收入、工作与生活平衡四个方面提高。
- 提高社会生活质量。从社会联系、教育和学习、社会公平、社会保障四个方面提高。
- 提高文化生活质量。从休闲与旅行、大众文化、网络文化、文化包容性四个方面提高。
- 提高政治生活质量。完善基层民主,完善公共治理,降低腐败率和行贿率等。

"公民文化素质工程"建议书

公民素质决定公民行为,公民行为影响公共生活质量。公民文化素质是公民素质的重要组成部分,它包括人文素质和科学素质。提高公民文化素质,是提供公共生活质量的重要保障。《中国现代化报告2009》建议实施"公民文化素质工程",建立免费的消夏文化节制度,全面提高公共文化生活质量。

10. 多管齐下,共建共享,全面提高生活环境质量

人类的所有生活,都是生活活动与生活环境的互动。生活的环境和条件,既是独立存在的,又与生活的活动和行为相互影响。生活环境包括公共设施、公共服务、公共安全、自然环境和国际环境等。生活环境质量现代化是生活质量现代化的重要基础和组成部分。

提高生活环境质量,需要政府、社会、企业和个人通力合作,但政府承担更多责任。在公共设施、公共服务、公共安全、自然环境和国际环境等领域,政府承担的责任有所不同。

- 加强基础设施建设,提高公共设施质量。包括给排水、能源、交通、信息、健康、文化、体育设施等。
- 建立服务型政府,提高公共服务质量。全面提高公共服务能力和公共服务质量,包括设施服务、基本公共教育、劳动就业服务、社会保险、基本社会服务、基本医疗卫生、人口和计划生育、基本住房保障、公共文化体育、残疾人基本公共服务等。
- 增强公共安全意识,提高公共安全质量。包括工作安全、社会安全、交通安全、生态安全和国家安全等。
- 增强生态文明意识,提高自然环境质量。涉及大气和水环境、城市和农村环境、工业三废和生物多样性保护等。
- 改善国际关系,提高国际环境质量。国际环境涉及国际旅行、国际贸易、国际留学、国际移民、国际合作和国际安全等。

"诚信文化建设工程"建议书

从社会关系角度看,传统社会是一种血缘社会,现代社会是一种契约社会;诚信是契约社会的基石。服务过程是一个互动过程。如果服务的提供者和消费者彼此缺少诚信,那么,服务过程就会不顺利,服务的交易成本就会很高。启动"诚信文化建设工程",全面建设具有世界先进水平的服务文化和诚信社会,可以极大降低中国社会的运行成本,提高生活环境质量。

11. 实施"经济质量十年议程",全面提高经济质量,夯实生活质量的物质基础

没有经济质量就没有生活质量。因为生活质量以生活满意度为导向,没有优质的商品和服务,就没有经济质量,就没有或缺少满意度。假冒伪劣没有满意度,没有满意度就没有生活质量。生活质量以丰富和优质的物质生活为基础,并包括优质和满意的物质生活。

其一,建设现代化经济体系,真正实现高质量发展。

其二,制定和实施"经济质量十年议程",全面提高经济质量。

"经济质量十年议程"建议书摘要

十九大报告明确提出"我国经济已由高速增长阶段转向高质量发展阶段"。从经济角度看,质量是立国之本,工业是强国之路,服务业是发展方向。经济质量不仅是经济现代化的标志性指标,而且是物质生活质量的决定性因素。目前,中国经济规模已经位居世界第二,但是,中国经济质量位于世界中下游。借鉴经济发达国家的成功经验,加快中国经济发展方式的根本转变,实现从规模扩张型向质量进步型的战略转型,是一种历史必然。实施"经济质量十年议程",提高经济质量(包括工业产品质量、工程质量、服务质量和产业质量等),应该成为中国经济现代化的第一优先,应该摆在经济工作的首要位置。

12. 启动"生活质量科技创新工程",提高生活质量的可持续提升能力

科技发展,不仅要为经济发展服务,更要为人类发展服务,真正做到以人为本。建议继续加大与生活质量紧密相关的科技领域的投入,如生命科技、医药科技、农业科技、环境科技、运输科技、建筑科技、信息科技、能源科技和材料科技等。

为提高生活质量的科技含量和可持续提升能力,满足人民对美好生活的向往和需要,建议制定和启动"生活质量科技创新工程",统筹和协调推进生活质量相关的科技创新和工程技术创新,为生活质量现代化和人民美好生活提供持续增长的新动力。

生活质量科技创新工程,聚焦生活质量直接相关的领域,如衣食住行、健康、信息和环境领域等,以提高生活质量和生活满意度为导向,以产品链创新为目标,以实用工程技术创新为重点,以产学研三结合为特点,鼓励产学研联合体共同申请。

下 篇

世界和中国现代化评价

"人不能两次踏入同一条河"。变化是永恒的存在。通过对世界现代化进程的客观评价,可以动态监测世界和中国现代化进程。在《中国现代化报告》中,我们提出了国家、地区、经济、社会、文化、生态和国际现代化的评价方法,建立了世界现代化指数(图二)。

现代化评价		
评价对象	评价方法	评价结果
按研究层次划分	按评价目的划分	现代化指数
世界	现代化水平评价	第一次现代化指数
国家	现代化监测评价	第二次现代化指数
地区	现代化诊断评价	综合现代化指数
按研究领域划分	按研究领域划分	按研究领域划分
经济	经济现代化评价	经济现代化指数
	农业现代化评价	农业现代化指数
	工业现代化评价	工业现代化指数
	服务业现代化评价	服务业现代化指数
	产业结构现代化评价	产业结构现代化指数
社会	社会现代化评价	社会现代化指数
	健康现代化评价	健康现代化指数
	生活质量评价	生活质量指数
自然环境	生态现代化评价	生态现代化指数
国际环境	竞争力和影响力评价	竞争力和影响力指数
文化	文化现代化评价	文化生活现代化指数
政治	政治现代化评价	政治现代化指数
个人	公民现代化评价	公民现代化指数

图二　现代化评价的结构

注:现代化水平评价主要反映国家现代化的实际进展和国际相对水平,现代化监测评价主要反映国家现代化的政策目标的实际进展,现代化诊断评价反映国家现代化过程中的优劣和得失;第一次现代化指数主要反映工业化和城市化的实际水平,第二次现代化指数主要反映知识化和信息化的实际水平,综合现代化水平指数主要反映现代化水平的国际相对差距;各领域的现代化评价,反映该领域现代化的实际进展和国际相对水平;本报告不包含政治和国防等的现代化,这些内容需要专门研究。

世界现代化指数主要反映世界现代化在经济、社会、文化和环境等领域的综合成就和相对水平。事实上,现代化还包括政治等各个领域的变化。所以,世界现代化指数,只是反映了现代化的部分内容,而不是全部。此外,统计机构有时会对历史数据进行调整,有些指标的数据不全,这些对评价结果产生一些影响。本报告采用何传启提出的第一次现代化评价模型、第二次现代化评价模型第三版、综合现代化评价模型第三版,对世界131个国家和中国34个地区进行评价。本报告主要反映2016年的评价结果,其他见附录。

第四章 世界生活质量评价

一般而言,生活质量现代化是20世纪以来人类生活质量变迁的世界前沿,以及追赶、达到和保持世界前沿水平的行为和过程。本报告第一章分析了世界生活质量现代化的特点,它是以单指标分析为基础的。生活质量现代化研究不能只见树木不见森林。为了把握生活质量现代化的整体趋势和现实状况,需要对生活质量进行定量评价。生活质量早期的数据非常有限和不完整,无法进行评价。本章借鉴国内外已有生活质量评价方法,建立综合评价模型,对131个国家2000~2016年的生活质量进行评价。生活质量评价是生活质量现代化研究的重要组成部分,"生活质量指数"可以作为世界现代化指数的一个分指数。

第一节 生活质量评价方法

生活质量评价是一种综合评价,包括客观评价指标和主观满意度调查等。反映生活质量的指标很多,影响因素很多,国别差异和时代差异非常大。本节先介绍国内外已有的国家生活质量评价方法和模型,再介绍本报告的评价方法和模型。

一、生活质量的相关评价

目前,生活质量是一个高度综合的概念,其评价是多维的,涵盖了有关居民生活的方方面面,包括生活水平、收入、工作、住房、健康、教育、政府治理、环境、满意度等主观和客观各个领域的综合指数。比如,OECD的美好生活指数从物质生活条件和生活品质两个方面,选取24个指标对38个国家的生活质量进行开放式评价(OECD,2017a)。

此外,还有一些学者对国家生活质量进行评价研究,也是主、客观指标相结合的综合评价。比如,Diener建立了基本生活质量指数(The Basic QOL Index)和美好生活质量指数(The Advanced QOL Index),各选取7个指标,分别评价了77个发展中国家和发达国家生活质量(Diener,1995)。Somarriba从工作、生活、教育、休闲生活、收入、健康、安全和信任七个维度对欧洲28个国家2008年的生活质量进行评价,采用了三种不同的评价方法,得到三种评价结果(Somarriba,2009)。Maridal从社区与关系、自由与机会、健康与环境、生活水平、和平与安全五个维度选取39个指标,对143个国家2000~2015年的社会生活质量进行评价(Maridal,2017)。赵彦云等选取11个方面37个指标构建生活质量评价指标体系,对49个样本国家的生活质量进行综合评价(赵彦云 等,2003)。郑宗生等对世界120个国家的生活质量进行评价(郑宗生 等,2006)。

二、生活质量指数的评价模型

本报告在前面分析了生活质量现代化四个方面的变化,包括个人生活质量、公共生活质量、生活环境及生活满意度,涉及152个指标,其中,重要指标46个,核心指标25个。部分生活质量指标意义重大,但数据难以获取或数据不全,对生活质量评价构成挑战。

生活质量评价的依据是:① 根据现代化原理,选择代表生活质量典型特征的关键指标,建立生活质量评价模型。② 根据生活质量现代化的时序分析和截面分析的结果,结合生活质量指标的政策含义和数据的可获得性,选择现实生活指数和生活满意度两个领域,六个维度,18个子维度的38个指标,用以衡量国家生活质量的相对美好程度(图 4-1,表 4-1)。

		客观满意度	主观满意度
		生活满意度指数 (S_L)	
个人生活	现实生活质量指数 (QALI)	生活质量指数 (QLI)	
公共生活			
生活环境			

现实生活质量指数 (QALI) = (个人生活质量指数×公共生活质量指数×生活环境质量指数)$^{1/3}$
生活质量指数(QLI) = (现实生活质量指数×生活满意度指数)$^{1/2}$

图 4-1 生活质量评价的二维模型(示意图)

1. 生活质量评价的数学模型

生活质量评价的基本模型为:现实生活质量指数等于个人生活质量指数、公共生活质量指数和生活环境质量指数的几何平均值,生活满意度指数等于客观满意度和主观满意度的几何平均值,生活质量指数等于现实生活质量指数和生活满意度指数的几何平均值,它的数学模型如下:

$$\begin{cases} QLI = (QALI \times S_L)^{1/2} \\ QALI = (I_P \times I_C \times I_E)^{1/3} \\ I_P = \left(\sum R_i\right)\Big/N_P (i = 1, 2, \cdots, N_P) \\ I_C = \left(\sum S_j\right)\Big/N_C (j = 1, 2, \cdots, N_C) \\ I_E = \left(\sum T_k\right)\Big/N_E (k = 1, 2, \cdots, N_E) \\ S_L = \left(\sum Q_m\right)\Big/N_S (m = 1, 2, \cdots, N_S) \\ R_i = 100 \times i_{实际值}/i_{标准值} (正指标, R_i \leqslant 100) \\ R_i = 100 \times i_{标准值}/i_{实际值} (逆指标, R_i \leqslant 100) \\ S_j = 100 \times j_{实际值}/j_{标准值} (正指标, S_j \leqslant 100) \\ S_j = 100 \times j_{标准值}/j_{实际值} (逆指标, S_j \leqslant 100) \\ T_k = 100 \times k_{实际值}/k_{标准值} (正指标, T_k \leqslant 100) \\ T_k = 100 \times k_{标准值}/k_{实际值} (逆指标, T_k \leqslant 100) \\ Q_m = 100 \times m_{实际值}/m_{标准值} (正指标, Q_m \leqslant 100) \\ Q_m = 100 \times m_{标准值}/m_{实际值} (逆指标, Q_m \leqslant 100) \end{cases}$$

其中,QLI 为生活质量指数;QALI 为现实生活质量指数;S_L 为生活满意度指数;I_P 为个人生活质量指数,I_C 为公共生活质量指数,I_E 为生活环境质量指数;R_i 为个人生活质量第 i 项指标的指数,i 为个人生活质量评价指标的编号,N_P 为个人生活质量评价指标的总个数;S_j 为公共生活质量第 j 项指标的指数,j 为公共生活质量评价指标的编号,N_C 为公共生活质量评价指标的总个数;T_k 为生活环境质量第 k 项指标的指数,k 为生活环境质量评价指标的编号,N_E 为生活环境质量评价指标的总个数;Q_m 为生活满意度第 m 项指标的指数,m 为生活环境质量评价指标的编号,N_S 为生活满意度评价指标的总个数。各项指数的取值小于或等于100,各个指标实际值为它的实际值,标准值为 2016 年高收入国家该项指标的加权平均值。

根据以上评价模型,选择代表性的指标数据进行评价(表4-1):

表 4-1 生活质量评价的指标体系

领域	维度	子维度	评价指标	指标解释和测度	指标性质	数据来源
现实生活质量指数	个人生活	营养	人均蛋白质供应量	克/天	正指标	FAO
			人均水果供应量	克/天	正指标	FAO
		健康	出生时平均预期寿命	岁	正指标	WDI
			婴儿死亡率	‰	逆指标	WDI
			结核病发病率	例/10万人	逆指标	WDI
		住房	人均住房间数	间	正指标	OECD
			汽车普及率	辆/千人	正指标	OICA
		家庭	家庭人均消费	2010年不变价美元	正指标	WDI
			人均能源消费	千克石油当量	正指标	WDI
			恩格尔系数	%	逆指标	EURO
	公共生活	经济生活	人均国民收入	2011年价国际美元	正指标	WDI
			休闲和保健时间	小时	正指标	OECD
			最低月工资	美元/月	正指标	ILO
		社会生活	大学入学率	%	正指标	WDI
			平均受教育年限	年	正指标	HDI
			绝对贫困人口比例	%	逆指标	WDI
			养老保险覆盖率	%	正指标	EU
		文化生活	人均国际旅游离境频次	次	正指标	WDI
			互联网普及率	%	正指标	WDI
		政治生活	公民权利	评级	**	FH
	生活环境	公共设施	安全饮用水普及率	%	正指标	WDI
			人均银幕数	块/10万人	正指标	UNESCO
		公共服务	小学生师比	%	逆指标	WDI
			医生比例	名/千人	正指标	WDI
			护士比例	名/千人	正指标	WDI
			人均航行次数	次/年	正指标	WDI
		公共安全	监狱人口比例	人/10万居民	逆指标	EU & WPB
			交通事故死亡率	人/10万人	逆指标	WDI
		生态环境	$PM_{2.5}$年均浓度	微克/立方米	逆指标	WDI
			城市废水处理率	%	正指标	OECD
生活满意度指数	个人生活满意度	客观满意度	营养不良人口比例	%	逆指标	WDI
			自杀率*	例/10万人	逆指标	WDI
		主观满意度	生活满意度	指数	正指标	WVS
	公共生活满意度	客观满意度	失业率*	%	逆指标	WDI
			收入不平等	比值	逆指标	WDI
		主观满意度	经济生活满意度	指数	正指标	WVS
	生活环境满意度	客观满意度	营商便利指数	指数	逆指标	WDI
		主观满意度	水质满意度	%	正指标	OECD

注:* 自杀率、失业率等是反映生活质量的典型指标,但这两个指标的统计数据质量和国际可比性较差,暂不参与评价,期望数据质量提高后再做补充。** 数值越小,公民权利越大,后同。

2. 生活质量评价的标准

生活质量评价以当年高收入国家指标平均值为基准值(表 4-2)。

基准值一般选取 WDI 高收入国家平均值;当该值无法获取时,以 2015 年第二次现代化指数排在前 20 个国家为国家样本,计算其加权平均值为基准值。

表 4-2 生活质量评价指标的基准值

	指标和单位	2000	2010	2016	获取方式
现实生活	人均蛋白质供应量/(克/天)	105	104	104	计算得加权平均值***
	人均水果供应量(克/天)	276	259	270	计算得加权平均值
	出生时平均预期寿命/岁	77	80	80	WDI 数据
	婴儿死亡率/(‰)	7.2	5.5	4.7	WDI 数据
	结核病发病率/(例/10 万人)	18	15	12	WDI 数据
	人均住房间数/间	1.8	2.0	2.1	计算得加权平均值
	汽车普及率/(辆/千人)	383	440	450	计算得加权平均值
	家庭人均消费/2010 年不变价美元	20 410	22 806	24 292	WDI 数据
	人均能源消费/千克石油当量	4935	4839	4604	WDI 数据
	恩格尔系数*/(%)	13.1	12.4	12.5	计算得加权平均值
	人均国民收入/2011 年价国际美元	35 289	39 451	42 376	WDI 数据
	休闲和保健时间/小时	—	14.9	14.9	计算得加权平均值
	最低月工资/美元	942	1445	1443	计算得加权平均值
	大学入学率/(%)	56	74	75	WDI 数据
	平均受教育年限/年	11.4	12.4	12.8	计算得加权平均值
	绝对贫困人口比例/(%)	0.7	0.6	0.7	WDI 数据
	养老保险覆盖率/(%)	87	92	92	计算得加权平均值
	人均国际旅游离境频次/(次/年)	0.52	0.57	0.65	WDI 数据
	互联网普及率/(%)	31	72	82	WDI 数据
	公民权利(评级)	1.5	1.2	1.2	评级数据
	安全饮用水普及率/(%)	98	99	99	WDI 数据
	人均银幕数/(块/10 万人)	9.1	9.1	9.2	计算得加权平均值
	小学生师比/(%)	16	14	14	WDI 数据
	医生比例/(名/千人)	2.6	3.0	3.0	WDI 数据
	护士比例/(名/千人)	8.2	9.9	10.5	计算得加权平均值
	人均航行次数/(次/年)	1.27	1.52	1.86	计算得加权平均值
	监狱人口比例**/(人/10 万居民)	135	146	138	计算得几何平均值
	交通事故死亡率/(人/10 万人)	14	9.0	8.2	WDI 数据
	PM$_{2.5}$ 年均浓度/(微克/立方米)	16	16.8	20	WDI 数据
	城市废水处理率/(%)	90	96	97	计算得加权平均值
生活满意度	营养不良人口比例/(%)	2.8	2.8	2.7	WDI 数据
	生活满意度(指数)	7.17	7.18	7.15	计算得加权平均值
	收入不平等(比值)	6.4	6.6	6.8	计算得加权平均值
	经济生活满意度(指数)	6.23	6.10	6.15	计算得加权平均值
	营商便利指数	—	16	16.1	计算得加权平均值
	水质满意度/(%)	—	88	86	计算得加权平均值

注:* 由于高收入国家的数据获取率只有 60%,且美国等人口大国缺少数据,故标准值取高收入国家的算术平均值。** 该指标 2016 年计算加权平均值为 303,其中,美国值为 655,远高于其他 19 个国家。19 个国家的加权平均值为 96,最后选取包括美国在内的 20 个样本国家的算术平均值作为标准值。*** "计算得加权平均值"是根据人口比例赋权计算得到的平均值。

不同国家的数据质量不同,且面板数据得到的结果与真实的生活质量状况之间可能存在一定的差异,故本章评价结果仅供参考。

第二节 世界生活质量评价

一、2016年世界生活质量指数

1. 2016年世界生活质量的总体状况

根据生活质量指数(QLI)分组,挪威、瑞典等25个国家属于生活质量发达国家,立陶宛、波兰等27个国家属于生活质量中等发达国家,黎巴嫩、中国等28个国家属于生活质量初等发达国家,巴拉圭、加纳等51个国家属于生活质量欠发达国家(表4-3)。

表4-3 2016年世界生活质量指数

分组	国家	QLI	国家	QLI	国家	QLI	国家	QLI
发达国家 25个	挪威	100	英国	97	瑞士	89	韩国	86
	瑞典	99	爱尔兰	97	爱沙尼亚	88	西班牙	85
	芬兰	99	德国	96	法国	87	比利时	83
	新西兰	98	奥地利	94	新加坡	87	葡萄牙	83
	澳大利亚	98	荷兰	93	斯洛文尼亚	86	捷克	82
	丹麦	98	美国	90	日本	86	拉脱维亚	81
	加拿大	97						
中等发达国家 27个	立陶宛	79	马来西亚	69	罗马尼亚	63	亚美尼亚	55
	波兰	77	克罗地亚	68	保加利亚	62	乌克兰	54
	意大利	76	哈萨克斯坦	68	智利	62	阿塞拜疆	54
	匈牙利	74	白俄罗斯	65	科威特	60	泰国	53
	希腊	72	土耳其	64	马其顿	60	巴西	52
	以色列	72	俄罗斯	64	墨西哥	59	格鲁吉亚	51
	斯洛伐克	71	乌拉圭	64	阿根廷	59		
初等发达国家 28个	黎巴嫩	49	突尼斯	45	南非	40	越南	36
	中国	48	约旦	44	伊朗	40	蒙古	35
	摩尔多瓦	47	秘鲁	44	乌兹别克斯坦	40	菲律宾	33
	阿尔巴尼亚	46	厄瓜多尔	43	埃及	39	萨尔瓦多	32
	哥伦比亚	45	摩洛哥	43	土库曼斯坦	38	印度尼西亚	31
	吉尔吉斯斯坦	45	沙特阿拉伯	43	牙买加	37	斯里兰卡	31
	哥斯达黎加	45	阿尔及利亚	42	巴拿马	37	印度	30
欠发达国家 51个	巴拉圭	29.6	卢旺达	22	科特迪瓦	19	埃塞俄比亚	14
	加纳	29	缅甸	22	莱索托	19	布隆迪	14
	多米尼加	28	纳米比亚	22	孟加拉国	19	莫桑比克	14
	塔吉克斯坦	28	肯尼亚	21	塞内加尔	18	尼日尔	14
	委内瑞拉	28	洪都拉斯	21	安哥拉	18	马拉维	14
	巴基斯坦	26	老挝	21	叙利亚	17	马达加斯加	13
	尼日利亚	25	毛里塔尼亚	21	多哥	17	赞比亚	13
	危地马拉	25	马里	21	贝宁	16	乌干达	13
	尼泊尔	25	巴布亚新几内亚	21	布基纳法索	16	塞拉利昂	13
	尼加拉瓜	24	津巴布韦	21	坦桑尼亚	15	乍得	11
	也门	23	海地	20	刚果(布)	15	中非	9
	玻利维亚	23	几内亚	20	刚果(金)	15	厄立特里亚	9
	博茨瓦纳	23	喀麦隆	20	柬埔寨	15		

注:根据生活质量指数分组:生活质量发达国家,QLI大于80;中等发达国家,QLI大于50小于80;初等发达国家,QLI小于50大于30;欠发达国家,QLI小于30。

2. 2016年世界生活质量的前沿

2016年生活质量指数世界排名前10位的国家：挪威、瑞典、芬兰、新西兰、澳大利亚、丹麦、加拿大、英国、爱尔兰、德国。美国排第13位，法国排第16位，日本排第19位。生活质量发达国家特点如表4-4。

表4-4　2016年世界生活质量的前沿

	指标和单位	瑞典	新西兰	加拿大	英国	德国	美国	法国
现实生活质量	人均蛋白质供应量/(克/天)	108	93	105	103	102	110	111
	人均水果供应量/(克/天)	342	271	372	349	242	286	313
	出生时平均预期寿命/岁	82	82	82	81	81	79	82
	婴儿死亡率(‰)	2.4	4.5	4.6	3.7	3.2	5.7	3.5
	结核病发病率/(例/10万人)	8.2	7.3	5.2	9.9	8.1	3.1	7.7
	人均住房间数/间	1.8	2.4	2.5	1.9	1.8	2.4	1.8
	汽车普及率/(辆/千人)	476	670	616	515	552	381	480
	家庭人均消费/2010年不变价美元	25 718	22 434	29 051	27 000	25 194	36 373	23 027
	人均能源消费/千克石油当量	5103	4445	7604	2764	3818	6798	3690
	恩格尔系数/(%)	13	—	—	13	12	—	16
	人均国民收入/国际美元(PPP)	47 378	33 679	42 664	38 680	45 203	54 104	38 702
	休闲和保健时间/小时	15	15	14	15	16	14	16
	最低月工资/美元	—	1954	1717	—	1593	1257	1623
	大学入学率/(%)	62	82	59	57	66	79	65
	平均受教育年限/年	12	13	13	13	13	13	12
	绝对贫困人口比例/(%)	0.5	0.1	0.5	0.2	0.1	1.2	0.1
	养老保险覆盖率/(%)	100	98	98	100	100	93	100
	人均国际旅游离境频次/(次/年)	1.66	0.56	0.86	1.08	1.10	0.23	0.40
	互联网普及率/(%)	90	88	90	95	90	76	86
	公民权利(评级)	1	1	1	1	1	1	2
	安全饮用水普及率/(%)	100	100	100	100	100	99	100
	人均银幕数/(块/10万人)	9.2	10.3	9.6	7.0	6.3	14.0	10.1
	小学生师比/(%)	12	14	17	17	12	14	18
	医生比例/(名/千人)	4.2	3.1	2.5	2.8	4.2	2.6	3.2
	护士比例/(名/千人)	11.9	11.1	9.8	8.4	13.8	9.9	10.6
	人均航行次数/(次/年)	1.5	3.2	2.4	2.2	1.5	2.5	1.0
	监狱人口比例/(人/10万居民)*	57	203	114	146	78	655	100
	交通事故死亡率/(人/10万人)	2.9	6.1	5.8	2.9	4.2	10.8	5.1
	$PM_{2.5}$年均浓度/(微克/立方米)	5.2	5.5	7.5	11.5	13.5	9.2	11.9
	城市废水处理率/(%)	100	94	97	100	100	—	100
生活满意度	营养不良人口比例/(%)	2.5	2.5	2.5	2.5	2.5	2.5	2.5
	生活满意度(指数)	7.55	7.65	—	—	7.36	7.37	—
	收入不平等(比值)	4.6	—	6.2	5.4	5.1	9.4	5.2
	经济生活满意度(指数)	6.94	6.88	—	—	6.62	6.15	—
	营商便利指数	10	1	18	7	20	6	31
	水质满意度	95	92	90	87	94	84	84

3. 2016年世界生活质量的末尾

2016年生活质量指数排世界后10位的国家：莫桑比克、尼日尔、马拉维、马达加斯加、赞比亚、乌干达、塞拉利昂、乍得、中非、厄立特里亚。

4. 2016年世界生活质量的国际差距

2016年世界生活质量的国际差距主要体现在两个方面。首先是生活质量单指标的差距,请参考第一章的生活质量截面分析。其次是生活质量指数的整体差距,由生活质量指数反映出的国家生活质量相差10倍。具体来说,个人生活质量的差距是19倍;公共生活质量的差距最大,是32倍;生活环境质量的差距是15倍;生活满意度的差距是11倍(表4-5)。

表4-5 2016年世界生活质量的国家差距

	QLI	QALI	I_P	I_C	I_E	S_L
最大值	100	100	100	100	100	100
最小值	9	6	5	3	6	8
平均值	47	43	42	42	45	53
绝对差距	91	94	95	97	94	92
标准差	28	29	30	31	28	28
相对差距/倍	11	16	20	33	16	12
变异系数	0.60	0.68	0.71	0.73	0.62	0.53

注:绝对差距=最大值−最小值;相对差距=最大值÷最小值;变异系数=标准差÷平均值;后同。

5. 2016年世界生活质量的国际追赶

其一,生活质量指数的变化。

2016年与2000年相比,有87个国家生活质量指数上升;有34个国家生活质量指数下降;有10个国家生活质量指数没有显著变化。

其二,生活质量排名的变化。

2016年与2000年相比,有68个国家生活质量排名上升,有56个国家生活质量排名下降,有7个国家生活质量排名没有变化。

其三,生活质量国家分组的变化(表4-6)。

表4-6 世界生活质量的国家地位的转移概率(马尔可夫链分析)

分组	国家数(2000年)	发达	中等	初等	欠发达
		2000~2016年转移概率/(%)			
发达	23	91	9	0	0
中等	22	18	77	5	0
初等	27	0	26	70	4
欠发达	59	0	2	14	85

注:以QLI进行国家分组:发达国家,QLI≥80;中等发达国家,50≤QLI<80;初等发达国家,30≤QLI<50;欠发达国家,QLI<30。受数据获取率的影响,统计结果具有一定的系统误差。

在2000~2016年期间,

- 生活质量发达国家降级概率:9%降级为中等发达国家;
- 生活质量中等发达国家升级概率:18%升级为发达国家;
- 生活质量初等发达国家升级概率:26%升级为中等发达国家;
- 生活质量欠发达国家升级概率:14%升级为初等发达国家。

如果说,发达国家是相对现代化的国家,那么,其他国家(中等发达、初等发达和欠发达国家)就是相对非现代化的国家。在过去17年里,相对生活质量现代化国家降级为生活质量非现代化的国家的概率约为1%~2%,相对非现代化的国家升级为现代化国家的概率约为3%。

6. 2016年世界生活质量的不平衡性

世界生活质量的不平衡性非常显著,集中反映在四个方面。

- 生活质量指标发展的不平衡,各项指标之间的差别很明显。
- 生活质量指数不平衡,国家生活质量的相对差距为10倍,个人生活质量相对差距为19倍,公共生活质量的相对差距则高达32倍,生活环境质量的相对差距为15倍(表4-5)。
- 生活质量速度不平衡,有些国家快速增长,有些国家负增长。
- 生活质量的地理不平衡,非洲仍然是最落后的地区。这与世界现代化的不平衡性是一致的。

二、2000~2016年世界生活质量现代化

1. 过去10多年世界生活质量的若干特点

(1) 国家生活质量的表现差别比较大

2000~2016年期间,生活质量指数和现实生活质量指数的国际差距都在缩小(表4-7)。

表4-7 2000~2016年世界生活质量指数的国际差距

项目	QLI			QALI		
	2000	2010	2016	2000	2010	2016
最大值	100	100	100	100	100	100
最小值	6	9	9	5	6	6
平均值	42	45	47	37	41	43
绝对差距	94	91	91	95	94	94
标准差	29	28	28	29	29	29
相对差距/倍	18	11	11	18	17	16
变异系数	0.68	0.62	0.60	0.80	0.72	0.68

在过去10多年里,不同国家生活质量的表现相差较大。这种差别既反映在每年生活质量指数的变化上,更体现在国家生活质量的级别变化上。有些国家从生活质量发达国家降级为中等发达国家,有些国家从欠发达国家升级为初等发达国家,有些国家从初等发达国家升级为中等发达国家,有些国家从中等发达国家升级为生活质量发达国家。

在2000~2016年期间,生活质量地位发生变化的国家有25个;其中,升级国家有20个,降级国家有5个(表4-8)。

表4-8 2000~2016年生活质量的世界地位发生升降的国家

升级的国家			降级的国家		
国家	2000年分组	2016年分组	国家	2000年分组	2016年分组
爱沙尼亚	中等发达	发达	意大利	发达	中等发达
拉脱维亚	中等发达	发达	以色列	发达	中等发达
韩国	中等发达	发达			
捷克	中等发达	发达			

(续表)

	升级的国家			降级的国家	
马其顿	初等发达	中等发达	沙特阿拉伯	中等发达	初等发达
哈萨克斯坦	初等发达	中等发达			
白俄罗斯	初等发达	中等发达			
亚美尼亚	初等发达	中等发达			
格鲁吉亚	初等发达	中等发达			
泰国	初等发达	中等发达			
阿塞拜疆	初等发达	中等发达			
巴西	欠发达	中等发达	委内瑞拉	初等发达	欠发达
印度	欠发达	初等发达	塔吉克斯坦	初等发达	欠发达
印度尼西亚	欠发达	初等发达			
萨尔瓦多	欠发达	初等发达			
斯里兰卡	欠发达	初等发达			
哥伦比亚	欠发达	初等发达			
厄瓜多尔	欠发达	初等发达			
巴拿马	欠发达	初等发达			
蒙古	欠发达	初等发达			

(2) 世界生活质量的结构发生一定变化

在过去17年里,世界生活质量的结构发生了一定变化(表4-9)。

表4-9 2000~2016年世界生活质量的结构

分组	国家个数			占总数的比例/(%)		
	2000	2010	2016	2000	2010	2016
发达组	23	24	25	17.6	18.3	19.1
中等发达组	22	24	27	16.8	18.3	20.6
初等发达组	27	31	28	20.6	23.7	21.4
欠发达组	59	52	51	45.0	39.7	38.9
合计	131	131	131	100	100	100

注:由于数据无法获取,2000年评价减少了3个指标,该年的生活质量指数可能会带来一定的误差。

2000年的23个生活质量发达国家,到2016年有21个国家仍然是发达国家,有2个国家降级(意大利和以色列);2000年的59个生活质量欠发达国家,到2016年有50个仍然是欠发达国家,巴西升级为中等发达国家,印度等8个国家升级为初等发达国家(表4-8)。

(3) 世界生活质量与主要经济指标、现代化指数的相关性

在过去17年里,国家生活质量指数与国家主要经济指标人均国民收入、人均GDP之间表现出一定的相关性,而且现实生活质量指数与主要经济指标之间的相关性要强于生活质量指数与主要经济指标之间的相关性。国家生活质量指数与现代化指数之间也表现出一定的相关性,尤其是与第二次现代化指数(SMI)和综合现代化指数(CMI)之间的相关性非常显著;且现实生活质量指数与现代化指数之间的相关性要强于生活质量指数与现代化指数之间的相关性(表4-10)。

表4-10 2000~2016年世界生活质量与主要经济指标及世界现代化的相关系数

指标和指数	2016 QLI		2016 QALI	2010 QLI		2010 QALI	2000 QLI		2000 QALI
人均GNI	0.86	<	0.88	0.84	<	0.87	0.86	<	0.88
人均GDP	0.86	<	0.89	0.85	<	0.89	0.87	<	0.89
FMI	0.76	<	0.77	0.77	<	0.78	0.79	=	0.79
SMI	0.91	<	0.94	0.95	<	0.97	0.95	<	0.96
CMI	0.91	<	0.95	0.95	<	0.98	0.94	<	0.96

注：经 t 检验，它们的相关性都是非常显著。FMI为第一次现代化指数。

2. 2000~2010年世界生活质量现代化进程

(1) 2000年世界生活质量评价结果

其一，2000年世界生活质量。生活质量指数排前10位的国家是：挪威、瑞典、加拿大、丹麦、荷兰、芬兰、瑞士、奥地利、澳大利亚、德国；挪威、瑞典等23个国家生活质量指数超过80，属于生活质量发达国家，它们的生活质量代表了当年世界先进水平；希腊、韩国等22个国家的生活质量指数超过50，属于生活质量中等发达国家；哈萨克斯坦、中国等27个国家生活质量指数超过30，属于生活质量初等发达国家；缅甸、肯尼亚等59个国家生活质量指数小于30，属于生活质量欠发达国家；生活质量指数最低的10个国家是：埃塞俄比亚、卢旺达、安哥拉、巴布亚新几内亚、中非、多哥、柬埔寨、厄立特里亚、布隆迪、刚果（金）。

其二，2000年世界生活质量的国际差距（表4-7）。国家生活质量指数的最大差距为94，相对差距为17倍。

其三，2000年世界生活质量的不平衡性。23个国家属于生活质量发达国家，约占国家有效样本的18%；22个国家属于生活质量中等发达国家，约占国家有效样本的17%；27个国家属于生活质量初等发达国家，约占国家有效样本的21%；59个国家属于生活质量欠发达国家，约占国家有效样本的45%。

(2) 2010年世界生活质量评价结果

其一，国家生活质量。2010年，生活质量指数排前10位的国家是：挪威、瑞典、芬兰、丹麦、澳大利亚、加拿大、英国、新西兰、爱尔兰、德国；有24个国家生活质量指数超过80，属于生活质量的发达国家，它们的生活质量代表了当年世界先进水平；匈牙利、波兰等24个国家的生活质量指数超过50，属于生活质量中等发达国家；格鲁吉亚、中国等31个国家生活质量指数超过30，属于生活质量初等发达国家；尼日利亚等52个国家生活质量指数小于30，属于生活质量欠发达国家；现代化指数最低的10个国家分别是：马达加斯加、刚果（金）、莫桑比克、坦桑尼亚、布隆迪、柬埔寨、塞拉利昂、中非、乍得、厄立特里亚。

其二，世界生活质量的国际差距（表4-7）。国家生活质量指数的最大差距为91，相对差距为11倍。

其三，世界生活质量的不平衡性。24个国家属于生活质量发达国家，约占国家有效样本的18%；24个国家属于生活质量中等发达国家，约占国家有效样本的18%；31个国家属于生活质量初等发达国家，约占国家有效样本的24%；52个国家属于生活质量欠发达国家，约占国家有效样本的40%。

关于2016年世界生活质量，前面已有分析，不再赘述。

三、2016年世界现实生活质量指数

1. 2016年世界现实生活质量的总体状况

根据现实生活质量指数(QALI)分组,挪威、瑞典等22个国家属于现实生活发达国家,葡萄牙、捷克等24个国家属于现实生活质量中等发达国家,墨西哥、中国等29个国家属于现实生活质量初等发达国家,尼日利亚等56个国家属于现实生活质量欠发达国家(表4-11)。

表4-11 2016年世界现实生活质量指数

分组	国家	QALI	国家	QALI	国家	QALI	国家	QALI
发达国家 22个	挪威	100	澳大利亚	96	英国	94	西班牙	85
	瑞典	98	德国	96	比利时	94	日本	85
	加拿大	98	丹麦	96	法国	91	以色列	82
	芬兰	97	奥地利	96	斯洛文尼亚	86	爱沙尼亚	81
	荷兰	97	瑞士	96	美国	86	意大利	80
	新西兰	96	爱尔兰	96				
中等发达国家 24个	葡萄牙	79	拉脱维亚	71	乌拉圭	60	马来西亚	55
	捷克	79	克罗地亚	68	阿根廷	60	白俄罗斯	54
	希腊	79	波兰	68	保加利亚	59	智利	54
	韩国	77	立陶宛	64	科威特	57	哈萨克斯坦	54
	新加坡	76	斯洛伐克	64	土耳其	57	罗马尼亚	51
	匈牙利	74	沙特阿拉伯	62	俄罗斯	55	黎巴嫩	51
初等发达国家 29个	墨西哥	49	马其顿	43	厄瓜多尔	37	吉尔吉斯斯坦	33
	巴拿马	48	伊朗	40	哥伦比亚	37	阿尔及利亚	33
	亚美尼亚	47	约旦	40	蒙古	37	越南	33
	哥斯达黎加	46	泰国	39	摩尔多瓦	37	南非	32
	巴西	46	阿塞拜疆	39	格鲁吉亚	36	巴拉圭	32
	乌克兰	46	牙买加	38	突尼斯	35	叙利亚	30
	阿尔巴尼亚	43	委内瑞拉	38	秘鲁	34	博茨瓦纳	30
	中国	43						
欠发达国家 56个	埃及	29.8	洪都拉斯	21	刚果(布)	15	卢旺达	11
	斯里兰卡	29.7	印度	19	海地	15	坦桑尼亚	11
	纳米比亚	29	加纳	17	毛里塔尼亚	15	马达加斯加	11
	乌兹别克斯坦	29	尼泊尔	17	尼日利亚	15	布基纳法索	10
	摩洛哥	28	老挝	17	津巴布韦	14	厄立特里亚	10
	玻利维亚	27	缅甸	17	喀麦隆	14	乌干达	9
	萨尔瓦多	27	肯尼亚	17	孟加拉国	14	埃塞俄比亚	9
	多米尼加	27	安哥拉	17	巴布亚新几内亚	13	马拉维	8
	菲律宾	26	柬埔寨	16	多哥	12	刚果(金)	8
	危地马拉	24	也门	16	马里	12	中非	8
	尼加拉瓜	24	莱索托	16	塞内加尔	12	塞拉利昂	8
	印度尼西亚	23	巴基斯坦	16	赞比亚	11	乍得	7
	土库曼斯坦	22	几内亚	16	莫桑比克	11	尼日尔	7
	塔吉克斯坦	21	科特迪瓦	16	贝宁	11	布隆迪	6

注:根据QALI分组:现实生活质量发达国家,QALI≥80;中等发达国家,50≤QALI<80;初等发达国家,30≤QALI<50;欠发达国家,QALI<30。

2. 2016年世界现实生活质量的前沿

2016年现实生活质量指数世界排名前10位的国家:挪威、瑞典、加拿大、芬兰、荷兰、新西兰、澳大利亚、德国、丹麦、奥地利。英国排在第13位,法国居第15位,美国排第17位,日本则排在第19位。

现实生活质量发达国家特点如表4-4。

3. 2016年世界现实生活质量的末尾

2016年现实生活质量指数排世界后10位的国家:厄立特里亚、乌干达、埃塞俄比亚、马拉维、刚果(金)、中非、塞拉利昂、乍得、尼日尔、布隆迪。

4. 2016年世界生活质量的国际差距

2016年世界现实生活质量指数的差距是15倍,高于由生活质量指数反映出的国家生活质量的国际差距(表4-5)。

5. 2016年世界现实生活质量的国际追赶

其一,现实生活质量指数的变化。

2016年与2000年相比,有116个国家现实生活质量指数上升;有11个国家现实生活质量指数下降;有4个国家现实生活质量指数没有变化。

其二,现实生活质量指数和排名的变化。

2016年与2000年相比,有60个国家现实生活质量排名上升,58个国家现实生活质量排名下降,13个国家现实生活质量排名没有变化。

其三,现实生活质量国家分组的变化(表4-12)。

表4-12 世界现实生活质量的国家地位的转移概率(马尔可夫链分析)

分组	国家数 (2000年)	发达组	中等发达组	初等发达组	欠发达组
		2000~2016年转移概率/(%)			
发达组	19	100	0	0	0
中等发达组	14	21	79	0	0
初等发达组	23	0	52	48	0
欠发达组	75	0	1	18	56

注:以QALI进行国家分组:发达国家,QALI≥80;中等发达国家,50≤QALI<80;初等发达国家,30≤QALI<50;欠发达国家,QALI<30。受数据获取率的影响,统计结果具有一定的系统误差。

在2000~2016年期间,

- 现实生活质量发达国家降级概率:降级为中等发达国家的概率为0;
- 现实生活质量中等发达国家升级概率:21%升级为发达国家;
- 现实生活质量初等发达国家升级概率:52%升级为中等发达国家;
- 现实生活质量欠发达国家升级概率:19%升级为初等发达国家。

如果说,发达国家是相对现代化的国家,那么,其他国家(中等发达、初等发达和欠发达国家)就是相对非现代化的国家。在过去17年里,相对现实生活质量现代化国家降级为生活质量非现代化的国家的概率约为0,相对非现代化的国家升级为现代化国家的概率约为2%。

6. 2016年世界现实生活质量的国际追赶

在过去17年里,不同国家生活质量指数的增长率差别很大,发展中国家预期达到当期发达国家生活质量的时间相差很大。在2000~2016年期间,分别根据生活质量指数和现实生活质量指数正增长国家的年均增长率,可以大致推算它们达到 2016 年发达国家生活质量所需时间(表 4-13)。

表 4-13 发展中国家达到 2016 年发达国家生活质量的预期时间

国家	2000~2016 年 QLI 年均增长率/(%)	所需年数	2000~2016 年 QALI 年均增长率/(%)	所需年数
波兰	2.02	13	1.21	33
克罗地亚	1.40	28	1.11	35
巴西	3.77	17	1.78	44
马来西亚	1.20	31	1.16	52
中国	3.05	24	4.10	21
泰国	3.45	19	2.26	42
中等收入国家	2.77	48	3.22	40
低收入国家	2.50	93	3.58	64

四、2000~2016 年世界现实生活质量现代化

1. 过去 10 多年世界现实生活质量的若干特点

(1) 国家现实生活质量的表现差别比较大

2000~2016 年期间,现实生活质量指数的国际差距在缩小(表 4-7)。

在过去 17 年里,不同国家现实生活质量的表现相差较大。这种差别既反映在每年现实生活质量指数的变化上,更体现在国家现实生活质量的级别变化上。有些国家从欠发达国家升级为中等发达和初等发达国家,有些国家从初等发达国家升级为中等发达国家,有些国家从中等发达国家升级为现实生活质量发达国家。

在 2000~2016 年期间,现实生活质量地位升级国家共有 34 个(表 4-14)。

表 4-14 2000~2016 年现实生活质量的世界地位升级的国家

升级的国家			升级的国家		
国家	2000 年分组	2016 年分组	国家	2000 年分组	2016 年分组
日本	中等发达	发达	哈萨克斯坦	欠发达	中等发达
西班牙	中等发达	发达	中国	欠发达	初等发达
爱沙尼亚	中等发达	发达	南非	欠发达	初等发达
黎巴嫩	初等发达	中等发达	哥伦比亚	欠发达	初等发达
拉脱维亚	初等发达	中等发达	蒙古	欠发达	初等发达
立陶宛	初等发达	中等发达	阿塞拜疆	欠发达	初等发达
阿根廷	初等发达	中等发达	厄瓜多尔	欠发达	初等发达
沙特阿拉伯	初等发达	中等发达	泰国	欠发达	初等发达
马来西亚	初等发达	中等发达	伊朗	欠发达	初等发达
保加利亚	初等发达	中等发达	叙利亚	欠发达	初等发达
智利	初等发达	中等发达	格鲁吉亚	欠发达	初等发达
俄罗斯	初等发达	中等发达	巴拉圭	欠发达	初等发达
土耳其	初等发达	中等发达	摩尔多瓦	欠发达	初等发达

(续表)

升级的国家			升级的国家		
国家	2000年分组	2016年分组	国家	2000年分组	2016年分组
白俄罗斯	初等发达	中等发达	秘鲁	欠发达	初等发达
罗马尼亚	初等发达	中等发达	博茨瓦纳	欠发达	初等发达
			阿尔及利亚	欠发达	初等发达
			吉尔吉斯斯坦	欠发达	初等发达
			突尼斯	欠发达	初等发达
			越南	欠发达	初等发达

(2) 世界现实生活质量的结构发生一定变化

在过去17年里,世界现实生活质量的结构发生了一定变化(表4-15)。

表4-15 2000～2016年世界现实生活质量的结构

项目	国家个数			占总数的比例/(%)		
	2000	2010	2016	2000	2010	2016
发达组	19	22	22	14.5	16.8	16.8
中等发达组	14	21	24	10.7	16.0	18.3
初等发达组	23	25	29	17.6	19.1	22.1
欠发达组	75	63	56	57.3	48.1	42.7
合计	131	131	131	100	100	100

注:由于数据无法获取,2000年评价减少了1个指标,该年的现实生活质量指数可能会带来一定的误差。

2000年的19个现实生活质量发达国家,到2016年全部仍然是发达国家;2000年的75个现实生活质量欠发达国家,到2016年有56个仍然是欠发达国家,哈萨克斯坦升级为中等发达国家,中国等18个国家升级为初等发达国家(表4-14)。

2. 2000～2010年世界现实生活质量现代化进程

(1) 2000年世界现实生活质量评价结果

其一,2000年国家现实生活质量。现实生活质量指数排前10位的国家是:挪威、瑞典、加拿大、丹麦、荷兰、芬兰、瑞士、奥地利、澳大利亚、德国;19个国家现实生活质量指数超过80,属于现实生活质量发达国家,它们的现实生活质量代表了当年世界先进水平;希腊、葡萄牙等14个国家的现实生活质量指数超过50,属于现实生活质量中等发达国家;阿根廷、马来西亚等23个国家现实生活质量指数超过30,属于现实生活质量初等发达国家;秘鲁、中国等75个国家现实生活质量指数小于30,属于现实生活质量欠发达国家;现实生活质量指数最低的10个国家是:布基纳法索、乍得、乌干达、卢旺达、塞拉利昂、坦桑尼亚、布隆迪、刚果(金)、尼日尔、埃塞俄比亚。

其二,2000年世界现实生活质量的国际差距(表4-7)。国家现实生活质量指数的最大差距为95,相对差距为18倍。

其三,2000年世界现实生活质量的不平衡性。19个国家属于现实生活质量发达国家,约占国家有效样本的15%;14个国家属于现实生活质量中等发达国家,约占国家有效样本的11%;23个国家属于现实生活质量初等发达国家,约占国家有效样本的18%;75个国家属于现实生活质量欠发达国家,约占国家有效样本的57%。

(2) 2010年世界生活质量评价结果

其一,2010年国家现实生活质量。现实生活质量指数排前10位的国家是:挪威、瑞典、芬兰、丹麦、奥地利、荷兰、加拿大、澳大利亚、瑞士、德国;有22个国家现实生活质量指数超过80,属于现实生活质量的发达国家,它们的现实生活质量代表了当年世界先进水平;希腊、葡萄牙等21个国家的现实生活质量指数超过50,属于现实生活质量中等发达国家;罗马尼亚、中国等25个国家现实生活质量指数超过30,属于现实生活质量初等发达国家;南非等63个国家现实生活质量指数小于30,属于现实生活质量欠发达国家;现代化指数最低的10个国家分别是:布基纳法索、坦桑尼亚、马拉维、中非、埃塞俄比亚、刚果(金)、塞拉利昂、尼日尔、乍得、布隆迪。

其二,世界现实生活质量的国际差距(表4-7)。国家现实生活质量指数的最大差距为94,相对差距为17倍。

其三,世界现实生活质量的不平衡性。22个国家属于现实生活质量发达国家,约占国家有效样本的17%;21个国家属于现实生活质量中等发达国家,约占国家有效样本的16%;25个国家属于现实生活质量初等发达国家,约占国家有效样本的19%;63个国家属于现实生活质量欠发达国家,约占国家有效样本的48%。

关于2016年世界各国的现实生活质量,前面已有分析,不再赘述。

第三节 中国生活质量评价

2000年以来,中国居民的生活质量有较大提高,其中,中国生活质量指数从30提高到48,提高了18;排名从第72位提前到54位。现实生活质量指数从17提高到43,提高了25;排名从第87位上升到54位。这些数字从一个角度说明,我国居民的生活质量取得了很大进步,但目前与世界前沿的差距仍然十分明显(表4-16)。

表4-16 2000~2016年中国生活质量指数和排名

年份	QLI	排名	QALI	排名	国家样本数
2016	48	54	43	54	131
2010	39	64	30	68	131
2000	30	72	17	87	131

一、2016年中国生活质量评价

1. 2016年中国生活质量的总体状况

2016年中国属于生活质量初等发达国家,中国生活质量指数为48,排世界131个国家的第54位;现实生活质量指数为43,也排在第131个国家的54位。中国处于生活质量发展中国家的中间位置,距离世界先进水平的差距比较大。

2. 2016年中国生活质量的国际差距

2016年中国生活质量的整体水平和多数指标水平,都有明显的国际差距(表4-17)。

表 4-17　2016 年中国生活质量水平的国际差距

	指标和单位	指标性质	高收入国家	中国	绝对差距	相对差距/倍
生活质量指数	生活质量指数	正指标	100	48	52	2.1
	现实生活质量指数	正指标	100	43	57	2.3
	个人生活质量指数	正指标	100	44	56	2.3
	公共生活质量指数	正指标	100	36	64	2.8
	生活环境质量指数	正指标	100	49	51	2.0
	生活满意度指数	正指标	100	54	46	1.9
现实生活质量	人均蛋白质供应量/(克/天)	正指标	104	94	10	1.1
	人均水果供应量/(克/天)	正指标	270	258	12	1.0
	出生时平均预期寿命/岁	正指标	80	76	4	1.1
	婴儿死亡率/(‰)	逆指标	4.7	8.6	3.9	1.8
	结核病发病率/(例/10 万人)	逆指标	12	64	52	5.3
	人均住房间数/间	正指标	2.1	2	0.1	1.1
	汽车普及率/(辆/千人)	正指标	450	99	351	4.5
	家庭人均消费/2010 年不变价美元	正指标	24 292	2576	21 716	9.4
	人均能源消费/千克石油当量	正指标	4604	2237	2367	2.1
	恩格尔系数/(%)	逆指标	12.5	39.8	27.3	3.2
	人均国民收入/2011 年价国际美元	正指标	42 376	14 354	28 022	3.0
	休闲和保健时间/小时	正指标	14.9	—	—	—
	最低月工资/美元	正指标	1443	226	1217	6.4
	大学入学率/(%)	正指标	75	48	27	1.5
	平均受教育年限/年	正指标	12.8	7.6	5.2	1.7
	绝对贫困人口比例/(%)	逆指标	0.7	1.9	1.2	2.7
	养老保险覆盖率/(%)	正指标	92	63	29	1.5
	人均国际旅游离境频次/(次/年)	正指标	0.65	0.1	0.55	6.5
	互联网普及率/(%)	正指标	82	53	29	1.5
	公民权利(评级)	*	1	6	5	6.0
	安全饮用水普及率/(%)	正指标	99	96	3	1.0
	人均银幕数/(块/10 万人)	正指标	9.2	2.5	6.7	3.7
	小学生师比/(%)	逆指标	14.2	16.5	2.3	1.2
	医生比例/(名/千人)	正指标	3	1.8	1.2	1.7
	护士比例/(名/千人)	正指标	10.5	2.3	8.2	4.6
	人均航行次数/(次/年)	正指标	1.86	0.35	1.51	5.3
	监狱人口比例/(人/10 万居民)*	逆指标	138	119	—19	0.9
	交通事故死亡率/(人/10 万人)	逆指标	8.2	19.4	11.2	2.4
	PM$_{2.5}$年均浓度/(微克/立方米)	逆指标	19.7	56	37	2.9
	城市废水处理率/(%)	正指标	97	93.4	3.6	1.0
生活满意度	营养不良人口比例/(%)	逆指标	2.7	8.7	6	3.2
	生活满意度(指数)	正指标	7.15	6.85	0.3	1.1
	收入不平等(比值)	逆指标	6.8	9.2	2.4	1.4
	经济生活满意度(指数)	正指标	6.15	6.19	0.01	1.0
	营商便利指数	逆指标	16.1	78	61.9	4.8
	水质满意度/(%)	正指标	86	—	—	—

注：* 数值越小，公民权利越大。正指标：绝对差距＝高收入国家值－中国值，相对差距＝高收入国家值÷中国值。逆指标：绝对差距＝中国值－高收入国家值，相对差距＝中国值÷高收入国家值。

① 生活质量指数的国际差距。2016年,中国生活质量指数与高收入国家平均值相比,绝对差距为52,相对差距约为2.1倍。其中,中国公共生活质量的国际差距最大,与高收入国家相差1.8倍;生活满意度的差距最小,仅比高收入国家差90%。现实生活质量指数与高收入国家平均值相比,绝对差距为57,相对差距约为2.3倍,略高于生活质量指数的国际差距。

② 个人生活质量指标的国际差距。2016年,中国与高收入国家相比,差距最大的是家庭人均消费,差8.4倍;结核病发病率相差4.3倍,汽车普及率相差3.5倍,恩格尔系数相差2.2倍,人均能源消费相差1.1倍;其他指标的国际差距都在1倍以下。

③ 公共生活质量的国际差距。2016年,中国与高收入国家相比,人均国际旅行次数、最低月工资分别相差5.5倍和5.4倍;人均国民收入差2倍,绝对贫困人口比例差1.7倍;其他指标的国际差距都在1倍以下。

④ 生活环境质量的国际差距。2016年,中国与高收入国家相比,人均航行次数差4.3倍,护士比例差3.6倍,人均银幕数差2.7倍,$PM_{2.5}$年均浓度和交通事故死亡率分别差1.9倍和1.4倍,医生比例差70%;其他指标的国际差距都不是很大。

⑤ 生活满意度的国际差距。2016年,中国与高收入国家相比,营商便利指数的国际差距最大,为4.8倍;营养不良人口比例的国际差距是3.2倍,收入不平等差40%;水质满意度因中国数据缺项无法比较,生活满意度的国际差距很小,而经济生活满意度这个指标几乎没有差距。

二、2000～2016年中国生活质量现代化

1. 过去17年中国生活质量取得显著提升

从2000年到2016年,中国生活质量指数从30上升到48,提高了18,世界排名从第72名上升到第54名。中国现实生活质量指数从17上升到43,提高了25,世界排名从第87名上升到第54名(图4-2,表4-18)。

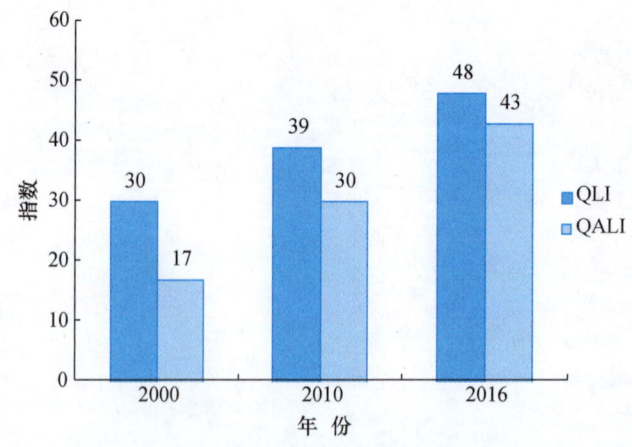

图4-2　2000～2016年中国生活质量指数

2. 2000年以来中国生活质量水平与世界先进水平的相对差距在缩小

在2000～2016年期间,中国生活质量与世界先进水平的绝对差距和相对差距都在缩小;中国生活质量与世界平均水平的绝对差距和相对差距也都在缩小。2016年,中国生活质量指数略高于世界

平均值(表4-18)。

表 4-18 2000~2016 年中国生活质量现代化进程

项目	QLI			QALI		
	2000	2010	2016	2000	2010	2016
中国指数	29.7	38.8	48.0	16.7	30.1	42.8
世界指数最大值	100.0	100.0	100.0	100.0	100.0	100.0
世界指数最小值	5.7	8.9	9.3	5.4	5.9	6.2
世界指数平均值(计算)	42.5	45.0	46.7	36.5	40.9	42.6
中国与最大值的绝对差距	70.3	61.1	51.9	83.3	69.9	57.0
中国与最大值的相对差距	3.4	2.6	2.1	6.0	3.3	2.3
中国与平均值的绝对差距	12.8	6.1	−1.3	19.8	10.8	−0.2
中国与平均值的相对差距	1.4	1.2	1.0	2.2	1.4	1.0
中国排名	72	64	54	87	68	54
国家样本数	131	131	131	131	131	131

3. 2000~2016 年中国生活质量单项指标的表现有差异

个人生活质量指标。表现较好的指标是人均蛋白质供应量、人均水果供应量和出生时平均预期寿命,表现较差的指标是婴儿死亡率、结核病发病率、汽车普及率、恩格尔系数和家庭人均消费,人均住房间数这个指标从 2000 年到 2016 年进步很快(表4-19)。

公共生活质量指标。仅平均受教育年限指标表现稍好;人均国民收入、最低月工资、人均国际旅行次数和公民权利等指标表现较差;大学入学率、绝对贫困人口比例、养老保险覆盖率和互联网普及率等 4 个指标从 2000 到 2016 年增长很快(表4-19)。

生活环境质量指标。表现较好的指标是安全饮用水普及率、小学生师比、医生比例和监狱人口比例;表现较差的指标是人均银幕数、护士比例、人均航行次数、交通事故死亡率和 $PM_{2.5}$ 年均浓度等;城市废水处理率指标进步很快(表4-19)。

生活满意度指标。生活满意度、经济生活满意度和收入不平等 3 个指标都表现较好,营养不良人口比例和营商便利指数等 2 个指标表现较差(表4-19)。

表 4-19 2000~2016 年中国生活质量评价指标的表现

	指标和单位	指标性质	2000	2010	2016	2016 年参考值
个人生活质量	人均蛋白质供应量/(克/天)	正指标	84	95	94	104
	人均水果供应量/(克/天)	正指标	120	213	258	270
	出生时平均预期寿命/岁	正指标	72	75	76	80
	婴儿死亡率/(‰)	逆指标	30	13.6	8.6	4.7
	结核病发病率/(例/10 万人)	逆指标	109	77	64	12
	人均住房间数/间	正指标	1.0	1.6	2.0	2.1
	汽车普及率/(辆/千人)	正指标	7	46	99	450
	家庭人均消费/2010 年不变价美元	正指标	410	1990	2576	24 292
	人均能源消费/千克石油当量	正指标	899	1955	2237	4604
	恩格尔系数/(%)	逆指标	47	40	40	12.5

(续表)

	指标和单位	指标性质	2000	2010	2016	2016年参考值
公共生活质量	人均国民收入/2011年价国际美元	正指标	3662	9485	14 354	42 376
	休闲和保健时间/小时	正指标			—	14.9
	最低月工资/美元	正指标	50	142	226	1443
	大学入学率/(%)	正指标	7.6	24	48	75
	平均受教育年限/年	正指标	6.5	7.1	7.6	12.8
	绝对贫困人口比例/(%)	逆指标	41	11.2	1.9	0.7
	养老保险覆盖率/(%)	正指标	11	27	63	92
	人均国际旅游离境频次/(次/年)	正指标	0.01	0.04	0.1	0.65
	互联网普及率/(%)	正指标	1.8	34	53	82
	公民权利(评级)	*	6	6	6	1
生活环境质量	安全饮用水普及率/(%)	正指标	80	91	96	99
	人均银幕数/(块/10万人)	正指标	0.2	0.5	2.5	9.2
	小学生师比/(%)	逆指标	22	16.8	16.5	14.2
	医生比例/(名/千人)	正指标	1.3	1.5	1.8	3
	护士比例/(名/千人)	正指标	1	1.5	2.3	10.5
	人均航行次数/(次/年)	正指标	0.05	0.20	0.35	1.86
	监狱人口比例/(人/10万居民)*	逆指标	111	121	119	138
	交通事故死亡率/(人/10万人)	逆指标	22	21	19	8.2
	PM$_{2.5}$年均浓度/(微克/立方米)	逆指标	52	58	56	20
	城市废水处理率/(%)	正指标	34	82	93	97
生活满意度	营养不良人口比例/(%)	逆指标	16	12	8.7	2.7
	生活满意度(指数)	正指标	6.53	6.76	6.85	7.15
	收入不平等(比值)	逆指标		9.3	9.2	6.8
	经济生活满意度(指数)	正指标	5.65	5.94	6.19	6.15
	营商便利指数	逆指标			78	16.1
	水质满意度/(%)	正指标	—	—		86

注：* 数值越小，公民权利越大。① 各年的参考值均为当年高收入国家平均值；② 由于数据无法获取，2016年家庭人均消费用2010年的数据代替。

总而言之，2000年以来，是中国生活质量取得很大提升的20年，中国生活质量的绝对水平在持续提高，相对水平也在提高。虽然成绩是明显的，但我们与世界先进水平的差距也是客观存在的。

中国地区生活质量的地区差异比较大，统计数据的获取性不好，数据质量存在争议，故我们没有对中国地区的生活质量水平进行评价。

本 章 小 结

本章完成了2000~2016年世界131个国家的生活质量评价。

1. 世界生活质量评价的方法和模型

关于生活质量的评价以定量评价为主，评价模型很多，各具特点。

本报告参考国际生活质量评价经验，选择生活质量典型特征相关的关键指标，同时考虑其政策含义和数据可获得性，选择了现实生活质量和生活满意度两个方面、六个维度的38个指标，构建生活质量指数的评价模型，用以衡量国家生活质量的相对美好程度。

2. 2000～2016 年世界生活质量评价

2016 年生活质量指数世界排名前 10 位的国家：挪威、瑞典、芬兰、新西兰、澳大利亚、丹麦、加拿大、英国、爱尔兰、德国。美国排第 13 位，法国排第 16 位，日本排第 19 位。

2016 年，在 131 个国家中，25 个国家是生活质量发达国家，27 个国家是生活质量中等发达国家，28 个国家是生活质量初等发达国家，51 个国家是生活质量欠发达国家。

在 2000～2016 年期间，生活质量地位发生变化的国家有 25 个；其中，升级国家有 20 个，降级国家有 5 个。在 2000～2016 年期间，国家生活质量指数与国家主要经济指标人均国民收入、人均 GDP 之间表现出一定的相关性，现实生活质量指数与主要经济指标之间的相关性要强于生活质量指数与主要经济指标之间的相关性。

2016 年现实生活质量指数世界排名前 10 位的国家：挪威、瑞典、加拿大、芬兰、荷兰、新西兰、澳大利亚、德国、丹麦、奥地利。英国排在第 13 位，法国居第 15 位，美国排第 17 位，日本则排在第 19 位。

2016 年，在 131 个国家中，22 个国家是现实生活质量发达国家，24 个国家是现实生活质量中等发达国家，29 个国家是现实生活质量初等发达国家，56 个国家是现实生活质量欠发达国家。在 2000～2016 年期间，现实生活质量地位升级的国家有 34 个。

3. 2000～2016 年中国生活质量评价

2016 年中国属于生活质量初等发达国家，生活质量指数为 48，排世界 131 个国家的第 54 位。现实生活质量指数为 43，也排世界 131 个国家的第 54 位。

2016 年，中国生活质量指数与高收入国家平均值相比，绝对差距为 52，相对差距约为 2.1 倍。现实生活质量指数与高收入国家平均值相比，绝对差距为 57，相对差距约为 2.3 倍。中国生活质量的整体水平和多数单指标水平，都有明显的国际差距。

2000～2016 年期间，中国生活质量指数从 30 上升到 48，提高了 18。世界排名从 2000 年的第 72 位上升到 2016 年的第 54 位，提高了 18 位。中国现实生活质量指数从 17 上升到 43，提高了 25。世界排名从 2000 年的第 87 位上升到 2016 年的第 54 位，提高了 33 位。

第五章 2016年世界和中国现代化指数

2016年,美国等28个国家已经进入第二次现代化,中国等99个国家处于第一次现代化,乍得等4个国家仍然处于传统农业社会,有些原住民族仍然生活在原始社会(图5-1)。根据第二次现代化指数的国家分组,2016年美国等21个国家为发达国家,俄罗斯等18个国家为中等发达国家,中国等40个国家为初等发达国家,肯尼亚等52个国家为欠发达国家。

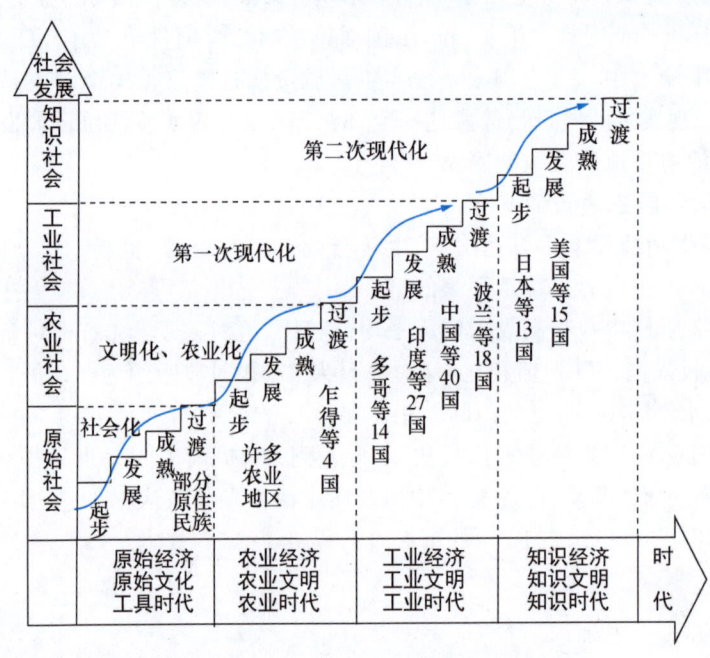

图5-1 2016年世界现代化进程的坐标图

2016年中国是一个发展中国家,具有初等发达国家水平,处于发展中国家的中间位置,与发达国家的差距仍然较大。2016年中国第一次现代化指数达到99,排名世界131个国家的第49位;第二次现代化指数和综合现代化指数分别为45和47,分别排名第49位和第59位。

第一节 2016年世界现代化指数

世界现代化指数反映世界131个国家、不同组国家和世界平均的现代化水平,包括世界第一次现代化指数(实现程度)、第二次现代化指数和综合现代化指数(表5-1)。它体现世界现代化在经济、社会、知识和环境等领域的综合水平,它没有包括政治等领域的现代化水平。关于现代化指数的评价方法,请阅读技术注释。关于现代化指数的评价数据,请阅读附录二。

表 5-1 世界现代化指数的组成

项目	第一次现代化指数	第二次现代化指数	综合现代化指数
用途	反映不同国家和地区完成第一次现代化的进展（第一次现代化是以工业化、城市化和民主化为典型特征的经典现代化）	反映不同国家和地区第二次现代化的进展（第二次现代化是以知识化、信息化和绿色化为典型特征的新现代化）	反映不同国家和地区现代化水平与世界先进水平的相对差距（综合现代化是以两次现代化协调发展为主要特征的新型现代化）
特点	① 比较好地表征发展中国家的实际水平 ② 不能完全反映发达国家的实际水平 ③ 随着越来越多国家完成第一次现代化，其适用对象减少 ④ 指标和标准值是固定的	① 比较好地表征发达国家的实际水平 ② 不能完全反映发展中国家的实际水平 ③ 随着越来越多国家进入第二次现代化，其适用对象增多 ④ 指标和基准值是可变的	① 同时表征发达国家和发展中国家的相对水平 ② 适用范围比较广 ③ 与前两者有一些重复 ④ 与前两者有所衔接 ⑤ 指标和参考值是可变的 ⑥ 可称为相对现代化指数
性质	主要反映"绝对水平"	主要反映"绝对水平"	主要反映"相对水平"

一、2016年世界现代化的总体水平

2016年参加评价的131个国家中，进入第二次现代化的国家有28个，约占国家样本数的21%；第一次现代化指数达到100的国家有47个，第一次现代化指数大于90小于100的国家有24个，已经完成和基本实现第一次现代化的国家有71个，约占国家样本数的54%（表5-2）。

表 5-2 2000～2016年的世界现代化进程　　　　　　　　　　　　　　　　　　单位：个

项目	2000	2010	2012	2013	2014	2015	2016
已经完成第一次现代化的国家	27	42	47	46	46	47	47
其中：进入第二次现代化的国家	24	27	27	27	29	26	28
没有完成第一次现代化的国家	104	89	84	85	85	84	84
其中：基本实现第一次现代化的国家	31	27	29	27	28	25	24
处于传统农业社会的国家	13	6	4	4	3	3	4

注：参加评价的国家为2000年人口超过100万的131个国家。第一次现代化指数达到100，表示达到1960年工业化国家平均水平，完成第一次现代化。第一次现代化指数超过90但低于100，表示基本实现第一次现代化。

2016年根据第二次现代化指数分组，发达国家、中等发达国家、初等发达和欠发达国家分别占国家样本数的比例分别为16%、14%、30%和40%（表5-3）。

表 5-3 2000～2016年根据第二次现代化水平的国家分组

项目	2000	2010	2011	2012	2013	2014	2015	2016
发达国家/个	17	20	21	21	20	20	20	21
中等发达国家/个	30	23	21	20	25	19	20	18
初等发达国家/个	33	34	34	43	34	35	36	40
欠发达国家/个	51	54	55	47	52	57	55	52
发达国家/(%)	13	15	16	16	15	15	15	16
中等发达国家/(%)	23	18	16	15	19	15	15	14
初等发达国家/(%)	25	26	26	33	26	27	27	30
欠发达国家/(%)	39	41	42	36	40	44	42	40

注：第二次现代化评价，2000年按第一版模型评价，2010～2013年按第二版模型评价，2014～2016年按第三版模型评价（见技术注释）。加和不等于100是由于四舍五入的原因。

2016年,发达国家全部进入第二次现代化,6个国家处于起步期,15个处于发展期;中等发达国家有7个进入第二次现代化,11个处于第一次现代化;初等发达国家全部处于第一次现代化;欠发达国家有48个处于第一次现代化,有4个处于传统农业社会(表5-4)。

表5-4 2016年国家现代化的水平与阶段的关系

国家现代化水平	国家现代化的阶段							合计
	传统社会	F起步期	F发展期	F成熟期	F过渡期	S起步期	S发展期	
发达国家/个	—	—	—	—	—	6	15	21
中等发达国家/个	—	—	—	3	8	7	—	18
初等发达国家/个	—	—	4	26	10	—	—	40
欠发达国家/个	4	14	23	11	—	—	—	52

注:国家现代化的阶段是根据产业结构和就业结构的划分。其中,传统社会指传统农业社会,F代表第一次现代化,S代表第二次现代化。国家水平分组方法:第二次现代化指数,发达国家超过80,中等发达国家低于80但高于世界平均值,初等发达国家低于世界平均值但高于欠发达国家,欠发达国家低于30。

根据国家的现代化阶段和现代化水平,可以构建世界现代化的定位图;横坐标为国家现代化的阶段,纵坐标为国家现代化的水平(现代化指数和国家分组),例如,基于现代化阶段和第二次现代化水平的定位图(图5-2),基于现代化阶段和综合现代化水平的国家定位图。

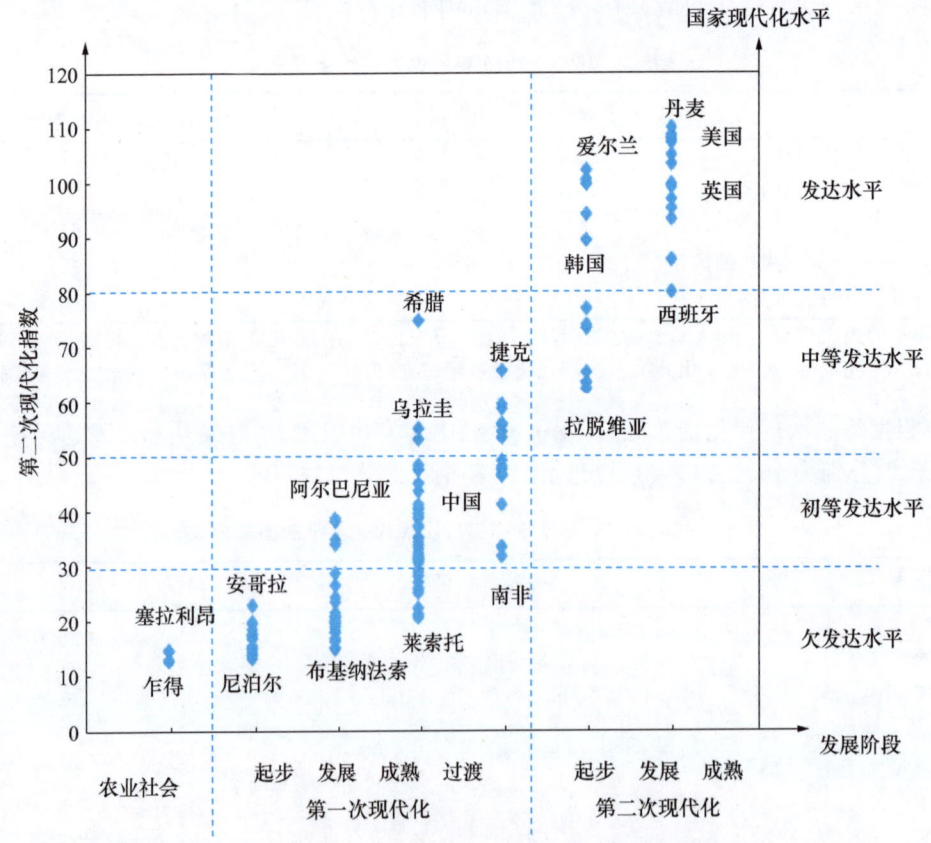

图5-2 2016年世界现代化的定位图(基于现代化阶段和第二次现代化水平)

注:图中131个点代表不同国家的定位,显示国家的现代化阶段、第二次现代化指数和国家分组。

1. **2016 年发达国家水平**

根据第二次现代化水平分组,2016 年美国等 21 个发达国家的第二次现代化指数在 80 至 110 之间,它们均已完成第一次现代化;它们的综合现代化指数在 80 至 100 之间(表 5-5)。

表 5-5　2016 年 21 个发达国家的现代化指数

国家	第一次现代化指数	2016 年排名	2015 年排名	第二次现代化指数	2016 年排名	2015 年排名	综合现代化指数	2016 年排名	2015 年排名
丹麦	100.0	1	1	109.8	1	1	100.0	1	1
美国	100.0	1	1	108.6	2	2	98.0	5	4
瑞典	100.0	1	1	107.9	3	4	98.6	3	3
荷兰	100.0	1	1	107.7	4	5	98.3	4	5
瑞士	100.0	1	1	107.2	5	3	97.2	8	7
比利时	100.0	1	1	104.9	6	7	99.4	2	2
新加坡	100.0	1	1	103.3	7	6	97.9	6	8
爱尔兰	100.0	1	1	102.2	8	8	95.0	10	10
德国	100.0	1	1	100.6	9	12	95.0	9	9
挪威	100.0	1	1	99.8	10	11	92.8	13	13
芬兰	100.0	1	1	99.8	11	10	97.8	7	6
日本	100.0	1	1	99.6	12	14	94.3	11	12
英国	100.0	1	1	99.5	13	9	91.1	15	15
法国	100.0	1	1	99.1	14	13	91.8	14	14
奥地利	100.0	1	1	97.0	15	15	92.9	12	11
澳大利亚	100.0	1	1	95.3	16	16	90.3	17	16
加拿大	100.0	1	1	94.3	17	18	89.7	18	18
以色列	100.0	1	1	93.4	18	17	90.5	16	17
韩国	100.0	1	1	89.6	19	19	85.0	20	20
新西兰	100.0	1	1	86.0	20	20	87.2	19	19
西班牙	100.0	1	1	80.0	21	21	80.4	21	21

注:第一次现代化指数达到 100 时,排名都为 1,不分先后。后同。表 5-5、表 5-6、表 5-7 和表 5-8 的排名都是 131 个国家的排名。2001~2008 年的《中国现代化报告》中的排名为 108 个国家的排名。

2. **2016 年中等发达国家水平**

2016 年意大利等 18 个中等发达国家的第二次现代化指数在 50 至 79 之间;它们都完成了或基本完成第一次现代化;它们的综合现代化指数在 57 至 80 之间(表 5-6)。

表 5-6 2016 年 18 个中等发达国家的现代化指数

国家	第一次现代化指数	2016 年排名	2015 年排名	第二次现代化指数	2016 年排名	2015 年排名	综合现代化指数	2016 年排名	2015 年排名
意大利	100.0	1	1	77.1	22	22	79.0	22	22
希腊	100.0	1	1	74.7	23	23	69.3	28	27
斯洛文尼亚	100.0	1	1	73.9	24	25	73.1	23	23
葡萄牙	100.0	1	1	73.3	25	24	70.0	26	26
捷克	100.0	1	1	65.7	26	27	70.3	25	25
爱沙尼亚	100.0	1	1	65.4	27	26	66.6	29	30
立陶宛	100.0	1	1	63.5	28	29	65.9	31	31
匈牙利	100.0	1	1	63.5	29	28	66.2	30	29
拉脱维亚	100.0	1	1	62.3	30	30	65.0	32	32
克罗地亚	100.0	1	1	59.5	31	32	62.3	36	36
斯洛伐克	100.0	1	1	58.7	32	31	64.3	33	35
波兰	100.0	1	1	56.1	33	33	59.1	39	40
沙特阿拉伯	100.0	1	1	55.9	34	36	72.1	24	24
俄罗斯	100.0	1	1	55.8	35	35	58.5	40	39
乌拉圭	100.0	1	1	55.1	36	34	64.3	34	33
阿根廷	100.0	1	1	54.6	37	37	63.9	35	34
智利	99.9	48		53.4	38	38	60.2	37	37
哥斯达黎加	100.0	1	1	53.2	39	40	57.5	42	42

3. 2016 年初等发达国家水平

2016 年中国等 40 个初等发达国家,第二次现代化指数在 30 至 50 之间;其中有 9 个国家完成了第一次现代化;它们的综合现代化指数在 34 至 70 之间(表 5-7)。

表 5-7 2016 年 40 个初等发达国家的现代化指数

国家	第一次现代化指数	2016 年排名	2015 年排名	第二次现代化指数	2016 年排名	2015 年排名	综合现代化指数	2016 年排名	2015 年排名
白俄罗斯	96.4	56	53	49.3	40	41	53.9	46	46
巴西	100.0	1	1	48.6	41	42	56.7	44	41
保加利亚	98.6	51	51	48.3	42	43	55.5	45	44
土耳其	100.0	1	1	47.8	43	44	56.8	43	43
罗马尼亚	100.0	1	1	47.6	44	48	52.9	52	48
马来西亚	100.0	1	1	47.6	45	45	53.2	50	54
科威特	100.0	1	1	46.8	46	39	69.5	27	28
黎巴嫩	99.0	50	49	46.7	47	47	59.3	38	45
巴拿马	100.0	1	1	46.5	48	46	53.4	49	49
中国	99.4	49	50	45.3	49	50	46.7	59	63
哥伦比亚	97.2	53	52	43.7	50	49	53.2	51	50
多米尼加	97.3	52	54	41.4	51	55	58.1	41	47
墨西哥	100.0	1	1	41.2	52	54	52.2	53	51
哈萨克斯坦	100.0	1	1	40.8	53	52	51.1	54	52
伊朗	96.2	57	57	40.4	54	53	48.7	56	58

(续表)

国家	第一次现代化指数	2016年排名	2015年排名	第二次现代化指数	2016年排名	2015年排名	综合现代化指数	2016年排名	2015年排名
马其顿	95.2	58	59	39.8	55	59	48.1	57	56
乌克兰	92.6	67	65	39.2	56	56	46.4	60	60
厄瓜多尔	96.6	55	56	38.9	57	57	45.3	63	62
阿尔巴尼亚	88.8	77	76	38.9	58	62	47.3	58	70
格鲁吉亚	91.6	70	71	38.3	59	60	45.7	61	66
牙买加	88.9	76	87	37.3	60	61	40.5	72	64
泰国	89.9	73	74	37.3	61	63	38.2	76	76
秘鲁	96.8	54	55	35.3	62	64	45.5	62	57
斯里兰卡	86.8	81	83	35.1	63	70	35.1	80	79
亚美尼亚	91.6	71	72	34.9	64	68	49.3	55	59
突尼斯	94.1	62	63	34.3	65	66	39.6	75	67
摩尔多瓦	89.8	74	70	34.1	66	69	42.4	66	68
阿塞拜疆	93.1	66	58	33.9	67	71	44.7	64	61
约旦	94.5	60	61	33.7	68	58	53.7	48	53
委内瑞拉	100.0	1	1	33.5	69	51	53.8	47	38
博茨瓦纳	89.3	75	75	33.2	70	65	39.8	74	75
阿尔及利亚	94.4	61	60	32.3	71	73	40.9	68	74
摩洛哥	86.1	85	79	32.0	72	75	37.2	77	77
南非	93.4	65	68	31.8	73	74	40.1	73	71
菲律宾	92.5	68	69	31.7	74	78	40.7	69	73
萨尔瓦多	94.5	59	62	31.4	75	76	40.7	70	69
巴拉圭	92.1	69	66	31.4	76	67	40.5	71	72
蒙古	93.9	63	64	31.3	77	72	41.8	67	65
叙利亚	86.7	82	77	30.8	78	80	42.8	65	55
纳米比亚	81.7	88	89	30.8	79	77	34.4	84	82

4. 2016年欠发达国家水平

2016年印度等52个欠发达国家的第二次现代化指数在12至30之间,它们中有1个国家基本实现第一次现代化;它们的综合现代化指数在10至37之间(表5-8)。

表5-8 2016年52个欠发达国家的现代化指数

国家	第一次现代化指数	2016年排名	2015年排名	第二次现代化指数	2016年排名	2015年排名	综合现代化指数	2016年排名	2015年排名
印度尼西亚	85.2	86	84	29.4	80	81	29.9	89	88
越南	81.0	89	88	28.9	81	79	30.0	88	84
埃及	89.9	72	73	28.8	82	83	34.2	85	80
吉尔吉斯斯坦	87.2	79	81	28.4	83	82	32.5	86	83
危地马拉	93.7	64	67	27.3	84	85	35.0	81	78
巴布亚新几内亚	62.9	109	117	26.6	85	92	20.9	108	122
玻利维亚	86.8	80	78	26.0	86	84	35.0	82	81
洪都拉斯	86.4	84	82	25.8	87	86	31.7	87	86
尼加拉瓜	88.8	78	80	25.3	88	88	29.1	92	92
乌兹别克斯坦	86.7	83	86	24.4	89	89	36.3	78	89

(续表)

国家	第一次现代化指数	2016年排名	2015年排名	第二次现代化指数	2016年排名	2015年排名	综合现代化指数	2016年排名	2015年排名
肯尼亚	61.1	112	116	23.6	90	93	19.4	111	114
安哥拉	68.7	101	93	23.0	91	87	35.4	79	90
土库曼斯坦	84.8	87	85	22.4	92	91	34.7	83	85
老挝	69.4	97	103	21.7	93	101	25.5	99	99
孟加拉国	79.6	90	91	21.3	94	98	26.7	94	96
刚果（布）	73.9	93	95	21.1	95	95	26.4	96	94
柬埔寨	67.5	102	109	21.1	96	107	21.0	107	116
加纳	73.4	94	96	21.0	97	90	29.3	91	91
印度	79.1	91	90	20.9	98	99	25.7	98	98
莱索托	71.9	95	100	20.8	99	103	23.1	103	108
津巴布韦	64.9	107	106	20.3	100	106	20.2	109	107
塞内加尔	66.1	105	104	20.2	101	96	23.0	104	103
马达加斯加	59.6	114	112	20.1	102	102	15.1	126	113
塔吉克斯坦	76.1	92	92	20.0	103	100	26.0	97	87
也门	68.8	99	97	20.0	104	97	25.2	100	95
尼日利亚	67.5	103	98	19.7	105	94	29.7	90	97
赞比亚	65.1	106	105	19.7	106	105	22.9	105	102
坦桑尼亚	55.4	119	120	19.6	107	116	15.5	122	121
缅甸	69.3	98	94	19.1	108	104	23.3	102	109
莫桑比克	51.9	123	122	18.7	109	113	16.6	118	119
巴基斯坦	69.8	96	101	18.7	110	111	23.5	101	100
喀麦隆	68.8	100	99	18.2	111	109	27.2	93	93
海地	66.1	104	107	18.0	112	122	19.6	110	106
马拉维	47.5	127	126	17.8	113	114	11.5	129	126
卢旺达	57.5	117	111	17.6	114	119	17.6	117	115
厄立特里亚	58.2	116	115	17.6	115	117	15.6	121	105
尼泊尔	64.6	108	102	17.0	116	115	18.5	114	112
科特迪瓦	59.4	115	114	16.9	117	108	26.4	95	104
几内亚	55.8	118	119	16.7	118	110	18.8	113	110
贝宁	61.1	111	110	16.3	119	112	22.0	106	101
乌干达	54.8	120	121	15.6	120	124	15.2	125	123
埃塞俄比亚	49.3	125	124	15.4	121	123	13.4	127	128
毛里塔尼亚	54.3	121	113	15.3	122	118	18.5	115	111
多哥	60.6	113	118	15.1	123	121	18.2	116	124
布基纳法索	53.6	122	128	15.0	124	125	16.6	119	125
塞拉利昂	40.0	129	129	14.8	125	120	15.5	123	129
布隆迪	50.9	124	123	14.6	126	130	9.6	131	130
马里	47.7	126	125	14.4	127	126	18.8	112	117
刚果（金）	62.9	110	108	13.9	128	127	15.6	120	120
尼日尔	37.9	130	130	13.4	129	129	11.9	128	127
中非	46.7	128	127	13.0	130	131	15.5	124	118
乍得	36.7	131	131	12.9	131	128	10.5	130	131

二、2016 年世界现代化的国际差距

1. 2016 年世界现代化的前沿水平

世界现代化的前沿水平可以从两个方面来反映,一是现代化阶段,二是现代化指数。

2016 年世界现代化前沿已经到达第二次现代化的发展期。2016 年处于第二次现代化发展期的国家大约有 15 个,它们的现代化水平是世界前沿水平的一种反映(表 5-9)。

表 5-9 2016 年处于第二次现代化发展期的国家

国家	知识创新指数	知识传播指数	生活质量指数	经济质量指数	第二次现代化指数	排名
丹麦	100.0	114.8	112.4	112.1	109.8	1
美国	116.4	98.1	105.1	114.9	108.6	2
瑞典	97.5	110.4	112.4	111.2	107.9	3
荷兰	85.8	116.8	112.4	115.8	107.7	4
瑞士	94.4	109.3	115.8	109.5	107.2	5
比利时	87.2	110.5	110.6	111.3	104.9	6
新加坡	100.5	93.0	105.2	114.6	103.3	7
芬兰	98.4	99.2	109.2	92.4	99.8	11
英国	80.5	97.1	107.8	112.0	99.5	13
法国	75.7	98.5	108.4	113.6	99.1	14
奥地利	80.2	96.0	112.6	99.0	97.0	15
澳大利亚	65.4	97.6	110.1	108.1	95.3	16
以色列	79.4	82.0	101.7	110.6	93.4	18
新西兰	51.9	98.9	101.7	91.6	86.0	20
西班牙	30.4	79.4	105.5	104.9	80.0	21

2016 年,第二次现代化指数和综合现代化指数排世界前 10 名的国家水平,可以反映世界现代化的先进水平(表 5-10)。

表 5-10 2016 年世界现代化的前沿国家

项目	处于第二次现代化的发展期	第二次现代化指数的前 10 名	综合现代化指数的前 10 名
国家	丹麦、美国、瑞典、荷兰、瑞士、比利时、新加坡、芬兰、英国、法国、奥地利、澳大利亚、以色列、新西兰、西班牙	丹麦、美国、瑞典、荷兰、瑞士、比利时、新加坡、爱尔兰、德国、挪威	丹麦、比利时、瑞典、荷兰、美国、新加坡、芬兰、瑞士、德国、爱尔兰

2. 2016 年世界现代化的末尾水平

世界现代化的末尾水平可以从两个方面来反映:一是现代化阶段,一是现代化指数。

2016 年第一次现代化指数、第二次现代化指数和综合现代化指数排世界后 10 名的国家,它们的水平,反映了世界现代化的最低水平(表 5-11)。2016 年有 4 个国家仍然是传统农业社会,没有进入现代化行列。

表 5-11　2016 年世界现代化的后进国家

项目	传统农业社会	第一次现代化指数的后 10 名	第二次现代化指数的后 10 名	综合现代化指数的后 10 名
国家	乍得 中非 布隆迪 塞拉利昂	布基纳法索、莫桑比克、布隆迪、埃塞俄比亚、马里、马拉维、中非、塞拉利昂、尼日尔、乍得	毛里塔尼亚、多哥、布基纳法索、塞拉利昂、布隆迪、马里、刚果（金）、尼日尔、中非、乍得	坦桑尼亚、塞拉利昂、中非、乌干达、马达加斯加、埃塞俄比亚、尼日尔、马拉维、乍得、布隆迪

3. 2016 年世界现代化的国际差距

2016 年国际差距与 2000 年相比，不同指标的表现有所差别（表 5-12）。

表 5-12　世界现代化水平的国际差距

项目	第一次现代化指数			第二次现代化指数			综合现代化指数		
	2016	2000	1990	2016	2000	1990	2016	2000	1990
最大值	100	100	100	110	109	98	100	98	98
最小值	37	31	32	13	9	16	10	14	20
平均值	85	77	72	44	42	42	48	44	48
绝对差距	63	69	68	97	100	82	90	84	78
标准差	18	22	23	29	26	23	26	23	22
相对差距/倍	3	3	3	8	12	6	10	7	5
变异系数	0.21	0.29	0.32	0.65	0.62	0.55	0.55	0.53	0.46

- 第一次现代化指数，2016 年绝对差距比 2000 年有所减小，相对差距没有变化。
- 第二次现代化指数，2016 年绝对差距和相对差距比 2000 年有所减小。
- 综合现代化指数，2016 年绝对差距和相对差距比 2000 年有所增加。

4. 2016 年世界现代化的地理分布

2016 年世界现代化的地理分布不平衡，世界五大洲的平均现代化水平是不同的。相对而言，欧洲和北美水平比较高，南美和亚洲相当，非洲比较落后。

三、2016 年世界现代化的国际追赶

1. 2016 年世界现代化的国际体系变化

在 2000～2016 年期间，根据第二次现代化指数分组，在 131 个参加评价的国家中，有 23 个国家的分组发生了变化，其中，组别上升国家有 9 个，组别下降国家有 14 个（表 5-13）。

表 5-13　2000～2016 年世界现代化的国际地位发生变化的国家

升级的国家			降级的国家		
国家	2000 年分组	2016 年分组	国家	2000 年分组	2016 年分组
新西兰	2	1	保加利亚	2	3
新加坡	2	1	黎巴嫩	2	3
爱尔兰	2	1	巴拿马	2	3
西班牙	2	1	科威特	2	3
哥斯达黎加	3	2	牙买加	2	3

(续表)

升级的国家			降级的国家		
国家	2000年分组	2016年分组	国家	2000年分组	2016年分组
阿尔巴尼亚	4	3	哥伦比亚	2	3
斯里兰卡	4	3	白俄罗斯	2	3
叙利亚	4	3	格鲁吉亚	2	3
纳米比亚	4	3	乌克兰	2	3
			埃及	3	4
			乌兹别克斯坦	3	4
			土库曼斯坦	3	4
			吉尔吉斯斯坦	3	4
			塔吉克斯坦	3	4

注：1代表发达，2代表中等发达，3代表初等发达，4代表欠发达。

在1960～2016年期间，有30个国家的分组发生了变化（表5-14）。其中，地位上升的国家有12个，地位下降的国家有18个。

表5-14　1960～2016年世界现代化的国际地位发生变化的国家

升级的国家			降级的国家		
国家	1960年分组	2016年分组	国家	1960年分组	2016年分组
韩国	3	1	俄罗斯	1	2
沙特阿拉伯	4	2	罗马尼亚	2	3
新加坡	2	1	委内瑞拉	2	3
爱尔兰	2	1	墨西哥	2	3
西班牙	2	1	南非	2	3
芬兰	2	1	蒙古	2	3
日本	2	1	保加利亚	2	3
奥地利	2	1	黎巴嫩	2	3
哥斯达黎加	3	2	巴拿马	2	3
葡萄牙	3	2	科威特	2	3
博茨瓦纳	4	3	牙买加	2	3
中国	4	3	玻利维亚	3	4
			津巴布韦	3	4
			尼加拉瓜	3	4
			刚果(布)	3	4
			赞比亚	3	4
			危地马拉	3	4
			埃及	3	4

注：1代表发达，2代表中等发达，3代表初等发达，4代表欠发达。1960年根据第一次现代化指数分组，2016年根据第二次现代化指数分组。

2. 2016年世界现代化的世界排名变化

根据综合现代化指数的排名变化，从2000年到2016年，在参加评价的131个国家中，综合现代化水平上升的国家有42个（指数排名上升在5位及以上的），下降的国家有41个（排名下降在5位及以上的），变化不大的国家约有48个（排名变化小于5位的）。

3. 2016年世界现代化的国际转移概率

在1960～2016年期间,不同水平国家之间的转移概率如表5-15。

表5-15 世界现代化的国家地位的转移概率(马尔科夫链分析)

分组	国家数	发达	中等	初等	欠发达	国家数	发达	中等	初等	欠发达
	1960年	1960～2016年转移概率/(%)				1970年	1970～2016年转移概率/(%)			
发达	15	93	7	0	0	15	80	13	7	0
中等	23	26	30	43	0	16	44	31	25	0
初等	29	3	7	66	24	26	8	15	58	19
欠发达	40	0	3	5	93	47	0	0	17	83
	1980年	1980～2016年转移概率/(%)				1990年	1990～2016年转移概率/(%)			
发达	17	88	6	6	0	16	94	0	6	0
中等	13	31	38	31	0	18	33	44	22	0
初等	41	5	12	56	27	37	0	8	62	30
欠发达	39	0	0	8	92	35	0	0	6	94

注:发达代表发达国家,中等代表中等发达国家,初等代表初等发达国家,欠发达代表欠发达国家。1960年根据第一次现代化指数分组的标准:发达>90%,中等60%～90%,初等40%～60%,欠发达<40%。1970～1990年根据第二次现代化指数分组的标准:发达国家的指数大于或等于高收入平均值的80%,中等发达国家的指数高于世界平均值但低于发达国家,初等发达国家的指数低于世界平均值但高于欠发达国家,欠发达国家的指数低于高收入国家平均值的30%;高收入国家平均值为100。2016年根据第二次现代化指数分组的标准:发达国家的指数大于高收入平均值的80%,中等发达国家50%～80%,初等发达国家30%～50%,欠发达国家的指数低于高收入国家平均值的30%;高收入国家平均值为100。数值差异是因为四舍五入的原因。

- 发达国家保持为发达国家的概率:约80%～94%;降级发展中国家的概率约:6%～20%。
- 发展中国家保持为发展中国家的概率:约90%～94%;升级发达国家的概率约:6%～10%。其中,1960～2016年期间升级概率约7.6%,1970～2016年期间升级概率约10%,1980～2016年期间升级概率约6.5%,1990～2016年期间升级概率:约6.7%。

第二节 2016年中国现代化指数

中国现代化指数包括中国第一次现代化指数、第二次现代化指数和综合现代化指数,反映中国现代化在经济、社会、文化和环境等领域的综合水平。关于中国政治等领域的现代化水平,需要专门研究。中国现代化指数的评价方法和评价数据来源,与世界现代化指数相同。

一、2016年中国现代化的总体水平

2016年中国是一个发展中国家,处于初等发达国家行列,大约位于发展中国家的中间位置;中国现代化水平与世界中等发达国家的差距比较小,但与发达国家的差距比较大。

2016年,中国第一次现代化指数约为99,在世界131个国家中排第49位,比2015年提高1位;中国第二次现代化指数为45,世界排名第49位,比2015年提高1位;综合现代化指数为47,世界排名第59位,比2015年提高4位(表5-16)。

表 5-16　1950～2016 年中国现代化指数

年份	第一次现代化指数	排名	第二次现代化指数	排名	综合现代化指数	排名
2016	99	49	45	49	47	59
2015	99	50	41	50	44	63
2014	99	51	38	55	42	63
2010	92	62	33	64	34	76
2000	76	80	31	78	31	79
1990	63	67	26	73	28	103
1980	54	69	25	66	21	103
1970	40	72	21	60	—	—
1960	37	72	—	—	—	—
1950	26	—	—	—	—	—

注：第二次现代化指数和综合现代化指数的评价，2014～2016 年按第三版评价模型进行（见技术注释），2010 年按第二版评价模型进行，1950～2000 年按第一版评价模型进行。

1. 2016 年中国第一次现代化指数

2016 年中国进入第一次现代化的成熟期，第一次现代化指数为 99.4，比 2015 年提高 0.2。

2016 年中国第一次现代化的 9 个指标已经达标，1 个指标没有达到标准，即人均国民收入没有达到标准；人均国民收入的达标率约为 94%（图 5-3）。

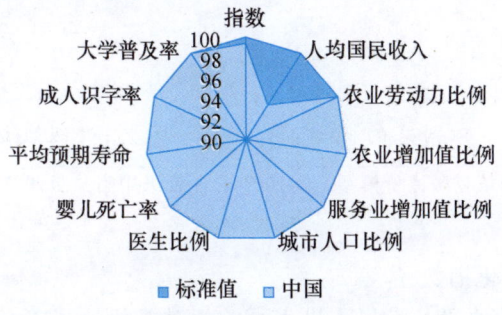

图 5-3　2016 年中国第一次现代化的特点

2. 2016 年中国第二次现代化指数

2016 年中国尚没有完成第一次现代化，也没有进入第二次现代化。由于中国参与全球化进程，第二次现代化的许多要素已经传入中国。如果按第二次现代化评价模型进行评价，可以大概了解中国第二次现代化的进展。这种评价，仅有参考意义。

2016 年中国第二次现代化指数为 45，在 131 个国家中排第 49 位。中国第二次现代化 4 类指标发展不平衡，生活质量指数、知识传播指数和知识创新指数达到世界平均水平（图 5-4）。

以 2016 年高收入国家平均值 100 为对照，2016 年中国知识创新指数为 42（世界平均 28），知识传播指数为 40（世界平均 33），生活质量指数为 54（世界平均 45），经济质量指数为 45（世界平均 61）。2016 年中国知识创新和知识传播与发达国家的差距较大。

在 2000～2016 年期间，中国第二次现代化指数提高了 14，知识创新指数提高了 21，知识传播指数提高了 8，生活质量指数提高了 8，经济质量指数提高了 18（表 5-17）。

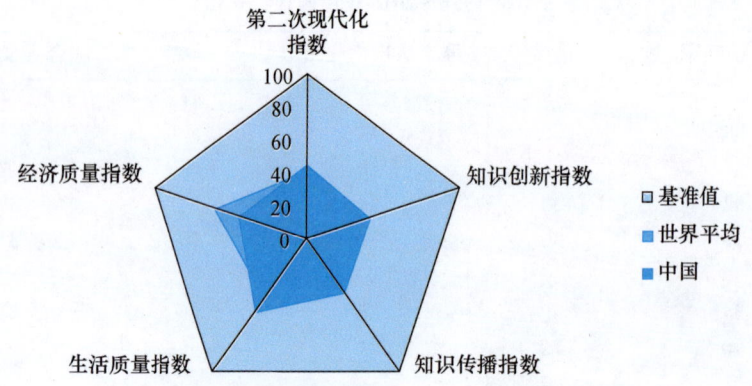

图 5-4 2016 年中国第二次现代化的特点

表 5-17 1970～2016 年中国第二次现代化指数

年份	知识创新指数	知识传播指数	生活质量指数	经济质量指数	第二次现代化指数
2016	42	40	54	45	45
2015	36	36	51	41	41
2014	31	30	50	40	38
2010	15	40	47	31	33
2000	21	32	46	27	31
1990	11	24	42	27	26
1980	—	17	33	25	25
1970	—	13	24	26	21

注：2014～2016 年的评价采用第三版评价模型。2010 年的评价采用第二版评价模型（新版）。1970～2000 年的评价采用第一版评价模型。

3. 2016 年中国综合现代化指数

综合现代化指数反映国家水平与世界先进水平的相对差距。2016 年中国综合现代化指数为 47，在 131 个国家中排第 59 位。中国综合现代化 3 类指标发展不平衡（图 5-5）。

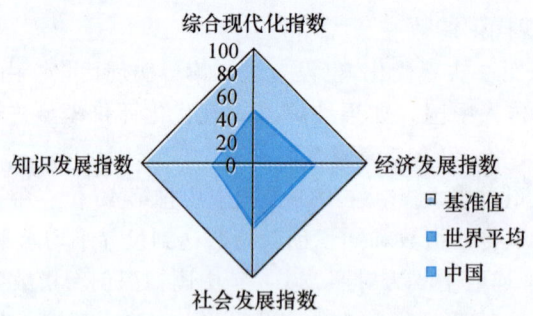

图 5-5 2016 年中国综合现代化的特点

以 2016 年高收入国家平均值 100 为对照，2016 年中国经济发展指数为 52（世界平均 54），社会发展指数为 51（世界平均 55），知识发展指数为 37（世界平均 36）。2016 年中国知识发展指数与发达国家的差距较大。

在 2000～2016 年期间,中国综合现代化指数提高了 16,排名提高了 20 位。在 1990～2016 年期间,中国综合现代化指数提高了 19,排名提高了 44 位(表 5-18)。

表 5-18　1980～2016 年中国综合现代化指数

项目	1980[a]	1990[a]	2000[a]	2010[b]	2012[b]	2013[b]	2014[c]	2015[c]	2016[c]
中国指数	21	28	31	34	38	40	42	44	47
中国排名	103	103	79	76	73	67	63	63	59
高收入国家—中国	79	72	69	66	62	60	58	56	53
世界—中国	39	25	19	10	9	7	5	4	1
高收入国家[d]	100	100	100	100	100	100	100	100	100
中等收入国家	52	44	42	32	31	34	36	37	38
低收入国家	28	32	24	14	14	14	14	15	17
世界	60	53	50	44	46	47	48	48	48

注:a. 采用综合现代化评价模型第一版的评价结果,以当年高收入国家平均值为参考值的评价。b. 采用综合现代化评价模型第二版的评价结果,以高收入 OECD 国家平均值为参考值。c. 采用综合现代化评价模型第三版的评价结果,以高收入国家平均值为参考值。d. 1980～2000 年和 2014～2016 年数据为高收入国家的平均值,2010～2013 年数据为高收入 OECD 国家的平均值。2014～2016 年没有高收入 OECD 国家平均值的数据。

二、2016 年中国现代化的国际差距

2016 年中国现代化的国际差距(表 5-19),第一次现代化指数与完成第一次现代化的国家相差 1;第二次现代化指数与高收入国家相差 55;综合现代化指数与高收入国家相差 53,与世界平均相差 1。

表 5-19　2016 年中国现代化指数的国际比较

项目	中国	高收入国家	中收入国家	低收入国家	世界	高收入国家—中国	世界—中国
第一次现代化指数	99.4	100.0	95.5	57.3	99.9	0.6	0.5
第二次现代化指数	45.3	100.0	30.9	15.7	41.7	54.7	−3.6
综合现代化指数	46.7	100.0	37.7	17.3	48.4	53.3	1.7

1. 中国第一次现代化评价指标的国际差距

2016 年中国第一次现代化评价指标中,人均国民收入指标没有达标(表 5-20)。

表 5-20　2016 年中国第一次现代化评价指标的差距

指标	中国	标准值	世界	标准值—中国	世界—中国	注
人均国民收入/美元	8250	8800	10 326	550	2076	正指标

2. 中国第二次现代化评价指标的国际差距

2016 年中国第二次现代化评价指标中,人均知识产权出口、人均知识产权进口、人均公共教育经费、人均知识创新经费、劳动生产率、知识创新人员比例、人均购买力、环境质量等指标,国际差距较大(表 5-21)。

表 5-21 2016年或近年中国第二次现代化评价指标的国际比较

指标	中国	高收入国家	中等收入国家	低收入国家	世界	高收入国家÷中国	世界÷中国
人均知识创新经费*	167	1002	71	—	227	6.0	1.4
知识创新人员比例*	11.8	40.1	6.5	—	12.8	3.4	1.1
发明专利申请比例*	8.7	6.8	2.3	—	2.9	0.8	0.3
人均知识产权出口/美元	0.8	269	0.7	0.1	45	336.3	56.3
大学普及率/(%)	48.4	75.1	34.5	7.5	36.8	1.6	0.8
宽带网普及率/(%)	23.0	31.5	9.5	0.7	12.4	1.4	0.5
人均公共教育经费/美元	344	2146	206	27	532	6.2	1.5
人均知识产权进口/美元	17	257	10	0.1	50	15.2	2.9
出生时平均预期寿命/岁	76.3	80.4	71.3	62.9	72.0	1.1	0.9
人均购买力/国际美元(PPP)	15 480	46 053	11 317	1984	16 190	3.0	1.0
婴儿死亡率/(‰)	8.6	4.7	28.8	50.0	30.3	0.5	3.5
环境质量**	56.3	19.5	55.5	56.9	49.7	0.3	0.9
劳动生产率/国际美元(PPP)	26 002	90 020	24 433	4004	34 542	3.5	1.3
单位GDP的能源消耗***	0.29	0.12	0.27	0.56	0.18	0.4	0.6
物质产业增加值比例/(%)	48.4	25.8	42.2	52.4	30.9	0.5	0.6
物质产业劳动力比例/(%)	45.1	25.8	51.6	78.0	49.3	0.6	1.1

注:* 人均知识创新经费:人均R&D经费,美元;知识创新人员比例:研究与开发,研究人员/万人;发明专利申请比例:发明专利申请/万人。** 指空气质量,为$PM_{2.5}$年均浓度,微克/立方米。*** 逆指标,单位为千克石油当量/美元。人均购买力指按购买力平价计算的人均国民收入。物质产业指农业和工业的加总。

3. 中国综合现代化评价指标的国际差距

2016年中国综合现代化评价指标中,人均知识产权贸易、人均知识创新经费、人均国民收入、人均购买力、能源使用效率、人均制造业增加值等指标,国际差距比较大(表5-22)。

表 5-22 2016年或近年中国综合现代化评价指标的国际比较

指标	中国	高收入国家	中等收入国家	低收入国家	世界	高收入国家÷中国	世界÷中国
人均国民收入/美元	8250	40 009	4860	734	10 326	4.8	1.3
人均制造业增加值/美元	2339	5567	976	57	1653	2.4	0.7
服务业增加值比例/(%)	51.6	74.2	57.8	47.6	69.1	1.4	1.3
服务业劳动力比例/(%)	54.9	74.2	48.4	22.0	50.7	1.4	0.9
城镇人口比例/(%)	56.7	81.4	51.2	32.0	54.4	1.4	1.0
医生比例/(名/千人)	1.8	3.0	1.3	0.3	1.5	1.7	0.8
人均购买力/国际美元(PPP)	15 480	46 053	11 317	1984	16 190	3.0	1.0
能源使用效率*	3.4	8.5	3.7	1.8	5.7	2.5	1.6
人均知识创新经费/美元	167	1002	71	—	227	6.0	1.4
人均知识产权贸易/美元	18	525	11	0.1	96	29.0	5.2
大学普及率/(%)	48	75	35	7	37	1.6	0.8
互联网普及率/(%)	53	82	42	14	46	1.5	0.9

注:* 能源使用效率:美元/千克石油当量。人均知识产权贸易指人均知识产权进口和出口总值。

4. 中国现代化进程的不平衡性

中国现代化的不平衡表现在多个方面,如地区不平衡和指标不平衡等。例如,2016年中国第一次现代化有9个指标已经达到标准,表现最差的指标(人均国民收入)达标程度为94%。第二次现代化的四大类指标和综合现代化的 3 类指标也不平衡。

三、2016 年中国现代化的国际追赶

1. 中国现代化指数的国际追赶

在 2000~2016 年期间，中国现代化水平有较大提高（表 5-16）。
- 第一次现代化指数：提高了 23；世界排名提高 31 位；
- 第二次现代化指数：提高了 14；世界排名提高 29 位；
- 综合现代化指数：提高了 16；世界排名提高 20 位。

在 1950~2016 年期间，中国第一次现代化指数提高了 73；在 1970~2016 年期间，第二次现代化指数提高了 24（图 5-6）；在 1980~2016 年期间，综合现代化指数提高了 26。

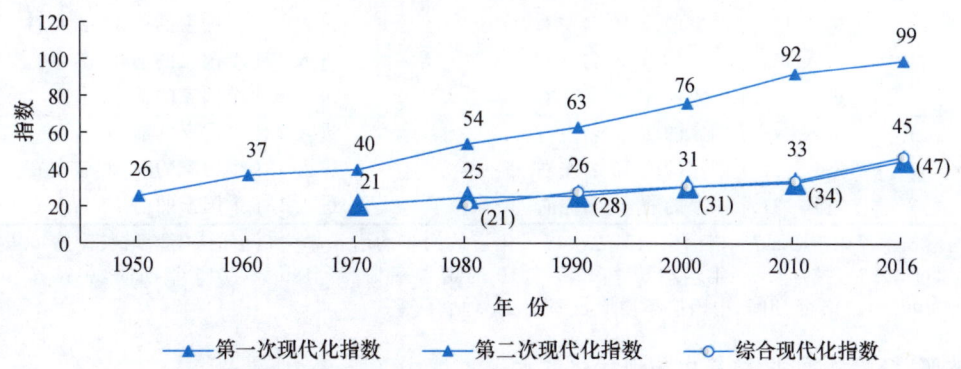

图 5-6 1950~2016 年中国现代化指数的增长

注：括号中为综合现代化指数。

在 1970~2016 年期间，中国从第一次现代化的起步期、发展期到达成熟期，国家现代化水平从欠发达水平上升为初等发达水平，中国与中等发达水平的差距缩小（图 5-7）。

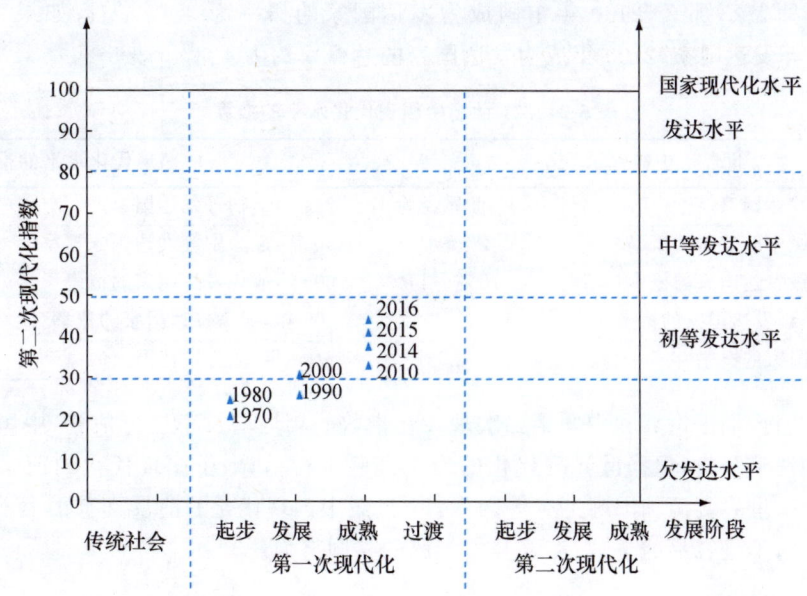

图 5-7 1970~2016 年中国现代化水平的提高

2. 中国现代化前景的情景分析

(1) 按照"线性外推法"估算中国第二次现代化指数的世界排名

《中国现代化报告2018》对中国现代化前景进行了分析,这里采用并简介其结果。

2015年在131个国家中,中国第二次现代化指数排名第50位。在未来85年里,131个国家如果能够按照它们的1990~2015年或2000~2015年第二次现代化指数的年均增长率估算它们的现代化水平,那么,中国有可能在2030~2040年期间或前后成为中等发达国家,在2060~2080年期间或前后成为发达国家,在2080年前后进入世界前列(表5-23)。

表5-23　21世纪中国第二次现代化指数的世界排名的估算

时间	按1990~2015年年均增长率估算	按2000~2015年年均增长率估算
2020年	进入131个国家的前50名左右	进入131个国家的前50名左右
2030年	进入131个国家的前40名左右	进入131个国家的前40名左右
2040年	进入131个国家的前30名左右	进入131个国家的前40名左右
2050年	进入131个国家的前30名左右	进入131个国家的前30名左右
2060年	进入131个国家的前20名左右	进入131个国家的前20名左右
2080年	进入131个国家的前10名左右	进入131个国家的前10名左右
2100年	进入131个国家的前10名左右	进入131个国家的前10名左右

注:年均增长率见附表2-3-7。当国家的第二次现代化指数的年均增长率为负值时,年均增长率按0.5%估算;当年均增长率超过4%时,按4%+(年均增长率−4%)/10的增长率估算。1990~2015年期间,中国按年均增长率4.03%估算。2000~2015年期间,中国按年均增长率4.21%估算。

(2) 按照"经验外推法"估算中国现代化的水平

2015年,中国为初等发达国家。根据1960~2015年的世界经验(表5-15),在50年里,初等发达国家升级中等发达国家的概率约为8%~19%,中等发达国家升级为发达国家的概率约为18%~44%。

如果沿用世界历史经验,那么,2050年中国成为中等发达国家的概率为14%左右;如果2050年中国成为中等发达国家,那么,2100年中国成为发达国家的概率为31%左右;如果直接推算,中国2015年是一个初等发达国家,2100年成为发达国家的总概率约为4.3%(表5-24)。

表5-24　21世纪中国现代化水平的推算

世界历史经验		中国现代化水平的推算	
2015年,一个初等发达国家	世界经验	2015年,初等发达国家	估计
50年,初等发达升级中等发达的概率	8%~19%	50年,成为中等发达国家概率	14%
50年,中等发达升级发达国家的概率	18%~44%	50年,成为发达国家的概率	31%
100年,初等发达升级发达国家的概率	1.4%~8.4%	100年,成为发达国家的概率	4.3%
2100年,成为发达国家的概率	4.9%	2100年,成为发达国家的概率	4.3%

第一种情景分析,根据世界和中国第二次现代化指数的年均增长率进行估算,中国现代化的前景比较乐观;第二种情景分析,根据世界现代化的历史经验进行估算,中国现代化的前景不太乐观。如果考虑到中国人口、世界资源和国际冲突等因素,21世纪中国现代化的前景具有很大不确定性。中国现代化的全面实现,不是容易的事情,需要全国人民的共同努力。

第三节 2016年中国地区现代化指数

中国地区现代化指数包括中国34个省级行政区的第一次现代化指数、第二次现代化指数和综合现代化指数,反映34个省级地区现代化在经济、社会、文化和环境等领域的综合水平。

2016年,北京等5个地区进入第二次现代化,天津等29个地区处于第一次现代化(图5-8),局部地区属于传统农业社会,局部地区还有原始社会的痕迹,如"母系社会"等。根据第二次现代化指数分组,2016年北京等12个地区具有发达或中等发达水平,湖北等21个地区具有初等发达水平,其他地区发展水平较低(表5-25)。

需要注意的是,本节为根据《中国统计年鉴2017》和各地区统计年鉴的面板数据,采用世界现代化指数的评价方法进行评价的评价结果。我们没有核对面板数据的准确性。部分评价指标没有面板数据,采用估值法进行替代。本节评价结果仅有一定参考意义,需谨慎对待。

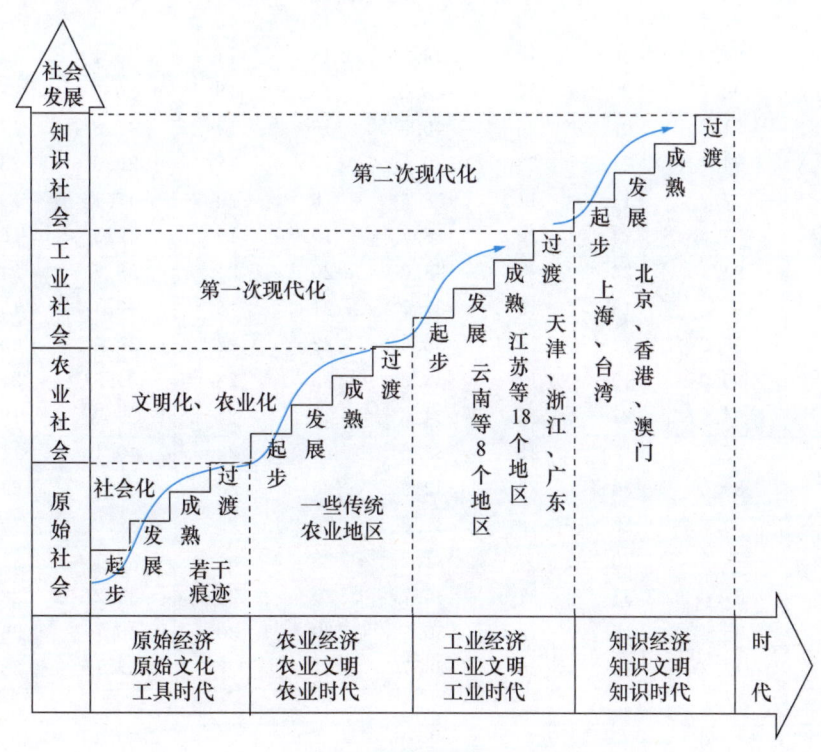

图5-8 2016年中国地区现代化进程的坐标图

表5-25 2016年中国地区现代化指数

地区和分组	第一次现代化指数	2016年排名	2015年排名	第二次现代化指数	2016年排名	2015年排名	综合现代化指数	2016年排名	2015年排名
发达									
北京	100.0	1	1	82.3	1	1	80.8	1	1
中等发达									
上海	100.0	1	1	77.3	2	2	76.5	2	2
天津	100.0	1	1	67.5	3	3	71.3	3	3

(续表)

地区和分组	第一次现代化指数	2016年排名	2015年排名	第二次现代化指数	2016年排名	2015年排名	综合现代化指数	2016年排名	2015年排名
中等发达									
江苏	100.0	1	6	64.2	4	4	61.0	4	4
浙江	100.0	1	7	61.1	5	5	58.1	5	5
广东	100.0	1	4	58.8	6	6	54.9	6	6
福建	99.5	9	8	55.2	7	8	52.7	7	8
山东	100.0	1	9	50.9	8	7	49.8	9	9
重庆	100.0	1	10	50.2	9	9	50.5	8	12
初等发达等									
湖北	97.4	12	12	47.1	10	12	48.0	12	13
辽宁	98.5	10	5	46.5	11	10	48.7	10	7
安徽	95.4	17	21	44.6	12	14	39.4	22	21
吉林	97.5	11	13	43.7	13	13	48.5	11	11
陕西	94.9	20	14	43.5	14	11	45.1	14	14
广西	90.7	27	27	43.0	15	18	36.6	27	27
海南	91.3	26	26	40.5	16	19	41.8	17	16
四川	94.7	21	23	39.6	17	17	39.0	23	23
内蒙古	97.2	13	11	38.6	18	20	47.1	13	10
黑龙江	93.8	24	20	38.5	19	15	42.3	16	15
河南	94.1	23	24	38.0	20	21	38.7	24	24
湖南	95.3	18	19	37.7	21	16	42.4	15	17
江西	96.2	14	15	36.6	22	23	39.6	20	22
宁夏	95.0	19	17	35.3	23	25	39.5	21	20
山西	94.6	22	16	34.6	24	24	39.9	19	18
河北	95.8	15	22	33.6	25	22	40.1	18	19
甘肃	89.0	30	29	32.9	26	28	32.7	29	30
云南	90.0	28	28	31.8	27	28	32.6	30	29
贵州	89.2	29	30	31.2	28	31	32.1	31	31
西藏	87.0	31	31	30.2	29	26	33.2	28	28
青海	95.4	16	18	30.2	30	30	36.7	26	26
新疆	92.3	25	25	28.7	31	27	37.1	25	25
港澳台									
香港	100.0			88.0			80.6		
澳门	100.0			83.7			80.9		
台湾	100.0			78.7			74.3		
对照									
中国	99.4			44.8			46.7		
高收入国家	100.0			100.1			100.0		
中等收入国家	95.5			30.0			37.7		
低收入国家	57.3			15.6			16.5		
世界平均	99.9			40.9			48.4		

注：评价指标的面板数据，来自《中国统计年鉴2017》《中国科技统计年鉴2017》《中国能源统计年鉴2017》和各地区统计年鉴等，部分评价指标缺少统计数据，采用估值代替。第二次现代化评价，劳动生产率采用人均GDP代替，第二次现代化指数与世界现代化评价有所不同。本评价结果仅供参考。

一、2016年中国地区现代化的总体水平

2016年,中国属于发展中国家,处于发展中国家的中间位置。根据第二次现代化指数分组,2016年中国多数地区属于发展中地区;北京、香港和澳门3个地区具有发达水平的部分特征,上海、台湾、天津、江苏、浙江、广东、福建、山东和重庆9个地区具有中等发达水平,湖北等21个地区具有初等发达水平,其他地区发展水平比较低(表5-25)。

2016年,中国有11个地区完成第一次现代化,其中,5个地区进入第二次现代化;23个地区没有完成第一次现代化,其中,20个地区基本实现第一次现代化(表5-26)。

表5-26 1990~2016年的中国现代化进程 单位:个

项目	1990	2000	2010	2015	2016
已经完成第一次现代化的地区	3	3	6	6	11
其中:进入第二次现代化的地区	1	2	4	5	5
没有完成第一次现代化的地区	31	31	28	28	23
其中:基本实现第一次现代化的地区	1	3	16	21	20

根据地区的现代化阶段和现代化水平,可以构建中国现代化的地区定位图;横坐标为地区现代化的阶段,纵坐标为地区现代化的水平(现代化指数和水平分组)。例如,基于现代化阶段和第二次现代化水平的地区定位图(图5-9),基于现代化阶段和综合现代化水平的地区定位图。

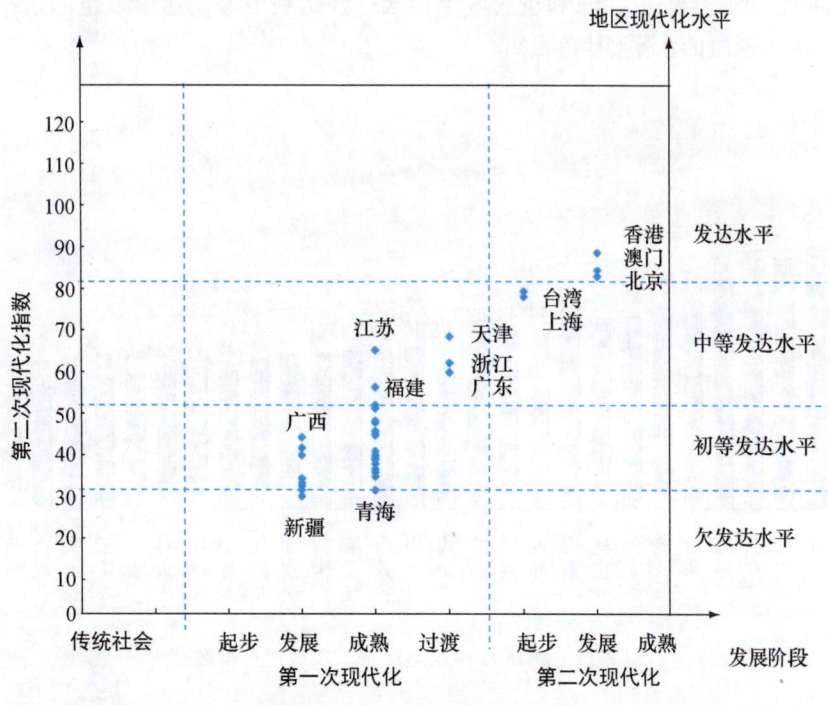

图5-9 2016年中国现代化的地区定位图(第二次现代化水平的定位)

注:图中34个点代表不同地区的定位,显示地区的现代化阶段、第二次现代化指数和水平分组。

1. 2016年中国内地(大陆)地区第一次现代化指数

2016年中国内地(大陆)31个地区中,8个地区已经完成第一次现代化,它们是北京、上海、天津、

江苏、浙江、广东、山东和重庆;20 个地区基本实现第一次现代化(图 5-10)。

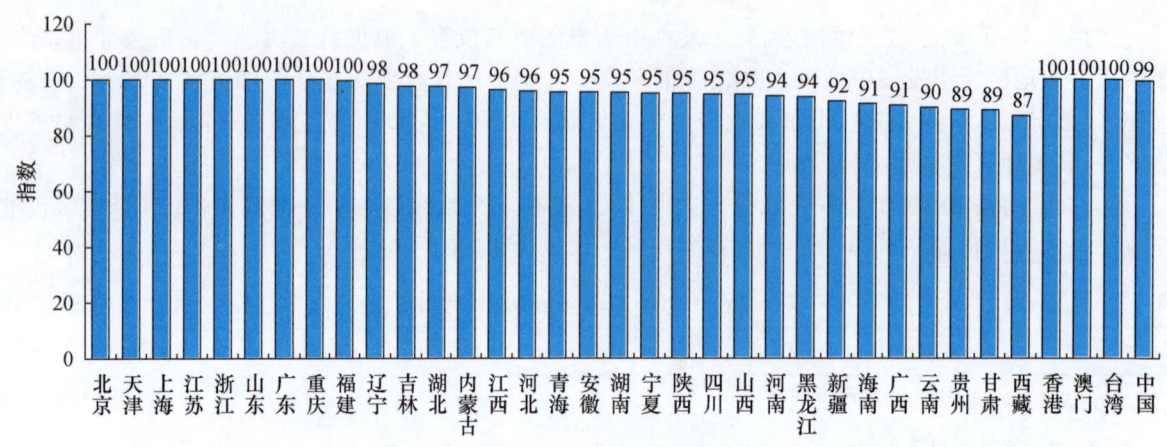

图 5-10 2016 年中国地区第一次现代化指数

注:福建第一次现代化指数为 99.5。

如果按照 1990～2016 年年均增长率估算,全国多数地区有可能在 2020 年前完成第一次现代化(附表 3-2-4)。完成第一次现代化,表示大约达到 1960 年工业化国家的平均水平。

2. 2016 年中国内地(大陆)地区第二次现代化指数

根据第二次现代化指数分组,2016 年,北京第二次现代化指数的数值达到发达国家组的水平,上海、天津、江苏、浙江、广东、福建、山东和重庆 8 个地区已经达到中等发达国家组的水平,湖北等 21 个地区达到初等发达国家组的水平(图 5-11)。

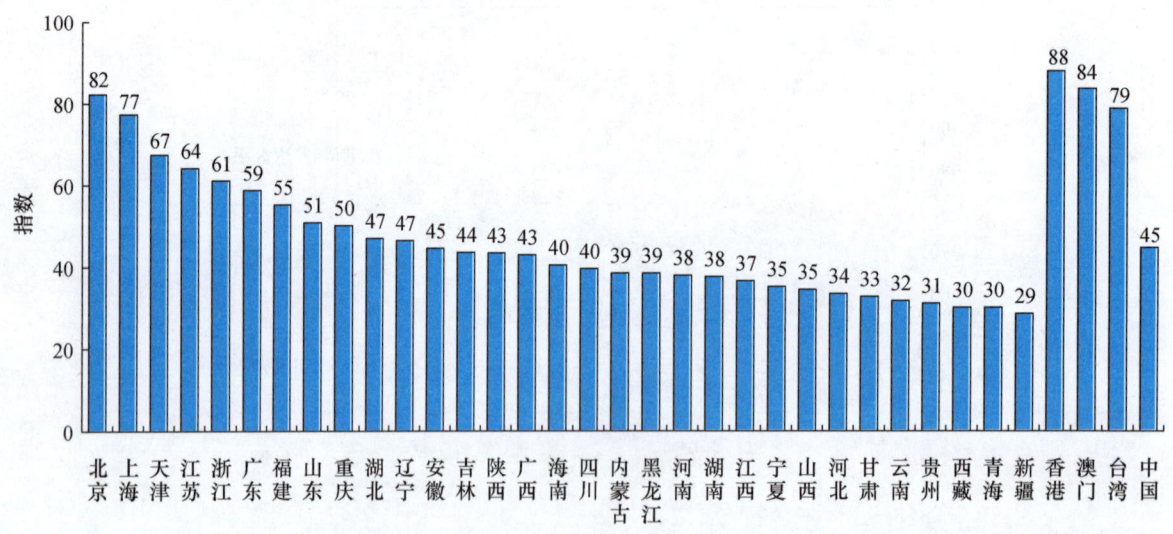

图 5-11 2016 年中国地区第二次现代化指数

3. 2016 中国内地(大陆)地区综合现代化指数

根据综合现代化指数分组,2016 年北京综合现代化指数的数值达到发达国家组的水平,上海、天津、江苏、浙江、广东、福建、重庆和山东 8 个地区达到中等发达国家组的水平,辽宁等 22 个地区达到初等发达国家组的水平(图 5-12)。

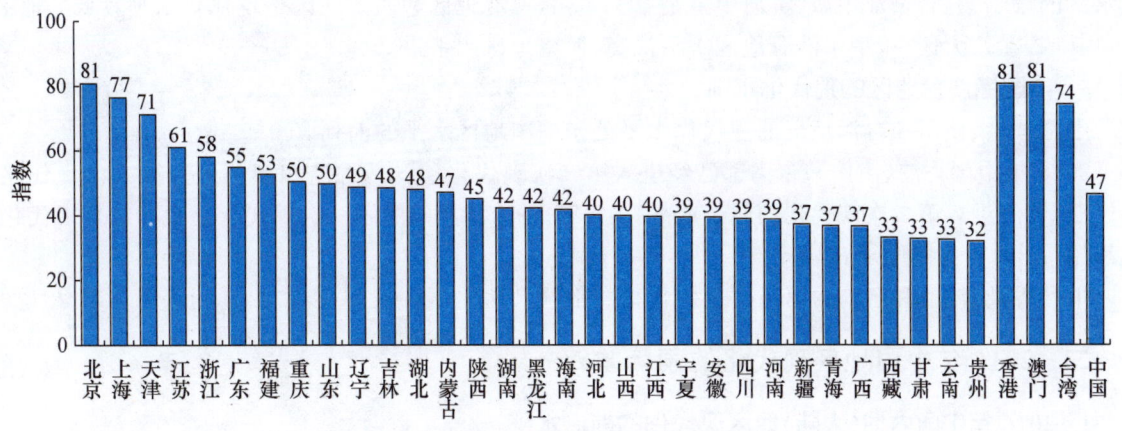

图 5-12　2016 年中国地区综合现代化指数

4. 中国内地(大陆)不同区域的现代化水平

关于中国区域划分有多种方案。这里采用"三大带、三大片和八大区"的划分(表 5-27)。

表 5-27　2016 年中国不同区域的现代化水平的比较

地区	第一次现代化指数	第二次现代化指数	综合现代化指数	人均 GDP /美元
东部	98.0	56.7	56.0	11 606
中部	95.7	39.9	42.9	7132
西部	92.8	36.1	37.9	6144
北方片	96.9	47.0	50.2	9459
南方片	96.9	51.5	50.1	9735
西部片	92.5	34.5	37.0	5970
东北地区	96.6	42.9	46.5	7279
华北沿海	98.9	58.5	60.5	12 983
黄河中游	95.2	38.7	42.7	7570
华东沿海	100.0	67.6	65.2	14 969
华南沿海	95.4	49.4	46.5	8696
长江中游	96.1	41.5	42.4	6849
西南地区	92.2	36.6	37.4	5961
西北地区	92.9	31.8	36.5	5980
中国	99.4	44.8	46.7	8250
高收入国家	100.0	100.1	100.0	40 009
中等收入国家	95.5	30.0	37.7	4860
低收入国家	57.3	15.6	16.5	734
世界平均	99.9	40.9	48.4	10 326

注：三大带、三大片和八大区的数值为该区有关地区数值的简单算术平均值。

2016 年,从《中国统计年鉴》的面板数据的评价结果看：

其一,三大带不平衡,东部现代化水平高于中部,中部现代化水平高于西部。

其二,三大片不平衡,北方片和南方片现代化水平大体相当,都高于西部片。

其三,八大区不平衡,华东沿海和华北沿海是现代化水平较高的地区,华南沿海、东北地区是现代化水平的第二集团,长江中游、黄河中游是第三集团,西北地区和西南地区是现代化水平较低的地区。

其四,在八大区中,华东沿海地区水平最高,西南地区水平最低。

5. 中国港澳台地区的现代化水平

中国香港、澳门和台湾地区的现代化水平处于中国地区水平的前列。

2016年中国香港、澳门和台湾都已经进入第二次现代化,其中,香港和澳门进入第二次现代化的发展期,台湾进入第二次现代化的起步期。2016年,香港和澳门的第二次现代化指数和综合现代化指数都超过80,台湾都低于80。

中国香港、澳门和台湾的第一次现代化指数都早已达到100。

二、2016年中国地区现代化的国际差距

1. 2016年中国内地(大陆)地区现代化的前沿水平

2016年,中国内地(大陆)地区现代化的前沿已经进入第二次现代化的发展期,地区现代化的前沿水平接近发达国家的底线,部分指标达到发达国家的底线。例如,2016年北京处于第二次现代化的发展期,北京和上海的部分指标接近或达到意大利和西班牙的水平(表5-28)。

表5-28 2016年中国内地(大陆)地区现代化的前沿水平和国际比较

指标	北京	上海	天津	江苏	浙江	广东	西班牙	意大利	葡萄牙	俄罗斯
第一次现代化指数	100.0	100.0	100.0	100.0	100.0	100.0	100.0	100.0	100.0	100.0
第二次现代化指数	82.3	77.3	67.5	64.2	61.1	58.8	80.0	77.1	73.3	55.8
综合现代化指数	80.8	76.5	71.3	61.0	58.1	54.9	80.4	79.0	70.0	58.5
人均GDP(GNI)/美元	17 790	17 544	17 317	14 583	12 781	11 140	27 580	31 700	19 850	9720
人均GDP/国际美元(PPP)	33 380	32 918	32 492	27 361	23 981	20 903	36 300	38 470	29 920	24 130
城市人口比例/(%)	86.5	87.9	82.9	67.7	67.0	69.2	79.8	69.9	64.1	74.2
大学普及率/(%)	98.0	92.2	98.0	57.1	46.4	31.1	91.2	62.9	62.9	81.8
互联网普及率/(%)	77.8	74.1	64.6	56.6	65.6	74	80.6	61.3	70.4	73.1

注:意大利等5个国家人均GDP(PPP)的数据为人均GNI(PPP)的数值。指标单位见技术注释。

2. 2016年中国内地(大陆)地区现代化的地区差距

2016年中国内地(大陆)31个省级地区之间,第一次现代化指数的绝对差距约为13,相对差距约为1.1;第二次现代化指数的绝对差距是54,相对差距是2.9;综合现代化指数的绝对差距是49,相对差距是2.5;第二次现代化指数的地区差距最大(表5-29)。

表5-29 1990~2016年中国内地(大陆)地区现代化的地区差距

项目	第一次现代化指数			第二次现代化指数			综合现代化指数		
	2016	2000	1990	2016	2000	1990	2016	2000	1990
最大值	100	97	91	82	74	55	81	65	52
最小值	87	59	44	29	22	19	32	24	23
平均值	96	75	64	45	33	28	46	33	31

(续表)

项目	第一次现代化指数			第二次现代化指数			综合现代化指数		
	2016	2000	1990	2016	2000	1990	2016	2000	1990
绝对差距	13	37	46	54	53	36	49	42	29
标准差	4	9	10	14	12	8	12	9	7
相对差距	1.1	1.6	2.0	2.9	3.4	2.9	2.5	2.8	2.3
变异系数	0.04	0.12	0.16	0.30	0.35	0.29	0.26	0.28	0.21

注:绝对差距=最大值-最小值。相对差距=最大值÷最小值。数值差异是因为四舍五入的原因。

在2000～2016年期间,中国内地(大陆)地区现代化的地区差距有所扩大。其中,第二次现代化指数的绝对差距扩大,相对差距缩小;综合现代化指数的绝对差距扩大,相对差距缩小;但是,第一次现代化指数的地区差距缩小,因为完成第一次现代化的地区增加了(表5-29)。

3. 2016年中国内地(大陆)地区现代化的国际差距

2016年中国内地(大陆)省级31个地区中,地区第一次现代化水平与已经完成第一次现代化的国家的最大差距约为13,平均差距为4;地区第二次现代化水平与世界先进水平的最大差距是71,最小差距是17,平均差距是55;地区综合现代化水平与世界先进水平的最大差距是68,最小差距19,平均差距54(表5-30)。

表5-30 1990～2016年中国内地(大陆)地区现代化的国际差距

项目		第一次现代化			第二次现代化			综合现代化		
		2016	2000	1990	2016	2000	1990	2016	2000	1990
与发达国家的差距	最小差距	0	6	10	17	26	34	19	35	48
	最大差距	13	41	56	71	78	70	68	76	77
	平均差距	4	24	40	55	69	63	54	68	72
与世界平均值的差距	最小差距	—	—	—	—	—	—	—	—	—
	最大差距	13	30	37	11	24	28	16	26	30
	平均差距	4	23	21	-6	15	21	2	18	25

在2000～2016年期间,中国内地(大陆)地区现代化的国际差距有所缩小。其中,第一次现代化指数的平均差距从24减少到4,减少20;第二次现代化指数的平均差距从69减少到55,减少14;综合现代化指数的平均差距从68减少到54,减少14(表5-30)。

4. 中国地区现代化的不平衡性

中国地区现代化的不平衡性是非常突出的,包括地区现代化进程的不同步(图5-8)、地区现代化速度有快有慢、地区现代化水平差距比较大、地区现代化指标的表现差别比较大、地区现代化水平的地理分布不均衡等。

三、2016年中国地区现代化的国际追赶

根据第二次现代化指数分组,2016年与2000年相比,中国内地(大陆)21个地区(北京、江苏等)分组发生变化,10个地区(上海、天津等)的分组没有变化。其中,重庆地区从欠发达水平上升为中等发达水平,14个地区从欠发达水平上升为初等发达水平,5个地区从初等发达水平上升为中等发达水平,北京从中等发达水平上升为发达水平(表5-31)。

表 5-31 2000～2016 年中国内地(大陆)地区第二次现代化指数的分组变化

2000 年分组	2016 年分组	地区	地区个数
2	1	北京	1
3	2	江苏、浙江、广东、福建、山东	5
4	3	河北、内蒙古、安徽、江西、河南、湖南、广西、海南、贵州、云南、西藏、甘肃、青海、宁夏	14

注:1 代表发达水平,2 代表中等发达水平,3 代表初等发达水平,4 代表欠发达水平。

根据综合现代化指数分组,2016 年与 2000 年相比,中国内地(大陆)20 个地区分组发生变化,11 个地区的分组没有变化。其中,6 个地区从初等发达水平上升为中等发达水平,13 个地区从欠发达水平上升为初等发达水平(表 5-32)。

表 5-32 2000～2016 年中国内地(大陆)地区综合现代化指数的分组变化

2000 年分组	2016 年分组	地区	地区个数
2	1	北京	1
3	2	天津、江苏、浙江、广东、辽宁、福建	6
4	3	河北、安徽、江西、河南、湖南、广西、四川、贵州、云南、西藏、甘肃、青海、宁夏	13

注:1 代表发达水平,2 代表中等发达水平,3 代表初等发达水平,4 代表欠发达水平。

本章小结

本报告采用何传启提出的第一次现代化评价模型、第二次现代化评价模型第三版和综合现代化评价模型第三版,对 2016 年的世界 131 个国家和中国 34 个地区进行评价。同时构建了世界现代化的国家定位图和中国现代化的地区定位图。

1. 2016 年世界现代化水平

2016 年,美国等 28 个国家已经进入第二次现代化,中国等 99 个国家处于第一次现代化,乍得等 4 个国家仍然处于传统农业社会,有些原住民族仍然生活在原始社会。

根据第二次现代化指数的国家分组,2016 年美国等 21 个国家为发达国家,俄罗斯等 18 个国家为中等发达国家,中国等 40 个国家为初等发达国家,肯尼亚等 52 个国家为欠发达国家;发达国家、中等发达国家、初等发达和欠发达国家分别占国家样本数的 16%、14%、30% 和 40%。

2016 年第二次现代化指数排世界前 10 名的国家是:丹麦、美国、瑞典、荷兰、瑞士、比利时、新加坡、爱尔兰、德国、挪威。

2016 年参加评价的 131 个国家中,进入第二次现代化的国家有 28 个,约占国家样本数的 21%;第一次现代化指数达到 100 的国家有 47 个,第一次现代化指数大于 90 小于 100 的国家有 24 个,已经完成和基本实现第一次现代化的国家有 71 个,约占国家样本数的 54%。

在 2000～2016 年期间,根据第二次现代化指数分组,在 131 个参加评价的国家中,有 23 个国家的分组发生了变化,其中,组别上升国家有 9 个,组别下降国家有 14 个。

2. 2016 年中国现代化水平

2016 年中国是一个发展中国家,具有初等发达国家水平,处于发展中国家的中间位置。中国与世界中等发达国家的差距比较小,但与世界发达国家的差距仍然较大。

2016年中国第一次现代化指数为99,排名世界131个国家的第49位;第二次现代化指数和综合现代化指数分别为45和47,排名第49位和第59位。2016年与2015年相比,中国第一次现代化指数、第二次现代化指数和综合现代化指数的排名分别提高了1位、1位和4位。

2016年中国第一次现代化评价的9个指标已经达标,1个指标(人均国民收入)没有达到标准。按2000~2016年年均增长率计算,中国有可能还需要一年时间完成第一次现代化,达到1960年的发达国家平均水平。

2016年中国第二次现代化指数的发展不平衡。与世界平均相比,知识创新指数、知识传播指数和生活质量指数超过世界平均水平,经济质量指数低于世界平均水平;但与发达国家相比,知识创新指数和知识传播指数与发达国家的差距较大。

3. 2016年中国地区现代化水平

根据《中国统计年鉴》和各地区统计年鉴的面板数据,采用世界现代化指数的评价方法进行评价,2016年中国地区现代化评价结果如下。

2016年,北京等5个地区进入第二次现代化,天津等29个地区处于第一次现代化,局部地区属于传统农业社会,局部地区还有原始社会的痕迹,如"母系社会"等。

根据第二次现代化指数分组,2016年中国多数地区属于发展中地区;北京、香港和澳门3个地区具有发达国家水平的部分特征,上海、台湾、天津、江苏、浙江、广东、福建、山东和重庆9个地区具有中等发达国家水平的部分特征,湖北等21个地区具有初等发达国家水平的部分特征,其他地区发展水平较低。

2016年,中国内地(大陆)地区现代化的前沿已经进入第二次现代化的发展期,地区现代化的前沿水平接近发达国家的底线,部分指标达到发达国家的门槛。例如,2016年北京处于第二次现代化的发展期,北京和上海的部分指标接近或达到意大利和西班牙的水平。

根据《中国统计年鉴2017》和地区统计年鉴的面板数据的评价,如果北京、天津、上海、香港、澳门和台湾不参加排名,2016年中国地区现代化排名如下:

- 第一次现代化指数前10位:江苏、浙江、广东、山东、重庆、福建、辽宁、吉林、湖北、内蒙古。
- 第二次现代化指数前10位:江苏、浙江、广东、福建、山东、重庆、湖北、辽宁、安徽、吉林。
- 综合现代化指数前10位:江苏、浙江、广东、福建、重庆、山东、辽宁、吉林、湖北、内蒙古。

技 术 注 释

《中国现代化报告2019》采用国际机构、有关国家官方统计机构公布的数据,它包括世界131个国家和中国34个地区2016年的发展数据和评价数据等。由于世界不同国家的统计方法不完全相同,统计方法在不断发展,统计数据的可比性和一致性问题需要特别关注。

一、资料来源

世界现代化的300年的历史数据主要来自米切尔的《帕尔格雷夫世界历史统计》、麦迪森的《世界经济千年史》、库兹涅茨的《各国的经济增长》、世界银行的《世界发展指标》、联合国统计年鉴、联合国贸易与发展会议(UNCTAD)统计数据、世界贸易组织(WTO)、经济合作与发展组织、美国经济分析局(BEA)的数据等。

现代化进程评价所用数据,除少数年份的几个指标的中国数据(世界银行数据集中缺少的数据)来自《中国统计年鉴》外,其他采用世界银行《世界发展指标》2018-11-14 和 2019-01-30 网络版数据、联合国出版的《统计年鉴》、经济合作与发展组织的网络数据库等。中国地区现代化评价所用数据,主要来自《中国统计年鉴2017》。

二、数据一致性和可靠性

世界现代化进程评价,以世界银行出版的《世界发展指标》的系列数据为基本数据来源;部分年份的数据来自联合国贸易与发展会议的《世界投资报告》、世界贸易组织的《国际贸易统计》、联合国《统计年鉴》、联合国教科文组织《统计年鉴》、国际劳工组织《劳动力统计年鉴》、OECD出版物;少数几个中国数据来自《中国统计年鉴》。

许多发展中国家的统计制度还很薄弱,统计方法在不断发展,统计指标的概念存在差异,统计方法在国与国之间差别较大,它们会影响数据的一致性和可靠性。许多国家的统计机构常常修改其历史统计数据。世界银行在历年《世界发展指标》中对数据来源、数据一致性和可靠性进行了说明。世界银行有时根据一些国家提供的新数据,对过去年份的数据进行调整。在不同年份出版的《世界发展指标》中,关于某年的数据不完全一致。如果出现这种情况,一般采用最近年份《世界发展指标》中公布的数据。2016年世界现代化评价统一采用《世界发展指标》2018年11月网络版数据。数据汇总方法在《世界发展指标》中有专门说明。

中国地区现代化进程评价,以《中国统计年鉴2017》的系列数据为基本数据来源;《中国统计年鉴》中没有的数据,采用《中国科技统计年鉴》《中国能源统计年鉴》和中国31个省级行政地区统计机构出版的地方《统计年鉴》的数据等。

在世界银行和联合国有关机构出版的统计资料中,中国数据的数值一般为中国内地(大陆)31个省级行政地区统计数据的加总;在《中国统计年鉴》中,香港特区、澳门特区和台湾地区的统计数据单列,全国的加总数在数值上为内地(大陆)31个省级行政地区统计数据的加和。

苏联和东欧国家(捷克斯洛伐克等),1990年前后发生变化。1990年前采用原国家数据。1990年后,分别为俄罗斯、捷克和斯洛伐克的数据。1990年前德国数据采用联邦德国的值。

三、国家分组

关于国家分组的方法有很多。《中国现代化报告2003》对此进行了专门分析。例如,世界银行根据人均收入大小分组、联合国开发计划署根据人类发展指数分组、联合国工作分组、联合国地区分组、《中国现代化报告》根据第二次现代化指数分组等。一般而言,国家分组是相对的,更多是为了分析和操作的方便。本报告沿用《中国现代化报告2003》国家分组方法。

《中国现代化报告2003》采用四种国家分组方法,① 工业化国家和发展中国家;② 发达国家和发展中国家;③ 高收入国家、中等收入国家和低收入国家;④ 发达国家、中等发达国家、初等发达国家和欠发达国家。四种方法具有一定可比性(表a)。

表a 《中国现代化报告2003》的国家分组

国家分组	类别	分组方法或标准
按地区分组	发达国家[a] OECD国家 比较发达国家 比较不发达国家(发展中国家) 最不发达国家(发展中国家)	高收入国家(不含石油输出国) OECD国家 按联合国统计署的划分 按联合国统计署的划分 按联合国统计署的划分
按人均国民收入分组 (2000年)	高收入国家 中等收入国家(中高、中低收入国家) 低收入国家	人均GNI大于9266美元 人均GNI为756~9265美元 人均GNI小于755美元
按第一次现代化实现程度分组 (2000年)	工业化国家 发展中国家	完成第一次现代化的国家 没有完成第一次现代化的国家
按第二次现代化指数分组 (2000年)	发达国家[a](高现代化水平) 中等发达国家(中等现代化水平) 初等发达国家(初等现代化水平) 欠发达国家(低现代化水平)	第二次现代化指数大于80 第二次现代化指数46~79.9 第二次现代化指数30~45.9 第二次现代化指数小于30

注:a "发达国家"有两种划分方法:按第二次现代化指数划分的发达国家、按人均收入划分(习惯分法)的发达国家(一般指不包含石油输出国的高收入国家),它们(划分的结果)是基本一致的。

四、第一次现代化指数的评价方法和评价指标

第一次现代化进展评价方法主要有三种:定性评价、定量评价和综合评价(定性和定量相结合)。本报告主要进行经济和社会第一次现代化的实现程度的定量评价。

1. 评价指标

20世纪80年代,美国学者英克尔斯教授访问中国,并提出经典现代化的11个评价指标(孙立平,1988)。何传启选择其中的10个指标作为第一次现代化的评价指标(表b)。

表 b 第一次现代化的评价指标和评价标准(1960年工业化国家指标平均值)

项目	指标、单位和指标编号	标准	备注[b]
经济指标	1. 人均国民收入(人均GNI),美元	逐年计算[a]	正指标
	2. 农业劳动力比例(农业劳动力占总就业劳动力比例),%	30%以下	逆指标
	3. 农业增加值比例(农业增加值占GDP比例),%	15%以下	逆指标
	4. 服务业增加值比例(服务业增加值占GDP比例),%	45%以上	正指标
社会指标	5. 城市人口比例(城市人口占总人口比例),%	50%以上	正指标
	6. 医生比例(每千人口中的医生人数),‰	1‰以上	正指标
	7. 婴儿死亡率,‰	30‰以下	逆指标
	8. 平均预期寿命(出生时平均预期寿命),岁	70岁以上	正指标
知识指标	9. 成人识字率,%	80%以上	正指标
	10. 大学普及率(在校大学生占20—24岁人口比例),%	15%以上	正指标

注:参考英克尔斯教授的评价指标(孙立平,1988)。a. 以1960年19个市场化工业国家人均国民收入平均值1280美元为基准值,以后逐年根据美元通货膨胀率(或GDP物价折算系数)计算标准值。例如,1960年标准值为1280美元,1970年为1702美元,1980年为3411美元,1990年为5147美元,2000年为6399美元,2010年为8000美元,2011年8165美元,2012年为8312美元,2013年为8436美元,2104年为8587美元,2015年为8680美元,2016年标准为8800美元。b. 正指标,评价对象数值等于或大于标准值时,表示它达到或超过经典现代化标准;逆指标,评价对象数值等于或小于标准值时,表示它达到或超过经典现代化标准。

2. 评价模型

2001年何传启设计"第一次现代化评价模型",包括10个经济、社会和知识指标,以及评价方法和发展阶段评价。评价标准参考1960年19个工业化国家发展指标的平均值。

$$\begin{cases} \text{FMI} = \sum S_i / n \quad (i=1,2,\cdots,n) \\ S_i = 100 \times i_{\text{实际值}} / i_{\text{标准值}} \quad (\text{正指标}, S_i \leqslant 100) \\ S_i = 100 \times i_{\text{标准值}} / i_{\text{实际值}} \quad (\text{逆指标}, S_i \leqslant 100) \end{cases}$$

其中,FMI 为第一次现代化指数,n 为参加评价的指标总个数,S_i 为第 i 项指标的达标程度($S_i \leqslant 100$);i 为评价指标的编号;$i_{\text{实际值}}$ 为 i 号指标的实际值,$i_{\text{标准值}}$ 为 i 号指标的标准值(具体数值见表b)。

3. 评价方法

其一,检验评价指标的相关性。在地区现代化评价时,可以调整部分评价指标。

其二,计算人均GNI的标准值。

其三,采用"比值法"计算单个指标达标程度。单个指标达标程度最大值为100%(如果超过100%,取值100%),达到100%表明该指标已经达到第一次现代化水平。

其四,采用"简单算术平均值"法,计算第一次现代化指数。

其五,评价的有效性。如果参加评价国家,有效指标个数占指标总数的比例低于60%(即指标个数少于6个),则视为无效样本,不进行评价。

其六,计算方法。所有评价由计算机自动完成。计算机计算数据时,计算机内部保留小数点后12位小数;显示数据结果时,一般保留整数或1~2位小数。

其七,评价的精确性。在阅读和利用评价数据和结果时,需要特别注意小数"四舍五入"带来的影响。第二次现代化和综合现代化评价,也是如此。

其八,评价误差。有些国家样本,统计数据不全,对评价结果有比较大的影响。水平高的指标的数据缺失,可能拉低评价结果。水平低的指标的数据缺失,可能抬高评价结果。一般而言,指标缺少的越多,影响越大。

4. 第一次现代化的阶段评价

$$\begin{cases} P_{\text{FM}} = (P_{\text{农业增加值比例}} + P_{\text{农业/工业增加值}} + P_{\text{农业劳动力比例}} + P_{\text{农业/工业劳动力}})/4 \\ P_{\text{农业增加值比例}} = (4,3,2,1,0), \text{根据实际值与标准值的比较判断阶段并赋值} \\ P_{\text{农业/工业增加值}} = (4,3,2,1,0), \text{根据实际值与标准值的比较判断阶段并赋值} \\ P_{\text{农业劳动力比例}} = (4,3,2,1,0), \text{根据实际值与标准值的比较判断阶段并赋值} \\ P_{\text{农业/工业劳动力}} = (4,3,2,1,0), \text{根据实际值与标准值的比较判断阶段并赋值} \end{cases}$$

其中,P_{FM}代表第一次现代化的阶段,$P_{\text{农业增加值比例}}$代表根据农业增加值占GDP比例判断的阶段和赋值,$P_{\text{农业/工业增加值}}$代表根据农业增加值比例与工业增加值比例的比值判断的阶段和赋值,$P_{\text{农业劳动力比例}}$代表根据农业劳动力占全部就业劳动力比例判断的阶段和赋值,$P_{\text{农业/工业劳动力}}$代表根据农业劳动力比例与工业劳动力比例的比值判断的阶段和赋值。

其一,根据信号指标实际值与标准值的比较判断阶段并赋值。其二,计算赋值的平均值。其三,综合判断第一次现代化的阶段。第一次现代化阶段评价的4个信号指标的标准值和赋值见表c。第一次现代化阶段评价的信号指标的变化如图a所示。

表c 第一次现代化信号指标的划分标准和赋值

	农业增加值占GDP比例/(%)	农业增加值/工业增加值	赋值	说明
过渡期	<5	<0.2	4	农业增加值占GDP比例低于15%为完成第一次现代化的标准,结合工业化国家200年经济史制定
成熟期	5~15, <15	0.2~0.8, <0.2	3	
发展期	15~30, <30	0.8~2.0, <2.0	2	
起步期	30~50, <50	2.0~5.0, <5.0	1	
传统社会	≥50	≥5.0	0	
	农业劳动力占总劳动力比例/(%)	农业劳动力/工业劳动力	赋值	
过渡期	<10	<0.2	4	农业劳动力占总劳动力比例低于30%为完成第一次现代化的标准,结合工业化国家200年经济史制定
成熟期	10~30, <30	0.2~0.8, <0.8	3	
发展期	30~50, <50	0.8~2.0, <2.0	2	
起步期	50~80, <80	2.0~5.0, <5.0	1	
传统社会	≥80	≥5.0	0	

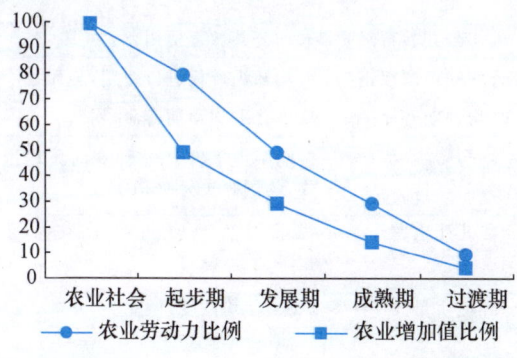
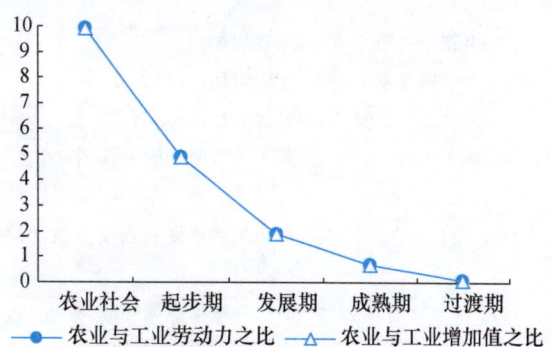

图a 第一次现代化阶段评价的信号指标变化

有些时候,可能是统计数据或者国家差异的原因,产业结构和就业结构的分析结果与现代化总体水平不协调,需要根据第一次现代化实现程度对发展阶段进行调整。

发达国家在20世纪60年代前后完成第一次现代化,在70年代前后进入第二次现代化。第一次现代化评价比较适合于发展中国家,第二次现代化评价比较适合于发达国家。

五、第二次现代化指数的评价方法和评价指标

第二次现代化进展评价同样有定性评价、定量评价和综合评价等三种方法。第二次现代化启动已经超过40多年。随着第二次现代化的发展,第二次现代化的评价指标和评价方法应该作相应的调整。

1. 评价指标

第二次现代化理论认为,知识的创新、传播和应用是第二次现代化的动力,知识创新、知识传播和知识应用的水平反映了第二次现代化的水平。

第二次现代化评价包括知识创新、知识传播、知识应用Ⅰ和Ⅱ(生活质量和经济质量)四大类指标和16个具体指标(表d)。其中,知识创新指在世界上首次发现、发明、创造或应用某种新知识,包括科学发现、技术发明、知识创造和新知识首次应用;知识应用Ⅰ为改进生活质量,知识应用Ⅱ为改进经济质量;物质产业包括农业和工业。

表d 第二次现代化评价指标

二级指标	第二次现代化评价模型第一版(2001年版)		第二次现代化评价模型第三版(2018年新版)	
	三级指标和编号	指标解释和单位	三级指标和编号	指标解释和单位
知识创新	1. 知识创新经费投入	人均研究与发展经费占GDP的比例(R&D经费/GDP),%	1. 知识创新经费投入	人均研究与发展(R&D)经费投入,美元
	2. 知识创新人员投入	从事研究与发展(R&D)活动的研究人员比例,人/万人	2. 知识创新人员投入	从事研究与发展(R&D)活动的研究人员比例,人/万人
	3. 知识创新专利产出	居民申请发明专利比例,项/万人	3. 知识创新专利产出	居民申请发明专利比例,项/万人
			4. 人均知识产权出口	人均知识产权出口,美元
知识传播	4. 中学普及率	在校中学生人数占适龄人口(一般12—17岁)比例,%	5. 大学普及率	在校大学生人数占适龄人口(一般20—24岁)比例,%
	5. 大学普及率	在校大学生人数占适龄人口(一般20—24岁)比例,%	6. 宽带网普及率	宽带网用户/百人口,%
	6. 电视普及率	电视用户/百人口,%	7. 人均公共教育经费	人均公共教育费用,美元
	7. 互联网普及率	互联网用户/百人口,%	8. 人均知识产权进口	人均知识产权进口费用,美元
生活质量	8. 城镇人口比例	城镇人口占总人口比例,%	9. 平均预期寿命	新生儿平均预期寿命,岁
	9. 医生比例	每千人口中的医生数,名/千人	10. 人均购买力	按购买力平价PPP计算的人均国民收入,国际美元(PPP)
	10. 婴儿死亡率	每千例活产婴儿在1岁内的死亡率,‰	11. 婴儿死亡率	每千例活产婴儿在1岁内的死亡率,‰
	11. 平均预期寿命	新生儿平均预期寿命,岁	12. 环境质量	$PM_{2.5}$年均浓度,微克/立方米
	12. 人均能源消费	人均商业能源消费,千克石油当量		

(续表)

二级指标	第二次现代化评价模型第一版(2001年版)		第二次现代化评价模型第三版(2018年新版)	
	三级指标和编号	指标解释和单位	三级指标和编号	指标解释和单位
经济质量	13. 人均国民收入	人均国民收入,美元	13. 劳动生产率	雇员人均GDP,2011年不变价格PPP
	14. 人均购买力	按购买力平价PPP计算的人均国民收入,国际美元(PPP)	14. 单位GDP的能源消耗	单位GDP的能源消耗,千克石油当量/美元
	15. 物质产业增加值比例	农业和工业增加值占GDP的比例,%	15. 物质产业增加值比例	农业和工业增加值占GDP的比例,%
	16. 物质产业劳动力比例	农业和工业劳动力占总就业劳动力比例,%	16. 物质产业劳动力比例	农业和工业劳动力占总就业劳动力比例,%
基准值	高收入国家的平均值		高收入国家的平均值	

注:中国地区大学普及率为大学在校学生人数占18—21岁人口比例。

(1) 不变部分(继承)

评价原理不变,二级指标不变,三级指标总数不变,13个三级指标保留不变等。

(2) 变化部分

增加3个指标,包括2个知识产权指标和1个环境指标;减少3个指标,包括2个重复性指标(在第一次现代化评价和综合现代化评价中已经采用的指标)和1个数据不可获指标(电视普及率已经饱和,世界银行的世界发展指标已经不包括这个指标);调整1个指标,人均购买力指标从经济质量部分调到生活质量部分;提高评价标准,评价基准值从高收入国家和地区平均值提高到高收入国家的平均值。

2. 评价模型

第二次现代化评价包括第二次现代化指数、知识创新指数、知识传播指数、生活质量指数、经济质量数和16个指标的评价,指标评价采用"比值法",指数评价采用算术平均值法,指标和指数采用等权重法。

$$\begin{cases} SMI = (KII + KTI + LQI + EQI)/4 \\ KII = \sum D_i/4 \quad (i = 1,2,3,4) \\ KTI = \sum D_i/4 \quad (i = 5,6,7,8) \\ LQI = \sum D_i/4 \quad (i = 9,10,11,12) \\ EQI = \sum D_i/4 \quad (i = 13,14,15,16) \\ D_i = 100 \times i_{实际值}/i_{基准值} \quad (正指标, D_i \leqslant 120) \\ D_i = 100 \times i_{基准值}/i_{实际值} \quad (逆指标, D_i \leqslant 120) \\ (i = 1,2,3,4,5,6,7,8,9,10,11,12,13,14,15,16) \end{cases}$$

其中,SMI是第二次现代化指数,KII是知识创新指数,KTI是知识传播指数,LQI是生活质量指数,EQI是经济质量指数,D_i是第i号评价指标的发展指数($D_i \leqslant 120$,避免单个指标数值过高影响总评价结果);i为16个评价指标的编号,从1到16;$i_{实际值}$为i号指标的实际值,$i_{基准值}$为i号指标的基准值。16个评价指标的基准值为最新年高收入指标的平均值。

3. 评价方法

其一,检验评价指标的相关性。在地区现代化评价时,可以调整部分评价指标。

其二,确定评价的基准值,为最新年高收入国家的平均值(发达国家平均值)。

其三,采用"比值法"计算单个指标的发展指数。单个指标的发展指数的最高值为120点(如果超过120点,取值120点),避免单个指标过高造成评价"失真"。

其四,采用"简单算术平均值"法,分别计算知识创新指数、知识传播指数、生活质量指数和经济质量指数。

其五,采用"简单算术平均值"法计算第二次现代化指数。

其六,评价的有效性。如果参加评估的有效指标个数占指标总数的比例低于60%,则视为无效样本,不进行评价。

其七,评价的可比性。由于评价基准值不同,《中国现代化报告2014~2015》及之后的报告与前面的13份报告关于第二次现代化进程的评价结果,只具有相对可比性。

其八,评价误差。有些国家样本,统计数据不全,对评价结果有比较大的影响。

4. 第二次现代化的阶段评价

$$P_{SM} = (P_{物质产业增加值比例} + P_{物质产业劳动力比例})/2$$

$P_{物质产业增加值比例} = (3,2,1)$,根据实际值与标准值的比较判断阶段并赋值

$P_{物质产业劳动力比例} = (3,2,1)$,根据实际值与标准值的比较判断阶段并赋值

其中,P_{SM}代表第二次现代化的阶段,$P_{物质产业增加值比例}$代表根据物质产业增加值比例判断的阶段的赋值,$P_{物质产业劳动力比例}$代表根据物质产业劳动力比例判断的阶段的赋值。

其一,筛选出处于第一次现代化过渡期和第二次现代化指数超过60的国家。

其二,根据这些国家信号指标实际值与标准值的比较,判断这些国家的阶段并赋值。

其三,计算赋值的平均值,判断第二次现代化的阶段。

第二次现代化阶段的信号指标的标准值和赋值见表e。

表e 第二次现代化信号指标的标准和赋值

阶段	物质产业增加值比例/(%)	物质产业劳动力比例/(%)	赋值	备注(前提条件)
成熟期	<20	<20	3	
发展期	20~30,<30	20~30,<30	2	处于第一次现代化过渡期
起步期	30~40,<40	30~40,<40	1	第二次现代化指数高于60
准备阶段	40~50,<50	40~50,<50	0	

注:进入第一次现代化过渡期和第二次现代化指数高于60的国家,才进一步判断第二次现代化阶段。

有些时候,可能是统计数据或者国家差异的原因,产业结构和就业结构的分析结果与现代化总体水平不协调,需要根据第二次现代化指数对发展阶段进行调整。

六、综合现代化指数的评价方法和评价指标

综合现代化指数,主要反映被评价对象的现代化水平与世界先进水平的相对差距。世界第一次现代化是经典的,第二次现代化是新的。随着第二次现代化的发展,综合现代化水平的评价指标和评价方法应该作相应的调整。

1. 评价指标

综合现代化是两次现代化的协调发展。综合现代化评价,选择第一次现代化和第二次现代化的共性指标,同时适用于发达国家和发展中国家,可以反映发达国家和发展中国家的相对水平。综合现代化水平评价包括经济、社会和知识三大类指标和12个具体指标(表f)。

表 f 综合现代化评价指标

二级指标	综合现代化评价模型第一版(2004年版)		综合现代化评价模型第三版(2018年新版)	
	三级指标和编号	指标解释和单位	三级指标和编号	指标解释和单位
经济发展	1. 人均国民收入	人均国民收入,美元	1. 人均国民收入	人均国民收入,美元
	2. 人均购买力	按购买力平价PPP计算的人均国民收入,国际美元(PPP)	2. 人均制造业增加值	人均制造业增加值,美元
	3. 服务业增加值比例	服务业增加值占GDP比例,%	3. 服务业增加值比例	服务业增加值占GDP比例,%
	4. 服务业劳动力比例	服务业劳动力占总就业劳动力比例,%	4. 服务业劳动力比例	服务业劳动力占就业劳动力比例,%
社会发展	5. 城镇人口比例	城镇人口占总人口比例,%	5. 城镇人口比例	城镇人口占总人口比例,%
	6. 医生比例	每千人口中的医生数,名/千人	6. 医生比例	每千人口中的医生数,名/千人
	7. 平均预期寿命	新生儿平均预期寿命,岁	7. 人均购买力	按购买力平价PPP计算的人均国民收入,国际美元(PPP)
	8. 生态效益(能源使用效率)	人均GDP/人均能源消费,美元/千克标准油	8. 能源使用效率	人均GDP/人均能源消费,美元/千克标准油
知识发展	9. 知识创新经费投入	研究与发展经费占GDP的比例(R&D经费/GDP),%	9. 知识创新经费投入	人均研究与发展(R&D)经费投入,美元
	10. 知识创新专利产出	居民申请发明专利数/万人,项/万人	10. 人均知识产权费用	人均知识产权贸易(人均知识产权进口和出口总值),美元
	11. 大学普及率	在校大学生人数占适龄人口(一般为20—24岁)比例,%	11. 大学普及率	在校大学生人数占适龄人口(一般为20—24岁)比例,%
	12. 互联网普及率	互联网用户/百人,%	12. 互联网普及率	互联网用户/百人,%
参考值	高收入国家的平均值		高收入国家的平均值	

注:中国地区大学普及率为大学在校学生人数占18—21岁人口比例。

综合现代化评价模型第二版与第一版相比,既有变化,也有不变;主要特点是:增加知识产权和制造业指标,减少重复性指标,关注社会和知识发展的质量,提高评价的参考值。

(1) 不变部分(继承)

评价原理不变,二级指标不变,三级指标总数不变,9个三级指标保留不变等。

(2) 变化部分

增加3个指标,包括1个知识产权指标、1个社会指标和1个环境指标;减少3个重复性指标(在第一次现代化评价或第二次现代化评价中已经采用的指标);提高评价标准,评价参考值从高收入国家和地区平均值提高到高收入国家的平均值。

2. 评价模型

综合现代化指数评价,要选择两次现代化的典型特征指标和两次现代化都适用的指标作为评价指标。综合现代化评价包括经济、社会和知识等三大类指标和12个具体指标。

$$\begin{cases} \text{IMI} = (\text{EI} + \text{SI} + \text{KI})/3 \\ \text{EI} = \sum D_i/4 \quad (i=1,2,3,4) \\ \text{SI} = \sum D_i/4 \quad (i=5,6,7,8) \\ \text{KI} = \sum D_i/4 \quad (i=9,10,11,12) \\ D_i = 100 \times i_{\text{实际值}}/i_{\text{参考值}} \quad (\text{正指标}, D_i \leqslant 100) \\ D_i = 100 \times i_{\text{参考值}}/i_{\text{实际值}} \quad (\text{逆指标}, D_i \leqslant 100) \\ (i=1,2,3,4,5,6,7,8,9,10,11,12) \end{cases}$$

其中，IMI 是综合现代化指数，EI 是经济发展指数，SI 是社会发展指数，KI 是知识发展指数，D_i 是第 i 号评价指标的相对发展水平（$D_i \leqslant 100$）；i 为 12 个评价指标的编号，从 1 到 12；$i_{\text{实际值}}$ 为 i 号指标的实际值，$i_{\text{参考值}}$ 为 i 号指标的参考值。12 个评价指标的参考值为当年高收入国家（发达国家）指标的平均值。

3. 评价方法

其一，检验评价指标的相关性。在地区现代化评价时，可以调整部分评价指标。

其二，确定评价的参考值，为当年高收入国家（发达国家）的平均值。

其三，采用"比值法"计算单个指标的发展水平。单个指标的发展水平的最高值为 100 点（如果超过 100 点，取值 100 点），达到 100 点表明该指标已经达到世界前沿水平。

其四，采用"简单算术平均值"法，分别计算经济发展、社会发展和知识发展指数。

其五，采用"简单算术平均值"法计算综合现代化水平。

其六，评价的有效性。如果参加评估国家，有效指标个数占指标总数的比例低于 60%，则视为无效样本，不进行评价。有效指标的多少，对评价结果有比较大影响。

参 考 文 献

艾云. 2016. 中国城市居民生活质量研究[M]. 北京:中国社会科学出版社.
庇古. 2006. 福利经济学[M]. 朱泱,张胜纪,吴良健,译. 北京:商务印书馆.
陈真,姚洛. 1957. 中国近代工业史资料[M]. 北京:科学出版社.
陈义平. 1999. 关于生活质量评估的再思考[J]. 社会科学研究,(1):84—86.
崔岩. 2016. 环境意识和生活质量[M]//李培林. 当代生活质量. 北京:中国社会科学出版社.
刁永祚. 2011. 消费结构与生活质量[M]. 北京:首都师范大学出版社.
多亚尔,高夫. 2008. 人的需要理论[M]. 汪淳波,张宝莹,译. 北京:商务印书馆.
范柏乃. 2006. 我国城市居民生活质量评价体系的构建与实际测度[J]. 浙江大学学报,7:122—131.
风笑天,林南. 1998. 中国城市居民生活质量研究[M]. 武汉:华中理工大学出版社.
冯贺霞. 2016. 发展与幸福[M]. 北京:社会科学文献出版社.
冯立天,戴星翼. 1996. 中国人口生活质量再研究[M]. 北京:高等教育出版社.
冯立天. 1992. 中国人口生活质量研究[M]. 北京:北京经济学院出版社.
高峰. 2003. 生活质量与小康社会[M]. 苏州:苏州大学出版社.
韩淑丽,郭江. 2006. 中国居民生活质量研究[M]. 呼和浩特:内蒙古大学出版社.
何传启. 1999. 第二次现代化——人类文明进程的启示[M]. 北京:高等教育出版社.
何传启. 2003. 东方复兴:现代化的三条道路[M]. 北京:商务印书馆.
何传启. 2010. 现代化科学:国家发达的科学原理[M]. 北京:科学出版社.
何传启. 2012. 中国现代化报告2012——农业现代化研究[M]. 北京:北京大学出版社.
何传启. 2015. 中国现代化报告2014～2015——工业现代化研究[M]. 北京:北京大学出版社.
何传启. 2016. 中国现代化报告2016——服务业现代化研究[M]. 北京:北京大学出版社.
何传启. 2017a. 生活质量:未来三十年的发展主题[J]. 半月谈(内部版),11:39—43.
何传启. 2017b. 中国现代化报告2017——健康现代化研究[M]. 北京:北京大学出版社.
纪竹荪. 2003. 我国国民生活质量统计指标体系的构建[J]. 统计与信息论坛,18(4):16—17.
加尔布雷斯. 1965. 丰裕社会[M]. 徐世平译. 上海:上海人民出版社.
库兹涅茨. 1999. 各国经济的增长[M]. 常勋 等,译. 北京:商务印书馆.
拉普勒. 2012. 生活质量研究导论[M]. 周长城,译. 北京:社会科学文献出版社.
李培林 等. 2016. 当代中国生活质量[M]. 北京:社会科学文献出版社.
李莎. 2011. 德国生活质量指标体系研究及启示[J]. 调研世界,(1):60—64.
利奥塔尔. 1997. 后现代状态[M]. 车槿山,译. 北京:三联书店.
林南,王玲,潘允康 等. 1987. 生活质量的结构与指标——1985年天津千户问卷调查资料分析[J]. 社会学研究,(06):73—89.
卢汉龙. 2002. 上海社会发展蓝皮书:提高城市的生活质量[M]. 上海:上海社会科学院出版社.
卢淑华,韦鲁英. 1992. 生活质量主客观指标作用机制研究[J]. 中国社会科学,(1):121—136.
罗栋. 2012. 中国城乡居民生活质量统计研究[M]. 北京:经济管理出版社.
罗荣渠. 1990. 从西化到现代化[M]. 北京:北京大学出版社.
罗荣渠. 1993. 现代化新论[M]. 北京:北京大学出版社.
罗斯托. 2001. 经济成长的阶段[M]. 北京:中国社会科学出版社.
麦迪森. 2003. 世界经济千年史[M]. 伍晓鹰 等,译. 北京:北京大学出版社.

毛大庆. 2003. 城市人居生活质量评价理论及方法研究[M]. 北京:原子能出版社.
米切尔. 2002. 帕尔格雷夫世界历史统计:欧洲卷(1750—1993)[M]. 4版. 北京:经济出版社.
莫里斯. 1985. 衡量世界上穷人境况的指标:物质生活质量指数[M]. 吴立夫,译. 北京:科学技术文献出版社.
彭念一,李丽. 2003. 我国居民生活质量评价指标与综合评价研究[J]. 湖南大学学报(社会科学版),(05):21—25.
齐英艳. 2010. 生活质量与人的全面发展[M]. 北京:中国社会科学出版社.
森,努斯鲍姆. 2008. 生活质量[M]. 龚群 等,译. 北京:社会科学文献出版社.
汪林茂. 1998. 中国走向近代化的里程碑[M]. 北京:机械工业出版社.
王建成,戴步效. 2005. 中国生活质量报告[M]. 上海:文汇出版社.
王培刚 等. 2018. 社会变迁与中国居民生活质量[M]. 北京:社会科学文献出版社.
王威,陈云. 2002. 欧洲生活质量指标体系及其评价[J]. 江苏社会科学,6:182—186
王雅林. 2018. 新时代生活方式的理论构建与创新[N]. 光明日报,2018-05-14(11).
邢占军 等. 2011. 公共政策导向的生活质量评价研究[M]. 济南:山东大学出版社.
徐愫. 1995. 生活质量论[M]. 南京:南京大学出版社.
亚里士多德. 2003. 尼各马可伦理学[M]. 廖申白,译注. 北京:商务印书馆.
叶南客. 1991. 当代城市居民生活质量的现状和评估[J]. 社会,(07):29—31.
易松国. 1998. 生活质量研究进展综述[J]. 深圳大学学报(人文社会科学版),15(1):105—112
尹继佐. 2002. 上海社会发展蓝皮书:提高城市的生活质量[M]. 上海:上海社会科学出版社.
于光远. 1981. 社会主义建设与生活方式、价值观和人的成长[J]. 中国社会科学,04:3—12.
虞和平. 2002. 中国现代化历程[M]. 南京:江苏人民出版社.
张连城. 2017. 中国城市生活质量报告(2014～2017)[M]. 北京:社会科学文献出版社.
张连城,张平,杨春学 等. 2018. 城市生活质量蓝皮书:中国城市生活质量报告[M]. 北京:社会科学文献出版社.
赵德馨. 2003. 中国近现代经济史[M]. 郑州:河南人民出版社.
赵彦云,李静萍. 2000. 中国生活质量评价、分析和预测[J]. 管理世界,(03):32—40.
赵彦云,王作成. 2003. 我国生活质量的国际比较[J]. 统计与信息论坛,18(4):9—15.
郑宗生,吴述尧,何传启. 2006. 世界120个国家的生活质量比较[J]. 理论与现代化,(04):15—20.
郑宗生,吴述尧,何传启. 2006. 生活质量与可持续发展的相关性分析[J]. 中国软科学,(7):48—52.
中国现代化战略研究课题组. 2003. 中国现代化报告2003——现代化理论、进程与展望[M]. 北京:北京大学出版社.
中国现代化战略研究课题组. 2005. 中国现代化报告2005——经济现代化研究[M]. 北京:北京大学出版社.
中国现代化战略研究课题组. 2006. 中国现代化报告2006——社会现代化研究[M]. 北京:北京大学出版社.
中国现代化战略研究课题组. 2007. 中国现代化报告2007——生态现代化研究[M]. 北京:北京大学出版社.
中国现代化战略研究课题组. 2009. 中国现代化报告2009——文化现代化研究[M]. 北京:北京大学出版社.
周长城 等. 2001. 社会发展与生活质量[M]. 北京:社会科学文献出版社.
周长城. 2008. 主观生活质量:指标构建及其评价[M]. 北京:社会科学文献出版社.
周长城. 2009. 生活质量的指标建构及其现状评价[M]. 北京:经济科学出版社.
周长城,蔡静诚. 2004. 生活质量主观指标的发展及其研究[J]. 武汉大学学报(哲学社会科学版),57(5):582—587.
周长城,刘红霞. 2011. 生活质量指标建构及其前沿述评[J]. 山东社会科学,185(1):26—29.
朱庆芳. 1989. 生活质量指标体系及增长因素的分析[M]//何建章. 中国社会指标理论与实践. 北京:中国统计出版社.
AKED J,MARKS N,CORDON C et al. 2008. Five Ways to Well-being [R/OL]. [2019-03-30]. https://neweconomics. org/uploads/files/8984c5089d5c2285ee_t4m6bhqq5. pdf.
ALKIRE S,FOSTER J. 2007. Counting and multidimensional poverty measurement,OPHI Working Paper 7[R]. Oxford:University of Oxford.
ALKIRE S,FOSTER J. 2011. Understandings and misunderstandings of multidimensional poverty measurement,OPHI Working Paper NO. 43[R]. Oxford:University of Oxford.
ANDI. 2010. About ANDI. [2019-04-01]. http://www.andi.org.au/.

ANDI. 2019. The Only National Framework to Capture the Essence of National, Sustainable Wellbeing[R/OL]. [2019-03-30]. http://www.andi.org.au/the-index-in-a-nutshell.html.

ANDREWS F M, WITHEY S B. 1976. Social indicators of well-Being: Americans' perceptions of life quality[M]. New York: Plenum Press.

BAUER R A. 1966. Social indicators[M]. Cambridge: MIT Press.

BECK U, GIDDENS A, LASH S. 1994. Reflexive modernization: Politics, tradition and aesthetics in the modern social order[M]. Stanford, California: Standford University Press.

BECK U. 1992 [1986]. Risk society: Toward a new modernity[M]. London: Sage.

BELL D. 1973. The coming of postindustrial society[M]. New York: Penguin.

BERGERSCHMITT R. 2002. Considering social cohesion in quality of life assessments: Concept and measurement[J] // HAGERTY M R, VOGEL J, MØLLER V. Assessing Quality of Life and Living Conditions to Guide National Policy. Social Indicators Research Series, 11.

BLACK C E. 1966. The dynamics of modernization: A study in comparative history[M]. New York, Evanston, and London: Harper & Row.

BLACK C E. 1976. Comparative modernization: A reader[M]. New York: The Free Press.

Bond M. 2003. The pursuit of happiness[J]. The new scientist, 180(2415): 440—443.

BOORMAN S. 2009. NHS Health and Well-being [J]. British journal of cancer, 105(Suppl): 39—52.

BOORMAN S. 2010. Health and well-being of the NHS workforce[J]. Journal of Public Mental Health, 9(1): 4—7.

BRADBURN N M. 1969. The structure of psychological well-being[M]. Chicago: Aldine.

BRICKMAN P, CAMPBELL D T. 1971. Hedonic relativism and planning the good science[M] // APPLEY M H. Adaptation Level Theory: A Symposium. New York: Academic Press, 287—302.

CAMPBELL A, CONVERE P E, RODGERS W L. 1976. The Quality of American Life [M]. New York: Russell Sage Foundation.

Canadian Index of Wellbeing. 2016. The 2016 CIW national report: How are Canadians really doing? [R] Waterloo: Canadian Index of Wellbeing and University of Waterloo.

Canadian Index of Wellbeing. 2019. Canadian Index of Wellbeing: Domains and Indicators[R/OL]. [2019-03-30]. https://uwaterloo.ca/canadian-index-wellbeing/what-we-do/domains-and-indicators.

Commission on the Measurement of Economic Performance and Social Progress (CMEPSP). 2009. Report by the Commission on the Measurement of Economic Performance and Social Progress[R/OL]. (2019-01-01)[2019-03-25]. https://ec.europa.eu/eurostat/documents/118025/118123/Fitoussi+Commission+report.

COSTANZA R, et al. 2007. Quality of Life: An approach integrating opportunities, human needs, and subjective well-being[J]. Ecol econ, 61: 267—276.

CROOK S, PAKULSKI J, WATERS M. 1992. Post-modernization: Change in advanced society [M]. London: Sage.

CUMMINS R A, et al. 2003. Developing a national index of subjective wellbeing: The Australian unity wellbeing index [J]. Social indicators research, 64: 159—190.

CUMMINS R A, WOERNER J, TOMYN A, et al. 2005. Australian unity wellbeing index survey 14: The wellbeing of Australians-personal relationship [R/OL]. [2019-03-30]. https://www.researchgate.net/publication/257407349_Australian_Unity_Wellbeing_Index_Survey_14_The_Wellbeing_of_Australians_-_Personal_Relationships.

CUMMINS R A. 1996. The domains of life satisfaction: An attempt to order chaos[J]. Social indicators research, 38: 303—328.

DAVIS E E, FINE-Davis M. 1991. Social indicators of living conditions in Ireland with European comparisons[J]. Social indicators research, 25: 103—365.

DELHEY J, BOHNKE P, HABICH R, et al. 2002. Quality of life in a european perspective: The EUROMODULE as a new instrument for comparative welfare research[J]. Social indicators research, 58: 163—176.

DIENER E D. 1995. A value based index for measuring national quality of life[J]. Social indicators research,36:107—127.

DIENER E,SUH E. 1997. Measuring quality of life: Economic, social and subjective indicators[J]. Social indicators research,40:189—216.

DIENER E,DIENE C. 1995. The wealth of nations revisited: Income and quality of life[J]. Social indicators research,36:275—286.

EASTERLIN R. 2003. Explaining Happiness[J]. Proc Natl Acad Sci,100(19):11176—11183.

EASTERLIN R A. 1974. Does economic growth improve human a lot? National and households in economic growth: Essays in honour of moeses abramovitz [M]. New York:Academic Press.

Economist Intelligence Unit. 2006. Where to be born index[EB/OL]. (2018-10-01)[2019-03-30]. https://en.wikipedia.org/wiki/Where-to-be-born_Index.

EHRLICH P R,KENNEDY D. 2005. Millennium assessment of human behaviour[J]. Science,309(5734):562—563.

ESTES R. J. 1984. The Social Progress of Nations [M]. New York:Praeger.

ESTES R J. 2015. The index of social progress:Objective approach[M] // GLATZER W,CAMFIELD L,et al. Global handbook of quality of Life. New York:Springer.

EU. 2015. Quality of life indicators[R/OL]. [2019-04-01]. https://ec.europa.eu/eurostat/web/gdp-and-beyond/quality-of-life.

EU. 2018. Final consumption expenditure of households by consumption purpose (COICOP 3 digit) [DB/OL]. (2018-10-11)[2019-03-25]. https://ec.europa.eu/eurostat/web/products-datasets/-/NAMA_10_CO3_P3.

EU. 2019. Quality of life indicators[R/OL]. [2019-04-01]. https://ec.europa.eu/eurostat/web/gdp-and-beyond/quality-of-life.

Eurofound. 2013. Third European quality of life survey—Quality of life in Europe: Trends 2003—2012[R]. Luxembourg: Publications Office of the European Union.

Eurofound. 2016. European quality of life surveys[R/OL]. [2019-03-30]. https://www.eurofound.europa.eu/surveys/european-quality-of-life-surveys/european-quality-of-life-survey-2016.

Eurostat. 2017. Final report of the expert group on quality of life indicators 2017 [R]. Brussels:Eurostat.

FRISCH M B. 1998. Quality of life therapy and assessment in health care[J]. Clin psychol sci Pr,5(1):19—40.

FUJIWARA D,CAMPBELL R. 2011. Valuation Techniques for Social Cost Benefit Analysis:Stated Preference, Revealed Preference and Subjective Well-being Approaches[R/OL]. London: HM Treasury,[2019-03-30]. https://assets.publishing.service.gov.uk/government/uploads/system/uploads/attachment_data/file/209107/greenbook_valuationtechniques.pdf.

GILLINGHAM R,REECE W S. 1980. Analytical problems in the measurement of the quality of life[J]. Social science indicator research,7:91—101.

GLATZER W. 2012. Cross-national comparisons of quality of life in developed nations,including the impact of globalization [M]// LAND K C,et al. Handbook of social indicators and quality of life research. New York: Springer.

GALLUP. 2018. Topics in the World Poll[DB/OL]. [2018-11-30]. https://www.gallup.com/.

GRASSO M. 2008. An assessment of the quality of life in the European Union based on the social indicators approach [J]. Social indicators research,87:1—25.

HAGERTY R. 1999. Testing Maslow's hierarchy of needs: national quality of life across time[J]. Social indicators research, 46: 249—271.

HAGERTY M,VOGEL J,MOELLER V. 2002. Assessing quality of life and living conditions guide national policy: The state of the art[J]. Special issue of social indicators research,58:1—44.

Hazelhenderson. 2008. Calvert-Henderson quality of life indicator[R/OL]. (2018-10-01) [2019-03-30]. http://hazelhenderson.com/.

HELLIWELL J,LAYARD R,SACHS J. 2012. World happiness report 2012？[R] New York：Columbia University.

ILO. 2018. Non-fatal occupational injuries per 100 000 workers by economic activity[DB/OL]. (2018-06-06)[2019-03-25]. http：//www.ilo.org/ilostat/facNon-fatal occupational injuries per 100 000 workers by economic activityes/wcnav_defaultSelection；ILOSTATCOOKIE＝9jW8by9AMV4tIO-hAj080kFWXjbQAAqxOtqc-bJVhMpN-MQQgUAb3！-612270756？_afrLoop＝3240961150132813&_afrWindowMode＝0&_afrWindowId＝null.

INGLEHARE R. 1997. Modernization and postmodernization：Cultural，economic and political change in 43 societies[M]. Princeton：Princeton University Press.

INGLEHART R. 1977. The silent revolution：Changing values and political styles among western publics[M]. Princeton：Princeton University Press.

KAHNEMAN D,KRUEGER A B,SCHKADE D et al. 2004. Toward national well-being accounts[J]. American economic assosiation papers and proceedings,94(2)：429—434.

LAND K C,MICHALOS A C,SIRGY M J. 2012. Handbook of social indicators and quality of life research[M]. London：Springer.

LAYARD R. 2005. Happiness：Lessons from a new science[M]. New York：Penguin.

LEE S. 2003. Objective quality of life in Korea and the OECD countries[J]. Social indicators research,63：481—508.

MARIDAL H J. 2017. A worldwide measure of societal quality of life[J]. Social indicators research,134(1)：1—38.

MASLOW A H. 1943. A theory of human motivation[J]. Psychological review,50(4)：370—396.

MASLOW A. 1954. Motivation and personality[M]. New York：Harper.

Measure of America. 2019. Mapping America[R/OL]. [2019-03-30]. http：//www.measureofamerica.org/maps/.

Mercer. 2018. Quality of life[R/OL]. [2019-03-30]. https：//www.mercer.com/.

Mercer. 2018. What Factors Determine Quality of Living？[R/OL](2018-10-01)[2019-03-30]. https：//mobilityexchange.mercer.com/Insights/quality-of-living-rankings.

MICHALOS A C,SMALE B,LABONTÉ R,et al. 2011. The Canadian Index of Wellbeing：Technical Report 1.0[R]. Waterloo, ON：Canadian Index of Wellbeing and University of Waterloo.

MICHALOS A C. 1985. Multiple discrepancies theory(MDT)[J]. Social indicators research,16：347—413.

MILBRATH L W. 1979. Policy relevant quality of life research[J]. Annals of the American academy of political & social science,444(1)：32—45.

MIRINGOFF M L,MIRINGOFF M-L. 1999. The social health of the nation：How american is really doing[M]. New York：Oxford University Press.

MORRIS M D. 1979. Measuring the conditions of the world's poor：The physical quality of life index[M]. Oxford：Pergamon Press.

National Archives,UK. 2012. Public services(social value) act 2012[R/OL]. (2012-3-8)[2019-03-30]. http：//www.legislation.gov.uk/ukpga/2012/3/contents.

NEF. 2016. Happy planet index 2016：Methods paper[R/OL]. [2019-03-30]. https：//static1.squarespace.com/static/5735c421e321402778ee0ce9/t/578dec7837c58157b929b3d6/1468918904805/Methods+paper_2016.pdf.

Numbeo. Cost of living[R/OL]. (2018-10-01)[2019-03-30]. https：//www.numbeo.com/cost-of-living/.

NUSSBAUM M,SEN A. 1993. The quality of life[M]. Oxford：Clarendon Press.

OECD. 2011. Better life index[R/OL]. [2019-04-10]. http：//www.oecdbetterlifeindex.org/.

OECD. 2013. OECD guidelines on measuring subjective well-being[R]. Paris：OECD.

OECD. 2014a. How was Life？Global Well-being since 1820[R/OL]. [2019-04-01]. https：//www.oecd-ilibrary.org/economics/how-was-life_9789264214262-en.

OECD. 2014b. Measuring regional and local well-being for policy making[R]. Paris：OECD.

OECD. 2016. Well-being in Danish cities[R]. Paris：OECD.

OECD. 2017a. Better life index—Edition 2017[R/OL]. [2019-03-30]. https：//stats.oecd.org/index.aspx？Dataset-

Code=BLI.

OECD. 2017b. How's life? 2017:Measuring well-being [R]. Paris:OECD.

OECD. 2017c. Stat. 2017[R/OL]. (2018-10-20) [2019-03-30]. https://stats. oecd. org/Index. aspx.

OECD. 2018. Obese population, measured [DB/OL]. (2018-12-12)[2019-03-25]. http://www. oecd. org/health/health-data. htm.

OECD. 2019. Better Life Index[R/OL]. (2019-03-01)[2019-03-20]. http://www. oecdbetterlifeindex. org/.

Office for National Statistic of United Kingdom. 2011. Measuring National Well-being (MNW): A discussion paper on domains and measures[R/OL]. (2018-10-01)[2019-03-20]. https://www. museumsassociation. org/download? id=623497.

Office for National Statistic of United Kingdom. 2015. Measuring National Well-being:Life in the UK,2015 [R]. London:ONS.

Office for National Statistic of United Kingdom. 2015. Measuring National Well-being:Domains and Measures[R/OL]. (2015-9-29) [2019-03-30]. https://www. ons. gov. uk/peoplepopulationandcommunity/wellbeing/articles/measuringnationalwellbeing/2015-09-29.

Office for National Statistic of United Kingdom. 2018. Measuring National Well-being:Quality of Life in the UK,2018 [M]. London: ONS.

OSBERG L,SHARPE Q. 2001. The index of Economic Well-being:An overview[R/OL]. [2019-03-30]. http://www. csls. ca/iwb/iwb2002-p. pdf.

Pew. 2018. Datasets[DB/OL]. (2018-10-01)[2019-03-20]. http://www. pewresearch. org/download-datasets/.

ROSTOW W W. 1960. The stages of economic growth: A non-communist manifesto [M]. Cambridge: Cambridge University Press.

ROSTOW W W. 1971. Politics and the stages of growth [M]. Cambridge:Cambridge University Press.

ROTHERNBACHER F. 2002. The Societies of Europe:The European Population 1850—1945 [M]. New York:Palgrave MacMillan.

SCHIFINI D S. 1998. Italian quality of life[J]. Social indicators research, 44:5—39.

SCHUESSLER K,FISHER G. 1985. Quality of life research and sociology[J]. Annu rev social,11:129—149.

SEN A. 1985. Commodities and capabilities[M]. Amsterdam:North-Holland Publishing Co.

SELF A. 2017. Quality of life measurement and application to policy: Experiences from the UK office for national statistics[J]. Social indicators research,130:147—160.

Social Progress Index. 2018. Social progress index by year[R/OL]. (2018-10-01)[2019-03-20]. https://www. socialprogress. org/index.

SOMARRIBA N,PENA B. 2009. Synthetic indicators of quality of life in Europe[J]. Social indicators research,94:115—133.

STIGLITZ J E, SEN A, FITOUSSI J P. 2009. Report by the Commission on the Measurement of Economic Performance and Social Progress[R/OL]. [2019-03-30]. https://ec. europa. eu/eurostat/documents/118025/118123/Fitoussi+Commission+report.

The Centre for Bhutan Studies &GNH Research. 2016. A compass towards a just and harmonious society:2015 GNH Survey Report[R]. Thimphu.

The Centre for Bhutan Studies. 2012. An extensive analysis of GNH Index [R]. Thimphu,Bhutan:Centre for Bhutan Studies.

The WHOQOL Group. 1995. The World Health Organization Quality of Life assessment (WHOQOL):Position paper from the World Health Organization[J]. Soc Sci Med,41(10):1403—1409.

VEENHOVEN R. 1996. Happy life-expectancy,a comprehensive measure of quality-of-life in nations[J]. Social indicators research,39: 1—58.

UNDP. 1990. Human development report 1990 [M]. New York:United Nations Development Programme.

UNDP. 1991. Human development report 1991 [M]. New York:United Nations Development Programme.

UNDP. 1995. Human development report 1995 [M]. New York:United Nations Development Programme.

UNDP. 1998. Human development report [M]. New York:Oxford University Press.

UNDP. 2010. Human development report 2010 [M]. New York:United Nations Development Programme.

UNDP. 2018. Human development indices and indicators:2018 statistical update[R/OL]. New York:UNDP, [2019-03-30]. http://hdr.undp.org/sites/default/files/2018_human_development_statistical_update.pdf.

UNESCO. 2018. Data for the sustainable development goals [R/OL]. (2018-10-01) [2019-03-30]. http://uis.unesco.org/.

UN-Habitat. 2018. UN-Habitat at a glance[R/OL]. (2018-10-01)[2019-03-30]. https://unhabitat.org/.

United Nations. 1948. Universal declaration of human rights[R/OL]. [2019-03-30]. https://www.un.org/en/universal-declaration-human-rights/index.html.

URA K, ALKIRE S, ZANGMO T, et al. 2012. A short guide to gross national happiness index[R]. Thimphu, Bhutan:Centre for Bhutan Studies.

URA K, ALKIRE S, ZANGMO T, WANGDI K. 2012. An extensive analysis of GNH Index[R]. Thimphu, Bhutan:Centre for Bhutan Studies.

WHO. 2006. Constitution of the World Health Organization—Basic documents [R]. 45ed. Supplement. Geneva:WHO.

WHO. 1996. WHOQOL-BREF:Introduction, administration, scoring and generic version of the assessment [M]. Geneva:WHO.

WHO. 1997. WHOQOL:Measuring Quality of Life [M]. Geneva:WHO.

Wikipedia. 2018. Gross National Happiness[EB/OL]. (2018-10-01)[2019-03-30]. https://en.wikipedia.org/wiki/Gross_National_Happiness#cite_note-1.

Wikipedia. Happiness[EB/OL]. (2019-03-01) [2019-03-30]. https://en.wikipedia.org/wiki/Happiness.

Wikipedia. Well-being[EB/OL]. (2019-03-01)[2019-03-30]. https://en.wikipedia.org/wiki/Well-being.

World Bank. 2018. Life expectancy at birth, total (years) [DB/OL]. (2018-12-12)[2019-03-25]. https://data.worldbank.org/indicator/SP.DYN.LE00.IN?view=chart.

World Bank. 2019. (2019-03-15) [2019-03-15]. World Development Indicators [DB/OL]. https://data.worldbank.org/.

World Value Survey. 2019. World Values Survey[DB/OL]. [2019-03-15]. http://www.worldvaluessurvey.org/WVSOnline.jsp.

数据资料来源

本报告的统计数据和资料主要来自世界组织、有关国家和地区的官方统计出版物。如果没有相关世界组织、国家和地区的统计专家和工作人员通过长期的、艰苦的、系统的努力而积累的高质量的统计数据,本报告是无法完成的。特此向她们表示最诚挚的感谢!

本报告的数据资料来源主要包括:

国家统计局,国家科技部. 1991~2017. 中国科技统计年鉴[M]. 北京:中国统计出版社.

国家统计局. 1991~2017. 中国能源统计年鉴[M]. 北京:中国统计出版社.

国家统计局. 1982~2018. 中国统计年鉴[M]. 北京:中国统计出版社.

米切尔. 2002. 帕尔格雷夫世界历史统计:欧洲卷(1750—1993)[M]. 4版. 贺力平,译. 北京:经济出版社.

米切尔. 2002. 帕尔格雷夫世界历史统计:亚洲、非洲和大洋洲卷(1750—1993)[M]. 4版. 贺力平,译. 北京:经济出版社.

米切尔. 2002. 帕尔格雷夫世界历史统计:美洲卷(1750—1993)[M]. 4版. 贺力平,译. 北京:经济出版社.

Eurofound. European Quality of Life Survey[DB/OL]. (2018-11-26)[2019-03-30]. https://www.eurofound.europa.eu/data.

Gallup. Topics in the World Poll[DB/OL]. (2018-11-20)[2019-03-30]. https://www.gallup.com/analytics/234512/world-poll-topics.aspx?g_source=link_wwwv9&g_campaign=item_232850&g_medium=copy.

House of Commons, UK. 2013. Well-being: Written Evidence. London[DB/OL]. [2019-03-30]. http://www.publications.parliament.uk/pa/cm201314/cmselect/cmenvaud/writev/59/59.pdf.

International Labor Office. 2018. Statistics and Database[DB/OL]. [2019-03-30]. http://www.ilo.org/global/statistics-and-databases/lang--en/index.htm.

OICA. International Organization of Motor Vehicle Manufacturers, OICA is the voice speaking on automotive issues in world forums[DB/OL]. (2019-01-08)[2019-03-30]. http://www.oica.net/category/vehicles-in-use.

UNDP. 1990—2018. Human Development Report[DB/OL]. [2019-03-30]. http://www.undp.org/

United Nations. 1951~2010. Statistics Yearbook[R]. New York: United Nations.

World Bank. 2018. World Development Indicators[DB/OL]. [2019-03-30]. http://databank.worldbank.org/data/home.aspx.

World Bank. 1997~2018. World Development Indicators[DB]. Washington D C: World Bank.

World Bank. 1978~2017. World Development Report[M]. New York: Oxford University Press.

World Prison Brief. Institute for Criminal Policy Research, World Prison Brief[DB/OL]. (2019-01-08)[2019-03-30]. www.prisonstudies.org.

World Value Survey. Data & Documentation[DB/OL]. (2018-11-20)[2019-03-30]. http://www.worldvaluessurvey.org/WVSOnline.jsp.

附 录

附录一 生活质量现代化的数据集

附表 1-1-1　生活质量现代化的分析指标 …………………………………………… 278
附表 1-1-2　OECD 美好生活指数指标体系 …………………………………………… 283
附表 1-2-1　2016 年世界生活质量指数 ………………………………………………… 286
附表 1-2-2　2016 年世界个人生活质量的指标和指数 ………………………………… 289
附表 1-2-3　2016 年世界公共生活质量的指标和指数 ………………………………… 292
附表 1-2-4　2016 年世界生活环境质量的指标和指数 ………………………………… 295
附表 1-2-5　2016 年世界生活满意度的指标和指数 …………………………………… 298
附表 1-2-6　2000~2010 年世界生活质量指数 ………………………………………… 301

附表 1-1-1　生活质量现代化的分析指标

指标和变量	解释和单位	来源
(1) 营养	4 个指标	
人均食物供应量	千卡/天	FAO
人均蛋白质供应量	克/天	FAO
营养不良人口比例	%	HNP
成人肥胖比例	%（大于 15 岁）	WHS
(2) 健康	8 个指标	
出生时平均预期寿命	岁	HNP
出生时预期健康寿命	岁	WHS
婴儿死亡率	‰	HNP
成人自我感觉健康良好比例	%	OECD
糖尿病患病率	%（20—79 岁）	HNP
结核病发病率	例/10 万人	HNP
艾滋病发病率	例/10 万人	OECD
睡眠不足人口比例	%	CMR2017
(3) 家庭	8 个指标	
家庭平均规模	人/家庭	EU
结婚率	‰	OECD
离婚率	‰	OECD
少女生育率	‰（15—19 岁）	HNP
婴幼儿看护比例	%（0—5 岁）	CIW
与儿童平均沟通时间	分钟/天（与 0—14 岁儿童语言沟通时间）	CIW
抚养比率	%（老年人口占工作年龄人口百分比）	HNP
老龄人口比例	%（65 岁以上）	HNP
(4) 住房	5 个指标	
人均住房面积	平方米	OECD
人均住房间数	间	OECD
没有基本设施住房的比例	%	OECD
汽车普及率	辆/千人	EU
买不起洗衣机的人口比例	%	EU
(5) 消费与成本	8 个指标	
人均家庭消费	2010 年不变价美元	WDI
人均能源消费	千克石油当量	WDI
恩格尔系数	%	EU
个人健康支出比例	%	EU
家庭教育支出比例	%	EU
文化娱乐支出比例	%	EU
房价收入比	比值	NUMBEO
消费比率(消费/收入)	%，人均家庭消费/人均可支配收入	WDI
(6) 工作	8 个指标	
就业率	%	WDI
失业率	%	WDI
非全时就业就业率	%（占全部就业）	WDI
工作时间	小时/周	OECD

(续表)

指标和变量	解释和单位	来源
平均日通勤时间	分钟/天	EU
工作压力	%	OECD
工伤事故	例/10万人（非致死性工伤）	ILO
职工参加工会比例（工会密度）	%（设立工会的企业比例）	ILO
(7) 收入	5个指标	
人均GNI	现价美元	WDI
人均购买力	现价国际美元（PPP）	WDI
家庭净可支配收入	现价国际美元（PPP）	OECD
平均工资	2016年不变价美元	OECD
最低月工资	本币	ILO
(8) 工作与生活平衡	3个指标	
长时间工作员工比例	%	OECD
弹性工作比例	%	CIW
用于休闲和个人保健的时间	小时/天	OECD
(9) 社会联系	8个指标	
强烈社区归属感的人口比例	%	CIW
提供无偿帮助的人口比例	%	CIW
有5人以上亲密朋友的人口比例	%	CIW
参加志愿者活动的人口比例	%	EU
参加社会组织的人口比例	%	CIW
社会支持网络的质量	%	OECD
与家人、亲朋聚会的频次	次/月	EU
相信大多数人是可信的比例	%	WVS
(10) 教育和学习	8个指标	
成人识字率	%（大于15岁）	WDI
儿童参加学前教育或小学的比例	%（3—5岁）	OECD
小学毛入学率	%	WDI
中学毛入学率	%	WDI
大学入学率	%	WDI
接受成人教育和培训比例	%	EU
预期受教育年限	年	HDI
平均受教育年限	年	HDI
(11) 社会公平	8个指标	
性别平等指数	比值,女性与男性成人识字率比值(15—24岁)	WDI
女性就业率	%	WDI
基尼系数：贫富差距	%	WDI
收入不平等	比值,收入排名前20%与排名后20%的收入比值	WDI
国家贫困人口比例	%	WDI
国际贫困人口比例	%（按每天1.90美元衡量,2011年PPP）	WDI
国家议会中妇女席位的比例	%	WDI
童工比例	%（占7—14岁儿童总数）	WDI

(续表)

指标和变量	解释和单位	来源
（12）社会保障	5个指标	
全社会保障覆盖率	%	WDI
基本养老保险覆盖率	%	ILO
失业保险覆盖率	%	ILO
基本医疗保险覆盖率	%	ILO
养老保险金与工资比例（养老保险替代率）	%	EU
（13）休闲与旅行	8个指标	
年假	天	Wiki
人均国际旅游离境频次	次/年	WDI
参加过文体活动的人口比例	%（过去的一年里至少参加过一次）	EU
参加艺术活动的频次	次/月	EU
人均年娱乐时间（15—64岁）	小时	OECD
艺术和文化活动花费的平均时间比例	%	CIW
月均参加超过15分钟体育活动的频率	次/月	CIW
国家公园和历史遗址点的年均访问量	人次	CIW
（14）网络文化	3个指标	
人均年看电影次数	次/年	UNESCO
人均年图书阅读量	本	Pew
博物馆参观率	人次/100人	WCR
（15）网络文化	7个指标	
互联网普及率	%	WDI
移动电话普及率	%	WDI
使用社交媒体交流的人口比例	%	EU
参与网络游戏人口比例	%	Statista
网购人口比例	%	OECD
网购频次	次/月	OECD
人均上网时间	分钟/天	Statista
（16）文化包容性	4个指标	
同性恋的包容性	指数	SPI
种族歧视和暴力	指数	SPI
性别平等（怀孕偏好男孩）	%	OECD
宗教包容性	指数	SPI
（17）政治参与	4个指标	
政治权利	评级（数值为1～7,1为权利自由度大,7为权利自由度小）	Freedom House
公民权利	评级（数值为1～7,1为权利自由度大,7为权利自由度小）	Freedom House
选民投票率	%	OECD
利益相关者参与制定法规	%	OECD

（续表）

指标和变量	解释和单位	来源
(18) 政治冲突	2个指标	
行贿公司比例	%（过去12个月内至少与公职人员接触过一次、向公职人员行贿或被这些公职人员要求行贿的公司比例）	UN
罢工和游行	天	ILO
(19) 公共设施	10个指标	
卫生设施普及率	%	WDI
安全饮用水普及率	%	WDI
医院床位	张/千人	WDI
运动设施（人均体育场所面积）	人均体育场所面积	CMR2017
固定宽带订阅	每百人	WDI
通电率（占人口的比例）	%	WDI
人均航行次数	次/年	WDI
城市居民公共交通出行比例	%	OECD
人均影院数	家/10万人	UNESCO
人均银幕数	块/10万居民	UNESCO
(20) 公共服务	10个指标	
公共管理质量评级	评级（数值为1~6，1为最低，6为最高）	WDI
营商便利指数	评级（营商便利指数的数值为营商便利指数的世界排名，排名第1为最好）	WDI
中学生师比	比值	WDI
小学生师比	比值	WDI
中学失学比例	%	UNESCO
医生比例	名/千人	WDI
护士和助产士的比例	名/千人	WDI
平均住院天数	天	OECD
人均电力消费	千瓦时	WDI
人均淡水汲取	立方米	WDI
(21) 公共安全	6个指标	
犯罪率	人/10万居民	EU
监狱人口比例	人/10万居民	EU
在黑暗中行走感到安全的人口比例	%	OECD
受灾人口比例	人/100万人	WDI
暴力冲突受害人口比例	人/100万人	WDI
交通事故伤亡人口比例	人/100万人	OECD
(22) 自然环境	8个指标	
$PM_{2.5}$年均浓度，年平均暴露量	微克/立方米	WDI
人均二氧化碳排放量	吨	WDI
淡水工业污染率	%	EU/WDI
城市废水处理率	%	OECD
城市废物回收处理率	%	OECD
森林面积比例	%（占土地面积的百分比）	WDI
生物多样性保护陆地面积占比	%	OECD
极端气候影响人口比例	%	WDI

(续表)

指标和变量	解释和单位	来源
（23）国际环境	2个指标	
国际净移民比例	‰	WDI
外国留学生比例	‰	UNESCO
（24）个人生活满意度	6个指标	
生活满意度	指数（数值为1~10，1为完全不满意，10为完全满意）	WVS，OECD
总体生活满意度	指数（数值为1~10，1为完全不满意，10为完全满意）	EU
家庭生活满意度	指数（数值为1~10，1为完全不满意，10为完全满意）	EU
住房满意度	指数（数值为1~10，1为完全不满意，10为完全满意）	EU
自杀率	例/10万人	WDI
（25）公共生活满意度	4个指标	
经济生活满意度	指数（数值为1~10，1为完全不满意，10为完全满意）	WVS
社会生活满意度	指数（数值为1~10，1为完全不满意，10为完全满意）	EU
公共服务满意度	指数（数值为1~10，1为完全不满意，10为完全满意）	EU
教育满意度	指数（数值为1~10，1为完全不满意，10为完全满意）	EU
（26）生活环境满意度	4个指标	
水质满意度	指数	OECD

注：FAO为联合国粮农组织数据库数据；HNP为世界银行健康营养人口数据库数据；WHS为世界卫生组织数据库数据；OECD为经济合作与发展组织数据库数据；EU为欧盟数据库数据；WDI为世界银行世界发展指标数据库数据；ILO为国际劳工组织数据库数据；WVS为世界价值观调查数据库数据；CIW为加拿大幸福指数数据库数据；UNESCO为联合国教科文组织数据库数据；CMR2017为《中国现代化报告2017：健康现代化》数据；NUMBEO为NUMBEO数据库数据；Freedom House为自由之家数据库数据；Statista为Statista数据库数据；SPI为社会发展指数数据库数据；Pew为Pew数据库数据；Wiki为维基百科（Wikipedia）。

附表 1-1-2 OECD 美好生活指数指标体系

领域/指标	单位	指标解释	覆盖年份	国家数（OECD+非OECD）	数据来源	OECD平均值（2017年）
1. 收入						
家庭净调整可支配收入	国际美元/人	即家庭无须减少资产或增加其负债就能承受的最大消费金额。根据国民账户体系定义的总收入加上家庭从政府获得的实物社会转移支付，减去对收入和财富征收的税款，家庭支付的社会保障缴款以及家庭消费的资本货物折旧	2005~2015	30+3	OECD National Accounts Statistics database	30 563
家庭净金融财富	国际美元/人	包括：货币和存款，股票以外的证券，贷款，股票和其他股权（包括投资基金发行的股票），保险技术准备金等应收或应付的账款，扣除家庭金融负债	2008~2015	27	OECD Wealth Distribution database	90 570
2. 工作						
就业率	%	15至64岁人口中的就业人数。根据国际劳工组织的定义，受雇人员指15岁或以上自我报告在前一周至少工作了一小时的人	2005~2016	35+6	OECD Employmentand Labor Market Statistics	67
长期失业率	%	指失业一年或以上人口占劳动力的百分比（就业人员和失业人员的总和）	2005~2016	34+5	OECD Employmentand Labor Market Statistics	2.04
个人收入	现价美元	即全职员工的平均年度总收入。它考虑了雇员的总薪酬，即雇主在税收、社会保障和养老金缴款、人寿保险费、工会会费和雇员的其他义务方面扣除之前所支付的总薪酬	2005~2016	34+1	OECD Average Annual Wages database	44 290
劳动力市场不安全性	%	以前收入的百分比，根据与失业相关的预期收益损失来定义的。这种损失取决于失业的风险，失业的预期持续时间以及政府向失业者所提供的转移这些损失的程度（有效保险）	2007~2015	34	OECD Job Quality database	4.9
工作压力的发生率	%	工作要求超过工作资源的数量	2005, 2010, 2015	35+3	OECD Job Quality database	
3. 住房						
人均房间数	比值	指住宅中的房间数（不包括小厨房、洗碗间/杂物间、浴室、卫生间、车库、诊室、办公室、商店）除以住在该住宅内的人数	2005~2015	35+4	EU-SILC	1.8
没有基本设施的住房	%	指居住在没有室内冲水马桶的住宅中的人口百分比，仅供家庭使用。不考虑在住宅外的冲洗厕所。在带淋浴间或浴缸的房间内的冲洗厕所也算在内	2005~2015	32+5	EU-SILC	2.1

(续表)

领域/指标	单位	指标解释	覆盖年份	国家数（OECD+非OECD）	数据来源	OECD平均值（2017年）
住房支出	%	住房和房屋维护的支出占家庭总调整后可支配收入的百分比。包括住房的实际和估算租金、住宅（包括杂项服务）的维护和维修费用、供水、电力、燃气和其他燃料的支出，以及家具、家庭设备以及房屋日常维护服务和物品的支出	2005～2015	33+5	OECD National Accounts database	20
4. 健康						
出生预期寿命	岁	新生儿出生时平均预期寿命	2005～2015	35+6	OECD Health Statistics database	80.1
自我报告健康的人口比例	%	15岁及以上的人群报告"健康"或"健康状况良好"的百分比。WHO建议使用标准的健康访谈调查来衡量	2005～2015	35+3	OECD Health Statistics database	69
5. 工作和生活						
长时间工作员工	%	每周平均工作时间为50小时或以上人员占受雇人员的比例	2005～2016	31+6	OECD Employment and Labor Market Statistics	12.62
用于休闲和个人护理的时间	小时数（分钟）/天	平均每天全职工作人员在休闲和个人护理活动上花费的小时数（分钟）。休闲活动包括各种室内和室外活动，如散步和远足、体育、娱乐和文化活动、与朋友和家人交往、志愿服务、小睡、玩游戏、看电视、使用电脑、休闲园艺等。护理活动包括睡眠（但不包括小睡）、饮食以及其他家庭或医疗或个人服务（公共卫生、看病、理发等）。还包括与个人护理相关的旅行时间	2010	21+1	OECD Time Use Survey database	2.1
6. 教育与技能						
教育程度	%	根据"国际教育标准分类法"的分类，年龄在25至64岁之间的成年人中至少拥有的高中学历的人口比例	2005～2016	34+6	OECD Education at a Glance database	74
学生的认知技能	平均分	OECD国际学生评估项目（PISA）评估的学生在阅读、数学和科学方面的平均分数	2015	35+5	PISA	486
预计教育年限	年	5岁儿童在39岁前预计可以接受教育的平均持续时间			OECD Education at a Glance	17
成人的能力*		16—65岁成人识字和算术的平均熟练程度	2012	28+2	PIAAC	
7. 社会关系/社区						
社会网络支持	%	衡量15岁及以上人口社交网络支持感的指标。该指标基于以下问题："如果您遇到麻烦，您是否可以指望亲戚或朋友在您需要的时候帮助您？"并且它会考虑积极回应的受访者	2005/6～2016	35+6	Gallup World Poll	89

(续表)

领域/指标	单位	指标解释	覆盖年份	国家数（OECD+非OECD）	数据来源	OECD平均值（2017年）
8. 公民参与和治理						
利益相关者参与制定法规	平均分	在制定主要法律和从属法规时正式利益相关者参与的程度。该指标计算为衡量利益相关方参与的四个方面的两个综合指标（分别涵盖主要法律和附属法规）的简单平均值，即①系统采用（正式利益相关方参与要求）；②咨询方法和利益相关者参与；③公众咨询程序的透明度和政府的开放做法；④监督和质量控制，指监督机构的存在以及利益相关者参与结果的公开信息			OECD Indicators of Regulatory Policy and Governance (iREG)	2.4
选民投票率	%	在选举期间投票的人数（无论此投票是否有效）与登记投票的人数之间的比率。该指标指的是吸引了每个国家最多选民的选举（议会或总统）	2005~2017	35+6	IDEA	69
对政府的所作所为有发言权*	%	16~65岁的人认为他们对政府的行为有发言权的百分比	2012	28+2	PIAAC	
9. 环境质量						
大气污染	毫克/立方米	PM$_{2.5}$的年浓度的总体加权平均值	2005~2013（每三年平均）	35+6	OECD Exposure to Air Pollution database	14
对水质的满意度	%	15岁及以上人口对所处环境的主观评价，特别是水的质量。它基于这样一个问题："在您所居住的城市或地区，您对水的质量感到满意还是不满意？"	2005/6~2016	35+6	Gallup World Poll	81
10. 个人安全						
凶杀率	每10万人口	因袭击而死亡	2005~2014	35+6	OECD Health Statistics database	3.6
夜里独自行走感到安全	%	15岁及以上人口感到安全的百分比，该指标基于以下问题："你觉得在你住的城市或地区夜间独自行走是否安全？"	2006~2016	35+6	Gallup World Poll	68.6
11. 生活满意度						
生活满意度	平均分	该指标考虑了人们对整个生活的评价。它是不同响应类别的加权和，基于人们当前生活的相对于他们的最佳和最差可能生活的比率，从0到10，使用Cantril Ladder量表计算	2013，2014，2015（各国不同）	30	Gallup World Poll	6.5

资料来源：OECD，2017a；OECD，2017c．

附表 1-2-1　2016 年世界生活质量指数

国家	编号	现实生活质量指数	排名	生活满意度指数	排名	生活质量指数	排名	分组
瑞典	1	98	2	100	6	99	2	1
美国	2	86	17	94	15	90	13	1
芬兰	3	97	4	100	1	99	3	1
澳大利亚	4	96	7	100	7	98	5	1
瑞士	5	96	11	83	29	89	14	1
挪威	6	100	1	100	2	100	1	1
日本	7	85	19	87	20	86	19	1
丹麦	8	96	9	100	3	98	6	1
德国	9	96	8	96	12	96	10	1
荷兰	10	97	5	89	18	93	12	1
加拿大	11	98	3	97	11	97	7	1
新加坡	12	76	27	99	8	87	17	1
英国	13	94	13	100	4	97	8	1
法国	14	91	15	84	28	87	16	1
比利时	15	94	14	74	35	83	22	1
奥地利	16	96	10	92	17	94	11	1
新西兰	17	96	6	100	5	98	4	1
韩国	18	77	26	96	13	86	20	1
以色列	19	82	20	63	52	72	31	2
意大利	20	80	22	72	38	76	28	2
爱尔兰	21	96	12	97	10	97	9	1
西班牙	22	85	18	85	25	85	21	1
爱沙尼亚	23	81	21	95	14	88	15	1
斯洛文尼亚	24	86	16	87	22	86	18	1
乌拉圭	25	60	35	68	43	64	39	2
俄罗斯	26	55	40	75	33	64	38	2
斯洛伐克	27	64	33	79	30	71	32	2
希腊	28	79	25	65	45	72	30	2
匈牙利	29	74	28	74	36	74	29	2
捷克	30	79	24	85	24	82	24	1
葡萄牙	31	79	23	86	23	83	23	1
白俄罗斯	32	54	42	77	32	65	36	2
拉脱维亚	33	71	29	93	16	81	25	1
立陶宛	34	64	32	98	9	79	26	2
格鲁吉亚	35	36	66	71	41	51	52	2
乌克兰	36	46	52	64	51	54	48	2
保加利亚	37	59	37	64	48	62	41	2
黎巴嫩	38	51	46	48	68	49	53	3
哈萨克斯坦	39	54	44	85	27	68	35	2
波兰	40	68	31	87	21	77	27	2
阿根廷	41	60	36	59	56	59	46	2
巴拿马	42	48	48	29	93	37	73	3
克罗地亚	43	68	30	68	44	68	34	2
沙特阿拉伯	44	62	34	29	92	43	65	3
哥伦比亚	45	37	63	56	58	45	57	3

(续表)

国家	编号	现实生活质量指数	排名	生活满意度指数	排名	生活质量指数	排名	分组
科威特	46	57	38	64	50	60	43	2
智利	47	54	43	70	42	62	42	2
马其顿	48	43	55	85	26	60	44	2
阿塞拜疆	49	39	59	75	34	54	49	2
摩尔多瓦	50	37	65	60	54	47	55	3
罗马尼亚	51	51	45	77	31	63	40	2
委内瑞拉	52	38	61	20	117	28	85	4
乌兹别克斯坦	53	29	79	55	60	40	69	3
多米尼加	54	27	83	30	90	28	83	4
亚美尼亚	55	47	49	64	49	55	47	2
巴拉圭	56	32	73	27	99	30	81	4
哥斯达黎加	57	46	50	44	72	45	59	3
巴西	58	46	51	60	55	52	51	2
墨西哥	59	49	47	72	39	59	45	2
博茨瓦纳	60	30	75	18	121	23	93	4
秘鲁	61	34	68	56	59	44	62	3
牙买加	62	38	60	36	81	37	72	3
约旦	63	40	57	48	70	44	61	3
南非	64	32	72	50	64	40	67	3
土耳其	65	57	39	73	37	64	37	2
厄瓜多尔	66	37	62	49	65	43	63	3
伊朗	67	40	56	41	77	40	68	3
蒙古	68	37	64	33	85	35	75	3
摩洛哥	69	28	80	65	47	43	64	3
马来西亚	70	55	41	88	19	69	33	2
萨尔瓦多	71	27	82	37	80	32	77	3
埃及	72	30	76	52	63	39	70	3
中国	73	43	54	54	62	48	54	3
阿尔及利亚	74	33	70	54	61	42	66	3
土库曼斯坦	75	22	88	65	46	38	71	3
突尼斯	76	35	67	58	57	45	60	3
阿尔巴尼亚	77	43	53	49	66	46	56	3
吉尔吉斯斯坦	78	33	69	61	53	45	58	3
塔吉克斯坦	79	21	89	36	82	28	84	4
玻利维亚	80	27	81	20	119	23	92	4
缅甸	81	17	95	29	95	22	95	4
菲律宾	82	26	84	41	76	33	76	3
泰国	83	39	58	71	40	53	50	2
纳米比亚	84	29	78	17	124	22	96	4
津巴布韦	85	14	108	31	89	21	103	4
洪都拉斯	86	21	90	21	115	21	98	4
尼加拉瓜	87	24	86	24	107	24	90	4
越南	88	33	71	39	78	36	74	3
肯尼亚	89	17	96	27	100	21	97	4
斯里兰卡	90	30	77	33	86	31	79	3

(续表)

国家	编号	现实生活质量指数	排名	生活满意度指数	排名	生活质量指数	排名	分组
刚果(布)	91	15	104	15	127	15	117	4
印度尼西亚	92	23	87	43	75	31	78	3
赞比亚	93	11	115	15	126	13	126	4
危地马拉	94	24	85	25	103	25	88	4
毛里塔尼亚	95	15	106	29	91	21	100	4
科特迪瓦	96	16	103	23	108	19	107	4
印度	97	19	91	48	69	30	80	3
巴基斯坦	98	16	101	43	74	26	86	4
莱索托	99	16	100	22	113	19	108	4
柬埔寨	100	16	98	13	128	15	119	4
喀麦隆	101	14	109	28	97	20	106	4
厄立特里亚	102	10	122	8	131	9	131	4
叙利亚	103	30	74	9	130	17	112	4
加纳	104	17	92	49	67	29	82	4
乍得	105	7	129	16	125	11	129	4
莫桑比克	106	11	116	17	122	14	122	4
几内亚	107	16	102	24	105	20	105	4
也门	108	16	99	34	84	23	91	4
巴布亚新几内亚	109	13	111	33	87	21	102	4
海地	110	15	105	28	96	20	104	4
尼泊尔	111	17	93	35	83	25	89	4
塞内加尔	112	12	114	29	94	18	110	4
塞拉利昂	113	8	128	22	114	13	128	4
刚果(金)	114	8	126	26	102	15	118	4
老挝	115	17	94	26	101	21	99	4
马拉维	116	8	125	22	112	14	124	4
多哥	117	12	112	23	110	17	113	4
马达加斯加	118	11	120	17	123	13	125	4
马里	119	12	113	37	79	21	101	4
尼日利亚	120	15	107	44	73	25	87	4
孟加拉国	121	14	110	25	104	19	109	4
坦桑尼亚	122	11	119	21	116	15	116	4
贝宁	123	11	117	23	111	16	114	4
尼日尔	124	7	130	28	98	14	123	4
安哥拉	125	17	97	20	118	18	111	4
乌干达	126	9	123	19	120	13	127	4
中非	127	8	127	11	129	9	130	4
布基纳法索	128	10	121	24	106	16	115	4
埃塞俄比亚	129	9	124	23	109	14	120	4
布隆迪	130	6	131	31	88	14	121	4
卢旺达	131	11	118	46	71	22	94	4
高收入国家		100		100		100		
中等收入国家		28		25		27		
低收入国家		11		10		10		
世界		34		25		29		

注:1 代表生活质量发达国家,2 代表生活质量中等发达国家,3 代表生活质量初等发达国家,4 代表生活质量欠发达国家。

附表 1-2-2　2016 年世界个人生活质量的指标和指数

国家	编号	人均蛋白质供应量	人均水果供应量	平均预期寿命	婴儿死亡率	结核病发病率	人均住房间数	汽车普及率	家庭人均消费	人均能源消费	恩格尔系数	个人生活质量指数
瑞典	1	108	342	82	2	8	2	476	25 718	5103	13	98
美国	2	110	286	79	6	3	2	381	36 373	6798	—	96
芬兰	3	118	261	82	2	5	2	477	25 737	5925	13	98
澳大利亚	4	106	242	83	3	6	2	570	31 246	5476	—	99
瑞士	5	93	284	83	4	8	2	544	41 579	2960	—	92
挪威	6	111	386	83	2	6	2	500	39 785	5816	12	100
日本	7	88	145	84	2	16	2	480	26 745	3429	—	85
丹麦	8	109	333	81	4	6	2	421	28 297	2817	12	94
德国	9	102	242	81	3	8	2	552	25 194	3818	12	95
荷兰	10	112	482	82	3	6	2	492	22 373	4233	10	97
加拿大	11	105	372	82	5	5	3	616	29 051	7604	—	100
新加坡	12	—	—	83	2	51	—	114	18 577	5122	—	72
英国	13	103	349	81	4	10	2	515	27 000	2764	13	94
法国	14	111	313	82	4	8	2	480	23 027	3690	16	94
比利时	15	100	196	81	3	10	2	496	23 265	4688	—	95
奥地利	16	106	422	81	3	8	2	550	24 998	3800	12	95
新西兰	17	93	271	82	5	7	2	670	22 434	4445	—	97
韩国	18	96	183	82	3	77	1	325	12 244	5413	—	66
以色列	19	128	326	82	3	4	1	311	19 809	2778	—	83
意大利	20	109	383	83	3	6	1	615	20 753	2482	19	85
爱尔兰	21	110	434	82	3	7	2	424	23 674	2820	12	94
西班牙	22	105	198	83	3	10	2	481	17 339	2571	14	86
爱沙尼亚	23	104	222	78	2	16	2	514	9778	4173	23	78
斯洛文尼亚	24	96	322	81	2	7	2	527	13 219	3175	15	86
乌拉圭	25	92	195	77	7	29	—	245	9531	1378	—	57
俄罗斯	26	103	196	72	7	66	1	307	5692	4943	—	56
斯洛伐克	27	73	159	77	5	6	1	376	9967	3004	22	69
希腊	28	109	333	81	4	4	1	472	15 608	2182	16	82
匈牙利	29	79	160	76	4	9	1	325	7680	2433	19	67
捷克	30	87	180	78	3	5	1	489	10 465	3860	20	78
葡萄牙	31	111	343	81	3	20	2	443	14 594	2132	13	81
白俄罗斯	32	94	197	74	3	52	—	320	4144	2929	—	57
拉脱维亚	33	91	131	75	4	37	1	343	9261	2177	26	59
立陶宛	34	124	134	74	4	53	—	428	10 574	2387	29	60
格鲁吉亚	35	81	137	73	10	92	—	241	2228	1178	—	36
乌克兰	36	89	169	71	8	87	—	164	2020	2334	—	40
保加利亚	37	84	210	75	7	27	1	441	5158	2478	29	58
黎巴嫩	38	80	291	80	7	12	—	97	6435	1337	—	55
哈萨克斯坦	39	96	248	72	10	67	—	220	5377	4435	—	54
波兰	40	101	165	77	4	18	1	545	8875	2490	23	68
阿根廷	41	103	209	77	10	24	—	240	6978	2015	—	57
巴拿马	42	79	245	78	14	55	1	135	5694	1079	—	39
克罗地亚	43	84	296	78	4	12	1	357	8296	1898	26	66
沙特阿拉伯	44	92	251	75	7	10	—	139	7170	6937	—	69
哥伦比亚	45	64	399	74	13	32	1	64	4627	712	—	36

(续表)

国家	编号	人均蛋白质供应量	人均水果供应量	平均预期寿命	婴儿死亡率	结核病发病率	人均住房间数	汽车普及率	家庭人均消费	人均能源消费	恩格尔系数	个人生活质量指数
科威特	46	108	298	75	7	24	1	399	11 053	8957	—	69
智利	47	87	175	80	7	16	1	176	9154	2029	—	60
马其顿	48	79	269	76	11	16	—	185	3664	1263	—	50
阿塞拜疆	49	93	205	72	22	66	1	117	2837	1502	—	34
摩尔多瓦	50	71	152	72	14	101	—	120	1840	928	—	30
罗马尼亚	51	103	209	75	7	74	1	260	6613	1592	32	48
委内瑞拉	52	73	224	75	22	32	—	116	8056	2268	—	45
乌兹别克斯坦	53	83	250	71	21	76	—	—	675	1419	—	30
多米尼加	54	58	715	74	26	60	—	73	4665	734	—	31
亚美尼亚	55	90	304	75	12	44	—	94	2708	1018	—	38
巴拉圭	56	71	200	73	18	42	—	58	2527	789	—	31
哥斯达黎加	57	75	365	80	8	10	1	176	6567	1031	—	56
巴西	58	95	255	76	15	42	1	172	6807	1485	—	47
墨西哥	59	88	294	77	12	22	1	214	6382	1488	—	53
博茨瓦纳	60	65	181	67	32	326	—	111	3506	1253	—	26
秘鲁	61	75	324	75	12	117	1	47	3894	768	—	30
牙买加	62	77	287	76	14	5	—	52	3765	981	—	42
约旦	63	80	158	74	15	6	—	109	2536	929	—	40
南非	64	85	104	63	30	781	1	116	4546	2696	—	26
土耳其	65	108	348	76	11	18	1	135	8606	1657	23	56
厄瓜多尔	66	61	281	76	13	50	—	60	2986	892	—	34
伊朗	67	87	365	76	13	14	—	160	2667	3023	—	53
蒙古	68	81	82	69	15	183	—	48	2072	1838	—	25
摩洛哥	69	98	234	76	21	103	—	73	1892	553	—	27
马来西亚	70	82	124	75	7	92	—	392	5870	2968	—	51
萨尔瓦多	71	72	147	74	13	60	—	17	2868	647	—	25
埃及	72	103	281	71	19	14	1	47	2231	815	—	37
中国	73	98	258	76	9	64	2	99	2576	2237	40	44
阿尔及利亚	74	92	313	76	21	70	—	93	1784	1321	—	33
土库曼斯坦	75	90	154	68	42	60	—	82	224	4893	—	25
突尼斯	76	99	248	76	12	38	—	88	3194	944	—	39
阿尔巴尼亚	77	111	389	78	8	16	—	140	3552	808	—	49
吉尔吉斯斯坦	78	85	80	71	19	145	—	148	887	650	—	23
塔吉克斯坦	79	63	91	71	30	85	—	29	662	335	—	16
玻利维亚	80	66	190	69	29	114	—	26	1503	789	—	21
缅甸	81	83	108	67	40	361	—	5	558	372	—	11
菲律宾	82	60	290	69	23	554	—	33	1973	476	—	19
泰国	83	61	283	75	9	172	—	119	3012	1970	—	36
纳米比亚	84	58	200	64	33	446	—	51	5004	762	—	22
津巴布韦	85	48	42	61	38	208	—	53	646	—	—	14
洪都拉斯	86	65	237	74	16	40	1	4	1690	608	—	21
尼加拉瓜	87	70	107	75	15	48	0	20	1468	609	—	22
越南	88	82	186	76	17	133	—	22	1166	—	—	23
肯尼亚	89	62	150	67	34	348	—	18	890	513	—	15
斯里兰卡	90	60	99	75	8	65	1	32	2376	516	—	25

（续表）

国家	编号	人均蛋白质供应量	人均水果供应量	平均预期寿命	婴儿死亡率	结核病发病率	人均住房间数	汽车普及率	家庭人均消费	人均能源消费	恩格尔系数	个人生活质量指数
刚果(布)	91	52	179	65	36	378	—	15	869	540	—	14
印度尼西亚	92	62	160	69	22	391	—	52	2204	884	—	21
赞比亚	93	55	28	62	43	376	—	16	799	—	—	11
危地马拉	94	64	164	73	24	24	—	43	2729	830	—	30
毛里塔尼亚	95	85	31	63	55	102	1	5	654	—	—	13
科特迪瓦	96	59	211	54	66	153	—	17	1060	616	—	16
印度	97	60	154	69	34	211	0	17	1046	637	—	17
巴基斯坦	98	65	80	66	63	268	0	14	960	484	—	13
莱索托	99	74	77	54	68	724	1	—	1197	—	—	15
柬埔寨	100	66	72	69	26	345	1	19	837	417	—	15
喀麦隆	101	70	308	58	57	203	—	11	1029	342	—	14
厄立特里亚	102	—	—	65	33	74	—	6	412	—	—	8
叙利亚	103	—	—	70	14	21	1	246	—	563	—	37
加纳	104	65	538	63	37	156	—	20	1405	335	—	18
乍得	105	63	23	53	75	153	—	2	582	—	—	8
莫桑比克	106	46	71	58	55	551	—	11	372	428	—	9
几内亚	107	56	237	60	58	181	—	8	600	—	—	14
也门	108	59	144	65	43	48	—	22	466	—	—	18
巴布亚新几内亚	109	—	—	66	43	432	—	6	—	—	—	8
海地	110	48	181	63	55	188	—	4	671	393	—	11
尼泊尔	111	69	168	70	29	154	—	4	552	413	—	13
塞内加尔	112	58	59	67	34	140	—	23	815	272	—	14
塞拉利昂	113	56	104	52	85	304	—	4	462	—	—	9
刚果(金)	114	—	—	60	72	323	—	14	277	390	—	6
老挝	115	69	226	67	50	175	—	2	1119	—	—	13
马拉维	116	65	171	63	40	159	—	3	—	—	—	17
多哥	117	60	26	60	51	46	—	19	684	457	—	14
马达加斯加	118	47	125	66	34	237	—	8	325	—	—	12
马里	119	85	79	58	67	56	—	10	541	—	—	14
尼日利亚	120	64	156	53	67	219	—	16	1482	763	—	16
孟加拉国	121	56	64	72	28	221	—	2	693	222	—	10
坦桑尼亚	122	58	212	66	40	287	—	4	568	475	—	12
贝宁	123	64	136	61	65	59	—	20	561	417	—	15
尼日尔	124	81	78	60	50	93	—	6	275	151	—	10
安哥拉	125	57	248	62	56	370	—	27	3582	545	—	18
乌干达	126	53	323	60	37	201	—	4	485	—	—	12
中非	127	46	127	52	89	407	—	1	352	—	—	7
布基纳法索	128	79	193	60	53	51	—	11	405	—	—	17
埃塞俄比亚	129	60	20	65	43	177	—	1	—	497	—	9
布隆迪	130	—	18	57	44	118	—	2	158	—	—	5
卢旺达	131	57	856	67	30	50	—	2	607	—	—	15
高收入国家		104	270	80	5	12	2	450	24 292	4604	12	100
中等收入国家		—	—	71	29	156	—	—	2308	1396	—	20
低收入国家		61	—	63	50	224	—	—	502	—	—	14
世界		81	—	72	30	140	—	129	5766	1921	—	31
基准值		104	270	80	4.7	12	2.1	450	24 292	4604	12.4	

注：指标单位见附表1-1-1，"—"表示没有数据，后同。

附表 1-2-3　2016 年世界公共生活质量的指标和指数

国家	编号	人均国民收入	休闲和保健时间	最低月工资	大学入学率	平均受教育年限	绝对贫困人口比例	养老保险覆盖率	人均国际旅游次数	互联网普及率	公民权利	公共生活质量指数
瑞典	1	47 378	15	—	62	12.3	0.5	100	1.66	90	1	98
美国	2	54 104	14	1257	79	13.2	1.2	93	0.23	76	1	83
芬兰	3	40 066	15	—	87	11.2	0.1	100	1.66	88	1	98
澳大利亚	4	43 637	14	2603	122	13.2	0.5	83	0.41	88	1	94
瑞士	5	58 280	15	—	58	13.4	0.1	100	1.66	89	1	97
挪威	6	67 340	16	—	81	12.7	0.2	100	1.53	97	1	100
日本	7	38 267	15	1357	63	12.5	0.2	80	0.13	93	1	81
丹麦	8	47 209	16	—	81	12.7	0.2	99	1.68	97	1	100
德国	9	45 203	16	1593	66	13.2	0.1	100	1.10	90	1	99
荷兰	10	46 711	16	1700	80	11.9	0.1	100	1.05	90	1	99
加拿大	11	42 664	14	1717	59	13.1	0.5	98	0.86	90	1	97
新加坡	12	78 427	—	—	—	11.6	0.1	—	1.69	81	4	80
英国	13	38 680	15	—	57	13.3	0.2	100	1.08	95	1	96
法国	14	38 702	16	1623	65	11.6	0.1	100	0.40	86	2	88
比利时	15	41 727	16	1695	75	11.4	0.2	85	1.18	87	1	98
奥地利	16	44 443	15	—	83	11.3	0.7	100	1.32	84	1	98
新西兰	17	33 679	15	1954	82	12.5	0.1	98	0.56	88	1	96
韩国	18	35 122	15	—	93	12.2	0.2	78	0.44	93	2	86
以色列	19	32 273	14	1196	64	12.8	0.5	74	0.79	80	2	87
意大利	20	34 733	15	—	63	10.9	2.0	81	0.51	61	1	78
爱尔兰	21	48 551	15	1710	84	12.3	0.5	56	1.61	85	1	95
西班牙	22	33 307	16	845	91	9.8	1.0	—	0.33	81	1	79
爱沙尼亚	23	26 985	15	—	72	12.5	0.5	—	1.02	87	1	94
斯洛文尼亚	24	28 371	15	—	80	12.1	0.1	—	1.38	75	1	93
乌拉圭	25	19 502	—	387	56	8.6	0.1	68	0.50	66	1	67
俄罗斯	26	23 843	15	112	82	12.0	0.1	—	0.22	73	6	51
斯洛伐克	27	27 851	15	—	53	12.2	0.7	—	0.57	80	1	89
希腊	28	24 251	15	757	117	10.5	1.5	77	0.67	69	2	74
匈牙利	29	23 740	15	394	48	12.0	0.5	91	1.93	79	2	75
捷克	30	28 567	15	405	64	12.3	0.1	100	0.57	76	1	81
葡萄牙	31	26 521	15	684	63	8.9	0.5	100	0.18	70	1	73
白俄罗斯	32	15 765	—	180	87	12.0	0.1	94	0.05	71	6	44
拉脱维亚	33	23 685	14	538	68	11.7	0.7	100	0.99	80	1	79
立陶宛	34	26 884	—	112	66	12.7	0.7	100	0.68	74	1	70
格鲁吉亚	35	8785	—	11	52	12.2	4.2	90	0.91	58	3	33
乌克兰	36	7593	—	63	83	11.3	0.1	95	0.55	52	3	49
保加利亚	37	17 759	—	238	71	10.8	1.5	97	0.76	60	2	61
黎巴嫩	38	13 011	—	332	38	8.6	—	—	—	76	4	43
哈萨克斯坦	39	22 054	—	123	46	11.7	0.1	96	0.59	75	5	55
波兰	40	24 983	14	469	67	11.9	—	97	1.17	73	2	76
阿根廷	41	17 857	—	605	86	9.8	0.6	91	0.23	71	2	66
巴拿马	42	18 494	—	366	47	9.9	2.2	—	0.19	54	2	46
克罗地亚	43	21 088	—	458	67	11.2	0.7	58	0.39	73	2	66
沙特阿拉伯	44	51 329	—	800	67	9.6	—	—	0.65	74	7	66
哥伦比亚	45	13 050	—	235	59	7.6	4.5	23	0.08	58	3	32

(续表)

国家	编号	人均国民收入	休闲和保健时间	最低月工资	大学入学率	平均受教育年限	绝对贫困人口比例	养老保险覆盖率	人均国际旅游次数	互联网普及率	公民权利	公共生活质量指数
科威特	46	74 109	—	217	33	7.3	—	27	1.06	78	5	47
智利	47	21 768	15	424	90	9.9	1.3	75	0.20	66	1	65
马其顿	48	12 557	—	261	41	—	5.0	—	—	72	3	34
阿塞拜疆	49	15 107	—	66	27	11.2	—	82	0.44	78	6	39
摩尔多瓦	50	5311	—	111	41	11.9	0.2	73	0.05	71	3	36
罗马尼亚	51	21 060	—	306	48	10.8	5.7	—	0.82	60	2	48
委内瑞拉	52	16 725	—	492	77	9.4	10.2	50	0.05	60	5	33
乌兹别克斯坦	53	6135	—	—	8	12.0	58.2	98	0.06	47	7	19
多米尼加	54	13 282	—	165	53	7.7	1.6	11	0.05	61	3	30
亚美尼亚	55	8350	—	159	51	11.3	1.8	80	0.43	67	4	45
巴拉圭	56	8424	—	319	37	8.1	1.7	—	0.22	51	3	39
哥斯达黎加	57	14 490	—	18	54	8.7	1.3	56	0.21	66	1	38
巴西	58	14 583	14	237	51	7.8	3.4	86	0.04	61	2	41
墨西哥	59	16 623	13	128	37	8.6	2.5	25	0.16	60	3	37
博茨瓦纳	60	15 455	—	93	24	9.2	18.2	100	—	39	2	30
秘鲁	61	11 635	—	236	34	9.0	3.5	—	0.09	45	3	31
牙买加	62	7832	—	216	27	9.6	1.7	56	—	45	3	38
约旦	63	8320	—	211	36	10.1	0.1	42	0.14	62	5	39
南非	64	11 948	15	256	20	10.3	18.9	—	—	54	2	33
土耳其	65	23 500	12	468	95	7.9	0.2	88	0.10	58	3	54
厄瓜多尔	66	10 234	—	318	46	8.3	3.6	53	0.09	54	4	34
伊朗	67	18 544	—	311	69	8.8	0.2	26	0.11	53	6	42
蒙古	68	10 618	—	97	65	9.8	0.5	100	—	22	2	45
摩洛哥	69	7149	—	278	32	5.0	1.0	40	0.05	58	4	31
马来西亚	70	24 968	—	286	44	10.1	0.1	20	—	79	4	49
萨尔瓦多	71	7663	—	23	28	6.5	2.2	18	0.28	29	3	23
埃及	72	10 185	—	102	34	7.1	1.3	33	0.07	41	5	28
中国	73	14 354	—	226	48	7.6	1.9	63	0.10	53	6	36
阿尔及利亚	74	13 809	—	227	43	7.8	0.5	64	0.11	43	5	40
土库曼斯坦	75	10 128	—	—	8	9.9	51.4	—	0.01	18	7	10
突尼斯	76	10 071	—	166	33	7.1	2.0	—	0.16	50	3	33
阿尔巴尼亚	77	11 512	—	177	61	9.6	1.1	77	1.69	66	3	53
吉尔吉斯斯坦	78	3113	—	—	46	10.8	1.4	100	0.35	35	5	42
塔吉克斯坦	79	3156	—	52	29	10.4	4.8	80	0.00	20	6	14
玻利维亚	80	6621	—	208	—	8.2	7.1	91	0.10	40	3	28
缅甸	81	3898	—	—	16	4.7	6.4	—	—	25	5	20
菲律宾	82	8729	—	286	36	9.3	—	—	0.03	56	3	30
泰国	83	14 971	—	254	46	7.9	0.1	82	0.12	48	5	43
纳米比亚	84	9582	—	—	9	6.7	13.4	98	—	31	2	29
津巴布韦	85	1677	—	—	8	7.7	21.4	—	0.05	23	5	13
洪都拉斯	86	4096	—	317	20	6.2	16.0	8	—	30	4	18
尼加拉瓜	87	5145	—	141	18	6.5	3.2	24	0.16	25	4	23
越南	88	5589	—	—	28	8.0	2.0	35	—	47	5	34
肯尼亚	89	2898	—	159	4	6.3	36.8	8	—	26	4	12
斯里兰卡	90	11 118	—	51	19	10.9	0.7	—	0.07	32	4	27

(续表)

国家	编号	人均国民收入	休闲和保健时间	最低月工资	大学入学率	平均受教育年限	绝对贫困人口比例	养老保险覆盖率	人均国际旅游次数	互联网普及率	公民权利	公共生活质量指数
刚果(布)	91	6630	—	—	9	6.3	37.0	13	0.04	8	5	12
印度尼西亚	92	10 437	—	127	28	7.9	6.5	8	0.03	25	4	18
赞比亚	93	3196	—	—	4	6.9	57.5	8	—	26	4	11
危地马拉	94	7191	—	304	21	6.3	8.7	14	0.07	35	4	21
毛里塔尼亚	95	3520	—	107	5	4.3	6.0	9	—	18	5	13
科特迪瓦	96	3323	—	—	9	5.0	28.2	—	—	27	4	14
印度	97	6026	—	51	27	6.3	21.2	24	0.02	30	3	14
巴基斯坦	98	5155	—	98	10	5.1	4.0	—	—	16	5	17
莱索托	99	3124	—	129	9	6.1	59.6	100	—	27	3	17
柬埔寨	100	3246	—	—	13	4.7	—	5	0.09	32	5	17
喀麦隆	101	3280	—	65	17	6.1	23.8	13	—	25	6	13
厄立特里亚	102	1497	—	—	2	3.9	—	98	—	1	7	10
叙利亚	103	—	—	544	39	5.1	1.7	17	0.30	32	7	34
加纳	104	3889	—	72	16	6.9	12.0	8	—	35	2	17
乍得	105	1850	—	121	3	2.3	—	2	0.01	5	6	5
莫桑比克	106	1098	—	131	7	3.5	62.9	17	—	18	4	10
几内亚	107	1779	—	—	11	2.6	—	9	—	24	5	14
也门	108	1480	—	—	10	3.0	18.8	9	—	25	6	11
巴布亚新几内亚	109	—	—	195	—	4.3	38.0	—	—	10	3	13
海地	110	1681	—	160	—	5.2	23.5	—	—	12	5	11
尼泊尔	111	2334	—	86	12	4.1	15.0	63	0.04	20	4	14
塞内加尔	112	2297	—	73	11	2.8	38.0	—	—	26	2	12
塞拉利昂	113	1216	—	6	2	3.3	52.2	—	0.01	12	3	4
刚果(金)	114	792	—	40	7	6.1	77.1	15	—	6	6	7
老挝	115	5822	—	80	17	5.2	22.7	6	0.45	22	6	15
马拉维	116	1053	—	23	1	4.4	71.4	4	—	10	3	5
多哥	117	1407	—	59	12	4.7	49.2	—	—	11	4	9
马达加斯加	118	1339	—	49	5	6.1	77.6	5	—	5	4	6
马里	119	1901	—	67	8	2.3	49.7	6	—	11	4	7
尼日利亚	120	5326	—	114	10	6.0	53.5	—	—	26	5	13
孟加拉国	121	3509	—	68	17	5.2	14.8	84	0.01	18	4	14
坦桑尼亚	122	2542	—	—	4	5.8	49.1	—	—	13	4	10
贝宁	123	2010	—	64	13	3.5	49.6	10	—	12	4	10
尼日尔	124	898	—	61	2	1.7	44.5	6	—	4	4	5
安哥拉	125	5956	—	102	9	5.0	30.1	15	—	13	6	12
乌干达	126	1654	—	2	5	5.7	41.6	6	0.01	22	5	5
中非	127	644	—	—	3	4.2	66.3	—	0.01	4	7	4
布基纳法索	128	1600	—	62	6	1.4	43.7	3	—	14	3	7
埃塞俄比亚	129	1603	—	25	8	2.6	26.7	9	0.00	15	6	6
布隆迪	130	721	—	2	5	3.0	71.7	4	0.01	5	6	5
卢旺达	131	1744	—	3	8	3.8	56.0	—	—	20	6	6
高收入国家		42 377	15	1443	75	12.8	0.7	92	0.65	82	1	100
中等收入国家		10 721	—	—	35	—	—	—	0.09	42	—	30
低收入国家		1824	—	—	7	—	43.9	—	—	12	—	6
世界		15 072	—	—	37	—	10.0	—	0.20	46	—	29
基准值		42 377	14.9	1443	75	12.8	0.7	92	0.65	82	1.2	

附表 1-2-4 2016 年世界生活环境质量的指标和指数

国家	编号	安全饮水普及率	人均银幕数	小学生师比	医生比例	护士比例	人均航行次数	监狱人口比例	交通事故死亡率	PM$_{2.5}$年均浓度	城市废水处理率	生活环境质量指数
瑞典	1	100	9.2	12	4.2	11.9	1.51	57	2.9	5.2	100	98
美国	2	99	14.0	14	2.6	9.9	2.55	655	10.8	9.2	—	79
芬兰	3	100	6.3	13	3.2	15.0	2.50	57	4.4	6.2	100	96
澳大利亚	4	100	9.7	18	3.5	12.6	3.01	160	5.4	6.1	—	96
瑞士	5	100	7.6	10	4.2	18.2	3.09	79	3.6	10.5	100	98
挪威	6	100	9.3	9	4.4	17.8	3.38	77	3.3	7.9	99	100
日本	7	100	2.8	16	2.4	11.2	0.93	48	4.7	13.2	90	88
丹麦	8	100	8.4	11	3.7	17.0	1.19	59	3.4	10.3	95	95
德国	9	100	6.3	12	4.2	13.8	1.51	78	4.2	13.5	100	94
荷兰	10	100	5.8	12	3.5	10.5	2.21	64	3.6	15.2	100	95
加拿大	11	100	9.6	17	2.5	9.8	2.35	114	5.8	7.5	97	96
新加坡	12	100	4.5	17	2.3	7.1	6.24	227	3.7	25.0	—	77
英国	13	100	7.0	17	2.8	8.4	2.21	146	2.9	11.5	100	92
法国	14	100	10.1	18	3.2	10.6	0.98	100	5.1	11.9	100	91
比利时	15	100	4.7	11	3.0	11.1	1.11	98	7.1	16.0	96	89
奥地利	16	100	7.2	10	5.2	8.3	1.68	101	5.7	15.0	100	94
新西兰	17	100	10.3	14	3.1	11.1	3.25	203	6.1	5.5	94	96
韩国	18	98	5.3	17	2.3	6.9	1.51	112	12.0	28.7	100	79
以色列	19	100	5.7	12	3.6	5.1	0.76	236	3.2	18.7	98	77
意大利	20	100	6.3	12	4.0	5.7	0.48	88	5.6	15.5	88	78
爱尔兰	21	98	11.8	16	3.0	12.4	26.3	81	4.0	9.2	98	98
西班牙	22	100	8.7	13	3.9	5.3	1.44	133	3.6	10.0	98	91
爱沙尼亚	23	100	6.9	11	3.4	6.4	0.26	204	6.3	5.9	88	72
斯洛文尼亚	24	100	6.2	17	2.8	8.8	0.49	68	6.5	17.8	93	80
乌拉圭	25	100	—	12	3.7	5.5	0.19	306	17.4	11.5	—	57
俄罗斯	26	97	3.1	20	4.0	8.7	0.54	448	17.4	15.5	—	58
斯洛伐克	27	100	4.1	15	3.5	6.0	0.00	183	8.2	20.3	99	43
希腊	28	100	5.7	10	6.3	3.4	1.22	89	8.1	11.3	93	81
匈牙利	29	100	4.0	11	3.1	6.6	2.18	180	7.5	24.6	72	81
捷克	30	100	7.2	19	3.7	8.4	0.57	198	6.5	19.2	81	78
葡萄牙	31	100	5.9	13	4.4	6.4	1.27	139	7.7	9.5	70	85
白俄罗斯	32	100	8.6	18	4.1	11.4	0.22	364	12.6	19.8	—	65
拉脱维亚	33	99	3.3	11	3.2	4.9	1.47	222	9.9	14.6	100	76
立陶宛	34	97	3.1	13	4.4	8.1	0.36	254	13.0	16.7	—	64
格鲁吉亚	35	100	0.6	9	4.8	4.0	0.06	251	11.6	20.7	—	41
乌克兰	36	96	1.0	13	3.0	7.0	0.13	324	9.7	19.2	—	49
保加利亚	37	99	3.1	18	4.0	5.3	0.15	103	7.6	25.6	—	59
黎巴嫩	38	99	2.9	12	2.4	2.6	0.44	122	19.3	32.6	—	54
哈萨克斯坦	39	93	1.6	19	3.3	8.5	0.28	221	23.2	19.7	—	53
波兰	40	98	3.6	10	2.3	5.7	0.14	189	9.4	25.6	94	60
阿根廷	41	99	2.4	—	3.9	4.2	0.34	174	14.4	14.1	—	55
巴拿马	42	95	—	22	1.6	2.5	3.29	423	10.7	14.1	—	61
克罗地亚	43	100	4.0	14	3.1	6.5	0.45	78	9.2	19.8	—	73
沙特阿拉伯	44	97	—	12	2.6	5.2	1.07	197	27.5	187.9	—	52
哥伦比亚	45	91	2.1	24	1.8	1.1	0.66	235	18.9	17.1	—	45

(续表)

国家	编号	安全饮水普及率	人均银幕数	小学生师比	医生比例	护士比例	人均航行次数	监狱人口比例	交通事故死亡率	PM$_{2.5}$年均浓度	城市废水处理率	生活环境质量指数
科威特	46	99	2.1	9	2.6	7.0	0.99	112	17.7	111.0	—	57
智利	47	99	2.2	18	1.0	0.1	0.91	242	11.6	22.0	86	41
马其顿	48	99	0.6	14	2.9	3.8	0.15	156	8.1	31.9	—	46
阿塞拜疆	49	87	0.3	15	3.4	6.9	0.20	235	10.0	33.0	—	43
摩尔多瓦	50	88	0.4	17	3.4	4.5	0.27	227	10.7	19.9	—	46
罗马尼亚	51	100	1.9	19	2.7	6.4	0.19	143	8.9	19.1	—	58
委内瑞拉	52	93	1.8	26	1.9	1.1	0.19	173	41.7	26.3	—	35
乌兹别克斯坦	53	87	0.7	20	2.5	12.5	0.07	150	10.2	46.7	—	43
多米尼加	54	85	1.4	19	1.5	1.3	0.00	232	27.8	23.7	—	20
亚美尼亚	55	100	—	19	2.8	5.4	0.24	132	15.7	27.0	—	60
巴拉圭	56	98	0.5	24	1.3	1.0	0.07	199	23.4	23.7	—	28
哥斯达黎加	57	98	3.4	12	1.2	0.8	0.31	374	14.9	18.5	86	45
巴西	58	98	1.6	22	1.9	7.4	0.45	313	22.6	12.7	—	50
墨西哥	59	96	5.3	27	2.2	2.6	0.42	177	11.8	18.8	62	58
博茨瓦纳	60	96	—	23	0.4	2.7	0.11	208	21.0	23.1	—	36
秘鲁	61	87	2.0	18	1.1	1.5	0.47	252	13.3	26.1	—	43
牙买加	62	94	—	26	0.5	1.7	0.05	138	10.0	15.1	—	36
约旦	63	97	0.5	18	3.4	3.1	0.34	197	23.6	37.2	—	40
南非	64	93	1.7	30	0.8	5.2	0.35	280	21.3	35.9	—	39
土耳其	65	100	3.7	18	1.7	2.6	1.26	251	8.8	37.3	64	59
厄瓜多尔	66	87	2.0	25	1.7	2.1	0.32	160	20.7	13.2	—	45
伊朗	67	96	0.5	27	1.5	1.6	0.19	294	28.0	49.0	—	28
蒙古	68	64	—	30	3.3	4.1	0.18	300	20.8	29.7	—	44
摩洛哥	69	85	0.2	27	0.6	0.9	0.22	232	18.6	25.4	—	25
马来西亚	70	98	3.5	12	1.5	4.1	1.73	160	22.3	17.6	—	66
萨尔瓦多	71	94	—	28	1.6	0.5	0.41	579	19.0	33.4	—	33
埃及	72	99	0.3	23	0.8	1.4	0.13	116	13.3	126.0	—	26
中国	73	96	2.5	17	1.8	2.3	0.35	119	19.4	56.3	93	49
阿尔及利亚	74	84	0.1	24	1.2	1.9	0.15	146	23.7	37.2	—	26
土库曼斯坦	75	60	—	—	2.3	4.8	0.23	583	17.4	37.7	—	40
突尼斯	76	98	0.2	16	1.3	2.6	0.32	204	23.0	35.6	—	33
阿尔巴尼亚	77	95	0.6	18	1.3	4.0	0.01	165	13.6	14.6	—	30
吉尔吉斯斯坦	78	90	0.4	25	1.9	6.4	0.10	167	20.1	17.9	—	37
塔吉克斯坦	79	74	—	22	1.7	5.3	0.12	121	17.6	61.4	—	44
玻利维亚	80	90	0.9	18	0.5	1.0	0.34	142	23.3	22.0	—	34
缅甸	81	81	0.3	22	0.6	0.9	0.05	113	19.5	48.8	—	22
菲律宾	82	92	0.9	30	1.1	0.2	0.39	121	10.7	23.2	—	33
泰国	83	98	1.4	17	0.5	2.3	0.88	437	31.7	23.2	—	37
纳米比亚	84	91	—	30	0.4	2.8	0.23	145	23.6	25.9	—	38
津巴布韦	85	77	—	36	0.1	1.2	0.02	—	45.4	24.5	—	15
洪都拉斯	86	91	1.0	28	0.4	1.4	0.03	200	16.5	29.5	—	24
尼加拉瓜	87	87	—	30	0.9	1.4	0.01	238	14.9	22.7	—	27
越南	88	98	—	20	0.8	1.4	0.41	122	24.0	26.3	—	44
肯尼亚	89	63	—	31	0.2	1.6	0.09	108	30.5	16.3	—	28
斯里兰卡	90	96	0.9	23	0.9	2.8	0.25	80	17.2	25.6	—	39

(续表)

国家	编号	安全饮水普及率	人均银幕数	小学生师比	医生比例	护士比例	人均航行次数	监狱人口比例	交通事故死亡率	PM$_{2.5}$年均浓度	城市废水处理率	生活环境质量指数
刚果(布)	91	77	—	44	0.1	0.8	0.11	27	26.7	55.8	—	21
印度尼西亚	92	87	0.4	14	0.2	1.3	0.37	77	15.5	16.7	—	32
赞比亚	93	65	—	48	0.1	0.9	0.00	114	24.7	30.6	—	12
危地马拉	94	93	0.8	22	0.9	0.9	0.01	125	19.9	28.5	—	22
毛里塔尼亚	95	58	2.1	36	0.1	0.7	0.07	46	24.2	123.6	—	19
科特迪瓦	96	82	—	43	0.1	0.5	0.02	47	24.0	57.8	—	17
印度	97	94	0.9	35	0.8	2.1	0.09	33	21.2	75.8	—	28
巴基斯坦	98	91	0.2	48	1.0	0.5	0.05	44	14.3	75.8	—	19
莱索托	99	82	—	34	0.0	0.6	0.02	92	26.1	26.9	—	17
柬埔寨	100	76	0.1	43	0.1	1.0	0.07	137	19.0	26.1	—	17
喀麦隆	101	76	—	43	0.1	0.5	0.01	121	28.1	139.7	—	14
厄立特里亚	102	58	0.2	43	0.1	0.6	—	—	24.9	50.5	—	13
叙利亚	103	90	—	25	1.5	2.3	0.00	60	19.7	43.5	—	22
加纳	104	89	—	31	0.1	0.9	0.01	52	26.1	54.2	—	18
乍得	105	51	—	57	0.0	0.3	0.00	59	24.3	95.7	—	10
莫桑比克	106	51	—	55	0.1	0.4	0.02	65	33.1	21.0	—	15
几内亚	107	48	—	46	0.1	0.4	—	25	28.1	46.1	—	21
也门	108	55	—	27	0.3	0.8	0.03	53	22.8	72.6	—	21
巴布亚新几内亚	109	40	—	45	0.1	0.5	0.25	61	16.9	13.7	—	23
海地	110	58	—	33	0.2	0.1	—	97	15.3	23.5	—	26
尼泊尔	111	92	—	22	0.6	2.0	0.02	59	17.3	78.5	—	27
塞内加尔	112	79	—	32	0.1	0.3	0.00	76	28.0	56.8	—	10
塞拉利昂	113	63	1.5	37	0.0	0.3	0.01	64	28.5	42.1	—	12
刚果(金)	114	52	—	33	0.1	1.0	0.01	29	33.5	56.3	—	14
老挝	115	76	0.1	23	0.5	1.0	0.18	119	15.0	27.7	—	24
马拉维	116	90	—	70	0.0	0.3	0.00	79	34.2	28.3	—	8
多哥	117	63	—	41	0.1	0.3	0.06	62	31.9	84.1	—	15
马达加斯加	118	52	—	41	0.1	0.2	0.02	88	31.4	21.5	—	16
马里	119	77	—	39	0.1	0.4	0.02	33	25.3	92.2	—	15
尼日利亚	120	69	0.1	38	0.4	1.6	0.02	34	20.6	122.5	—	15
孟加拉国	121	87	—	34	0.5	0.3	0.02	45	12.8	101.0	—	20
坦桑尼亚	122	56	0.1	43	0.0	0.4	0.02	58	33.4	22.3	—	10
贝宁	123	78	—	45	0.2	0.6	0.00	68	27.7	96.0	—	8
尼日尔	124	58	—	36	0.0	0.1	0.00	44	28.4	203.7	—	6
安哥拉	125	49	—	43	0.1	1.4	0.04	93	24.4	36.2	—	22
乌干达	126	79	—	43	0.1	0.6	0.00	120	27.3	73.5	—	11
中非	127	69	—	83	0.0	0.3	—	16	31.8	66.3	—	17
布基纳法索	128	82	0.1	42	0.0	0.6	0.01	41	30.7	110.7	—	9
埃塞俄比亚	129	57	—	55	0.0	0.2	0.08	127	27.3	49.7	—	14
布隆迪	130	76	—	50	0.0	0.2	—	86	32.7	46.3	—	17
卢旺达	131	76	—	58	0.1	0.8	0.05	434	32.9	52.8	—	15
高收入国家		99	9.2	14	3.0	10.5	1.86	138	8.2	19.7	97	100
中等收入国家		92	—	24	1.3	2.5	0.26	—	19.3	55.2	—	38
低收入国家		66	—	41	0.3	0.8	0.02	—	27.9	56.5	—	16
世界		91	—	24	1.5	3.1	0.50	—	18.3	49.7	—	45
基准值		99	9.2	14	3.0	10.5	1.86	138	8.2	20	97	

附表 1-2-5　2016 年世界生活满意度的指标和指数

国家	编号	营养不良人口比例	自杀率*	生活满意度	失业率*	收入不平等	经济生活满意度	营商便利指数	水质满意度	生活满意度指数
瑞典	1	2.5		7.55		4.6	6.94	10	95	100
美国	2	2.5		7.37		9.4	6.15	6	84	94
芬兰	3	2.5		—		3.9	—	13	94	100
澳大利亚	4	2.5		7.20		5.8	6.32	14	94	100
瑞士	5	2.5		—		5.2	—	33	97	83
挪威	6	2.5		—		4.1	—	8	97	100
日本	7	2.5		6.91		5.4	6.04	34	87	87
丹麦	8	2.5		—		4.0	—	3	95	100
德国	9	2.5		7.36		5.1	6.62	20	94	96
荷兰	10	2.5		7.49		4.2	6.92	32	94	89
加拿大	11	2.5		—		6.2	—	18	90	97
新加坡	12	—		6.96		—	6.41	2	—	99
英国	13	2.5		—		5.4	—	7	87	100
法国	14	2.5		—		5.2	—	31	84	84
比利时	15	2.5		—		4.2	—	52	83	74
奥地利	16	2.5		—		4.9	—	22	93	92
新西兰	17	2.5		7.65			6.88	1	92	100
韩国	18	2.5		6.51		5.3	5.69	4	78	96
以色列	19	2.5		—		9.8	—	54	65	63
意大利	20	2.5		—		7.0	—	46	70	72
爱尔兰	21	2.5		—		5.0	—	17	82	97
西班牙	22	2.5		6.79		7.3	5.56	28	71	85
爱沙尼亚	23	2.8		6.25		5.4	5.34	12	84	95
斯洛文尼亚	24	2.5		7.35		3.7	6.06	37	91	87
乌拉圭	25	2.5		7.60		7.9	6.64	94		68
俄罗斯	26	2.5		6.17		6.6	4.87	35	49	75
斯洛伐克	27	2.7		—		4.1	—	39	81	79
希腊	28	2.5		—		7.1	—	67	69	65
匈牙利	29	2.5		—		4.9	—	48	76	74
捷克	30	2.5		—		3.7	—	30	88	85
葡萄牙	31	2.5		—		6.4	—	29	89	86
白俄罗斯	32	2.5		5.78		3.8	4.78	38	—	77
拉脱维亚	33	2.5		—		5.8	—	19	76	93
立陶宛	34	2.5		—		7.2	—	16		98
格鲁吉亚	35	7.4		5.45		6.5	4.01	9		71
乌克兰	36	3.3		5.90		3.5	4.54	76		64
保加利亚	37	3.0		—		7.3	—	50		64
黎巴嫩	38	10.9		6.50		5.1	6.00	133	—	48
哈萨克斯坦	39	2.5		7.23		3.7	6.05	36		85
波兰	40	2.5		7.09		—	5.71	27	80	87
阿根廷	41	3.8		7.49		9.5	6.52	117		59
巴拿马	42	9.2		—		16.6	—	79		29
克罗地亚	43	2.5		—		5.3	—	51		68
沙特阿拉伯	44	5.5		—		—	—	92		29
哥伦比亚	45	6.5		8.39		14.3	6.70	59	—	56

(续表)

国家	编号	营养不良人口比例	自杀率*	生活满意度	失业率*	收入不平等	经济生活满意度	营商便利指数	水质满意度	生活满意度指数
科威特	46	2.5	—	7.21	—	—	7.19	96	—	64
智利	47	3.3	—	7.27	—	11.2	6.00	55	71	70
马其顿	48	4.1	—	—	—	7.3	—	11	—	85
阿塞拜疆	49	2.5	—	6.66	—	2.3	5.58	57	—	75
摩尔多瓦	50	—	—	—	—	3.7	—	44	—	60
罗马尼亚	51	2.5	—	6.69	—	8.0	5.84	45	—	77
委内瑞拉	52	11.7	—	—	—	15.8	—	188	—	20
乌兹别克斯坦	53	7.4	—	7.89	—	5.9	4.08	74	—	55
多米尼加	54	10.4	—	—	—	10.4	—	99	—	30
亚美尼亚	55	4.3	—	5.24	—	5.1	4.25	47	—	64
巴拉圭	56	11.2	—	—	—	11.8	—	108	—	27
哥斯达黎加	57	4.4	—	—	—	12.9	—	61	—	44
巴西	58	2.5	—	7.84	—	15.6	6.21	125	73	60
墨西哥	59	3.8	—	8.51	—	8.8	7.00	49	68	72
博茨瓦纳	60	28.5	—	—	—	23.2	—	81	—	18
秘鲁	61	8.8	—	7.14	—	10.6	6.03	58	—	56
牙买加	62	8.9	—	—	—	9.7	—	70	—	36
约旦	63	13.5	—	6.61	—	5.2	5.33	103	—	48
南非	64	6.1	—	6.63	—	28.4	6.13	82	69	50
土耳其	65	2.5	—	7.24	—	8.5	6.17	60	63	73
厄瓜多尔	66	7.8	—	7.92	—	10.7	6.66	118	—	49
伊朗	67	4.9	—	—	—	7.2	—	124	—	41
蒙古	68	18.7	—	—	—	5.1	—	62	—	33
摩洛哥	69	3.9	—	5.94	—	7.0	5.57	69	—	65
马来西亚	70	2.9	—	7.13	—	8.2	6.49	24	—	88
萨尔瓦多	71	10.3	—	—	—	7.9	—	73	—	37
埃及	72	4.8	—	4.85	—	4.6	4.86	128	—	52
中国	73	8.7	—	6.85	—	9.2	6.19	78	—	54
阿尔及利亚	74	4.7	—	6.30	—	4.0	5.99	166	—	54
土库曼斯坦	75	5.5	—	—	—	7.8	—	—	—	65
突尼斯	76	4.9	—	5.58	—	6.4	4.96	88	—	58
阿尔巴尼亚	77	5.5	—	—	—	4.2	—	65	—	49
吉尔吉斯斯坦	78	6.5	—	6.96	—	3.7	6.38	77	—	61
塔吉克斯坦	79	—	—	—	—	5.6	—	123	—	36
玻利维亚	80	19.8	—	—	—	12.6	—	152	—	20
缅甸	81	10.5	—	—	—	6.3	—	171	—	29
菲律宾	82	13.7	—	7.33	—	—	6.34	113	—	41
泰国	83	9.0	—	7.57	—	5.8	6.17	26	—	71
纳米比亚	84	25.4	—	—	—	22.8	—	106	—	17
津巴布韦	85	46.6	—	5.81	—	8.6	4.53	159	—	31
洪都拉斯	86	15.3	—	—	—	16.9	—	115	—	21
尼加拉瓜	87	16.2	—	—	—	10.2	—	131	—	24
越南	88	10.8	—	—	—	6.2	—	68	—	39
肯尼亚	89	24.2	—	—	—	7.7	—	80	—	27
斯里兰卡	90	10.9	—	—	—	6.8	—	111	—	33

(续表)

国家	编号	营养不良人口比例	自杀率*	生活满意度	失业率*	收入不平等	经济生活满意度	营商便利指数	水质满意度	生活满意度指数
刚果（布）	91	37.5	—	—	—	12.8	—	179	—	15
印度尼西亚	92	7.7	—	—	—	6.6	—	72	—	43
赞比亚	93	44.5	—	—	—	21.1	—	85	—	15
危地马拉	94	15.8	—	—	—	11.9	—	97	—	25
毛里塔尼亚	95	11.3	—	—	—	5.4	—	150	—	29
科特迪瓦	96	20.7	—	—	—	8.4	—	139	—	23
印度	97	14.8	6.52	—	—	5.3	5.94	100	—	48
巴基斯坦	98	20.5	7.54	—	—	4.8	6.76	147	—	43
莱索托	99	12.8	—	—	—	20.8	—	104	—	22
柬埔寨	100	18.5	—	—	—	—	—	135	—	13
喀麦隆	101	7.3	—	—	—	11.5	—	163	—	28
厄立特里亚	102	—	—	—	—	—	—	189	—	8
叙利亚	103	—	—	—	—	—	—	174	—	9
加纳	104	6.1	6.14	—	—	8.9	4.52	120	—	49
乍得	105	39.7	—	—	—	10.0	—	180	—	16
莫桑比克	106	30.5	—	—	—	14.2	—	138	—	17
几内亚	107	19.7	—	—	—	5.5	—	153	—	24
也门	108	34.4	5.89	—	—	6.1	4.67	186	—	34
巴布亚新几内亚	109	—	—	—	—	9.3	—	109	—	33
海地	110	45.8	5.59	—	—	8.6	3.35	181	—	28
尼泊尔	111	9.5	—	—	—	5.0	—	105	—	35
塞内加尔	112	11.3	—	—	—	7.7	—	140	—	29
塞拉利昂	113	25.5	—	—	—	5.4	—	160	—	22
刚果（金）	114	—	—	—	—	8.8	—	182	—	26
老挝	115	16.6	—	—	—	5.9	—	141	—	26
马拉维	116	26.3	—	—	—	9.4	—	110	—	22
多哥	117	16.2	—	—	—	9.7	—	156	—	23
马达加斯加	118	43.1	—	—	—	8.7	—	162	—	17
马里	119	6.0	—	—	—	5.2	—	143	—	37
尼日利亚	120	11.5	6.25	—	—	9.1	5.69	145	—	44
孟加拉国	121	15.2	—	—	—	4.8	—	177	—	25
坦桑尼亚	122	32.0	—	—	—	6.2	—	137	—	21
贝宁	123	10.4	—	—	—	16.3	—	151	—	23
尼日尔	124	14.4	—	—	—	6.7	—	144	—	28
安哥拉	125	23.9	—	—	—	9.0	—	175	—	20
乌干达	126	41.4	—	—	—	8.2	—	122	—	19
中非	127	61.8	—	—	—	18.5	—	184	—	11
布基纳法索	128	21.3	—	—	—	5.3	—	148	—	24
埃塞俄比亚	129	21.4	—	—	—	7.1	—	161	—	23
布隆迪	130	—	—	—	—	6.7	—	164	—	31
卢旺达	131	36.1	6.47	—	—	8.7	6.09	41	—	46
高收入国家		2.7	7.15	—	—	6.8	6.15	16	86	100
中等收入国家		10.8	—	—	—	—	—	—	—	25
低收入国家		28.2	—	—	—	—	—	—	—	10
世界		10.8	—	—	—	—	—	—	—	25
基准值		2.7	7.15	—	—	6.8	6.15	16	86	

注：* 由于数据质量和国际可比性较低，暂不参加评价。

附表 1-2-6 2000～2010 年世界生活质量指数

国家	编号	2000 年					2010 年				
		现实生活质量指数	生活满意度指数	生活质量指数	排名	分组	现实生活质量指数	生活满意度指数	生活质量指数	排名	分组
瑞典	1	99	100	100	2	1	99	100	100	2	1
美国	2	91	93	92	17	1	87	94	90	14	1
芬兰	3	96	100	98	6	1	97	100	99	3	1
澳大利亚	4	95	100	97	9	1	97	100	98	5	1
瑞士	5	96	100	98	7	1	96	89	92	13	1
挪威	6	100	100	100	1	1	100	100	100	1	1
日本	7	80	97	88	20	1	81	87	84	19	1
丹麦	8	97	100	99	4	1	97	100	99	4	1
德国	9	94	100	97	10	1	96	96	96	10	1
荷兰	10	96	100	98	5	1	97	89	93	12	1
加拿大	11	98	100	99	3	1	97	98	97	6	1
新加坡	12	68	100	83	22	1	72	100	85	18	1
英国	13	86	100	93	14	1	95	100	97	7	1
法国	14	90	100	95	12	1	93	88	90	15	1
比利时	15	92	100	96	11	1	93	73	82	20	1
奥地利	16	95	100	97	8	1	97	92	95	11	1
新西兰	17	92	—	92	16	1	95	100	97	8	1
韩国	18	61	95	76	25	2	71	95	82	22	1
以色列	19	84	94	89	19	1	80	62	70	31	2
意大利	20	86	100	93	13	1	83	80	82	24	1
爱尔兰	21	92	—	92	15	1	95	97	96	9	1
西班牙	22	80	99	89	18	1	86	89	88	16	1
爱沙尼亚	23	57	67	61	29	2	67	96	80	25	2
斯洛文尼亚	24	80	—	80	23	1	87	87	87	17	1
乌拉圭	25	52	64	58	35	2	57	65	61	38	2
俄罗斯	26	42	72	55	41	2	53	73	62	36	2
斯洛伐克	27	62	69	65	28	2	69	70	70	32	2
希腊	28	77	—	77	24	2	78	66	72	30	2
匈牙利	29	61	—	61	30	2	75	76	75	27	2
捷克	30	68	—	68	26	2	80	84	82	21	1
葡萄牙	31	74	93	83	21	1	78	86	82	23	1
白俄罗斯	32	37	—	37	61	3	49	75	61	37	2
拉脱维亚	33	49	71	59	33	2	65	94	78	26	2
立陶宛	34	48	92	66	27	2	54	100	74	29	2
格鲁吉亚	35	26	39	32	67	3	29	66	44	56	3
乌克兰	36	34	79	52	45	2	46	66	55	44	2
保加利亚	37	43	71	56	39	2	54	60	57	42	2
黎巴嫩	38	49	—	49	46	3	51	42	47	55	3
哈萨克斯坦	39	27	69	43	55	3	46	74	58	40	2
波兰	40	56	—	56	38	2	67	85	75	28	2
阿根廷	41	48	72	58	34	2	53	57	55	45	2
巴拿马	42	40	15	24	82	4	44	26	33	72	3
克罗地亚	43	57	52	55	42	2	65	68	66	33	2
沙特阿拉伯	44	47	77	61	32	2	58	26	39	62	3
哥伦比亚	45	28	24	26	79	4	30	40	35	70	3

(续表)

国家	编号	2000年					2010年				
		现实生活质量指数	生活满意度指数	生活质量指数	排名	分组	现实生活质量指数	生活满意度指数	生活质量指数	排名	分组
科威特	46	61	—	61	31	2	56	41	48	54	3
智利	47	42	69	54	43	2	49	67	57	41	2
马其顿	48	37	57	46	50	3	42	71	54	46	2
阿塞拜疆	49	28	35	31	68	3	35	65	48	53	3
摩尔多瓦	50	25	75	43	54	3	35	68	49	49	3
罗马尼亚	51	33	93	55	40	2	48	73	59	39	2
委内瑞拉	52	34	49	41	57	3	40	32	36	69	3
乌兹别克斯坦	53	23	42	31	69	3	28	41	33	71	3
多米尼加	54	26	20	23	87	4	26	25	26	86	4
亚美尼亚	55	32	34	33	64	3	42	56	48	52	3
巴拉圭	56	25	26	25	80	4	29	25	27	84	4
哥斯达黎加	57	41	51	46	49	3	44	42	43	58	3
巴西	58	34	24	29	73	4	45	58	51	47	2
墨西哥	59	37	73	52	44	2	44	70	56	43	2
博茨瓦纳	60	23	13	17	105	4	26	18	22	90	4
秘鲁	61	24	45	32	66	3	31	51	40	61	3
牙买加	62	45	51	48	48	3	40	37	38	66	3
约旦	63	38	61	48	47	3	42	55	48	51	3
南非	64	28	57	40	58	3	30	49	38	67	3
土耳其	65	40	81	57	37	2	54	73	63	35	2
厄瓜多尔	66	28	22	25	81	4	35	26	30	79	4
伊朗	67	27	75	45	52	3	36	53	44	57	3
蒙古	68	28	28	28	74	4	34	33	33	74	3
摩洛哥	69	21	70	38	60	3	26	58	39	63	3
马来西亚	70	45	72	57	36	2	54	79	65	34	2
萨尔瓦多	71	25	31	28	76	4	26	32	29	80	4
埃及	72	23	76	42	56	3	30	55	40	59	3
中国	73	17	53	30	72	3	30	50	39	64	3
阿尔及利亚	74	23	67	39	59	3	29	35	32	77	3
土库曼斯坦	75	21	53	33	65	3	19	70	37	68	3
突尼斯	76	29	68	45	53	3	33	47	40	60	3
阿尔巴尼亚	77	31	68	46	51	3	52	45	48	50	3
吉尔吉斯斯坦	78	18	61	33	62	3	26	41	32	76	3
塔吉克斯坦	79	14	—	14	113	4	19	36	26	85	4
玻利维亚	80	20	10	14	114	4	24	16	20	96	4
缅甸	81	15	—	15	111	4	12	25	17	110	4
菲律宾	82	22	49	33	63	3	27	17	22	92	4
泰国	83	27	34	31	70	3	35	71	50	48	2
纳米比亚	84	22	17	20	94	4	25	15	20	97	4
津巴布韦	85	13	27	19	97	4	12	17	15	117	4
洪都拉斯	86	18	19	18	98	4	20	21	20	95	4
尼加拉瓜	87	17	17	17	106	4	22	23	22	89	4
越南	88	16	56	30	71	3	28	54	39	65	3
肯尼亚	89	13	25	18	100	4	15	25	19	101	4
斯里兰卡	90	20	37	27	77	4	25	31	28	81	4

(续表)

国家	编号	2000年					2010年				
		现实生活质量指数	生活满意度指数	生活质量指数	排名	分组	现实生活质量指数	生活满意度指数	生活质量指数	排名	分组
刚果(布)	91	12	21	16	108	4	14	15	14	119	4
印度尼西亚	92	15	53	28	75	4	20	55	33	75	3
赞比亚	93	12	17	14	112	4	13	32	20	94	4
危地马拉	94	24	23	23	85	4	23	40	31	78	3
毛里塔尼亚	95	11	46	23	88	4	14	33	21	93	4
科特迪瓦	96	12	34	20	91	4	13	22	17	111	4
印度	97	12	44	23	86	4	16	45	27	82	4
巴基斯坦	98	12	46	24	84	4	15	24	19	102	4
莱索托	99	12	27	18	102	4	15	22	18	108	4
柬埔寨	100	8	10	9	128	4	13	13	13	127	4
喀麦隆	101	11	27	17	103	4	13	27	18	106	4
厄立特里亚	102	9	—	9	129	4	9	8	9	131	4
叙利亚	103	26	—	26	78	4	36	30	33	73	3
加纳	104	12	38	21	90	4	15	48	27	83	4
乍得	105	7	25	13	118	4	7	16	10	130	4
莫桑比克	106	8	21	13	119	4	10	19	14	124	4
几内亚	107	12	28	18	99	4	14	26	19	104	4
也门	108	14	31	20	92	4	18	21	19	98	4
巴布亚新几内亚	109	10	—	10	125	4	13	32	19	99	4
海地	110	12	—	12	121	4	14	16	15	116	4
尼泊尔	111	11	32	19	96	4	16	35	23	88	4
塞内加尔	112	10	29	17	104	4	13	28	19	103	4
塞拉利昂	113	6	25	12	120	4	7	22	13	128	4
刚果(金)	114	6	—	6	131	4	7	26	14	123	4
老挝	115	9	27	15	110	4	13	25	18	109	4
马拉维	116	10	19	14	115	4	9	24	14	120	4
多哥	117	11	9	10	127	4	11	20	15	115	4
马达加斯加	118	11	24	16	107	4	10	19	14	122	4
马里	119	10	41	20	93	4	11	52	24	87	4
尼日利亚	120	9	62	24	83	4	14	33	22	91	4
孟加拉国	121	9	56	22	89	4	12	25	17	112	4
坦桑尼亚	122	6	39	15	109	4	9	21	14	125	4
贝宁	123	11	35	19	95	4	12	27	18	107	4
尼日尔	124	6	32	13	117	4	7	30	14	118	4
安哥拉	125	9	12	10	124	4	15	17	16	114	4
乌干达	126	7	46	18	101	4	10	21	14	121	4
中非	127	7	13	10	126	4	8	14	11	129	4
布基纳法索	128	7	25	13	116	4	9	38	19	105	4
埃塞俄比亚	129	5	23	11	122	4	8	34	16	113	4
布隆迪	130	6	—	6	130	4	6	31	14	126	4
卢旺达	131	7	17	11	123	4	9	40	19	100	4
高收入国家		100	100	100			100	100	100		
中等收入国家		17	17	17			25	22	24		
低收入国家		6	8	7			9	10	10		
世界		28	19	23			32	24	27		

附录二 世界现代化水平评价的数据集

附表 2-1-1	2016 年世界现代化水平	305
附表 2-1-2	2016 年根据第二次现代化指数的国家分组	307
附表 2-2-1	2016 年世界第一次现代化指数	309
附表 2-2-2	2016 年世界第一次现代化评价指标	311
附表 2-2-3	2016 年世界第一次现代化发展阶段	313
附表 2-2-4	世界第一次现代化指数的增长率和预期完成时间	315
附表 2-2-5	1950~2016 年世界第一次现代化指数	317
附表 2-2-6	1950~2016 年世界第一次现代化指数的排名	319
附表 2-3-1	2016 年世界第二次现代化指数	321
附表 2-3-2	2016 年世界知识创新指数	323
附表 2-3-3	2016 年世界知识传播指数	325
附表 2-3-4	2016 年世界生活质量指数	327
附表 2-3-5	2016 年世界经济质量指数	329
附表 2-3-6	2016 年世界第二次现代化发展阶段	331
附表 2-3-7	1990~2016 年第二次现代化指数及年均增长率	333
附表 2-3-8	1970~2016 年世界第二次现代化指数	335
附表 2-3-9	1970~2016 年世界第二次现代化指数的排名	337
附表 2-4-1	2016 年世界综合现代化指数	339
附表 2-4-2	2016 年世界经济发展指数	341
附表 2-4-3	2016 年世界社会发展指数	343
附表 2-4-4	2016 年世界知识发展指数	345
附表 2-4-5	1980~2016 年世界综合现代化指数	347
附表 2-4-6	1980~2016 年世界综合现代化指数的排名	349

附表 2-1-1　2016 年世界现代化水平

国家	编号	人口/100万	第一次现代化 指数	第一次现代化 排名	第一次现代化 阶段[b]	第二次现代化 指数	第二次现代化 排名	第二次现代化 阶段[c]	综合现代化 指数	综合现代化 排名	国家阶段[d]	国家分组[e]
瑞典	1	9.9	100.0	1	4	107.9	3	2	98.6	3	6	1
美国	2	323.4	100.0	1	4	108.6	2	2	98.0	5	6	1
芬兰	3	5.5	100.0	1	4	99.9	11	2	97.8	7	6	1
澳大利亚	4	24.2	100.0	1	4	95.3	16	2	90.3	17	6	1
瑞士	5	8.4	100.0	1	4	107.2	5	2	97.2	8	6	1
挪威	6	5.2	100.0	1	4	99.8	10	1	92.8	13	5	1
日本	7	127.0	100.0	1	4	99.6	12	1	94.3	11	5	1
丹麦	8	5.7	100.0	1	4	109.8	1	2	100.0	1	6	1
德国	9	82.3	100.0	1	4	100.6	9	1	95.0	9	5	1
荷兰	10	17.0	100.0	1	4	107.7	4	2	98.3	4	6	1
加拿大	11	36.3	100.0	1	4	94.3	17	1	89.7	18	5	1
新加坡	12	5.6	100.0	1	4	103.3	7	2	97.9	6	6	1
英国	13	65.6	100.0	1	4	99.5	13	2	91.1	15	6	1
法国	14	66.9	100.0	1	4	99.1	14	2	91.8	14	6	1
比利时	15	11.3	100.0	1	4	104.9	6	2	99.4	2	6	1
奥地利	16	8.7	100.0	1	4	97.0	15	2	92.9	12	6	1
新西兰	17	4.7	100.0	1	4	86.0	20	2	87.2	19	6	1
韩国	18	51.2	100.0	1	4	89.6	19	1	85.0	20	5	1
以色列	19	8.5	100.0	1	4	93.4	18	2	90.5	16	6	1
意大利	20	60.6	100.0	1	4	77.1	22	1	79.0	22	5	2
爱尔兰	21	4.8	100.0	1	4	102.2	8	1	95.0	10	5	1
西班牙	22	46.5	100.0	1	4	80.0	21	2	80.4	21	6	1
爱沙尼亚	23	1.3	100.0	1	4	65.4	27	1	66.6	29	5	2
斯洛文尼亚	24	2.1	100.0	1	4	73.9	24	1	73.1	23	5	2
乌拉圭	25	3.4	100.0	1	3	55.1	36		64.3	34	3	2
俄罗斯	26	144.3	100.0	1	4	55.8	35		58.5	40	4	2
斯洛伐克	27	5.4	100.0	1	4	58.7	32		64.3	33	4	2
希腊	28	10.8	100.0	1	3	74.7	23		69.3	28	3	2
匈牙利	29	9.8	100.0	1	4	63.5	29	1	66.2	32	5	2
捷克	30	10.6	100.0	1	4	65.7	26		70.3	25	4	2
葡萄牙	31	10.3	100.0	1	4	73.3	25	1	70.0	26	5	2
白俄罗斯	32	9.5	96.4	56	4	49.3	40		53.9	46	4	3
拉脱维亚	33	2.0	100.0	1	4	62.3	30		65.0	32	5	2
立陶宛	34	2.9	100.0	1	4	63.5	28	1	65.9	31	5	2
格鲁吉亚	35	3.7	91.6	70	2	38.3	59		45.7	61	2	3
乌克兰	36	45.0	92.6	67	3	39.2	56		46.4	60	3	3
保加利亚	37	7.1	98.6	51	4	48.3	42		55.5	45	4	3
黎巴嫩	38	6.0	99.0	50	4	46.7	47		59.3	38	4	3
哈萨克斯坦	39	17.8	100.0	1	3	40.8	53		51.1	54	3	3
波兰	40	38.0	100.0	1	4	56.1	33		59.1	39	4	2
阿根廷	41	43.8	100.0	1	4	54.6	37		63.9	35	4	2
巴拿马	42	4.0	100.0	1	4	46.5	48		53.4	49	4	3
克罗地亚	43	4.2	100.0	1	4	59.5	31		62.3	36	4	2
沙特阿拉伯	44	32.3	100.0	1	4	55.9	34		72.1	24	4	2
哥伦比亚	45	48.7	97.2	53	3	43.7	50		53.2	51	3	3
科威特	46	4.1	100.0	1	4	46.8	46		69.5	27	4	3
智利	47	17.9	99.9	48	4	53.4	38		60.2	37	4	2
马其顿	48	2.1	95.2	58	3	39.8	55		48.1	57	3	3
阿塞拜疆	49	9.8	93.1	66	3	33.9	67		44.7	64	3	3
摩尔多瓦	50	3.6	89.8	74	2	34.1	66		42.4	66	2	3
罗马尼亚	51	19.7	100.0	1	4	47.6	44		52.9	52	4	3
委内瑞拉	52	31.6	100.0	1	4	33.5	69		53.8	47	4	3
乌兹别克斯坦	53	31.8	86.7	83	2	24.4	89		36.3	78	2	4
多米尼加	54	10.6	97.3	52	3	41.4	51		58.1	41	3	3
亚美尼亚	55	2.9	91.6	71	2	34.9	64		49.3	55	2	3
巴拉圭	56	6.7	92.1	69	3	31.4	76		40.5	71	3	3
哥斯达黎加	57	4.9	100.0	1	3	53.2	39		57.5	42	3	2
巴西	58	207.7	100.0	1	4	48.6	41		56.7	44	4	3
墨西哥	59	127.5	100.0	1	4	41.2	52		52.2	53	4	3
博茨瓦纳	60	2.3	89.3	75	3	33.2	70		39.8	74	3	3
秘鲁	61	31.8	96.8	54	3	35.3	62		45.5	62	3	3
牙买加	62	2.9	88.9	76	3	37.7	60		40.5	72	3	3
约旦	63	9.5	94.5	60	4	33.7	68		53.7	48	4	3
南非	64	56.0	93.4	65	4	31.8	73		40.1	73	4	3
土耳其	65	79.5	100.0	1		47.8	43		56.8	43	3	3
厄瓜多尔	66	16.4	96.6	55	3	38.9	57		45.3	63	3	3
伊朗	67	80.3	96.2	57	3	40.4	54		48.7	56	3	3
蒙古	68	3.0	93.9	63	3	31.3	77		41.8	67	3	3
摩洛哥	69	35.3	86.1	85	3	32.0	72		37.2	77	3	3
马来西亚	70	31.2	100.0	1	3	47.6	45		53.2	50	3	3

(续表)

国家	编号	人口/100万	第一次现代化			第二次现代化			综合现代化		国家阶段[d]	国家分组[e]
			指数	排名[a]	阶段[b]	指数	排名	阶段[c]	指数	排名		
萨尔瓦多	71	6.3	94.5	59	3	31.4	75		40.7	70	3	3
埃及	72	95.7	89.9	72	3	28.8	82		34.2	85	3	4
中国	73	1378.7	99.4	49	3	45.3	49		46.7	59	3	3
阿尔及利亚	74	40.6	94.4	61	3	32.3	71		40.9	68	3	3
土库曼斯坦	75	5.7	84.8	87	3	22.4	92		34.7	83	3	4
突尼斯	76	11.4	94.1	62	3	34.3	65		39.6	75	3	3
阿尔巴尼亚	77	2.9	88.8	77	2	38.9	58		47.3	58	2	3
吉尔吉斯斯坦	78	6.1	87.2	79	3	28.4	83		32.5	86	3	4
塔吉克斯坦	79	8.7	76.1	92	2	20.0	103		26.0	97	2	4
玻利维亚	80	10.9	86.8	80	3	26.0	86		35.0	82	3	4
缅甸	81	52.9	69.3	98	2	19.1	108		23.3	102	2	4
菲律宾	82	103.3	92.5	68	3	31.7	74		40.7	69	3	3
泰国	83	68.9	89.9	73	3	37.3	61		38.2	76	3	3
纳米比亚	84	2.5	81.7	88	3	30.8	79		34.4	84	3	3
津巴布韦	85	16.2	64.9	107	2	20.3	100		20.2	109	2	4
洪都拉斯	86	9.1	86.4	84	3	25.8	87		31.7	87	3	4
尼加拉瓜	87	6.1	88.8	78	3	25.3	88		29.1	92	3	4
越南	88	94.6	81.0	89	2	28.9	81		30.0	88	2	4
肯尼亚	89	48.5	61.1	112	2	23.6	90		19.4	111	2	4
斯里兰卡	90	21.2	86.8	81	3	35.1	63		35.1	80	3	3
刚果(布)	91	5.1	73.9	93	3	21.1	95		26.4	96	3	4
印度尼西亚	92	261.1	85.2	86	3	29.4	80		29.9	89	3	4
赞比亚	93	16.6	65.1	106	2	19.7	106		22.9	105	2	4
危地马拉	94	16.6	93.7	64	3	27.3	84		35.0	81	3	4
毛里塔尼亚	95	4.3	54.3	121	2	15.3	122		18.5	115	2	4
科特迪瓦	96	23.7	59.4	115	2	16.9	117		26.4	95	2	4
印度	97	1324.2	79.1	91	2	20.9	98		25.7	98	2	4
巴基斯坦	98	193.2	69.8	96	2	18.7	110		23.5	101	2	4
莱索托	99	2.2	71.9	95	3	20.8	99		23.1	103	3	4
柬埔寨	100	15.8	67.5	102	2	21.1	96		21.0	107	2	4
喀麦隆	101	23.4	68.8	100	2	18.2	111		27.2	93	2	4
厄立特里亚	102	4.5	58.2	116	1	17.6	115		15.6	121	1	4
叙利亚	103	18.4	86.7	82	3	30.8	78		42.8	65	3	3
加纳	104	28.2	73.4	94	2	21.0	97		29.3	91	2	4
乍得	105	14.5	36.7	131	0	12.9	131		10.5	130	0	4
莫桑比克	106	28.8	51.9	123	1	18.7	109		16.6	118	1	4
几内亚	107	12.4	55.8	118	2	16.7	118		18.8	113	2	4
也门	108	27.6	68.8	99	2	20.0	104		25.2	100	2	4
巴布亚新几内亚	109	8.1	62.9	109	2	26.6	85		20.9	108	2	4
海地	110	10.8	66.1	104	2	18.0	112		19.6	110	2	4
尼泊尔	111	29.0	64.6	108	1	17.0	116		18.5	114	1	4
塞内加尔	112	15.4	66.1	105	2	20.2	101		23.0	104	2	4
塞拉利昂	113	7.4	40.0	129	0	14.8	125		15.5	123	0	4
刚果(金)	114	78.7	62.9	110	1	13.9	128		15.6	120	1	4
老挝	115	6.8	69.4	97	2	21.7	93		25.5	99	2	4
马拉维	116	18.1	47.5	127	1	17.8	113		18.5	129	1	4
多哥	117	7.6	60.6	113	1	15.1	123		18.2	116	1	4
马达加斯加	118	24.9	59.6	114	1	20.1	102		15.1	126	1	4
马里	119	18.0	47.7	126	1	14.4	127		18.8	112	1	4
尼日利亚	120	186.0	67.5	103	2	19.7	105		29.7	90	2	4
孟加拉国	121	163.0	79.6	90	3	21.3	94		26.7	94	3	4
坦桑尼亚	122	55.6	55.4	119	1	19.6	107		15.5	122	1	4
贝宁	123	10.9	61.1	111	2	16.3	119		22.0	106	2	4
尼日尔	124	20.7	37.9	130	1	13.4	129		11.9	128	1	4
安哥拉	125	28.8	68.7	101	1	23.0	91		35.4	79	1	4
乌干达	126	41.5	54.8	120	1	15.6	120		15.2	125	1	4
中非	127	4.6	46.7	128	0	13.0	130		15.5	124	0	4
布基纳法索	128	18.6	53.6	122	2	15.0	124		16.6	119	2	4
埃塞俄比亚	129	102.4	49.3	125	1	15.4	121		13.4	127	1	4
布隆迪	130	10.5	50.9	124	0	14.6	126		9.6	131	0	4
卢旺达	131	11.9	57.5	117	1	17.6	114		17.6	117	1	4
高收入国家		1242.1	100.0		4	100.1		2	100.0		6	
中等收入国家		5488.0	95.5		3	30.9			37.7		3	
低收入国家		714.0	57.3		1	15.7			17.3		1	
世界		7444.2	99.9		3	41.7			48.4			

注：a. 第一次现代化指数达到100时，排名不分先后。b. 第一次现代化的阶段：4代表过渡期，3代表成熟期，2代表发展期，1代表起步期，0代表传统农业社会。c. 第二次现代化的阶段：2代表发展期，1代表起步期。d. 国家阶段划分：0代表传统农业社会，1代表第一次现代化起步期，2代表第一次现代化发展期，3代表第一次现代化成熟期，4代表第一次现代化过渡期，5代表第二次现代化起步期，6代表第二次现代化发展期，7代表第二次现代化成熟期，8代表第二次现代化过渡期。e. 国家分组为根据第二次现代化指数的分组，1代表发达国家，2代表中等发达国家，3代表初等发达国家，4代表欠发达国家。

附表 2-1-2 2016 年根据第二次现代化指数的国家分组

国家	编号	第二次现代化指数	第一次现代化指数	综合现代化指数	人均国民收入[a]	2016 年分组[b]	2015 年分组[b]
瑞典	1	107.9	100.0	98.6	54 530	1	1
美国	2	108.6	100.0	98.0	56 800	1	1
芬兰	3	99.8	100.0	97.8	45 040	1	1
澳大利亚	4	95.3	100.0	90.3	54 130	1	1
瑞士	5	107.2	100.0	97.2	82 080	1	1
挪威	6	99.8	100.0	92.8	82 010	1	1
日本	7	99.6	100.0	94.3	38 000	1	1
丹麦	8	109.8	100.0	100.0	56 990	1	1
德国	9	100.6	100.0	95.0	44 020	1	1
荷兰	10	107.7	100.0	98.3	46 610	1	1
加拿大	11	94.3	100.0	89.7	43 880	1	1
新加坡	12	103.3	100.0	97.9	52 350	1	1
英国	13	99.5	100.0	91.1	42 370	1	1
法国	14	99.1	100.0	91.8	38 780	1	1
比利时	15	104.9	100.0	99.4	42 640	1	1
奥地利	16	97.0	100.0	92.9	45 850	1	1
新西兰	17	86.0	100.0	87.2	38 560	1	1
韩国	18	89.6	100.0	85.0	27 690	1	1
以色列	19	93.4	100.0	90.5	36 250	1	1
意大利	20	77.1	100.0	79.0	31 700	2	2
爱尔兰	21	102.2	100.0	95.0	53 910	1	1
西班牙	22	80.0	100.0	80.4	27 580	1	2
爱沙尼亚	23	65.4	100.0	66.6	17 830	2	2
斯洛文尼亚	24	73.9	100.0	73.1	21 700	2	2
乌拉圭	25	55.1	100.0	64.3	15 200	2	2
俄罗斯	26	55.8	100.0	58.5	9 720	2	2
斯洛伐克	27	58.7	100.0	64.3	17 010	2	2
希腊	28	74.7	100.0	69.3	18 870	2	2
匈牙利	29	63.5	100.0	66.2	12 500	2	2
捷克	30	65.7	100.0	70.3	17 630	2	2
葡萄牙	31	73.3	100.0	70.0	19 850	2	2
白俄罗斯	32	49.3	96.4	53.9	5 620	3	3
拉脱维亚	33	62.3	100.0	65.0	14 570	2	2
立陶宛	34	63.5	100.0	65.9	14 790	2	2
格鲁吉亚	35	38.3	91.6	45.7	3 830	3	3
乌克兰	36	39.2	92.6	46.4	2 310	3	3
保加利亚	37	48.3	98.6	55.5	7 580	3	3
黎巴嫩	38	46.7	99.0	59.3	7 970	3	3
哈萨克斯坦	39	40.8	100.0	51.1	8 800	3	3
波兰	40	56.1	100.0	59.1	12 680	2	2
阿根廷	41	54.6	100.0	63.9	11 940	2	2
巴拿马	42	46.5	100.0	53.4	11 990	3	3
克罗地亚	43	59.5	100.0	62.3	12 290	2	2
沙特阿拉伯	44	55.9	100.0	72.1	21 780	2	2
哥伦比亚	45	43.7	97.2	53.2	6 350	3	3
科威特	46	46.8	100.0	69.5	34 890	3	2
智利	47	53.4	99.9	60.2	13 430	2	2
马其顿	48	39.8	95.2	48.1	4 990	3	3
阿塞拜疆	49	33.9	93.1	44.7	4 760	3	3
摩尔多瓦	50	34.1	89.8	42.4	2 140	3	3
罗马尼亚	51	47.6	100.0	52.9	9 520	3	3
委内瑞拉	52	33.5	100.0	53.8	12 780	3	3
乌兹别克斯坦	53	24.4	86.7	36.3	2 220	4	4
多米尼加	54	41.4	97.3	58.1	6 390	3	3
亚美尼亚	55	34.9	91.6	49.3	3 770	3	3
巴拉圭	56	31.4	92.1	40.5	4 060	3	3
哥斯达黎加	57	53.2	100.0	57.5	10 830	2	2
巴西	58	48.6	100.0	56.7	8 860	3	3
墨西哥	59	41.2	100.0	52.2	9 010	3	3
博茨瓦纳	60	33.2	89.3	39.8	6 760	3	3
秘鲁	61	35.3	96.8	45.5	5 950	3	3
牙买加	62	37.3	88.9	40.5	4 630	3	3
约旦	63	33.7	94.5	53.7	3 920	3	3
南非	64	31.8	93.4	40.1	5 490	3	3
土耳其	65	47.8	100.0	56.8	11 230	3	3
厄瓜多尔	66	38.9	96.5	45.3	5 800	3	3
伊朗	67	40.4	96.2	48.7	5 470	3	3
蒙古	68	31.3	93.9	41.8	3 590	3	3
摩洛哥	69	32.0	86.1	37.2	2 880	3	3
马来西亚	70	47.6	100.0	53.2	9 860	3	3

(续表)

国家	编号	第二次现代化指数	第一次现代化指数	综合现代化指数	人均国民收入[a]	2016年分组[b]	2015年分组[b]
萨尔瓦多	71	31.4	94.5	40.7	3930	3	3
埃及	72	28.8	89.9	34.2	3410	4	4
中国	73	45.3	99.4	46.7	8250	3	3
阿尔及利亚	74	32.3	94.4	40.9	4360	3	3
土库曼斯坦	75	22.4	84.8	34.7	6820	4	4
突尼斯	76	34.3	94.1	39.6	3690	3	3
阿尔巴尼亚	77	38.9	88.8	47.3	4320	3	3
吉尔吉斯斯坦	78	28.4	87.2	32.5	1110	4	4
塔吉克斯坦	79	20.0	76.1	26.0	1110	4	4
玻利维亚	80	26.0	86.8	35.0	3080	4	4
缅甸	81	19.1	69.3	23.3	1190	4	4
菲律宾	82	31.7	92.5	40.7	3580	4	4
泰国	83	37.3	89.9	38.2	5700	3	3
纳米比亚	84	30.8	81.7	34.4	4720	3	4
津巴布韦	85	20.3	64.9	20.2	890	4	4
洪都拉斯	86	25.8	86.4	31.7	2160	4	4
尼加拉瓜	87	25.3	88.8	29.1	2100	4	4
越南	88	28.9	81.0	30.0	2060	4	4
肯尼亚	89	23.6	61.1	19.4	1380	4	4
斯里兰卡	90	35.1	86.8	35.1	3790	3	3
刚果(布)	91	21.1	73.9	26.4	1700	4	4
印度尼西亚	92	29.4	85.2	29.9	3410	4	4
赞比亚	93	19.7	65.1	22.9	1360	4	4
危地马拉	94	27.3	93.7	35.0	3790	4	4
毛里塔尼亚	95	15.3	54.3	18.5	1130	4	4
科特迪瓦	96	16.9	59.4	26.4	1520	4	4
印度	97	20.9	79.1	25.7	1680	4	4
巴基斯坦	98	18.7	69.8	23.5	1500	4	4
莱索托	99	20.8	71.9	23.1	1270	4	4
柬埔寨	100	21.1	67.5	21.0	1140	4	4
喀麦隆	101	18.2	68.8	27.2	1400	4	4
厄立特里亚	102	17.6	58.2	15.6	520	4	4
叙利亚	103	30.8	86.7	42.8	1510	3	4
加纳	104	21.0	73.4	29.3	1390	4	4
乍得	105	12.9	36.7	10.5	720	4	4
莫桑比克	106	18.7	51.9	16.6	480	4	4
几内亚	107	16.7	55.8	18.8	720	4	4
也门	108	20.0	68.8	25.2	1030	4	4
巴布亚新几内亚	109	26.6	62.9	20.9	2530	4	4
海地	110	18.0	66.1	19.6	790	4	4
尼泊尔	111	17.0	64.6	18.5	730	4	4
塞内加尔	112	20.2	66.1	23.0	950	4	4
塞拉利昂	113	14.8	40.0	15.5	480	4	4
刚果(金)	114	13.9	62.9	15.6	460	4	4
老挝	115	21.7	69.4	25.5	2150	4	4
马拉维	116	17.8	47.5	11.5	320	4	4
多哥	117	15.1	60.6	18.2	600	4	4
马达加斯加	118	20.1	59.6	15.1	400	4	4
马里	119	14.4	47.7	18.8	780	4	4
尼日利亚	120	19.7	67.5	29.7	2450	4	4
孟加拉国	121	21.3	79.6	26.7	1330	4	4
坦桑尼亚	122	19.6	55.4	15.5	900	4	4
贝宁	123	16.3	61.1	22.0	820	4	4
尼日尔	124	13.4	37.9	11.9	370	4	4
安哥拉	125	23.0	68.7	35.4	3450	4	4
乌干达	126	15.6	54.8	15.2	630	4	4
中非	127	13.0	46.7	15.5	380	4	4
布基纳法索	128	15.0	53.6	16.6	610	4	4
埃塞俄比亚	129	15.4	49.3	13.4	660	4	4
布隆迪	130	14.6	50.9	9.6	280	4	4
卢旺达	131	17.6	57.5	17.6	710	4	4
高收入国家		100.1	100.0	100.0	40 009		
中等收入国家		30.9	95.5	37.7	4860		
低收入国家		15.7	57.3	17.3	734		
世界		41.7	99.9	48.4	10 326		

注：a 指标单位见表 b，后同。b. 1代表发达国家，2代表中等发达国家，3代表初等发达国家，4代表欠发达国家。

附表 2-2-1 2016 年世界第一次现代化指数

国家	编号	经济指标				社会指标				知识指标		指数	排名	达标个数
		人均国民收入	农业劳动力比例[a]	农业增加值比例[a]	服务业增加值比例[a]	城市人口比例	医生比例[a]	婴儿死亡率	预期寿命	成人识字率	大学入学率[a]			
瑞典	1	100	100	100	100	100	100	100	100	100	100	100	1	10
美国	2	100	100	100	100	100	100	100	100	100	100	100	1	10
芬兰	3	100	100	100	100	100	100	100	100	100	100	100	1	10
澳大利亚	4	100	100	100	100	100	100	100	100	100	100	100	1	10
瑞士	5	100	100	100	100	100	100	100	100	100	100	100	1	10
挪威	6	100	100	100	100	100	100	100	100	100	100	100	1	10
日本	7	100	100	100	100	100	100	100	100	100	100	100	1	10
丹麦	8	100	100	100	100	100	100	100	100	100	100	100	1	10
德国	9	100	100	100	100	100	100	100	100	100	100	100	1	10
荷兰	10	100	100	100	100	100	100	100	100	100	100	100	1	10
加拿大	11	100	100	100	100	100	100	100	100	100	—	100	1	9
新加坡	12	100	100	100	100	100	100	100	100	100	—	100	1	9
英国	13	100	100	100	100	100	100	100	100	100	100	100	1	10
法国	14	100	100	100	100	100	100	100	100	100	100	100	1	10
比利时	15	100	100	100	100	100	100	100	100	100	100	100	1	10
奥地利	16	100	100	100	100	100	100	100	100	100	100	100	1	10
新西兰	17	100	100	100	100	100	100	100	100	100	100	100	1	10
韩国	18	100	100	100	100	100	100	100	100	100	100	100	1	10
以色列	19	100	100	100	100	100	100	100	100	100	100	100	1	10
意大利	20	100	100	100	100	100	100	100	100	100	100	100	1	10
爱尔兰	21	100	100	100	100	100	100	100	100	100	100	100	1	10
西班牙	22	100	100	100	100	100	100	100	100	100	100	100	1	10
爱沙尼亚	23	100	100	100	100	100	100	100	100	100	100	100	1	10
斯洛文尼亚	24	100	100	100	100	100	100	100	100	100	100	100	1	10
乌拉圭	25	100	100	100	100	100	100	100	100	100	100	100	1	10
俄罗斯	26	100	100	100	100	100	100	100	100	100	100	100	1	10
斯洛伐克	27	100	100	100	100	100	100	100	100	100	100	100	1	10
希腊	28	100	100	100	100	100	100	100	100	100	100	100	1	10
匈牙利	29	100	100	100	100	100	100	100	100	100	100	100	1	10
捷克	30	100	100	100	100	100	100	100	100	100	100	100	1	10
葡萄牙	31	100	100	100	100	100	100	100	100	100	100	100	1	10
白俄罗斯	32	64	100	100	100	100	100	100	100	100	100	96	56	9
拉脱维亚	33	100	100	100	100	100	100	100	100	100	100	100	1	10
立陶宛	34	100	100	100	100	100	100	100	100	100	100	100	1	10
格鲁吉亚	35	44	73	100	100	100	100	100	100	100	100	92	70	8
乌克兰	36	26	100	100	100	100	100	100	100	100	100	93	67	9
保加利亚	37	86	100	100	100	100	100	100	100	100	100	99	51	9
黎巴嫩	38	91	100	100	100	100	100	100	100	—	100	99	50	8
哈萨克斯坦	39	100	100	100	100	100	100	100	100	100	100	100	1	10
波兰	40	100	100	100	100	100	100	100	100	—	100	100	1	9
阿根廷	41	100	100	100	100	100	100	100	100	100	100	100	1	10
巴拿马	42	100	100	100	100	100	100	100	100	100	100	100	1	10
克罗地亚	43	100	100	100	100	100	100	100	100	100	100	100	1	10
沙特阿拉伯	44	100	100	100	100	100	100	100	100	100	100	100	1	10
哥伦比亚	45	72	100	100	100	100	100	100	100	100	100	97	53	9
科威特	46	100	100	100	100	100	100	100	100	100	100	100	1	10
智利	47	100	100	100	100	100	99	100	100	100	100	100	48	9
马其顿	48	57	100	100	100	100	100	100	100	—	100	95	58	8
阿塞拜疆	49	54	83	100	94	100	100	100	100	100	100	93	66	7
摩尔多瓦	50	24	89	100	100	85	100	100	100	100	100	90	74	7
罗马尼亚	51	100	100	100	100	100	100	100	100	100	100	100	1	10
委内瑞拉	52	100	100	100	100	100	—	100	100	100	—	100	1	8
乌兹别克斯坦	53	25	100	85	100	100	100	100	100	100	56	87	83	7
多米尼加	54	73	100	100	100	100	100	100	100	100	100	97	52	9
亚美尼亚	55	43	88	85	100	100	100	100	100	100	100	92	71	7
巴拉圭	56	46	100	75	100	100	100	100	100	100	100	92	69	8
哥斯达黎加	57	100	100	100	100	100	100	100	100	100	100	100	1	10
巴西	58	100	100	100	100	100	100	100	100	100	100	100	1	10
墨西哥	59	100	100	100	100	100	100	100	100	100	100	100	1	10
博茨瓦纳	60	77	100	100	100	100	38	93	95	—	100	89	75	5
秘鲁	61	68	100	100	100	100	100	100	100	100	100	97	54	9
牙买加	62	53	100	100	100	100	47	100	100	—	100	89	76	7
约旦	63	45	100	100	100	100	100	100	100	100	100	94	60	9
南非	64	62	100	100	100	100	82	100	90	100	100	93	65	7
土耳其	65	100	100	100	100	100	100	100	100	100	100	100	1	10
厄瓜多尔	66	66	100	100	100	100	100	100	100	100	100	97	55	9
伊朗	67	62	100	100	100	100	100	100	100	100	100	96	57	9
蒙古	68	41	99	100	100	100	100	100	99	100	100	94	63	7
摩洛哥	69	33	79	100	100	100	62	100	100	87	100	86	85	6
马来西亚	70	100	100	100	100	100	100	100	100	100	100	100	1	10

(续表)

国家	编号	经济指标				社会指标				知识指标		指数	排名	达标个数
		人均国民收入	农业劳动力比例[a]	农业增加值比例[a]	服务业增加值比例[a]	城市人口比例	医生比例[a]	婴儿死亡率	预期寿命	成人识字率	大学入学率[a]			
萨尔瓦多	71	45	100	100	100	100	100	100	100	100	100	94	59	9
埃及	72	39	100	100	100	85	81	100	100	94	100	90	72	6
中国	73	94	100	100	100	100	100	100	100	100	100	99	49	9
阿尔及利亚	74	50	100	100	100	100	100	100	100	—	100	94	61	8
土库曼斯坦	75	78	100	100	63	100	100	72	97	—	53	85	87	4
突尼斯	76	42	100	100	100	100	100	100	100	99	100	94	62	8
阿尔巴尼亚	77	49	74	66	100	100	100	100	100	100	100	89	77	7
吉尔吉斯斯坦	78	13	100	100	100	72	100	100	100	—	100	87	79	7
塔吉克斯坦	79	13	59	60	100	54	100	99	100	—	100	76	92	4
玻利维亚	80	35	100	100	100	100	47	100	99	100	—	87	80	6
缅甸	81	14	58	59	88	60	57	75	95	94	93	69	98	0
菲律宾	82	41	100	100	100	93	—	100	99	100	100	92	68	6
泰国	83	65	90	100	100	97	47	100	100	100	100	90	73	6
纳米比亚	84	54	100	100	100	96	37	92	92	100	46	82	88	4
津巴布韦	85	10	44	100	100	65	8	79	87	100	57	65	107	3
洪都拉斯	86	25	100	100	100	100	39	100	100	100	100	86	84	8
尼加拉瓜	87	24	100	87	100	100	91	100	100	98	—	89	78	5
越南	88	23	72	83	100	69	82	100	100	—	100	81	89	4
肯尼亚	89	16	79	42	100	52	20	87	96	98	20	61	112	1
斯里兰卡	90	43	100	100	100	37	88	100	100	100	100	87	81	7
刚果(布)	91	19	82	100	91	100	10	84	92	99	62	74	93	2
印度尼西亚	92	39	94	100	100	100	20	100	99	100	100	85	86	6
赞比亚	93	15	56	100	100	85	9	70	88	100	27	65	106	3
危地马拉	94	43	100	100	100	100	—	100	100	100	100	94	64	8
毛里塔尼亚	95	13	39	55	95	100	7	55	90	—	35	54	121	1
科特迪瓦	96	17	61	64	100	100	14	45	77	55	60	59	115	1
印度	97	19	69	86	100	66	76	89	98	87	100	79	91	2
巴基斯坦	98	17	71	61	100	72	98	48	95	71	65	70	96	1
莱索托	99	14	100	100	100	55	—	44	77	96	61	72	95	3
柬埔寨	100	13	100	56	92	45	14	100	99	—	88	67	102	2
喀麦隆	101	16	48	90	100	100	8	53	83	89	100	69	100	3
厄立特里亚	102	6	36	66	100	—	—	91	93	—	15	58	116	1
叙利亚	103	17	100	72	91	100	100	100	100	—	100	87	82	6
加纳	104	16	73	77	100	100	10	81	90	89	100	73	94	3
乍得	105	8	34	30	78	45	4	40	76	28	23	37	131	0
莫桑比克	106	5	41	61	100	70	6	54	86	—	47	52	123	1
几内亚	107	8	44	74	100	71	8	52	86	40	75	56	118	1
也门	108	12	83	100	94	71	31	69	93	—	66	69	99	1
巴布亚新几内亚	109	29	100	80	100	26	6	70	94	—	—	63	109	2
海地	110	9	72	86	51	100	—	55	90	—	—	66	104	1
尼泊尔	111	8	42	45	100	38	60	100	100	75	79	65	108	3
塞内加尔	112	11	56	86	100	93	7	89	96	54	71	66	105	1
塞拉利昂	113	5	50	25	75	82	2	35	74	41	10	40	129	0
刚果(金)	114	5	37	69	99	87	—	42	85	96	46	63	110	0
老挝	115	24	48	77	100	67	49	60	95	73	100	69	97	2
马拉维	116	4	35	53	100	33	2	75	90	78	5	48	127	1
多哥	117	7	77	36	93	81	5	59	86	80	82	61	113	0
马达加斯加	118	5	40	61	100	72	14	89	94	89	32	60	114	1
马里	119	9	49	36	88	82	9	45	83	41	37	48	126	0
尼日利亚	120	28	83	71	100	97	40	45	76	—	68	67	103	1
孟加拉国	121	15	73	100	100	70	47	100	100	91	100	80	90	5
坦桑尼亚	122	10	45	48	92	65	2	76	94	97	26	55	119	0
贝宁	123	9	73	59	100	92	15	46	87	41	88	61	111	1
尼日尔	124	4	40	38	86	33	2	60	86	19	11	38	130	0
安哥拉	125	39	61	—	—	100	—	54	88	83	57	69	101	1
乌干达	126	7	43	58	100	45	9	81	86	88	31	55	120	1
中非	127	4	35	35	91	81	—	34	75	46	20	47	128	0
布基纳法索	128	7	100	49	96	56	5	57	86	43	37	54	122	1
埃塞俄比亚	129	8	43	40	92	40	2	71	94	—	54	49	125	0
布隆迪	130	3	33	38	97	25	—	68	82	77	35	51	124	0
卢旺达	131	8	45	48	100	34	6	100	96	85	53	58	117	1
高收入国家		100	100	100	100	100	100	100	100	100	100	100		10
中等收入国家		55	100	100	100	100	100	100	100	100	100	96		9
低收入国家		8	44	50	100	64	31	60	90	76	50	57		1
世界		100	100	100	100	100	100	99	100	100	100	100		9

注：a. 为 2005~2016 年期间最近年的数据。

附表 2-2-2 2016 年世界第一次现代化评价指标

国家	编号	经济指标				社会指标				知识指标	
		人均国民收入	农业劳动力比例[a]	农业增加值比例[a]	服务业增加值比例[a]	城市人口比例	医生比例[a]	婴儿死亡率	预期寿命	成人识字率	大学入学率[a]
瑞典	1	54 530	1.9	1.3	74	87	4.2	2	82	100	62
美国	2	56 800	1.7	1.1	79	82	2.6	6	79	100	86
芬兰	3	45 040	3.9	2.7	70	85	3.2	2	82	100	87
澳大利亚	4	54 130	2.6	2.6	73	86	3.5	3	83	100	122
瑞士	5	82 080	3.4	0.7	74	74	4.2	4	83	100	58
挪威	6	82 010	2.1	2.4	66	81	4.4	2	83	100	81
日本	7	38 000	3.5	1.1	70	91	2.4	2	84	100	63
丹麦	8	56 990	2.5	0.9	76	88	3.7	4	81	100	81
德国	9	44 020	1.3	0.6	69	77	4.2	3	81	100	66
荷兰	10	46 610	2.3	1.8	78	91	3.5	4	82	100	80
加拿大	11	43 880	1.9	1.8	69	81	2.5	5	82	100	—
新加坡	12	52 350	0.1	0.0	74	100	2.3	2	83	97	—
英国	13	42 370	1.1	0.6	79	83	2.8	4	81	100	57
法国	14	38 780	2.9	1.6	79	80	3.2	4	82	100	65
比利时	15	42 640	1.3	0.7	77	98	3.0	3	81	100	75
奥地利	16	45 850	4.3	1.2	71	58	5.2	3	81	100	83
新西兰	17	38 560	6.5	6.8	71	86	3.1	5	82	100	82
韩国	18	27 690	4.9	2.2	59	82	2.3	3	82	100	93
以色列	19	36 250	1.1	1.3	78	92	3.6	3	82	100	64
意大利	20	31 700	3.9	2.1	74	70	4.0	3	83	99	63
爱尔兰	21	53 910	5.6	1.0	60	63	3.0	3	82	100	84
西班牙	22	27 580	4.2	2.8	74	80	3.9	3	83	98	91
爱沙尼亚	23	17 830	3.9	2.6	71	69	3.4	2	78	100	72
斯洛文尼亚	24	21 700	5.0	2.2	66	54	2.8	2	81	100	80
乌拉圭	25	15 200	8.2	6.8	64	95	3.7	7	77	99	56
俄罗斯	26	9720	6.7	4.7	63	74	4.0	7	72	100	82
斯洛伐克	27	17 010	2.9	3.7	62	54	3.5	5	77	100	53
希腊	28	18 870	12.4	4.0	80	78	6.3	4	81	97	117
匈牙利	29	12 500	5.0	4.4	65	71	3.1	4	76	100	48
捷克	30	17 630	2.9	2.5	60	74	3.7	3	78	100	64
葡萄牙	31	19 850	6.9	2.2	76	64	4.4	3	81	94	63
白俄罗斯	32	5620	9.7	7.9	56	78	4.1	3	74	100	87
拉脱维亚	33	14 570	7.7	3.9	75	68	3.2	5	75	100	68
立陶宛	34	14 790	8.0	3.3	68	67	4.4	4	74	100	66
格鲁吉亚	35	3830	41.2	9.0	66	58	4.8	10	73	100	52
乌克兰	36	2310	15.0	13.7	59	69	3.0	8	71	100	83
保加利亚	37	7580	6.8	4.7	67	74	4.0	7	75	98	71
黎巴嫩	38	7970	3.2	3.8	79	88	2.4	7	80	—	38
哈萨克斯坦	39	8800	17.9	4.8	61	57	3.3	10	72	100	46
波兰	40	12 680	10.6	2.7	64	60	2.3	4	77	—	67
阿根廷	41	11 940	0.6	7.6	66	92	3.9	10	77	98	86
巴拿马	42	11 990	15.4	2.7	69	67	1.6	14	78	94	47
克罗地亚	43	12 290	7.6	4.0	70	56	3.1	4	78	99	67
沙特阿拉伯	44	21 780	6.0	2.7	54	83	2.6	7	75	94	67
哥伦比亚	45	6350	16.1	7.1	62	80	1.8	13	74	94	59
科威特	46	34 890	3.5	0.5	51	100	2.6	7	75	96	33
智利	47	13 430	9.5	4.3	64	87	1.0	7	80	96	90
马其顿	48	4990	16.6	9.9	60	58	2.9	11	76	—	41
阿塞拜疆	49	4760	36.3	6.0	42	55	3.4	22	72	100	27
摩尔多瓦	50	2140	33.7	14.3	71	43	3.2	14	72	99	41
罗马尼亚	51	9520	23.1	4.3	63	54	2.7	7	75	99	48
委内瑞拉	52	12 780	9.8	5.6	53	88	—	22	75	97	—
乌兹别克斯坦	53	2220	22.0	17.6	50	51	2.5	21	71	100	8
多米尼加	54	6390	12.7	6.1	68	79	1.5	26	74	92	47
亚美尼亚	55	3770	34.1	17.7	55	63	2.8	12	75	100	51
巴拉圭	56	4060	21.3	20.0	50	61	1.3	18	73	95	35
哥斯达黎加	57	10 830	12.2	5.5	73	78	1.2	8	80	97	54
巴西	58	8860	10.2	4.6	72	86	1.9	15	76	92	51
墨西哥	59	9010	12.9	3.8	63	80	2.2	12	77	94	37
博茨瓦纳	60	6760	26.0	2.2	63	68	0.4	32	67	—	24
秘鲁	61	5950	28.4	7.6	60	78	1.1	12	75	94	33
牙买加	62	4630	18.4	8.0	69	55	0.5	14	76	—	27
约旦	63	3920	3.6	4.3	67	91	3.4	15	74	98	36
南非	64	5490	5.6	2.4	69	65	0.8	30	63	94	20
土耳其	65	11 230	19.5	7.0	61	74	1.7	11	76	96	95
厄瓜多尔	66	5800	26.9	10.2	55	64	1.7	13	76	94	46
伊朗	67	5470	18.0	10.0	55	74	1.5	14	76	85	72
蒙古	68	3590	30.4	12.7	51	68	3.3	15	69	98	65
摩洛哥	69	2880	37.7	13.6	57	61	0.6	21	76	69	32
马来西亚	70	9860	11.4	8.7	53	75	1.5	7	75	93	44

(续表)

国家	编号	经济指标				社会指标				知识指标	
		人均国民收入	农业劳动力比例[a]	农业增加值比例[a]	服务业增加值比例[a]	城市人口比例	医生比例	婴儿死亡率	预期寿命	成人识字率	大学入学率[a]
萨尔瓦多	71	3930	18.7	11.0	62	71	1.6	13	74	88	28
埃及	72	3410	25.6	11.9	55	43	0.8	19	71	75	34
中国	73	8250	18.4	8.6	52	57	1.8	9	76	95	48
阿尔及利亚	74	4360	12.7	13.3	49	71	1.2	21	76	—	43
土库曼斯坦	75	6820	8.4	11.5	29	51	2.3	42	68	—	8
突尼斯	76	3690	13.7	10.0	64	68	1.3	12	76	79	33
阿尔巴尼亚	77	4320	40.7	22.9	53	58	1.3	8	78	97	61
吉尔吉斯斯坦	78	1110	26.8	14.9	56	36	1.9	19	71	—	46
塔吉克斯坦	79	1110	50.7	25.0	47	27	1.7	30	71	—	29
玻利维亚	80	3080	27.4	13.7	55	69	0.5	29	69	92	—
缅甸	81	1190	51.3	25.5	40	30	0.6	40	67	76	14
菲律宾	82	3580	27.0	9.7	60	46	—	23	69	96	36
泰国	83	5700	33.3	8.3	56	48	0.5	9	75	93	46
纳米比亚	84	4720	20.1	6.9	62	48	0.4	33	64	88	7
津巴布韦	85	890	67.4	11.0	66	32	0.1	38	61	89	8
洪都拉斯	86	2160	28.5	13.5	58	56	0.4	16	74	89	20
尼加拉瓜	87	2100	29.7	17.3	56	58	0.9	15	75	78	—
越南	88	2060	41.9	18.1	45	35	0.8	17	76	—	28
肯尼亚	89	1380	38.1	35.6	45	26	0.2	34	67	79	3
斯里兰卡	90	3790	27.5	8.2	62	18	0.9	8	75	91	19
刚果(布)	91	1700	36.7	8.7	41	66	0.1	36	65	79	9
印度尼西亚	92	3410	31.8	14.0	45	54	0.2	22	69	95	28
赞比亚	93	1360	53.3	6.5	57	42	0.1	43	62	83	4
危地马拉	94	3790	29.4	11.0	61	50	—	24	73	81	21
毛里塔尼亚	95	1130	76.1	27.4	43	52	0.1	55	63	—	5
科特迪瓦	96	1520	48.9	23.4	46	50	0.1	66	54	44	9
印度	97	1680	43.4	17.4	54	33	0.8	34	69	69	27
巴基斯坦	98	1500	42.3	24.6	56	36	1.0	63	66	57	10
莱索托	99	1270	10.7	5.8	57	27	—	68	54	77	9
柬埔寨	100	1140	27.4	26.7	42	23	0.1	26	69	—	13
喀麦隆	101	1400	62.0	16.7	57	55	0.1	57	58	71	17
厄立特里亚	102	520	83.9	22.6	57	—	—	33	65	—	2
叙利亚	103	1510	22.8	20.7	41	53	1.5	14	70	—	39
加纳	104	1390	41.2	19.6	52	55	0.1	37	63	71	16
乍得	105	720	87.2	50.1	35	23	0.0	75	53	22	3
莫桑比克	106	480	73.3	24.8	54	35	0.1	55	58	—	7
几内亚	107	720	67.7	20.2	49	35	0.1	58	60	32	11
也门	108	1030	36.0	9.8	42	35	0.3	43	65	—	10
巴布亚新几内亚	109	2530	20.7	18.8	48	13	0.1	43	66	—	—
海地	110	790	41.5	17.5	23	53	—	55	63	—	—
尼泊尔	111	730	72.3	33.0	52	19	0.6	29	70	60	12
塞内加尔	112	950	53.6	17.5	59	46	0.1	34	67	43	11
塞拉利昂	113	480	60.6	59.4	34	41	0.0	85	52	32	7
刚果(金)	114	460	81.4	21.9	45	43	—	72	60	77	7
老挝	115	2150	62.0	19.5	48	34	0.5	50	67	58	17
马拉维	116	320	84.7	28.1	56	17	0.0	40	63	62	1
多哥	117	600	39.0	41.3	42	41	0.1	51	60	64	12
马达加斯加	118	400	74.3	24.7	56	36	0.1	34	66	72	5
马里	119	780	61.6	42.1	40	41	0.1	67	58	33	5
尼日利亚	120	2450	36.3	21.2	60	49	0.4	67	53	—	10
孟加拉国	121	1330	41.1	14.8	56	35	0.5	28	72	73	17
坦桑尼亚	122	900	67.2	31.5	41	32	0.0	36	66	78	4
贝宁	123	820	41.3	25.6	51	46	0.2	65	61	33	13
尼日尔	124	370	75.8	39.0	39	16	0.0	50	60	15	2
安哥拉	125	3450	49.2	—	—	64	—	56	62	66	9
乌干达	126	630	70.4	25.8	52	23	0.1	37	60	70	5
中非	127	380	85.6	42.9	41	41	0.0	89	52	37	3
布基纳法索	128	610	28.9	30.8	43	28	0.0	53	60	35	6
埃塞俄比亚	129	660	69.0	37.2	41	20	0.0	43	65	—	8
布隆迪	130	280	91.4	39.8	44	12	—	44	57	62	5
卢旺达	131	710	66.9	31.5	51	17	0.1	30	67	—	8
高收入国家		40 009	3.1	1.4	74	81	3.0	5	80	100	75
中等收入国家		4860	27.7	9.2	58	51	1.3	29	71	86	35
低收入国家		734	67.7	30.0	48	32	0.3	50	63	61	7
世界		10 326	26.8	3.8	69	54	1.5	30	72	86	37
标准值		8800	30.0	15.0	45	50	1.0	30	70	80	15

注:a. 为2005~2016年期间最近年的数据。

附表 2-2-3　2016 年世界第一次现代化发展阶段

国家	编号	信号指标				信号赋值				平均值	发展阶段*	指数
		农业增加产值占GDP比例	农业增加值/工业增加值	农业劳动力占总劳动力比例	农业劳动力/工业劳动力	农业增加产值占GDP比例	农业增加值/工业增加值	农业劳动力占总劳动力比例	农业劳动力/工业劳动力			
瑞典	1	1.3	0.05	1.9	0.10	4	4	4	4	4.0	4	100
美国	2	1.1	0.05	1.7	0.09	4	4	4	4	4.0	4	100
芬兰	3	2.7	0.10	3.9	0.17	4	4	4	4	4.0	4	100
澳大利亚	4	2.6	0.11	2.6	0.14	4	4	4	4	4.0	4	100
瑞士	5	0.7	0.03	3.4	0.16	4	4	4	4	4.0	4	100
挪威	6	2.4	0.08	2.1	0.11	4	4	4	4	4.0	4	100
日本	7	1.1	0.04	3.5	0.14	4	4	4	4	4.0	4	100
丹麦	8	0.9	0.04	2.5	0.14	4	4	4	4	4.0	4	100
德国	9	0.6	0.02	1.3	0.05	4	4	4	4	4.0	4	100
荷兰	10	1.8	0.09	2.3	0.14	4	4	4	4	4.0	4	100
加拿大	11	1.8	0.06	1.9	0.10	4	4	4	4	4.0	4	100
新加坡	12	0.0	0.00	0.1	0.01	4	4	4	4	4.0	4	100
英国	13	0.6	0.03	1.1	0.06	4	4	4	4	4.0	4	100
法国	14	1.6	0.08	2.9	0.14	4	4	4	4	4.0	4	100
比利时	15	0.7	0.03	1.3	0.06	4	4	4	4	4.0	4	100
奥地利	16	1.2	0.04	4.3	0.17	4	4	4	4	4.0	4	100
新西兰	17	6.8	0.31	6.5	0.32	3	3	4	3	3.3	4	100
韩国	18	2.2	0.06	4.9	0.20	4	4	4	4	4.0	4	100
以色列	19	1.3	0.06	1.1	0.06	4	4	4	4	4.0	4	100
意大利	20	2.1	0.09	3.9	0.15	4	4	4	4	4.0	4	100
爱尔兰	21	1.0	0.03	5.6	0.29	4	4	4	3	3.8	4	100
西班牙	22	2.8	0.12	4.2	0.22	4	4	4	3	3.8	4	100
爱沙尼亚	23	2.6	0.10	3.9	0.13	4	4	4	4	4.0	4	100
斯洛文尼亚	24	2.2	0.07	5.0	0.15	4	4	4	4	4.0	4	100
乌拉圭	25	6.8	0.24	8.2	0.41	3	3	4	3	3.3	3	100
俄罗斯	26	4.7	0.15	6.7	0.25	4	4	4	3	3.8	4	100
斯洛伐克	27	3.7	0.11	2.9	0.08	4	4	4	4	4.0	4	100
希腊	28	4.0	0.24	12.4	0.81	4	3	4	2	3.0	3	100
匈牙利	29	4.4	0.14	5.0	0.17	4	4	4	4	4.0	4	100
捷克	30	2.5	0.07	2.9	0.08	4	4	4	4	4.0	4	100
葡萄牙	31	2.2	0.10	7.0	0.28	4	4	4	3	3.8	4	100
白俄罗斯	32	7.9	0.22	9.7	0.31	3	3	4	3	3.5	4	96
拉脱维亚	33	3.9	0.18	7.7	0.32	4	4	4	3	3.8	4	100
立陶宛	34	3.3	0.11	8.0	0.32	4	4	4	3	3.8	4	100
格鲁吉亚	35	9.0	0.36	41.2	3.34	3	3	2	1	2.3	2	92
乌克兰	36	13.7	0.51	15.0	0.60	3	3	3	3	3.0	3	93
保加利亚	37	4.7	0.17	6.8	0.23	4	4	4	3	3.8	4	99
黎巴嫩	38	3.8	0.22	3.2	0.16	4	4	4	4	3.8	4	99
哈萨克斯坦	39	4.8	0.14	17.9	0.86	4	4	3	2	3.3	3	100
波兰	40	2.7	0.08	10.6	0.34	4	4	3	3	3.5	4	100
阿根廷	41	7.6	0.28	0.6	0.02	3	3	4	4	3.5	4	100
巴拿马	42	2.7	0.10	15.4	0.84	4	4	3	2	3.3	4	100
克罗地亚	43	4.0	0.15	7.6	0.28	4	4	4	3	3.8	4	100
沙特阿拉伯	44	2.7	0.06	6.0	0.27	4	4	4	3	3.8	4	100
哥伦比亚	45	7.1	0.22	16.1	0.83	3	3	3	2	2.8	3	97
科威特	46	0.5	0.01	3.5	0.13	4	4	4	4	4.0	4	100
智利	47	4.3	0.14	9.4	0.41	4	4	4	3	3.8	4	100
马其顿	48	9.9	0.33	16.6	0.55	3	3	3	3	3.0	3	95
阿塞拜疆	49	6.0	0.12	36.3	2.54	3	4	2	1	2.5	3	93
摩尔多瓦	50	14.3	1.00	33.7	1.97	3	2	2	2	2.3	3	90
罗马尼亚	51	4.3	0.13	23.1	0.77	4	4	3	3	3.5	4	100
委内瑞拉	52	5.6	0.13	9.8	0.42	4	4	4	3	3.5	4	100
乌兹别克斯坦	53	17.6	0.54	22.0	0.59	2	3	3	3	2.8	2	87
多米尼加	54	6.1	0.23	12.7	0.72	3	3	3	3	3.0	3	97
亚美尼亚	55	17.7	0.64	34.1	2.15	2	3	2	1	2.0	2	92
巴拉圭	56	20.0	0.66	21.3	1.10	2	3	3	2	2.5	2	92
哥斯达黎加	57	5.5	0.26	12.2	0.66	3	3	3	3	3.0	3	100
巴西	58	5.5	0.26	10.2	0.49	3	3	3	3	3.0	3	100
墨西哥	59	3.8	0.12	12.9	0.49	4	4	3	3	3.5	4	100
博茨瓦纳	60	2.2	0.06	26.0	1.92	4	4	3	2	3.3	3	89
秘鲁	61	7.6	0.23	28.4	1.75	3	3	3	2	2.8	3	97
牙买加	62	8.0	0.35	18.4	1.20	3	3	3	2	2.8	3	89
约旦	63	4.3	0.15	2.0	0.14	4	4	4	4	4.0	4	94
南非	64	2.4	0.08	5.6	0.24	4	4	4	3	3.8	4	93
土耳其	65	7.0	0.22	19.5	0.73	3	3	3	3	3.0	3	100
厄瓜多尔	66	10.2	0.30	26.9	1.45	3	3	3	2	2.8	3	97
伊朗	67	10.0	0.28	18.0	0.56	3	3	3	3	3.0	3	96
蒙古	68	12.7	0.35	30.4	1.60	3	3	2	2	2.5	3	94
摩洛哥	69	13.6	0.46	37.7	1.94	3	3	2	2	2.5	2	86
马来西亚	70	8.7	0.23	11.4	0.41	3	3	3	3	3.0	3	100

(续表)

国家	编号	信号指标				信号赋值				平均值	发展阶段[a]	指数
		农业增加产值占GDP比例	农业增加值/工业增加值	农业劳动力占总劳动力比例	农业劳动力/工业劳动力	农业增加产值占GDP比例	农业增加值/工业增加值	农业劳动力占总劳动力比例	农业劳动力/工业劳动力			
萨尔瓦多	71	11.0	0.42	18.7	0.89	3	3	3	2	2.8	3	94
埃及	72	11.9	0.36	25.6	1.00	3	3	3	2	2.8	3	90
中国	73	8.6	0.21	18.4	0.69	3	3	3	3	3.0	3	99
阿尔及利亚	74	13.3	0.35	12.7	0.27	3	3	3	3	3.0	3	94
土库曼斯坦	75	11.5	0.19	8.4	0.19	3	4	4	4	3.8	3	85
突尼斯	76	10.0	0.38	13.7	0.32	3	3	3	3	3.0	3	94
阿尔巴尼亚	77	22.9	0.96	40.7	2.20	2	2	2	1	1.8	2	89
吉尔吉斯斯坦	78	14.9	0.51	26.8	1.21	3	3	3	2	2.8	3	87
塔吉克斯坦	79	25.0	0.89	50.7	3.06	2	2	1	1	1.5	2	76
玻利维亚	80	13.7	0.44	27.4	1.21	3	3	3	2	2.8	3	87
缅甸	81	25.5	0.73	51.3	3.14	2	3	1	1	1.8	2	69
菲律宾	82	9.7	0.31	27.0	1.55	3	3	3	2	2.8	3	92
泰国	83	8.3	0.23	33.3	1.46	3	3	2	2	2.5	3	90
纳米比亚	84	6.9	0.22	20.1	1.04	3	3	3	2	2.8	3	82
津巴布韦	85	11.0	0.48	67.4	9.13	3	3	1	0	1.8	2	65
洪都拉斯	86	13.5	0.48	28.5	1.34	3	3	3	2	2.8	3	86
尼加拉瓜	87	17.3	0.65	29.7	1.68	3	3	3	2	2.8	3	89
越南	88	18.1	0.50	41.9	1.69	2	3	2	2	2.3	2	81
肯尼亚	89	35.6	1.87	38.1	2.68	1	2	2	1	1.5	2	61
斯里兰卡	90	8.2	0.28	27.5	1.08	3	3	3	2	2.8	3	87
刚果(布)	91	8.7	0.17	36.7	1.43	3	4	2	2	2.8	3	74
印度尼西亚	92	14.0	0.34	31.8	1.46	3	3	2	2	2.5	3	85
赞比亚	93	6.5	0.18	53.3	4.52	3	4	1	1	2.3	2	65
危地马拉	94	11.0	0.40	29.4	1.40	3	3	3	2	2.8	3	94
毛里塔尼亚	95	27.4	0.91	76.1	10.52	2	2	1	0	1.5	2	54
科特迪瓦	96	23.4	0.76	48.9	7.76	2	2	2	0	1.5	2	59
印度	97	17.4	0.60	43.4	1.83	2	3	2	2	2.3	2	79
巴基斯坦	98	24.6	1.27	42.3	1.79	2	2	2	2	2.0	2	70
莱索托	99	5.8	0.16	10.7	0.26	3	4	3	3	3.3	3	72
柬埔寨	100	26.7	0.84	27.4	1.01	2	2	3	2	2.3	2	67
喀麦隆	101	16.7	0.63	62.0	6.67	2	3	1	0	1.5	2	69
厄立特里亚	102	22.6	1.10	83.9	11.95	2	2	0	0	1.0	1	58
叙利亚	103	20.7	0.54	22.8	0.70	2	3	3	3	2.8	3	87
加纳	104	19.6	0.70	41.2	2.94	2	3	2	1	2.0	2	73
乍得	105	50.1	3.38	87.2	18.38	0	1	0	0	0.3	0	37
莫桑比克	106	24.8	1.14	73.3	17.18	2	2	1	0	1.3	1	52
几内亚	107	20.2	0.65	67.7	11.74	2	3	1	0	1.5	2	56
也门	108	9.8	0.20	36.0	2.47	3	3	2	1	2.3	2	69
巴布亚新几内亚	109	18.8	0.56	20.7	2.78	2	2	3	1	2.0	2	63
海地	110	17.5	—	41.5	3.36	—	—	2	1	1.5	2	66
尼泊尔	111	33.0	2.23	72.3	9.28	1	1	1	0	0.8	1	65
塞内加尔	112	17.5	0.75	53.6	2.67	2	3	1	1	1.8	2	66
塞拉利昂	113	59.4	8.54	60.6	9.92	0	0	1	0	0.3	0	40
刚果(金)	114	21.9	0.65	81.4	6.95	2	3	0	0	1.3	1	63
老挝	115	19.5	0.60	62.0	6.49	2	3	1	0	1.5	2	69
马拉维	116	28.1	1.77	84.7	10.12	2	2	0	0	1.0	1	48
多哥	117	41.3	2.44	39.0	2.26	1	1	2	1	1.3	1	61
马达加斯加	118	24.7	1.28	74.3	8.14	2	2	1	0	1.3	1	60
马里	119	42.1	2.33	61.6	7.39	1	1	1	0	0.8	1	48
尼日利亚	120	21.2	1.15	36.3	3.07	2	2	2	1	1.8	2	67
孟加拉国	121	14.8	0.51	41.1	1.97	3	3	2	2	2.5	3	80
坦桑尼亚	122	31.5	1.16	67.2	11.40	1	2	1	0	1.0	1	55
贝宁	123	25.6	1.09	41.3	2.28	2	2	2	1	1.8	2	61
尼日尔	124	39.0	2.34	75.8	10.12	1	1	1	0	0.8	1	38
安哥拉	125			49.2	5.53	—	—	2	0	1.0	1	69
乌干达	126	25.8	1.15	70.4	10.32	2	2	1	0	1.3	1	55
中非	127	42.9	2.67	85.6	10.81	1	1	0	0	0.5	0	47
布基纳法索	128	30.8	1.18	28.9	0.91	1	2	3	2	2.0	2	54
埃塞俄比亚	129	37.2	1.75	69.0	7.68	1	1	1	0	1.0	1	49
布隆迪	130	39.8	2.40	91.4	37.94	1	1	0	0	0.5	0	51
卢旺达	131	31.5	1.79	66.9	8.24	1	2	1	0	1.0	1	58
高收入国家		1.4	0.06	3.1	0.13	4	4	4	4	4.0	4	100
中等收入国家		9.2	0.25	27.7	1.16	3	3	3	2	2.8	3	96
低收入国家		30.0	1.34	67.7	6.54	2	2	1	0	1.3	1	57
世界		3.8	0.14	26.8	1.19	4	4	3	2	3.3	3	100

注：a. 4 代表第一次现代化的过渡期，3 代表成熟期，2 代表发展期，1 代表起步期，0 代表传统农业社会。

附表 2-2-4 世界第一次现代化指数的增长率和预期完成时间

国家	编号	2000年指数	2016年指数	2000~2016年年均增长率	指数达到100需要的年数（按2000~2016年速度）
瑞典	1	100.0	100.0	0.0	
美国	2	100.0	100.0	0.0	
芬兰	3	100.0	100.0	0.0	
澳大利亚	4	100.0	100.0	0.0	
瑞士	5	100.0	100.0	0.0	
挪威	6	100.0	100.0	0.0	
日本	7	100.0	100.0	0.0	
丹麦	8	100.0	100.0	0.0	
德国	9	100.0	100.0	0.0	
荷兰	10	100.0	100.0	0.0	
加拿大	11	100.0	100.0	0.0	
新加坡	12	100.0	100.0	0.0	
英国	13	100.0	100.0	0.0	
法国	14	100.0	100.0	0.0	
比利时	15	100.0	100.0	0.0	
奥地利	16	100.0	100.0	0.0	
新西兰	17	100.0	100.0	0.0	
韩国	18	100.0	100.0	0.0	
以色列	19	100.0	100.0	0.0	
意大利	20	100.0	100.0	0.0	
爱尔兰	21	100.0	100.0	0.0	
西班牙	22	100.0	100.0	0.0	
爱沙尼亚	23	95.1	100.0	0.3	0
斯洛文尼亚	24	100.0	100.0	0.0	
乌拉圭	25	99.4	100.0	0.0	0
俄罗斯	26	91.0	100.0	0.6	0
斯洛伐克	27	95.3	100.0	0.3	0
希腊	28	100.0	100.0	0.0	
匈牙利	29	97.4	100.0	0.2	0
捷克	30	98.0	100.0	0.1	0
葡萄牙	31	100.0	100.0	0.0	
白俄罗斯	32	92.5	96.4	0.3	14
拉脱维亚	33	94.6	100.0	0.3	0
立陶宛	34	94.6	100.0	0.3	0
格鲁吉亚	35	82.1	91.6	0.7	13
乌克兰	36	89.8	92.6	0.2	40
保加利亚	37	92.4	98.6	0.4	3
黎巴嫩	38	95.9	99.0	0.2	5
哈萨克斯坦	39	90.4	100.0	0.6	0
波兰	40	96.2	100.0	0.2	0
阿根廷	41	100.0	100.0	0.0	
巴拿马	42	94.5	100.0	0.4	0
克罗地亚	43	96.9	100.0	0.2	0
沙特阿拉伯	44	99.3	100.0	0.0	0
哥伦比亚	45	92.4	97.2	0.3	9
科威特	46	100.0	100.0	0.0	
智利	47	97.2	99.9	0.2	1
马其顿	48	92.0	95.2	0.2	24
阿塞拜疆	49	84.0	93.1	0.6	11
摩尔多瓦	50	78.9	89.8	0.8	13
罗马尼亚	51	88.7	100.0	0.8	0
委内瑞拉	52	96.4	100.0	0.2	0
乌兹别克斯坦	53	77.0	86.7	0.7	19
多米尼加	54	89.6	97.3	0.5	5
亚美尼亚	55	81.7	91.6	0.7	12
巴拉圭	56	88.4	92.1	0.3	32
哥斯达黎加	57	94.4	100.0	0.4	0
巴西	58	93.9	100.0	0.4	0
墨西哥	59	97.9	100.0	0.1	0
博茨瓦纳	60	70.2	89.3	1.5	8
秘鲁	61	91.9	96.8	0.3	10
牙买加	62	90.0	88.9	−0.1	
约旦	63	91.9	94.5	0.2	33
南非	64	80.0	93.4	1.0	7
土耳其	65	88.4	100.0	0.8	0
厄瓜多尔	66	91.0	96.6	0.4	9
伊朗	67	84.4	96.2	0.8	5
蒙古	68	77.8	93.9	1.2	5
摩洛哥	69	74.9	86.1	0.9	17
马来西亚	70	90.6	100.0	0.6	0

(续表)

国家	编号	2000年指数	2016年指数	2000~2016年年均增长率	指数达到100需要的年数（按2000~2016年速度）
萨尔瓦多	71	92.3	94.5	0.1	39
埃及	72	83.9	89.9	0.4	25
中国	73	76.1	99.4	1.7	0
阿尔及利亚	74	85.1	94.4	0.6	9
土库曼斯坦	75	71.6	84.8	1.1	16
突尼斯	76	89.2	94.1	0.3	18
阿尔巴尼亚	77	75.1	88.8	1.1	11
吉尔吉斯斯坦	78	70.9	87.2	1.3	11
塔吉克斯坦	79	77.6	76.1	−0.1	
玻利维亚	80	78.6	86.8	0.6	23
缅甸	81	55.1	69.3	1.4	26
菲律宾	82	88.4	92.5	0.3	27
泰国	83	77.1	89.9	1.0	11
纳米比亚	84	65.2	81.7	1.4	14
津巴布韦	85	63.7	64.9	0.1	
洪都拉斯	86	81.8	86.4	0.3	43
尼加拉瓜	87	75.8	88.8	1.0	12
越南	88	66.3	81.0	1.3	17
肯尼亚	89	57.6	61.1	0.4	133
斯里兰卡	90	71.7	86.8	1.2	12
刚果(布)	91	63.0	73.9	1.0	30
印度尼西亚	92	67.7	85.2	1.4	11
赞比亚	93	50.2	65.1	1.6	26
危地马拉	94	77.8	93.7	1.2	6
毛里塔尼亚	95	53.0	54.3	0.1	
科特迪瓦	96	51.4	59.4	0.9	57
印度	97	58.6	79.1	1.9	13
巴基斯坦	98	60.2	69.8	0.9	39
莱索托	99	50.7	71.9	2.2	15
柬埔寨	100	44.3	67.5	2.7	15
喀麦隆	101	52.1	68.8	1.8	22
厄立特里亚	102	48.2	58.2	1.2	46
叙利亚	103	79.0	86.7	0.6	25
加纳	104	55.1	73.4	1.8	17
乍得	105	43.1	36.7	−1.0	
莫桑比克	106	48.5	51.9	0.4	155
几内亚	107	47.5	55.8	1.0	58
也门	108	56.2	68.8	1.3	30
巴布亚新几内亚	109	45.6	62.9	2.0	23
海地	110	53.5	66.1	1.3	31
尼泊尔	111	38.8	64.6	3.2	14
塞内加尔	112	54.5	66.1	1.2	34
塞拉利昂	113	34.4	40.0	0.9	97
刚果(金)	114	42.4	62.9	2.5	19
老挝	115	38.5	69.4	3.8	10
马拉维	116	37.0	47.5	1.6	48
多哥	117	46.2	60.6	1.7	29
马达加斯加	118	46.7	59.6	1.5	34
马里	119	37.3	47.7	1.6	48
尼日利亚	120	49.9	67.5	1.9	21
孟加拉国	121	50.7	79.6	2.9	8
坦桑尼亚	122	42.0	55.4	1.7	34
贝宁	123	46.2	61.1	1.8	28
尼日尔	124	36.8	37.9	0.2	
安哥拉	125	39.5	68.7	3.5	11
乌干达	126	39.2	54.8	2.1	29
中非	127	37.8	46.7	1.3	58
布基纳法索	128	38.7	53.6	2.1	31
埃塞俄比亚	129	33.0	49.3	2.5	28
布隆迪	130	31.1	50.9	3.1	22
卢旺达	131	33.7	57.5	3.4	17
高收入国家		100.0	100.0	0.0	
中等收入国家		92.6	95.5	0.2	24
低收入国家		57.6	57.3	0.0	
世界		89.4	99.9	0.7	

附表 2-2-5　1950～2016 年世界第一次现代化指数

国家	编号	1950	1960	1970	1980	1990	2000	2010	2015	2016
瑞典	1	80.6	95.5	100.0	100.0	100.0	100.0	100.0	100.0	100.0
美国	2	100.0	100.0	100.0	100.0	100.0	100.0	100.0	100.0	100.0
芬兰	3	60.6	84.3	100.0	100.0	100.0	100.0	100.0	100.0	100.0
澳大利亚	4	85.9	98.7	100.0	100.0	100.0	100.0	100.0	100.0	100.0
瑞士	5	83.6	93.3	100.0	100.0	100.0	100.0	100.0	100.0	100.0
挪威	6	85.4	91.1	100.0	100.0	100.0	100.0	100.0	100.0	100.0
日本	7	62.6	88.5	100.0	100.0	100.0	100.0	100.0	100.0	100.0
丹麦	8	83.7	96.7	100.0	100.0	100.0	100.0	100.0	100.0	100.0
德国	9	75.1	91.9	100.0	100.0	100.0	100.0	100.0	100.0	100.0
荷兰	10	80.3	96.6	100.0	100.0	100.0	100.0	100.0	100.0	100.0
加拿大	11	90.0	100.0	100.0	100.0	100.0	100.0	100.0	100.0	100.0
新加坡	12	54.6	76.8	90.2	94.3	94.2	100.0	100.0	100.0	100.0
英国	13	83.6	96.0	100.0	100.0	100.0	100.0	100.0	100.0	100.0
法国	14	76.2	96.7	100.0	100.0	100.0	100.0	100.0	100.0	100.0
比利时	15	82.8	95.4	100.0	100.0	100.0	100.0	100.0	100.0	100.0
奥地利	16	72.6	89.6	100.0	100.0	100.0	100.0	100.0	100.0	100.0
新西兰	17	84.7	98.3	100.0	100.0	100.0	100.0	100.0	100.0	100.0
韩国	18	34.6	51.5	70.6	86.6	97.3	100.0	100.0	100.0	100.0
以色列	19	84.5	95.5	91.5	100.0	100.0	100.0	100.0	100.0	100.0
意大利	20	63.0	86.8	100.0	100.0	100.0	100.0	100.0	100.0	100.0
爱尔兰	21	64.6	85.4	96.3	100.0	100.0	100.0	100.0	100.0	100.0
西班牙	22	58.2	73.1	95.4	100.0	100.0	100.0	100.0	100.0	100.0
爱沙尼亚	23	—	—	—	—	—	95.1	100.0	100.0	100.0
斯洛文尼亚	24	—	—	—	—	—	100.0	100.0	99.9	100.0
乌拉圭	25	—	80.8	85.5	95.9	94.4	99.4	100.0	100.0	100.0
俄罗斯	26	—	90.1	—	—	—	91.0	99.8	100.0	100.0
斯洛伐克	27	—	—	—	—	—	95.3	100.0	100.0	100.0
希腊	28	63.4	73.9	91.6	99.6	98.8	100.0	100.0	100.0	100.0
匈牙利	29	72.3	79.4	91.9	94.8	94.9	97.4	100.0	100.0	100.0
捷克	30	—	—	100.0	95.8	93.3	98.0	100.0	100.0	100.0
葡萄牙	31	48.2	59.6	73.4	85.8	95.4	100.0	100.0	100.0	100.0
白俄罗斯	32	—	—	—	—	—	92.5	97.2	97.5	96.4
拉脱维亚	33	—	—	—	97.5	—	94.6	100.0	100.0	100.0
立陶宛	34	—	—	—	—	—	94.6	100.0	100.0	100.0
格鲁吉亚	35	—	—	—	—	92.2	82.1	89.0	91.4	91.6
乌克兰	36	—	—	—	—	—	89.8	93.7	93.1	92.6
保加利亚	37	—	—	81.4	94.9	96.8	86.7	92.4	97.9	98.6	98.6
黎巴嫩	38	—	—	77.1	85.2	92.8	—	95.9	100.0	99.2	99.0
哈萨克斯坦	39	—	—	—	—	—	90.4	99.1	100.0	100.0
波兰	40	49.9	80.2	95.4	100.0	92.5	96.2	100.0	100.0	100.0
阿根廷	41	80.7	85.5	91.2	94.5	93.3	100.0	100.0	100.0	100.0
巴拿马	42	48.1	62.9	82.6	94.4	93.6	94.5	98.6	100.0	100.0
克罗地亚	43	—	—	—	—	—	96.9	100.0	100.0	100.0
沙特阿拉伯	44	—	27.5	51.7	65.8	90.8	99.3	97.4	100.0	100.0
哥伦比亚	45	35.8	54.2	65.8	77.6	87.3	92.4	87.9	98.2	97.2
科威特	46	—	76.8	88.5	91.1	98.1	100.0	100.0	100.0	100.0
智利	47	68.4	73.1	76.6	91.6	85.5	97.2	100.0	100.0	99.9
马其顿	48	—	—	—	—	—	92.0	95.8	95.4	95.2
阿塞拜疆	49	—	—	—	—	—	84.0	88.6	95.5	93.1
摩尔多瓦	50	—	—	—	—	—	78.9	91.1	91.6	89.8
罗马尼亚	51	—	67.7	82.4	90.3	83.4	88.7	99.8	100.0	100.0
委内瑞拉	52	52.0	74.6	89.3	95.5	93.6	96.4	99.3	100.0	100.0
乌兹别克斯坦	53	—	—	—	—	—	77.0	77.7	83.8	86.7
多米尼加	54	39.6	47.7	61.9	75.6	81.7	89.6	95.4	97.2	97.3
亚美尼亚	55	—	—	—	—	—	81.7	88.3	90.9	91.6
巴拉圭	56	46.8	55.5	69.1	67.8	72.7	88.4	89.0	92.6	92.1
哥斯达黎加	57	55.3	57.5	72.8	89.5	92.2	94.4	98.4	100.0	100.0
巴西	58	52.8	59.3	72.1	80.8	86.6	93.9	100.0	100.0	100.0
墨西哥	59	52.9	64.4	79.0	87.8	91.0	97.9	100.0	100.0	100.0
博茨瓦纳	60	—	25.3	29.1	47.2	65.6	70.2	84.0	88.6	89.3
秘鲁	61	35.6	59.3	71.9	79.1	82.1	91.9	94.8	97.1	96.8
牙买加	62	47.0	67.9	77.9	80.8	82.8	90.0	100.0	83.8	88.9
约旦	63	—	43.9	55.4	85.4	86.5	91.9	95.2	94.5	94.5
南非	64	55.7	62.6	76.1	78.2	80.0	80.0	91.9	92.0	93.4
土耳其	65	34.3	45.0	53.7	60.9	79.0	88.4	100.0	100.0	100.0
厄瓜多尔	66	48.1	53.2	64.7	81.6	85.9	91.0	94.8	96.9	96.6
伊朗	67	—	41.6	56.6	71.8	64.8	84.4	98.9	96.2	96.2
蒙古	68	—	66.2	—	87.4	86.7	77.8	88.8	94.3	93.9
摩洛哥	69	35.7	40.6	48.5	54.1	65.7	74.9	82.5	87.3	86.1
马来西亚	70	—	46.5	55.4	68.5	76.5	90.6	99.0	100.0	100.0

(续表)

国家	编号	1950	1960	1970	1980	1990	2000	2010	2015	2016
萨尔瓦多	71	43.4	47.0	54.0	60.4	81.4	92.3	94.2	94.4	94.5
埃及	72	32.5	48.4	60.5	71.5	73.1	83.9	90.2	90.0	89.9
中国	73	26.1	36.5	39.9	53.9	63.0	76.1	92.3	99.2	99.4
阿尔及利亚	74	38.3	43.4	54.3	71.8	79.8	85.1	90.5	95.0	94.4
土库曼斯坦	75	—	—	—	—	—	71.6	86.0	84.7	84.8
突尼斯	76	—	42.9	54.5	67.6	78.0	89.2	94.3	94.4	94.1
阿尔巴尼亚	77	—	48.3	—	—	58.4	75.1	89.6	88.6	88.8
吉尔吉斯斯坦	78	—	—	—	—	—	70.9	84.6	86.6	87.2
塔吉克斯坦	79	—	—	—	—	—	77.6	76.0	75.8	76.1
玻利维亚	80	36.7	44.6	61.0	61.4	72.3	78.6	86.0	87.7	86.8
缅甸	81	—	39.8	24.5	40.3	—	55.1	77.7	73.3	69.3
菲律宾	82	43.0	58.2	52.9	61.0	70.8	88.4	89.6	92.0	92.5
泰国	83	37.0	41.2	55.3	62.2	73.5	77.1	81.7	89.0	89.9
纳米比亚	84	—	—	—	—	64.3	65.2	81.2	81.4	81.7
津巴布韦	85	—	43.5	47.5	52.5	59.1	63.7	68.2	64.1	64.9
洪都拉斯	86	31.0	39.8	51.9	56.9	66.3	81.8	90.0	86.1	86.4
尼加拉瓜	87	—	49.2	65.0	70.0	—	75.8	86.8	87.1	88.8
越南	88	—	36.8	—	—	—	66.3	79.1	83.6	81.0
肯尼亚	89	24.0	30.8	36.6	42.0	48.5	57.6	59.3	57.5	61.1
斯里兰卡	90	—	50.2	54.3	52.5	66.3	71.7	80.0	85.3	86.8
刚果(布)	91	—	41.2	55.4	62.1	64.3	63.0	60.0	72.6	73.9
印度尼西亚	92	15.9	29.9	40.6	43.5	58.5	67.7	82.0	84.9	85.2
赞比亚	93	—	42.3	47.2	51.9	52.0	50.2	55.5	65.2	65.1
危地马拉	94	27.4	45.7	46.4	61.7	64.8	77.8	80.9	92.6	93.7
毛里塔尼亚	95	—	26.2	32.3	43.9	53.0	53.0	56.0	58.6	54.3
科特迪瓦	96	—	—	37.1	53.6	51.5	51.4	59.0	57.9	59.4
印度	97	30.4	33.4	38.7	43.7	51.4	58.6	71.4	77.5	79.1
巴基斯坦	98	19.6	34.0	42.0	44.6	49.0	60.2	65.8	68.1	69.8
莱索托	99	—	22.8	33.9	49.4	53.9	50.7	62.9	69.1	71.9
柬埔寨	100	—	24.6	—	—	—	44.3	58.7	63.2	67.5
喀麦隆	101	—	35.0	34.9	47.8	51.7	52.1	70.8	69.3	68.8
厄立特里亚	102	—	—	—	—	—	48.2	62.2	57.8	58.2
叙利亚	103	—	47.7	61.8	74.6	79.1	79.0	88.9	88.1	86.7
加纳	104	—	36.7	38.9	42.3	53.0	55.1	61.9	71.6	73.4
乍得	105	—	25.9	28.2	36.7	37.9	43.1	49.3	37.1	36.7
莫桑比克	106	—	23.8	12.9	23.4	36.2	48.5	47.5	50.6	51.9
几内亚	107	—	15.0	—	26.8	43.6	47.5	51.7	55.5	55.8
也门	108	—	18.7	—	25.6	60.7	56.2	66.7	70.6	68.8
巴布亚新几内亚	109	—	31.2	35.7	39.3	47.9	45.6	45.8	56.3	62.9
海地	110	17.1	30.9	30.2	30.5	47.0	53.5	60.3	64.0	66.1
尼泊尔	111	—	16.2	23.0	26.1	31.5	38.8	59.5	67.4	64.6
塞内加尔	112	—	34.5	41.7	46.5	47.8	54.5	64.5	65.5	66.1
塞拉利昂	113	—	19.3	39.4	38.2	41.5	34.4	40.7	42.6	40.0
刚果(金)	114	—	—	—	46.1	—	42.4	49.0	63.7	62.9
老挝	115	—	23.6	24.9	33.7	33.7	38.5	67.3	65.9	69.4
马拉维	116	—	26.2	28.2	28.2	36.6	37.0	45.9	47.7	47.5
多哥	117	—	27.4	34.4	41.9	48.4	46.2	55.2	56.0	60.6
马达加斯加	118	—	32.7	40.8	39.3	46.7	46.7	54.6	58.8	59.6
马里	119	—	23.6	28.2	31.1	36.8	37.3	43.0	48.3	47.7
尼日利亚	120	20.9	24.7	37.4	45.5	48.2	49.9	57.2	69.6	67.5
孟加拉国	121	—	28.7	—	32.1	43.2	50.7	65.5	76.8	79.6
坦桑尼亚	122	—	27.0	34.8	38.9	32.5	42.0	50.2	54.9	55.4
贝宁	123	—	29.9	37.7	39.9	54.7	46.2	55.7	61.5	61.1
尼日尔	124	—	21.3	24.2	30.4	35.3	36.8	32.5	38.9	37.9
安哥拉	125	—	30.3	—	28.9	59.5	39.5	66.0	74.3	68.7
乌干达	126	—	27.7	24.3	30.0	32.9	39.2	50.0	53.1	54.8
中非	127	—	30.6	34.7	37.4	43.0	37.8	44.5	47.0	46.7
布基纳法索	128	—	—	24.6	31.6	32.4	38.7	42.0	46.9	53.6
埃塞俄比亚	129	—	17.8	26.2	26.3	33.0	33.0	44.0	49.0	49.3
布隆迪	130	—	16.6	21.5	27.5	33.8	31.1	47.2	49.4	50.9
卢旺达	131	—	20.0	23.7	28.8	34.7	33.7	50.5	59.3	57.5
高收入国家		—	100.0	100.0	100.0	100.0	100.0	100.0	100.0	100.0
中等收入国家		—	50.9	—	84.0	84.1	92.6	91.3	95.3	95.5
低收入国家		—	33.9	32.8	45.0	51.7	57.6	55.6	55.4	57.3
世界		—	—	67.5	79.8	81.0	89.4	96.4	99.6	99.9

附表 2-2-6　1950～2016 年世界第一次现代化指数的排名

国家	编号	1950	1960	1970	1980	1990	2000	2010	2015	2016
瑞典	1	12	9	1	1	1	1	1	1	1
美国	2	1	1	1	1	1	1	1	1	1
芬兰	3	23	21	1	1	1	1	1	1	1
澳大利亚	4	3	3	1	1	1	1	1	1	1
瑞士	5	8	12	1	1	1	1	1	1	1
挪威	6	4	14	1	1	1	1	1	1	1
日本	7	22	17	1	1	1	1	1	1	1
丹麦	8	7	5	1	1	1	1	1	1	1
德国	9	15	13	1	1	1	1	1	1	1
荷兰	10	13	7	1	1	1	1	1	1	1
加拿大	11	2	1	1	1	1	1	1	1	1
新加坡	12	27	27	27	31	27	1	1	1	1
英国	13	9	8	1	1	1	1	1	1	1
法国	14	14	6	1	1	1	1	1	1	1
比利时	15	10	11	1	1	1	1	1	1	1
奥地利	16	16	16	1	1	1	1	1	1	1
新西兰	17	5	4	1	1	1	1	1	1	1
韩国	18	46	47	42	40	23	1	1	1	1
以色列	19	6	10	25	1	1	1	1	1	1
意大利	20	21	18	1	1	1	1	1	1	1
爱尔兰	21	19	20	19	1	1	1	1	1	1
西班牙	22	24	32	20	1	1	1	1	1	1
爱沙尼亚	23	—	—	—	—	—	39	1	1	1
斯洛文尼亚	24	—	—	—	—	—	1	1	1	1
乌拉圭	25	—	23	30	25	26	28	1	1	1
俄罗斯	26	—	15	—	—	—	52	43	1	1
斯洛伐克	27	—	—	—	—	—	38	1	1	1
希腊	28	20	30	24	1	21	1	1	1	1
匈牙利	29	17	25	23	28	25	32	1	1	1
捷克	30	—	—	1	26	30	30	1	1	1
葡萄牙	31	32	39	38	41	24	1	1	1	1
白俄罗斯	32	—	—	—	—	—	45	53	53	56
拉脱维亚	33	—	—	—	23	—	41	1	1	1
立陶宛	34	—	—	—	—	—	40	1	1	1
格鲁吉亚	35	—	—	—	33	—	68	71	71	70
乌克兰	36	—	—	—	—	—	57	61	65	67
保加利亚	37	—	22	22	24	38	47	51	51	51
黎巴嫩	38	—	26	31	32	—	37	1	49	50
哈萨克斯坦	39	—	—	—	—	—	55	46	1	1
波兰	40	31	24	21	1	32	36	1	1	1
阿根廷	41	11	19	26	29	31	1	1	1	1
巴拿马	42	33	37	32	30	29	42	49	1	1
克罗地亚	43	—	—	—	—	—	34	1	1	1
沙特阿拉伯	44	—	87	63	58	35	29	52	1	1
哥伦比亚	45	43	45	44	48	36	46	76	52	53
科威特	46	—	28	29	35	22	1	1	1	1
智利	47	18	31	36	34	42	33	1	1	48
马其顿	48	—	—	—	—	—	49	54	59	58
阿塞拜疆	49	—	—	—	—	—	66	74	58	66
摩尔多瓦	50	—	—	—	—	—	73	64	70	74
罗马尼亚	51	—	34	33	36	43	60	44	1	1
委内瑞拉	52	30	29	28	27	28	35	45	1	1
乌兹别克斯坦	53	—	—	—	—	—	79	89	86	83
多米尼加	54	39	52	47	49	46	58	55	54	52
亚美尼亚	55	—	—	—	—	—	70	75	72	71
巴拉圭	56	36	44	43	56	56	61	70	66	69
哥斯达黎加	57	26	43	39	37	33	43	50	1	1
巴西	58	29	40	40	44	39	44	1	1	1
墨西哥	59	28	36	34	38	34	31	1	1	1
博茨瓦纳	60	—	93	88	76	62	87	81	75	75
秘鲁	61	45	41	41	46	45	50	58	55	54
牙买加	62	35	33	35	45	44	56	1	87	76
约旦	63	—	59	52	42	40	51	56	61	60
南非	64	25	38	37	47	48	71	63	68	65
土耳其	65	47	57	60	64	51	62	1	1	1
厄瓜多尔	66	34	46	46	43	41	53	57	56	55
伊朗	67	—	64	51	52	63	65	48	57	57
蒙古	68	—	35	—	39	37	75	73	64	63
摩洛哥	69	44	67	64	68	61	83	82	79	85
马来西亚	70	—	55	53	55	53	54	47	1	1

(续表)

国家	编号	1950	1960	1970	1980	1990	2000	2010	2015	2016
萨尔瓦多	71	37	54	59	65	47	48	60	62	59
埃及	72	48	50	50	53	55	67	66	73	72
中国	73	52	72	72	69	67	80	62	50	49
阿尔及利亚	74	40	61	57	51	49	64	65	60	61
土库曼斯坦	75	—	—	—	—	—	85	78	85	87
突尼斯	76	—	62	56	57	52	59	59	63	62
阿尔巴尼亚	77	—	51	—	66	—	82	68	76	77
吉尔吉斯斯坦	78	—	—	—	—	—	86	80	81	79
塔吉克斯坦	79	—	—	—	—	—	77	91	92	92
玻利维亚	80	42	58	49	62	57	74	79	78	80
缅甸	81	—	69	95	87	—	97	90	94	98
菲律宾	82	38	42	61	63	58	63	69	69	68
泰国	83	41	66	55	59	54	78	84	74	73
纳米比亚	84	—	—	—	—	65	90	85	89	88
津巴布韦	85	—	60	65	72	70	91	94	106	107
洪都拉斯	86	49	68	62	67	59	69	67	82	84
尼加拉瓜	87	—	49	45	54	—	81	77	80	78
越南	88	—	70	—	—	—	89	88	88	89
肯尼亚	89	53	80	79	85	81	95	107	116	112
斯里兰卡	90	—	48	58	71	60	84	87	83	81
刚果(布)	91	—	65	54	60	66	92	105	95	93
印度尼西亚	92	57	84	71	83	71	88	83	84	86
赞比亚	93	—	63	66	73	76	106	113	105	106
危地马拉	94	51	56	67	61	64	76	86	67	64
毛里塔尼亚	95	—	90	86	81	74	101	111	113	121
科特迪瓦	96	—	—	78	70	78	103	108	114	115
印度	97	50	76	75	82	79	94	92	90	91
巴基斯坦	98	55	75	68	80	80	93	98	101	96
莱索托	99	—	99	85	74	73	105	101	100	95
柬埔寨	100	—	95	—	—	—	115	109	109	102
喀麦隆	101	—	73	81	75	77	102	93	99	100
厄立特里亚	102	—	—	—	—	—	109	102	115	116
叙利亚	103	—	53	48	50	50	72	72	77	82
加纳	104	—	71	74	84	75	98	103	96	94
乍得	105	—	92	90	94	92	116	120	131	131
莫桑比克	106	—	96	101	110	95	108	122	122	123
几内亚	107	—	107	—	106	88	110	116	119	118
也门	108	—	103	—	109	68	96	96	97	99
巴布亚新几内亚	109	—	78	80	90	84	114	125	117	109
海地	110	56	79	87	99	86	100	104	107	104
尼泊尔	111	—	106	99	108	104	121	106	102	108
塞内加尔	112	—	74	69	77	85	99	100	104	105
塞拉利昂	113	—	102	73	92	91	128	130	129	129
刚果(金)	114	—	—	—	78	—	117	121	108	110
老挝	115	—	97	93	95	99	123	95	103	97
马拉维	116	—	91	89	104	94	126	124	126	127
多哥	117	—	88	84	86	82	112	114	118	113
马达加斯加	118	—	77	70	89	87	111	115	112	114
马里	119	—	98	91	98	93	125	128	125	126
尼日利亚	120	54	94	77	79	83	107	110	98	103
孟加拉国	121	—	85	—	96	89	104	99	91	90
坦桑尼亚	122	—	89	82	91	102	118	118	120	119
贝宁	123	—	83	76	88	72	113	112	110	111
尼日尔	124	—	100	97	100	96	127	131	130	130
安哥拉	125	—	82	—	102	69	119	97	93	101
乌干达	126	—	86	96	101	101	120	119	121	120
中非	127	—	81	83	93	90	124	126	127	128
布基纳法索	128	—	—	94	97	103	122	129	128	122
埃塞俄比亚	129	—	104	92	107	100	130	127	124	125
布隆迪	130	—	105	100	105	98	131	123	123	124
卢旺达	131	—	101	98	103	97	129	117	111	117

注：第一次现代化指数达到100，排名不分先后，为131个国家的排名。

附表 2-3-1 2016 年世界第二次现代化指数

国家	编号	知识创新指数	知识传播指数	生活质量指数	经济质量指数	第二次现代化指数	国家排名	发展阶段[a]	国家分组
瑞典	1	97.5	110.4	112.4	111.2	107.9	3	1	2
美国	2	116.4	98.1	105.1	114.9	108.6	2	1	2
芬兰	3	98.4	99.2	109.2	92.4	99.8	11	1	2
澳大利亚	4	65.4	97.6	110.1	108.1	95.3	16	1	2
瑞士	5	94.4	109.3	115.8	109.5	107.2	5	1	2
挪威	6	78.0	96.9	115.7	108.8	99.8	10	1	1
日本	7	117.0	77.2	109.8	94.4	99.6	12	1	1
丹麦	8	100.0	114.8	112.4	112.1	109.8	1	1	2
德国	9	99.4	93.0	112.1	97.7	100.6	9	1	1
荷兰	10	85.8	116.8	112.4	115.8	107.7	4	1	2
加拿大	11	63.5	117.0	105.1	91.6	94.3	17	1	1
新加坡	12	100.5	93.0	105.2	114.6	103.3	7	1	2
英国	13	80.5	97.6	107.8	112.0	99.5	13	1	2
法国	14	75.7	98.5	108.4	113.6	99.1	14	1	2
比利时	15	87.2	110.5	110.6	111.3	104.9	6	1	2
奥地利	16	80.2	96.0	112.6	99.0	97.0	15	1	2
新西兰	17	51.9	98.9	101.7	91.6	86.0	20	1	2
韩国	18	100.6	93.9	92.4	71.3	89.6	19	1	1
以色列	19	79.4	82.0	101.7	110.6	93.4	18	1	2
意大利	20	33.2	66.0	106.6	102.6	77.1	22	2	1
爱尔兰	21	81.0	110.6	115.5	101.6	102.2	8	1	2
西班牙	22	30.4	79.4	105.5	104.9	80.0	21	1	2
爱沙尼亚	23	28.0	64.4	100.0	69.1	65.4	27	2	1
斯洛文尼亚	24	47.3	74.7	99.7	73.8	73.9	24	2	1
乌拉圭	25	5.8	50.0	81.6	82.8	55.1	36	2	
俄罗斯	26	29.4	52.6	82.4	58.7	55.8	35	2	
斯洛伐克	27	23.3	56.3	88.6	66.8	58.7	32	2	
希腊	28	27.0	77.2	97.8	96.8	74.7	23	2	
匈牙利	29	39.6	60.9	85.7	67.7	63.5	29	2	1
捷克	30	37.8	64.6	97.4	63.2	65.7	26	2	
葡萄牙	31	33.4	67.6	101.5	90.7	73.3	25	2	1
白俄罗斯	32	3.7	58.9	86.9	47.5	49.3	40	3	
拉脱维亚	33	15.6	55.1	97.0	81.5	62.3	30	2	1
立陶宛	34	23.4	56.3	97.8	76.5	63.5	28	2	1
格鲁吉亚	35	9.3	33.4	63.0	47.4	38.3	59	3	
乌克兰	36	8.6	40.3	67.1	40.8	39.2	56	3	
保加利亚	37	15.9	48.7	70.2	58.3	48.3	42	3	
黎巴嫩	38	1.9	32.9	64.4	87.5	46.7	47	3	
哈萨克斯坦	39	7.1	29.1	71.8	55.1	40.8	53	3	
波兰	40	21.7	52.5	86.1	64.0	56.1	33	2	
阿根廷	41	10.4	55.6	76.4	76.3	54.6	37	2	
巴拿马	42	1.1	28.8	73.4	82.8	46.5	48	3	
克罗地亚	43	14.6	55.7	90.7	76.9	59.5	31	2	
沙特阿拉伯	44	12.6	60.5	73.3	77.3	55.9	34	2	
哥伦比亚	45	1.6	33.1	68.2	71.9	43.7	50	3	
科威特	46	8.9	25.7	73.9	78.9	46.8	46	3	
智利	47	5.2	59.5	77.0	72.0	53.4	38	2	
马其顿	48	7.0	41.8	56.8	53.4	39.8	55	3	
阿塞拜疆	49	1.1	34.2	51.3	48.9	33.9	67	3	
摩尔多瓦	50	5.4	26.6	58.5	46.0	34.1	66	3	
罗马尼亚	51	8.9	41.5	77.4	62.7	47.6	44	3	
委内瑞拉	52	4.5	14.7	56.5	58.3	33.5	69	3	
乌兹别克斯坦	53	5.0	19.5	41.7	31.6	24.4	89	4	
多米尼加	54	1.0	32.3	55.9	76.3	41.4	51	3	
亚美尼亚	55	3.6	35.0	56.0	44.7	34.9	64	3	
巴拉圭	56	1.8	17.1	54.6	51.8	31.4	76	3	
哥斯达黎加	57	5.2	48.4	74.3	84.9	53.2	39	2	
巴西	58	9.1	37.8	69.6	78.1	48.6	41	3	
墨西哥	59	3.2	29.0	68.8	62.3	41.2	52	3	
博茨瓦纳	60	2.1	13.8	54.5	62.3	33.2	70	3	
秘鲁	61	0.4	20.0	58.5	62.2	35.3	62	3	
牙买加	62	0.8	21.6	66.9	59.9	37.3	60	3	
约旦	63	3.0	18.0	48.9	64.8	33.7	68	3	
南非	64	6.0	15.3	44.0	62.0	31.8	73	3	
土耳其	65	13.1	47.6	61.1	69.4	47.8	43	3	
厄瓜多尔	66	4.4	26.1	69.0	56.3	38.9	57	3	
伊朗	67	15.7	42.9	53.3	49.6	40.4	54	3	
蒙古	68	2.1	30.4	51.8	41.0	31.3	77	3	
摩洛哥	69	7.2	18.3	52.6	49.7	32.0	72	3	
马来西亚	70	18.9	31.2	83.5	56.9	47.6	45	3	

(续表)

国家	编号	知识创新指数	知识传播指数	生活质量指数	经济质量指数	第二次现代化指数	国家排名	发展阶段[a]	国家分组
萨尔瓦多	71	1.4	17.9	51.1	55.3	31.4	75	3	
埃及	72	7.0	20.5	38.1	49.5	28.8	82	4	
中国	73	41.6	40.1	54.4	45.1	45.3	49	3	
阿尔及利亚	74	1.5	26.9	50.4	50.5	32.3	71	3	
土库曼斯坦	75	1.0	6.8	45.7	35.9	22.4	92	4	
突尼斯	76	12.7	18.4	53.4	52.6	34.3	65	3	
阿尔巴尼亚	77	0.7	30.0	75.2	49.7	38.9	58	3	
吉尔吉斯斯坦	78	0.8	19.4	57.4	36.1	28.4	83	4	
塔吉克斯坦	79	0.1	10.2	35.8	33.9	20.0	103	4	
玻利维亚	80	1.7	7.5	51.5	43.4	26.0	86	4	
缅甸	81	1.0	5.3	36.6	33.5	19.1	108	4	
菲律宾	82	1.4	19.6	52.8	53.2	31.7	74	3	
泰国	83	7.0	32.2	67.0	42.9	37.3	61	3	
纳米比亚	84	1.8	9.5	48.1	63.7	30.8	79	3	
津巴布韦	85	0.8	4.6	43.0	33.0	20.3	100	4	
洪都拉斯	86	1.0	10.9	49.1	42.3	25.8	87	4	
尼加拉瓜	87	0.1	4.1	55.6	41.2	25.3	88	4	
越南	88	6.1	24.4	52.4	32.8	28.9	81	4	
肯尼亚	89	1.9	2.4	56.0	34.3	23.6	90	4	
斯里兰卡	90	1.7	15.0	64.0	59.8	35.1	63	3	
刚果(布)	91	1.0	6.8	35.0	41.5	21.1	95	4	
印度尼西亚	92	0.3	12.9	62.0	42.2	29.4	80	4	
赞比亚	93	1.0	1.5	40.0	36.3	19.7	106	4	
危地马拉	94	0.2	11.9	49.0	48.2	27.3	84	4	
毛里塔尼亚	95	1.0	2.3	27.8	30.3	15.3	122	4	
科特迪瓦	96	0.1	4.3	28.8	34.2	16.9	117	4	
印度	97	2.0	11.1	34.8	35.5	20.9	98	4	
巴基斯坦	98	2.0	4.4	32.0	36.6	18.7	110	4	
莱索托	99	0.2	4.3	38.5	40.2	20.8	99	4	
柬埔寨	100	0.2	5.2	46.5	32.4	21.1	96	4	
喀麦隆	101	1.0	6.4	25.5	39.8	18.2	111	4	
厄立特里亚	102	1.0	1.5	34.3	33.5	17.6	115	4	
叙利亚	103	0.8	34.8	55.2	32.5	30.8	78	3	
加纳	104	0.5	8.8	33.9	40.6	21.0	97	4	
乍得	105	1.0	2.0	24.2	24.5	12.9	131	4	
莫桑比克	106	0.3	3.0	44.1	27.5	18.7	109	4	
几内亚	107	1.0	4.0	32.3	29.7	16.7	118	4	
也门	108	1.0	6.1	30.9	41.9	20.0	104	4	
巴布亚新几内亚	109	1.0	0.7	55.3	49.3	26.6	85	4	
海地	110	0.4	0.0	43.5	27.9	18.0	112	4	
尼泊尔	111	0.1	6.5	33.5	27.8	17.0	116	4	
塞内加尔	112	3.2	4.8	34.3	38.3	20.2	101	4	
塞拉利昂	113	1.0	0.9	29.8	27.5	14.8	125	4	
刚果(金)	114	1.0	2.5	29.3	22.9	13.9	128	4	
老挝	115	1.0	8.9	44.1	32.7	21.7	93	4	
马拉维	116	0.6	0.5	40.5	29.8	17.8	113	4	
多哥	117	0.4	4.9	27.7	27.5	15.1	123	4	
马达加斯加	118	0.3	1.8	47.5	30.9	20.1	102	4	
马里	119	0.4	2.3	26.2	28.7	14.4	127	4	
尼日利亚	120	1.0	4.8	25.5	47.6	19.7	105	4	
孟加拉国	121	0.0	9.4	33.6	42.3	21.3	94	4	
坦桑尼亚	122	0.2	4.3	46.7	27.3	19.6	107	4	
贝宁	123	1.0	5.0	27.0	32.2	16.3	119	4	
尼日尔	124	1.0	1.1	23.9	27.5	13.4	129	4	
安哥拉	125	0.7	5.3	38.0	47.8	23.0	91	4	
乌干达	126	0.3	2.0	29.4	30.7	15.6	120	4	
中非	127	1.0	1.4	25.3	24.4	13.0	130	4	
布基纳法索	128	0.4	2.2	26.3	31.0	15.0	124	4	
埃塞俄比亚	129	0.5	3.4	33.9	23.7	15.4	121	4	
布隆迪	130	0.0	2.0	31.5	25.1	14.6	126	4	
卢旺达	131	1.0	4.1	35.0	30.2	17.6	114	4	
高收入国家		99.9	99.9	100.0	100.5	100.1			2
中等收入国家		14.5	22.5	41.2	45.6	30.9			
低收入国家		1.0	3.4	31.6	27.0	15.7			
世界		28.3	33.2	44.9	60.5	41.7			

注：a. 第二次现代化的阶段：2代表发展期，1代表起步期，0代表准备阶段。

附表 2-3-2　2016 年世界知识创新指数

国家	编号	知识创新指标的实际值				知识创新指标的指数				平均值	知识创新指数[d]
		知识创新经费[a]	知识创新人员比例[b]	发明专利申请比例[c]	人均知识产权出口	知识创新经费指数	知识创新人员指数	知识创新专利指数	知识产权出口指数		
瑞典	1	1657.9	70.2	2.0	768.9	120	120	30	120	97.5	97.5
美国	2	1577.0	42.3	9.1	384.8	120	106	120	120	116.4	116.4
芬兰	3	1232.3	68.2	2.3	551.0	120	120	34	120	98.4	98.4
澳大利亚	4	1497.2	45.3	1.1	33.9	120	113	16	13	65.4	65.4
瑞士	5	2478.0	44.8	1.7	2512.7	120	112	26	120	94.4	94.4
挪威	6	1440.1	59.2	2.3	100.8	120	120	34	37	78.0	78.0
日本	7	1135.1	52.3	20.5	308.2	113	120	120	115	117.0	117.0
丹麦	8	1597.7	74.8	2.7	390.6	120	120	40	120	100.0	100.0
德国	9	1189.1	44.3	5.9	220.4	119	111	87	82	99.4	99.4
荷兰	10	900.9	45.5	1.3	2286.4	90	113	20	120	85.8	85.8
加拿大	11	818.0	45.2	1.1	116.0	82	113	17	43	63.5	63.5
新加坡	12	1251.7	66.6	2.9	1318.4	120	120	42	120	100.5	100.5
英国	13	754.5	44.7	2.1	280.1	75	111	31	104	80.5	80.5
法国	14	817.0	41.7	2.1	231.4	82	104	31	86	75.7	75.7
比利时	15	991.5	48.8	1.5	312.0	99	120	14	116	87.2	87.2
奥地利	16	1357.9	49.6	2.4	123.2	120	120	35	46	80.2	80.2
新西兰	17	494.9	40.1	2.3	66.3	49	100	34	25	51.9	51.9
韩国	18	1146.0	70.9	31.9	129.1	114	120	120	48	100.6	100.6
以色列	19	1522.7	82.6	1.5	148.0	120	120	22	55	79.4	79.4
意大利	20	402.2	20.2	1.5	55.9	40	50	21	21	33.2	33.2
爱尔兰	21	838.8	45.8	0.4	1750.2	84	114	6	120	81.0	81.0
西班牙	22	314.5	26.5	0.6	41.3	31	66	9	15	30.4	30.4
爱沙尼亚	23	256.5	31.9	0.2	10.1	26	80	3	4	28.0	28.0
斯洛文尼亚	24	461.7	38.2	2.3	37.6	46	95	34	14	47.3	47.3
乌拉圭	25	56.2	5.2	0.1	9.5	6	13	1	4	5.8	5.8
俄罗斯	26	107.5	31.3	1.9	3.8	11	78	27	1	29.4	29.4
斯洛伐克	27	190.1	26.5	0.4	5.5	19	66	6	2	23.3	23.3
希腊	28	172.9	32.0	0.5	7.2	17	80	8	3	27.0	27.0
匈牙利	29	172.0	25.7	0.6	182.8	17	64	9	68	39.6	39.6
捷克	30	345.2	36.1	0.7	42.2	34	90	11	16	37.8	37.8
葡萄牙	31	246.2	38.2	0.7	9.2	25	95	10	3	33.4	33.4
白俄罗斯	32	30.7	—	0.5	2.9	3	—	7	1	3.7	3.7
拉脱维亚	33	85.3	18.3	0.5	2.8	9	46	7	1	15.6	15.6
立陶宛	34	149.0	28.2	0.3	9.7	15	70	5	4	23.4	23.4
格鲁吉亚	35	12.1	12.9	0.3	0.2	1	32	4	0	9.3	9.3
乌克兰	36	12.4	10.1	0.5	1.6	1	25	7	1	8.6	8.6
保加利亚	37	66.9	19.9	0.3	7.1	7	50	5	3	15.9	15.9
黎巴嫩	38	—	—	0.2	2.7	—	—	3	1	1.9	1.9
哈萨克斯坦	39	17.8	7.3	0.6	0.1	2	18	8	0	7.1	7.1
波兰	40	126.1	21.4	1.1	11.7	13	53	17	4	21.7	21.7
阿根廷	41	72.1	12.0	0.2	3.7	7	30	3	1	10.4	10.4
巴拿马	42	7.5	0.4	0.2	0.9	1	1	2	0	1.1	1.1
克罗地亚	43	100.5	15.0	0.4	12.6	10	37	6	5	14.6	14.6
沙特阿拉伯	44	204.0	—	0.3	—	20	—	5	—	12.6	12.6
哥伦比亚	45	14.6	1.1	0.1	1.0	1	3	2	0	1.6	1.6
科威特	46	145.9	1.3	—	—	15	3	—	—	8.9	8.9
智利	47	52.8	4.6	0.2	2.4	5	11	3	1	5.2	5.2
马其顿	48	21.4	8.6	0.2	3.7	2	21	3	1	7.0	7.0
阿塞拜疆	49	12.2	—	0.1	0.0	1	—	2	0	1.1	1.1
摩尔多瓦	50	6.8	6.6	0.3	1.8	1	17	4	1	5.4	5.4
罗马尼亚	51	43.8	8.9	0.5	3.6	4	22	8	1	8.9	8.9
委内瑞拉	52	—	3.6	0.0	—	—	9	0	—	4.5	4.5
乌兹别克斯坦	53	4.6	5.1	0.1	—	0	13	2	—	5.0	5.0
多米尼加	54	—	—	0.0	—	—	—	0	—	0.2	1.0
亚美尼亚	55	9.1	—	0.4	—	1	—	6	—	3.6	3.6
巴拉圭	56	5.3	1.8	0.0	—	1	5	0	—	1.8	1.8
哥斯达黎加	57	61.3	5.7	0.0	0.1	6	14	0	0	5.2	5.2
巴西	58	140.4	7.0	0.3	3.1	14	17	4	1	9.1	9.1
墨西哥	59	51.3	2.4	0.1	0.7	5	6	2	0	3.2	3.2
博茨瓦纳	60	38.0	1.8	0.0	0.3	4	4	0	0	2.1	2.1
秘鲁	61	7.1	—	0.0	0.3	1	—	0	0	0.4	0.4
牙买加	62	—	—	0.1	1.8	—	—	1	1	0.8	0.8
约旦	63	—	3.1	0.0	2.3	—	8	0	1	3.0	3.0
南非	64	49.3	4.4	0.5	2.0	5	11	7	1	6.0	6.0
土耳其	65	122.0	11.6	0.8	0.1	12	29	12	0	13.1	13.1
厄瓜多尔	66	28.2	4.0	0.0	—	3	10	0	—	4.4	4.4
伊朗	67	25.5	6.9	1.9	—	3	17	27	—	15.7	15.7
蒙古	68	6.1	—	0.4	0.6	1	—	5	0	2.1	2.1
摩洛哥	69	20.5	10.3	0.1	0.1	2	26	1	0	7.2	7.2
马来西亚	70	125.3	22.6	0.4	3.7	13	56	5	1	18.9	18.9

(续表)

国家	编号	知识创新指标的实际值				知识创新指标的指数				平均值	知识创新指数[d]
		知识创新经费[a]	知识创新人员比例[b]	发明专利申请比例[c]	人均知识产权出口	知识创新经费指数	知识创新人员指数	知识创新专利指数	知识产权出口指数		
萨尔瓦多	71	4.8	0.7	0.0	8.8	0	2	0	3	1.4	1.4
埃及	72	25.6	6.8	0.1	—	3	17	1	—	7.0	7.0
中国	73	166.7	11.8	8.7	0.8	17	29	120	0	41.6	41.6
阿尔及利亚	74	—	1.7	0.0	0.0	—	4	0	0	1.5	1.5
土库曼斯坦	75										1.0
突尼斯	76	24.2	17.9	0.2	2.0	2	45	3	1	12.7	12.7
阿尔巴尼亚	77	—	—	0.1	0.9			1	0	0.7	0.7
吉尔吉斯斯坦	78	1.4	—	0.1	0.4	0		2	0	0.8	0.8
塔吉克斯坦	79	1.0	—	0.0	—	0		0	—	0.1	0.1
玻利维亚	80	—	1.7	0.0	2.2	—	4	0	1	1.7	1.7
缅甸	81	—	—	—	0.2	—	—	—	0	0.1	1.0
菲律宾	82	3.8	1.9	0.0	—	0	5	0	—	1.4	1.4
泰国	83	36.7	8.7	0.2	1.0	4	22	2	0	7.0	7.0
纳米比亚	84	18.2	1.4	—	0.1	2	4	—	0	1.8	1.8
津巴布韦	85	—	0.9	0.0	0.1	—	2	0	0	0.8	0.8
洪都拉斯	86	—	—	0.0	—	—	—	0	—	0.2	1.0
尼加拉瓜	87	2.2	—	—	—	0	—	0	—	0.1	0.1
越南	88	7.0	6.7	0.1	—	1	17	1	—	6.1	6.1
肯尼亚	89	7.6	2.3	0.0	1.4	1	6	0	1	1.9	1.9
斯里兰卡	90	3.6	1.1	0.1	—	0	3	0	—	1.7	1.7
刚果(布)	91	—	—	—	—	—	—	—	—	—	1.0
印度尼西亚	92	3.1	—	0.0	0.2	0	—	1	0	0.3	0.3
赞比亚	93	—	—	0.0	—	—	—	0	—	0.1	1.0
危地马拉	94	1.5	0.3	0.0	0.0	0	1	0	0	0.2	0.2
毛里塔尼亚	95	—	—	—	—	—	—	—	—	—	1.0
科特迪瓦	96	—	—	0.0	0.1	—	—	0	0	0.1	0.1
印度	97	10.1	2.2	0.1	0.4	1	5	1	0	2.0	2.0
巴基斯坦	98	3.5	2.9	0.0	0.1	0	7	0	0	2.0	2.0
莱索托	99	0.6	0.2	—	0.1	0	1	—	0	0.2	0.2
柬埔寨	100	1.4	0.5	0.0	0.1	0	1	0	0	0.2	0.2
喀麦隆	101	—	—	—	0.0	—	—	—	0	0.0	1.0
厄立特里亚	102										1.0
叙利亚	103	—	—	0.1	0.1	—	—	2	0	0.8	0.8
加纳	104	4.9	0.4	0.0	—	0	1	0	—	0.5	0.5
乍得	105										1.0
莫桑比克	106	1.8	0.4	0.0	0.0	0	1	0	0	0.3	0.3
几内亚	107	—	—	—	—	—	—	—	—	—	1.0
也门	108	—	—	0.0	—	—	—	0	—	0.1	1.0
巴布亚新几内亚	109	—	—	0.0	0.0	—	—	0	0	0.0	1.0
海地	110	—	—	0.0	2.3	—	—	0	1	0.4	0.4
尼泊尔	111	1.8	—	0.0	—	0	—	0	—	0.1	0.1
塞内加尔	112	5.4	3.6	—	0.3	1	9	—	0	3.2	3.2
塞拉利昂	113	—	—	—	0.4	—	—	—	0	0.2	1.0
刚果(金)	114										1.0
老挝	115										1.0
马拉维	116	—	0.5	0.0	—	—	1	0	—	0.6	0.6
多哥	117	1.7	0.4	—	0.0	0	1	—	0	0.4	0.4
马达加斯加	118	0.1	0.5	0.0	0.1	0	1	0	0	0.3	0.3
马里	119	4.1	0.3	—	0.0	0	1	—	0	0.4	0.4
尼日利亚	120	—	—	0.0	—	—	—	0	—	0.0	1.0
孟加拉国	121	—	—	0.0	0.0	—	—	0	0	0.0	0.0
坦桑尼亚	122	4.6	0.2	—	—	0	0	—	—	0.2	0.2
贝宁	123	—	—	—	0.0	—	—	—	0	0.0	1.0
尼日尔	124	—	—	0.0	—	—	—	0	—	0.0	1.0
安哥拉	125	—	0.5	—	0.4	—	1	—	0	0.7	0.7
乌干达	126	2.8	0.4	0.0	0.0	0	1	0	0	0.3	0.3
中非	127										1.0
布基纳法索	128	—	0.5	—	—	—	1	—	—	0.4	0.4
埃塞俄比亚	129	3.0	0.5	0.0	0.0	0	1	0	0	0.5	0.5
布隆迪	130	0.3	—	—	0.0	0	—	—	0	0.0	0.0
卢旺达	131	—	—	0.0	—	—	—	0	—	0.0	1.0
高收入国家	—	1001.8	40.1	6.8	268.6	100	100	100	100	99.9	99.9
中等收入国家		71.4	6.5	2.3	0.7	7	16	35	0	14.5	14.5
低收入国家		—	—	—	0.1	—	—	—	0	0.0	1.0
世界		226.6	12.8	2.9	45.3	23	32	42	17	28.3	28.3
基准值		1001.8	40.1	6.8	268.6	—	—	—	—	—	—

注:指标单位见表d,后同。
a. 指人均R&D经费,其数据为2010~2016年期间最近年的数据。
b. 指从事研究与发展活动的研究人员全时当量/万人,其数据为2010~2016年期间最近年的数据。
c. 指居民申请国内发明专利数/万人,其数据为2010~2016年期间最近年数据。
d. 当评价指标个数少于2个时,知识创新指数的值设定为"1"。减少发展中国家数据缺失带来的评价误差。

附表 2-3-3 2016 年世界知识传播指数

国家	编号	知识传播指标的实际值				知识传播指标的指数				知识传播指数
		大学普及率[a]	宽带网普及率	人均公共教育经费[a]	人均知识产权进口	大学普及指数	宽带网普及指数	公共教育经费指数	知识产权进口指数	
瑞典	1	62	37	4546	336	83	119	120	120	110.4
美国	2	86	33	2729	137	114	105	120	53	98.1
芬兰	3	87	31	3570	160	116	99	120	62	99.2
澳大利亚	4	122	31	3236	137	120	97	120	53	97.6
瑞士	5	58	45	4375	1445	77	120	120	120	109.3
挪威	6	81	40	7466	103	107	120	120	40	96.9
日本	7	63	31	1368	159	84	99	64	62	77.2
丹麦	8	81	43	4776	286	108	120	120	111	114.8
德国	9	66	39	2369	137	88	120	110	53	93.0
荷兰	10	80	42	2884	2823	107	120	120	120	116.8
加拿大	11	—	37	2747	293	—	117	120	114	117.0
新加坡	12	—	26	1643	3300	—	82	77	120	93.0
英国	13	57	38	2495	200	76	120	116	78	97.6
法国	14	65	43	2373	197	87	120	111	77	98.5
比利时	15	75	38	3124	266	99	119	120	103	110.5
奥地利	16	83	29	2817	157	111	92	120	61	96.0
新西兰	17	82	33	2452	175	109	104	114	68	98.9
韩国	18	93	40	1373	184	120	120	64	72	93.9
以色列	19	64	28	2154	141	85	88	100	55	82.0
意大利	20	63	26	1443	77	84	83	67	30	66.0
爱尔兰	21	84	29	2709	15994	111	91	120	120	110.6
西班牙	22	91	30	1268	107	120	97	59	42	79.4
爱沙尼亚	23	72	30	1093	39	96	95	51	15	64.4
斯洛文尼亚	24	80	28	1281	109	107	90	60	42	74.7
乌拉圭	25	56	27	617	32	74	85	29	12	50.0
俄罗斯	26	82	19	585	35	109	61	27	13	52.6
斯洛伐克	27	53	25	750	108	70	78	35	42	56.3
希腊	28	117	32	—	23	120	103	—	9	77.2
匈牙利	29	48	29	658	147	64	92	31	57	60.9
捷克	30	64	29	789	113	86	92	37	44	64.6
葡萄牙	31	63	33	1131	79	84	103	53	31	67.6
白俄罗斯	32	87	32	250	13	116	103	12	5	58.9
拉脱维亚	33	68	26	828	19	91	84	39	7	55.1
立陶宛	34	66	29	742	23	88	94	35	9	56.3
格鲁吉亚	35	52	18	146	4	69	56	7	2	33.4
乌克兰	36	83	12	173	8	111	39	8	3	40.3
保加利亚	37	71	24	312	26	95	76	15	10	48.7
黎巴嫩	38	38	22	216	5	51	69	10	2	32.9
哈萨克斯坦	39	46	13	230	7	61	41	11	3	29.1
波兰	40	67	19	705	71	89	61	33	28	52.5
阿根廷	41	86	16	805	47	114	52	38	18	55.6
巴拿马	42	47	11	298	12	63	34	14	5	28.8
克罗地亚	43	67	25	626	64	90	79	29	25	55.7
沙特阿拉伯	44	67	10	—	—	89	32	—	—	60.5
哥伦比亚	45	59	12	258	9	78	39	12	4	33.1
科威特	46	33	3	—	—	43	8	—	—	25.7
智利	47	90	16	674	90	120	51	31	35	59.5
马其顿	48	41	18	—	32	55	58	—	13	41.8
阿塞拜疆	49	27	19	162	—	36	59	8	—	34.2
摩尔多瓦	50	41	14	128	5	55	44	6	2	26.6
罗马尼亚	51	48	22	313	41	64	71	15	16	41.5
委内瑞拉	52	—	8	—	8	—	26	—	3	14.7
乌兹别克斯坦	53	8	9	—	—	11	28	—	—	19.5
多米尼加	54	53	7	—	9	71	23	—	4	32.3
亚美尼亚	55	51	10	99	—	68	32	5	—	35.0
巴拉圭	56	35	4	191	3	47	12	9	1	17.1
哥斯达黎加	57	54	13	829	106	72	42	39	41	48.4
巴西	58	51	13	715	25	67	41	33	10	37.8
墨西哥	59	37	13	564	2	49	40	26	1	29.0
博茨瓦纳	60	24	3	—	3	32	8	—	1	13.8
秘鲁	61	33	7	230	10	44	21	11	4	20.0
牙买加	62	27	10	259	18	36	32	12	7	21.6
约旦	63	36	5	159	3	48	15	7	1	18.0
南非	64	20	2	314	35	26	7	15	14	15.3
土耳其	65	95	13	530	10	120	42	25	4	47.6
厄瓜多尔	66	46	9	307	3	61	28	14	1	26.1
伊朗	67	69	9	176	—	92	29	8	—	42.9
蒙古	68	65	7	191	8	86	24	9	3	30.4
摩洛哥	69	32	4	—	3	43	11	—	1	18.3
马来西亚	70	44	9	459	43	59	28	21	17	31.2

（续表）

国家	编号	知识传播指标的实际值				知识传播指标的指数				知识传播指数
		大学普及率[a]	宽带网普及率	人均公共教育经费[a]	人均知识产权进口	大学普及指数	宽带网普及指数	公共教育经费指数	知识产权进口指数	
萨尔瓦多	71	28	6	130	22	37	20	6	8	17.9
埃及	72	34	5	—	2	46	15	—	1	20.5
中国	73	48	23	344	17	65	73	16	7	40.1
阿尔及利亚	74	43	7	—	4	57	22	—	1	26.9
土库曼斯坦	75	8	0	204	—	11	0	9	—	6.8
突尼斯	76	33	6	253	2	43	18	12	1	18.4
阿尔巴尼亚	77	61	9	137	8	82	29	6	3	30.0
吉尔吉斯斯坦	78	46	4	67	1	61	13	3	0	19.4
塔吉克斯坦	79	29	0	48	0	38	0	2	0	10.2
玻利维亚	80	—	3	228	9	—	8	11	4	7.5
缅甸	81	14	0	9	4	18	1	0	2	5.3
菲律宾	82	36	3	—	5	47	9	—	2	19.6
泰国	83	46	10	254	58	61	33	12	22	32.2
纳米比亚	84	7	3	433	1	9	8	20	0	9.5
津巴布韦	85	8	1	78	1	11	3	4	0	4.6
洪都拉斯	86	20	2	126	7	27	8	6	3	10.9
尼加拉瓜	87	—	3	68	0	—	9	3	0	4.1
越南	88	28	10	106	—	38	31	5	—	24.4
肯尼亚	89	3	0	71	3	4	1	3	1	2.4
斯里兰卡	90	19	4	135	—	25	14	6	—	15.0
刚果（布）	91	9	0	170	—	12	0	8	—	6.8
印度尼西亚	92	28	2	119	7	37	6	6	3	12.9
赞比亚	93	4	0	—	0	5	1	0	0	1.5
危地马拉	94	21	3	117	10	28	10	5	4	11.9
毛里塔尼亚	95	5	0	29	0	7	1	1	0	2.3
科特迪瓦	96	9	1	69	0	12	2	3	0	4.3
印度	97	27	1	56	4	36	4	3	2	11.1
巴基斯坦	98	10	1	36	1	13	3	2	0	4.4
莱索托	99	9	0	—	1	12	0	—	1	4.3
柬埔寨	100	13	1	21	1	17	2	1	0	5.2
喀麦隆	101	17	0	41	0	23	1	2	0	6.4
厄立特里亚	102	2	—	—	—	3	0	—	—	1.5
叙利亚	103	39	5	—	—	52	17	—	—	34.8
加纳	104	16	0	89	—	21	1	4	—	8.8
乍得	105	3	0	28	—	5	0	1	—	2.0
莫桑比克	106	7	0	39	1	9	1	2	0	3.0
几内亚	107	11	0	18	0	15	0	1	0	4.0
也门	108	10	2	—	0	13	5	—	0	6.1
巴布亚新几内亚	109	—	0	—	—	—	1	—	—	0.7
海地	110	—	0	—	—	—	0	—	—	0.0
尼泊尔	111	12	1	28	—	16	2	1	—	6.5
塞内加尔	112	11	1	65	0	14	2	3	0	4.8
塞拉利昂	113	2	—	14	0	2	—	1	0	0.9
刚果（金）	114	7	0	11	0	9	0	1	0	2.5
老挝	115	17	1	59	—	23	1	3	—	8.9
马拉维	116	1	0	14	0	1	0	1	0	0.5
多哥	117	12	1	29	0	16	2	1	0	4.9
马达加斯加	118	5	0	10	0	6	0	0	0	1.8
马里	119	5	0	29	0	7	0	1	0	2.3
尼日利亚	120	10	0	—	1	14	0	—	1	4.8
孟加拉国	121	17	4	34	0	23	13	2	0	9.4
坦桑尼亚	122	4	3	32	0	5	11	1	0	4.3
贝宁	123	13	0	34	0	18	1	2	0	5.0
尼日尔	124	2	0	22	—	2	0	1	—	1.1
安哥拉	125	9	0	123	7	11	1	6	3	5.3
乌干达	126	5	0	16	0	6	1	1	0	2.0
中非	127	3	0	6	—	4	0	0	—	1.4
布基纳法索	128	6	0	24	0	7	0	1	0	2.2
埃塞俄比亚	129	8	1	23	0	11	2	1	0	3.4
布隆迪	130	5	0	15	0	7	0	1	0	2.0
卢旺达	131	8	0	25	—	11	1	1	—	4.1
高收入国家		75	31	2146	257	100	100	100	100	99.9
中等收入国家		35	10	206	10	46	30	10	4	22.5
低收入国家		7	1	27	0	10	2	1	0	3.4
世界		37	12	532	50	49	39	25	20	33.2
基准值		75	31	2146	257	—	—	—	—	—

注：a. 为2005～2016年期间最近年的数据。

附表 2-3-4　2016 年世界生活质量指数

国家	编号	生活质量指标的实际值				生活质量指标的指数				生活质量指数
		平均预期寿命	人均购买力[a]	婴儿死亡率	环境质量[b]	平均预期寿命指数	人均购买力指数	婴儿死亡率指数	环境质量指数	
瑞典	1	82.2	49 460	2.4	5.2	102	107	120	120	112.4
美国	2	78.7	58 650	5.7	9.2	98	120	82	120	105.1
芬兰	3	81.8	43 720	1.9	6.2	102	95	120	120	109.2
澳大利亚	4	82.5	45 110	3.1	6.1	103	98	120	120	110.1
瑞士	5	82.9	64 480	3.8	10.5	103	120	120	120	115.8
挪威	6	82.5	61 640	2.1	7.9	103	120	120	120	115.7
日本	7	84.0	43 630	1.9	13.2	104	95	120	120	109.8
丹麦	8	80.7	50 270	3.7	10.3	100	109	120	120	112.4
德国	9	80.6	49 770	3.2	13.5	100	108	120	120	112.1
荷兰	10	81.5	49 930	3.4	15.2	101	108	120	120	112.4
加拿大	11	82.3	44 230	4.6	7.5	102	96	102	120	105.1
新加坡	12	82.8	84 500	2.2	25.0	103	120	120	78	105.2
英国	13	81.0	41 640	3.7	11.5	101	90	120	120	107.8
法国	14	82.3	42 020	3.5	11.9	102	91	120	120	108.4
比利时	15	81.0	46 750	3.1	16.0	101	102	120	120	110.6
奥地利	16	80.9	50 500	3.0	15.0	101	110	120	120	112.6
新西兰	17	81.6	37 190	4.5	5.5	102	81	104	120	101.7
韩国	18	82.0	36 730	2.9	28.7	102	80	120	68	92.4
以色列	19	82.4	36 810	2.9	18.7	102	80	120	104	101.7
意大利	20	82.5	38 470	2.9	15.5	103	84	120	120	106.6
爱尔兰	21	81.6	59 000	3.0	9.2	102	120	120	120	115.4
西班牙	22	82.8	36 300	2.6	10.0	103	79	120	120	105.5
爱沙尼亚	23	77.7	29 160	2.3	5.9	97	63	120	120	100.0
斯洛文尼亚	24	80.8	31 810	1.8	17.8	100	69	120	109	99.7
乌拉圭	25	77.5	21 030	7.3	11.5	96	46	64	120	81.6
俄罗斯	26	71.6	24 130	6.9	15.5	89	52	68	120	82.4
斯洛伐克	27	76.6	30 030	4.8	20.3	95	65	98	96	88.6
希腊	28	81.0	26 910	4.2	11.3	101	58	112	120	97.8
匈牙利	29	75.6	25 210	4.1	24.6	94	55	115	79	85.7
捷克	30	78.3	32 530	2.6	19.2	97	71	120	102	97.4
葡萄牙	31	81.1	29 920	3.1	9.5	101	65	120	120	101.5
白俄罗斯	32	73.8	17 250	2.9	19.8	92	37	120	98	86.9
拉脱维亚	33	74.5	25 530	3.9	14.6	93	55	120	120	97.0
立陶宛	34	74.3	28 680	3.8	16.7	92	62	120	117	97.8
格鲁吉亚	35	73.3	9510	10.2	20.7	91	21	46	94	63.0
乌克兰	36	71.5	8190	7.8	19.2	89	18	60	102	67.1
保加利亚	37	74.6	19 190	6.7	25.6	93	42	70	76	70.2
黎巴嫩	38	79.6	14 050	6.9	32.6	99	31	68	60	64.4
哈萨克斯坦	39	72.3	22 900	9.7	19.7	90	50	48	99	71.8
波兰	40	77.5	26 300	4.1	25.6	96	57	115	76	86.1
阿根廷	41	76.6	19 260	9.7	14.1	95	42	48	120	76.4
巴拿马	42	78.0	20 160	14.3	14.1	97	44	33	120	73.4
克罗地亚	43	78.0	22 940	4.0	19.8	97	50	118	98	90.7
沙特阿拉伯	44	74.6	55 840	6.7	187.9	93	120	70	10	73.3
哥伦比亚	45	74.4	14 030	13.1	17.1	93	30	36	114	68.2
科威特	46	74.7	83 150	7.2	111.0	93	120	65	18	73.9
智利	47	79.5	22 540	6.6	22.0	99	49	71	89	77.0
马其顿	48	75.7	14 150	11.4	31.9	94	31	41	61	56.8
阿塞拜疆	49	72.0	16 120	21.9	33.0	90	35	21	59	51.3
摩尔多瓦	50	71.6	5720	13.5	19.9	89	12	35	98	58.5
罗马尼亚	51	75.0	22 440	7.2	19.1	93	49	65	102	77.4
委内瑞拉	52	74.5	17 440	22.2	26.3	93	38	21	74	56.5
乌兹别克斯坦	53	71.3	6640	21.3	46.7	89	14	22	42	41.7
多米尼加	54	73.9	14 340	25.6	23.7	92	31	18	82	55.9
亚美尼亚	55	74.6	9020	11.9	27.0	93	20	39	72	56.0
巴拉圭	56	73.1	9050	18.4	23.7	91	20	26	82	54.6
哥斯达黎加	57	79.8	15 660	8.0	18.5	99	34	59	105	74.3
巴西	58	75.5	14 880	14.6	12.7	94	32	32	120	69.6
墨西哥	59	77.1	17 160	12.2	18.8	96	37	39	104	68.8
博茨瓦纳	60	66.8	16 690	32.3	23.1	83	36	15	84	54.5
秘鲁	61	75.0	12 490	12.1	26.1	93	27	37	75	58.5
牙买加	62	76.0	8450	13.5	15.1	94	18	35	120	66.9
约旦	63	74.3	8980	15.1	37.2	92	19	31	52	48.9
南非	64	62.8	12 880	30.0	35.9	78	28	16	54	44.0
土耳其	65	75.8	24 980	10.8	37.3	94	54	44	52	61.1
厄瓜多尔	66	76.3	11 030	12.7	13.2	95	24	37	120	69.0
伊朗	67	76.0	20 010	13.3	49.0	94	43	35	40	53.3
蒙古	68	69.3	11 420	15.4	29.7	86	25	31	66	51.8
摩洛哥	69	75.8	7710	20.9	25.4	94	17	22	77	52.6
马来西亚	70	75.3	26 900	6.6	17.6	94	58	71	111	83.5

(续表)

国家	编号	生活质量指标的实际值				生活质量指标的指数				生活质量指数
		平均预期寿命	人均购买力[a]	婴儿死亡率	环境质量[b]	平均预期寿命指数	人均购买力指数	婴儿死亡率指数	环境质量指数	
萨尔瓦多	71	73.5	8260	12.9	33.4	91	18	36	58	51.1
埃及	72	71.5	10 980	19.4	126.0	89	24	24	15	38.1
中国	73	76.3	15 480	8.6	56.3	95	34	55	35	54.4
阿尔及利亚	74	76.1	14 870	21.0	37.2	95	32	22	52	50.4
土库曼斯坦	75	67.8	16 430	41.7	37.7	84	36	11	52	45.7
突尼斯	76	75.7	11 160	11.6	35.6	94	24	41	55	53.4
阿尔巴尼亚	77	78.3	11 750	8.1	14.6	97	26	58	120	75.2
吉尔吉斯斯坦	78	71.0	3380	18.8	17.9	88	7	25	109	57.4
塔吉克斯坦	79	71.1	3500	30.3	61.4	88	8	16	32	35.8
玻利维亚	80	69.1	7100	29.0	22.0	86	15	16	88	51.5
缅甸	81	66.6	5530	39.9	48.8	83	12	12	40	36.6
菲律宾	82	69.1	9390	22.7	23.2	86	20	21	84	52.8
泰国	83	75.3	16 140	8.5	23.2	94	35	55	84	67.0
纳米比亚	84	64.4	10 360	32.7	25.9	80	22	14	75	48.1
津巴布韦	85	61.2	1810	38.2	24.5	76	4	12	80	43.0
洪都拉斯	86	73.6	4420	16.2	29.5	92	10	29	66	49.1
尼加拉瓜	87	75.4	5550	15.3	22.7	94	12	31	86	55.6
越南	88	76.3	6040	17.0	26.3	95	13	28	74	52.4
肯尼亚	89	67.0	3130	34.3	16.3	83	7	14	120	56.0
斯里兰卡	90	75.3	12 010	7.8	25.6	94	26	60	76	64.0
刚果(布)	91	64.6	5330	35.8	55.8	80	12	13	35	35.0
印度尼西亚	92	69.2	11 240	22.2	16.7	86	24	21	116	62.0
赞比亚	93	61.9	3850	43.0	30.6	77	8	11	64	40.0
危地马拉	94	73.4	7760	23.9	28.5	91	17	20	68	49.0
毛里塔尼亚	95	63.2	3760	54.5	123.6	79	8	9	16	27.8
科特迪瓦	96	53.6	3590	66.0	57.8	67	8	7	34	28.8
印度	97	68.6	6500	33.6	75.8	85	14	14	26	34.8
巴基斯坦	98	66.5	5560	62.9	75.8	83	12	7	26	32.0
莱索托	99	54.2	3340	68.4	26.9	67	7	7	72	38.5
柬埔寨	100	69.0	3510	26.3	26.1	86	8	18	75	46.5
喀麦隆	101	58.1	3540	56.6	139.7	72	8	8	14	25.5
厄立特里亚	102	65.1	1500	32.9	50.5	81	3	14	39	34.3
叙利亚	103	70.3	—	14.1	43.5	87	—	33	45	55.2
加纳	104	62.7	4190	37.2	54.2	78	9	13	36	33.9
乍得	105	52.9	1990	75.0	95.7	66	4	6	20	24.2
莫桑比克	106	58.3	1190	55.2	21.0	73	3	9	93	44.1
几内亚	107	60.0	1920	58.1	46.1	75	4	8	42	32.3
也门	108	65.0	2380	43.2	72.6	81	5	11	27	30.9
巴布亚新几内亚	109	65.5	3960	43.1	13.7	82	9	11	120	55.3
海地	110	63.3	1810	55.0	23.5	79	4	9	83	43.5
尼泊尔	111	70.3	2520	28.8	78.5	87	5	16	25	33.5
塞内加尔	112	67.1	2480	33.8	56.8	84	5	14	34	34.3
塞拉利昂	113	51.8	1310	84.7	42.1	64	3	6	46	29.8
刚果(金)	114	59.6	850	72.1	56.3	74	2	7	35	29.3
老挝	115	66.7	6270	50.1	27.7	83	14	9	70	44.1
马拉维	116	63.2	1140	40.2	28.3	79	2	12	69	40.5
多哥	117	60.2	1550	50.5	84.1	75	3	9	23	27.7
马达加斯加	118	65.9	1440	33.7	21.5	82	3	14	91	47.5
马里	119	58.0	2070	67.4	92.2	72	4	7	21	26.2
尼日利亚	120	53.4	5740	66.6	122.5	66	12	7	16	25.5
孟加拉国	121	72.5	3790	28.3	101.0	90	8	17	19	33.6
坦桑尼亚	122	65.7	2740	39.7	22.3	82	6	12	87	46.7
贝宁	123	60.9	2170	65.1	96.0	76	5	7	20	27.0
尼日尔	124	60.1	970	49.9	203.7	75	2	9	10	23.9
安哥拉	125	61.5	6090	55.8	36.2	77	13	8	54	38.0
乌干达	126	59.9	1780	37.0	73.5	74	4	13	27	29.4
中非	127	52.2	690	89.2	66.3	65	1	5	29	25.3
布基纳法索	128	60.4	1730	52.6	110.7	75	4	9	18	26.3
埃塞俄比亚	129	65.5	1730	42.5	49.7	81	4	11	39	33.9
布隆迪	130	57.5	780	44.1	46.3	71	2	11	42	31.5
卢旺达	131	67.1	1880	30.1	52.8	83	4	16	37	35.0
高收入国家		80.4	46 053	4.7	19.5	100	100	100	100	100.0
中等收入国家		71.3	11 317	28.8	55.5	89	25	16	35	41.2
低收入国家		62.9	1984	50.0	56.9	78	4	9	34	31.6
世界		72.0	16 190	30.3	49.7	90	35	16	39	44.9
基准值		80.4	46 053	4.7	19.5	—	—	—	—	—

注:a. 按购买力平价 PPP 计算的人均国民收入(国际美元)。
b. 为空气质量,为 $PM_{2.5}$ 年均浓度(微克/立方米)。

附表 2-3-5　2016 年世界经济质量指数

国家	编号	经济质量指标的实际值				经济质量指标的指数				经济质量指数
		劳动生产率[a]	单位GDP的能源消耗	物质产业增加值比例[b]	物质产业劳动力比例[b]	劳动生产率指数	单位GDP的能源消耗指数	物质产业增加值指数	物质产业劳动力指数	
瑞典	1	95 091	0.1	25.8	20.1	106	119	100	120	111
美国	2	111 587	0.1	21.1	20.5	120	100	120	120	115
芬兰	3	88 289	0.1	29.8	26.0	98	86	87	99	92
澳大利亚	4	89 515	0.1	26.9	22.1	99	120	96	117	108
瑞士	5	101 620	0.0	26.5	24.0	113	120	97	108	110
挪威	6	126 033	0.1	34.4	21.6	120	120	75	120	109
日本	7	74 555	0.1	30.0	29.1	83	120	86	89	94
丹麦	8	92 537	0.1	24.4	21.2	103	120	106	120	112
德国	9	88 235	0.1	31.1	28.7	98	120	83	90	98
荷兰	10	94 526	0.1	21.8	18.7	105	120	118	120	116
加拿大	11	84 311	0.2	30.7	21.5	94	69	84	120	92
新加坡	12	145 489	0.1	26.2	16.4	120	120	99	120	115
英国	13	79 378	0.1	20.8	19.6	88	120	120	120	112
法国	14	93 750	0.1	21.2	23.2	104	119	120	111	114
比利时	15	102 947	0.1	22.8	22.5	114	103	113	115	111
奥地利	16	90 843	0.1	29.0	29.9	101	120	89	86	99
新西兰	17	67 342	0.1	28.6	26.7	75	104	90	97	92
韩国	18	67 771	0.2	40.8	29.8	75	60	63	87	71
以色列	19	77 191	0.1	22.1	18.4	86	120	117	120	111
意大利	20	94 729	0.1	26.0	30.0	105	120	99	86	103
爱尔兰	21	145 706	0.0	40.3	25.2	120	120	64	103	102
西班牙	22	83 754	0.1	26.2	23.8	93	120	98	108	105
爱沙尼亚	23	56 561	0.2	29.5	33.6	63	49	87	77	69
斯洛文尼亚	24	66 681	0.2	34.5	38.2	74	79	75	68	74
乌拉圭	25	42 706	0.1	35.6	28.3	47	120	73	91	83
俄罗斯	26	49 085	0.3	37.2	33.7	55	34	69	77	59
斯洛伐克	27	63 275	0.2	38.5	39.4	70	64	67	66	67
希腊	28	66 972	0.1	20.3	27.6	74	99	120	93	97
匈牙利	29	56 390	0.2	34.9	35.5	63	62	74	73	68
捷克	30	63 151	0.2	40.1	41.0	70	55	64	63	63
葡萄牙	31	59 945	0.1	24.4	31.4	67	108	106	82	91
白俄罗斯	32	31 432	0.4	44.0	41.3	35	34	59	63	48
拉脱维亚	33	50 718	0.1	25.3	31.8	56	87	102	81	82
立陶宛	34	57 926	0.1	32.0	33.1	64	83	81	78	77
格鲁吉亚	35	18 189	0.3	33.9	53.6	20	45	76	48	47
乌克兰	36	17 600	0.8	40.8	40.0	20	16	63	65	41
保加利亚	37	41 702	0.3	33.0	36.5	46	38	78	71	58
黎巴嫩	38	38 542	0.2	20.5	23.3	43	77	120	111	87
哈萨克斯坦	39	47 299	0.3	38.7	38.7	53	35	67	67	55
波兰	40	56 788	0.2	36.4	42.0	63	61	71	61	64
阿根廷	41	45 039	0.2	34.2	24.2	50	73	75	107	76
巴拿马	42	46 068	0.1	30.8	33.8	51	120	84	76	83
克罗地亚	43	55 528	0.1	30.2	34.6	62	86	85	75	77
沙特阿拉伯	44	128 512	0.3	46.0	28.5	120	43	56	91	77
哥伦比亚	45	26 776	0.1	39.7	35.4	30	120	65	73	72
科威特	46	129 647	0.2	48.9	30.3	120	58	53	85	79
智利	47	49 320	0.1	35.6	32.5	55	81	72	79	72
马其顿	48	37 414	0.2	39.6	46.9	42	52	65	55	53
阿塞拜疆	49	33 202	0.2	57.7	50.7	37	63	45	51	49
摩尔多瓦	50	12 517	0.4	28.6	50.8	14	29	90	51	46
罗马尼亚	51	50 516	0.2	36.7	53.0	56	76	70	49	63
委内瑞拉	52	32 455	0.2	47.4	33.1	36	65	54	78	58
乌兹别克斯坦	53	14 038	0.7	50.5	59.4	16	16	51	43	32
多米尼加	54	32 358	0.1	32.1	30.3	36	104	80	85	76
亚美尼亚	55	20 792	0.3	45.2	49.9	23	47	57	52	45
巴拉圭	56	18 962	0.2	50.3	40.7	21	72	51	62	52
哥斯达黎加	57	36 483	0.1	27.0	30.8	41	120	95	84	85
巴西	58	31 920	0.1	26.7	31.1	35	97	97	83	78
墨西哥	59	39 187	0.2	36.6	38.6	44	75	71	67	64
博茨瓦纳	60	38 229	0.2	36.9	39.6	42	72	70	65	62
秘鲁	61	22 677	0.1	40.4	44.6	25	101	64	58	62
牙买加	62	18 275	0.2	30.8	33.8	20	59	84	76	60
约旦	63	39 372	0.2	33.2	30.2	44	53	78	85	65
南非	64	43 002	0.4	31.4	28.9	48	29	82	89	62
土耳其	65	68 675	0.2	39.0	46.3	76	80	66	56	69
厄瓜多尔	66	22 455	0.1	44.9	45.6	25	86	57	57	56
伊朗	67	60 566	0.5	45.0	49.9	67	22	57	52	50
蒙古	68	29 140	0.4	49.5	49.4	32	27	52	52	41
摩洛哥	69	22 877	0.2	43.2	57.2	25	69	60	45	50
马来西亚	70	54 809	0.3	47.0	38.9	61	45	55	66	57

(续表)

国家	编号	经济质量指标的实际值				经济质量指标的指数				经济质量指数
		劳动生产率[a]	单位GDP的能源消耗	物质产业增加值比例[b]	物质产业劳动力比例[b]	劳动生产率指数	单位GDP的能源消耗指数	物质产业增加值指数	物质产业劳动力指数	
萨尔瓦多	71	18 943	0.2	37.5	39.8	21	67	69	65	55
埃及	72	37 000	0.2	44.8	51.1	41	49	58	51	50
中国	73	26 002	0.3	48.4	45.1	29	41	53	57	45
阿尔及利亚	74	52 937	0.2	51.1	59.8	59	50	50	43	51
土库曼斯坦	75	35 841	0.6	71.5	53.4	40	20	36	48	36
突尼斯	76	35 540	0.2	36.4	56.2	39	54	71	46	53
阿尔巴尼亚	77	28 603	0.2	46.6	59.1	32	68	55	44	50
吉尔吉斯斯坦	78	8586	0.5	44.1	48.9	10	24	59	53	36
塔吉克斯坦	79	8064	0.3	52.9	67.3	9	40	49	38	34
玻利维亚	80	15 115	0.3	44.6	50.0	17	48	58	52	43
缅甸	81	11 369	0.3	60.5	67.6	13	41	43	38	34
菲律宾	82	17 564	0.2	40.5	44.5	20	72	64	58	53
泰国	83	27 885	0.3	44.2	56.0	31	36	58	46	43
纳米比亚	84	33 114	0.1	38.2	39.4	37	85	68	65	64
津巴布韦	85	4011	0.7	33.7	74.8	4	16	76	34	33
洪都拉斯	86	9989	0.3	41.7	49.7	11	44	62	52	42
尼加拉瓜	87	11 470	0.3	44.1	47.4	13	39	59	54	41
越南	88	9912	0.3	54.5	66.6	11	34	47	39	33
肯尼亚	89	8540	0.4	54.6	52.3	9	31	47	49	34
斯里兰卡	90	29 903	0.1	37.8	53.0	33	89	68	49	60
刚果(布)	91	14 631	0.2	58.9	62.4	16	65	44	41	42
印度尼西亚	92	23 381	0.3	54.7	53.5	26	47	47	48	42
赞比亚	93	9575	0.3	43.1	65.1	11	35	60	40	36
危地马拉	94	19 010	0.2	38.5	50.4	21	53	67	51	48
毛里塔尼亚	95	13 388	—	57.4	83.4	15	—	45	31	30
科特迪瓦	96	10 746	0.4	54.3	55.2	12	31	48	47	34
印度	97	16 307	0.4	46.2	67.2	18	30	56	38	36
巴基斯坦	98	14 251	0.4	44.0	65.9	16	33	59	39	37
莱索托	99	8693	—	42.6	51.1	10	—	61	51	40
柬埔寨	100	5992	0.4	58.4	54.5	7	31	44	47	32
喀麦隆	101	7314	0.2	43.3	71.3	8	55	60	36	40
厄立特里亚	102	3910	0.3	43.1	90.9	4	41	60	28	33
叙利亚	103	6388	—	59.2	55.2	7	—	44	47	32
加纳	104	8638	0.2	47.8	55.3	10	52	54	47	41
乍得	105	5220	—	64.9	92.0	6	—	40	28	25
莫桑比克	106	3476	0.7	46.4	77.6	4	17	56	33	28
几内亚	107	3444	—	51.4	73.5	4	—	50	35	30
也门	108	11 882	0.2	57.8	50.5	13	59	45	51	42
巴布亚新几内亚	109	6328	—	52.5	28.1	7	—	49	92	49
海地	110	4245	0.5	77.1	53.8	5	25	33	48	28
尼泊尔	111	4106	0.6	47.7	80.1	5	21	54	32	28
塞内加尔	112	7701	0.3	40.7	73.7	9	46	63	35	38
塞拉利昂	113	4286	—	66.3	66.7	5	—	39	39	27
刚果(金)	114	1983	0.8	55.4	93.1	2	15	47	28	23
老挝	115	11 068	—	52.0	71.5	12	—	50	36	33
马拉维	116	2689	—	43.9	93.1	3	—	59	28	30
多哥	117	3115	0.7	58.2	56.2	3	16	44	46	27
马达加斯加	118	2805	—	44.1	83.5	3	—	59	31	31
马里	119	5854	—	60.3	70.0	7	—	43	37	29
尼日利亚	120	18 978	0.2	39.6	48.1	21	51	65	54	48
孟加拉国	121	8649	0.2	43.5	62.0	10	59	59	42	42
坦桑尼亚	122	5600	0.5	58.8	73.1	6	24	44	35	27
贝宁	123	5104	0.4	48.9	59.5	6	27	53	43	32
尼日尔	124	2317	0.4	61.4	83.3	3	34	42	31	27
安哥拉	125	15 749	0.1	100.0	58.0	17	104	26	44	48
乌干达	126	4758	—	48.3	77.2	5	—	53	33	31
中非	127	1720	—	58.9	93.6	2	—	44	28	24
布基纳法索	128	4685	—	57.0	60.8	5	—	45	42	31
埃塞俄比亚	129	3489	0.9	58.5	78.0	4	14	44	33	24
布隆迪	130	1686	—	56.3	93.8	2	—	46	28	25
卢旺达	131	3496	—	49.2	75.1	4	—	52	34	30
高收入国家		90 020	0.1	25.8	25.8	100	102	100	100	101
中等收入国家		24 433	0.3	42.2	51.6	27	44	61	50	46
低收入国家		4004	0.6	52.4	78.0	4	21	49	33	27
世界		34 542	0.2	30.9	49.3	38	68	83	52	61
基准值		90 020	0.1	25.8	25.8	—	—	—	—	—

注：a. 为雇员人均GDP(2011年不变价格PPP)，为2010~2016年期间最近年的数据。

b. 为2010~2016年期间最近年的数据。

附表 2-3-6 2016 年世界第二次现代化发展阶段

国家	2016年第一次现代化的阶段[a]	2016年第二次现代化指数	产业结构信号 物质产业增加值占GDP比例	赋值	劳动力结构信号 物质产业劳动力占总劳动力比例	赋值	平均值	第二次现代化的阶段[b]
瑞典	1	4	107.9	25.8	2	20.1	2	2.0	2
美国	2	4	108.6	21.1	2	20.5	2	2.0	2
芬兰	3	4	99.8	29.8	2	26.0	2	2.0	2
澳大利亚	4	4	95.3	26.9	2	22.1	2	2.0	2
瑞士	5	4	107.2	26.5	2	24.0	2	2.0	2
挪威	6	4	99.8	34.4	1	21.6	2	1.5	1
日本	7	4	99.6	30.0	1	29.1	2	1.5	1
丹麦	8	4	109.8	24.4	2	21.2	2	2.0	2
德国	9	4	100.6	31.1	1	28.7	2	1.5	1
荷兰	10	4	107.7	21.8	2	18.7	3	2.5	2
加拿大	11	4	94.3	30.7	1	21.5	2	1.5	1
新加坡	12	4	103.3	26.2	2	16.4	3	2.5	2
英国	13	4	99.5	20.8	2	19.6	3	2.5	2
法国	14	4	99.1	21.2	2	23.2	2	2.0	2
比利时	15	4	104.9	22.8	2	22.5	2	2.0	2
奥地利	16	4	97.0	29.0	2	29.9	2	2.0	2
新西兰	17	4	86.0	28.8	2	26.7	2	2.0	2
韩国	18	4	89.6	40.8		29.2	2	1.0	1
以色列	19	4	93.4	22.1	2	18.4	3	2.5	2
意大利	20	4	77.1	26.0	2	30.0	1	1.5	1
爱尔兰	21	4	102.2	40.3		25.2	2	1.0	1
西班牙	22	4	80.0	26.2	2	23.8	2	2.0	2
爱沙尼亚	23	4	65.4	29.5	1	33.6	1	1.0	1
斯洛文尼亚	24	4	73.9	34.5		38.2	1	1.0	1
乌拉圭	25	3	55.1	35.6		28.3			
俄罗斯	26	4	55.8	37.2		33.7			
斯洛伐克	27	4	58.7	38.5		39.4			
希腊	28	3	74.7	20.3		27.6			
匈牙利	29	4	63.5	34.9	1	35.5	1	1.0	1
捷克	30	4	65.7	40.1		41.0			
葡萄牙	31	4	73.3	24.4	2	31.4	1	1.5	1
白俄罗斯	32	4	49.3	44.0		41.3			
拉脱维亚	33	4	62.3	25.3	2	31.8	1	1.5	1
立陶宛	34	4	63.5	32.0	1	33.1	1	1.0	1
格鲁吉亚	35	2	38.3	33.9		53.6			
乌克兰	36	3	39.2	40.8		40.0			
保加利亚	37	4	48.3	33.0		36.5			
黎巴嫩	38	4	46.7	20.5		23.3			
哈萨克斯坦	39	3	40.8	38.7		38.7			
波兰	40	4	56.1	36.4		42.0			
阿根廷	41	4	54.6	34.2		24.2			
巴拿马	42	4	46.5	30.8		33.8			
克罗地亚	43	4	59.5	30.2		34.6			
沙特阿拉伯	44	4	55.9	46.0		28.5			
哥伦比亚	45	3	43.7	39.7		35.4			
科威特	46	4	46.8	48.9		30.3			
智利	47	4	53.4	35.6		32.5			
马其顿	48	3	39.8	39.6		46.9			
阿塞拜疆	49	3	33.9	57.7		50.7			
摩尔多瓦	50	2	34.1	28.6		50.8			
罗马尼亚	51	4	47.6	36.7		53.0			
委内瑞拉	52	4	33.5	47.4		33.1			
乌兹别克斯坦	53	2	24.4	50.5		59.4			
多米尼加	54	3	41.4	32.1		30.3			
亚美尼亚	55	2	34.9	45.2		49.9			
巴拉圭	56	3	31.4	50.3		40.7			
哥斯达黎加	57	3	53.2	27.0		30.8			
巴西	58	3	48.6	26.7		31.1			
墨西哥	59	4	41.2	36.6		38.6			
博茨瓦纳	60	3	33.2	36.9		39.6			
秘鲁	61	3	35.3	40.1		44.6			
牙买加	62	3	37.3	30.8		33.8			
约旦	63	4	33.7	33.2		30.2			
南非	64	4	31.8	31.4		28.9			
土耳其	65	3	47.8	39.0		46.3			
厄瓜多尔	66	3	38.9	44.9		45.6			
伊朗	67	3	40.4	45.0		49.9			
蒙古	68	3	31.3	49.5		49.4			
摩洛哥	69	3	32.0	43.2		57.2			
马来西亚	70	3	47.6	47.0		38.9			

(续表)

国家		2016年第一次现代化的阶段a	2016年第二次现代化指数	产业结构信号		劳动力结构信号		平均值	第二次现代化的阶段b
				物质产业增加值占GDP比例	赋值	物质产业劳动力占总劳动力比例	赋值		
萨尔瓦多	71	3	31.4	37.5		39.8			
埃及	72	3	28.8	44.8		51.1			
中国	73	3	45.3	48.4		45.1			
阿尔及利亚	74	3	32.3	51.1		59.8			
土库曼斯坦	75	3	22.4	71.5		53.4			
突尼斯	76	3	34.3	36.4		56.2			
阿尔巴尼亚	77	2	38.9	46.6		59.1			
吉尔吉斯斯坦	78	3	28.4	44.1		48.9			
塔吉克斯坦	79	2	20.0	52.9		67.3			
玻利维亚	80	3	26.0	44.6		50.0			
缅甸	81	2	19.1	60.5		67.6			
菲律宾	82	3	31.7	40.5		44.5			
泰国	83	3	37.3	44.2		56.0			
纳米比亚	84	3	30.8	38.2		39.4			
津巴布韦	85	2	20.3	33.7		74.8			
洪都拉斯	86	3	25.8	41.7		49.7			
尼加拉瓜	87	3	25.3	44.1		47.4			
越南	88	2	28.9	54.5		66.6			
肯尼亚	89	2	23.6	54.6		52.3			
斯里兰卡	90	3	35.1	37.8		53.0			
刚果(布)	91	3	21.1	58.9		62.4			
印度尼西亚	92	3	29.4	54.7		53.5			
赞比亚	93	2	19.7	43.1		65.1			
危地马拉	94	3	27.3	38.5		50.4			
毛里塔尼亚	95	2	15.3	57.4		83.4			
科特迪瓦	96	2	16.9	54.3		55.2			
印度	97	2	20.9	46.2		67.2			
巴基斯坦	98	2	18.7	44.0		65.9			
莱索托	99	3	20.8	42.6		51.1			
柬埔寨	100	2	21.1	58.4		54.5			
喀麦隆	101	2	18.2	43.3		71.3			
厄立特里亚	102	1	17.6	43.1		90.9			
叙利亚	103	3	30.8	59.2		55.2			
加纳	104	2	21.0	47.8		55.3			
乍得	105	0	12.9	64.9		92.0			
莫桑比克	106	1	18.7	46.4		77.6			
几内亚	107	2	16.7	51.4		73.5			
也门	108	2	20.0	57.8		50.5			
巴布亚新几内亚	109	2	26.6	52.5		28.1	2		
海地	110	2	18.0	77.1		53.8			
尼泊尔	111	1	17.0	47.7		80.1			
塞内加尔	112	2	20.2	40.7		73.7			
塞拉利昂	113	0	14.8	66.3		66.7			
刚果(金)	114	1	13.9	55.4		93.1			
老挝	115	2	21.7	52.0		71.5			
马拉维	116	1	17.8	43.9		93.1			
多哥	117	1	15.1	58.2		56.2			
马达加斯加	118	1	20.1	44.1		83.5			
马里	119	1	14.4	60.3		70.0			
尼日利亚	120	2	19.7	39.6		48.1			
孟加拉国	121	3	21.3	43.5		62.0			
坦桑尼亚	122	1	19.6	58.8		73.1			
贝宁	123	2	16.3	48.9		59.5			
尼日尔	124	1	13.4	61.4		83.3			
安哥拉	125	1	23.0	100.0		58.0			
乌干达	126	1	15.6	48.3		77.2			
中非	127	0	13.0	58.9		93.6			
布基纳法索	128	2	15.0	57.0		60.8			
埃塞俄比亚	129	1	15.4	58.5		78.0			
布隆迪	130	0	14.6	56.3		93.8			
卢旺达	131	1	17.6	49.2		75.1			
高收入国家		4	100.1	25.8	2	25.8	2	2.0	2
中等收入国家		3	30.9	42.2		51.6			
低收入国家		1	15.7	52.4		78.0			
世界		3	41.7	30.9		49.3			

注:a. 第一次现代化的阶段:4代表过渡期,3代表成熟期,2代表发展期,1代表起步期,0代表传统社会。
b. 处于第一次现代化的过渡期和第二次现代化指数大于60时,再判断第二次现代化的阶段。
第二次现代化的阶段:3代表成熟期,2代表发展期,1代表起步期。

附表 2-3-7　1990～2016 年第二次现代化指数及年均增长率

国家	编号	1990	2000	2010	2015	1990～2016 年年均增长率	2000～2016 年年均增长率
瑞典	1	65.6	83.8	100.8	106.6	2.0	1.6
美国	2	66.6	81.0	101.8	107.3	1.9	1.9
芬兰	3	60.7	78.3	101.4	98.8	2.0	1.6
澳大利亚	4	51.4	64.2	87.5	93.1	2.4	2.5
瑞士	5	77.8	85.9	104.5	106.7	1.3	1.5
挪威	6	59.0	76.8	96.8	98.7	2.1	1.7
日本	7	74.7	80.9	95.0	96.8	1.0	1.2
丹麦	8	68.7	88.2	106.5	109.3	1.9	1.4
德国	9	56.8	67.6	88.5	98.0	2.2	2.5
荷兰	10	58.0	70.8	99.8	106.1	2.4	2.7
加拿大	11	61.3	68.3	86.0	90.3	1.6	1.9
新加坡	12	55.8	70.3	94.7	103.7	2.5	2.6
英国	13	54.8	71.9	90.7	99.0	2.4	2.2
法国	14	56.5	66.5	91.5	97.5	2.2	2.6
比利时	15	53.8	64.8	90.4	102.5	2.6	3.1
奥地利	16	51.0	66.3	91.1	95.1	2.5	2.4
新西兰	17	50.0	60.0	78.7	84.2	2.1	2.3
韩国	18	35.2	55.8	76.8	87.7	3.7	3.1
以色列	19	52.1	69.8	85.8	90.5	2.2	1.7
意大利	20	50.4	57.7	74.8	73.4	1.5	1.6
爱尔兰	21	52.2	68.4	95.4	101.3	2.7	2.6
西班牙	22	45.7	53.7	74.3	77.9	2.2	2.5
爱沙尼亚	23	36.4	40.3	59.0	63.9	2.3	3.1
斯洛文尼亚	24	38.0	47.6	69.6	70.6	2.5	2.5
乌拉圭	25	33.1	38.5	46.7	54.0	2.0	2.3
俄罗斯	26	38.7	36.0	49.3	53.9	1.3	2.7
斯洛伐克	27	32.2	34.3	49.5	56.4	2.3	3.4
希腊	28	39.6	48.7	69.3	72.2	2.4	2.5
匈牙利	29	34.5	35.5	59.3	62.2	2.4	3.8
捷克	30	33.3	37.9	56.5	63.5	2.6	3.5
葡萄牙	31	36.6	47.3	65.7	71.2	2.7	2.8
白俄罗斯	32	31.7	32.6	48.1	48.1	1.7	2.6
拉脱维亚	33	38.9	35.8	51.2	57.8	1.6	3.3
立陶宛	34	36.6	35.7	54.6	59.7	2.0	3.5
格鲁吉亚	35	26.2	25.5	29.9	35.3	1.2	2.2
乌克兰	36	32.8	27.4	36.1	37.7	0.6	2.2
保加利亚	37	30.1	28.4	39.6	46.4	1.7	3.3
黎巴嫩	38	26.9	34.4	42.6	44.7	2.1	1.8
哈萨克斯坦	39	27.8	25.7	33.5	39.7	1.4	3.0
波兰	40	27.9	35.0	48.9	54.6	2.7	3.0
阿根廷	41	33.0	41.2	47.5	52.6	1.9	1.6
巴拿马	42	31.7	35.2	42.7	44.8	1.4	1.6
克罗地亚	43	38.7	38.5	52.2	56.3	1.5	2.6
沙特阿拉伯	44	31.0	35.5	45.0	52.8	2.2	2.7
哥伦比亚	45	24.2	28.7	37.5	42.3	2.3	2.6
科威特	46	37.0	41.4	46.9	50.3	1.2	1.3
智利	47	27.0	34.5	44.9	51.1	2.6	2.6
马其顿	48	20.2	25.9	33.7	36.1	2.3	2.2
阿塞拜疆	49	21.7	19.6	26.7	31.6	1.5	3.2
摩尔多瓦	50	24.7	21.8	29.4	32.5	1.1	2.7
罗马尼亚	51	22.1	25.1	40.8	44.7	2.9	3.9
委内瑞拉	52	25.1	27.3	39.4	40.4	1.9	2.6
乌兹别克斯坦	53	22.2	16.2	20.2	23.2	0.2	2.4
多米尼加	54	23.8	24.9	34.8	38.0	1.9	2.9
亚美尼亚	55	16.5	23.7	29.7	32.6	2.8	2.1
巴拉圭	56	26.7	23.2	29.0	32.8	0.8	2.3
哥斯达黎加	57	29.2	30.5	43.9	50.2	2.2	3.4
巴西	58	26.9	30.4	42.6	47.0	2.3	2.9
墨西哥	59	25.3	28.9	36.1	38.3	1.7	1.9
博茨瓦纳	60	20.8	23.2	30.7	34.1	2.0	2.6
秘鲁	61	28.5	28.4	32.0	34.2	0.7	1.3
牙买加	62	23.2	27.6	35.7	35.3	1.7	1.6
约旦	63	22.2	30.7	35.5	36.3	2.0	1.1
南非	64	21.4	23.9	30.6	30.6	1.4	1.7
土耳其	65	22.0	26.5	38.8	46.2	3.0	3.8
厄瓜多尔	66	26.2	26.0	33.0	37.7	1.5	2.5
伊朗	67	22.3	24.1	33.5	39.6	2.3	3.4
蒙古	68	23.1	22.2	28.3	31.4	1.2	2.3
摩洛哥	69	22.9	23.3	27.5	30.6	1.2	1.8
马来西亚	70	26.1	32.8	40.7	44.9	2.2	2.1

(续表)

国家	编号	1990	2000	2010	2015	1990~2016年 年均增长率	2000~2016年 年均增长率
萨尔瓦多	71	21.9	22.5	27.4	30.0	1.3	2.0
埃及	72	18.9	21.2	23.7	27.1	1.5	1.7
中国	73	14.3	17.0	27.7	41.1	4.3	6.1
阿尔及利亚	74	22.2	22.7	28.9	30.9	1.3	2.1
土库曼斯坦	75	16.0	15.2	19.2	22.0	1.3	2.5
突尼斯	76	19.8	25.1	31.0	33.3	2.1	1.9
阿尔巴尼亚	77	18.6	24.7	32.5	35.1	2.6	2.4
吉尔吉斯斯坦	78	22.3	23.2	26.4	27.4	0.8	1.1
塔吉克斯坦	79	14.8	15.0	19.3	20.0	1.2	1.9
玻利维亚	80	22.9	20.6	23.5	25.9	0.5	1.5
缅甸	81	14.4	14.4	18.3	19.7	1.3	2.1
菲律宾	82	20.8	22.4	26.8	29.6	1.4	1.9
泰国	83	21.4	24.9	31.3	34.5	1.9	2.2
纳米比亚	84	22.0	22.6	27.5	29.7	1.2	1.8
津巴布韦	85	16.0	13.1	17.1	19.4	0.8	2.6
洪都拉斯	86	17.3	19.4	23.1	23.8	1.3	1.4
尼加拉瓜	87	17.4	20.0	23.1	23.4	1.2	1.1
越南	88	14.6	17.1	24.3	29.5	2.9	3.7
肯尼亚	89	17.5	18.3	21.1	21.5	0.8	1.1
斯里兰卡	90	19.1	20.8	28.9	32.5	2.2	3.0
刚果（布）	91	16.9	15.5	20.1	21.0	0.9	2.0
印度尼西亚	92	20.3	21.4	26.9	28.1	1.3	1.8
赞比亚	93	12.5	14.0	17.9	19.4	1.9	2.2
危地马拉	94	18.5	19.8	24.1	25.6	1.3	1.7
毛里塔尼亚	95	13.5	15.2	16.4	17.4	1.0	0.9
科特迪瓦	96	15.0	15.6	17.3	18.5	0.8	1.2
印度	97	12.9	14.6	17.9	20.0	1.8	2.1
巴基斯坦	98	14.0	14.8	17.2	18.5	1.1	1.5
莱索托	99	19.1	16.5	20.3	19.9	0.2	1.3
柬埔寨	100	17.1	14.9	18.4	19.2	0.5	1.7
喀麦隆	101	12.8	13.0	16.7	18.5	1.5	2.4
厄立特里亚	102	18.0	15.8	16.6	17.7	−0.1	0.7
叙利亚	103	24.7	24.3	29.4	28.9	0.6	1.2
加纳	104	13.4	13.9	20.0	22.6	2.1	3.3
乍得	105	13.0	12.8	13.2	14.2	0.3	0.7
莫桑比克	106	12.7	14.8	16.8	18.0	1.4	1.3
几内亚	107	14.0	14.8	16.5	18.5	1.1	1.5
也门	108	14.6	15.9	20.1	20.2	1.3	1.6
巴布亚新几内亚	109	18.0	18.3	20.9	21.7	0.7	1.1
海地	110	15.6	14.3	15.4	15.9	0.1	0.7
尼泊尔	111	10.6	12.6	16.8	17.8	2.1	2.3
塞内加尔	112	17.5	16.9	19.8	20.4	0.6	1.3
塞拉利昂	113	12.7	13.2	15.0	16.7	1.1	1.6
刚果（金）	114	11.1	13.5	15.0	14.2	1.1	0.3
老挝	115	14.4	15.8	18.3	19.9	1.3	1.6
马拉维	116	12.3	14.4	16.7	17.8	1.5	1.4
多哥	117	12.5	12.9	15.3	15.9	1.0	1.4
马达加斯加	118	18.5	18.5	19.8	19.9	0.3	0.5
马里	119	12.2	13.9	14.3	15.3	0.9	0.6
尼日利亚	120	10.1	11.8	18.4	21.2	3.0	4.0
孟加拉国	121	14.2	15.8	18.2	20.2	1.4	1.6
坦桑尼亚	122	13.4	15.1	17.3	17.7	1.1	1.1
贝宁	123	12.7	13.9	16.7	18.3	1.5	1.9
尼日尔	124	11.3	11.2	12.6	14.1	0.9	1.5
安哥拉	125	12.7	14.1	21.7	23.7	2.5	3.5
乌干达	126	10.9	13.3	15.1	15.4	1.4	1.0
中非	127	11.5	12.4	13.2	13.8	0.7	0.7
布基纳法索	128	12.6	12.7	13.6	15.3	0.8	1.3
埃塞俄比亚	129	11.0	13.0	14.9	15.6	1.4	1.2
布隆迪	130	11.1	12.5	14.0	14.1	0.9	0.8
卢旺达	131	11.1	13.0	16.1	16.8	1.7	1.7
高收入国家[d]		55.7	68.7	90.4	99.7	2.4	2.5
中等收入国家		15.2	18.2	24.4	29.3	2.7	3.2
低收入国家		13.3	14.5	15.9	15.7	0.7	0.6
世界		24.2	27.5	35.2	40.0	2.0	2.5

注：采用第二次现代化评价模型第三版的评价结果，以2015年高收入国家平均值为基准值的评价。

附表 2-3-8　1970~2016 年世界第二次现代化指数

国家	编号	1970[a]	1980[a]	1990[a]	2000[a]	1990[b]	2000[b]	2010[b]	2015[c]	2016[c]
瑞典	1	58.2	74.7	92.9	108.9	67.3	84.6	102.0	106.6	107.9
美国	2	70.6	79.2	96.9	107.8	68.2	80.1	99.9	107.3	108.6
芬兰	3	49.2	62.0	84.7	103.2	61.5	82.2	102.0	98.8	99.8
澳大利亚	4	53.7	60.8	76.9	98.9	53.4	64.5	88.1	93.1	95.3
瑞士	5	50.9	65.0	97.8	98.7	79.4	87.6	95.6	106.7	107.2
挪威	6	56.1	64.6	87.4	100.4	61.9	78.0	95.7	98.7	99.8
日本	7	58.5	72.4	88.3	103.4	70.7	82.4	97.3	96.8	99.6
丹麦	8	54.0	66.1	86.8	102.1	60.6	80.4	102.2	109.3	109.8
德国	9	55.8	61.9	80.0	96.5	58.3	67.7	89.2	98.0	100.6
荷兰	10	59.8	67.7	85.3	92.6	61.8	73.4	99.2	106.1	107.7
加拿大	11	59.2	68.6	89.0	91.9	63.3	70.8	90.1	90.3	94.3
新加坡	12	41.0	40.7	68.8	76.4	49.8	73.2	96.4	103.7	103.3
英国	13	54.3	64.0	75.1	92.0	55.3	72.3	91.0	99.0	99.5
法国	14	48.3	67.0	78.3	89.8	54.4	64.5	91.1	97.5	99.1
比利时	15	53.2	73.7	83.2	89.8	58.5	68.2	92.0	102.5	104.9
奥地利	16	43.7	55.4	78.2	81.7	51.7	65.3	92.7	95.1	97.0
新西兰	17	46.8	61.6	69.4	77.2	49.0	63.3	80.0	84.2	86.0
韩国	18	25.2	34.5	54.6	83.6	42.7	62.7	88.2	87.7	89.6
以色列	19	45.0	64.1	64.8	81.4	43.6	68.5	85.3	90.5	93.4
意大利	20	39.3	46.6	66.1	73.9	47.4	54.3	73.9	73.4	77.1
爱尔兰	21	37.7	44.4	59.0	75.9	49.2	68.9	93.1	101.3	102.2
西班牙	22	31.1	55.0	62.0	71.9	42.0	51.4	73.2	77.9	80.0
爱沙尼亚	23	—	81.1	—	65.8	44.7	41.3	63.3	63.9	65.4
斯洛文尼亚	24	—	—	—	66.5	43.1	49.1	74.2	70.6	73.9
乌拉圭	25	33.8	48.0	59.4	69.3	29.7	38.1	46.3	54.0	55.1
俄罗斯	26	—	96.7	—	57.2	49.3	38.3	45.2	53.9	55.8
斯洛伐克	27	—	—	—	57.0	37.4	36.9	54.8	56.4	58.7
希腊	28	35.0	55.6	52.1	62.5	36.7	46.0	69.1	72.2	74.7
匈牙利	29	49.8	52.5	51.3	56.6	37.3	39.4	65.3	62.2	63.5
捷克	30	66.2	70.0	61.6	60.4	39.9	40.5	63.8	63.5	65.7
葡萄牙	31	24.0	27.8	39.4	67.6	32.7	46.0	68.7	71.2	73.3
白俄罗斯	32	—	69.5	—	50.8	37.5	30.5	44.4	48.1	49.3
拉脱维亚	33	—	60.3	—	55.8	51.0	36.0	53.1	57.8	62.3
立陶宛	34	—	79.1	—	54.7	42.6	36.8	55.1	59.7	63.5
格鲁吉亚	35	—	62.7	—	49.1	25.1	25.8	28.2	35.3	38.3
乌克兰	36	—	74.7	—	49.2	32.6	30.1	40.2	37.7	39.2
保加利亚	37	50.1	67.7	62.8	47.9	33.9	32.0	43.2	46.4	48.3
黎巴嫩	38	—	51.9	—	54.5	24.2	31.9	43.3	44.7	46.7
哈萨克斯坦	39	—	73.8	—	40.9	29.7	27.9	32.1	39.7	40.8
波兰	40	55.4	51.1	46.9	51.1	29.7	38.1	54.2	54.6	56.1
阿根廷	41	35.6	40.1	54.4	54.4	32.0	41.4	49.7	52.6	54.6
巴拿马	42	40.9	47.7	52.8	51.5	28.0	32.8	41.2	44.8	46.5
克罗地亚	43	—	—	—	50.7	42.0	39.6	53.7	56.3	59.5
沙特阿拉伯	44	26.3	39.6	52.3	50.5	25.4	35.7	48.1	52.8	55.9
哥伦比亚	45	22.9	27.0	42.6	47.2	23.1	29.3	38.1	42.3	43.7
科威特	46	58.6	53.5	89.8	54.1	42.0	47.8	61.7	50.3	46.8
智利	47	30.1	36.3	38.5	48.0	26.6	35.3	46.7	51.1	53.4
马其顿	48	—	—	—	40.8	21.5	28.5	37.4	36.1	39.8
阿塞拜疆	49	—	64.9	—	43.8	23.9	21.5	31.5	31.6	33.9
摩尔多瓦	50	—	61.1	—	38.6	26.8	24.3	33.1	32.5	34.1
罗马尼亚	51	35.6	42.1	41.1	41.6	25.9	26.5	43.6	44.7	47.6
委内瑞拉	52	32.1	34.0	39.2	39.9	25.7	28.8	39.5	40.4	33.5
乌兹别克斯坦	53	—	59.9	—	40.3	30.8	25.4	32.6	23.2	24.4
多米尼加	54	26.1	34.7	44.2	42.3	20.9	25.4	33.4	38.0	41.4
亚美尼亚	55	—	—	—	36.2	24.6	26.0	31.5	32.6	34.9
巴拉圭	56	24.0	22.3	31.3	40.1	22.3	31.8	37.9	32.8	31.4
哥斯达黎加	57	33.0	31.0	34.6	37.0	26.1	28.9	43.3	50.2	53.2
巴西	58	30.2	29.1	43.0	39.7	21.6	30.5	39.7	47.0	48.6
墨西哥	59	26.2	33.1	46.0	39.6	24.2	29.5	36.8	38.3	41.2
博茨瓦纳	60	10.6	23.2	27.9	33.2	18.2	22.5	24.9	34.1	33.2
秘鲁	61	25.1	29.0	37.2	38.4	26.9	30.3	38.2	34.2	35.3
牙买加	62	25.3	39.4	42.4	45.9	24.1	30.2	36.0	35.3	37.3
约旦	63	19.5	31.7	49.7	38.2	25.2	33.8	40.6	36.3	33.7
南非	64	39.4	32.5	37.6	37.3	23.0	27.9	37.1	30.6	31.8
土耳其	65	20.0	25.3	32.2	36.5	20.6	26.7	42.1	46.2	47.8
厄瓜多尔	66	24.8	39.5	27.7	33.0	23.7	22.4	31.5	37.7	38.9
伊朗	67	20.8	21.7	29.5	32.6	21.3	28.0	40.6	39.6	40.4
蒙古	68	—	55.0	52.0	30.1	22.0	20.6	29.0	31.4	31.3
摩洛哥	69	23.1	25.9	30.3	33.3	20.1	22.8	29.3	30.6	32.0
马来西亚	70	25.4	24.2	28.7	39.1	23.7	30.7	43.6	44.9	47.6

(续表)

国家	编号	1970[a]	1980[a]	1990[a]	2000[a]	1990[b]	2000[b]	2010[b]	2015[c]	2016[c]
萨尔瓦多	71	21.7	25.4	28.5	40.2	19.6	23.5	28.9	30.0	31.4
埃及	72	24.6	26.0	34.6	39.5	20.7	24.9	28.3	27.1	28.8
中国	73	21.0	24.7	26.0	31.2	15.2	19.2	33.2	41.1	45.3
阿尔及利亚	74	18.6	30.2	38.9	32.7	19.2	21.8	30.2	30.9	32.3
土库曼斯坦	75	—	—	—	34.7	25.6	24.4	19.1	22.0	22.4
突尼斯	76	20.2	29.4	28.0	32.5	19.3	26.6	39.5	33.3	34.3
阿尔巴尼亚	77	—	35.1	—	22.3	17.0	21.3	30.4	35.1	38.9
吉尔吉斯斯坦	78	—	55.6	—	31.6	25.1	21.4	25.7	27.4	28.4
塔吉克斯坦	79	—	—	—	32.0	20.7	16.3	21.6	20.0	20.0
玻利维亚	80	29.0	24.8	36.0	28.9	21.2	22.6	25.6	25.9	26.0
缅甸	81	15.7	21.0	20.6	27.0	18.4	21.1	20.9	19.7	19.1
菲律宾	82	25.5	25.5	28.6	31.5	20.6	23.3	25.2	29.6	31.7
泰国	83	18.4	25.7	23.8	30.1	18.8	26.4	34.6	34.5	37.3
纳米比亚	84	—	—	35.1	28.2	20.1	24.6	23.6	29.7	30.8
津巴布韦	85	20.1	21.3	27.5	25.8	15.3	12.2	15.3	19.4	20.3
洪都拉斯	86	16.8	26.8	28.8	28.3	16.6	18.8	25.5	23.8	25.3
尼加拉瓜	87	21.5	31.1	33.9	25.2	16.3	19.7	24.8	23.4	25.3
越南	88	—	16.7	—	22.3	13.8	20.2	24.3	29.5	28.9
肯尼亚	89	16.2	15.1	23.6	26.0	14.8	15.4	17.5	21.5	23.6
斯里兰卡	90	22.3	21.2	34.1	24.2	21.0	23.7	33.2	32.5	35.1
刚果(布)	91	33.0	27.8	23.4	21.9	17.7	18.2	18.9	21.0	21.1
印度尼西亚	92	18.6	18.7	28.8	22.4	16.5	18.9	25.5	28.1	29.4
赞比亚	93	15.0	21.7	21.8	20.0	11.3	13.0	15.4	19.4	19.7
危地马拉	94	16.9	25.0	37.5	22.0	16.0	19.5	25.5	25.6	27.3
毛里塔尼亚	95	21.3	21.0	25.3	23.6	13.9	14.3	15.8	17.4	15.3
科特迪瓦	96	9.1	28.3	31.1	20.4	12.9	12.8	13.7	18.5	16.9
印度	97	17.1	19.3	23.8	20.7	13.8	16.6	21.5	20.0	20.9
巴基斯坦	98	15.5	16.5	17.9	25.0	14.3	15.6	18.5	18.5	18.7
莱索托	99	19.8	24.5	31.7	18.7	14.3	15.6	19.2	19.9	20.8
柬埔寨	100	—	4.0	—	19.2	13.3	12.4	15.5	19.2	21.1
喀麦隆	101	16.0	23.5	24.3	19.0	13.4	12.5	14.6	18.5	18.2
厄立特里亚	102	—	—	—	19.1	15.4	14.7	15.4	17.7	17.6
叙利亚	103	30.5	34.7	37.8	23.8	21.6	22.1	29.6	28.9	30.8
加纳	104	18.3	24.5	22.4	18.4	12.4	14.6	17.6	22.6	21.0
乍得	105	15.6	25.8	18.3	16.5	12.8	12.5	13.5	14.2	12.9
莫桑比克	106	8.0	10.7	17.7	18.3	8.9	10.4	13.1	18.0	18.7
几内亚	107	8.1	13.9	26.3	18.0	12.1	14.7	14.2	18.5	16.7
也门	108	4.0	13.9	40.2	23.3	15.2	17.4	20.9	20.2	20.0
巴布亚新几内亚	109	13.0	19.0	19.5	18.6	15.3	15.3	14.2	21.7	26.6
海地	110	13.7	15.4	24.1	17.2	17.2	14.3	10.4	15.9	18.0
尼泊尔	111	14.6	13.2	20.9	18.0	12.3	14.9	21.0	17.8	17.0
塞内加尔	112	23.5	19.1	24.5	16.0	15.6	14.9	19.2	20.4	20.2
塞拉利昂	113	23.8	19.1	22.5	14.1	10.3	9.4	12.6	16.7	14.8
刚果(金)	114	—	17.0	—	13.8	10.5	11.8	15.3	14.2	13.9
老挝	115	6.2	14.9	17.2	18.2	13.7	16.6	20.9	19.9	21.7
马拉维	116	20.7	14.9	23.1	15.7	10.3	14.2	16.9	17.8	17.8
多哥	117	18.8	22.1	23.3	17.4	11.9	12.2	12.7	15.9	15.1
马达加斯加	118	17.9	14.7	17.1	16.2	15.1	16.3	23.5	19.9	20.1
马里	119	19.9	16.6	16.9	16.0	11.5	12.6	15.5	15.3	14.4
尼日利亚	120	14.9	15.8	25.0	14.7	10.2	10.4	19.8	21.2	19.7
孟加拉国	121	5.3	15.9	21.3	16.2	13.9	17.2	20.6	20.2	21.3
坦桑尼亚	122	15.3	13.6	16.6	14.3	9.0	11.5	15.5	17.7	19.6
贝宁	123	19.6	21.3	25.3	15.1	11.6	13.8	15.4	18.3	16.3
尼日尔	124	13.2	16.0	17.8	15.5	11.3	13.7	15.6	14.1	13.4
安哥拉	125	19.2	15.8	34.7	14.8	11.2	14.3	19.1	23.7	23.0
乌干达	126	11.5	14.6	16.6	14.2	10.8	13.9	17.7	15.4	15.6
中非	127	13.5	15.2	20.5	11.9	11.4	11.0	11.2	13.8	13.0
布基纳法索	128	1.6	16.9	16.3	13.0	12.5	13.3	15.2	15.3	15.7
埃塞俄比亚	129	14.1	15.2	17.7	14.8	9.6	11.0	18.4	15.6	15.4
布隆迪	130	9.6	12.2	15.5	11.2	10.2	11.6	14.6	14.1	14.6
卢旺达	131	13.0	10.2	16.2	9.5	10.8	13.4	18.2	16.8	17.6
高收入国家[d]	132	72.3	76.4	88.9	100.2	57.9	72.2	95.3	99.7	100.1
中等收入国家	133	19.7	35.6	33.4	38.4	15.6	19.6	28.0	29.3	30.9
低收入国家	134	9.4	20.2	21.9	20.1	12.8	15.1	16.8	15.7	15.7
世界	135	33.2	43.9	46.8	46.0	26.0	31.6	42.6	40.0	41.7

注：a. 1970~2000 年是以 2000 年高收入国家平均值为基准值的评价。
其中，1970 年和 1990 年没有知识创新和知识传播的数据，评价结果仅供参考。
b. 采用第二次现代化评价模型第二版的评价结果，1990~2010 年以 2013 年高收入 OECD 国家平均值为基准。
c. 采用第二次现代化评价模型第三版的评价结果，以当年高收入国家平均值为基准值的评价。
d. 1970~2000 年和 2014~2016 年数据为高收入国家的平均值，1990~2013 年数据为高收入 OECD 国家的平均值。

附表 2-3-9　1970～2016 年世界第二次现代化指数的排名

国家	编号	1970[a]	1980[a]	1990[a]	2000[a]	1990[b]	2000[b]	2010[b]	2015[c]	2016[c]
瑞典	1	7	2	3	1	4	2	2	4	3
美国	2	1	1	2	2	3	6	4	2	2
芬兰	3	18	15	10	4	8	4	3	10	11
澳大利亚	4	13	18	15	7	14	18	18	16	16
瑞士	5	15	11	1	8	1	1	9	3	5
挪威	6	8	12	7	6	6	7	8	11	10
日本	7	6	4	6	3	2	3	6	14	12
丹麦	8	12	10	8	5	9	5	1	1	1
德国	9	9	16	12	9	11	15	16	12	9
荷兰	10	3	7	9	10	7	8	5	5	4
加拿大	11	4	6	5	12	5	11	15	18	17
新加坡	12	23	32	18	19	17	9	7	6	7
英国	13	11	14	16	11	12	10	14	9	13
法国	14	19	9	13	13	13	17	13	13	14
比利时	15	14	3	11	14	10	14	12	7	6
奥地利	16	22	20	14	16	15	16	11	15	15
新西兰	17	20	17	17	18	20	19	20	20	20
韩国	18	46	41	26	15	25	20	17	19	19
以色列	19	21	13	20	17	23	13	19	17	18
意大利	20	26	29	19	21	21	21	22	22	22
爱尔兰	21	27	30	25	20	19	12	10	8	8
西班牙	22	35	21	22	22	28	22	23	21	21
爱沙尼亚	23	—	—	—	26	22	28	28	26	27
斯洛文尼亚	24	—	—	—	25	24	23	21	25	24
乌拉圭	25	31	27	24	23	42	34	38	34	36
俄罗斯	26	—	—	—	29	18	32	39	35	35
斯洛伐克	27	—	—	—	30	32	35	31	31	32
希腊	28	30	19	30	27	34	26	24	23	23
匈牙利	29	17	24	32	31	33	31	26	28	29
捷克	30	2	5	23	28	30	29	27	27	26
葡萄牙	31	51	53	42	24	36	25	25	24	25
白俄罗斯	32	—	—	—	39	31	47	40	41	40
拉脱维亚	33	—	—	—	32	16	37	34	30	30
立陶宛	34	—	—	—	33	26	36	30	29	28
格鲁吉亚	35	—	—	—	43	53	64	78	60	59
乌克兰	36	—	—	—	42	37	50	50	56	56
保加利亚	37	16	8	21	45	35	45	45	43	42
黎巴嫩	38	—	25	—	34	57	43	43	47	47
哈萨克斯坦	39	—	—	—	51	41	58	67	52	53
波兰	40	10	26	34	38	40	33	32	33	33
阿根廷	41	29	33	27	35	38	27	35	37	37
巴拿马	42	24	28	28	37	43	41	47	46	48
克罗地亚	43	—	—	—	40	29	30	33	32	31
沙特阿拉伯	44	40	34	29	41	51	38	36	36	34
哥伦比亚	45	55	55	38	46	62	52	55	49	50
科威特	46	5	23	4	36	27	24	29	39	46
智利	47	38	37	45	44	46	39	37	38	38
马其顿	48	—	—	—	52	68	55	57	59	55
阿塞拜疆	49	—	—	—	48	59	80	70	71	67
摩尔多瓦	50	—	—	—	61	45	70	65	69	66
罗马尼亚	51	28	31	40	50	48	61	42	48	44
委内瑞拉	52	34	42	43	56	49	54	53	51	69
乌兹别克斯坦	53	—	—	—	53	39	65	66	89	89
多米尼加	54	42	39	36	49	72	66	62	55	51
亚美尼亚	55	—	—	—	67	55	63	68	68	64
巴拉圭	56	50	72	59	55	64	44	56	67	76
哥斯达黎加	57	32	47	53	65	47	53	44	40	39
巴西	58	37	50	37	57	66	46	51	42	41
墨西哥	59	41	43	35	58	56	51	59	54	52
博茨瓦纳	60	96	71	69	70	84	76	85	65	70
秘鲁	61	47	51	49	62	44	48	54	64	62
牙买加	62	45	36	39	47	58	49	60	61	60
约旦	63	69	45	33	63	52	40	48	58	68
南非	64	25	44	47	64	63	57	58	74	73
土耳其	65	65	63	57	66	76	59	46	44	43
厄瓜多尔	66	48	35	70	71	60	77	69	57	57
伊朗	67	61	74	62	73	69	56	49	53	54
蒙古	68	—	22	31	80	65	84	75	72	77
摩洛哥	69	54	58	61	69	77	74	74	75	72
马来西亚	70	44	69	65	60	61	45	41	45	45

(续表)

国家	编号	1970[a]	1980[a]	1990[a]	2000[a]	1990[b]	2000[b]	2010[b]	2015[c]	2016[c]
萨尔瓦多	71	57	62	67	54	79	72	76	76	75
埃及	72	49	57	54	59	74	67	77	83	82
中国	73	60	66	73	78	95	88	64	50	49
阿尔及利亚	74	72	48	44	72	81	79	72	73	71
土库曼斯坦	75	—	—	—	68	50	69	101	91	92
突尼斯	76	63	49	68	74	80	60	52	66	65
阿尔巴尼亚	77	—	38	—	94	87	82	71	62	58
吉尔吉斯斯坦	78	—	—	—	76	54	81	79	82	83
塔吉克斯坦	79	—	—	—	75	73	97	90	100	103
玻利维亚	80	39	65	50	81	70	75	80	84	86
缅甸	81	82	80	91	84	83	83	93	104	108
菲律宾	82	43	61	66	77	75	73	84	78	74
泰国	83	74	60	80	79	82	62	61	63	61
纳米比亚	84	—	—	51	83	78	68	88	77	79
津巴布韦	85	64	76	71	86	94	122	119	106	100
洪都拉斯	86	79	56	64	82	88	90	81	86	87
尼加拉瓜	87	58	46	56	87	90	86	86	88	88
越南	88	—	88	—	95	104	85	87	79	81
肯尼亚	89	80	98	82	85	98	100	108	93	90
斯里兰卡	90	56	78	55	89	71	71	63	70	63
刚果(布)	91	33	54	83	97	85	91	102	95	95
印度尼西亚	92	73	85	63	93	89	89	83	81	80
赞比亚	93	86	75	88	100	120	116	115	105	106
危地马拉	94	78	64	48	96	91	87	82	85	84
毛里塔尼亚	95	59	79	75	91	101	108	110	118	122
科特迪瓦	96	98	52	60	99	109	117	125	108	117
印度	97	77	81	81	98	103	95	91	99	98
巴基斯坦	98	84	90	95	88	99	99	103	111	110
莱索托	99	67	68	58	104	100	98	99	103	99
柬埔寨	100	—	110	—	101	107	121	114	107	96
喀麦隆	101	81	70	78	103	106	119	121	109	111
厄立特里亚	102	—	—	—	102	93	105	117	117	115
叙利亚	103	36	40	46	90	67	78	73	80	78
加纳	104	75	67	87	106	112	106	107	90	97
乍得	105	83	59	94	113	110	120	126	128	131
莫桑比克	106	100	108	97	107	131	129	127	113	109
几内亚	107	99	104	72	109	114	104	123	110	118
也门	108	103	103	41	92	96	92	95	97	104
巴布亚新几内亚	109	94	84	93	105	108	101	124	92	85
海地	110	90	95	79	112	86	107	131	122	112
尼泊尔	111	88	106	90	110	113	102	92	115	116
塞内加尔	112	53	83	77	117	92	103	98	96	101
塞拉利昂	113	52	82	86	126	126	131	129	120	125
刚果(金)	114	—	86	—	127	124	124	118	127	128
老挝	115	101	100	99	108	105	94	94	101	93
马拉维	116	62	99	85	118	125	110	109	114	113
多哥	117	71	73	84	111	115	123	128	121	123
马达加斯加	118	76	101	100	114	97	96	89	102	102
马里	119	66	89	101	116	118	118	113	126	127
尼日利亚	120	87	93	76	123	128	130	97	94	105
孟加拉国	121	102	92	89	115	102	93	96	98	94
坦桑尼亚	122	85	105	103	124	130	126	112	116	107
贝宁	123	68	77	74	120	117	112	116	112	119
尼日尔	124	92	91	96	119	116	113	111	129	129
安哥拉	125	70	94	52	121	121	109	100	87	91
乌干达	126	95	102	102	125	122	111	106	124	120
中非	127	91	97	92	129	119	127	130	131	130
布基纳法索	128	104	87	104	128	111	115	120	125	124
埃塞俄比亚	129	89	96	98	122	129	128	104	123	121
布隆迪	130	97	107	106	130	127	125	122	130	126
卢旺达	131	93	109	105	131	123	114	105	119	114

注:a. 1970~2000 年是以 2000 年高收入国家平均值为基准值的评价。
其中,1970 年和 1990 年没有知识创新和知识传播的数据,评价结果仅供参考。
b. 采用第二次现代化评价模型第二版的评价结果,1990~2010 年以 2013 年高收入 OECD 国家平均值为基准。
c. 采用第二次现代化评价模型第三版的评价结果,以当年高收入国家平均值为基准值的评价。

附表 2-4-1 2016年世界综合现代化指数

国家	编号	经济发展指数	社会发展指数	知识发展指数	综合现代化指数	排名
瑞典	1	100.0	100.0	95.7	98.6	3
美国	2	100.0	95.8	98.2	98.0	5
芬兰	3	98.7	94.8	100.0	97.8	7
澳大利亚	4	88.2	99.5	83.1	90.3	17
瑞士	5	99.8	97.6	94.3	97.2	8
挪威	6	93.6	100.0	84.7	92.8	13
日本	7	96.2	93.4	93.3	94.3	11
丹麦	8	100.0	100.0	100.0	100.0	1
德国	9	97.2	98.7	89.1	95.0	9
荷兰	10	97.4	100.0	97.5	98.3	4
加拿大	11	95.6	87.0	86.5	89.7	18
新加坡	12	99.9	94.0	100.0	97.9	6
英国	13	91.4	96.1	85.8	91.1	15
法国	14	91.3	97.4	86.2	91.8	14
比利时	15	98.6	100.0	99.6	99.4	2
奥地利	16	97.5	92.8	88.3	92.9	12
新西兰	17	92.7	95.2	73.8	87.2	19
韩国	18	85.9	79.0	89.9	85.0	20
以色列	19	92.2	95.0	84.5	90.5	16
意大利	20	88.6	92.3	56.1	79.0	22
爱尔兰	21	95.1	93.9	95.9	95.0	10
西班牙	22	82.5	94.2	64.6	80.4	21
爱沙尼亚	23	68.0	74.0	57.7	66.6	29
斯洛文尼亚	24	76.0	76.7	66.6	73.1	23
乌拉圭	25	64.2	86.4	42.2	64.3	34
俄罗斯	26	54.4	69.3	51.9	58.5	40
斯洛伐克	27	67.0	73.6	52.3	64.3	33
希腊	28	68.1	88.0	51.9	69.3	28
匈牙利	29	62.9	75.5	60.3	66.2	30
捷克	30	71.3	78.8	60.9	70.3	25
葡萄牙	31	71.4	85.9	52.8	70.0	26
白俄罗斯	32	46.7	66.6	48.3	53.9	46
拉脱维亚	33	63.8	81.0	50.3	65.0	32
立陶宛	34	66.1	81.6	50.0	65.9	31
格鲁吉亚	35	42.1	59.0	35.9	45.7	61
乌克兰	36	42.7	54.6	42.0	46.4	60
保加利亚	37	53.5	67.6	45.2	55.5	45
黎巴嫩	38	58.1	71.2	48.5	59.3	38
哈萨克斯坦	39	50.7	63.5	39.0	51.1	54
波兰	40	59.0	66.7	51.7	59.1	39
阿根廷	41	62.3	78.3	50.9	63.9	35
巴拿马	42	57.2	69.8	33.0	53.4	49
克罗地亚	43	60.3	75.8	50.9	62.3	36
沙特阿拉伯	44	67.5	81.8	66.9	72.1	24
哥伦比亚	45	49.1	72.4	38.2	53.2	51
科威特	46	71.4	85.9	51.3	69.5	27
智利	47	59.6	65.4	55.7	60.2	37
马其顿	48	44.2	62.1	38.0	48.1	57
阿塞拜疆	49	34.7	66.1	33.3	44.7	64
摩尔多瓦	50	43.0	48.3	36.0	42.4	66
罗马尼亚	51	51.8	69.5	37.4	52.9	52
委内瑞拉	52	56.7	67.1	37.5	53.8	47
乌兹别克斯坦	53	42.3	43.5	23.0	36.3	78
多米尼加	54	54.4	69.6	50.2	58.1	41
亚美尼亚	55	39.4	59.2	49.2	49.3	55
巴拉圭	56	41.2	51.9	28.3	40.5	71
哥斯达黎加	57	60.6	67.0	44.8	57.5	42
巴西	58	57.5	72.2	40.3	56.7	44
墨西哥	59	54.0	70.7	31.9	52.2	53
博茨瓦纳	60	47.4	50.7	21.1	39.8	74
秘鲁	61	46.1	64.8	25.6	45.5	62
牙买加	62	50.2	40.0	31.3	40.5	72
约旦	63	51.4	67.8	41.8	53.7	48
南非	64	53.4	40.9	26.1	40.1	73
土耳其	65	53.8	70.4	46.4	56.8	43
厄瓜多尔	66	42.9	60.5	32.5	45.3	63
伊朗	67	41.6	51.4	53.1	48.7	56
蒙古	68	37.5	58.9	28.9	41.8	67
摩洛哥	69	37.4	45.0	29.1	37.2	77
马来西亚	70	54.1	61.4	44.2	53.2	50

(续表)

国家	编号	经济发展指数	社会发展指数	知识发展指数	综合现代化指数	排名
萨尔瓦多	71	46.4	55.8	19.8	40.7	70
埃及	72	39.8	37.9	24.8	34.2	85
中国	73	51.5	51.0	37.4	46.7	59
阿尔及利亚	74	33.7	52.2	36.7	40.9	68
土库曼斯坦	75	39.4	48.4	16.3	34.7	83
突尼斯	76	41.0	51.1	26.8	39.6	75
阿尔巴尼亚	77	35.5	51.7	54.8	47.3	58
吉尔吉斯斯坦	78	37.5	34.1	25.9	32.5	86
塔吉克斯坦	79	27.9	34.1	15.9	26.0	97
玻利维亚	80	39.0	40.6	25.4	35.0	82
缅甸	81	26.2	26.9	16.7	23.3	102
菲律宾	82	43.6	49.2	29.2	40.7	69
泰国	83	44.5	36.4	33.5	38.2	76
纳米比亚	84	46.5	44.3	12.3	34.4	84
津巴布韦	85	31.8	15.6	13.2	20.2	109
洪都拉斯	86	39.8	33.6	21.8	31.7	87
尼加拉瓜	87	39.2	38.0	10.1	29.1	92
越南	88	29.2	29.1	31.7	30.0	88
肯尼亚	89	32.8	19.1	6.5	19.4	111
斯里兰卡	90	42.4	41.3	21.6	35.1	80
刚果(布)	91	28.1	39.8	11.2	26.4	96
印度尼西亚	92	36.3	36.0	17.5	29.9	89
赞比亚	93	32.2	24.5	12.2	22.9	105
危地马拉	94	43.2	43.6	18.2	35.0	81
毛里塔尼亚	95	21.0	24.8	9.7	18.5	115
科特迪瓦	96	32.3	26.0	20.8	26.4	95
印度	97	31.4	27.3	18.5	25.7	98
巴基斯坦	98	32.1	30.3	8.1	23.5	101
莱索托	99	37.3	20.4	11.5	23.1	103
柬埔寨	100	31.0	17.7	14.4	21.0	107
喀麦隆	101	30.5	33.1	17.9	27.2	93
厄立特里亚	102	22.6	21.8	2.2	15.6	121
叙利亚	103	39.7	58.2	30.4	42.8	65
加纳	104	33.8	32.6	21.4	29.3	91
乍得	105	15.1	11.2	5.4	10.5	130
莫桑比克	106	26.0	16.1	7.8	16.6	118
几内亚	107	26.1	16.7	13.5	18.8	113
也门	108	32.1	29.1	14.5	25.2	100
巴布亚新几内亚	109	42.1	8.8	11.8	20.9	108
海地	110	—	31.5	7.7	19.6	110
尼泊尔	111	25.0	17.2	13.3	18.5	114
塞内加尔	112	29.9	27.5	11.5	23.0	104
塞拉利昂	113	22.9	18.1	5.5	15.5	123
刚果(金)	114	18.0	23.3	5.6	15.6	120
老挝	115	27.9	23.8	24.8	25.5	99
马拉维	116	21.6	7.8	5.0	11.5	129
多哥	117	29.3	17.8	7.6	18.2	116
马达加斯加	118	24.8	17.3	3.1	15.1	126
马里	119	32.0	19.1	5.3	18.8	112
尼日利亚	120	40.2	33.8	15.1	29.7	90
孟加拉国	121	33.7	31.1	15.2	26.7	94
坦桑尼亚	122	23.7	17.5	5.4	15.5	122
贝宁	123	31.8	23.3	10.8	22.0	106
尼日尔	124	19.0	14.1	2.5	11.9	128
安哥拉	125	32.6	64.0	9.6	35.4	79
乌干达	126	25.7	11.6	8.3	15.2	125
中非	127	16.4	25.7	4.4	15.5	124
布基纳法索	128	28.3	13.3	8.2	16.6	119
埃塞俄比亚	129	22.0	10.6	7.5	13.4	127
布隆迪	130	17.1	8.5	3.4	9.6	131
卢旺达	131	26.2	9.1	17.6	17.6	117
高收入国家		100.0	100.0	100.0	100.0	
中等收入国家		43.2	43.4	26.6	37.7	
低收入国家		24.2	18.7	8.9	17.3	
世界		54.2	54.6	36.5	48.4	

附表 2-4-2　2016 年世界经济发展指数

国家	编号	经济发展指标的实际值				经济发展指标的指数				经济发展指数
		人均国民收入	人均制造业增加值	服务业增加值比例[a]	服务业劳动力比例[a]	人均国民收入	人均制造业增加值	服务业增加值比例	服务业劳动力比例	
瑞典	1	54 530	7004	74.2	79.9	100	100	100	100	100.0
美国	2	56 800	6681	78.9	79.5	100	100	100	100	100.0
芬兰	3	45 040	6314	70.2	74.0	100	100	95	100	98.7
澳大利亚	4	54 130	3027	73.1	77.9	100	54	98	100	88.2
瑞士	5	82 080	14 217	73.5	76.0	100	100	99	100	99.8
挪威	6	82 010	4778	65.6	78.4	100	86	88	100	93.6
日本	7	38 000	8203	70.0	70.9	95	100	94	96	96.2
丹麦	8	56 990	7110	75.6	78.8	100	100	100	100	100.0
德国	9	44 020	8715	68.9	71.3	100	100	93	96	97.2
荷兰	10	46 610	4978	78.2	81.3	100	89	100	100	97.4
加拿大	11	43 880	4952	69.3	78.5	100	89	93	100	95.6
新加坡	12	52 350	9768	73.8	83.6	100	100	99	100	99.9
英国	13	42 370	3643	79.2	80.4	100	65	100	100	91.4
法国	14	38 780	3802	78.8	76.8	97	68	100	100	91.3
比利时	15	42 640	5258	77.2	77.5	100	94	100	100	98.6
奥地利	16	45 850	7250	71.0	70.1	100	100	96	94	97.5
新西兰	17	38 560	4420	71.4	73.3	96	79	96	99	92.7
韩国	18	27 690	7394	59.2	70.2	69	100	80	95	85.9
以色列	19	36 250	4343	77.9	81.6	91	78	100	100	92.2
意大利	20	31 700	4493	74.0	70.0	79	81	100	94	88.6
爱尔兰	21	53 910	20 601	59.7	74.8	100	100	80	100	95.1
西班牙	22	27 580	3427	73.8	76.2	69	62	99	100	82.5
爱沙尼亚	23	17 830	2399	70.5	66.4	45	43	95	89	68.0
斯洛文尼亚	24	21 700	4358	65.5	61.8	54	78	88	83	76.0
乌拉圭	25	15 200	1961	64.4	71.7	38	35	87	97	64.2
俄罗斯	26	9720	1066	62.8	66.3	24	19	85	89	54.4
斯洛伐克	27	17 010	3380	61.5	60.6	43	61	83	82	67.0
希腊	28	18 870	1538	79.7	72.4	47	28	100	98	68.1
匈牙利	29	12 500	2552	65.1	64.5	31	46	88	87	62.9
捷克	30	17 630	4501	59.9	59.0	44	81	81	80	71.3
葡萄牙	31	19 850	2415	75.6	68.6	50	43	100	92	71.4
白俄罗斯	32	5620	1012	56.0	58.7	14	18	75	79	46.7
拉脱维亚	33	14 570	1502	74.7	68.2	36	27	100	92	63.8
立陶宛	34	14 790	2534	68.0	66.9	37	46	92	90	66.1
格鲁吉亚	35	3830	401	66.1	46.4	10	7	89	63	42.1
乌克兰	36	2310	249	59.2	60.0	6	4	80	81	42.7
保加利亚	37	7580	1082	67.0	63.5	19	19	90	86	53.5
黎巴嫩	38	7970	688	79.5	76.7	20	12	100	100	58.1
哈萨克斯坦	39	8800	874	61.3	61.3	22	16	83	83	50.7
波兰	40	12 680	2244	63.6	58.0	32	40	86	78	59.0
阿根廷	41	11 940	1721	65.8	75.8	30	31	89	100	62.3
巴拿马	42	11 990	912	69.2	66.2	30	16	93	89	57.2
克罗地亚	43	12 290	1566	69.8	65.4	31	28	94	88	60.3
沙特阿拉伯	44	21 780	2579	54.0	71.5	54	46	73	96	67.5
哥伦比亚	45	6350	668	60.3	64.6	16	12	81	87	49.1
科威特	46	34 890	1990	51.1	69.7	87	36	69	94	71.4
智利	47	13 430	1511	64.4	67.5	34	27	87	91	59.6
马其顿	48	4990	629	60.4	53.1	12	11	81	72	44.2
阿塞拜疆	49	4760	190	42.3	49.3	12	3	57	66	34.7
摩尔多瓦	50	2140	226	71.4	49.2	5	4	96	66	43.0
罗马尼亚	51	9520	1929	63.3	47.0	24	35	85	63	51.8
委内瑞拉	52	12 780	1895	52.6	66.9	32	34	71	90	56.7
乌兹别克斯坦	53	2220	—	49.5	40.6	6	—	67	55	42.3
多米尼加	54	6390	905	67.9	69.7	16	16	91	94	54.4
亚美尼亚	55	3770	371	54.8	50.1	9	7	74	68	39.4
巴拉圭	56	4060	439	49.7	59.3	10	8	67	80	41.2
哥斯达黎加	57	10 830	1328	73.0	69.2	27	24	98	93	60.6
巴西	58	8860	891	73.3	68.9	22	16	99	93	57.5
墨西哥	59	9010	1417	63.4	61.4	23	25	85	83	54.0
博茨瓦纳	60	6760	361	63.1	60.4	17	6	85	81	47.4
秘鲁	61	5950	796	59.9	55.4	15	14	81	75	46.1
牙买加	62	4630	371	69.2	66.2	12	7	93	89	50.2
约旦	63	3920	655	66.8	69.8	10	12	90	94	51.4
南非	64	5490	636	68.6	71.1	14	11	92	96	53.4
土耳其	65	11 230	1803	61.0	53.7	28	32	82	72	53.8
厄瓜多尔	66	5800	528	55.1	54.4	14	9	74	73	42.9
伊朗	67	5470	621	55.0	50.1	14	11	74	68	41.6
蒙古	68	3590	268	50.5	50.6	9	5	68	68	37.5
摩洛哥	69	2880	464	56.8	42.8	7	8	77	58	37.4
马来西亚	70	9860	2117	53.0	61.1	25	38	71	82	54.1

(续表)

国家	编号	经济发展指标的实际值				经济发展指标的指数				
		人均国民收入	人均制造业	服务业增加值比例[a]	服务业劳动力比例[a]	人均国民收入	人均制造业	服务业增加值比例	服务业劳动力比例	经济发展指数
萨尔瓦多	71	3930	592	62.5	60.2	10	11	84	81	46.4
埃及	72	3410	586	55.2	48.9	9	11	74	66	39.8
中国	73	8250	2339	51.6	54.9	21	42	70	74	51.5
阿尔及利亚	74	4360	220	48.9	40.2	11	4	66	54	33.7
土库曼斯坦	75	6820	—	28.5	46.6	17	—	38	63	39.4
突尼斯	76	3690	568	63.6	43.8	9	10	86	59	41.0
阿尔巴尼亚	77	4320	234	53.4	40.9	11	4	72	55	35.5
吉尔吉斯斯坦	78	1110	173	55.9	51.1	3	3	75	69	37.5
塔吉克斯坦	79	1110	77	47.1	32.7	3	1	63	44	27.9
玻利维亚	80	3080	342	55.4	50.0	8	6	75	67	39.0
缅甸	81	1190	272	39.5	32.4	3	5	53	44	26.2
菲律宾	82	3580	580	59.5	55.5	9	10	80	75	43.6
泰国	83	5700	1638	55.8	44.0	14	29	75	59	44.5
纳米比亚	84	4720	507	61.8	60.6	12	9	83	82	46.5
津巴布韦	85	890	87	66.3	25.2	2	2	89	34	31.8
洪都拉斯	86	2160	409	58.3	50.3	5	7	79	68	39.8
尼加拉瓜	87	2100	295	55.9	52.6	5	5	75	71	39.2
越南	88	2060	310	45.5	33.4	5	6	61	45	29.2
肯尼亚	89	1380	133	45.4	47.7	3	2	61	64	32.8
斯里兰卡	90	3790	710	62.2	47.0	9	13	84	63	42.4
刚果(布)	91	1700	126	41.1	37.6	4	2	55	51	28.1
印度尼西亚	92	3410	732	45.3	46.5	9	13	61	63	36.3
赞比亚	93	1360	97	56.9	34.9	3	2	77	47	32.2
危地马拉	94	3790	759	61.5	49.6	9	14	83	67	43.2
毛里塔尼亚	95	1130	66	42.6	16.6	3	1	57	22	21.0
科特迪瓦	96	1520	197	45.7	44.8	4	4	62	60	32.3
印度	97	1680	262	53.8	32.8	4	5	73	44	31.4
巴基斯坦	98	1500	174	56.0	34.1	4	3	75	46	32.1
莱索托	99	1270	162	57.4	48.9	3	3	77	66	37.3
柬埔寨	100	1140	203	41.6	45.5	3	4	56	61	31.0
喀麦隆	101	1400	202	56.7	28.7	3	4	76	39	30.5
厄立特里亚	102	520	19	56.9	9.1	1	0	77	12	22.6
叙利亚	103	1510	—	40.8	44.8	4	—	55	60	39.7
加纳	104	1390	66	52.2	44.7	3	1	70	60	33.8
乍得	105	720	21	35.1	8.0	2	0	47	11	15.1
莫桑比克	106	480	33	53.6	22.4	1	1	72	30	26.0
几内亚	107	720	86	48.6	26.5	2	2	65	36	26.1
也门	108	1030	119	42.2	49.5	3	2	57	67	32.1
巴布亚新几内亚	109	2530	64	47.5	71.9	6	1	64	97	42.1
海地	110	790	51	22.9	46.2	2	1	31	62	—
尼泊尔	111	730	38	52.3	19.9	2	1	70	27	25.0
塞内加尔	112	950	106	59.3	26.3	2	2	80	35	29.9
塞拉利昂	113	480	9	33.7	33.3	1	0	45	45	22.9
刚果(金)	114	460	81	44.6	6.9	1	1	60	9	18.0
老挝	115	2150	182	48.0	28.5	5	3	65	38	27.9
马拉维	116	320	29	56.1	6.9	1	1	76	9	21.6
多哥	117	600	27	41.8	43.8	1	0	56	59	29.3
马达加斯加	118	400	35	55.9	16.5	1	1	75	22	24.8
马里	119	780	—	39.7	30.0	2	—	54	40	32.0
尼日利亚	120	2450	189	60.4	51.9	6	3	81	70	40.2
孟加拉国	121	1330	231	56.5	38.0	3	4	76	51	33.7
坦桑尼亚	122	900	42	41.2	26.9	2	1	56	36	23.7
贝宁	123	820	94	51.1	40.5	2	2	69	55	31.8
尼日尔	124	370	21	38.6	16.7	1	0	52	23	19.0
安哥拉	125	3450	—	0.0	42.0	9	—	—	57	32.6
乌干达	126	630	51	51.7	22.8	2	1	70	31	25.7
中非	127	380	24	41.1	6.4	1	0	55	9	16.4
布基纳法索	128	610	41	43.0	39.2	2	1	58	53	28.3
埃塞俄比亚	129	660	40	41.5	22.0	2	1	56	30	22.0
布隆迪	130	280	26	43.7	6.2	1	0	59	8	17.1
卢旺达	131	710	41	56.8	24.9	2	1	69	34	26.2
高收入国家		40 009	5567	74.2	74.2	100	100	100	100	100.0
中等收入国家		4860	976	57.8	48.4	12	18	78	65	43.2
低收入国家		734	57	47.6	22.0	2	1	64	30	24.2
世界		10 326	1653	69.1	50.7	26	30	93	68	54.2
参考值		42 123	5617	74.2	71.4					

注：指标单位见表 f，后同。

a. 为 2005～2016 年期间最近年的数据。

附表 2-4-3　2016 年世界社会发展指数

国家	编号	社会发展指标的实际值				社会发展指标的指数				社会发展指数
		城市人口比例	医生比例	生活水平[a]	能源效率[b]	城市人口比例	医生比例	生活水平	能源效率	
瑞典	1	86.9	4.2	49 460	10.0	100	100	100	100	100.0
美国	2	81.9	2.6	58 650	8.3	100	86	100	98	95.8
芬兰	3	85.3	3.2	43 720	7.2	100	100	95	84	94.8
澳大利亚	4	85.8	3.5	45 110	10.3	100	100	98	100	99.5
瑞士	5	73.7	4.2	64 480	27.7	91	100	100	100	97.6
挪威	6	81.5	4.4	61 640	12.8	100	100	100	100	100.0
日本	7	91.5	2.4	43 630	10.1	100	79	95	100	93.4
丹麦	8	87.6	3.7	50 270	18.8	100	100	100	100	100.0
德国	9	77.2	4.2	49 770	10.8	95	100	100	100	98.7
荷兰	10	90.6	3.5	49 930	10.6	100	100	100	100	100.0
加拿大	11	81.3	2.5	44 230	5.7	100	85	96	67	87.0
新加坡	12	100.0	2.3	84 500	11.1	100	76	100	100	94.0
英国	13	82.9	2.8	41 640	16.0	100	94	90	100	96.1
法国	14	79.9	3.2	42 020	9.9	98	100	91	100	97.4
比利时	15	97.9	3.0	46 750	8.6	100	100	100	100	100.0
奥地利	16	57.9	5.2	50 500	11.6	71	100	100	100	92.8
新西兰	17	86.4	3.1	37 190	8.7	100	100	81	100	95.2
韩国	18	81.6	2.3	36 730	5.0	100	78	80	59	79.0
以色列	19	92.3	3.6	36 810	12.8	100	100	80	100	95.0
意大利	20	69.9	4.0	38 470	12.2	86	100	84	100	92.3
爱尔兰	21	62.7	3.0	59 000	21.9	77	99	100	100	93.9
西班牙	22	79.8	3.9	36 300	10.0	98	100	79	100	94.2
爱沙尼亚	23	68.6	3.4	29 160	4.1	84	100	63	48	74.0
斯洛文尼亚	24	54.0	2.8	31 810	6.6	66	94	69	77	76.7
乌拉圭	25	95.1	3.7	21 030	12.1	100	100	46	100	86.4
俄罗斯	26	74.2	4.0	24 130	2.9	91	100	52	34	69.3
斯洛伐克	27	53.8	3.5	30 030	5.4	66	100	65	63	73.6
希腊	28	78.4	6.3	26 910	8.3	96	100	58	97	88.0
匈牙利	29	70.8	3.1	25 210	5.1	87	100	55	60	75.5
捷克	30	73.6	3.7	32 530	4.6	90	100	71	54	78.8
葡萄牙	31	64.1	4.4	29 920	9.0	79	100	65	100	85.9
白俄罗斯	32	77.7	4.1	17 250	2.8	95	100	37	33	66.6
拉脱维亚	33	68.0	3.2	25 530	7.2	84	100	55	85	81.0
立陶宛	34	67.4	4.4	28 680	6.9	83	100	62	82	81.6
格鲁吉亚	35	57.8	4.8	9510	3.8	71	100	21	44	59.0
乌克兰	36	69.2	3.0	8190	1.3	85	100	18	16	54.6
保加利亚	37	74.3	4.0	19 190	3.2	91	100	42	37	67.6
黎巴嫩	38	88.3	2.4	14 050	6.4	100	79	31	75	71.2
哈萨克斯坦	39	57.3	3.3	22 900	2.9	70	100	50	34	63.5
波兰	40	60.2	2.3	26 300	5.0	74	76	57	59	66.7
阿根廷	41	91.6	3.9	19 260	6.1	100	100	42	71	78.3
巴拿马	42	67.0	1.6	20 160	11.8	82	53	44	100	69.8
克罗地亚	43	56.4	3.1	22 940	7.2	69	100	50	84	75.8
沙特阿拉伯	44	83.4	2.6	55 840	3.5	100	86	100	42	81.8
哥伦比亚	45	80.1	1.8	14 030	11.1	98	61	30	100	72.4
科威特	46	100.0	2.6	83 150	4.8	100	87	100	56	85.9
智利	47	87.4	1.0	22 540	4.8	100	33	49	80	65.4
马其顿	48	57.6	2.9	14 150	4.3	71	96	31	51	62.1
阿塞拜疆	49	55.0	3.4	16 120	5.3	68	100	35	62	66.1
摩尔多瓦	50	42.5	3.2	5720	2.4	52	100	12	28	48.3
罗马尼亚	51	53.9	2.7	22 440	6.3	66	89	49	74	69.5
委内瑞拉	52	88.2	—	17 440	5.4	100	—	38	63	67.1
乌兹别克斯坦	53	50.7	2.5	6640	1.3	62	82	14	16	43.5
多米尼加	54	79.4	1.5	14 340	8.6	98	50	31	100	69.6
亚美尼亚	55	63.1	2.8	9020	3.9	77	93	20	46	59.2
巴拉圭	56	61.0	1.3	9050	6.0	75	43	20	70	51.9
哥斯达黎加	57	77.7	1.2	15 660	10.3	95	38	34	100	67.0
巴西	58	86.0	1.9	14 880	8.1	100	62	32	95	72.3
墨西哥	59	79.6	2.2	17 160	6.2	98	74	37	73	70.7
博茨瓦纳	60	67.9	0.4	16 690	6.0	83	13	36	70	50.7
秘鲁	61	77.5	1.1	12 490	8.5	95	37	27	99	64.8
牙买加	62	55.1	0.5	8450	4.9	68	16	18	58	40.0
约旦	63	90.5	3.4	8980	4.4	100	100	19	52	67.8
南非	64	65.3	0.8	12 880	2.4	80	27	28	28	40.9
土耳其	65	74.1	1.7	24 980	6.6	91	58	54	78	70.4
厄瓜多尔	66	63.5	1.7	11 030	7.2	78	56	24	84	60.5
伊朗	67	73.9	1.5	20 010	1.8	91	50	43	22	51.4
蒙古	68	68.3	3.3	11 420	2.3	84	100	25	27	58.9
摩洛哥	69	61.4	0.6	7710	5.7	75	21	17	67	45.0
马来西亚	70	74.8	1.5	26 900	3.8	92	51	58	44	61.4

（续表）

国家	编号	社会发展指标的实际值				社会发展指标的指数				社会发展指数
		城市人口比例	医生比例	生活水平[a]	能源效率[b]	城市人口比例	医生比例	生活水平	能源效率	
萨尔瓦多	71	70.5	1.6	8260	5.6	87	53	18	65	55.8
埃及	72	42.7	0.8	10 980	4.1	52	27	24	48	37.9
中国	73	56.7	1.8	15 480	3.4	70	60	34	40	51.0
阿尔及利亚	74	71.5	1.2	14 870	4.1	88	40	32	49	52.2
土库曼斯坦	75	50.7	2.3	16 430	1.6	62	76	36	19	48.4
突尼斯	76	68.3	1.3	11 160	4.5	84	43	24	53	51.1
阿尔巴尼亚	77	58.4	1.3	11 750	5.7	72	43	26	67	51.7
吉尔吉斯斯坦	78	35.9	1.9	3380	2.0	44	62	7	23	34.1
塔吉克斯坦	79	26.9	1.7	3500	3.3	33	57	8	39	34.1
玻利维亚	80	68.7	0.5	7100	4.0	84	16	15	47	40.6
缅甸	81	30.1	0.6	5530	3.4	37	19	12	40	26.9
菲律宾	82	46.5	—	9390	6.0	57	—	20	70	49.2
泰国	83	48.4	0.5	16 140	3.0	60	16	35	36	36.4
纳米比亚	84	48.0	0.4	10 360	7.1	59	12	22	83	44.3
津巴布韦	85	32.3	0.1	1810	1.4	40	3	4	16	15.6
洪都拉斯	86	55.8	0.4	4420	3.7	69	13	10	43	33.6
尼加拉瓜	87	58.1	0.9	5550	3.2	71	30	12	38	38.0
越南	88	34.5	0.8	6040	2.9	42	27	13	34	29.1
肯尼亚	89	26.1	0.1	3130	2.6	32	7	7	31	19.1
斯里兰卡	90	18.3	0.9	12 010	7.4	22	29	26	87	41.3
刚果（布）	91	66.0	0.1	5330	5.4	81	3	12	63	39.8
印度尼西亚	92	54.0	0.2	11 240	4.0	66	7	24	46	36.0
赞比亚	93	42.4	0.1	3850	2.9	52	3	8	34	24.5
危地马拉	94	50.3	—	7760	4.4	62	—	17	52	43.6
毛里塔尼亚	95	52.0	0.1	3760	—	64	2	8	—	24.8
科特迪瓦	96	49.9	0.1	3590	2.5	61	5	8	30	26.0
印度	97	33.2	0.8	6500	2.5	41	25	14	29	27.3
巴基斯坦	98	36.2	1.0	5560	2.7	45	33	12	32	30.3
莱索托	99	27.3	—	3340	—	34	—	7	—	20.4
柬埔寨	100	22.6	0.1	3510	2.6	28	5	8	31	17.7
喀麦隆	101	55.2	0.1	3540	4.6	68	3	8	54	33.1
厄立特里亚	102	—	—	1500	3.4	—	—	3	40	21.8
叙利亚	103	52.8	1.5	—	—	65	52	—	—	58.2
加纳	104	54.7	0.1	4190	4.3	67	3	9	51	32.6
乍得	105	22.7	0.0	1990	—	28	1	4	—	11.2
莫桑比克	106	34.9	0.1	1190	1.5	43	2	3	17	16.1
几内亚	107	35.5	0.1	1920	—	44	3	4	—	16.7
也门	108	35.4	0.3	2380	4.9	43	10	5	58	29.1
巴布亚新几内亚	109	13.1	0.1	3960	—	16	2	9	—	8.8
海地	110	53.4	—	1810	2.1	66	—	4	25	31.5
尼泊尔	111	18.9	0.6	2520	1.7	23	20	5	20	17.2
塞内加尔	112	46.3	0.1	2480	3.9	57	2	5	45	27.5
塞拉利昂	113	41.2	0.0	1310	—	51	1	3	—	18.1
刚果（金）	114	43.3	—	850	1.3	53	—	2	15	23.3
老挝	115	33.7	0.5	6270	—	41	16	14	—	23.8
马拉维	116	16.5	0.0	1140	—	20	1	2	—	7.8
多哥	117	40.6	0.1	1550	1.4	50	2	3	16	17.8
马达加斯加	118	35.9	0.1	1440	—	44	5	3	—	17.3
马里	119	40.8	0.1	2070	—	50	3	4	—	19.1
尼日利亚	120	48.7	0.4	5740	4.2	60	13	12	50	33.8
孟加拉国	121	35.1	0.5	3790	4.9	43	16	8	57	31.1
坦桑尼亚	122	32.3	0.0	2740	2.0	40	1	6	24	17.5
贝宁	123	46.2	0.2	2170	2.3	57	5	5	27	23.3
尼日尔	124	16.3	0.0	970	2.9	20	1	2	34	14.1
安哥拉	125	64.1	—	6090	8.6	79	—	13	100	64.0
乌干达	126	22.6	0.1	1780	—	28	3	4	—	11.6
中非	127	40.6	—	690	—	50	—	1	—	25.7
布基纳法索	128	28.1	0.1	1730	—	35	2	4	—	13.3
埃塞俄比亚	129	19.9	0.0	1730	1.1	24	1	4	14	10.6
布隆迪	130	12.4	—	780	—	15	—	2	—	8.5
卢旺达	131	17.1	0.1	1880	—	21	2	4	—	9.1
高收入国家		81.4	3.0	46 053	8.5	100	100	100	100	100.0
中等收入国家		51.2	1.3	11 317	3.7	63	43	25	43	43.4
低收入国家		32.0	0.3	1984	1.8	39	10	4	21	18.7
世界		54.4	1.5	16 190	5.7	67	50	35	67	54.6
参考值		81.4	3.0	46 053	8.5					

注：a. 指人均购买力，按购买力平价 PPP 计算的人均 GNI（国际美元）。
b. 为能源使用效率，人均 GDP/人均能源消费。

附表 2-4-4　2016 年世界知识发展指数

国家	编号	知识发展指标的实际值				知识发展指标的指数				知识发展指数
		知识创新经费[a]	人均知识产权费用[b]	大学普及率	互联网普及率	知识生产经费投入	人均知识产权贸易	大学普及率	互联网普及率	
瑞典	1	1658	1105	62	90	100	100	83	100	95.7
美国	2	1577	522	86	76	100	99	100	93	98.2
芬兰	3	1232	711	87	88	100	100	100	100	100.0
澳大利亚	4	1497	171	122	88	100	33	100	100	83.1
瑞士	5	2478	3957	58	89	100	100	77	100	94.3
挪威	6	1440	204	81	97	100	39	100	100	84.7
日本	7	1135	468	63	93	100	89	84	100	93.3
丹麦	8	1598	676	81	97	100	100	100	100	100.0
德国	9	1189	358	66	90	100	68	88	100	89.1
荷兰	10	901	5110	80	90	90	100	100	100	97.5
加拿大	11	818	409	—	91	82	78	—	100	86.5
新加坡	12	1252	4618	—	84	100	100	—	100	100.0
英国	13	755	480	57	95	75	91	76	100	85.8
法国	14	817	428	65	79	82	82	87	97	86.8
比利时	15	992	578	75	87	99	100	99	100	99.6
奥地利	16	1358	280	83	84	100	53	100	100	88.3
新西兰	17	495	241	82	88	49	46	100	100	73.8
韩国	18	1146	313	93	93	100	60	100	100	89.9
以色列	19	1523	289	64	80	100	55	85	97	84.5
意大利	20	403	133	63	61	40	25	84	75	56.1
爱尔兰	21	839	17744	84	85	84	100	100	100	95.9
西班牙	22	315	149	91	81	31	28	100	99	64.6
爱沙尼亚	23	256	49	72	87	26	9	96	100	57.7
斯洛文尼亚	24	462	146	80	75	46	28	100	92	66.6
乌拉圭	25	56	41	56	66	6	8	74	81	42.2
俄罗斯	26	108	38	82	73	11	7	100	89	51.9
斯洛伐克	27	190	114	53	80	19	22	70	99	52.3
希腊	28	173	30	117	69	17	6	100	85	51.9
匈牙利	29	172	330	48	79	17	63	64	97	60.3
捷克	30	345	155	64	76	34	30	86	94	60.9
葡萄牙	31	246	88	63	70	25	17	84	86	52.8
白俄罗斯	32	31	16	87	71	3	3	100	87	48.3
拉脱维亚	33	85	21	68	80	9	4	91	98	50.3
立陶宛	34	149	33	66	74	15	6	88	91	50.0
格鲁吉亚	35	12	5	52	59	1	1	69	73	35.9
乌克兰	36	12	10	83	53	1	2	100	65	42.0
保加利亚	37	67	33	71	60	7	6	95	73	45.2
黎巴嫩	38	—	8	38	76	—	2	51	93	48.5
哈萨克斯坦	39	18	7	46	75	2	1	61	91	39.0
波兰	40	126	83	67	73	13	16	89	90	51.7
阿根廷	41	72	51	86	71	7	10	100	87	50.9
巴拿马	42	7	13	47	54	1	2	63	66	33.0
克罗地亚	43	100	77	67	73	10	15	90	89	50.9
沙特阿拉伯	44	204	0	67	75	20	—	89	92	66.9
哥伦比亚	45	15	10	59	58	1	2	78	71	38.2
科威特	46	146	0	33	78	15	—	43	96	51.3
智利	47	53	93	90	84	5	18	100	100	55.7
马其顿	48	21	36	41	72	2	7	55	88	38.0
阿塞拜疆	49	12	0	27	78	1	0	36	96	33.3
摩尔多瓦	50	7	7	41	71	1	1	55	87	36.0
罗马尼亚	51	44	45	48	60	4	8	64	73	37.4
委内瑞拉	52	—	8	—	60	—	2	—	73	37.5
乌兹别克斯坦	53	5	0	8	47	0	—	11	57	23.0
多米尼加	54	—	9	53	64	—	2	71	78	50.2
亚美尼亚	55	9	0	51	64	1	—	68	79	49.2
巴拉圭	56	5	3	35	53	1	1	47	65	28.3
哥斯达黎加	57	61	106	54	66	6	20	72	81	44.8
巴西	58	140	28	51	61	14	5	67	75	40.3
墨西哥	59	51	2	37	60	5	0	49	73	31.9
博茨瓦纳	60	38	3	24	39	4	1	32	48	21.1
秘鲁	61	7	10	33	45	1	2	44	56	25.6
牙买加	62	—	19	27	44	—	4	36	54	31.3
约旦	63	—	5	36	62	—	1	48	76	41.8
南非	64	49	37	20	54	5	7	26	66	26.1
土耳其	65	122	10	95	58	12	2	100	71	46.4
厄瓜多尔	66	28	3	46	54	3	1	61	66	32.5
伊朗	67	25	0	69	53	3	—	92	65	53.1
蒙古	68	6	9	65	22	1	2	86	27	28.9
摩洛哥	69	21	3	32	58	2	1	43	71	29.1
马来西亚	70	125	47	44	79	13	9	59	96	44.2

(续表)

国家	编号	知识发展指标的实际值				知识发展指标的指数				知识发展指数
		知识创新经费[a]	人均知识产权费用[b]	大学普及率	互联网普及率	知识生产经费投入	人均知识产权贸易	大学普及率	互联网普及率	
萨尔瓦多	71	5	30	28	29	0	6	37	35	19.8
埃及	72	26	2	34	41	3	0	46	50	24.8
中国	73	167	18	48	53	17	3	65	65	37.4
阿尔及利亚	74	—	4	43	43	—	1	57	53	36.7
土库曼斯坦	75	—	0	8	18	—	—	11	22	16.3
突尼斯	76	24	4	33	50	2	1	43	61	26.8
阿尔巴尼亚	77	—	9	61	66	—	2	82	81	54.8
吉尔吉斯斯坦	78	1	2	46	35	0	0	61	42	25.9
塔吉克斯坦	79	1	0	29	20	0	0	38	25	15.9
玻利维亚	80	—	11	—	40	—	2	—	49	25.4
缅甸	81	—	5	14	25	—	1	18	31	16.7
菲律宾	82	4	5	36	56	0	1	47	68	29.2
泰国	83	37	59	46	48	4	11	61	58	33.5
纳米比亚	84	18	1	7	31	2	0	9	38	12.3
津巴布韦	85	—	1	8	23	—	0	11	28	13.2
洪都拉斯	86	—	7	20	30	—	1	27	37	21.8
尼加拉瓜	87	2	0	—	25	0	0	—	30	10.1
越南	88	7	—	28	47	1	—	38	57	31.7
肯尼亚	89	8	4	3	17	1	1	4	20	6.5
斯里兰卡	90	4	—	19	32	0	—	25	39	21.6
刚果（布）	91	—	0	9	8	—	—	12	10	11.2
印度尼西亚	92	3	7	28	25	0	1	37	31	17.5
赞比亚	93	—	0	4	26	—	0	5	31	12.2
危地马拉	94	1	10	21	35	0	2	28	42	18.2
毛里塔尼亚	95	—	0	5	18	—	0	7	22	9.7
科特迪瓦	96	—	0	9	41	—	0	12	50	20.8
印度	97	10	5	27	30	1	1	36	36	18.5
巴基斯坦	98	4	1	10	16	0	0	13	19	8.1
莱索托	99	1	1	9	27	0	0	12	33	11.5
柬埔寨	100	1	1	13	32	0	0	17	40	14.4
喀麦隆	101	—	0	17	25	—	0	23	31	17.9
厄立特里亚	102	—	0	2	1	—	0	3	1	2.2
叙利亚	103	—	0	39	32	—	0	52	39	30.4
加纳	104	5	0	16	35	0	0	21	42	21.4
乍得	105	—	0	3	5	—	—	5	6	5.4
莫桑比克	106	2	1	7	18	0	0	9	21	7.8
几内亚	107	—	0	11	10	—	0	15	12	13.5
也门	108	—	0	10	25	—	0	13	30	14.5
巴布亚新几内亚	109	—	0	—	10	—	0	—	12	11.8
海地	110	—	2	—	12	—	0	—	15	7.7
尼泊尔	111	2	0	12	20	0	0	16	24	13.3
塞内加尔	112	5	1	11	26	1	0	14	31	11.5
塞拉利昂	113	—	1	2	12	—	0	2	14	5.5
刚果（金）	114	—	0	7	6	—	0	9	8	5.6
老挝	115	—	0	17	22	—	0	23	27	24.8
马拉维	116	—	0	1	11	—	0	1	14	5.0
多哥	117	2	0	12	11	0	0	16	14	7.6
马达加斯加	118	0	0	5	5	0	0	6	6	3.1
马里	119	4	0	5	11	0	0	7	14	5.3
尼日利亚	120	—	1	10	26	—	0	14	31	15.1
孟加拉国	121	—	0	17	18	—	0	23	22	15.2
坦桑尼亚	122	5	0	4	13	0	0	5	16	5.4
贝宁	123	—	0	13	12	—	0	18	15	10.8
尼日尔	124	—	0	2	4	—	0	2	5	2.5
安哥拉	125	—	8	9	13	—	1	11	16	9.6
乌干达	126	3	1	5	22	0	0	6	27	8.3
中非	127	—	0	3	4	—	0	4	5	4.4
布基纳法索	128	—	0	6	14	—	0	7	17	8.2
埃塞俄比亚	129	3	0	8	15	0	0	11	19	7.5
布隆迪	130	0	0	5	5	0	0	7	6	3.4
卢旺达	131	—	0	8	20	—	—	11	24	17.6
高收入国家		1002	525	75	82	100	100	100	100	100.0
中等收入国家		71	11	35	42	7	2	46	51	26.6
低收入国家			0	7	14		0	10	17	8.9
世界		227	96	37	46	23	18	49	56	36.5
参考值		1002	525	75	82					

注：a. 指人均 R&D 经费，其数据为 2005～2016 年期间最近年的数据。
　　b. 指人均知识产权贸易（人均知识产权进口和出口总值），其数据为 2005～2016 年期间最近年数据。

附表 2-4-5 1980～2016 年世界综合现代化指数

国家	编号	1980[a]	1990[a]	2000[a]	2010[b]	2015[c]	2016[c]
瑞典	1	98.0	98.1	98.3	99.3	98.7	98.6
美国	2	92.4	90.7	95.3	96.2	97.7	98.0
芬兰	3	87.0	91.8	89.4	96.8	97.4	97.8
澳大利亚	4	90.8	87.8	86.2	92.2	90.9	90.3
瑞士	5	89.0	92.1	95.9	95.6	97.3	97.2
挪威	6	91.2	91.4	90.2	93.5	92.9	92.8
日本	7	94.4	93.1	93.9	93.3	93.2	94.3
丹麦	8	92.8	97.7	95.1	99.7	100.0	100.0
德国	9	93.0	93.5	94.7	93.2	94.5	95.0
荷兰	10	91.0	95.8	90.2	97.6	97.7	98.3
加拿大	11	92.6	85.0	82.0	90.7	89.1	89.7
新加坡	12	59.8	63.9	87.6	95.6	96.9	97.9
英国	13	88.4	88.7	88.4	91.1	91.6	91.1
法国	14	89.2	89.8	85.6	93.1	91.7	91.8
比利时	15	90.9	94.4	85.7	97.1	98.8	99.4
奥地利	16	87.2	92.0	86.9	93.8	94.0	92.9
新西兰	17	87.4	78.4	74.1	85.0	87.3	87.2
韩国	18	47.1	63.2	78.7	80.2	84.2	85.0
以色列	19	82.1	80.6	83.5	86.9	89.3	90.5
意大利	20	74.6	84.6	77.9	82.9	78.1	79.0
爱尔兰	21	68.3	71.0	75.0	95.0	94.5	95.0
西班牙	22	72.7	83.5	74.0	80.9	79.4	80.4
爱沙尼亚	23	76.4	56.1	62.5	63.3	65.7	66.6
斯洛文尼亚	24	—	71.0	64.5	73.9	71.7	73.1
乌拉圭	25	64.0	66.4	62.8	60.5	64.2	64.3
俄罗斯	26	85.4	56.3	53.9	55.4	59.1	58.5
斯洛伐克	27	—	69.3	53.1	61.6	63.7	64.3
希腊	28	68.8	67.4	60.4	74.7	69.1	69.3
匈牙利	29	63.0	57.9	58.2	67.4	66.5	66.2
捷克	30	72.7	58.7	57.0	68.2	69.9	70.3
葡萄牙	31	52.5	60.5	69.3	70.1	69.6	70.0
白俄罗斯	32	—	62.9	46.6	48.5	53.9	53.9
拉脱维亚	33	74.7	56.8	56.0	60.7	64.8	65.0
立陶宛	34	—	57.4	53.7	61.3	65.4	65.9
格鲁吉亚	35	76.9	48.0	40.9	39.6	42.2	45.7
乌克兰	36	91.3	50.6	46.0	43.8	46.4	46.4
保加利亚	37	62.8	52.2	48.0	54.9	55.2	55.5
黎巴嫩	38	71.8	54.2	56.7	53.9	54.7	59.3
哈萨克斯坦	39	—	52.9	43.2	45.1	51.3	51.1
波兰	40	65.2	50.8	53.3	57.2	59.0	59.1
阿根廷	41	66.6	54.7	64.0	63.9	64.0	63.9
巴拿马	42	56.3	49.4	50.8	50.7	52.2	53.4
克罗地亚	43	—	61.9	49.5	58.2	62.2	62.3
沙特阿拉伯	44	57.4	55.6	43.0	58.9	71.4	72.1
哥伦比亚	45	50.1	51.3	45.8	47.1	52.2	53.2
科威特	46	74.0	61.8	54.2	63.9	66.6	69.5
智利	47	59.5	47.6	54.4	53.1	62.1	60.2
马其顿	48	—	44.4	46.8	43.8	48.0	48.1
阿塞拜疆	49	—	—	38.4	39.0	45.5	44.7
摩尔多瓦	50	59.4	42.5	39.9	37.4	41.6	42.4
罗马尼亚	51	50.0	40.2	38.9	48.5	52.6	52.9
委内瑞拉	52	57.6	52.0	50.2	64.6	61.5	53.8
乌兹别克斯坦	53	—	19.8	28.9	29.3	28.6	36.3
多米尼加	54	49.6	63.2	59.9	52.2	53.3	58.1
亚美尼亚	55	—	21.4	37.1	42.1	47.4	49.3
巴拉圭	56	41.4	40.4	54.6	39.8	40.2	40.5
哥斯达黎加	57	54.3	49.6	46.7	50.5	56.9	57.5
巴西	58	51.0	55.9	47.9	52.7	57.3	56.7
墨西哥	59	57.0	53.4	50.9	46.9	51.6	52.2
博茨瓦纳	60	20.1	33.3	36.6	31.8	38.7	39.8
秘鲁	61	47.2	54.3	50.0	47.7	48.0	45.5
牙买加	62	41.7	43.7	42.1	41.4	43.3	40.5
约旦	63	49.0	56.1	48.6	54.1	50.8	53.7
南非	64	50.7	44.6	35.8	38.7	40.2	40.1
土耳其	65	41.8	45.3	42.3	54.0	56.2	56.8
厄瓜多尔	66	55.7	42.7	38.0	47.2	45.2	45.3
伊朗	67	38.8	36.7	33.5	42.4	47.9	48.7
蒙古	68	65.3	38.9	35.2	37.5	42.4	41.8
摩洛哥	69	35.3	38.1	37.2	33.6	36.3	37.2
马来西亚	70	39.4	37.2	43.2	47.5	49.9	53.2

(续表)

国家	编号	1980[a]	1990[a]	2000[a]	2010[b]	2015[c]	2016[c]
萨尔瓦多	71	43.4	48.7	48.8	36.9	41.1	40.7
埃及	72	38.2	39.9	39.6	37.5	33.9	34.2
中国	73	21.1	27.7	31.3	34.2	44.4	46.7
阿尔及利亚	74	45.6	40.0	30.4	38.6	39.1	40.9
土库曼斯坦	75	—	—	26.3	26.0	30.2	34.7
突尼斯	76	40.6	40.0	41.9	41.6	41.7	39.6
阿尔巴尼亚	77	35.0	31.8	30.2	39.2	40.8	47.3
吉尔吉斯斯坦	78	—	21.7	35.9	30.1	32.3	32.5
塔吉克斯坦	79	—	5.5	30.5	23.2	29.1	26.0
玻利维亚	80	33.2	53.8	40.7	34.1	33.7	35.0
缅甸	81	25.6	30.2	23.6	21.2	19.8	23.3
菲律宾	82	39.6	40.1	39.1	35.7	40.0	40.7
泰国	83	34.2	36.6	32.2	36.6	36.9	38.2
纳米比亚	84	—	32.5	30.7	31.1	33.3	34.4
津巴布韦	85	30.4	26.3	24.0	19.4	20.1	20.2
洪都拉斯	86	36.6	37.8	32.7	32.1	29.3	31.7
尼加拉瓜	87	42.0	36.7	34.4	30.0	28.4	29.1
越南	88	—	21.3	22.3	30.2	30.6	30.0
肯尼亚	89	26.1	27.0	26.5	18.3	18.5	19.4
斯里兰卡	90	31.8	35.0	27.8	27.7	34.0	35.1
刚果（布）	91	33.6	37.2	24.6	25.2	26.8	26.4
印度尼西亚	92	30.7	27.1	30.0	27.4	28.9	29.9
赞比亚	93	29.6	21.0	18.7	19.1	22.4	22.9
危地马拉	94	41.2	36.8	30.9	29.7	34.8	35.0
毛里塔尼亚	95	32.7	37.8	25.5	17.3	19.3	18.5
科特迪瓦	96	61.7	49.5	23.4	19.5	21.0	26.4
印度	97	30.0	27.4	29.5	20.8	24.7	25.7
巴基斯坦	98	29.8	25.7	31.2	21.7	23.2	23.5
莱索托	99	26.7	44.9	18.6	17.1	19.8	23.1
柬埔寨	100	—	30.8	19.9	15.8	17.8	21.0
喀麦隆	101	34.3	31.6	21.3	21.9	27.2	27.2
厄立特里亚	102	—	—	19.9	22.2	20.8	15.6
叙利亚	103	44.6	39.3	29.2	41.3	49.1	42.8
加纳	104	33.9	33.4	19.4	22.7	28.4	29.3
乍得	105	28.4	25.6	23.7	11.6	10.5	10.5
莫桑比克	106	18.0	20.7	21.7	13.4	15.8	16.6
几内亚	107	14.2	42.6	28.5	14.1	19.4	18.8
也门	108	13.0	30.8	23.3	28.1	26.2	25.2
巴布亚新几内亚	109	25.9	23.6	19.3	10.3	14.9	20.9
海地	110	24.3	42.6	22.4	12.2	20.7	19.6
尼泊尔	111	20.2	22.8	16.9	16.2	18.7	18.5
塞内加尔	112	29.8	30.4	23.9	19.3	21.9	23.0
塞拉利昂	113	26.7	27.2	15.4	11.4	12.6	15.5
刚果（金）	114	35.4	33.4	13.8	15.0	15.6	15.6
老挝	115	18.9	20.1	17.5	18.4	23.5	25.5
马拉维	116	21.0	31.6	19.4	12.2	13.5	11.5
多哥	117	28.7	33.7	21.2	14.6	14.0	18.2
马达加斯加	118	27.3	27.8	22.1	16.9	18.6	15.1
马里	119	22.6	22.1	17.5	15.8	17.6	18.8
尼日利亚	120	29.7	30.7	19.1	25.5	24.9	29.7
孟加拉国	121	25.1	31.3	24.0	20.7	25.0	26.7
坦桑尼亚	122	18.2	22.7	15.7	14.0	15.3	15.5
贝宁	123	29.5	36.1	20.9	19.4	22.6	22.0
尼日尔	124	25.9	23.7	17.4	11.7	13.3	11.9
安哥拉	125	19.5	44.0	14.6	27.7	28.5	35.4
乌干达	126	21.3	24.0	21.7	13.6	14.7	15.2
中非	127	26.7	28.4	17.3	14.5	16.2	15.5
布基纳法索	128	33.4	22.2	18.7	11.4	13.6	16.6
埃塞俄比亚	129	17.0	23.8	15.3	16.5	12.9	13.4
布隆迪	130	24.9	24.0	17.7	9.6	10.8	9.6
卢旺达	131	19.2	21.5	16.4	14.1	18.0	17.6
高收入国家[d]		99.9	99.9	99.9	100.0	100.0	100.0
中等收入国家		51.5	44.4	42.4	31.7	37.2	37.7
低收入国家		28.2	31.7	23.6	13.6	15.1	17.3
世界		59.8	52.9	50.2	44.5	48.1	48.4

注：a. 采用综合现代化评价模型第一版的评价结果。

b. 采用综合现代化评价模型第二版的评价结果。

c. 采用综合现代化评价模型第三版的评价结果，见技术注释。

d. 1980~2000年和2015~2016年数据为高收入国家的平均值，2010~2013年数据为高收入OECD国家的平均值。

附表 2-4-6　1980～2016 年世界综合现代化指数的排名

国家	编号	1980[a]	1990[a]	2000[a]	2010[b]	2015[c]	2016[c]
瑞典	1	1	1	1	2	3	3
美国	2	6	11	3	6	4	5
芬兰	3	17	9	9	5	6	7
澳大利亚	4	11	14	13	15	16	17
瑞士	5	13	7	2	8	7	8
挪威	6	8	10	7	11	13	13
日本	7	2	6	6	12	12	11
丹麦	8	4	2	4	1	1	1
德国	9	3	5	5	13	9	9
荷兰	10	9	3	8	3	5	4
加拿大	11	5	15	17	17	18	18
新加坡	12	37	25	11	7	8	6
英国	13	14	13	10	16	15	15
法国	14	12	12	15	14	14	14
比利时	15	10	4	14	4	2	2
奥地利	16	16	8	12	10	11	12
新西兰	17	15	19	21	19	19	19
韩国	18	54	27	18	22	20	20
以色列	19	19	18	16	18	17	16
意大利	20	23	16	19	20	22	22
爱尔兰	21	29	20	20	9	10	10
西班牙	22	26	17	22	21	21	21
爱沙尼亚	23	21	38	27	31	30	29
斯洛文尼亚	24	—	21	24	24	23	23
乌拉圭	25	33	24	26	35	33	34
俄罗斯	26	18	36	37	39	39	40
斯洛伐克	27	—	22	40	32	35	33
希腊	28	28	23	28	23	27	28
匈牙利	29	34	33	30	27	29	30
捷克	30	25	32	31	26	25	25
葡萄牙	31	46	31	23	25	26	26
白俄罗斯	32	—	28	52	49	46	46
拉脱维亚	33	22	35	33	34	32	32
立陶宛	34	—	34	38	33	31	31
格鲁吉亚	35	20	56	61	65	66	61
乌克兰	36	7	51	53	58	60	60
保加利亚	37	35	47	48	40	44	45
黎巴嫩	38	27	43	32	43	45	38
哈萨克斯坦	39	—	46	55	56	52	54
波兰	40	32	50	39	38	40	39
阿根廷	41	30	41	25	30	34	35
巴拿马	42	43	54	42	47	49	49
克罗地亚	43	—	29	45	37	36	36
沙特阿拉伯	44	41	40	57	36	24	24
哥伦比亚	45	49	49	54	54	50	51
科威特	46	24	30	36	29	28	27
智利	47	38	57	35	44	37	37
马其顿	48	—	61	50	57	56	57
阿塞拜疆	49	—	—	67	67	61	64
摩尔多瓦	50	39	67	63	72	68	66
罗马尼亚	51	50	69	66	50	48	52
委内瑞拉	52	40	48	43	28	38	47
乌兹别克斯坦	53	—	127	89	86	89	78
多米尼加	54	51	26	29	46	47	41
亚美尼亚	55	—	122	70	60	59	55
巴拉圭	56	61	68	34	64	72	71
哥斯达黎加	57	45	52	51	48	42	42
巴西	58	47	39	49	45	41	44
墨西哥	59	42	45	41	55	51	53
博茨瓦纳	60	106	90	71	80	75	74
秘鲁	61	53	42	44	51	57	62
牙买加	62	60	63	59	62	64	72
约旦	63	52	37	47	41	53	48
南非	64	48	60	73	68	71	73
土耳其	65	59	58	58	42	43	43
厄瓜多尔	66	44	64	68	53	62	63
伊朗	67	66	82	76	59	58	56
蒙古	68	31	75	74	71	65	67
摩洛哥	69	70	76	69	78	77	77
马来西亚	70	65	79	56	52	54	50

(续表)

国家	编号	1980[a]	1990[a]	2000[a]	2010[b]	2015[c]	2016[c]
萨尔瓦多	71	57	55	46	73	69	70
埃及	72	67	73	64	70	80	85
中国	73	103	103	79	76	63	59
阿尔及利亚	74	55	71	84	69	74	68
土库曼斯坦	75	—	—	93	91	85	83
突尼斯	76	63	72	60	61	67	75
阿尔巴尼亚	77	71	92	85	66	70	58
吉尔吉斯斯坦	78	—	120	72	83	83	86
塔吉克斯坦	79	—	128	83	94	87	97
玻利维亚	80	77	44	62	77	81	82
缅甸	81	97	100	100	99	109	102
菲律宾	82	64	70	65	75	73	69
泰国	83	73	84	78	74	76	76
纳米比亚	84	—	91	82	81	82	84
津巴布韦	85	81	108	97	104	107	109
洪都拉斯	86	68	77	77	79	86	87
尼加拉瓜	87	58	83	75	84	92	92
越南	88	—	123	104	82	84	88
肯尼亚	89	94	107	92	108	114	111
斯里兰卡	90	79	86	91	89	79	80
刚果(布)	91	75	80	95	93	94	96
印度尼西亚	92	80	106	86	90	88	89
赞比亚	93	86	124	117	106	102	105
危地马拉	94	62	81	81	85	78	81
毛里塔尼亚	95	78	78	94	109	111	115
科特迪瓦	96	36	53	101	102	104	95
印度	97	82	104	87	100	98	98
巴基斯坦	98	84	109	80	98	100	101
莱索托	99	91	59	119	110	108	103
柬埔寨	100	—	96	111	115	116	107
喀麦隆	101	72	94	108	97	93	93
厄立特里亚	102	—	—	112	96	105	121
叙利亚	103	56	74	88	63	55	65
加纳	104	74	89	114	95	91	91
乍得	105	89	110	99	127	131	130
莫桑比克	106	111	125	107	123	119	118
几内亚	107	113	66	90	119	110	113
也门	108	114	97	102	87	95	100
巴布亚新几内亚	109	96	115	115	130	122	108
海地	110	100	65	103	124	106	110
尼泊尔	111	105	116	125	113	112	114
塞内加尔	112	83	99	98	105	103	104
塞拉利昂	113	92	105	128	128	129	123
刚果(金)	114	69	88	131	116	120	120
老挝	115	109	126	122	107	99	99
马拉维	116	104	93	113	125	126	129
多哥	117	88	87	109	117	124	116
马达加斯加	118	90	102	105	111	113	126
马里	119	101	119	121	114	117	112
尼日利亚	120	85	98	116	92	97	90
孟加拉国	121	98	95	96	101	96	94
坦桑尼亚	122	110	117	127	121	121	122
贝宁	123	87	85	110	103	101	106
尼日尔	124	95	114	123	126	127	128
安哥拉	125	107	62	130	88	90	79
乌干达	126	102	111	106	122	123	125
中非	127	93	101	124	118	118	124
布基纳法索	128	76	118	118	129	125	119
埃塞俄比亚	129	112	113	129	112	128	127
布隆迪	130	99	112	120	131	130	131
卢旺达	131	108	121	126	120	115	117

注:a. 采用综合现代化评价模型第一版的评价结果,以当年高收入国家平均值为参考值的评价。

b. 同附表2-4-5。

c. 同附表2-4-5。

附录三　中国地区现代化水平评价的数据集

附表 3-1-1	2016年中国地区现代化指数	352
附表 3-1-2	2016年中国现代化的地区分组	353
附表 3-2-1	2016年中国第一次现代化指数和排名	354
附表 3-2-2	2016年中国第一次现代化评价指标	355
附表 3-2-3	2016年中国地区第一次现代化发展阶段	356
附表 3-2-4	中国地区第一次现代化指数的增长率和预期完成时间	357
附表 3-2-5	1970～2016年中国地区第一次现代化指数和排名	358
附表 3-3-1	2016年中国地区第二次现代化指数	359
附表 3-3-2	2016年中国地区知识创新指数	360
附表 3-3-3	2016年中国地区知识传播指数	361
附表 3-3-4	2016年中国地区生活质量指数	362
附表 3-3-5	2016年中国地区经济质量指数	363
附表 3-3-6	2016年中国地区第二次现代化发展阶段	364
附表 3-3-7	1970～2016年中国地区第二次现代化指数	365
附表 3-3-8	1970～2016年中国地区第二次现代化指数的排名	366
附表 3-4-1	2016年中国地区综合现代化指数	367
附表 3-4-2	2016年中国地区经济指数	368
附表 3-4-3	2016年中国地区社会指数	369
附表 3-4-4	2016年中国地区知识指数	370
附表 3-4-5	1980～2016年中国地区综合现代化指数	371
附表 3-4-6	1980～2016年中国地区综合现代化指数的排名	372

附表 3-1-1 2016 年中国地区现代化指数

地区	编号	人口/万人	第一次现代化				第二次现代化			综合现代化	
			指数	排名	达标个数	发展阶段[a]	指数	排名	发展阶段[b]	指数	排名
北京	1	2173	100.0	1	10	F4	82.3	1	S2	80.8	1
天津	2	1562	100.0	1	10	F4	67.5	3		71.3	3
河北	3	7470	95.8	15	7	F3	33.6	25		40.1	18
山西	4	3682	94.6	22	8	F3	34.6	24		39.9	19
内蒙古	5	2520	97.2	13	8	F3	38.6	18		47.1	13
辽宁	6	4378	98.5	10	8	F3	46.5	11		48.7	10
吉林	7	2733	97.5	11	7	F3	43.7	13		48.5	11
黑龙江	8	3799	93.8	24	7	F2	38.5	19		42.3	16
上海	9	2420	100.0	1	10	F4	77.3	2	S1	76.5	2
江苏	10	7999	100.0	1	10	F3	64.2	4		61.0	4
浙江	11	5590	100.0	1	10	F4	61.1	5		58.1	5
安徽	12	6196	95.4	17	7	F3	44.6	12		39.4	22
福建	13	3874	99.5	9	9	F3	55.2	7		52.7	7
江西	14	4592	96.2	14	8	F3	36.6	22		39.6	20
山东	15	9947	100.0	1	10	F3	50.9	8		49.8	9
河南	16	9532	94.1	23	6	F3	38.0	20		38.7	24
湖北	17	5885	97.4	12	7	F3	47.1	10		48.0	12
湖南	18	6822	95.3	18	8	F3	37.7	21		42.4	15
广东	19	10999	100.0	1	10	F4	58.8	6		54.9	6
广西	20	4838	90.7	27	5	F2	43.0	15		36.6	27
海南	21	917	91.3	26	7	F2	40.5	16		41.8	17
重庆	22	3048	100.0	1	10	F3	50.2	9		50.5	8
四川	23	8262	94.7	21	7	F3	39.6	17		39.0	23
贵州	24	3555	89.2	29	5	F2	31.2	28		32.1	31
云南	25	4771	90.2	28	7	F2	31.8	27		32.6	30
西藏	26	331	87.0	31	5	F2	30.2	29		33.2	28
陕西	27	3813	94.9	20	7	F3	43.5	14		45.1	14
甘肃	28	2610	89.0	30	7	F2	32.9	26		32.7	29
青海	29	593	95.4	16	7	F3	30.2	30		36.7	26
宁夏	30	675	95.0	19	8	F3	35.3	23		39.5	21
新疆	31	2398	92.3	25	6	F2	28.7	31		37.1	25
香港	32	734	100.0		10	F4	88.0		S2	80.6	
澳门	33	65	100.0		10	F4	83.7		S2	80.9	
台湾	34	2354	100.0		10	F4	78.7		S1	74.3	
中国		138 271	99.4		9	F3	44.8			46.7	
高收入国家		124 214	100.0		10	F4	100.1		S2	100.0	
中等收入国家		548 800	95.5		9	F3	30.0			37.7	
低收入国家		71 402	57.3		1	F1	15.6			16.5	
世界		744 416	99.9		9	F3	40.9			48.4	

注：a. F 代表第一次现代化，F4 代表过渡期，F3 代表成熟期，F2 代表发展期，F1 代表起步期。
b. S 代表第二次现代化，S2 代表发展期，S1 代表起步期，香港的发展阶段根据第二次现代化指数进行了调整。

附表 3-1-2 2016 年中国现代化的地区分组

地区	编号	第二次现代化指数	第一次现代化指数	综合现代化指数	人均国民收入[a]	阶段[b]	根据第二次现代化指数的分组[c]	根据综合现代化指数的分组[c]
北京	1	82.3	100.0	80.8	17 790	6	1	1
天津	2	67.5	100.0	71.3	17 317	4	2	2
河北	3	33.6	95.8	40.1	6481	3	3	3
山西	4	34.6	94.6	39.9	5348	3	3	3
内蒙古	5	38.6	97.2	47.1	10 846	3	3	3
辽宁	6	46.5	98.5	48.7	7645	3	3	2
吉林	7	43.7	97.5	48.5	8108	3	3	3
黑龙江	8	38.5	93.8	42.3	6085	2	3	3
上海	9	77.3	100.0	76.5	17 544	5	2	2
江苏	10	64.2	100.0	61.0	14 583	4	2	2
浙江	11	61.1	100.0	58.1	12 781	4	2	2
安徽	12	44.6	95.4	39.4	5954	3	3	3
福建	13	55.2	99.5	52.7	11 244	3	2	2
江西	14	36.6	96.2	39.6	6081	3	3	3
山东	15	50.9	100.0	49.8	10 345	3	2	3
河南	16	38.0	94.1	38.7	6408	3	3	3
湖北	17	47.1	97.4	48.0	8378	3	3	3
湖南	18	37.7	95.3	42.4	6981	3	3	3
广东	19	58.8	100.0	54.9	11 140	4	2	2
广西	20	43.0	90.7	36.6	5724	2	3	3
海南	21	40.5	91.3	41.8	6675	2	3	3
重庆	22	50.2	100.0	50.5	8805	3	2	3
四川	23	39.6	94.7	39.0	6021	3	3	3
贵州	24	31.2	89.2	32.1	5004	3	3	3
云南	25	31.8	90.0	32.6	4680	2	3	3
西藏	26	30.2	87.0	33.2	5296	2	3	3
陕西	27	43.5	94.9	45.1	7678	3	3	3
甘肃	28	32.9	89.0	32.7	4161	3	3	3
青海	29	30.2	95.4	36.7	6552	3	3	3
宁夏	30	35.3	95.0	39.5	7103	3	3	3
新疆	31	28.7	92.3	37.1	6105	2	4	3
香港	32	88.0	100.0	80.6	43 681	6	1	1
澳门	33	83.7	100.0	80.9	73 187	6	1	1
台湾	34	78.7	100.0	74.3	23 325	5	2	2
中国		44.8	99.4	46.7	8250	3	3	3
高收入国家		100.1	100.0	100.0	40 009	6	1	1
中等收入国家		30.0	95.5	37.7	4860	3	3	3
低收入国家		15.6	57.3	16.5	734	1	4	4
世界		40.9	99.9	48.4	10 326	3	3	3

注:a. 中国内地(大陆)为人均GDP,单位为美元。b. 阶段划分:0代表传统农业社会,1代表第一次现代化起步期,2代表第一次现代化发展期,3代表第一次现代化成熟期,4代表第一次现代化过渡期,5代表第二次现代化起步期,6代表第二次现代化发展期。c. 分组:1代表发达水平,2代表中等发达水平,3代表初等发达水平,4代表欠发达水平。

附表 3-2-1　2016 年中国第一次现代化指数和排名

地区	编号	经济指标达标程度				社会和知识指标达标程度						指数	排名	达标个数
		人均国民收入[a]	农业劳动力比例[b]	农业增加值比例	服务业增加值比例	城市人口比例	医生比例	婴儿死亡率[c]	预期寿命[d]	成人识字率	大学入学率[e]			
北京	1	100	100	100	100	100	100	100	100	100	100	100.0	1	10
天津	2	100	100	100	100	100	100	100	100	100	100	100.0	1	10
河北	3	74	92	100	92	100	100	100	100	100	100	95.8	15	7
山西	4	61	85	100	100	100	100	100	100	100	100	94.6	22	8
内蒙古	5	100	75	100	97	100	100	100	100	100	100	97.2	13	8
辽宁	6	87	98	100	100	100	100	100	100	100	100	98.5	10	8
吉林	7	92	89	100	94	100	100	100	100	100	100	97.5	11	7
黑龙江	8	69	82	86	100	100	100	100	100	100	100	93.8	24	7
上海	9	100	100	100	100	100	100	100	100	100	100	100.0	1	10
江苏	10	100	100	100	100	100	100	100	100	100	100	100.0	1	10
浙江	11	100	100	100	100	100	100	100	100	100	100	100.0	1	10
安徽	12	68	95	100	91	100	100	100	100	100	100	95.4	17	7
福建	13	100	100	100	95	100	100	100	100	100	100	99.5	9	9
江西	14	69	100	100	93	100	100	100	100	100	100	96.2	14	8
山东	15	100	100	100	100	100	100	100	100	100	100	100.0	1	10
河南	16	73	78	100	93	97	100	100	100	100	100	94.1	23	6
湖北	17	95	81	100	98	100	100	100	100	100	100	97.4	12	7
湖南	18	79	74	100	100	100	100	100	100	100	100	95.3	18	8
广东	19	100	100	100	100	100	100	100	100	100	100	100.0	1	10
广西	20	65	60	98	88	96	100	100	100	100	100	90.7	27	5
海南	21	76	73	64	100	100	100	100	100	100	100	91.3	26	7
重庆	22	100	100	100	100	100	100	100	100	100	100	100.0	1	10
四川	23	68	80	100	100	98	100	100	100	100	100	94.7	21	7
贵州	24	57	52	96	99	88	100	100	100	100	100	89.2	29	5
云南	25	53	57	100	100	90	100	100	100	100	100	90.0	28	7
西藏	26	60	80	100	100	59	100	100	97	74	100	87.0	31	5
陕西	27	87	68	100	94	100	100	100	100	100	100	94.9	20	7
甘肃	28	47	54	100	100	89	100	100	100	100	100	89.0	30	7
青海	29	74	85	100	95	100	100	100	100	100	100	95.4	16	7
宁夏	30	81	69	100	100	100	100	100	100	100	100	95.0	19	8
新疆	31	69	69	88	100	97	100	100	100	100	100	92.3	25	6
香港	32	100	100	100	100	100	100	100	100	100	100	100.0		10
澳门	33	100	100	100	100	100	100	100	100	100	100	100.0		10
台湾	34	100	100	100	100	100	100	100	100	100	100	100.0		10
中国		94	100	100	100	100	100	100	100	100	100	99.4		9
高收入国家		100	100	100	100	100	100	100	100	100	100	100.0		10
中等收入国家		55	100	100	100	100	100	100	100	100	100	95.5		9
低收入国家		8	44	50	100	64	31	60	90	76	50	57.3		1
世界		100	100	100	100	100	100	99	100	100	100	99.9		9
标准值														

注：a. 中国内地（大陆）地区为人均居民生产总值（人均 GDP）。
b. 中国内地（大陆）地区为 2012~2016 年期间的数值。
c. 中国内地（大陆）地区为 2016 年或最近年值，新疆数据为根据 2010 年人口普查结果和 2016 年全国婴儿死亡率的换算值。
d. 中国内地（大陆）地区为 2016 年或最近年值，山西和新疆数据为根据 2010 年人口普查结果和 2016 年全国平均预期寿命的换算值。
e. 中国地区为在校大学生占 18—21 岁人口比例，根据在校大学生人数和 2010 年人口普查数据计算，北京和天津为估计值。

附表 3-2-2　2016 年中国第一次现代化评价指标

地区	编号	经济指标				社会和知识指标					
		人均国民收入[a]	农业劳动力比例[b]	农业增加值比例	服务业增加值比例	城市人口比例	医生比例	婴儿死亡率[c]	平均预期寿命[d]	成人识字率	大学入学率[e]
北京	1	17 790	4.1	0.5	80.2	86.5	4.1	2.2	82.0	98.4	98.0
天津	2	17 317	7.2	1.2	56.4	82.9	2.4	4.0	81.8	97.7	98.0
河北	3	6481	32.7	10.9	41.5	53.3	2.4	7.6	76.2	95.9	40.2
山西	4	5348	35.1	6.0	55.5	56.2	2.5	5.0	77.3	97.5	35.6
内蒙古	5	10 846	40.1	9.0	43.8	61.2	2.6	5.0	76.8	95.3	40.0
辽宁	6	7645	30.7	9.8	51.5	67.4	2.5	4.6	78.9	98.3	62.6
吉林	7	8108	33.8	10.1	42.5	56.0	2.5	4.3	76.5	97.5	63.7
黑龙江	8	6085	36.6	17.4	54.0	59.2	2.2	5.9	77.0	96.4	50.1
上海	9	17 544	3.3	0.4	69.8	87.9	2.7	3.7	83.2	96.9	92.2
江苏	10	14 583	17.7	5.3	50.0	67.7	2.6	3.1	77.5	94.2	57.1
浙江	11	12 781	12.4	4.2	51.0	67.0	3.0	2.4	78.4	94.0	46.4
安徽	12	5954	31.7	10.5	41.0	52.0	1.8	4.5	76.0	93.2	37.1
福建	13	11 244	22.0	8.2	42.9	63.6	2.1	4.6	77.2	93.9	47.4
江西	14	6081	29.3	10.3	42.0	53.1	1.7	6.0	76.0	95.2	41.1
山东	15	10 345	29.1	7.2	46.7	59.0	2.5	4.5	78.5	93.4	50.5
河南	16	6408	38.4	10.6	41.8	48.5	2.2	4.4	75.6	94.4	36.2
湖北	17	8378	36.8	11.2	43.9	58.1	2.4	5.6	76.5	94.4	56.6
湖南	18	6981	40.5	11.3	46.4	52.8	2.4	8.1	76.3	96.6	42.0
广东	19	11 140	21.7	4.6	52.0	69.2	2.2	2.6	77.1	97.1	31.1
广西	20	5724	50.1	15.3	39.6	48.1	2.0	3.8	76.9	96.2	31.4
海南	21	6675	41.1	23.4	54.3	56.8	2.2	6.3	77.3	95.4	36.9
重庆	22	8805	28.9	7.3	48.1	62.6	2.1	6.9	76.7	96.0	48.0
四川	23	6021	37.6	11.9	47.2	49.2	2.2	7.8	76.4	91.8	33.7
贵州	24	5004	57.3	15.7	44.7	44.2	1.9	8.7	73.0	88.1	21.1
云南	25	4680	53.0	14.8	46.7	45.0	1.8	8.7	73.6	91.2	23.3
西藏	26	5296	37.7	10.1	52.7	29.6	2.0	16.0	68.2	58.9	17.3
陕西	27	7678	44.4	8.7	42.3	55.3	2.2	6.8	75.7	94.8	57.4
甘肃	28	4161	56.0	13.7	51.4	44.7	2.0	5.3	73.3	91.3	29.1
青海	29	6552	35.5	8.6	42.8	51.6	2.3	9.7	71.7	86.6	17.6
宁夏	30	7103	43.2	7.6	45.4	56.3	2.5	6.7	74.7	93.2	28.9
新疆	31	6105	43.5	17.1	45.1	48.4	2.5	16.4	74.6	96.2	25.5
香港	32	43 681	0.2	0.1	89.5	100.0	1.9	1.8	84.2	100.0	71.8
澳门	33	73 187	0.3	0.0	92.5	100.0	2.7	1.7	83.8	96.5	78.2
台湾	34	23 325	4.9	1.8	63.1	83.0	1.9	5.8	80.1	98.7	84.0
中国		8250	18.4	8.6	51.6	56.7	1.8	8.6	76.3	95.1	48.4
高收入国家		40 009	3.1	1.4	74.2	81.4	3.0	4.7	80.4	99.9	75.1
中等收入国家		4860	27.7	9.2	57.8	51.2	1.3	28.8	71.3	85.6	34.5
低收入国家		734	67.7	30.0	47.6	32.0	0.3	50.0	62.9	60.6	7.5
世界		10 326	26.8	3.8	69.1	54.4	1.5	30.3	72.0	86.2	36.8
标准值		8800	30.0	15.0	45.0	50.0	1.0	30.0	70.0	80.0	15.0

注：指标单位见表 b，后同。
 a. 中国内地（大陆）地区为人均居民生产总值（人均 GDP）。
 b. 中国内地（大陆）地区为 2012～2016 年期间的数值。
 c. 中国内地（大陆）地区为 2016 年或最近年值，新疆数据为根据 2010 年人口普查结果和 2016 年全国婴儿死亡率的换算值。
 d. 中国内地（大陆）地区为 2016 年或最近年值，山西和新疆数据为根据 2010 年人口普查结果和 2016 年全国平均预期寿命的换算值。
 e. 中国地区为在校大学生占 18～21 岁人口比例，根据在校大学生人数和 2010 年人口普查数据计算，北京和天津为估计值。

附表 3-2-3　2016 年中国地区第一次现代化发展阶段

地区	编号	产业结构信号				劳动力结构信号				平均值	发展阶段[a]
		农业增加产值占 GDP 比例	赋值	农业增加值/工业增加值	赋值	农业劳动力占总劳动力比例[b]	赋值	农业劳动力/工业劳动力	赋值		
北京	1	0.5	4	0.03	4	4.1	4	0.26	3	3.8	F4
天津	2	1.2	4	0.03	4	7.2	4	0.21	3	3.8	F4
河北	3	10.9	3	0.23	3	32.7	2	0.96	2	2.5	F3
山西	4	6.0	3	0.16	4	35.1	2	1.39	2	2.8	F3
内蒙古	5	9.0	3	0.19	4	40.1	2	2.53	1	2.5	F3
辽宁	6	9.8	3	0.25	4	30.7	2	1.23	2	2.8	F3
吉林	7	10.1	3	0.21	3	33.8	2	1.56	2	2.5	F3
黑龙江	8	17.4	2	0.61	3	36.6	2	2.06	1	2.0	F2
上海	9	0.4	4	0.01	4	3.3	4	0.10	4	4.0	F4
江苏	10	5.3	3	0.12	4	17.7	3	0.41	3	3.3	F3
浙江	11	4.2	4	0.09	4	12.4	3	0.26	3	3.5	F4
安徽	12	10.5	3	0.22	3	31.7	2	1.11	2	2.5	F3
福建	13	8.2	3	0.17	4	22.0	3	0.61	3	3.3	F3
江西	14	10.3	3	0.22	3	29.3	3	0.91	2	2.8	F3
山东	15	7.2	3	0.16	4	29.1	3	0.82	2	3.0	F3
河南	16	10.6	3	0.22	3	38.4	2	1.25	2	2.5	F3
湖北	17	11.2	3	0.25	3	36.8	2	1.60	2	2.5	F3
湖南	18	11.3	3	0.27	3	40.5	2	1.74	2	2.5	F3
广东	19	4.6	4	0.11	4	21.7	3	0.54	3	3.5	F4
广西	20	15.3	2	0.34	3	50.1	1	2.85	1	1.8	F2
海南	21	23.4	2	1.05	2	41.1	2	3.35	1	1.8	F2
重庆	22	7.3	3	0.16	4	28.9	3	1.04	2	3.0	F3
四川	23	11.9	3	0.29	3	37.6	2	1.40	2	2.5	F3
贵州	24	15.7	2	0.40	3	57.3	1	3.34	1	1.8	F2
云南	25	14.8	2	0.39	3	53.0	1	4.00	1	1.8	F2
西藏	26	10.1	3	0.27	3	37.7	2	2.30	1	2.3	F2
陕西	27	8.7	3	0.23	3	44.3	2	2.34	1	2.5	F3
甘肃	28	13.7	3	0.39	3	56.0	1	3.52	1	2.0	F2
青海	29	8.6	3	0.18	4	35.5	2	1.55	2	2.8	F3
宁夏	30	7.6	3	0.16	4	43.2	2	2.53	1	2.5	F3
新疆	31	17.1	2	0.45	3	43.5	2	3.03	1	2.0	F2
香港	32	0.1	4	0.01	4	0.2	4	0.01	4	4.0	F4
澳门	33	0.0	4	0.00	4	0.3	4	0.02	4	4.0	F4
台湾	34	1.8	4	0.05	4	4.9	4	0.14	4	4.0	F4
中国		8.6	3	0.21	3	18.4	3	0.69	3	3.0	F3

注：a. F 代表第一次现代化，F4 代表过渡期，F3 代表成熟期，F2 代表发展期，F1 代表起步期。
　　b. 中国内地（大陆）地区为 2012 年的数据。

附表 3-2-4 中国地区第一次现代化指数的增长率和预期完成时间

地区	编号	1990年指数	2000年指数	2016年指数	1990~2016年年均增长率	指数达到100需要的年数(按1990~2016年速度)	2000~2016年年均增长率	指数达到100需要的年数(按2000~2016年速度)
北京	1	90.5	94.2	100.0	0.38	0	0.37	0
天津	2	84.2	93.4	100.0	0.66	0	0.43	0
河北	3	62.9	73.6	95.8	1.63	3	1.66	3
山西	4	69.0	77.4	94.6	1.22	5	1.26	4
内蒙古	5	65.3	72.1	97.2	1.54	2	1.88	2
辽宁	6	79.2	87.2	98.5	0.84	2	0.76	2
吉林	7	68.6	78.7	97.5	1.36	2	1.35	2
黑龙江	8	72.0	80.8	93.8	1.02	6	0.93	7
上海	9	89.4	96.5	100.0	0.43	0	0.22	0
江苏	10	64.2	83.1	100.0	1.72	0	1.16	0
浙江	11	66.3	82.8	100.0	1.59	0	1.19	0
安徽	12	56.7	68.9	95.4	2.02	2	2.05	2
福建	13	65.0	78.7	99.5	1.65	0	1.48	0
江西	14	56.2	68.1	96.2	2.09	2	2.19	2
山东	15	63.4	77.2	100.0	1.77	0	1.63	0
河南	16	59.1	67.1	94.1	1.81	3	2.13	3
湖北	17	62.7	79.5	97.4	1.71	2	1.28	2
湖南	18	57.5	72.5	95.3	1.96	2	1.73	3
广东	19	69.2	81.2	100.0	1.43	0	1.31	0
广西	20	56.4	68.1	90.7	1.85	5	1.81	5
海南	21	61.7	70.0	91.3	1.52	6	1.68	5
重庆	22	—	77	100.0	—	—	1.67	0
四川	23	57.0	69.1	94.7	1.97	3	1.99	3
贵州	24	51.3	60.0	89.2	2.16	5	2.52	5
云南	25	49.8	60.5	90.0	2.30	5	2.51	4
西藏	26	44.3	59.2	87.0	2.63	5	2.43	6
陕西	27	64.3	78.3	94.9	1.51	4	1.21	4
甘肃	28	59.9	67.0	89.2	1.54	8	1.80	7
青海	29	57.0	71.3	95.4	2.00	2	1.84	3
宁夏	30	61.7	72.5	95.0	1.68	3	1.70	3
新疆	31	60.2	72.2	92.3	1.66	5	1.55	5
香港	32	100.0	100.0	100.0	0.00	—	0	—
澳门	33	100.0	100.0	100.0	0.00	—	0	—
台湾	34	100.0	100.0	100.0	0.00	—	0	—
中国		63.0	75.5	99.4	1.77	0	1.73	0

附表 3-2-5　1970～2016 年中国地区第一次现代化指数和排名

地区	编号	第一次现代化指数							排名						
		1970	1980	1990	2000	2010	2015	2016	1970	1980	1990	2000	2010	2015	2016
北京	1	64.1	82.9	90.5	94.2	100.0	100.0	100.0	3	1	1	2	1	1	1
天津	2	66.4	77.7	84.2	93.4	100.0	100.0	100.0	2	3	3	3	1	1	1
河北	3	35.1	56.4	62.9	73.6	89.6	91.1	95.8	19	10	15	16	17	22	15
山西	4	42.7	62.5	69.0	77.4	90.5	92.9	94.6	9	7	7	13	15	16	22
内蒙古	5	46.3	58.8	65.3	72.1	93.0	95.4	97.2	8	9	10	20	11	11	13
辽宁	6	60.3	69.5	79.2	87.2	95.7	99.7	98.5	4	4	4	4	8	5	10
吉林	7	49.0	64.7	68.6	78.7	90.9	94.5	97.5	6	5	8	10	14	13	11
黑龙江	8	56.1	63.7	72.0	80.8	90.0	92.4	93.8	5	6	5	8	16	20	24
上海	9	69.8	82.3	89.4	96.5	100.0	100.0	100.0	1	2	2	1	1	1	1
江苏	10	41.5	56.3	64.2	83.1	99.0	99.6	100.0	11	11	13	5	5	6	1
浙江	11	36.5	52.7	66.3	82.8	99.2	99.5	100.0	17	18	9	6	4	7	1
安徽	12	33.7	51.5	56.7	68.9	87.5	92.0	95.4	22	20	25	24	21	21	17
福建	13	40.8	54.8	65.0	78.7	96.2	98.3	99.5	13	12	11	11	7	8	9
江西	14	34.0	51.6	56.2	68.1	88.0	92.9	96.2	21	19	27	25	20	15	14
山东	15	33.1	51.2	63.4	77.2	94.1	98.2	100.0	24	21	14	14	9	9	1
河南	16	37.6	50.5	59.1	67.1	85.3	90.0	94.1	15	24	21	27	25	24	23
湖北	17	37.6	53.8	62.7	79.5	93.5	95.0	97.4	14	14	16	9	10	12	12
湖南	18	32.4	50.8	57.5	72.5	88.5	92.5	95.3	26	22	22	18	19	19	18
广东	19	42.5	59.2	69.2	81.2	98.3	99.9	100.0	10	8	6	7	6	4	1
广西	20	33.3	53.4	56.4	68.1	83.8	87.1	90.7	23	16	26	26	30	27	27
海南	21	—	31.3	61.7	70.0	86.1	89.3	91.3	—	30	17	22	23	26	26
重庆	22	—	—	—	76.7	92.3	98.2	100.0	—	—	—	15	12	10	1
四川	23	30.7	48.8	57.0	69.1	86.8	90.7	94.7	27	25	23	23	22	23	21
贵州	24	34.1	45.4	51.3	60.0	85.2	83.7	89.2	20	27	28	30	26	30	29
云南	25	32.6	44.1	49.8	60.5	84.7	85.4	90.0	25	28	29	29	27	28	28
西藏	26	—	38.4	44.3	59.2	81.2	80.6	87.0	—	29	30	31	31	31	31
陕西	27	37.0	53.5	64.3	78.3	89.1	93.5	94.9	16	15	12	12	18	14	20
甘肃	28	27.8	46.0	59.9	67.0	84.3	84.7	89.0	28	26	20	28	28	29	30
青海	29	41.3	53.1	57.0	71.3	86.0	92.5	95.4	12	17	24	21	24	18	16
宁夏	30	47.3	54.2	61.7	72.5	91.4	92.8	95.0	7	13	18	17	13	17	19
新疆	31	35.2	50.6	60.2	72.2	83.8	89.4	92.3	18	23	19	19	29	25	25
香港	32	—	—	100.0	100.0	100.0	100.0	100.0							
澳门	33	—	—	100.0	100.0	100.0	100.0	100.0							
台湾	34	—	—	100.0	100.0	100.0	100.0	100.0							
中国		39.9	54.0	63.0	75.5	93.2	99.2	99.4							
高收入国家		100.0	100.0	100.0	100.0	100.0	100.0	100.0							
中等收入国家		—	84.0	84.0	92.6	91.3	95.3	95.5							
低收入国家		32.8	45.0	52.0	57.6	55.6	55.4	57.3							
世界		67.5	80.0	81.0	89.4	96.4	99.6	99.9							

附表 3-3-1 2016 年中国地区第二次现代化指数[a]

地区	编号	知识创新指数	知识传播指数	生活质量指数	经济质量指数	第二次现代化指数	指数排名	水平分组[b]
北京	1	88.0	66.3	80.3	94.4	82.3	1	1
天津	2	78.9	56.3	79.4	55.3	67.5	3	2
河北	3	18.2	33.6	50.7	31.8	33.6	25	3
山西	4	17.2	31.4	56.8	33.1	34.6	24	3
内蒙古	5	16.2	31.5	70.2	36.3	38.6	18	3
辽宁	6	37.8	42.5	66.9	38.8	46.5	11	3
吉林	7	24.5	40.2	70.1	39.8	43.7	13	3
黑龙江	8	24.0	32.4	59.5	38.3	38.5	19	3
上海	9	84.2	75.2	84.6	65.4	77.3	2	2
江苏	10	75.3	53.9	79.1	48.7	64.2	4	2
浙江	11	68.2	51.8	77.3	47.1	61.1	5	2
安徽	12	46.6	29.9	64.1	37.7	44.6	12	3
福建	13	51.2	46.7	78.8	44.2	55.2	7	2
江西	14	15.0	31.8	60.7	39.1	36.6	22	3
山东	15	56.1	40.0	67.3	40.1	50.9	8	2
河南	16	23.4	29.7	63.3	35.5	38.0	20	3
湖北	17	46.8	39.7	61.7	40.0	47.1	10	3
湖南	18	26.9	29.8	54.5	39.4	37.7	21	3
广东	19	66.0	42.7	78.9	47.5	58.8	6	2
广西	20	35.9	27.0	73.3	35.7	43.0	15	3
海南	21	11.3	34.3	72.7	43.6	40.5	16	3
重庆	22	52.5	47.9	58.9	41.5	50.2	9	2
四川	23	36.3	33.0	52.7	36.5	39.6	17	3
贵州	24	16.8	22.7	54.5	30.8	31.2	28	3
云南	25	12.3	22.7	58.6	33.9	31.8	27	3
西藏	26	4.7	25.7	51.4	39.1	30.2	29	3
陕西	27	41.5	39.8	55.6	36.8	43.5	14	3
甘肃	28	16.2	26.0	58.3	31.1	32.9	26	3
青海	29	13.9	25.3	51.0	30.5	30.2	30	3
宁夏	30	24.8	28.9	56.6	30.7	35.3	23	3
新疆	31	11.1	29.7	43.2	30.9	28.7	31	4
香港	32	42.9	94.0	114.9	100.0	88.0		1
澳门	33	17.1	102.9	114.8	100.0	83.7		1
台湾	34	85.3	81.0	87.7	60.9	78.7		2
中国		41.6	40.1	54.4	43.0	44.8		3
高收入国家		99.9	99.9	100.0	100.5	100.1		1
中等收入国家		14.5	22.5	41.2	41.8	30.0		3
低收入国家		1.0	3.4	31.6	26.3	15.6		4
世界		28.3	33.2	44.9	57.4	40.9		3

注：a. 采用第二次现代化评价模型第三版的评价结果，见技术注释。后同。
b. 根据第二次现代化指数分组：1 代表发达水平，2 代表中等发达水平，3 代表初等发达水平，4 代表欠发达水平。

附表 3-3-2 2016 年中国地区知识创新指数

地区	编号	知识创新指标的实际值				知识创新指标的指数				知识创新指数
		知识创新经费[a]	知识创新人员比例[b]	发明专利申请比例[c]	人均知识产权出口[d]	知识创新经费指数	知识创新人员指数	知识创新专利指数	知识产权出口比例指数	
北京	1	1023.4	113.2	48.2	26.6	102.1	120.0	120.0	9.9	88.0
天津	2	528.8	80.4	24.4	61.4	52.8	120.0	120.0	22.8	78.9
河北	3	76.1	14.4	1.9	4.2	7.6	35.9	27.8	1.6	18.2
山西	4	58.2	11.7	2.2	2.7	5.8	29.2	32.8	1.0	17.2
内蒙古	5	86.7	15.2	1.1	4.0	8.6	38.0	16.8	1.5	16.2
辽宁	6	133.4	19.5	5.8	9.5	13.3	48.6	85.9	3.5	37.8
吉林	7	82.8	17.9	2.8	12.3	8.3	44.6	40.6	4.6	24.5
黑龙江	8	66.7	14.8	3.5	3.1	6.7	37.0	51.0	1.2	24.0
上海	9	618.1	71.1	22.5	94.9	61.7	120.0	120.0	35.3	84.2
江苏	10	362.8	65.2	23.1	67.2	36.2	120.0	120.0	25.0	75.3
浙江	11	293.4	65.8	16.7	9.2	29.3	120.0	120.0	3.4	68.2
安徽	12	112.7	21.7	15.5	2.9	11.3	54.2	120.0	1.1	46.6
福建	13	164.1	33.0	7.0	9.6	16.4	82.2	102.6	3.6	51.2
江西	14	61.2	10.2	1.8	5.6	6.1	25.4	26.3	2.1	15.0
山东	15	233.2	30.2	8.9	15.1	23.3	75.4	120.0	5.6	56.1
河南	16	74.0	16.8	3.0	1.1	7.4	41.8	44.1	0.4	23.4
湖北	17	154.1	23.2	7.4	12.8	15.4	57.7	109.4	4.7	46.8
湖南	18	97.9	16.9	3.7	1.3	9.8	42.2	55.0	0.5	26.9
广东	19	266.2	46.2	14.1	5.1	26.6	115.3	120.0	1.9	66.0
广西	20	35.4	8.0	8.9	0.8	3.5	19.9	120.0	0.3	35.9
海南	21	30.0	8.5	1.4	1.8	3.0	21.1	20.5	0.7	11.3
重庆	22	131.4	20.4	6.6	133.1	13.1	50.9	96.4	49.5	52.5
四川	23	98.2	14.2	6.6	8.3	9.8	35.5	96.6	3.1	36.3
贵州	24	28.2	6.7	3.1	6.7	2.8	16.6	45.3	2.5	16.8
云南	25	36.9	8.3	1.7	0.8	3.7	20.8	24.4	0.3	12.3
西藏	26	15.3	3.5	0.5	1.6	1.5	8.7	7.8	0.6	4.7
陕西	27	166.3	24.4	5.9	4.3	16.6	60.9	87.0	1.6	41.5
甘肃	28	51.2	9.9	2.3	1.3	5.1	24.8	34.4	0.5	16.2
青海	29	31.7	6.8	2.3	3.1	3.2	17.0	34.2	1.2	13.9
宁夏	30	61.6	13.8	3.7	9.9	6.1	34.5	54.7	3.7	24.8
新疆	31	35.5	7.2	1.5	2.5	3.5	17.9	22.1	0.9	11.1
香港	32	322.4	32.5	1.7	87.9	32.2	81.0	25.6	32.7	42.9
澳门	33	100.6	13.1	0.6	—	10.0	32.7	8.6	—	17.1
台湾	34	717.7	76.6	4.4	—	71.6	120.0	64.2	—	85.3
中国		166.7	11.8	8.7	0.8	16.6	29.3	120.0	0.3	41.6
高收入国家		1001.8	40.1	6.8	268.6	100.0	100.1	99.6	99.9	99.9
中等收入国家		71.4	6.5	2.3	0.7	7.1	16.3	34.5	0.3	14.5
低收入国家		—	—	—	0.1	—	—	—	0.0	1.0
世界		226.6	12.8	2.9	45.3	22.6	31.9	42.1	16.9	28.3
标准值		1032.4	41.4	7.0	269.8					

注：指标单位见表 d，后同。
  a. 指人均 R&D 经费，其数据为 2010～2015 年期间最近年的数据。
  b. 指从事研究与发展活动的研究人员全时当量/万人，其数据为 2010～2015 年期间最近年的数据。
  c. 指居民申请国内发明专利数/万人，其数据为 2010～2016 年期间最近年数据。
  d. 指人均技术转让收入(美元)，其数据为 2010～2016 年期间最近年数据。

附表 3-3-3　2016 年中国地区知识传播指数

地区	编号	知识传播指标的实际值				知识传播指标的指数				知识传播指数
		大学普及率[a]	宽带网普及率	人均公共教育经费[b]	人均知识产权进口[c]	大学普及指数	宽带网普及指数	人均公共教育经费指数	知识产权进口指数	
北京	1	98	22	775	102	120.0	69.5	36.1	39.6	66.3
天津	2	98	18	466	67	120.0	57.7	21.7	25.9	56.3
河北	3	40	22	255	2	53.5	68.5	11.9	0.6	33.6
山西	4	36	20	289	0	47.4	64.4	13.5	0.1	31.4
内蒙古	5	40	17	424	1	53.3	52.6	19.7	0.5	31.5
辽宁	6	63	22	272	9	83.3	70.5	12.7	3.5	42.5
吉林	7	64	16	317	26	84.9	51.1	14.8	10.1	40.2
黑龙江	8	50	15	270	6	66.7	48.1	12.6	2.3	32.4
上海	9	92	26	613	177	120.0	83.4	28.5	68.8	75.2
江苏	10	57	34	386	38	76.0	106.6	18.0	15.0	53.9
浙江	11	46	39	409	16	61.8	120.0	19.0	6.3	51.8
安徽	12	37	17	267	7	49.5	55.1	12.4	2.7	29.9
福建	13	47	30	348	35	63.1	93.8	16.2	13.8	46.7
江西	14	41	18	308	3	54.8	56.9	14.4	1.2	31.8
山东	15	50	24	303	8	67.2	75.5	14.1	3.3	40.0
河南	16	36	19	251	0	48.2	58.9	11.7	0.2	29.7
湖北	17	57	19	285	23	75.4	61.1	13.3	8.9	39.7
湖南	18	42	16	255	5	55.9	49.6	11.9	1.8	29.8
广东	19	31	25	363	83	41.4	80.2	16.9	32.4	42.7
广西	20	31	16	303	1	41.9	51.8	14.1	0.2	27.0
海南	21	37	20	437	8	49.1	64.6	20.4	3.1	34.3
重庆	22	48	23	372	95	63.9	73.4	17.3	37.1	47.9
四川	23	34	22	280	8	44.8	71.1	13.1	3.0	33.0
贵州	24	21	13	402	8	28.1	41.0	18.7	2.9	22.7
云南	25	23	14	344	0	31.0	43.6	16.0	0.1	22.7
西藏	26	17	12	887	0	23.0	38.6	41.4	0.0	25.7
陕西	27	57	21	340	1	76.5	66.9	15.9	0.2	39.8
甘肃	28	29	15	373	0	38.7	47.8	17.4	0.0	26.0
青海	29	18	17	519	1	23.5	53.4	24.2	0.3	25.3
宁夏	30	29	17	427	12	38.5	52.6	19.9	4.6	28.9
新疆	31	26	20	482	1	34.0	62.0	22.4	0.2	29.7
香港	32	72	36	1440	255	95.6	114.2	67.1	99.3	94.0
澳门	33	78	29	2248	284	104.1	92.3	104.8	110.5	102.9
台湾	34	84	25	1140	—	111.9	78.1	53.1	—	81.0
中国		48	23	344	17	64.5	73.0	16.0	6.8	40.1
高收入国家		75	31	2146	257	100.1	99.8	100.0	99.9	99.9
中等收入国家		35	10	206	10	46.0	30.3	9.6	4.0	22.5
低收入国家		7	1	27	0	9.9	2.3	1.3	0.0	3.4
世界		37	12	532	50	49.0	39.4	24.8	19.6	33.2
标准值		75	31.5	2146	256.7					

注：a. 中国地区为在校大学生占 18—21 岁人口比例，根据在校大学生人数和 2010 年人口普查数据计算，北京和天津为估计值。
b. 为人均政府教育支出。
c. 中国内地（大陆）地区为人均技术进口费用。
d. 中国内地（大陆）地区的数据，没有考虑出国留学和外地借读的影响。

附表 3-3-4　2016 年中国地区生活质量指数

地区	编号	生活质量指标的实际值				生活质量指标的指数				生活质量指数
		平均预期寿命[a]	人均购买力[b]	婴儿死亡率[c]	环境质量[d]	平均预期寿命指数	人均购买力指数	婴儿死亡率指数	环境质量指数	
北京	1	82.0	33 380	2.2	73	102.0	72.5	120.0	26.7	80.3
天津	2	81.8	32 492	4.0	69	101.7	70.6	116.9	28.3	79.4
河北	3	76.2	12 161	7.6	99	94.7	26.4	62.0	19.7	50.7
山西	4	77.3	10 034	5.9	66	96.1	21.8	79.7	29.5	56.8
内蒙古	5	76.8	20 351	5.0	41	95.5	44.2	93.6	47.6	70.2
辽宁	6	78.9	14 344	4.6	54	98.1	31.1	102.2	36.1	66.9
吉林	7	76.5	15 213	4.3	46	95.2	33.0	109.8	42.4	70.1
黑龙江	8	77.0	11 418	5.9	52	95.8	24.8	79.9	37.5	59.5
上海	9	83.2	32 918	3.7	45	103.5	71.5	120.0	43.3	84.6
江苏	10	77.5	27 361	3.1	48	96.4	59.4	120.0	40.6	79.1
浙江	11	78.4	23 981	2.4	49	97.5	52.1	120.0	39.8	77.3
安徽	12	76.0	11 172	4.5	57	94.5	24.3	103.5	34.2	64.1
福建	13	77.2	21 098	4.6	27	96.0	45.8	101.3	72.2	78.8
江西	14	76.0	11 409	6.0	43	94.5	24.8	78.3	45.3	60.7
山东	15	78.5	19 411	4.5	76	97.6	42.1	103.8	25.7	67.3
河南	16	75.6	12 023	4.4	78	94.0	26.1	108.0	25.0	63.3
湖北	17	76.5	15 720	5.6	57	95.1	34.1	83.5	34.2	61.7
湖南	18	76.3	13 099	8.1	53	94.9	28.4	58.0	36.8	54.5
广东	19	77.1	20 903	2.6	36	95.9	45.3	120.0	54.2	78.9
广西	20	76.9	10 739	3.8	36	95.7	23.3	120.0	54.2	73.3
海南	21	77.3	12 524	6.3	21	96.1	27.2	74.6	92.9	72.7
重庆	22	76.7	16 521	6.9	54	95.4	35.9	68.1	36.1	58.9
四川	23	76.4	11 297	7.8	63	95.0	24.5	60.3	31.0	52.7
贵州	24	73.0	9389	8.7	37	90.8	20.4	54.2	52.7	54.5
云南	25	73.6	8781	8.7	28	91.5	19.1	54.0	69.6	58.6
西藏	26	68.2	9936	16.0	28	84.8	21.6	29.4	69.6	51.4
陕西	27	75.7	14 407	6.8	71	94.2	31.3	69.6	27.5	55.6
甘肃	28	73.3	7807	5.3	54	91.1	17.0	89.0	36.1	58.3
青海	29	71.7	12 293	9.7	49	89.2	26.7	48.5	39.8	51.0
宁夏	30	74.7	13 328	6.7	56	92.9	28.9	69.9	34.8	56.6
新疆	31	74.6	11 456	16.4	74	92.8	24.9	28.6	26.4	43.2
香港	32	84.2	60 160	1.8		104.8	120.0	120.0		114.9
澳门	33	83.8	96 570	1.7		104.2	120.0	120.0		114.8
台湾	34	80.1	37 833	5.8		99.7	82.2	81.3		87.7
中国		76.3	15 480	8.6	56	94.8	33.6	54.7	34.6	54.4
高收入国家		80.4	46 053	4.7	20	100.0	100.0	100.0	100.0	100.0
中等收入国家		71.3	11 317	28.8	56	88.7	24.6	16.3	35.1	41.2
低收入国家		62.9	1984	50.0	57	78.3	4.3	9.4	34.3	31.6
世界		72.0	16 190	30.3	50	89.6	35.2	15.5	39.3	44.9
标准值		80.4	46 053	4.7	20					

注：a. 中国内地（大陆）地区为 2016 年或最近年值，山西和新疆数据为根据 2010 年人口普查结果和 2016 年全国平均预期寿命的换算值。

b. 中国内地（大陆）地区数据为按购买力平价计算的人均 GDP，其他为按购买力平价计算的人均 GNI。

c. 中国内地（大陆）地区为 2016 年或最近年值，新疆数据为根据 2010 年人口普查结果和 2016 年全国婴儿死亡率的换算值。

d. 为 $PM_{2.5}$ 年均浓度，中国内地（大陆）数据为直辖市或各地省会城市的值。

附表 3-3-5 2016 年中国地区经济质量指数

地区	编号	经济质量指标的实际值				经济质量指标的指数				经济质量指数
		劳动生产率[a]	单位GDP的能源消耗[b]	物质产业增加值比例[c]	物质产业劳动力比例[c]	劳动生产率指数	单位GDP能源消耗指数	物质产业增加值指数	物质产业劳动力指数	
北京	1	17 790	0.13	19.8	19.9	19.8	92.9	120.0	120.0	88.2
天津	2	17 317	0.22	43.6	41.2	19.2	55.7	59.2	62.6	49.2
河北	3	6481	0.43	58.5	66.8	7.2	28.0	44.1	38.6	29.5
山西	4	5348	0.66	44.5	60.4	5.9	18.2	57.9	42.8	31.2
内蒙古	5	10 846	0.46	56.2	55.9	12.0	26.0	45.9	46.1	32.5
辽宁	6	7645	0.33	48.5	55.5	8.5	36.4	53.2	46.5	36.1
吉林	7	8108	0.25	57.5	55.5	9.0	47.6	44.8	46.5	37.0
黑龙江	8	6085	0.35	46.0	54.4	6.8	34.1	56.1	47.4	36.1
上海	9	17 544	0.20	30.2	36.2	19.5	60.6	85.4	71.3	59.2
江苏	10	14 583	0.19	50.0	60.7	16.2	63.9	51.6	42.5	43.6
浙江	11	12 781	0.20	49.0	59.8	14.2	60.4	52.6	43.1	42.6
安徽	12	5954	0.24	59.0	60.3	6.6	49.4	43.8	42.8	35.6
福建	13	11 244	0.20	57.1	58.0	12.5	59.0	45.2	44.5	40.3
江西	14	6081	0.22	58.0	61.7	6.8	54.7	44.5	41.8	36.9
山东	15	10 345	0.26	53.3	64.5	11.5	45.8	48.4	40.0	36.4
河南	16	6408	0.27	58.2	69.0	7.1	44.1	44.3	37.4	33.2
湖北	17	8378	0.24	56.1	59.9	9.3	49.7	46.0	43.1	37.0
湖南	18	6981	0.23	53.6	63.8	7.8	51.9	48.1	40.4	37.0
广东	19	11 140	0.18	48.0	62.2	12.4	66.9	53.8	41.5	43.6
广西	20	5724	0.25	60.4	67.7	6.4	47.6	42.7	38.1	33.7
海南	21	6675	0.23	45.7	53.4	7.4	52.8	56.4	48.3	41.2
重庆	22	8805	0.25	51.9	56.6	9.8	48.6	49.7	45.6	38.4
四川	23	6021	0.29	52.8	64.4	6.7	41.8	48.9	40.1	34.4
贵州	24	5004	0.41	55.3	74.5	5.6	29.2	46.6	34.6	29.0
云南	25	4680	0.33	53.3	66.2	5.2	36.3	48.4	39.0	32.2
西藏	26	5296	0.29	47.3	54.1	5.9	40.8	54.5	47.7	37.2
陕西	27	7678	0.28	57.7	63.3	8.5	42.4	44.7	40.8	34.1
甘肃	28	4161	0.48	48.6	71.9	4.6	24.9	53.1	35.9	29.6
青海	29	6552	0.74	57.2	58.4	7.3	16.2	45.1	44.2	28.2
宁夏	30	7103	0.81	54.6	60.3	7.9	14.9	47.3	42.8	28.2
新疆	31	6105	0.72	54.9	57.8	6.8	16.6	47.0	44.6	28.8
香港[d]	32	43 681	0.05	10.5	15.2	48.5	120.0	120.0	120.0	100.0
澳门[d]	33	73 187		7.5	18.2	81.3		120.0	120.0	100.0
台湾	34	23 325	0.23	36.9	40.8	25.9	51.6	70.0	63.2	52.7
中国[e]		8117	0.29	48.4	45.1	20.4	41.2	53.3	57.1	43.0
高收入国家[e]		39 675	0.12	25.8	25.8	99.9	102.0	100.0	100.1	100.5
中等收入国家[e]		4766	0.27	42.2	51.6	12.0	44.1	61.1	50.0	41.8
低收入国家[e]		703	0.56	52.4	78.0	1.8	21.2	49.3	33.1	26.3
世界[e]		10 201	0.18	30.9	49.3	25.7	68.0	83.4	52.4	57.4
标准值		39 700	0.12	25.8	25.8					

注:a. 由于缺少数据,全部采用人均 GDP 代替。
b. 为人均能源消费与人均 GDP 之比,为 2010~2015 年期间最近年数据。
c. 为 2010~2016 年期间最近年的数据。
d. 香港和澳门人口规模比较小,经济质量指数最大值为 100。
e. 经济质量指数评价,劳动生产率采用人均 GDP 代替;经济质量指数与世界现代化评价有所不同。

附表 3-3-6 2016 年中国地区第二次现代化发展阶段

地区	编号	第一次现代化的阶段[a]	第二次现代化指数	产业结构信号 物质产业增加值占 GDP 比例	赋值	劳动力结构信号 物质产业劳动力占总劳动力比例[c]	赋值	平均值	第二次现代化的阶段[b]
北京	1	F4	81	19.8	2	19.9	2	2.0	S2
天津	2	F4	66	43.6		41.2			
河北	3	F3	33	58.5		66.8			
山西	4	F3	34	44.5		60.4			
内蒙古	5	F3	38	56.2		55.9			
辽宁	6	F3	46	48.5		55.5			
吉林	7	F3	43	57.5		55.5			
黑龙江	8	F2	38	46.0		54.4			
上海	9	F4	76	30.2	1	36.2	1	1	S1
江苏	10	F3	63	50.0		60.7			
浙江	11	F4	60	49.0		59.8			
安徽	12	F3	44	59.0		60.3			
福建	13	F3	54	57.1		58.0			
江西	14	F3	36	58.0		61.7			
山东	15	F3	50	53.3		64.5			
河南	16	F3	37	58.2		69.0			
湖北	17	F3	46	56.1		59.9			
湖南	18	F3	37	53.6		63.8			
广东	19	F4	58	48.0		62.2			
广西	20	F2	42	60.4		67.7			
海南	21	F2	40	45.7		53.4			
重庆	22	F3	49	51.9		56.6			
四川	23	F3	39	52.8		64.4			
贵州	24	F2	31	55.3		74.5			
云南	25	F2	31	53.3		66.2			
西藏	26	F2	30	47.3		54.1			
陕西	27	F3	43	57.7		63.3			
甘肃	28	F2	33	48.6		71.9			
青海	29	F3	30	57.2		58.4			
宁夏	30	F3	35	54.6		60.3			
新疆	31	F2	28	54.9		57.8			
香港	32	F4	88	10.5	3	15.2	3	3.0	S2
澳门	33	F4	85	7.5	3	18.2	3	3.0	S2
台湾	34	F4	77	36.9	1	40.8		1.0	S1
中国		F3	45	48.4		45.1			
高收入国家		F4	100	25.8	2	25.8	2	2	S2
中等收入国家		F3	31	42.2		51.6			
低收入国家		F1	16	52.4		78.0			
世界		F3	42	30.9		49.3			

注：a. F 代表第一次现代化，F4 代表过渡期，F3 代表成熟期，F2 代表发展期，F1 代表起步期。
b. S 代表第二次现代化，S2 代表发展期，S1 代表起步期，香港的发展阶段根据第二次现代化指数进行了调整。
c. 中国内地（大陆）地区为 2010~2016 年期间最近年的数据。

附表3-3-7　1970～2016年中国地区第二次现代化指数

地区	编号	1970[a]	1980[a]	1990[a]	2000[a]	2000[b]	2010[b]	2015[c]	2016[c]
北京	1	30.8	43.9	54.7	74.2	47.4	74.7	81.2	82.3
天津	2	31.3	40.4	42.5	53.9	36.4	61.6	65.6	67.5
河北	3	16.7	28.9	25.2	29.3	20.6	33.9	32.8	33.6
山西	4	23.7	36.1	28.4	31.6	21.1	36.8	31.1	34.6
内蒙古	5	25.6	31.3	26.7	29.1	18.7	37.2	34.3	38.6
辽宁	6	28.2	34.3	34.5	39.9	26.3	46.8	42.7	46.5
吉林	7	24.8	34.3	29.9	33.9	21.5	37.2	40.6	43.7
黑龙江	8	24.9	33.0	30.1	34.8	23.2	39.2	39.1	38.5
上海	9	38.7	43.5	49.4	65.7	48.5	74.1	72.4	77.3
江苏	10	20.0	28.7	32.2	34.6	25.0	52.3	60.8	64.2
浙江	11	16.6	24.2	27.1	35.2	23.5	49.0	58.5	61.1
安徽	12	15.6	24.8	21.9	27.3	19.2	31.3	39.2	44.6
福建	13	17.7	25.5	23.4	30.5	21.7	39.5	47.6	55.2
江西	14	17.6	25.2	22.0	26.0	19.3	29.0	32.6	36.6
山东	15	17.9	26.0	27.6	31.9	21.9	39.4	48.7	50.9
河南	16	18.3	27.2	23.2	26.3	18.9	31.9	33.3	38.0
湖北	17	16.8	28.2	26.8	31.3	20.5	37.3	40.8	47.1
湖南	18	16.5	25.2	23.6	27.8	19.0	31.8	36.4	37.7
广东	19	22.3	26.5	27.0	33.9	22.1	45.3	53.5	58.8
广西	20	16.9	24.6	20.6	25.4	18.1	29.1	35.3	43.0
海南	21	—	—	21.3	25.8	20.3	34.0	35.2	40.5
重庆	22	—	—	—	27.2	29.0	44.4	45.2	50.2
四川	23	—	22.4	23.9	30.1	19.4	32.1	35.5	39.6
贵州	24	20.0	22.9	19.1	22.4	15.5	25.8	25.7	31.2
云南	25	18.8	21.8	20.0	22.5	15.7	24.9	26.8	31.8
西藏	26	—	15.5	19.7	21.6	16.3	26.0	28.1	30.2
陕西	27	22.2	31.5	26.4	38.8	20.7	36.3	42.6	43.5
甘肃	28	12.0	21.8	23.9	26.9	17.8	28.8	27.0	32.9
青海	29	20.1	28.1	24.1	26.6	18.3	31.2	26.4	30.2
宁夏	30	26.0	28.4	26.1	28.5	21.1	37.8	30.6	35.5
新疆	31	17.6	30.1	26.4	28.0	18.7	31.4	26.7	28.7
香港[d]	32	—	—	74.9	92.5	65.9	82.6	86.2	88.0
澳门[d]	33	—	—	51.1	78.7	55.9	82.7	81.9	83.7
台湾[d]	34	—	—	65.0	79.8	55.0	76.1	78.1	78.7
中国		21.5	26.3	25.9	31.0	19.2	33.2	40.7	44.8
高收入国家		72.3	76.4	88.9	100.2	72.2	95.3	99.7	100.1
中等收入国家		19.7	35.6	31.7	38.4	19.6	28.0	28.5	30.0
低收入国家		9.4	20.2	26.7	20.1	15.1	16.8	15.6	15.6
世界		33.2	43.9	46.8	46.0	31.6	42.6	39.3	40.9

注：a. 1970～2000年是以2000年高收入国家平均值为基准值的评价。

b. 采用第二次现代化评价模型第二版的评价结果，2000～2010年以2013年高收入OECD国家平均值为基准。

c. 采用第二次现代化评价模型第三版的评价结果，以当年高收入国家平均值为基准值的评价。

d. 香港、澳门和台湾的统计指标数据不全，评价结果仅供参考。

附表 3-3-8　1970~2016 年中国地区第二次现代化指数的排名

地区	编号	1970[a]	1980[a]	1990[a]	2000[a]	2000[b]	2010[b]	2015[c]	2016[c]
北京	1	3	1	1	1	2	1	1	1
天津	2	2	3	3	3	3	3	3	3
河北	3	23	11	17	16	16	19	22	25
山西	4	9	4	8	12	14	16	24	24
内蒙古	5	6	9	13	17	24	15	20	18
辽宁	6	4	5	4	4	5	6	10	11
吉林	7	8	6	7	9	12	14	13	13
黑龙江	8	7	7	6	7	8	11	15	19
上海	9	1	2	2	2	1	2	2	2
江苏	10	14	12	5	8	6	4	4	4
浙江	11	24	24	10	6	7	5	5	5
安徽	12	26	22	25	21	21	24	14	12
福建	13	18	19	22	14	11	9	8	7
江西	14	20	21	24	26	20	27	23	22
山东	15	17	18	9	11	10	10	7	8
河南	16	16	16	23	25	23	21	21	20
湖北	17	22	14	12	13	17	13	12	10
湖南	18	25	20	21	20	22	22	16	21
广东	19	10	17	11	10	9	7	6	6
广西	20	21	23	27	28	27	26	18	15
海南	21	—	—	26	27	18	18	19	16
重庆	22	—	—	—	22	4	8	9	9
四川	23	—	26	19	15	19	20	17	17
贵州	24	13	25	30	30	31	29	31	28
云南	25	15	27	28	29	30	31	28	27
西藏	26	—	29	29	31	29	30	26	29
陕西	27	11	8	15	5	15	17	11	14
甘肃	28	27	28	20	23	28	28	27	26
青海	29	12	15	18	24	26	25	30	30
宁夏	30	5	13	16	18	13	12	25	23
新疆	31	19	10	14	19	25	23	29	31
香港	32								
澳门	33								
台湾	34								

注：a. 1970~2000 年是以 2000 年高收入国家平均值为基准值的评价。
　　b. 同附表 3-3-7。
　　c. 同附表 3-3-7。

附表 3-4-1　2016 年中国地区综合现代化指数[a]

地区	编号	经济发展指数	社会发展指数	知识发展指数	综合现代化指数	指数排名	水平分组[b]
北京	1	71.1	91.5	79.9	80.8	1	1
天津	2	73.2	76.6	64.1	71.3	3	2
河北	3	38.9	49.6	31.9	40.1	18	3
山西	4	41.5	47.7	30.4	39.9	19	3
内蒙古	5	51.9	57.7	31.7	47.1	13	3
辽宁	6	45.5	56.5	44.2	48.7	10	2
吉林	7	46.4	58.3	40.7	48.5	11	3
黑龙江	8	42.6	50.8	33.5	42.3	16	3
上海	9	72.9	80.6	76.0	76.5	2	2
江苏	10	59.8	72.8	50.4	61.0	4	2
浙江	11	56.8	73.4	44.1	58.1	5	2
安徽	12	39.7	49.4	29.2	39.4	22	3
福建	13	52.0	62.9	43.3	52.7	7	2
江西	14	39.4	50.3	29.3	39.6	20	3
山东	15	49.1	60.3	39.9	49.8	9	3
河南	16	38.2	50.6	27.2	38.7	24	3
湖北	17	45.1	58.7	40.1	48.0	12	3
湖南	18	41.2	55.6	30.3	42.4	15	3
广东	19	53.3	67.5	43.9	54.9	6	2
广西	20	35.4	48.8	25.5	36.6	27	3
海南	21	41.0	55.1	29.3	41.8	17	3
重庆	22	47.3	58.1	45.9	50.5	8	3
四川	23	38.9	50.2	27.8	39.0	23	3
贵州	24	32.4	42.1	21.6	32.1	31	3
云南	25	34.5	42.4	20.9	32.6	30	3
西藏	26	37.9	41.3	20.3	33.2	28	3
陕西	27	42.2	53.7	39.5	45.1	14	3
甘肃	28	33.0	41.0	24.0	32.7	29	3
青海	29	40.8	45.7	23.5	36.7	26	3
宁夏	30	41.6	49.1	27.7	39.5	21	3
新疆	31	39.3	45.8	26.3	37.1	25	3
香港	32	77.1	90.8	73.8	80.6		1
澳门	33	76.9	96.7	69.3	80.9		1
台湾	34	80.8	74.1	68.0	74.3		2
中国		51.5	51.0	37.4	46.7		3
高收入国家		100.0	100.1	100.0	100.0		1
中等收入国家		43.2	43.4	26.6	37.7		3
低收入国家		24.2	18.7	6.7	16.5		4
世界		54.2	54.6	36.5	48.4		3

注：a. 采用综合现代化评价模型第三版的评价结果，见技术注释。后同。
　　b. 根据综合现代化指数分组，1 代表发达水平，2 代表中等发达水平，3 代表初等发达水平，4 代表欠发达水平。

附表 3-4-2　2016 年中国地区经济指数

地区	编号	经济指标的实际值				经济指标的指数				经济发展指数
		人均国民收入[a]	人均制造业[b]	服务业增加值比例	服务业劳动力比例[c]	人均国民收入	人均制造业	服务业增加值比例	服务业劳动力比例	
北京	1	17 790	2231	80.2	80.1	44.5	40.1	100.0	100.0	71.1
天津	2	17 317	5246	56.4	58.8	43.3	94.2	76.1	79.2	73.2
河北	3	6481	2158	41.5	33.2	16.2	38.8	56.0	44.7	38.9
山西	4	5348	1357	55.5	39.7	13.4	24.4	74.7	53.4	41.5
内蒙古	5	10 846	3456	43.8	44.1	27.1	62.1	59.0	59.4	51.9
辽宁	6	7645	1875	51.5	44.5	19.1	33.7	69.5	59.9	45.5
吉林	7	8108	2674	42.5	44.5	20.3	48.0	57.2	59.9	46.4
黑龙江	8	6085	1156	54.0	45.6	15.2	20.8	72.8	61.5	42.6
上海	9	17 544	3759	69.8	63.8	43.9	67.5	94.0	86.0	72.9
江苏	10	14 583	4584	50.0	39.3	36.4	82.4	67.4	53.0	59.8
浙江	11	12 781	4018	51.0	40.2	31.9	72.2	68.7	54.2	56.8
安徽	12	5954	1958	41.0	39.7	14.9	35.2	55.3	53.5	39.7
福建	13	11 244	3636	42.9	42.0	28.1	65.3	57.8	56.6	52.0
江西	14	6081	1893	42.0	38.3	15.2	34.0	56.6	51.6	39.4
山东	15	10 345	3340	46.7	35.5	25.9	60.0	62.9	47.8	49.1
河南	16	6408	2153	41.8	31.0	16.0	38.7	56.3	41.8	38.2
湖北	17	8378	2565	43.9	40.1	20.9	46.1	59.2	54.1	45.1
湖南	18	6981	2001	46.4	36.2	17.4	35.9	62.5	48.8	41.2
广东	19	11 140	3574	52.0	37.8	27.8	64.2	70.1	50.9	53.3
广西	20	5724	1697	39.6	32.3	14.3	30.5	53.3	43.5	35.4
海南	21	6675	634	54.3	46.6	16.7	11.4	73.1	62.8	41.0
重庆	22	8805	2443	48.1	43.4	22.0	43.9	64.9	58.5	47.3
四川	23	6021	1612	47.2	35.6	15.0	29.0	63.7	48.0	38.9
贵州	24	5004	1259	44.7	25.5	12.5	22.6	60.2	34.4	32.4
云南	25	4680	982	46.7	33.8	11.7	17.6	62.9	45.6	34.5
西藏	26	5296	314	52.7	45.9	13.2	5.6	71.0	61.9	37.9
陕西	27	7678	2399	42.3	36.7	19.2	43.1	57.1	49.5	42.2
甘肃	28	4161	811	51.4	28.1	10.4	14.6	69.3	37.9	33.0
青海	29	6552	1831	42.8	41.6	16.4	32.9	57.7	56.1	40.8
宁夏	30	7103	1881	45.4	39.7	17.8	33.8	61.2	53.5	41.6
新疆	31	6105	1345	45.1	42.2	15.3	24.2	60.8	56.8	39.3
香港	32	43 681	471	89.5	84.8	100.0	8.5	100.0	100.0	77.1
澳门	33	73 187	414	92.5	81.8	100.0	7.4	100.0	100.0	76.9
台湾	34	23 325	7039	63.1	59.2	58.3	100.0	85.1	79.8	80.8
中国		8250	2339	51.6	54.9	20.6	42.0	69.6	73.9	51.5
高收入国家		40 009	5567	74.2	74.2	100.0	100.0	100.0	100.0	100.0
中等收入国家		4860	976	57.8	48.4	12.1	17.5	77.9	65.2	43.2
低收入国家		734	57	47.6	22.0	1.8	1.0	64.2	29.6	24.2
世界		10 326	1653	69.1	50.7	25.8	29.7	93.1	68.4	54.2
参考值		40 009	5567	74.2	74.2					

注：指标单位见表 f，后同。
a. 中国内地（大陆）地区数据为人均 GDP。
b. 中国内地（大陆）地区为估计值，为人均工业增加值的 80%，工业增加值包括采矿业、制造业和公共事业的增加值。
c. 中国内地（大陆）地区数据来自地区统计年鉴。

附表 3-4-3　2016 年中国地区社会指数

地区	编号	社会指标的实际值				社会指标的指数				社会发展指数
		城市人口比例	医生比例	生活水平[a]	能源效率[b]	城市人口比例	医生比例	生活水平	能源效率	
北京	1	86.5	4.1	33 380	7.9	100.0	100.0	72.5	93.3	91.5
天津	2	82.9	2.4	32 492	4.7	100.0	80.7	70.6	55.1	76.6
河北	3	53.3	2.4	12 161	2.3	65.5	79.0	26.4	27.3	49.6
山西	4	56.2	2.5	10 034	1.4	69.1	83.0	21.8	17.1	47.7
内蒙古	5	61.2	2.6	20 351	2.0	75.2	87.8	44.2	23.6	57.7
辽宁	6	67.4	2.5	14 344	2.4	82.8	83.6	31.1	28.3	56.5
吉林	7	56.0	2.5	15 213	4.0	68.8	85.0	33.0	46.5	58.3
黑龙江	8	59.2	2.2	11 418	2.7	72.7	74.1	24.8	31.6	50.8
上海	9	87.9	2.7	32 918	5.2	100.0	90.1	71.5	60.9	80.6
江苏	10	67.7	2.6	27 361	5.4	83.2	85.3	59.4	63.1	72.8
浙江	11	67.0	3.0	23 981	5.0	82.3	100.0	52.1	59.2	73.4
安徽	12	52.0	1.8	11 172	4.2	63.9	60.7	24.3	48.8	49.4
福建	13	63.6	2.1	21 098	5.0	78.1	68.6	45.8	59.2	62.9
江西	14	53.1	1.7	11 409	4.6	65.2	57.5	24.8	53.7	50.3
山东	15	59.0	2.5	19 411	3.8	72.5	82.1	42.1	44.7	60.3
河南	16	48.5	2.2	12 023	3.8	59.6	72.3	26.1	44.4	50.6
湖北	17	58.1	2.4	15 720	4.2	71.4	80.3	34.1	49.2	58.7
湖南	18	52.8	2.4	13 099	4.3	64.8	78.5	28.4	50.6	55.6
广东	19	69.2	2.2	20 903	5.6	85.0	73.7	45.4	65.9	67.5
广西	20	48.1	2.0	10 739	3.9	59.1	66.6	23.3	46.1	48.8
海南	21	56.8	2.2	12 524	4.4	69.8	72.2	27.2	51.3	55.1
重庆	22	62.6	2.1	16 521	4.2	76.9	70.8	35.9	49.0	58.1
四川	23	49.2	2.2	11 297	3.5	60.5	74.8	24.5	41.1	50.2
贵州	24	44.2	1.9	9389	2.5	54.2	64.7	20.4	29.2	42.1
云南	25	45.0	1.8	8781	3.0	55.3	60.0	19.1	35.2	42.4
西藏	26	29.6	2.0	9936	3.5	36.3	66.0	21.6	41.3	41.3
陕西	27	55.3	2.2	14 407	3.5	68.0	74.9	31.3	40.6	53.7
甘肃	28	44.7	2.0	7807	2.1	54.9	67.4	17.0	24.9	41.0
青海	29	51.6	2.3	12 293	1.4	63.4	76.8	26.7	15.9	45.7
宁夏	30	56.3	2.5	13 328	1.2	69.2	84.3	28.9	13.9	49.1
新疆	31	48.4	2.5	11 456	1.3	59.4	83.8	24.9	15.1	45.8
香港	32	100.0	1.9	60 160	21.5	100.0	63.3	100.0	100.0	90.8
澳门	33	100.0	2.7	96 570		100.0	90.0	100.0		96.7
台湾	34	83.0	1.9	37 833	4.3	100.0	63.3	82.2	51.1	74.1
中国		56.7	1.8	15 480	3.4	69.7	60.4	33.6	40.4	51.0
高收入国家		81.4	3.0	46 053	8.5	99.9	100.3	100.0	100.0	100.1
中等收入国家		51.2	1.3	11 317	3.7	62.9	42.8	24.6	43.3	43.4
低收入国家		32.0	0.3	1984	1.8	39.3	10.4	4.3	20.8	18.7
世界		54.4	1.5	16 190	5.7	66.8	49.6	35.2	66.7	54.6
参考值		81.4	3.0	46 053	8.5					

注：a. 中国内地（大陆）地区数据为按购买力平价计算的人均 GDP，其他为按购买力平价计算的人均 GNI。
　　b. 人均 GDP 与人均能源消费之比。

附表 3-4-4 2016 年中国地区知识指数

地区	编号	知识指标的实际值				知识指标的指数				知识发展指数
		人均知识创新经费[a]	人均知识产权贸易[b]	大学普及率[c]	互联网普及率	知识创新经费投入	人均知识产权费用	大学普及率	互联网普及率	
北京	1	1023	128	98.0	77.8	100.0	24.4	100.0	95.2	79.9
天津	2	529	128	98.0	64.6	52.8	24.4	100.0	79.1	64.1
河北	3	76	6	40.2	53.3	7.6	1.1	53.5	65.2	31.9
山西	4	58	3	35.6	55.5	5.8	0.6	47.4	67.9	30.4
内蒙古	5	87	5	40.0	52.2	8.6	1.0	53.3	63.9	31.7
辽宁	6	133	18	62.6	62.6	13.3	3.5	83.3	76.6	44.2
吉林	7	83	38	63.7	50.9	8.3	7.3	84.9	62.3	40.7
黑龙江	8	67	9	50.1	48.1	6.7	1.7	66.7	58.9	33.5
上海	9	618	272	92.2	74.1	61.7	51.8	100.0	90.7	76.0
江苏	10	363	106	57.1	56.6	36.2	20.1	76.0	69.3	50.4
浙江	11	293	25	46.4	65.6	29.3	4.8	61.8	80.3	44.1
安徽	12	113	10	37.1	44.3	11.3	1.9	49.5	54.2	29.2
福建	13	164	45	47.4	69.7	16.4	8.6	63.1	85.3	43.3
江西	14	61	9	41.1	44.6	6.1	1.7	54.8	54.6	29.3
山东	15	233	24	50.5	52.9	23.3	4.5	67.2	64.7	39.9
河南	16	74	2	36.2	43.4	7.4	0.3	48.2	53.1	27.2
湖北	17	154	36	56.6	51.4	15.4	6.8	75.4	62.9	40.1
湖南	18	98	6	42.0	44.4	9.8	1.1	55.9	54.3	30.3
广东	19	266	89	31.1	74.0	26.6	16.9	41.4	90.6	43.9
广西	20	35	1	31.4	46.1	3.5	0.3	41.9	56.4	25.5
海南	21	30	10	36.9	51.6	3.0	1.9	49.1	63.2	29.3
重庆	22	131	228	48.0	51.6	13.1	43.5	63.9	63.2	45.9
四川	23	98	16	33.7	43.6	9.8	3.1	44.8	53.4	27.8
贵州	24	28	14	21.1	43.2	2.8	2.7	28.1	52.9	21.6
云南	25	37	1	23.3	39.9	3.7	0.2	31.0	48.8	20.9
西藏	26	15	2	17.3	46.1	1.5	0.3	23.0	56.4	20.3
陕西	27	166	5	57.4	52.4	16.6	0.9	76.5	64.1	39.5
甘肃	28	51	1	29.1	42.2	5.1	0.3	38.7	51.9	24.0
青海	29	32	4	17.6	54.5	3.2	0.8	23.5	66.7	23.5
宁夏	30	62	22	28.9	50.7	6.1	4.1	38.5	62.1	27.7
新疆	31	36	3	25.5	54.9	3.5	0.6	34.0	67.2	26.3
香港	32	322	354	71.8	87.5	32.2	67.4	95.6	100.0	73.8
澳门	33	101	352	78.2	81.6	10.0	67.1	100.0	99.9	69.3
台湾	34	718	—	84.0	26.4	71.6	—	100.0	32.3	68.0
中国		167	18	48.4	53.2	16.6	3.5	64.5	65.1	37.4
高收入国家		1002	525	75.1	81.7	100.0	100.1	100.1	99.9	100.0
中等收入国家		71	11	34.5	41.8	7.1	2.1	46.0	51.1	26.6
低收入国家			0	7.5	13.6	0.0	0.0	9.9	16.6	6.7
世界		227	96	36.8	45.8	22.6	18.2	49.0	56.1	36.5
参考值		1002	525	75.1	81.7					

注：a. 指人均 R&D 经费，其数据为 2005~2015 年期间最近年的数据。
　　b. 中国内地（大陆）地区数据为估计值，为人均技术转让费用和人均技术进口费用的总和。
　　c. 中国内地（大陆）地区为在校大学生占 18—21 岁人口比例，根据在校大学生人数和 2010 年人口普查数据计算。

附表 3-4-5　1980～2016 年中国地区综合现代化指数

地区	编号	1980[a]	1990[a]	2000[a]	2010[b]	2015[c]	2016[c]
北京	1	42.1	51.9	65.2	66.3	79.9	80.8
天津	2	35.9	43.0	49.8	57.1	70.4	71.3
河北	3	25.3	29.0	28.3	29.5	39.2	40.1
山西	4	26.4	31.1	31.8	33.0	39.5	39.9
内蒙古	5	27.0	31.0	30.4	36.4	47.5	47.1
辽宁	6	29.1	38.0	38.8	41.4	52.0	48.7
吉林	7	28.1	33.0	35.3	35.4	46.2	48.5
黑龙江	8	28.0	33.7	33.3	33.8	41.5	42.3
上海	9	41.7	48.5	62.3	63.0	75.7	76.5
江苏	10	27.6	32.4	34.8	42.6	59.1	61.0
浙江	11	23.4	31.2	35.5	44.9	56.6	58.1
安徽	12	22.2	24.3	27.0	26.7	38.3	39.4
福建	13	24.3	28.9	33.6	37.6	51.3	52.7
江西	14	22.7	25.7	29.2	27.4	38.2	39.6
山东	15	20.0	29.0	31.5	35.8	48.5	49.8
河南	16	19.3	24.7	25.0	26.1	37.2	38.7
湖北	17	24.5	30.1	33.3	33.0	45.8	48.0
湖南	18	21.7	26.2	29.7	29.0	40.8	42.4
广东	19	25.9	32.4	37.5	42.7	53.4	54.9
广西	20	22.3	25.4	27.6	25.3	35.5	36.6
海南	21	—	32.8	31.5	31.7	41.3	41.8
重庆	22	—	—	30.1	34.4	46.2	50.5
四川	23	21.1	28.0	30.0	27.4	37.7	39.0
贵州	24	19.4	22.9	23.5	23.1	30.4	32.1
云南	25	20.8	23.7	24.5	23.2	31.8	32.6
西藏	26	26.5	28.3	24.7	26.5	32.7	33.2
陕西	27	26.6	29.0	37.0	31.9	43.1	45.1
甘肃	28	17.0	26.3	26.9	24.4	31.1	32.7
青海	29	27.7	28.7	28.9	28.6	36.6	36.7
宁夏	30	25.4	28.9	28.8	29.6	38.4	39.5
新疆	31	25.5	30.7	30.1	30.0	35.1	37.1
香港	32	63.8	76.7	76.1	80.2	80.4	80.6
澳门	33	—	74.9	65.3	82.7	80.5	80.9
台湾	34	—	73.6	74.2	70.1	73.0	74.3
中国		23.3	27.9	32.0	34.2	44.4	46.7
高收入国家[d]		99.9	99.9	100.1	100.0	100.0	100.0
中等收入国家		51.5	48.3	42.9	31.7	37.2	37.7
低收入国家		28.2	37.9	23.7	13.6	13.3	16.5
世界		59.8	59.4	50.2	44.5	48.1	48.4

注：a. 采用综合现代化评价模型第一版的评价结果，以当年高收入国家平均值为参考值的评价。
　　b. 采用综合现代化评价模型第二版的评价结果。
　　c. 采用综合现代化评价第三版的评价结果。
　　d. 1980～2000 年和 2014～2016 年数据为高收入国家的平均值，2010～2013 年数据为高收入 OECD 国家的平均值。

附表 3-4-6　1980～2016 年中国地区综合现代化指数的排名

地区	编号	1980[a]	1990[a]	2000[a]	2010[b]	2015[c]	2016[c]
北京	1	1	1	1	1	1	1
天津	2	3	3	3	3	3	3
河北	3	16	15	24	20	19	18
山西	4	12	11	13	14	18	19
内蒙古	5	9	12	16	9	10	13
辽宁	6	4	4	4	7	7	10
吉林	7	5	6	8	11	11	11
黑龙江	8	6	5	11	13	15	16
上海	9	2	2	2	2	2	2
江苏	10	8	8	9	6	4	4
浙江	11	19	10	7	4	5	5
安徽	12	22	28	26	25	21	22
福建	13	18	18	10	8	8	7
江西	14	20	25	21	24	22	20
山东	15	26	17	14	10	9	9
河南	16	28	27	28	27	24	24
湖北	17	17	14	12	15	13	12
湖南	18	23	24	20	21	17	15
广东	19	13	9	5	5	6	6
广西	20	21	26	25	28	26	27
海南	21	—	7	15	17	16	17
重庆	22	—	—	18	12	12	8
四川	23	24	22	19	23	23	23
贵州	24	27	30	31	31	31	31
云南	25	25	29	30	30	29	30
西藏	26	11	21	29	26	28	28
陕西	27	10	16	6	16	14	14
甘肃	28	29	23	27	29	30	29
青海	29	7	20	22	22	25	26
宁夏	30	15	19	23	19	20	21
新疆	31	14	13	17	18	27	25
香港	32						
澳门	33						
台湾	34						

注：a. 采用综合现代化评价模型第一版的评价结果，以当年高收入国家平均值为参考值的评价。
　　b. 同附表 3-4-5。
　　c. 同附表 3-4-5。

中国现代化报告系列

中国现代化报告课题组. 中国现代化报告 2001——现代化与评价. 北京:北京大学出版社,2001.

中国现代化战略研究课题组,中国科学院中国现代化研究中心. 中国现代化报告 2002——知识经济与现代化. 北京:北京大学出版社,2002.

中国现代化战略研究课题组,中国科学院中国现代化研究中心. 中国现代化报告 2003——现代化理论与展望. 北京:北京大学出版社,2003.

中国现代化战略研究课题组,中国科学院中国现代化研究中心. 中国现代化报告 2004——地区现代化之路. 北京:北京大学出版社,2004.

中国现代化战略研究课题组,中国科学院中国现代化研究中心. 中国现代化报告 2005——经济现代化研究. 北京:北京大学出版社,2005.

中国现代化战略研究课题组,中国科学院中国现代化研究中心. 中国现代化报告 2006——社会现代化研究. 北京:北京大学出版社,2006.

中国现代化战略研究课题组,中国科学院中国现代化研究中心. 中国现代化报告 2007——生态现代化研究. 北京:北京大学出版社,2007.

中国现代化战略研究课题组,中国科学院中国现代化研究中心. 中国现代化报告 2008——国际现代化研究. 北京:北京大学出版社,2008.

中国现代化战略研究课题组,中国科学院中国现代化研究中心. 中国现代化报告 2009——文化现代化研究. 北京:北京大学出版社,2009.

中国现代化战略研究课题组,中国科学院中国现代化研究中心. 中国现代化报告 2010——世界现代化概览. 北京:北京大学出版社,2010.

何传启主编. 中国现代化报告 2011——现代化科学概论. 北京:北京大学出版社,2011.

何传启主编. 中国现代化报告 2012——农业现代化研究. 北京:北京大学出版社,2012.

何传启主编. 中国现代化报告 2013——城市现代化研究. 北京:北京大学出版社,2014.

何传启主编. 中国现代化报告 2014~2015——工业现代化研究. 北京:北京大学出版社,2015.

何传启主编. 中国现代化报告 2016——服务业现代化研究. 北京:北京大学出版社,2016.

何传启主编. 中国现代化报告 2017——健康现代化研究. 北京:北京大学出版社,2017.

何传启主编. 中国现代化报告 2018——产业结构现代化研究. 北京:北京大学出版社,2018.

何传启主编. 中国现代化报告 2019——生活质量现代化研究. 北京:北京大学出版社,2019.

中国现代化战略研究课题组,中国科学院中国现代化研究中心. 中国现代化报告概要(2001~2007). 北京:北京大学出版社,2007.

何传启主编. 中国现代化报告概要(2001~2010). 北京:北京大学出版社,2010.

何传启主编. 如何成为一个现代化国家:中国现代化报告概要(2001~2016). 北京:北京大学出版社,2017.

Chuanqi He. China Modernization Report Outlook (2001~2010). Beijing: Peking University Press, 2010.

Чуаньци Хэ. Обзорный доклад о модернизация в мире и Китае (2001~2010). Москва: Весь мир. 2011.

Chuanqi He. How to Become a Modernized Country: China Modernization Report Outlook

(2001~2016). Beijing: Peking University Press, 2017.

第二次现代化丛书

何传启. 第二次现代化——人类文明进程的启示. 北京:高等教育出版社,1999.
张凤,何传启. 国家创新系统——第二次现代化的发动机. 北京:高等教育出版社,1999.
何传启. 公民意识现代化(第二次现代化的行动议程Ⅰ). 北京:中国经济出版社,2000.
何传启. K 管理:企业管理现代化(第二次现代化的行动议程Ⅱ). 北京:中国经济出版社,2000.
何传启,张凤. 知识创新——竞争新焦点(第二次现代化前沿Ⅰ). 北京:经济管理出版社,2001.
何传启. 分配革命——按贡献分配(第二次现代化前沿Ⅱ). 北京:经济管理出版社,2001.
何传启. 东方复兴:现代化的三条道路. 北京:商务印书馆,2003.
何传启. 现代化科学:国家发达的科学原理. 北京:科学出版社,2010.
Chuanqi He. Modernization Science: The Principles and Methods of National Advancement. New York: Springer, 2012.
何传启. 第二次现代化理论:人类发展的世界前沿和科学逻辑. 北京:科学出版社,2013.